Mit der Bibel durch das Jahr 2024

Mit der Bibel durch das Jahr 2024

Ökumenische Bibelauslegungen

Herausgegeben von
Nikolaus Schneider
unter Mitwirkung von
Franz-Josef Bode
Jochen Cornelius-Bundschuh
Maria Jepsen
Emmanuel Sfiatkos
Rosemarie Wenner
Heiner Wilmer

Redaktion
Dr. h.c. Nikolaus Schneider, Präses a.D. und Ratsvorsitzender der EKD a.D.

© Verlag Kreuz in der Verlag Herder GmbH, Freiburg 2023
Alle Rechte vorbehalten
www.verlag-kreuz.de
Koproduktion mit dem Verlag Katholisches Bibelwerk GmbH, Stuttgart
www.bibelwerkverlag.de
Umschlagkonzeption: wunderlichundweigand, Schwäbisch Hall
Umschlaggestaltung: Verlag Herder
Umschlagmotiv: Steve Johnson/unsplash
Satz: Arnold & Domnick GbR, Leipzig
Druck und Bindung: GGP Media GmbH, Pößneck

Printed in Germany

ISBN 978-3-451-60119-4 (Verlag Kreuz)
ISBN 978-3-460-20245-0 (Katholisches Bibelwerk)

Inhalt

Geleitwort	VII
Hinweise zum Gebrauch dieses Buches	IX
Jahreslosung und Monatssprüche	XI

Mit der Bibel durch das Jahr 2024   XV

Einführung in die biblischen Bücher   369
  Exodus/2. Buch Mose   371
  Psalmen   374
  Jesaja 1–39 (Protojesaja)   375
  Jesaja 55–66 (Tritojesaja)   381
  Judit   386
  1. Makkabäer   390
  Markusevangelium   395
  Lukasevangelium   399
  1. Korintherbrief   402
  2. Korintherbrief   408
  Epheserbrief   412
  Philipperbrief   415
  1. Timotheusbrief   419
  2. Timotheusbrief   421
  Titusbrief   422
  Philemonbrief   422
  1. und 2. Petrusbrief   424

Gebete   429

Anhang   445
  Bibelleseplan   446
  Bibelstellenregister   452
  Mitarbeiterinnen und Mitarbeiter   456
  Abkürzungen biblischer Bücher   460
  Quellenverzeichnis   461

Liebe Leserinnen und Leser!

»In jenen Tagen waren Worte des Herrn selten«, heißt es im 1. Samuelbuch im Zusammenhang mit der Berufung des jungen Samuel (3,1). Manchmal kommt es mir auch in den heute krisengeschüttelten Zeiten so vor, dass trotz der vielen Bibelausgaben und -kommentare sich nur wenige vom Wort Gottes treffen lassen. Ja, vielen Menschen scheint es tatsächlich so, dass Gott schweigt angesichts der Desaster weltweit. Umso wichtiger ist es, sich dem Wort Gottes bewusst zuzuwenden, es in seiner Vielfalt in den Heiligen Schriften zu entdecken und damit die Handschrift Gottes in unserem Leben zu entziffern.

Ein Text des geistlichen Dichters Andreas Knapp aus einer Ausdeutung des Glaubensbekenntnisses regt mich immer wieder an, dem Wort Gottes nachzuspüren und auch andere Menschen dafür zu gewinnen. Der Text lautet:

> gemäß der schrift
>
> leben so unleserlich
> hieroglyphen schmerzgeschwärzt
> fehldruck bis zur letzten seite
> niemand will signieren
>
> doch zwischen den zeilen
> handschrift aus licht
>
> sterben unentzifferbar
> textweb des absurden
> aller lesezeichen verlustig
> qualvoll offener schluss
>
> doch mitten im fragment
> die leuchtschrift gottes

Tatsächlich sind unser Leben und unsere Zeit oft so unleserlich, dass das Wort, der Sinn nur schwer zu entziffern sind. Zwischen den Zeilen jedoch lässt sich in Ruhe und Geduld, im immer neuen Hinhören und Wiederholen eine Handschrift aus Licht entziffern. In solcher Behutsamkeit und Beharrlichkeit, mehr im Leisen als im Lauten, mehr in der Stille der Nacht als im Lärm des Tages, mehr bei erlöschenden Lampen und empfindlichem Kerzenlicht als bei gleißendem Scheinwerferlicht klopft Gott an in unserer Wirklichkeit.

Das ist wirklich »intelligent«, denn dieser Begriff kommt ja vom lateinischen »interlegere«, dazwischen lesen, zwischen den Zeilen lesen, Zusammenhänge entdecken, Unterscheidungen vornehmen und Tiefen ausloten. Und selbst im unentzifferbaren Gewebe (lat. »textum«) des Alterns, des Sterbens bleibt dann mitten im Fragment die Leuchtschrift Gottes. Mitten im Fragment, mitten in aller Ungelöstheit unserer Fragen und unserer Angst vor der Zukunft, mitten in allen fragilen Hoffnungen und mitten in unseren vulnerablen Lebenslagen will das Wort Gottes uns begegnen und herausfordern, ermutigen und stärken.

Solche Leuchtschrift Gottes, sein Wort, wird Fleisch (vgl. Joh 1,14), um unter uns zu wohnen, um in uns zu wohnen, um unser Leben mit uns zu teilen. Die Mitte unseres Glaubens ist eine Person, nämlich Jesus Christus selbst, gesandt von einem personalen Gott, dem Vater, und bleibend, lebendig und personal unter uns im Heiligen Geist. Wer dieser Person traut, mit ihr lebt, versteht die Worte der Schrift, und wer diese Worte immer neu »kaut« (vgl. Ez 2,8ff.), begegnet dieser Person. »Die Schrift nicht kennen, heißt Christus nicht kennen«, sagt der Kirchenvater Hieronymus.

Deshalb ist die Beschäftigung mit dem Wort ein Gespräch mit dem lebendigen Gott. Das Wort Gottes bleibt nicht Buchstabe, sondern tritt in Dialog mit uns. »Das Wort wird unser Bruder«, heißt es in einem Kirchenlied im katholischen Gotteslob (Nummer 528).

Das ist es, was ich Ihnen allen als Lesern und Leserinnen dieses Begleiters durch das Jahr von Herzen wünsche: dass das Wort Ihr Bruder wird, der Sie täglich begleitet und zu Betrachtung und Gebet anregt. Diese kurze Zeit mit Gott in der Hektik und den Herausforderungen des Alltags möge zur guten Gewohnheit werden, durch die das fleischgewordene Wort in Ihnen und unter uns allen wohnen kann. So entdecken wir mitten im Fragment die Leuchtschrift Gottes.

Bischof em. Dr. Franz-Josef Bode

Hinweise zum Gebrauch dieses Buches

Die Lesungen des Tages folgen dem Bibelleseplan der »Ökumenischen Arbeitsgemeinschaft für Bibellesen«, den wir in diesem Band abdrucken (ab Seite 446) und worin auch die Zeiten des Kirchenjahres berücksichtigt werden. Ziel des Bibelleseplans ist es, im Laufe der Jahre die wichtigsten Texte der Bibel kennenzulernen. Deshalb folgen die Auslegungen dem Bibelleseplan mit einer Ausnahme. In Absprache mit den Verantwortlichen der »Ökumenischen Arbeitsgemeinschaft für Bibellesen« waren die Herausgeber mit der Veränderung der Psalmenzuordnung zu den Sonntagen durch einen Ausleger aus den Kirchen der Orthodoxie (Dr. Konstantinos Vliagkoftis) einverstanden. Unsere Zustimmung ist Ausdruck des Respekts vor der liturgischen Tradition der Orthodoxie sowie der Freude darüber, dass seit 2023 »Mit der Bibel durch das Jahr« auch von der Orthodoxie in Deutschland mitgestaltet, mitverantwortet und mitgelesen wird. Vor allem aber hoffen wir, dass unsere liturgische Tradition durch unser Einverständnis bereichert wird.

Am besten beginnen Sie mit der Lektüre des Bibeltextes selber und legen dazu die Lutherbibel oder die Einheitsübersetzung (in möglichst aktuellen Übersetzungen) an einen festen Platz in Ihrer Wohnung. So vorbereitet, greifen Sie zu den Auslegungen im vorliegenden Band, denen ein Gebetstext beigegeben ist.

Wir haben die Jahreslosung an den Beginn des Bandes gestellt. Dort finden Sie auch die Monatssprüche (Seite XI). Die Gebete (Morgen- und Abendgebete) für jeden Tag der Woche wurden von der Abtei Königsmünster in Meschede verfasst (von P. Guido Hügen OSB, Br. Benjamin Altemeier OSB, P. Vincent Grunwald OSB, Br. Benedikt Müller OSB, P. Johannes Sauerwald OSB, P. Maurus Runge OSB; ab Seite 429). Die Gebete auf dem Lesezeichen haben meine Frau Anne Schneider und ich formuliert.

Im Anhang finden Sie:
– ein Bibelstellenregister (ab Seite 452), welches das Auffinden der Auslegungen erleichtert,
– ein Verzeichnis der Mitarbeiterinnen und Mitarbeiter (ab Seite 456),
– ein Abkürzungsverzeichnis der biblischen Bücher (Seite 460)

– und ein Quellenverzeichnis (Seite 461), in dem vermerkt ist, woher jene Gebetstexte am Ende einer jeden Auslegung stammen, die nicht von den Autorinnen und Autoren selbst verfasst wurden.

Die Schreibweise der biblischen Namen folgt in der Regel dem »Ökumenischen Verzeichnis der biblischen Eigennamen« nach den Loccumer Richtlinien.

Für Rückmeldungen zu den Bibelauslegungen sind wir dankbar. Am besten erfolgen diese Rückmeldungen an die Redaktion, die sie an die betreffenden Autorinnen und Autoren weiterleitet. Hinweise zur Verbesserung unserer Ökumenischen Bibellesehilfe können ebenfalls an die Redaktion erfolgen (redaktion@kreuz-verlag.de).

Ich wünsche Ihnen eine anregende Lektüre!
Ihr
Nikolaus Schneider

Jahreslosung und Monatssprüche

Jahreslosung 2024

Alles, was ihr tut, geschehe in Liebe. *1 Kor 16,14 (E)*

Monatssprüche 2024

Januar
Junger Wein gehört in neue Schläuche. *Mk 2,22 (E)*

Februar
Alle Schrift, von Gott eingegeben, ist nütze zur Lehre, zur Zurechtweisung, zur Besserung, zur Erziehung in der Gerechtigkeit.
2 Tim 3,16 (L)

März
Entsetzt euch nicht! Ihr sucht Jesus von Nazaret, den Gekreuzigten. Er ist auferstanden, er ist nicht hier. *Mk 16,6 (L)*

April
Seid stets bereit, jedem Rede und Antwort zu stehen, der von euch Rechenschaft fordert über die Hoffnung, die euch erfüllt.
1 Petr 3,15 (E)

Mai
Alles ist mir erlaubt, aber nicht alles dient zum Guten. Alles ist mir erlaubt, aber nichts soll Macht haben über mich.
1 Kor 6,12 (L)

Juni
Mose sagte: Fürchtet euch nicht! Bleibt stehen und schaut zu, wie der HERR euch heute rettet! *Ex 14,13 (E)*

Juli
Du sollst dich nicht der Mehrheit anschließen, wenn sie im Unrecht ist. *Ex 23,2 (E)*

August
Der HERR heilt, die zerbrochenen Herzens sind, und verbindet ihre Wunden. *Ps 147,3 (L)*

September
Bin ich nur ein Gott, der nahe ist, spricht der HERR, und nicht auch ein Gott, der ferne ist? *Jer 23,23 (L)*

Oktober
Die Güte des HERRN ist's, dass wir nicht gar aus sind, seine Barmherzigkeit hat noch kein Ende, sondern sie ist alle Morgen neu, und deine Treue ist groß. *Klgl 3,22–23 (L)*

November
Wir warten aber auf einen neuen Himmel und eine neue Erde nach seiner Verheißung, in denen Gerechtigkeit wohnt.
2 Petr 3,13 (L)

Dezember
Mache dich auf, werde licht; denn dein Licht kommt, und die Herrlichkeit des HERRN geht auf über dir! *Jes 60,1 (L)*

Mit der Bibel durch das Jahr 2024

Psalm 89,1–19   Montag, 1. Januar (Neujahr)

Einführung zum Buch der Psalmen auf Seite 374 f.

Voll Gesang

Bevor ich die Stimme erhebe und losschmettere (hoch im Tenor), bevor ich zu singen anfange und die mitreißendsten Rhythmen zum Besten gebe – frage ich einmal. Halte ich inne, zum Anfang dieses Jahres, und frage: Welches Lied ist denn angemessen, wie soll ich die Töne setzen und wie lautet der Text?

Das mag sehr unterschiedlich sein: Beginnt das Jahr mit einem Klagelied, weil das vergangene so schwer war? Oder mit einem Schmachtfetzen voller Sehnsucht, weil ich so sehr hoffe, es könnte sich etwas ändern im neuen Jahr? Wird es ein Liebeslied sein, ein Protestsong gegen Gewalt und Tod, eine Schnulze aus der Volksmusik, die beheimatet sein will, eine Totenklage oder ein lustiges Kinderlied, in dem die Welt noch heil ist? Aber vielleicht kommen mir gar keine Lieder mehr über die Lippen, weil ich des Singens müde geworden bin oder doch: fröhliche, hoffnungsfrohe, wagemutige, weil ich mir mein Liedgut nicht verderben lasse.

Ich weiß nicht, mit welchem Lied Sie das Jahr begrüßen. Der Psalm weiß es auch nicht, aber rät auf jeden Fall: zu singen. Denn da ist ein Gott, der auf unsere Lieder hört und der sie gerne hört, wie einen Ohrwurm, der ihm nicht mehr aus dem Sinn geht: die lauten und leisen, die geschluchzten und gebrüllten, die Fangesänge und die Chansons von Liebe und Liebeslust.

Egal was uns aus dem Herz und über die Lippen geht, ob vollmundig aus breiter Brust oder zerrissen und zerkratzt mit letzter Kraft – Gott hört. Und am Ende steht da, im Psalmgebet und im Lebenslied: jauchzen. Dann wird das Herz voll Gesang sein. Kaum zu glauben, wenn die Lieder bisher schwermütig oder voller Trauer waren. Aber das ist die Verheißung, die Gott uns zusingt, jeden Morgen neu.

THOMAS WEISS

Gott, hör' meine Lieder an, lass dich bewegen von der Sehnsucht darin. Und wenn es sein kann, leg mir ein Lied ins Herz, das mich durch das Jahr trägt, in dem die Hoffnung nicht stirbt, dass ich summen kann Tag für Tag.

Dienstag, 2. Januar — Markus 1,1–8

Einführung zum Markusevangelium auf Seite 395 ff.

Der Täufer

Die erste Gestalt, die uns im Markusevangelium begegnet, hat es in sich: Johannes der Täufer. Seit Jahrhunderten ist er einer der vorweihnachtlichen Adventsgestalten. In Marzipan oder Schokolade gibt es ihn nicht. Provokateure sind meistens alles andere als süß. Er war ein knorriger Prophet, ein Rebell, hatte Charisma und zog die Leute magisch an. Bei ihm wussten sie, wo sie dran waren. Er sprach Klartext, nahm kein Blatt vor den Mund, hielt den Leuten den Spiegel vors Gesicht, sagte ohne Umschweife, was schieflief im Land. Ihm konnte man nichts vormachen, er durchschaute die Menschen. Sie bekamen den Kopf gewaschen und wehrten sich nicht dagegen. Mehr noch, sie nutzten bereitwillig seinen Outdoor-Beichtstuhl und ließen sich von ihm von der Last ihrer Verfehlungen befreien, ließen sich taufen. Nicht so wie es bei uns symbolisch üblich ist, mit ein paar wohltemperierten Tropfen, sondern er tauchte sie in den Jordan, ließ sie buchstäblich untergehen und hob sie dann wieder ans Licht. Ein ganzheitliches Erlebnis würden wir heute sagen. Wasser reinigt, Wasser befreit, man fühlt sich besser. Ist beim Duschen ja ähnlich, äußerlich zumindest. Johannes wusste aber auch ganz klar um seine Grenzen. Er verstand sich als Vorläufer, als Wegbereiter für das weitaus wichtigere Mitglied seiner Familie. Johannes und Jesus waren Vettern. Die deutliche Sprache hatten beide. Für Johannes bedeutete das bald Gefängnis, später sogar Tod. Vorher stellte er die Frage, die nach ihm viele gestellt haben: »Bist du der, der da kommen soll, oder müssen wir auf einen anderen warten?« (Mt 11,3) Mussten sie nicht. Jesus Christus war der, auf den alle gewartet hatten. Der vollendete Mensch. Das Vorbild schlechthin. Der Sohn Gottes, der nicht mit Wasser, sondern mit heiligem Geist tauft. Mit einer befreienden Botschaft: Es gibt mehr, als ihr seht, es gibt mehr, als ihr hört, es gibt mehr, als ihr begreift: das Reich Gottes.

STEPHAN WAHL

Ewiger Gott, in der Taufe hast du dein unverbrüchliches Ja zu uns gesagt. Stärke uns, damit wir leben, was wir glauben und bekennen.

Markus 1,9–13 — Mittwoch, 3. Januar

Versuchungen

In Jesus zeigte sich der im wahrsten Sinne »heruntergekommene Gott« (Wilhelm Bruners), der Mensch wurde, mit allem, was dazu gehört, dem nichts fremd war, der sein Menschsein in allen Höhen und Tiefen durchlebte, wie jeder andere. Es nur anders als die meisten Menschen meisterte. In dem wichtigsten Gebet, das er uns hinterlassen hat, im Vaterunser, heißt es: »Und führe uns nicht in Versuchung.« Gott versucht den Menschen?

Das kann nicht sein. Auch Papst Franziskus hat seine Schwierigkeiten mit dieser, wie er sagte, »humpelnden« Übersetzung, »als ob Gott seinen Kindern einen Hinterhalt legen würde« (Generalaudienz 22.12.2017). Auch Jesus wird in der Wüste nicht von Gott versucht, stellt sich aber den Versuchungen, mit denen er konfrontiert wird. »Niemand sage, wenn er versucht wird, dass er von Gott versucht werde. Denn Gott kann nicht versucht werden zum Bösen, und er selbst versucht niemand. Sondern ein jeder, der versucht wird, wird von seiner eigenen Begierde gereizt und gelockt.« (Jak 1,13f.) Es geht um den Umgang mit ihnen, Versuchungen verschiedenster Art wird es immer geben und es wird darauf ankommen, wie wir damit umgehen. »Eine Versuchung geht am schnellsten vorbei, wenn man ihr erliegt«, heißt es spöttisch in einem lockeren Spruch. Mag ja kurzfristig bei manchen so sein, aber gelöst und erlöst ist damit gar nichts. Es geht darum, im übertragenen Sinne nicht in Ketten gelegt zu werden, den Versuchungen nicht den Raum zu geben, den sie fordern – sie im Griff zu haben und nicht umgekehrt. Papst Franziskus, und nicht nur ihm allein, wäre es lieber im Vaterunser zu beten: »Und lass uns nicht in Versuchung geraten«, denn das ist gemeint, so wie es der Jakobusbrief prägnant ausdrückt. Ganz gelingen wird das wohl nie, die wenigsten von uns sind Heilige und müssen es auch nicht sein. Gott ist, das glaube und hoffe ich, auch in diesem Punkt mit uns geduldiger und barmherziger als wir mit uns selbst.

STEPHAN WAHL

Ewiger Gott, sei du unser Halt in den Facetten des Lebens und sei mit uns auf unseren Wegen und Umwegen.

Donnerstag, 4. Januar — Markus 1,14–20

Wie Umkehr gelingen kann!

Diese ersten Tage des Jahres sind voll Zauber. So viele Möglichkeiten zu gestalten, auszuprobieren und das Leben zu feiern. Doch begleitet häufig eine Art Schwermut diese Tage. Jeder weiß aus Erfahrung, dass selbst die glühendsten Vorsätze wieder verpuffen. Genau in diese Ambivalenz hinein verkündet Jesus: »Kehrt um!« (Einheitsübersetzung) – bzw. »Tut Buße!« (Luther) Etwas wörtlicher übersetzt: »Ändert euer Denken!« Lasst zu, dass eure Gedanken etwas Neues entwickeln. Lasst zu, dass ihr aus den bekannten Denkmustern aussteigt! So kann die Metanoia, das »Über-denken«, zu einem neuen Anfang werden, zum Beginn der Gegenwart Gottes in allem.

Metanoia ist ein Prozess. »Umkehr« lässt sich daran erkennen, dass wir anders werden. Aber wir sind, wie es Hermann Hesse sagt: »traulich eingewohnt ... Doch jedem Anfang wohnt ein Zauber inne, der uns beschützt und hilft zu leben«. Wie kann dieser Zauber nachhaltig werden?

Wer sich tiefgehend verändern will, muss einen starken Schlüssel finden. So stark, dass Gewohnheiten und Überzeugungen, die bisher Sicherheit gaben, aufgegeben werden können. Angst ist dabei normal. In therapeutischer Begleitung sucht man an diesem Punkt nach einer persönlichen Vision, auf die man sich konzentriert und die Kraft schenkt. Bei Markus ist die Motivation der Glaube an das Evangelium. Das Vertrauen auf die gute Nachricht von der Erlösung. Die ersten, die im Evangelium darauf vertrauen, sind Simon, Andreas, Jakobus und Johannes. Sie wagen, hinter Jesus her zu gehen, ihn zu begleiten, in seiner Nähe zu bleiben. Daraus kann sich die Energie entwickeln, sich neu auszurichten. Buße bedeutet daher gerade nicht, zurückzuschauen und das Unerledigte und nicht Gelungene zu betrauern, das verschwendet die Kraft. Buße im Sinne von Metanoia bedeutet, täglich Schritte zu tun, die meine neue Ausrichtung stärken können.

KATRIN BROCKMÖLLER

Jesus, mein Erlöser. Dein Wort schenkt mir die Energie zu Umkehr und Buße. Hilf meinem Denken und lass mich deinem Evangelium vertrauen.

Markus 1,21–28 — Freitag, 5. Januar

Wie beginnt Nachfolge?

Die ersten vier Jünger folgen Jesus nach. Und was passiert als Nächstes? Sie kommen nach Hause. Kafarnaum ist ihre Heimat. Wenigstens Simon und Andreas wohnen mit ihren Familien und weiteren Angehörigen in Kafarnaum (vgl. Mk 1,29). Die Nachfolge bedeutet offensichtlich nicht sofort einen Bruch mit allem Bisherigen. Sie bedeutet aber, dass sie auf einen Lern-Weg gehen. Der erste gemeinsame Tag ist wie ein Beispieltag: Es beginnt mit einem Gang in die Synagoge.

Was sie in der Synagoge von Jesus hören, »entsetzt sie« (so Luther). In der Einheitsübersetzung klingt das sehr viel schwächer: »Die Menschen waren voll Staunen.« Die Bibel in gerechter Sprache übersetzt: »Sie waren überwältigt.« Die Worte Jesu in der Synagoge bewirken eine sehr starke emotionale Reaktion. Sofort wird auch die Ursache benannt: Jesu Worte sind eine Lehre mit Vollmacht. Anders als die Worte der Schriftgelehrten. Anders als das, was man gewohnt ist.

Bevor noch das Gespräch zu einem Abschluss kommen kann, passiert sogleich etwas Neues: Ein Besessener betritt die Bühne der Erzählung.

Nach der Dämonenaustreibung reagieren wieder alle mit höchster Intensität. Sie fürchten sich, entsetzen sich, sind schockiert. Sie müssen besprechen, was eben passiert ist.

Im Markusevangelium ist dieses erste Ereignis ein literarisches Beispiel dafür, wie Lehre und Taten Jesu miteinander verbunden sind. Die Heilung ist eingebettet in Gespräche über göttliche Vollmacht (V. 22.27).

Noch gibt es viele offene Fragen. Die Jünger schauen zu, sie beginnen ihren Weg gerade erst. Ihre Nachfolge besteht im Lernen und Nachdenken. Das geht nicht ohne innere Erschütterung. Aber die Jünger haben Zeit. Erst in Markus 6,7 werden sie selbst mit Vollmacht ausgesandt und treiben dann selbst die Dämonen aus.

KATRIN BROCKMÖLLER

Jesus, mein Lehrer. Schenke mir den Mut, dass ich mich erschüttern lasse. Begnade mich mit der Zuversicht, dass ich in deiner Nähe sicher bin.

Samstag, 6. Januar — Markus 1,29–39

Es bleibt spannend!

Die Heilung der Schwiegermutter des Simon vom Fieber und ihre sofortige Nachfolge als Dienerin (= Diakonin) gehört noch zum ersten Tag Jesu. Dann geht die Sonne unter, der erste Tag endet.

Alles ging sehr schnell. Insgesamt sieben Mal stand zwischen Markus 1,14 und 1,29 das kleine Wörtchen »sofort/sogleich/alsbald«. In den großen Übersetzungen ist das oft gar nicht an jeder Stelle übersetzt. Beim genauen Lesen entsteht aber trotzdem der Eindruck, dass sich die Ereignisse in rascher Abfolge aneinanderreihen. Das Evangelium breitet sich sehr schnell aus und schon in Vers 39 ist Jesus in ganz Galiläa predigend und heilend präsent.

Dem Evangelisten gelingt es, in wenigen Versen die Kernpunkte zu benennen, die dann im weiteren Evangelium entfaltet werden. Es geht um Worte und Praxis Jesu: Er heilt Kranke und Besessene und verkündet Gottes Gegenwart. Dabei gibt es einige Spannungslinien, die bis heute für jede Christin und jeden Christen relevant sind.

1) Jesus interpretiert die eigene Tradition und die Schrift in einer Eigenständigkeit und Vollmacht, die zum Konflikt mit den Autoritäten der jüdischen Religionsgemeinschaft führen wird.
2) Frauen und Männer gehören selbstverständlich zur Nachfolgegemeinschaft.
3) Die Menschen versammeln sich dort, wo Jesus auftaucht, er selbst geht aber immer wieder zum Gebet in die Einsamkeit.
4) Jesus entzieht sich den Erwartungen und Ansprüchen, die seinen Weg nicht anerkennen und fördern.
5) Die Jünger bleiben trotz der ständigen Nähe zu ihm dennoch Suchende, sie »laufen ihm hinterher« und verstehen nur langsam, wer er wirklich ist.

Nachfolge bedeutet heute – genau wie für die Jüngerinnen und Jünger damals –, dem Weg Jesu zu folgen und sich unterwegs diesen genannten fünf Spannungslinien auszusetzen. Welche davon ist gerade für mich leicht? Was fällt mir schwer?

KATRIN BROCKMÖLLER

Jesus, du bist mein Weg. Bei dir finde ich Orientierung und Entlastung. Von dir lerne ich die vielen Ereignisse um mich herum und in mir gut einordnen und gestalten.

Psalm 89,20–53 — Sonntag, 7. Januar

An Gott wenden

Es geht ihm nicht sonderlich gut, dem Königtum Davids, und dem Davididen, von dem neu erzählt wird. Das Königreich ist in Gefahr, es geht zugrunde. Welch ein Szenario! Wie in einem der apokalyptischen Filme, die seit Jahrzehnten in Mode sind – und von den Realitäten der von Kriegen und Bürgerkriegen überzogenen Nationen sind sie nicht weit entfernt. Und – wenn es erlaubt ist, das zu sagen – da trifft es ja nicht nur den König allein: Die Menschen in Stadt und Land, hinter den Mauern und auf den Feldern, sind gerade so betroffen, wenn das Schwert wütet und der Hunger seine Opfer fordert. Das sind grausige Szenen, die wir aus Medien und TV durchaus kennen und die uns schon einmal die Sprache verschlagen.

Dagegen erhebt einer das Wort, nur einer – Gott immerhin: »Ich will meine Gnade nicht von ihm wenden und meine Treue nicht brechen!« (V. 34) Ich glaube, das muss wegen Vers 39 gut gehört werden. Gott verspricht nicht: »Nun wird alles anders, nun wird das Unterste zuoberst gekehrt, die Gewalttätigen werden in die Wüste gejagt und der große Frieden bricht aus.« Sagt er nicht, aber etwas viel Machtvolleres!

Die alten Worte deuten es an: »Gnade« kommt vom mittelhochdeutschen Wort für »Nähe« und »Rast«, das Wort »Treue« spricht ursprünglich vom »Vertrauen«. Gott ist nah, Gott ist da, mit seiner Ruhe, die die Dinge und Situationen von innen heraus verändert, unspektakulär und leise, aber mächtiger als Getöse und Waffen. Und seine Nähe ist zugesagt, da bleibt er treu – da können wir ihm vertrauen. Er wendet sich nicht ab.

Auch wenn es sich so anfühlt bisweilen – der Psalm ist voller Fragen und Zweifel. Doch: Er wendet sich damit an Gott. Der wird nicht geschont, bleibt aber das Gegenüber, an das ich mich wenden kann. Ich nehme ihn beim Wort.

THOMAS WEISS

Gott, du hast zugesagt, bei deiner Welt zu sein, sie nicht ihrem Schicksal zu überlassen. Ich halte mich an deinem Versprechen fest, auch gegen den Augenschein. Sei nah und wirke, lass uns sehen, dass du dich nicht abgewandt hast.

Montag, 8. Januar — Markus 1,40–45

Frei von Berührungsängsten

Vermutlich kennen wir das alle: Manche Menschen packen einfach zu, wenn es nötig ist; sie haben keine Angst vor Nähe. Andere erleben wir in dieser Hinsicht eher als zögerlich, zurückhaltend, zurückschreckend.

Von Jesus von Nazaret erzählen die Evangelien immer wieder, dass er einer ist, der sich stets bereitwillig mit vollem Einsatz einbringt – wenn es darauf ankommt. Ohne ausgefeilte Risikoabwägung, ohne langes Nachdenken, ohne Wenn und Aber. So auch in der heutigen Erzählung aus dem Markusevangelium.

Da kommt jemand auf ihn zu, den man in der Antike aus mehreren Gründen meiden, ihm aus dem Weg gehen sollte: Aussätzige gelten nicht nur als kultisch unrein und können andere unrein machen, sondern von ihnen geht auch eine ganz konkret körperliche Ansteckungsgefahr aus. Und dies kann ich sehen. So erklärt sich, dass Aussätzige aus den Städten verbannt und gekennzeichnet werden, damit ich ja nicht in Berührung mit ihnen komme.

Genau so ein Aussätziger nähert sich Jesus und bittet um Heilung. Und was tut Jesus? Weder weicht er erschrocken zurück noch schreit er um Hilfe angesichts der ungeheuerlichen Annäherung – ganz im Gegenteil: Jesus schaut voller Mitleid auf diesen bedürftigen Menschen und er erfüllt ihm seinen Herzenswunsch nach Heilung. Aber nicht etwa aus der sicheren Distanz durch ein Wort, sondern er streckt seine Hand aus und berührt den Menschen. Jetzt erst wird klar, wie nah ihm dieser Mensch bereits gekommen ist – nur eine Armlänge entfernt. Kein Sicherheitsabstand von 1,5 Meter wird eingehalten. Und selbst das toppt Jesus noch, indem er ihn ganz konkret anfasst. Ohne Rücksicht auf Konventionen oder Ansteckungsgefahr – Jesus geht auf Tuchfühlung. Und genau das heilt – und fragt auch uns heute an nach unserer Bereitschaft, denen nah zu sein, die unsere Zuwendung brauchen.

HEINER WILMER SCJ

Du naher Gott: Gerade in unserer auf Sicherheit bedachten Zeit lass mich stets ein offenes Herz und offene Hände haben für alle, die mich brauchen. Dass ich mich berühren lasse und dass ich berühre, wo Berührung heilsam ist.

Voller Einsatz – ohne Worte

Das Wort »Gutmensch« hat eine leidvolle Verwendungsgeschichte erleben müssen – mitunter wird es geradezu abschätzig, als Schimpfwort gebraucht. Das finde ich schade, denn »Gutmenschen« verstehe ich als solche, die anderen Gutes wollen, die sich für die gute Sache einsetzen.

In der heutigen Erzählung begegnen mir gleich vier dieser »Gutmenschen« – nämlich die vier, die den Gelähmten zu Jesus bringen. Sie zeigen vollen Einsatz für einen anderen, der dazu selbst nicht in der Lage ist. Und sie lassen sich auch von Hindernissen nicht aufhalten: Wenn durch die Tür kein Durchkommen ist, dann eben übers Dach.

Was mich überrascht: Von den vieren sowie vom Gelähmten selbst wird kein einziges Wort, kein Gedanke, kein Gefühl erzählt. Ist der Gelähmte ein Freund der vier Träger? Kann sein, muss aber nicht. Das ist nicht wichtig – entscheidend ist, dass er Hilfe nötig hat.

Wobei: Will er überhaupt zu Jesus gebracht werden? Hat er vielleicht darum gebeten? Auch dies ist keineswegs selbstverständlich vorauszusetzen. Der Geheilte verschwindet jedenfalls am Ende ohne jedes Wort (des Dankes) von der Bühne. Auf den Gelähmten an sich legt der Text keinen Fokus.

Dies dürfte auch bezüglich des Glaubens gelten. Was Jesus zum Handeln bringt, ist »ihr Glaube«, den er »sieht«. Das könnte natürlich auch den Gelähmten miteinschließen; vorrangig wird unser Blick aber auf die vier gelenkt, die oben in der Dachlücke stehen. Deren Glauben sieht Jesus – und das führt schlussendlich zur Heilung des Gelähmten. Ob der Gelähmte selbst auch glaubt? Dies ist (anders als bei anderen Heilungsgeschichten) im vorliegenden Fall offensichtlich nicht wichtig. Der Glaube der vier »Gutmenschen« genügt, auf diesen Glauben kommt es an. Das kann auch uns ermutigen: Mein Glaube kann auch für andere Berge versetzen.

HEINER WILMER SCJ

Treuer Gott, wenn ich selbst gelähmt und ohnmächtig bin – sende mir glaubensstarke Mitmenschen, die mich tragen. Treuer Gott, wenn ich andere gelähmt und hoffnungslos am Boden sehe – lass mich glaubensstark an ihrer Seite sein.

Sag mir, mit wem du isst ...

Äußerlichkeiten sagen (vermeintlich) viel über den Charakter eines Menschen aus: wie ich mich kleide, was ich für Musik höre ... – und vor allem: mit wem ich mich umgebe, wer meine Freundinnen und Freunde sind. Die Redewendung »in guter/schlechter Gesellschaft« sein, spielt darauf an.

In dieser Hinsicht fällt Jesus mit Pauken und Trompeten durch die Qualitätsprüfung durch. Das ist einer der wenigen Punkte, in dem sich die Evangelien einig sind. Und die Gegner Jesu sprechen es gnadenlos aus: Jesus umgibt sich mit den falschen Leuten, er gibt sich mit Gesindel ab. Zöllner, Sünder, Prostituierte – die Liste des wenig schmeichelhaften Freundeskreises ließe sich noch verlängern.

Aber nicht nur, dass Jesus sich mit diesen Leuten abgibt, nein, noch schlimmer: Er isst mit ihnen zusammen. Eine flapsig unbedachte Begegnung könnte man ihm vielleicht noch durchgehen lassen, aber das geht gar nicht. Tischgemeinschaft miteinander zu haben, das beinhaltet geradezu eine intime Nähe. Wenn ich mich bewusst mit Leuten an einen Tisch setze und feiere, dann kann ich auch mit diesen in einen Topf geworfen werden. Damit muss ich zumindest rechnen.

Jesus scheint das nicht zu stören – ganz im Gegenteil: Er sucht bewusst die Nähe derer, die sonst am Rande stehen und verleumdet werden. Er lässt sich genau mit denen ein, die ansonsten gemieden werden. Und damit verkündet er die anbrechende Königsherrschaft Gottes ohne Worte: mit Taten.

Das macht mich auch heute nachdenklich. Denn auf den rechten Umgang zu achten, das spielt auch bei uns eine große Rolle. Jesus würde bei diesem Spiel nicht mitmachen bzw. die gesetzten Regeln nicht akzeptieren. Und er wäre damit vermutlich auch heute ein Stein des Anstoßes. Ein heilvoller Stein des Anstoßes – denn in der Königsherrschaft Gottes gelten andere Spielregeln, was eine »gute Gesellschaft« ausmacht. Gottes Gästeliste ist umfassend und divers.

HEINER WILMER SCJ

In deiner Königsherrschaft, du guter Gott, ist Platz für alle. Stärke unsere Gastfreundschaft und ermutige uns zu Offenheit.

Markus 2,18–22　　　　　　　　　　Donnerstag, 11. Januar

Wenn Rebhuhn, dann Rebhuhn

»Wenn Fasten, dann Fasten, wenn Rebhuhn, dann Rebhuhn«, ist ein bekanntes Wort von Teresa von Avila. Auch Jesus spricht von Hoch-Zeiten der Freude und Erfüllung und von Zeiten der Trauer und Entbehrung. Er wendet diese Erfahrung auf die Fastenfrage an und nutzt sie zur Selbstoffenbarung: Wenn der Bräutigam da ist, kann nicht gefastet werden! Es ist Hoch-Zeit durch die Anwesenheit Jesu. Die bei den Propheten genannte Hochzeit Gottes mit seinem Volk hat begonnen. Jetzt ist Zeit des Heils, der Aufrichtung und der Freude.

»Es werden aber Tage kommen, da wird ihnen der Bräutigam weggenommen sein; dann werden sie fasten.« Damit deutet Jesus sein Leiden und Sterben an, aber auch die Zeiten bis heute, in denen die Nähe Gottes nicht mehr einfach greifbar und erfahrbar ist, die Zeiten des Gottesverlustes, die Zeiten, in denen Gott allenfalls der Abwesende und Fremde ist und in denen sich die Menschen anderen »Göttern« zuwenden.

Jesus ist radikal. Er möchte keine Flickschusterei. Seine Botschaft taugt nicht dazu, Löcher zu stopfen. Mit ihm kommt etwas so Einzigartiges in die Welt, dass es einer neuen Kleidung, einer inneren Wandlung bedarf. Es geht um eine qualitative Veränderung des Lebens, um Umkehr, um ein Umdenken, um eine neue Beziehung zu Gott.

Deshalb kann es in unserer Hinwendung zu Christus nicht nur ein Herumlaborieren an Symptomen geben. Es geht um Heilung in der Wurzel, eben radikal (von lateinisch radix, »Wurzel«). So wie neuer Wein neue Gefäße braucht, so ist es auch jetzt. Der neue Wein ist Jesus selbst, ist sein eigenes Blut: »Dieser Becher ist der Neue Bund in meinem Blut, das für euch vergossen wird«, wird er sagen. Jesus braucht neue Menschen, neue »Trinker«, die selbst bereit sind, sich keltern zu lassen wie er, Menschen, die bereit sind, mit ihm »Blutsverwandtschaft« zu bilden und in der Kraft des Geistes Gemeinschaft der Kirche: durch den Wein der Eucharistie, das Blut Christi.

　　　　　　　　　　　　　　　　FRANZ-JOSEF BODE

Herr, lass mich dich heute als liebenden Bräutigam meines Lebens erkennen und erfahren! In deiner Nähe möchte ich meinen Alltag gestalten und mich so immer tiefer in dir verwurzeln.

Freitag, 12. Januar — Markus 2,23–28

Gebote für Menschen, nicht Menschen für Gebote

Immer tiefer werden die Menschen um Jesus in das Geheimnis seiner Person geführt. Denn immer deutlicher zeigt sich, dass dieser Menschensohn mehr ist als einer der bisherigen Propheten und Priester. Er stellt die gewohnte Ordnung auf den Kopf, oder besser: Er erschließt neu ihren tiefen Sinn. Er zeigt: Selbst das Gebot der Sabbatruhe folgt keinem Selbstzweck, weder für Gott noch für die Menschen, sondern es dient der Unterbrechung des Alltags zur Verherrlichung des immer größeren Gottes und zum Heil der Menschen.

Diese gemeinsame Unterbrechung des Alltags in der jüdisch-christlichen Tradition gehört zu den großen Geschenken an die Menschheit: Ein gemeinsames Aufatmen, am Sabbat oder am christlichen Sonntag, gehört zur Lebensgestaltung des Menschen dazu: ein Sabbat, ein Sonntag, eine gottgewollte Unterbrechung der Anstrengungen des Menschen.

Aber selbst diese hoch zu schützende Hilfe zum rechten Mensch-Sein ist relativ vor dem Gott, der größer ist als alle Gebote und Vorschriften, die den Menschen gegeben sind. Dieser immer Größere begegnet uns in Jesus Christus. Er hält mit seinem Größer-Sein, seinem Herr-Sein die Menschen nicht klein, um selbst in seiner Größe zu wachsen. Nein, er will freie Menschen mit aufrechtem Gang, die in seiner Spur spüren, was angemessen und wichtig ist in den verschiedenen Lebenssituationen. Der Herr über den Sabbat bleibt der Gott der Menschen, für die er da sein will und denen er Möglichkeiten zur freien Entscheidung über ihr Leben an die Hand gibt.

Das ist Autorität, die den Gehorsam der anderen nicht braucht, sondern vielmehr deren Wachstum und Freiheit will (lat. auctoritas von augere, »mehren«). Der Menschensohn, der das Herr-Sein über den Sabbat Gott gleich beansprucht, ist zugleich Gottessohn für die Menschen und mit den Menschen, um sie zum Leben zu ermächtigen.

FRANZ-JOSEF BODE

Herr, du bist der immer Größere über alle meine Vorstellungen und Regeln hinaus. Ich danke dir, dass ich mich dir heute tiefer anvertrauen und den Menschen in neuer Freiheit begegnen kann.

Markus 3,1–6 — Samstag, 13. Januar

Heilung erfahren – gerade am Sabbat

Wieder geht es um den Sabbat, und zwar so zugespitzt, dass man am Ende beschließt, Jesus umzubringen. Denn hier wird noch deutlicher, wie Jesus den Sabbat versteht: nicht als starres Gesetz, das unbedingte formale Erfüllung verlangt, sondern als Gottes Möglichkeit, Menschen zum Heil zu verhelfen.

»Steh auf und stell dich in die Mitte!« Dieser Satz ist auch die Mitte dieser Erzählung. Denn die verdorrte Hand steht ja für all die verdorrten Hoffnungen von Menschen, für alle Resignation bis zur Handlungsunfähigkeit, in die Menschen geraten können. Der Mensch gerät damit an den Rand, weil er sich nicht recht einzubringen vermag in die Gemeinschaft.

»Steh auf und stell dich in die Mitte!« Der Sinn des Sabbats besteht darin, Gott in die Mitte zu stellen, aber mit ihm auch sein Ebenbild, den Menschen. Ja, der Dienst am kranken und angeschlagenen Menschen kann mehr Sabbatgottesdienst sein als der Besuch des Tempels oder der Synagoge oder der Vollzug der Hausliturgie. Wie viele Menschen in Diakonie und Caritas vollziehen diesen Gottesdienst im Menschendienst jede Woche auch an Sonn- und Feiertagen?!

Die Reaktion Jesu ist eine ganz menschliche Regung von Trauer und Zorn. »Steh auf und stell dich in die Mitte! Hier wirst du auch am Sabbat Heilung erfahren, gerade am Sabbat!« – Jesus wird sterben, weil er sich zum Herrn über den Sabbat aufschwingt und damit beansprucht, Gott zu sein, der Gott des Lebens und des neuen Anfangs, besonders da, wo alles so unmöglich erscheint.

So lebensentscheidend ist es im christlichen Glauben, ob wir Menschen vom Rand in die Mitte holen, die Kranken, Armen, Hoffnungslosen, Marginalisierten und durch die Maschen der Sozialnetze Fallenden. Nur eine Kirche, die die Unterbrechung des Sonntags so lebt, dass sie Menschen noch besser in ihren Lebens- und Leidenssituationen erreicht, ist eine Kirche im Sinne Jesu Christi. Nur wer so handelt, verdient den Namen Christ.

FRANZ-JOSEF BODE

Herr, auch mich holst du heute mit meinen Lähmungen und Trockenheiten in die Mitte zu dir, um mich zu heilen. Hilf mir, dieses Heil allen weiterzuschenken, die an den Rand geraten sind.

Sonntag, 14. Januar — Psalm 148

Das irdene Gotteslob

Im Himmel? Ja klar, da tummeln sich die Engel und Erzengel; die haben es nicht schwer, Gott zu loben – sie sind wohlgelitten da oben, tragen prächtige Kleidung, haben Flügel für die Leichtigkeit, sie stehen im Licht. Doch »die im Dunkeln sieht man nicht« (sang Bert Brecht in der »Dreigroschenoper«). Über dem Erdenkreis liegt Dunkel, der Rauch der Kriege versperrt die Sicht, die Wolken der Verzweiflung trüben die Augen, der Schatten der Ungerechtigkeit hat die Sonne verfinstert. »Lobet den Herrn auf Erden!« Das ist durchaus leichter gesagt als getan. Uns fehlt die geflügelte Leichtigkeit der Engel doch sehr!

Anders als die himmlischen Heerscharen haben wir nicht so viele gute Nachrichten. »Friede auf Erden und den Menschen ein Wohlgefallen« – auf solche Sätze sind die Engel abonniert (wie an Weihnachten zu hören war), aber uns gehen sie nicht so leicht von den Lippen. Zu viel Unfriede und zu viel Hässliches ist in der Welt und ragt in unsere Leben hinein. Gott loben auf der Erde?

Wie soll das gehen? Vielleicht, indem wir tun, wozu wir geschaffen sind. Der Psalm zählt auf und spannt den Bogen weit: Fische und Vögel, Hagel und Nebel, Berge und Hügel, Bäume und Tiere, die loben, indem sie sind, was sie sind – durch Blüte und Frucht, Laut und Lied, durch Farben, Weite, Grün im Frühjahr und Rot im Herbst. Loben wir Gott durch unser Menschsein?

Ich verstehe es so: durch Zuwendung und Respekt, durch Toleranz und Liebe, durch Achtung vor Mensch und Schöpfung, Aufmerksamkeit für das Bedrohte und für die Verletzten, durch »Ehrfurcht vor dem Leben«, wie Albert Schweitzer es genannt hat.

So loben wir Gott »auf Erden« – und weil er nicht fern im Himmel haust, sondern bei uns ist, nah und lebendig, freut er sich am irdenen Gotteslob. Und wir verändern die Welt, dass sie nicht im Dunkeln bleibt.

THOMAS WEISS

Gott, hier, auf der Erde, in all dem Lärm, der Hitze, dem Rauch, lobe ich dich. Hier, wo die Klage näher liegt als der Dank – und wo du zuhause bist, weil du deiner Schöpfung einwohnst und weil du an unserer Seite gehst.

1 Timotheus 1,1–11 — Montag, 15. Januar

Einführung zum 1. Timotheusbrief auf Seite 419 f.

Eine liebevolle Erinnerung

Eine liebevolle Erinnerung, wie sie Paulus an Timotheus wendet, könnte ich auch immer wieder gebrauchen. Eine Erinnerung ausgesprochen von einem Vater zu seinem Sohn, von einem Mentor an seinen Mentee, einer Lehrerin an ihre Schülerin.

Eine liebevolle Erinnerung an das allem zugrundeliegende Ziel und an die Zielgruppe meines Wirkens. Eine Erinnerung, den Fokus zu wahren und sich nicht von Irrelevantem ablenken zu lassen. Eine Erinnerung, die göttliche Erbauung anzuvisieren, anstatt sich in Streitfragen zu verlieren.

Auch eine Erinnerung an die Ökumene? Wie oft verliert man sich im ökumenischen Dialog in Streitfragen – in Unterschieden, die ein Zusammenkommen scheinbar unmöglich machen, und vergisst dabei das eigentliche Ziel. Gewiss kann man Paulus' Aufforderung unmittelbar als Leitfaden und Verweis für die Ökumene sehen.

Was wir in unserem Umfeld sagen und tun, hat Bedeutung. Wie wir sprechen oder handeln, zeigt immer etwas von unserem Herzen. Und warum wir agieren, wie wir agieren, kann Zeugnis unseres Glaubens sein. Das oberste Ziel sollte dabei stets sein, aus reinem Herzen, gutem Gewissen und ungeheuchelter Überzeugung all unsere Mitmenschen und uns selbst zu lieben – in Wort und Tat, in Gedanken und Reaktion.

Wie schwer das manchmal fällt, wenn sich der Andere meiner Perspektive nach seltsam verhält. Wenn sich Menschen in mein Umfeld begeben, die ich dort nicht haben will, deren Ansichten, Einstellungen, Interessen mich abschrecken. Doch das Gebot »zu lieben« macht keine Ausnahmen. So muss ich mir selbst immer wieder eingestehen, dass ich doch nicht besser bin als der Andere. Gott ist gekommen für die Ungerechten, für die, die ohne Gott oder in Sünde leben, die Gebote brechen. Und in dieser Gruppe finde ich mich selbst immer wieder.

GABRIEL MICHAILIDIS

Gnädiger Gott, danke für diesen Morgen. Danke für Mentoren und Vorbilder. Danke dafür, dass dein Wort mich immer wieder auf das Wesentliche meines Seins hinweist. Erfülle mich mit Demut und schenke mir auch heute die Kraft, den Mut und den Willen, meine Mitmenschen zu lieben. Lass mich durch deinen Segen ein Segen für Andere sein.

Dienstag, 16. Januar — 1 Timotheus 1,12–20

Angewiesen auf das Geschenk der Gnade

Gestern ging es um eine Erinnerung an Ziel und Zielgruppe. Ich musste feststellen, dass ich selbst Teil dieser bin. Dass ich Gebote breche, in Sünde lebe und ungerecht agiere. Im heutigen Text stellt sich Paulus auf unsere Seite. Er macht deutlich, dass er der erste unter den Sündern gewesen ist – er Teil derselben Gruppe ist und Gott ihn dennoch erwählt hat.

Gott sandte seinen Sohn. Jesus wirkte Wunder, starb zur Vergebung unser aller Sünden und fuhr zum Himmel hinauf. Paulus durfte seinen Mitmenschen von dem mit eigenen Augen Gesehenen berichten und seinen Mitmenschen Jesu Liebe weitergeben. Aus Jesu Schüler Paulus wurde ein Lehrer, aus dem Mentee ein Mentor – durch das Gnadengeschenk Gottes. Paulus als Mentor prägte weitere Mentees und so nahm die Geschichte ihren Lauf, sodass wir auch heute noch das Evangelium lesen.

Ich ertappe mich immer wieder dabei, wie angewiesen ich auf die Gnade Gottes bin und wie sehr dies in meiner Natur liegt. Menschen machen Fehler. Ein potenzieller Grund: »Verletzte Menschen verletzen Menschen.« Dieses Verhalten abzulegen, wäre ein erster Schritt. Sich zu distanzieren von Gefühlen, diese zu fühlen, aber zu vermeiden, sie an seinen Mitmenschen auszulassen. Und wie oft hänge ich doch noch im »Auge um Auge, Zahn um Zahn-Denken« fest? Selbst wenn ich mich anstrenge und mir ein »Zahn um Auge und Nase um Zahn« gelingt, so fällt es doch schwer, die Dinge ganz loszulassen.

Wir sind angewiesen auf Gottes Gnade und, dass wir diese erfahren dürfen, ist ein riesiges Geschenk. Sie ermöglicht uns, unsere Schuld abzulegen und ohne Scham – so wie Paulus einst – in Gottes Gegenwart zu kommen. Die Einladung ist längst ausgesprochen und wir dürfen sie Tag für Tag annehmen.

GABRIEL MICHAILIDIS

Liebender Vater, das Geschenk deiner Gnade ist das wichtigste für mich. Danke für deine rettende Botschaft. Lass mich immer wieder erkennen, wie sehr ich darauf angewiesen bin, und ziehe mich zu dir. Hilf mir dabei, dir von Tag zu Tag ähnlicher zu werden. Lass mich ein Vorbild sein für die Menschen um mich herum, auf dass sie Vorbilder sind für ihre Mitmenschen.

Vom Loslassen und Vertrauen

»Ich schaffe das!«, denke ich mir, »ich muss jetzt nur richtig durchziehen und dranbleiben.« Ich genieße es, meinen Alltag zu strukturieren, bei der Arbeit die Kontrolle zu haben und mich in Sicherheit zu wiegen. Ich verliere mich dabei in einer zielorientierten Haltung, die erschüttert wird, sobald etwas nicht wie geplant funktioniert. Ich erinnere mich dann daran, dass Gott bei mir ist. Es gilt loszulassen, die Verantwortung an den abzugeben, der sie ohnehin schon trägt. Gott ist da und Gott meint es gut – zu jeder Zeit! Darauf dürfen wir vertrauen.

So oft müssen wir im Alltag Verantwortung abgeben – an Menschen in politischen Ämtern, auf Chefpositionen, oftmals an die Menschen, die Entscheidungen über uns treffen, über unsere Arbeit, Karriere, Wohnorte. Auch hier gilt es loszulassen, zu vertrauen. Mir persönlich fällt das oft schwer. Gern habe ich die Kontrolle über die Situationen. Was mir in diesem Moment schwerfällt, könnte eigentlich eine Erleichterung sein. Ich muss meinen Alltag nicht allein bewältigen, ich darf ihn an Gott abgeben. Und ist es nicht auch entspannend zu wissen, dass man nicht alle politischen Entscheidungen selbst fällen muss? Dass man sich das passende Medikament nicht eigenständig verschreiben muss?

Die heutige Bibelstelle fordert uns auf zum Gebet – zum Dank und zur Fürbitte – für uns selbst und für unsere Mitmenschen. Gott wünscht sich die Rettung aller und wie schon für Timotheus gilt auch heute noch die Aufforderung, allen Menschen in ehrlicher, unvoreingenommener Liebe zu begegnen und Anliegen und Nöte vor Gott zu bringen. Wir sind aufgefordert, für unsere Mitmenschen zu beten, und auch explizit für die, die Macht ausüben. Die Dinge abzugeben und zu vertrauen. Paulus nach kann uns das unmittelbar zu einem von Gott gesegneten, ruhigen Leben in Rechtschaffenheit und Frömmigkeit führen.

GABRIEL MICHAILIDIS

Allmächtiger Herr, danke für ... Du siehst, wie schwer ich mich manchmal tue, die Dinge loszulassen und abzugeben. Ich möchte dich heute bitten ... Lass mich deinen Segen und dein Dasein in jedem Moment meines Alltags erleben und darauf vertrauen.

Und heute?

Die Zeilen des heutigen Bibeltextes sprechen zu uns aus einer anderen Zeit. Sie legen das Rollenverständnis von Mann und Frau von der Schöpfungsdarstellung her so dar: Adam wurde zuerst geschaffen, Eva wurde zuerst verführt. Im Neuen Testament wird die Schuld Adams nicht aufgehoben (Röm 5,12–21). Dennoch wird eine »Unterordnung« in der Abfolge Gott – Christus – Mann – Frau genannt (1 Kor 11).

Heute finde ich die Würde des Menschen als Mann und als Frau schon in der gemeinsamen Gottesebenbildlichkeit. Sie ergänzen sich. Sie sind ihrem Schöpfer verantwortlich. Im Neuen Testament werden die Abgrenzungen zugunsten der Einheit in Christus aufgehoben (Gal 3,28).

Wie nun fordern diese Sätze uns heraus, die wir zwischen männlichen respektive weiblichen Klischees und genderisierendem Befreiungsschlag existieren? Die Anweisung für das Gebet der Männer lautet: eine intakte Beziehung zu Gott und den Menschen zu pflegen. Zorn und Zweifel abzulegen. Gegen den Zorn hilft die erfahrene und weitergegebene Vergebung. Gegen den Zweifel hilft die Verankerung im Rettungswillen Gottes und in seinem Heilsweg durch Christus (V. 4–5). – Die Frauen werden angesprochen: Der Glanz des Verhaltens stehe über äußerem Styling (V. 9–10). Sein vor Schein. Das Lernen stehe vor dem Lehren. Das Kinderkriegen bleibt positiv den Frauen vorbehalten und würdigt sie.

Uns stößt die »Unterordnung« des patriarchalen Geschlechterverständnisses jener Zeit auf? Was bleibt für heute? Männer werden zum Beten mit heiligen Händen aufgefordert. Die Frauen zum Bleiben in Glaube, Liebe und Heiligung. Meinen Teil dieser damaligen Herausforderung will ich heute mit in den Tag nehmen.

ROLAND SCHARFENBERG

Wir beten zu dir, Herr, an allen Orten, wir Männer und Frauen. Wir nennen dir alle Menschen, die Regierungen, wen auch immer du uns jetzt aufs Herz legst. Hilf uns, so zu beten, dass wir dabei nicht uns selbst und nicht anderen im Wege stehen.

1 Timotheus 3,1–13　　　　　　　　　　Freitag, 19. Januar

Wir erwarten ...

So heißt es in Stellenanzeigen. Auch hier: Wenn Gott aus Gnade ein neues Leben »in Christus« schenkt und erlöst, führt das nicht zu grenzenloser Freizügigkeit. Das sei ferne! (Röm 6,1 f.) Gottes Gnade prägt den Charakter neu und verwandelt das Leben. Die Frucht des Geistes (Gal 5,22 f.) wird an und unter uns sichtbar. Wir werden verwandelt. Christus spiegelt sich in uns. Das wird insbesondere von denen gefordert, die eine Leitungsverantwortung in der Gemeinde wahrnehmen. Von den »Bischöfen«, die auf die Herde achten und sie im Wort Gottes und im Gebet weiterführen. Von den Diakonen, die die Herde praktisch unterstützen und Hilfestellung geben.

Mir begegneten zwei gegensätzliche Auffassungen: Das »Berufliche« dürfe nicht mit dem Privaten zusammengesehen werden. Wie es im Leben des Pfarrers (oder Ältesten) aussieht, wie er oder sie gar ihr Leben gestaltet, sei für seine oder ihre Amtsführung unerheblich. Andere fordern: Wir müssen die hier genannten Anforderungskriterien der Reihe nach prüfen und abhaken. Nur wenn alles genügend erfüllt ist, sei die Person einsatzfähig und diensttauglich.

Ein »Pastoralbrief« will pastorale Wegweisung geben. Und das nicht nur für die Schafe, sondern eben auch für die Hirten. Was hier aufgezählt wird, ist für mich ein Spiegel, in den ich auch nach vielen Dienstjahren immer wieder schauen möchte und sollte. Alle, die in der Gemeinde mitarbeiten und Leitungsverantwortung übernehmen, mögen diesen Spiegel nicht zuhängen.

Nur zum ersten Kriterium: »Untadelig« heißt nicht »ohne Sünde«. Das würde unsere Leitungsgremien völlig leeren. Theologisch gesehen sind wir »untadelig« dadurch, dass Gott uns durch den Glauben an Christus rechtfertigt und uns ein neues Leben schenkt. Das verwirklicht sich in einem Lebenswandel, der auch im Umfeld der Gemeinde nicht anstößig ist. Die folgenden Kriterien dieser Listen helfen, dies zu spezifizieren.

　　　　　　　　　　　　　　　ROLAND SCHARFENBERG

Angenommen und berufen hast du uns, du treuer Hirte der Schafe. Fülle uns mit deiner Liebe, damit wir freiwillig und von Herzensgrund auf uns achten und auf die, die du uns anbefohlen hast.

Samstag, 20. Januar — 1 Timotheus 3,14–16

Das große Geheimnis

Geheimnisse sind faszinierend. Sie lösen einen Schauer aus. Ein Geheimnis zu teilen, schweißt zusammen. Im Sprachgebrauch des Neuen Testaments bezieht sich »Geheimnis« auf etwas, das früher verborgen war, nun aber offenbar ist. Durch Christus und den Dienst der Apostel sind diese Aspekte des Heilsplans Gottes bekannt gemacht.

Das Geheimnis des Glaubens ist groß. Nicht allein mit unserer Vernunft, mit Wissenschaften und Philosophie, ist es zu enträtseln. Es begegnet uns in Person und Wirken Jesu Christi. Es wird durch Glauben angenommen und angebetet.

Wo dieses Geheimnis des Glaubens angenommen ist, entsteht Zusammengehörigkeit im Haus Gottes, in der Gemeinde. Ein Zusammenhalt, der inwendig hält und stützt und der im äußeren Verhalten ablesbar ist. Deshalb auch die Anordnungen fürs Gemeindeleben in diesem Brief. Doch wesentlicher als Anordnungen ist die Füllung von innen heraus. Eben das große Geheimnis, in das uns Christus hineinnimmt. Sechs kurze Sätze bekennen seinen Weg und sein Werk. Es umfasst die Gegensätze von Fleisch und Geist, himmlischen Wesen und irdischen Völkern, unserer Welt und der Herrlichkeit Gottes. Es vollzieht sich in Verkündigung (offenbart, erschienen, gepredigt) und in Annahme (gerechtfertigt, geglaubt, aufgenommen). Es vollzog sich in seiner Menschwerdung und durch göttliche Bestätigung bei seiner Auferstehung. Dieses Heilsgeschehen wird im Himmel und unter den Menschen gehört. Er, der Christus, wird in der Welt und im Himmel angenommen.

Wenn ich das meditiere, nimmt ER Raum ein in mir. Er gibt mir festen Grund und stabile Stütze. Ich erfahre mich als ein Hausgenosse in der Gemeinde des lebendigen Gottes. Es ordnet meine Lebensführung. Ich bin versorgt für die Zwischenzeit und »in den letzten Zeiten« (4,1).

ROLAND SCHARFENBERG

Herr, Jesus Christus, nicht gewohnheitsmäßig möchte ich an dich denken und mit dir leben. Weihe mich immer neu ein in dein großes Geheimnis des Glaubens. Lass es mich erfüllen und hinausstrahlen in unsere christliche Gemeinschaft und mein Verhalten in der Welt.

Ein offenes Ohr, ein liebendes Herz und eine tätige Hand

Gleich zu Beginn des Psalms wird ein nahezu (geo-)graphisches Beziehungsbild zwischen Gott und Mensch gezeichnet. Zwischen ihren Standorten scheint es eine gewisse Distanz zu geben, die das Herabneigen Gottes erfordert, um sie zu überwinden. Bei diesem Entgegenkommen Gottes handelt es sich nicht um eine Einbahnstraße; ihm gehen das Rufen und Flehen des Menschen – durch den Mund des Psalmisten – voraus. Gott schenkt dem Menschen ein offenes Ohr, er hört ihm aufmerksam zu, vernimmt seine Klage, seine Sorgen, schlicht alles, was ihm auf dem Herzen liegt. Es handelt sich um ein aktives Zuhören, dem die Antwort durch aktives Handeln, die tätige Hand Gottes folgt.

Der Psalmist ist sich dieser Antwort Gottes sicher. Sein Vertrauen beruht auf der Erfahrung des Volkes Israel mit seinem Herrn, denn Gutes und Wundersames hat der Herr an seinem Volk getan, seine starke Hand und sein ausgestreckter Arm haben es in die Freiheit herausgeführt (Dtn 7,19). Das Bekenntnis des Psalmisten zum Herrn entspricht dem ungebrochenen Wort Gottes »Ich bin der Herr, dein Gott« (Ex 20,2). Gott hat mit dem Menschen einen Bund geschlossen und ist diesem treu geblieben. Der Bund bedarf allerdings zugleich der Antwort des Menschen. Auch der Mensch muss sein Ohr und vor allem sein Herz öffnen für die Weisung Gottes.

Der innige Wunsch, Gott nahe zu sein, und die Erkenntnis der eigenen Schwäche gehen Hand in Hand. Beides bereitet den Boden im Herzen des Menschen für den Empfang der Gnade Gottes vor. Die Eigenschaft des Menschen als dienstbarer Knecht vor Gott zu leben, lässt auch das neutestamentliche Bild vom Sohn Gottes in »Knechtsgestalt« (Phil 2,7) anklingen. In dieser hat er den ganzen Menschen angenommen, dem Unheil des Todes entrissen und damit alle Grenzen aufgehoben. Seines offenen Ohres, seiner tätigen Hand und seiner endlosen Liebe dürfen wir jeden Tag unseres Lebens gewiss sein.

MARINA KIROUDI

Öffne unsere Lippen, damit sie deinen Namen verherrlichen. Lenke unsere Hände, damit sie deine Gebote ausführen. Richte unsere Füße auf den Weg deines Evangeliums. Stärke uns durch deine Gnade.

Montag, 22. Januar — 1 Timotheus 4,1–11

Mit Dank

Wir sitzen im Bahnhof auf einer Bank, drei junge Frauen. Kurze Rast zwischen zwei Zügen. Wir packen unsere Brote aus. Und dann sehe ich, wie meine Nachbarin ein Kreuz über ihr Brot zeichnet. Bedächtig, schlicht, nicht hastig und verstohlen, nicht auf Effekt aus, nicht zur Beschämung. Wie eine gute, selbstverständliche Gewohnheit.

Diese kleine Begebenheit, die sich vor vielen Jahren zugetragen hat, ist mir bis heute im Gedächtnis geblieben und meldet sich, als ich den Tagestext lese. Der Autor hier hat seinen eigenen Anlass, das Thema Dankbarkeit anzusprechen. Es gibt umtriebige Leute in seiner Gemeinde, die durch extrem asketische Forderungen die Gläubigen verunsichern. »Sie verbieten die Heirat und fordern den Verzicht auf bestimmte Speisen.« (V. 3) Es ist nicht nur die Sorge um die Einheit seiner Gemeinde, die ihn umtreibt – offenbar sind schon Parteiungen entstanden, die sie bedrohen! Es ist die hinter diesen Forderungen stehende Weltsicht, die dem Glauben widerspricht und ein klärendes und zurechtweisendes Wort des Gemeindeleiters fordert. Im Grunde ist es die Versuchung des alten Dualismus Geist und Materie, die sich hier christlich etablieren will. Die böse Welt steht dem guten Gott entgegen. Darum muss ich gegen sie ankämpfen und mich von ihr lösen, soweit es geht, will ich das ewige Heil erlangen. Gott aber blickt wohlwollend auf das, was er geschaffen hat, und nennt es gut und lebenswert (Gen 1,31a). Der gute Geber gibt gute Gaben. Sie mit Blick auf ihn in Dankbarkeit genießen, das ist der rechte Umgang mit ihnen. Sie sind kein Hindernis zu Gott, sondern Gelegenheit, dem lebendigen Gott zu begegnen und darin dankbar die Einheit mit ihm und mit seiner Schöpfung zu leben und zu feiern. Aber auch die Wunden unserer geschundenen Schöpfung schmerzlich zu spüren. Und sie ihm hinzuhalten, dem großen und geheimnisvollen Gott, dessen Liebe unwiderruflich ist. Und ist dann nicht alles Gabe, was mir das Leben schenkt? Es kann mir Brücke zu meinem Gott werden.

JUTTA BRUTSCHECK

Lebendiger und guter Gott, lass uns mit deiner Schöpfung behutsam und dankbar umgehen.

Authentisch sein

Wer Verantwortung übernimmt, sei es ehrenamtlich oder beruflich, setzt sich unweigerlich den kritischen Blicken derer aus, für die er zuständig ist: Ist er zu jung oder zu alt, spricht er zu laut oder zu leise, tritt er zu schüchtern auf oder zu selbstbewusst, zu steif oder zu leger? – Wie kann der Leiter einer christlichen Gemeinde das rechte Maß finden und eine natürliche Autorität verkörpern oder erlangen? Der heutige Text gibt wertvolle Hinweise. Zunächst: Wenn du zur Gemeinde sprichst, ihr das Evangelium auslegst und verkündest, sollst du der Erste sein, der das lebt, was du verkündest und im Namen des Herrn einprägen willst. Dann ist deine Rede authentisch, von deinem Leben gedeckt. Und das spüren die Menschen. Sie übersehen dann gern auch äußere Fehler und Mängel. Wenn die Worte der Predigt ungelenk und mühsam vorgebracht werden – das zählt nicht, wenn man spürt, dass der Prediger dahintersteht. Dabei geht es nicht um Perfektion, sondern um ehrliches Bemühen. Fatal wäre hingegen ein Auseinanderklaffen von Wort und Leben, etwa im Sinne der Redewendung Heine'scher Herkunft: Sie predigen öffentlich Wasser und trinken heimlich Wein.

Ein Zweites (das sich aber aus dem Ersten ergibt): Es bedarf einer tiefen Verwurzelung des Amtsträgers im christlichen Glauben, einer innigen Verbindung mit Christus, die Festigkeit verleiht und Flexibilität zugleich. Er, der die Menschen angeschaut hat, sich vergewissert hat, was ihnen fehlt, sie als Individuen und einmalige Kinder seines Vaters behandelt hat, wird in dem Vorsteher und Verantwortlichen eben dies bewirken: dass er den ihm Anvertrauten mit Liebe begegnet und zu mehr Leben verhelfen kann. Man braucht wohl ein ganzes Leben, um dies zu lernen. Aber wer selbst auf dem Wege ist, kann auch andere dazu ermutigen, sich auf den Weg zu machen, konsequent auf dem Weg zu bleiben oder auch neue Wege zu gehen. Er wird spüren, was dem Menschen guttut, und das wird auch ihm guttun.

JUTTA BRUTSCHECK

Du Herr deiner Kirche, schenke ihr gute Vorsteher, die fest in dir verwurzelt sind, und ihre Gemeinden mit Liebe leiten.

Abbruch und Neubeginn

Es ist »das Herkömmliche bei Frauen …, sich dem himmlischen Liebhaber als dem zweitbesten zuzuwenden«, sagt im Buch »Der grüne Delphin« von Elizabeth Goudge die Äbtissin einer jungen Frau, deren Liebesbeziehung auf tragische Weise zerbrochen ist und die im Kloster Hilfe sucht. Sie wird schließlich Frieden und Erfüllung in einem Leben als Ordensfrau finden.

Auch für die Witwen aus unserem Text ist ein früheres Leben jäh abgebrochen – offenbar kein Einzelphänomen in der Christengemeinde, deren junger Vorsteher Weisungen für den Umgang mit ihnen erhält. Was die materielle Not angeht, in die mittellose alleinstehende Witwen geraten können, sind Wege möglich. Zuweilen können Verwandte helfen, zuweilen begüterte mildtätige Fremde; eine zweite Heirat kommt vielleicht in Frage. Es kann aber auch ein ganz neuer, sinnvoller Lebensabschnitt beginnen. Wir haben einen Text vor uns, der den Beginn einer frühkirchlichen Institution zeichnet, des Witwenstandes. Anstelle einer zweiten Heirat oder eines Lebens im Haushalt einer anderen Person konnten Witwen sich verbindlich Gott weihen und ihr Leben vornehmlich dem Gebet, aber auch der sozialen und seelsorglichen Arbeit in der Gemeinde widmen. So ergab sich für sie eine neue Perspektive mit sinnvollen, erfüllenden Aufgaben, während zugleich ihr Unterhalt von der Gemeinde gesichert wurde. Freilich, so gibt unser Text zu erkennen, waren auch Bedingungen an die Zulassung zum Witwenstand geknüpft. Und er war offenbar rechtlich verbindlich. Von einer direkten Witwenweihe ist hier allerdings noch keine Rede. Nicht lange hat sich diese Lebensform in der frühen Kirche erhalten. Witwenweihen wurden im Mittelalter wieder vollzogen, dann aber nur in den Ostkirchen beibehalten. In der jüngsten Zeit freilich gibt es neue Ansätze dafür auch in der römisch-katholischen Kirche, auch in Deutschland. Eine echte Perspektive für verwitwete Frauen?

JUTTA BRUTSCHECK

Gott, du hast für jeden einen Weg und lässt ihn bei dir enden. Hilf den Frauen, die einen schweren menschlichen Verlust erlitten haben, zu einem Neuanfang, wie auch immer er sich gestalten mag.

1 Timotheus 5,17–25   Donnerstag, 25. Januar

Gut essen nicht vergessen

Was für ein Konstrukt! Der Verfasser des 1 Tim ist nicht Paulus, er schreibt nicht an Timotheus. Er suggeriert das, um Anweisungen für Gemeindevorsteher zu geben. Dann aber finden wir in Vers 23 eine ganz persönliche Empfehlung. Fast banal erscheint die Aufforderung inmitten der Ausführungen über die Lehre und die Verteidigung des rechten Glaubens. Ein Gemeindevorsteher soll es nicht übertreiben mit der Askese, sondern auf die eigene Gesundheit achten. Das ist mir ein wichtiges Merkzeichen in diesem Schreiben.

    Der ganze 1Tim hebt den Vorsteher der Gemeinde sehr hervor. Er ist zuständig, die Gemeinde auf dem rechten Weg zu halten. Er hat eine sehr besondere Rolle. Er soll Vorbild für die Gemeinde sein. Vielleicht ist es ein bisschen viel, was auf ihn projiziert wird. Zum Glück wird er in diesem kleinen Vers deutlich daran erinnert, dass er auch nur ein Mensch ist. Er darf nicht vergessen, dass es außer seiner Rolle noch etwas anderes gibt. Die ganz menschlichen Dinge fordern ihren Tribut. Darauf muss er achten. Es wäre unmenschlich, ganz in der Frömmigkeit und dem Dienst für die Gemeinde aufzugehen. In zwei Richtungen ermahnt diese Erinnerung: Wer leiten will, muss auf die Gesundheit achten, sich selbst und die eigenen Bedürfnisse ernst nehmen. Damit aber steht man in einer Reihe mit allen anderen: nicht besser, nicht schlechter, einfach Mensch mit Menschen. Das beides ist Grundvoraussetzung, um im eigenen Leben Verantwortung zu übernehmen. Christliches Leben – egal in welcher Rolle – ist Teil davon. Also gilt: ab und an weniger verzichten und gut leben! Das macht solidarisch mit anderen und fit für die vielen Aufgaben.

ANNE RADEMACHER

Gott, lass mich genießen, was du schenkst. Gib meinem Leben Weite statt Enge. Lass mich so mit anderen und für sie zum Segen werden.

Freitag, 26. Januar 1 Timotheus 6,1–10

Christentum passt sich an

Den Abschnitt über die Sklaven kann ich schwer ertragen. Lassen sich christliche Sklaven noch besser ausbeuten als andere, weil sie nicht aufbegehren? Sind nicht gerade Christen auch dafür da, ungerechte Verhältnisse zu ändern?! Auch die Begründung reizt mich zum Widerspruch! »Damit die Lehre nicht in Verruf kommt«, passt man sich an. Nur weil man nicht auffallen will, als Glaubensgemeinschaft Ruhe haben will, belässt man die Situation, wie sie ist. Schon ein paar Jahrzehnte nach Paulus gibt es doch wieder Sklaven und Freie. Nichts mit christlicher Einheit – weil die Welt eben ist, wie sie ist. Da hätte ich von den frühen Christen doch ein bisschen mehr »Revoluzzertum« erwartet. Aber – in dieser Anpassung liegt auch ein Schlüssel für heute.

Eine tiefe Überzeugung des 1 Tim ist, dass Gott alle Menschen retten will. Die christliche Gemeinde ist dazu da, dass das alle erfahren. Um die Botschaft des Evangeliums gut platzieren zu können, lassen sie sich ganz auf ihre Umgebung ein. Die Kritik, dass sie irgendwie komisch sind, soll nicht als Hindernis für Jesu Botschaft stehen. Deshalb geht man mit der Zeit und übernimmt die üblichen Standards. Ein Jammer, dass es hier um Sklaverei geht. Aber als Lebensprinzip des Christentums gefällt mir dieser pragmatische Umgang. Glauben muss in der konkreten Welt gelebt werden. Eigene religiöse Regeln werden denen der Umgebung angepasst. So gibt es keinen Stillstand, weil die Welt sich weiterentwickelt. Diese Entwicklung ins Christliche zu übernehmen entspricht dem Stil der Bibel. Da ergeben sich neue Perspektiven, neue Möglichkeiten. Ja, ich kann, egal wie die äußeren Umstände sind, christlich leben. Kluge und kritische Anpassung ist nichts Schlechtes, sondern Ausdruck echten Glaubens und Ermöglichung von Verkündigung. Gebe Gott, dass wir es üben und dabei Ungerechtigkeiten entgegenstehen.

ANNE RADEMACHER

Gott, lehre uns leben mit dir – mitten im Alltag – unter allen Umständen – wandlungsfähig – in Treue zu dir!

1 Timotheus 6,11–21   Samstag, 27. Januar

Schreibend singen

Was macht einen guten Brief aus? Oder wann schreibt sich ein Brief besonders leicht? Günstig ist, wenn sich Absender und Adressat verstehen. Noch besser ist es, wenn sie eine gemeinsame Grundlage haben, über die Einigkeit besteht. Da kann man anknüpfen, da kann über Orte und Zeiten hinweg gelungene Kommunikation stattfinden. Wenn das so ist, kann so etwas passieren, wie wir es in unserem Abschnitt in Vers 15 und 16 finden. Da wechselt plötzlich der Stil, da geht es aus normaler Schriftsprache plötzlich in vorgeformte und feierliche Sprache über. Es wird eine Formel zitiert, vielleicht sogar ein Lied, ein Hymnus. Mitten im Schreiben bricht sich plötzlich der überlieferte Glauben Bahn. Offensichtlich schreibt der Absender aus einer Haltung von Glauben und bewegt davon, diesem Glauben Ausdruck zu verleihen. Dann wird etwas angestoßen und er wechselt zur feierlichen Formel.

Hat das die Adressaten überrascht? Vielleicht. Vielleicht haben sie einfach in Gedanken mitgesungen. So haben sie sich quasi mit dem Absender ihrer gemeinsamen Grundlage vergewissert. So war mehr unbewusst als durch Worte wieder klar, wofür sie gemeinsam unterwegs sind – zur Verkündigung dieses in der Formel gepriesenen Jesus Christus. Vielleicht ist es so passiert, wie es manchmal in unseren Kirchen ist, wenn so ein Text gelesen wird: Da hört man murmelnd aus den Bänken ein Amen. Das mag eine Formel sein, gedankenlos daher gesagt. Aber ich bin überzeugt: Es ist auch ein Jasagen zum Gehörten. Ein Einstimmen in das, was wir mit anderen glauben. Und das brauchen wir so sehr! Wir müssen gemeinsam beten können. Gemeinsam Amen sagen zu unserem Glauben.

ANNE RADEMACHER

Herr Jesus Christus, du König der Könige und Herr der Herren, du allein besitzt die Unsterblichkeit, du wohnst im Licht. Dir gebührt Ehre und ewige Macht.

Vergegenwärtigung Gottes

Ich saß in der Philharmonie in Berlin und lauschte der Aufführung des RIAS-Kammerchors von Händels Messias. Ein wunderbarer Klang erfüllte den Konzertsaal. Und als das Halleluja angestimmt wurde, tönte es plötzlich in der Reihe vor mir ebenfalls los. Die Köpfe ringsum drehten sich dieser neuen Stimme zu, die vor Schreck sofort wieder erstarb. Es hatte eine Konzertbesucherin einfach mitgerissen! Selbstvergessen hatte sie das Halleluja mit geschmettert; versunken in Zeit und Raum mussten die Worte und Töne einfach auch aus ihr heraus. Ich glaube, ich habe vorher und nachher nie wieder ein solch inbrünstiges Halleluja vernommen. Was eigentlich bringt mich zu solch einem Gotteslob? In unserem heutigen Psalm werden die Gläubigen im Hause Gottes zu seinem Lob aufgerufen. Möglicherweise ist dieses Psalmlied fester Bestandteil der gottesdienstlichen Praxis im Tempel gewesen. Eine Tradition, die eigentlich bis heute nicht abgerissen ist. Wo sich Gemeinde Gottes versammelt, da wird zum gemeinsamen Lob aufgerufen. Und das ist gut so. Alleine lobt es sich Gott nicht so gut wie in der Gemeinschaft. Und es braucht auch Räume, in denen sich die Gläubigen gemeinschaftlich Gott vergegenwärtigen. »Sich Gott vergegenwärtigen« – ich brauche das, wenn mir im Alltag Gott fern rückt. Oder wenn mir die Gewissheit verloren gegangen ist, dass Gott an meiner Seite ist und mitgeht. Es hilft mir in meiner Glaubensgewissheit, auch heute mit Gottes Kraft und Beistand rechnen zu dürfen, wenn ich mich in eine gemeinschaftliche Tradition hineinstelle. Zum Beispiel im Gottesdienst in einer Kirche. Es darf natürlich nicht allein dabei bleiben, dass ich Gott lediglich in der Tradition vor Augen habe und über das göttliche Wirken und Handeln in der Vergangenheit ins Jubeln gerate. Ich brauche auch die Vergegenwärtigung Gottes. Hier und heute. In meinem Leben und Erleben. Und dann ist es großartig, wenn es schon Worte und Melodien gibt, in die ich voller Inbrunst mit einstimmen kann.

ULRIKE JUNGE

Ich bitte dich, Gott, dass mich die Erkenntnis deiner Gegenwart heute ins Staunen und Klingen bringt.

Einführung zum 2. Timotheusbrief auf Seite 421

Briefseelsorge

Briefe können Schatztruhen sein. Manche bewahre ich seit langem auf, wie einige meiner Mutter aus dem Studium. Da geht es um mütterliche Sorge und Verständnis. Sie wirken lange nach. Vor diesem Hintergrund lese ich den Brief an Timotheus, der Mut zum persönlichen Glauben macht, zum Leben in und mit der Gemeinde.

Im Namen von Paulus geschrieben nimmt er uns in seine Erinnerung hinein. Gefühle kommen zur Sprache wie zwischen Vater und Kind (1). Der tränenreiche Abschied wühlt auf, auch der tiefe Wunsch, sich noch einmal persönlich zu sehen (4). Beten überbrückt die Distanz und schafft eine Nähe, gemeinsam zu hoffen und zu glauben (3). Timotheus hatte das Glück, durch seine Mutter und Großmutter in den Glauben hineinzuwachsen (5).

Kinder mögen das heute noch erfahren. Doch an vielen geht das vorbei. Der Traditionsabbruch ist eine schmerzliche Erfahrung in Familien und Gemeinden. Zugleich gibt es Initiativen z. B. bei Taufen, den Glauben neu zu »entfachen« (6 EÜ). Hier lebt die Geistkraft auf, die Furcht mit Kraft, Liebe und der Besonnenheit überwindet (1,7). Sie nimmt es mit der Resignation auf, die sich schämt, persönlich und frei vom Glauben zu sprechen. Sie stärkt uns, nicht einzuknicken, wo ein klares Wort erwartet wird. Wenn Haltung gefragt ist, tut es gut, ein kräftiges Wort zu hören und sich ermutigen zu lassen, ob durch Briefe, Gespräche oder digitale Medien. Seelsorge erreicht den anderen, wenn im Schreiben, Zuhören und Sprechen der Klang zu hören ist, von dem unser Glaube lebt: dass der Tod und seine Helfer, die das Leben durch Gleichgültigkeit und Resignation lähmen, ihre Macht verloren haben. Christus hat den Tod überwunden. Das Licht seiner guten Botschaft will leuchten durch alles, was wir sagen und tun.

JÜRGEN THIESBONENKAMP

Gott, du Quelle und Kraft unseres Lebens, wir danken dir für die Menschen, die unseren Glauben stärken, unsere Zweifel aushalten und uns im Auge behalten.

Wer übernimmt?

Wie geht es weiter, wenn ich nicht mehr da bin? Diese Frage treibt viele um: Handwerker, Ärzte, Geschäftsfrauen. Was erarbeitet wurde, soll in gute Hände gehen. Ein Lebenswerk zu übergeben, an dem das Herz hängt und in dem viel Arbeit steckt, will rechtzeitig geplant sein. So geht es auch Paulus.

Der Streit um das Erbe ist schon entbrannt. Gemeinden in der Provinz Asia gehen eigene Wege (15). Paulus kämpft um die Deutungshoheit über das ihm anvertraute Gut (12 f.). Für ihn sind es heilsame Worte (14). In seinen Leiden und der Gefangenschaft in Rom (17) schöpft er daraus Kraft zum Überleben. Das hat seinen Glauben zu einem Erbe wachsen lassen, das er in der Ahnung seines Todes weitergeben will. Timotheus, sein geliebtes Kind (2), soll mit Worten und Taten (13) fortführen, worin Paulus ihm ein Vorbild war. Er soll es tun in der Kraft des Heiligen Geistes (14). Weht hier der Geist christlicher Freiheit? Oder soll Timotheus für sich und seine Nachfolger für immer konservieren, was er als Erbe empfangen hat?

Er soll in der Spur des Paulus bleiben. Diese Erwartung ist da und verpflichtet, wenn er das Erbe nicht verspielen will. Dazu hat ihm Paulus die Hände aufgelegt und gesegnet (1,6). Treue zum Evangelium und den Bekenntnissen wie auch die Bereitschaft, Nachteile und Leiden zu tragen, gehören bis heute zur Ordination und Weihe. Ihren Grund haben sie in der Taufe. Sie verbindet Tradition und persönlichen Glauben bei allen Christinnen und Christen.

Wer aber bewahren will, muss mit Veränderungen leben und sie gestalten. Die Treue zum Evangelium wurzelt im Vertrauen auf die Kraft des Heiligen Geistes. Vom ihm sagt Paulus, dass er ein Geist der Freiheit ist (2 Kor 3,17). Treue treibt nicht in die Enge, sondern wagt neue Schritte. Christen verwalten kein Erbe, sondern leben es aus der Geschichte des Glaubens. Wer eine Nachfolge übernimmt, darf und muss neue Wege wagen.

JÜRGEN THIESBONENKAMP

Heiliger Geist, wir bitten um deine Kraft, damit wir in Treue und Freiheit Menschen auf dem Weg des Glaubens begleiten können.

Dienstanweisung

»Eight is great.« (»Acht ist großartig.«) So lauten Vorgaben von Strategieberatern. Statt sich zu verzetteln, soll mit acht Zielen die Zukunft gewonnen werden. Strategiedebatten prägen auch kirchliches Handeln. Da geht es um geistliche Orientierung, die veränderte Lebenswelt und die Frage, mit welchen Angeboten und Strukturen die Kirche attraktiv bleiben will.

Ähnliche Gedanken bedrängen auch Paulus. Was ihm in »meinem Evangelium« (8) wichtig ist, soll Timotheus an »zuverlässige Menschen« (2) weitergeben. Dank ihrer Fähigkeiten zum Lehren und zum zielgerichteten Handeln will Paulus sicherstellen, dass das Evangelium die kommenden Generationen erreicht. Er erinnert an soldatische Tugenden (»guter Streiter«, 3) und an die Fähigkeit, strategisch zu denken und zu handeln (4). Es geht um Prioritäten, Kernaufgaben und Disziplin, nicht um Kriegsrhetorik. Das zeigen die Beispiele des Wettkampfs und des Bauern (5f.). Nur der gewinnt, der die Regeln und die Ethik des Kampfes beachtet. Wer sich abrackert, darf auch die Ernte genießen.

Diesen an Einsatz und Mühe ausgerichteten Bildern entsprechen die Imperative. Sie fordern auf, stark zu sein (1), anzubefehlen (2), zu leiden (3), das Gesagte zu bedenken (7) und Jesus im Gedächtnis zu behalten (8). Wer dieser Dienstanweisung folgt, soll wissen, worauf er sich einlässt. Das alles verbindet Paulus mit seiner persönlichen Leidensgeschichte (9f.). Was zukünftig zu lehren und zu leben ist, wird an Leiderfahrungen nicht vorbeikommen.

Das muss nicht gleich lebensbedrohlich sein. Es kann schmerzhaft sein, die Kirche schrumpfen zu sehen, wehtun, wenn das Evangelium auf Gleichgültigkeit stößt, wenn Missbrauch das Leben vergiftet und starre Strukturen Reformen verhindern. Dennoch bleibt die Zusage auch im Scheitern. Wo wir »untreu« sind, bleibt Gott uns treu (13). Das geht allen Strategien voran und richtet ihre Ziele aus.

JÜRGEN THIESBONENKAMP

Barmherziger Gott, aus deiner Kraft leben wir, gerade da, wo wir schwach sind und scheitern. Wir danken dir, dass du das mit uns aushältst und an unserer Seite bleibst.

Donnerstag, 1. Februar — 2 Timotheus 2,14–21

Ist das wahr?

»Das ist das wahre Wort Gottes!« Mit dieser Feststellung versuchen fromme Menschen dann und wann Diskussionen über Glaubensfragen zu beenden. Auf Gottes Wort bezieht sich die ganze Christenheit. Doch wer kann mit letzter Gewissheit sagen, welche Worte von Gott sind und wie Gottes Wort zu verstehen ist? Als der 2. Timotheusbrief geschrieben wurde, gab es den Kanon der neutestamentlichen Schriften noch nicht. Die Gemeinden kannten Briefe, unter anderem von Paulus verfasst. Es lagen auch erste Sammlungen von Berichten über Jesus vor, wie sie in den vier Evangelien zu finden sind. Vielleicht wurde daraus zitiert, wenn die Gemeinde zusammenkam. Man suchte Orientierung und rang mit Fragen wie: Was bedeuteten Jesu Tod und seine Auferstehung? Wie sollten Christen und Christinnen leben? Und was hatten sie zu erwarten, hieß es doch, dass alle, die an ihn glaubten, wie er vom Tod auferstehen würden. Manche sagten, die Auferstehung sei schon geschehen, sie sei eine geistliche Realität in den Menschen, die Jesu Kraft in ihrem Leben zur Geltung kommen ließen. Nein, das ist Geschwätz, so schreibt der Autor des 2. Timotheusbriefes. Geschwätz verwirre nur, Streit um Worte bringe nicht weiter. Die Gemeinde solle schlicht beim Wort der Wahrheit bleiben und dem Weg folgen, den der Apostel Paulus gewiesen hat. Ob damit die Diskussionen aufhörten? Hoffentlich nicht. Um das, was wahr ist und wie die Worte der Bibel zu verstehen sind, darf, ja muss gerungen werden in dem Haus der Kirche. Von diesem Haus lesen wir in der Tageslese, dass es groß ist und vielen Gefäßen Platz bietet. Manche sind wertvoll, andere müssen gereinigt werden. Da passiert also etwas in diesem Haus. Weil ich darauf vertraue, dass das Fundament fest ist und dass Jesus, der Herr der Gemeinde, die Seinen kennt, ist mir vor Auseinandersetzungen nicht bange. Im Mitteilen, was mir zum Wort Gottes wurde, und im Hören auf das, was anderen heilig ist, werde ich im Glauben wachsen.

ROSEMARIE WENNER

Danke für dein Wort, Gott, und für den Reichtum, der sich auftut, weil wir es hören, bedenken, auslegen, darum ringen, es heute in die Tat umzusetzen.

2 Timotheus 2,22–26 — Freitag, 2. Februar

Meinungsfreiheit – unbegrenzt?

Wie gehen wir mit Menschen um, die andere Meinungen vertreten in Fragen, die uns wichtig sind? Wir möchten sie gern überzeugen und vertreten daher unsere Ansichten mit Nachdruck und Argumenten. Oft verweisen wir auf Gewährsleute, die wir für glaubwürdig und fachlich kompetent halten. Das führt nicht immer zum Erfolg. Familien entzweien sich, weil der Blick auf die Welt sich elementar unterscheidet. Von sozialen Medien noch befördert, ziehen sich die Menschen in Echokammern zurück, wo sich Gleichgesinnte in ihren Meinungen bestätigen. Auch in Kirchengemeinden gelingt es selten, mit Meinungsverschiedenheiten konstruktiv umzugehen. Die Lektüre des 2. Timotheusbriefs lässt vermuten, dass in den Gemeinden, an die der Brief sich richtete, der Streit über Glaubensfragen eskaliert war. Helfen die Ratschläge weiter, die der Briefschreiber an die Leitungsperson jener Gemeinden gibt? Wir lesen von Tugenden, die dazu beitragen, Verständnis füreinander zu gewinnen und Brücken zu bauen. Wir sollen nach Gerechtigkeit, Glauben, Liebe und Frieden streben und sanftmütig miteinander umgehen. So kann die Kunst des Zuhörens eingeübt werden, gepaart mit der Bereitschaft, den Andersdenkenden Gutes zu unterstellen und sie zu respektieren. Gleichzeitig drängt der Briefschreiber jedoch darauf, Streit zu meiden, ja die strittigen Fragen an sich abzuweisen. Er geht so weit, Andersdenkende, die er widerspenstig nennt, als dem Teufel verfallene Menschen anzusehen. Solchen Menschen kann dann wohl nur Gott helfen. Kann dennoch eine von Glaube, Liebe und Frieden geprägte Gemeinschaft bestehen, in der man um Orientierung ringt? Andererseits muss es auch Grenzen geben, wenn Leben bedroht und Hass befördert wird. Es ist eine Gratwanderung, einerseits allen Menschen zugewandt zu bleiben und andererseits Ansichten, die Schaden verursachen, klar abzulehnen. Ob uns diese Gratwanderung heute gelingt?

ROSEMARIE WENNER

Gott, leite uns in unserer Suche nach dem, was aufbaut und dem Leben dient. Lehre uns, einander mit Respekt zu begegnen und fair zu streiten. Schenke uns Weisheit, wenn es gilt, Grenzen zu ziehen, damit sich Lüge und Hass nicht ausbreiten können.

Samstag, 3. Februar — 2 Timotheus 3,1–9

Schein oder Sein

Entscheidungen stehen an. Als Zeichen der Endzeit wird ein von Geldgier, Selbstsucht, Überheblichkeit, Verleumdung und Rücksichtslosigkeit geprägtes Verhalten gedeutet: Menschen wenden sich vom Guten und damit von Gott ab. Das beobachtete der Autor auch in christlichen Gemeinden. Endzeit ist also nicht erst in ferner Zukunft. Es geht jetzt um die Entscheidung, gut zu leben und sich nicht von Gott abzuwenden. Der Briefschreiber wirft die Autorität des Paulus in die Waagschale. Mit solchem Nachdruck warnt er vor Menschen, die den Schein der Frömmigkeit wahren, aber deren Kraft verleugnen und andere ebenfalls zum Schlechten verleiten. In diesem Zusammenhang spricht er abwertend von Frauen. Frauenzimmer nennt er sie, die sich leicht verführen lassen, und, obwohl sie immerzu lernen wollen, nicht zur wahren Erkenntnis durchdringen. Im Galaterbrief hatte Paulus die Gemeinde Jesu so gekennzeichnet: »Hier ist nicht Jude noch Grieche, hier ist nicht Sklave noch Freier, hier ist nicht Mann noch Frau; denn ihr seid allesamt einer in Christus Jesus.« (Gal 3,28) Leider wurde aus der Gemeinschaft der Gleichwertigen, weil eins in Christus, bald eine hierarchisch geordnete und patriarchalisch geprägte Kirche. Der Brief sieht diesen Weg als gottgewollt an. Und diese Linie setzte sich fort, bis in die Gegenwart hinein. Doch die befreiende Kraft des Evangeliums wirkt ebenfalls immerzu. In den Gemeinden gab es offensichtlich Frauen, die sich intensiv mit der christlichen Lehre auseinandersetzten und sich in theologische Dispute einmischten. In der Tat, Entscheidungen stehen an. Der Maßstab ist allerdings nicht das, was man in Gesellschaft und Kirche festlegt, um Machtverhältnisse und Traditionen zu zementieren. Vielmehr geht es um das Sein in Christus, und damit um tiefe und kraftvolle Frömmigkeit, die Christi Liebe empfängt und weitergibt.

ROSEMARIE WENNER

Heilige Geistkraft, brich dir Bahn, befreiend, erneuernd, klärend und aufbauend, wenn wir darum ringen, wie christliches Leben auszusehen hat. Jesus, erfülle uns mit deiner Liebe. Gott, sprich zu uns und lass uns hören, täglich neu.

»An Gottes Segen ist alles gelegen«

Sind Sie schon mal in einer Familie zu Gast gewesen, in der der Haussegen aktuell schief hing? In einer Familie, in der zwischen Mann und Frau aufgrund einer vorangegangenen Auseinandersetzung verbale und emotionale Eiszeit herrschte. Bei solch dicker Luft kann man eigentlich nur unter einem Vorwand rasch das Weite suchen.

Zum Glück sind solche Vorkommnisse doch eher Ausnahme als Regel. Bleiben wir jedoch realistisch: Wo Menschen in Gemeinschaft zusammenleben, da »menschelt« es, da gibt es mal einen heftigen Wortwechsel, aber auch wieder Versöhnung. Auf die Frage, was das Geheimnis ihrer nunmehr 50-jährigen Ehe sei, antwortete die Ehefrau bei der Vorbereitung der Feier der Goldenen Hochzeit: »Wir haben vor der Trauung vereinbart, uns im Falle von Meinungsverschiedenheiten und Streit spätestens abends beim Zubettgehen zu versöhnen. Wir sind nie im Streit eingeschlafen!« Respekt!

Psalm 128 lädt uns in eine Familie ein, in der Glück und Harmonie offensichtlich Dauergast sind. Ob dort immer alles konfliktfrei läuft, wissen wir nicht, doch im Prinzip geht es der Familie gut. Der Ehemann ist mit einer wunderbaren, ja »fruchtbaren« Frau gesegnet, die manchem Kind das Leben schenken durfte, und die Kinder sind offensichtlich wohl geraten. Der Beter enthüllt uns auch den Grund dieses Familienglücks: die Ehrfurcht, welche die Familie, speziell der dort erwähnte Mann, Gott erweist, die Haltung, mit der sie dem Allmächtigen entgegentritt. Das bleibt nicht ohne Folge: Der Segen Adonais stellt sich in Form einer glücklichen Familie ein. Solange er, der gottesfürchtige Mann, lebt, sei ihm und seiner Familie Glück beschieden – bis zu den Enkelkindern hin. Welche Familie wünschte sich das nicht auch!

»An Gottes Segen ist alles gelegen«, so sagt ein bekanntes Sprichwort. Der Psalmist und sein Beter haben dies wohl verstanden. Auf der Menschen Ehrfurcht vor Gott antwortet dieser mit reichem Segen für den Beter und sein ganzes Haus. Da kann der Haussegen durchaus mal ins Wanken geraten, total ins Negative kippen kann er nicht.

BERNHARD KIRCHGESSNER

HERR, halte am heutigen Tag deine segnenden, schützenden Hände über meinen Lieben und mir.

Montag, 5. Februar — 2 Timotheus 3,10–17

Verfolgte Nachfolge

Christliche Nachfolge kann Verfolgung und Leiden hervorrufen. Schon den ersten Christen wurde vorgeworfen, dass sie Atheisten und Feinde des römischen Staates seien. Sie würden nicht den staatstragenden Göttern opfern, sondern einen unsichtbaren Gott verehren. Nicht selten sind damals Christen, Frauen und Männer, für ihren Glauben in den Tod gegangen, haben also das Martyrium erlitten.

Mit seinem Leben Zeugnis für den christlichen Glauben bis in den Tod hinein abzulegen, ist aber auch heute in totalitären Staaten keine Seltenheit. Daher stellt sich die Frage nach den Kriterien eines christlichen Martyriums: Eine Märtyrerin oder ein Märtyrer sucht nicht das Martyrium, sondern erleidet es als Opfer wegen ihres oder seines christlichen Glaubens in Form eines gewaltsamen Todes. Dabei wird das Martyrium gewaltfrei erlitten und im Bewusstsein der Nachfolge des gefolterten und getöteten Jesus Christus frei angenommen. Durch diese frei gewählte Ohnmacht wird die gewalttätige Macht mit ihrem totalitären Anspruch »unterlaufen« und damit in der Öffentlichkeit moralisch bloßgestellt.

Inhaltlich vertritt die Märtyrerin oder der Märtyrer in ökumenischer Weise christliche Werte, die auch die Menschenrechte und damit das Eintreten für Wahrheit, Freiheit, Gerechtigkeit und für die Würde eines jeden Menschen umfassen können.

Das Märtyrertum ist mit seiner öffentlichen Resonanz wichtig für die Selbstvergewisserung und damit für die Identität der Gruppe, dem die Märtyrerin oder der Märtyrer angehört. Zugleich wird durch die Verehrung der Märtyrerinnen und Märtyrer in dieser Gruppe die Deutungshoheit des Martyriums durch das kollektive Gedächtnis dieser Gruppe garantiert, so dass gewollte Fehldeutungen von der Gegenseite als falsch entlarvt werden. Märtyrer unserer Zeit sind zum Beispiel die Mönche von Tibhirine in Algerien oder die 21 koptischen Wanderarbeiter, die vom IS am 15. Februar 2015 hingerichtet wurden.

FRANZ JOSEF BACKHAUS

Gott, gib mir Kraft, damit ich die Nachfolge Jesu gelegen oder ungelegen im Alltag lebe.

2 Timotheus 4,1–8　　　　　　　　　　　　Dienstag, 6. Februar

Sich in den Ohren kitzeln lassen

Im Mittelpunkt christlicher Predigt steht die Auslegung des kanonisch überlieferten Wort Gottes, das sich im Tod und in der Auferstehung des menschgewordenen Wort Gottes für uns Christen einmalig und unüberholbar neu erschlossen hat. Neben dieser personalen Mitte christlicher Verkündigung ergibt sich als sachliche Mitte die von Jesus dem Messias verkündigte anbrechende Gottesherrschaft. Die christlichen Kirchen, die aus dem schon, aber noch nicht vollends angebrochenen Reich Gottes heraus leben, versuchen in kritischer Abgrenzung zu ihrer Umwelt immer wieder auf die Vorläufigkeit dieser Welt hinzuweisen. Dabei hat Vorläufigkeit eine zweifache Bedeutung und meint einerseits die Zeitlichkeit dieser Welt, andererseits geht diese Welt dem kommenden Christus entgegen und erhält durch ihn das richtende und vollendende Schlusswort.

Aus diesem Selbstverständnis der christlichen Kirchen ergeben sich Konsequenzen für ihr Sprechen und Handeln in die Gesellschaft hinein: Sie müssen als »Platzhalter« der angebrochenen Gottesherrschaft für die Gesellschaft wahrnehmbar bleiben und sie haben gesellschaftliche Strömungen kritisch zu prüfen, mögen sie auch in den Ohren so mancher Zeitgenossen angenehm klingen. Hier sei als Beispiel nur auf das Thema des Transhumanismus hingewiesen, dessen Grundintention ja darin besteht, dass sich der Mensch durch digital-technische Perfektionierung selbst zur Unsterblichkeit erlöst.

Die Kirchen haben die Welt zum Guten hin zu verändern, dürfen aber nicht in den Irrtum verfallen, selbst das Heil für diese Welt zu sein. So schmerzhaft der Ausstand einer vollständig gerechten und befriedeten Welt auch sein mag, alle Versuche von Menschen, selbst die Rolle des kommenden Christus einzunehmen und die Vollendung durch eigene Kraft zu erreichen, haben bisher ihr Ende immer in einer Katastrophe gefunden.

FRANZ JOSEF BACKHAUS

Gott, schenke mir den Geist der Unterscheidung, damit ich mich nicht durch wohlklingende Worte verführen lasse oder andere Menschen durch meine Worte verführe.

Mittwoch, 7. Februar — 2 Timotheus 4,9–22

Gottes Wort predigen

Gott offenbart sich, und seine Worte werden, von Gottes Geist eingehaucht, aufgeschrieben. Das aufgeschriebene, inspirierte Wort Gottes will immer neu in die jeweilige Zeit hinein ausgelegt werden und so seine Zuhörer und Leser inspirieren. Damit eine Predigt inspirierend wirkt, sind vier Gesichtspunkte zu berücksichtigen, die man sich wie die vier Eckpunkte eines Quadrats entsprechend dem Uhrzeigersinn vorstellen kann: die Person der Predigerin oder des Predigers, das Thema oder die Sache, die Hörerschaft und die Kirche mit ihrer Glaubenstradition. In der Mitte des Quadrats, gleich weit entfernt von den vier benannten Eckpunkten, befindet sich dann der Predigttext.

Zu Beginn sucht sich die Predigerin oder der Prediger ein Thema. Dabei kann sie oder er sich an eine zentrale Aussage des auszulegenden Bibeltexts orientieren. Als Nächstes hat sich die Predigerin oder der Prediger die Situation und die Hörerschaft mit ihren Erwartungen vorzustellen. Ausgespannt zwischen Thema und Situation bzw. Hörerschaft entsteht dann der Aufbau der Predigt. Abgesehen von rhetorischen Stilmitteln, die an Stellen der Predigt eingesetzt werden, um bestimmte Absichten zu erzielen, muss eine Predigt in ihrem Aufbau auch immer offen sein für Unvorhergesehenes in der Kirchengemeinde oder in der Weltpolitik. Da die Predigerin oder der Prediger im Auftrag der Kirche predigt, sind eventuell auch bestimmte Glaubenstraditionen bei der inhaltlichen Ausgestaltung der Predigt zu berücksichtigen. Am Ende des Entstehungsprozesses einer Predigt und damit in der Mitte des Quadrats steht dann der fertige Predigttext, der beim Predigen sein Eigenleben entwickelt und durchaus auch Reaktionen in der Hörerschaft auslösen kann, die von der Predigerin oder dem Prediger gar nicht beabsichtigt sind. Wichtig ist, dass die Predigt dem Aufbau der Gemeinde dient und der Hörerschaft inspirierende Orientierung für ihr christliches Leben bietet.

FRANZ JOSEF BACKHAUS

Gott, gib mir Kraft, damit ich dein Wort so auslege, dass es die Herzen der Menschen erreicht.

Titus 1,1–9 — Donnerstag, 8. Februar
Einführung zum Titusbrief auf Seite 422

Gott lügt nicht!

Sorgfältig führt der Verfasser in der Brieferöffnung grundlegende theologische Begriffe seines Schreibens ein: Glaube, Erkenntnis der Wahrheit, Frömmigkeit und ewiges Leben. All sein Wirken als Knecht Gottes und Apostel Christi fügt sich dabei ein in ein größeres Ganzes: in Gottes ewigen Ratschluss, in die Heilsgeschichte. Gott hat das ewige Leben schon »vor ewigen Zeiten« verheißen – und er lügt nicht (V. 2).

Und deshalb gilt für die Adressaten: Sie können sich auf diesen Gott verlassen, können auf ihn bauen, finden Rückhalt bei ihm und haben guten Grund, ihm ihr Leben anzuvertrauen.

Starke Worte. Die Bibel ist durchdrungen von dieser Erfahrung. Im Alten Testament wird Gott oft als Fels bezeichnet. So ermahnt der Prophet Jesaja beispielsweise das Volk Gottes: »Verlasst euch stets auf den HERRN; denn GOTT, der Herr, ist ein ewiger Fels.« (Jes 26,4): Sicherheit, Geborgenheit, Schutz, Beständigkeit. Auf Gott ist für alle Zeiten Verlass, er hält dem Druck stand. Er ist der »Fels des Heils«, der »Fels und Erlöser« (vgl. Dtn 32,15; Ps 89,27; Ps 95,1 u.a.).

Eine große und starke Verheißung. Gott hat sich darin nach den Erfahrungen seines Volkes Israel immer wieder als treu erwiesen. Trotz der Untreue und den Abwegen des erwählten Bundesvolkes stand er am Ende immer wieder zu seinen Verheißungen. Es stellt sich darüber hinaus die Frage: Wie groß ist eigentlich mein Vertrauen in diesen Gott? Wenn ich gefragt würde, heute am 8. Februar 2024, was »Gottes Verheißung«, was die »Hoffnung auf das ewige Leben« konkret für mich bedeutet, was würde meine Antwort sein? Glaube ich, dass Gott »nicht lügt«, dass er unverbrüchlicher Fels für mein Leben ist? Verlasse ich mich auf ihn, baue ich auf ihn, finde ich bei ihm Rückhalt? Wie sieht meine Antwort aus?

MARKUS-LIBORIUS HERMANN

Herr, auf dich vertraue ich, in deine Hände lege ich mein Leben.

Freitag, 9. Februar — Titus 1,10–16

»Lügner, wilde Tiere, faule Bäuche«

Nun wird es polemisch. Der Apostel geht hart gegen Falschlehrer in der Gemeinde des Titus auf Kreta vor. Er will dabei überhaupt nicht logisch argumentieren – er sucht vielmehr die Abgrenzung. Und so reiht sich ein pauschales Urteil ans andere: Es gäbe viele »Schwätzer«, denen »der Mund gestopft« werden sollte, weil sie aus Gewinnsucht Familien zerstören (V. 11), auch seien sie »Lügner, wilde Tiere, faule Bäuche« (V. 12). Kein gutes Haar wird an ihnen gelassen, sie sind »abscheuliche und ungehorsame Menschen, zu jeder guten Tat unbrauchbar« (V. 16). Polemik in reinster Form.

Wenn man den Text liest, kann man sich fragen, ob dies eine lohnende Weise ist, sich mit Gegnern auseinanderzusetzen – unabhängig davon, was diese getan haben. Am Ende gibt es nur die »Reinen« und die »Unreinen«, richtig und falsch, schwarz und weiß. Es scheint offensichtlich, dass solch generalisierende Aussagen nicht unproblematisch sind. Dabei sind Grenzen aber auch wichtig, sie sorgen für Ordnung. Bei Prüfungen gibt es einen nicht unerheblichen Unterschied zwischen »bestanden« und »durchgefallen«. Bei Polizeikontrollen ein »zu schnell« oder »nicht zu schnell«. Manchmal gibt es nur »Ja« oder »Nein«, ein »Dafür« oder ein »Dagegen«, ein »Mit-Uns« oder »Gegen-Uns«.

Grenzen können aber auch unfair und trennend sein, vor allem dann, wenn man sich auf der falschen Seite befindet. Und mit jeder Grenze und der Trennung, die sie deutlich macht, entsteht unweigerlich auch eine Spaltung, das »Sich-auf-eine-Seite-schlagen-Müssen«. Ein solches Schwarz-weiß-Denken scheint in einer Welt, die grau (und bunt) ist, manchmal einfach nicht genug und hilfreich – gerade angesichts von Polarisierungen, die sich überall finden.

Aber auch in der Bibel finden sich harte Auseinandersetzungen, scharfe und polemische Kritik gegenüber Gegnern (und vermeintlichen Gegnern). Doch es findet sich zudem das Gebot: »Du sollst deinen Nächsten lieben wie dich selbst.« (Mk 12,31) In und mit der Spannung zwischen beiden zu leben, bleibt beständige Herausforderung.

MARKUS-LIBORIUS HERMANN

Der HERR gibt Weisheit, aus seinem Mund kommen Erkenntnis und Einsicht.

»Erziehung ist Vorbild und Liebe, sonst nichts«

Nach der harten Abgrenzung gegen die Falschlehrer folgt die Ermahnung in der »gesunden Lehre« (V. 1). Alle sollen vorbildlich leben, »damit das Wort Gottes nicht in Verruf kommt« (V. 5).

Es fällt dabei auf, dass die Männer nur recht knapp ermahnt werden (V. 2.6.), Frauen und Sklaven jedoch ausführlich. Vor allem die jüngeren Frauen sollen in ihre Aufgabe in Haus und Familie eingewiesen und Sklaven zum Gehorsam ermahnt werden, wobei diese Ermahnung zur Unterordnung ohne die aus dem Kolosserbrief (Kol 4,1) oder Epheserbrief (Eph 5,25) bekannte Aufforderung der Männer zur Rücksichtnahme auskommt.

Eine spezifisch christliche Begründung der hier im Titusbrief skizzierten Rollenmuster findet sich nicht, sie sind vielmehr den damals üblichen Normen des Zusammenlebens in Familie und Gesellschaft geschuldet und können so keinen bleibenden Gültigkeitsanspruch für sich reklamieren.

Es bleibt jedoch die grundsätzliche Bedeutung des Vorbildcharakters. Und so ist besonders der Gemeindeleiter aufgefordert, seinen Dienst beispielhaft zu erfüllen: Er soll durch gute Taten ein Beispiel geben (vgl. V. 7 f.). Dass solche Vorbilder im Glauben, eine solche »Wolke von Zeugen« (Hebr 12,1) wichtig sind, zeigt sowohl die Schrift als auch das eigene Leben. Wo wären wir ohne Vorbilder im Glauben, ohne Menschen, die Zeugnis abgelegt haben von der Hoffnung die uns erfüllt – ohne Großeltern, Eltern, Priester und Ordensleute? Und wie sehr haben schlechte Vorbilder so gehandelt, dass Menschen Gewalt angetan wurde und auch das »Wort Gottes in Verruf« gekommen ist. Nach Heinrich Pestalozzi (1746–1827) ist »Erziehung Vorbild und Liebe, sonst nichts« – man mag ergänzen: Auch Erziehung im Glauben ist »Vorbild und Liebe, sonst nichts« – so hat es zumindest Gott selbst in Jesus Christus getan.

MARKUS-LIBORIUS HERMANN

Darum wollen auch wir, die wir eine solche Wolke von Zeugen um uns haben, alle Last und die Sünde abwerfen, die uns so leicht umstrickt. Lasst uns mit Ausdauer in dem Wettkampf laufen, der vor uns liegt, und dabei auf Jesus blicken, den Urheber und Vollender des Glaubens.

Worte, die es in sich haben

Mich beeindruckt an unserem heutigen Psalm diese Unbeirrbarkeit des Beters, die sich in einer konsequenten Blickrichtung zu Gott hin zeigt. Ist das nicht Glaube an sich? Da ist einer auf der Flucht, der einen Zufluchtsort von Bestand braucht und von Gott erfleht und dann erlebt er Gott als Fels in seiner Brandung und findet Schutz dort, wie in einer Burg. Da ist einer, der in die Fänge lebensbedrohlicher Umstände geraten ist und sich in allem, trotz allem, mit allem in und bei Gott aufgehoben weiß. Da ist einer, um den es eng geworden war; bewegungsunfähig und ohne Optionen war er gefangen in seinem Leben und erfährt, dass Gott seine Füße wieder auf weiten Raum stellt. Alles ist wieder drin. Ein Leben voller Möglichkeiten, voller Leben im Leben. Da ist einer, der sein Ansehen verloren hat und Ablehnung in schärfster Form erlebt, und der weiß sich doch von Gott gesehen und wert geachtet. Er erfährt die Güte Gottes. Aus Enge und Angst wird auf wundersame Weise Weite und Zuversicht. Das ist doch Glaube: in diesem Leben, mit all den lebensfeindlichen Umständen, den Blick auf die lebensspendende Kraft eines Gottes zu blicken und dann genau das zu erfahren: das Leben aus Gottes Güte. Ist es mir möglich, meinen Blick auf Gottes lebensspendende Güte zu richten und ähnliche Erfahrungen zu machen? Eine Freundin von mir erlebt gerade buchstäblich, wie Krankheit sie in ihren Fängen hält und bewegungsunfähig macht. Und sie kriegt diesen Blick hin: weg von den Unmöglichkeiten. Sie nimmt so viel Lebendiges und Gutes und Wundersames und Schützendes und all die Möglichkeiten wahr, dass ich ins Staunen gerate, weil hier in und trotz der Begrenzung so viel Raum und Leben ist, dass sogar ich mit davon satt werde. Menschen wie der Psalmbeter und wie meine Freundin, die ihre Glaubenserfahrungen teilen, teilen damit auch ihren Trost. Kein geringerer als Jesus selbst hat sich angesichts seines Todes der Worte aus dem heutigen Psalm bedient. Sie haben es in sich.

ULRIKE JUNGE

Danke, Gott, für den geteilten Glauben anderer, der mich mit tröstet und nährt.

Titus 2,11–15 — Montag, 12. Februar

Lernen mit Gott

Lebenslanges Lernen, das wird immer propagiert. Gerade heutzutage, wo immer schneller neue Trends, neue Technologien benutzt werden und deren Handhabung unabdingbar erscheint, um mithalten zu können. Vieles davon erzeugt Druck und das Gefühl, nicht zu genügen. Denn bei diesem Lernen geht es nicht um mich und meine Fähigkeiten, es geht darum, mich marktkonform zu bekommen, effizient und wachstumsorientiert. Ich soll nicht lernen, was in mir steckt, ich soll erzogen werden zu funktionieren. Dabei macht Lernen lebenslang Freude – wenn ich das lernen kann, was für mich gerade dran ist. Was mich positiv herausfordert, was mich wachsen lässt, was meine Gaben stärkt.

Gottes erziehende Gnade – sie will mich nicht zum Funktionieren bringen, sondern das Leben in mir fördern. Ich soll nicht im Leistungsgefüge funktionieren, sondern darf in der Gemeinschaft der Gnade und Liebe meinen Platz bekommen. Ich soll nicht unter Druck geraten, sondern in einer Gemeinschaft leben, in der jeder Mensch sich entfalten kann. Ohne Angst vor Ausgrenzung und Ungenügen, vor Abstufung und Beurteilung. Ich kann lernen, was für mich dran ist, damit ich schon jetzt die Gnade Gottes und seine liebevolle Begleitung im Alltag spüre. Ich werde herausgefordert, das Gute in meinem Leben zu sehen und zu fördern. Ich darf meine Gaben entdecken und für das Leben in friedvoller und gerechter Gemeinschaft einsetzen. Gott stülpt mir keine Lebensweise über, mit der ich mir seine Gnade verdiene, er lässt mich entdecken, wie Miteinander mit ihm und mit Anderen so gelingen kann, dass alle Freude am Leben und Lernen haben. Lebenslang.

NICOLE BECHER

Gott des Lebens, lass mich neugierig bleiben auf das Leben, auf Unbekanntes, auf dich. Lass mich immer wieder neu entdecken, dass deine Gnade mir gilt, so wie ich bin und so wie ich werde. So kann ich mich immer wieder aufmachen, meinen Lebensweg mit dir zu gehen, mich deiner Führung anzuvertrauen und das Leben hoffnungsvoll anzunehmen.

Dienstag, 13. Februar — Titus 3,1–7

Angewiesen und befreit

Der Mensch vergisst ganz schnell – gerade neu erworbene Fähigkeiten und Erkenntnisse, geänderte Ansichten und finanzielle Möglichkeiten werden ganz schnell zur Gewohnheit und auf die, die das (noch) nicht können, wird verständnislos heruntergeschaut. Die eigene Weltsicht ist die einzig richtige – und dass ich diese auch nicht immer hatte, wird vergessen. Das ist auch bei Christ/innen leider oft nicht anders. Da wird dann nicht nur auf Nichtchrist/innen verächtlich geschaut, sondern sogar auf Menschen, die zu einer anderen Kirche gehören. Ihnen wird der wahre Glaube abgesprochen, das Willkommen wird an Bedingungen geknüpft, es wird sich wegen eines verschiedenen Bibelverständnisses zerstritten und bekämpft.

Dabei vergessen wir, dass wir alle Angewiesene sind: angewiesen auf die Gnade Gottes, die uns so annimmt, wie wir sind, ohne Vorbedingungen und Lernerfolge. Wir vergessen nicht nur, dass auch wir früher manches nicht erkannt, gewusst und gesehen haben, nein, wir verhalten uns weiterhin so, als ob wir nicht durch die Gnade Gottes befreit sind vom Konkurrenzkampf und dem Druck, genügen zu müssen durch Leistung und System.

Wie viel leichter wird das Leben in Gemeinschaft, wenn ich so sein darf, wie ich bin – und mein Gegenüber auch: beide, alle von der Liebe Gottes befreit, einander zu fördern und die Menschenfreundlichkeit Gottes denen zu zeigen, die sie noch nicht entdeckt haben.

NICOLE BECHER

Menschenfreundlicher Gott, du möchtest für uns ein Leben in Frieden und Freiheit. Du gibst die Hoffnung nicht auf, dass wir es schaffen, einander freundlich und friedfertig zu begegnen. Lass diese Hoffnung in uns Frucht tragen, damit wir nicht auf andere Meinungen, Ansichten und Gewohnheiten herabschauen, sondern uns ein Beispiel an deiner Menschenfreundlichkeit nehmen. Lass diese Hoffnung in uns Frucht tragen, damit wir deine Güte und Gnade durch uns wirken lassen und Menschen neugierig werden auf dich. Lass diese Hoffnung in uns Frucht tragen, damit wir hoffnungsvoll das Leben annehmen und unsere Gaben so einsetzen, dass sie Frieden und Freiheit fördern.

Titus 3,8–15 — Aschermittwoch, 14. Februar

Konkret und aktuell

Wen würde der Briefschreiber wohl in meiner Gemeinde grüßen lassen, wen würde er uns vorbeischicken?

Der Brief ist an ganz bestimmte Menschen in eine konkrete Situation geschrieben – gerade bei den konkreten Anweisungen und Grüßen am Schluss wird das wieder klar. Und somit ist klar, dass einiges vorher auch in eine ganz bestimmte Situation hineingeschrieben wurde und ich mir heute nicht nur überlegen darf, sondern überlegen muss, was genau dahintersteht und wie es heute für mich und meine Situation gilt. Vor allem die Frage der Abgrenzung gegenüber Irrlehren darf nicht eins zu eins übernommen werden und erst recht darf sie mir nicht dazu dienen, meine Meinung gesprächslos durchzusetzen. Hinter und über allem steht die Gnade Gottes, die Menschen unterschiedlicher Auffassungen und Lebenswelten verbindet. Lebbare Gemeinschaft hat Grenzen – das dürfen wir anerkennen und leben. Doch pauschale Verurteilungen helfen keiner Gemeinschaft, lebendig zu bleiben. Gemeinschaft lebt vom Austausch, vom Zuhören und von der Bereitschaft, miteinander Schritte zu tun. Klare Grenzen müssen da gezogen werden, wo Menschen missbraucht und herabgewürdigt werden. Alles andere kann zu getrennten Wegen führen. Es kann aber auch gelingen, Meinungsverschiedenheiten und Unterschiedlichkeiten stehen zu lassen und so ein Zeichen der Vielfalt des Lebens und der schöpferischen Kraft Gottes zu setzen.

Ganz konkret in meinen Tag hinein lässt mich das weiter überlegen: Wen möchte ich heute aus meinem Umfeld grüßen, vielleicht weil diese Person mir so wertvoll ist, weil sie ganz anders ist als ich? Wer, der ganz anders ist, fehlt noch, um unsere Gemeinschaft zu bereichern? Und warum mache ich mich nicht auf, diese Person dazuzuholen?

NICOLE BECHER

Gott des Lebens, zum Leben in Fülle gehört auch Gemeinschaft, in der die Sicht aufs Leben unterschiedlich ist. Ich bitte dich um Dankbarkeit für diese Fülle und um Weisheit, von mir und meiner Meinung absehen zu können. Lass mich nicht vergessen, dass deine Gnade uns allen gilt.

Donnerstag, 15. Februar   Philemon 1–25
Einführung zum Philemonbrief auf Seite 422 f.

Alles, was recht ist

Wer sich einst in Sachen Religion mit dem römischen Staat anlegte, bekam Ärger. So landete auch Paulus mehrfach im Gefängnis. Er konnte es nicht lassen, von der Liebe Gottes in Jesus Christus zu erzählen, nicht einmal Gefängnismauern konnten ihn davon abbringen. Allen Besuchern erzählte er vom Glauben, der Hoffnung und der Liebe, die in ihm wohnten. Vielen wurde Paulus zum geistlichen Vater. Einer von ihnen war der entflohene Sklave Onesimus, der »Nützliche« (V. 10). Und schon wird's heikel.

Für Paulus stand fest: Es gibt keine Unterschiede zwischen Menschen, die in der Verbindung zu Christus stehen, auch nicht zwischen Herren und Sklaven (Gal 3,28). Das muss sich im Alltag bewähren. Was also tun? Er zückte die Feder und schrieb den kürzesten seiner Briefe an Philemon, seinen geistlichen Freund, den Herrn des Onesimus. In persönlich gehaltenen Worten legt Paulus die Situation dar und spart auch sensible Aspekte nicht aus: Das römische Recht wolle er respektieren. Wenn's sein müsse, wolle er die Schuld des Onesimus übernehmen (V. 12.17 f.).

Paulus könnte einfordern und gebieten (V. 8.19), aber um der Liebe willen wählt er bittende Worte und Töne der Versöhnung (vgl. 2 Kor 5,14.20): Im Glauben an Christus wird ein Mensch eine neue Kreatur. Der vermeintlich unnütze Sklave wird zum nützlichen Bruder – für seinen Herrn und für die Hausgemeinde (V. 7.16). Jede Zeile des Empfehlungsschreibens atmet apostolische Autorität und zugleich geschwisterliche Empathie. So schickte Paulus Onesimus zurück, und mit ihm sein Herz (V. 10f.17b). Nach allem, was bekannt ist, kam Onesimus in Kolossä an, gab den Brief des Paulus ab, wurde in der Gemeinde als »treuer und lieber Bruder« aufgenommen (Kol 4,9) und der späteren Überlieferung nach als Bischof in Ephesus eingesetzt.

Die Liebe braucht den langen Atem (1 Kor 13,4), gerade im Alltag. So wie einst in Korinth und Kolossä, so auch heute in unseren Gemeinden.

CHRISTIAN ROSE

Dreieiniger Gott, hilf uns, im Gleichklang der Tage aufeinander zu achten: aufrichtig in der Sache, respektvoll im Ton, einfühlsam im Umgang.

Exodus/2 Mose 1,1–22   Freitag, 16. Februar

Einführung zum Buch Exodus/2. Buch Mose auf Seite 371 ff.

Gottesfrucht und Zivilcourage

Manchmal steht es Spitz auf Knopf: Welche Entscheidung ist die richtige, welche führt in die Irre? Wo finden wir Orientierung? Auf den ersten Seiten der Bibel verwirrt die Schlange Adam und Eva mit den Worten: »Sollte Gott gesagt haben?« (1 Mose 3,1) Im weiteren Verlauf erzählt das erste Mosebuch/Genesis die spannungsvolle Familiengeschichte der Erzeltern, an deren Ende der Konflikt zwischen Josef und seinen Brüdern einen versöhnlichen Abschluss findet: »Ihr gedachtet es böse mit mir zu machen, aber Gott gedachte es gut zu machen.« (1 Mose 50,20) Es hätte also schlimmer kommen können.

Wie auch in der Geschichte des ganzen Volkes Israel, von der das zweite Mosebuch/Exodus erzählt. Die Familien Israels, der unscheinbare Sippenverband, waren mit Josef und Jakob in Ägypten sesshaft geworden, als ein neuer König an die Macht kam. Der wusste nichts von den Verdiensten, die sich der Hebräer Josef in Ägypten erworben hatte. Wie tragisch. Vielleicht hätten die Einheimischen und die Fremden friedlich zusammenleben können. So aber wuchs bei den Ägyptern die Angst vor den Fremden, weil deren Zahl immer mehr zunahm.

Der Pharao griff panisch zu Mitteln der Gewalt. Israels Geschichte hätte wohl einen anderen Verlauf genommen, hätten nicht zwei hebräische Hebammen mit Gottesfurcht und Zivilcourage dem Rad in die Speichen gegriffen.

Hebräisch trägt das zweite Mosebuch nach seinem ersten Wort die Überschrift »Namen«. Es wäre schade, wenn ausgerechnet die Namen der beiden Hebammen Schifra und Pua, die mutig Leben gerettet haben, vergessen würden. Immerhin, die Diakonie unserer Kirche erinnert bis heute in der PUA-Beratung (Pränatale Untersuchung und Aufklärung) an die Gottesfurcht und Zivilcourage der beiden Frauen. Ihre Gottesfurcht ist eine Quelle des Lebens, um den Fallen des Todes zu entgehen (Spr 14,27).

CHRISTIAN ROSE

Barmherziger Gott, schenk uns bitte Kraft, Mut und Weisheit, um uns wie Schifra und Pua für das Leben einzusetzen, wo immer es nötig ist.

Samstag, 17. Februar — Exodus/2 Mose 2,1–10

Die Rettung des Retters

Die Befreiungsgeschichte Israels beginnt schlicht mit einer Hochzeit, ohne dass die Namen des Brautpaares – Amram und Jochebed (Ex 6,20) – genannt werden. Im »Buch der Namen« (2 Mose/Exodus) scheint zuerst wichtig, dass ein Mann aus dem Hause Levi und eine Tochter Levis heiraten. Sie werden Eltern und freuen sich an der Schönheit des Sohnes. Schönheit steht in der Bibel für den Segen Gottes: »Und Gott sah an alles, was er gemacht hatte, und siehe, es war sehr gut/schön.« (Gen 1,31 u.ö.)

Die biblische Segensgeschichte beginnt mit dem Schöpfungssegen (Gen 1,26–28). In der Familiengeschichte der Erzeltern wird der Segen von Generation zu Generation weitergegeben. Das schöne Kind wird in die »Genealogie des Segens« eingeordnet.

Eigentlich hätte der Knabe nach dem Willen des Pharao ertränkt werden sollen (Ex 1,22). Aber wie zuvor Schifra und Pua (Ex 1,15–21) greifen abermals Frauen der Tötungsmaschinerie in die Speichen: Jochebed, die Mutter, legte das Kind in den sicher abgedichteten Korb der »Arche« (Ex 2,3; Gen 6,14). Mirjam, die Schwester (Ex 15,20; Num 26,59), vermittelte geistesgegenwärtig die Mutter des Knaben als Amme (Ex 2,7–9). Ausgerechnet die Tochter des Pharao setzte sich barmherzig über die Anweisung ihres Vaters hinweg. Sie nahm den Jungen als Sohn auf und gab ihm den Namen Mose (Ex 2,10). Der Name weist in das doppelte kulturelle Umfeld, in dem Mose aufwächst: Seine leibliche Mutter ist Hebräerin, seine soziale Mutter ist Ägypterin. Der Name steht für den geretteten Retter. Mose wurde aus dem Wasser gezogen. Mose zieht Israel aus den Fluten.

So wird die Geburts- und Rettungsgeschichte des Mose zum Zentrum für die Segensgeschichte Israels, die in unsere Zeit reicht, wenn wir am Ende eines jeden Gottesdienstes um eben den Segen bitten, den Gott dem Mosebruder Aaron anvertraut hat (Num 6,24–26).

CHRISTIAN ROSE

Der HERR segne dich und behüte dich; der HERR lasse sein Angesicht leuchten über dir und sei dir gnädig; der HERR erhebe sein Angesicht über dich und gebe dir Frieden.

Psalm 91 — Sonntag, 18. Februar

»Dich zu schützen, dir zu nützen«

Wer es noch vor 30 Jahren gewagt hat, von der Existenz von Engeln zu sprechen, der konnte sich selbst in Theologenkreisen dem Spott und der Häme seiner Zuhörer nicht entziehen. Engel, egal ob gute oder böse, galten als Phantasmen menschlichen Wunschdenkens. Und so wanderten die Engel, wie manch anderes, dessen man sich damals entledigen zu müssen glaubte, in die Welt der Esoterik und wurden verniedlicht und verkitscht.

Was sind Engel, in der Bibel vielfach erwähnte und bezeugte Geister Gottes, überhaupt? »Engel sind rein geistige, körperlose, unsichtbare und unsterbliche Geschöpfe, sie sind mit Verstand und Willen begabte personale Wesen. Sie schauen Gott unablässig von Angesicht zu Angesicht, verherrlichen ihn, dienen ihm und sind seine Boten bei der Erfüllung der Heilssendung für alle Menschen«, so sagt der Katechismus der Katholischen Kirche, so glauben es viele Christinnen und Christen aller Konfessionen.

Doch wenn Engel unsichtbar sind, warum werden sie dann dargestellt? Ist das nicht paradox, ja unstatthaft? Sie werden dargestellt – mehr oder minder »gelungen« –, weil der Mensch eine Verstehenshilfe braucht, die ihm durch die Kunst zuteilwird. Des Künstlers Charisma besteht darin, das Unsichtbare sichtbar zu machen, insofern ist die Darstellung der Engel durchaus legitim.

Und wozu bedarf es der Engel, welche ist ihre Aufgabe? Die Bibel unterscheidet zwischen Engeln, die den Menschen eine konkrete Botschaft Gottes übermitteln (Raphael an Tobias, Gabriel an Maria), und solchen, die zu des Menschen Schutz »abgestellt sind«, wie der Kirchenvater Basilius bekennt: »Einem jeden der Gläubigen steht ein Engel als Beschützer und Hirte zur Seite, um ihn zum Leben zu führen.«

Eben dies thematisiert Psalm 91 mit der Verheißung, Engel würden uns auf Händen tragen und vor Gefahren bewahren, in die wir allzu leichtfertig geraten können. In zwei bemerkenswerten Predigten legt Bernhard von Clairvaux (1090–1153) Psalm 91 aus. Er bringt der Engel Aufgabe in einem Satz auf den Punkt. »Sie sind da, dich zu schützen, sie sind da, dir zu nützen.«

BERNHARD KIRCHGESSNER

Dank sei dir, HERR, für den schützenden Engel an meiner Seite!

Inkubationszeit

Zwischen die wunderbare Errettung des Mose aus dem schwimmenden Kästchen auf dem Nil und die Berufung zum Führer aus dem ägyptischen Exil werden knappe 22 Verse geschoben. In ihnen wird aus dem Prinzen am Hof des Pharao der von Gott direkt angerufene Held der Erzählung vom Auszug aus Ägypten. Ein Mord, eine Flucht, eine Hilfsgeste und eine Hochzeit markieren den Weg dieser Verwandlung. Sehr knapp, das alles. Aber: Es ist die Inkubationszeit für das wichtigste Ereignis der Jüdischen Bibel: der Exodus, die Befreiung aus der Sklaverei. Als Mose den ägyptischen Aufseher umbrachte, lag das keineswegs in der Luft. Eher im Gegenteil. Die Flucht nach Midian legte eher nahe, dass Mose von der öffentlichen Bühne der Weltgeschichte ganz verschwindet. Und spätestens mit der Hochzeit und dem Eintritt in das Halbnomadenleben der damaligen Verhältnisse war es mit der Sonderstellung des Prinzenstandes völlig vorbei. Im Gegenteil: Er war als Drop-out (Ausgegrenzter), als Fremdling, am unteren Ende der Sozialskala angekommen. Was aus ihm wurde, hätte niemand vermutet. Er selbst am allerwenigsten. Die Umstände waren vielmehr eindeutig: Er konnte mitsamt seiner Familie dankbar sein, wenn man ihm Aufenthalt und Auskommen gewährte. Soweit die übliche, menschliche, »normale« Sicht auf die Dinge. In diesen Jahren aber bereitet nicht Mose, sondern Gott etwas vor. In ihm, mit ihm, und, wie sich später ja zeigen wird, auch trotz seiner Einwände. Nur bei Mose? Nicht dass wir alle das Zeug zu mosaischer Größe und Vollmacht hätten, aber dass Gott etwas vorbereitet, während wir unserem Alltag nachgehen und uns an den Trivialitäten der wenig aufregenden Tagesroutinen abarbeiten, ist ein herrlicher Gedanke. Was er sich wohl für uns, für Sie und mich, überlegt?

HELMUT ASSMANN

Herr, unser Gott, bewahre uns vor dem Unglauben, du wüsstest nichts mit uns anzufangen. Gib uns Vertrauen und Wachheit, dass wir deine Stimme hören, deine Gesten verstehen und deinem Rufen folgen.

Exodus/2 Mose 3,1–22 Dienstag, 20. Februar

Einschlag

Mose am brennenden Dornbusch. Die Selbstoffenbarung Gottes und die Hergabe seines rätselhaften Namens. Der Auftrag zum Auszug aus Ägypten. Diese wenigen Verse haben Weltgeschichte geschrieben, obwohl in keinem Geschichtsbuch verzeichnet, auf keiner Ereignisliste vermerkt und in keinem Archiv eingeordnet ist, was hier berichtet wird. Der entflohene ägyptische Prinz, der sich als Schafhirte bei seinem Schwiegervater verdingt hat, begegnet dem lebendigen Gott. Kaum ein Ereignis hat die Menschheitsgeschichte so geprägt wie dieses. Denn hier beginnt eine Geschichte zwischen Gott und Mensch, die fast auf Augenhöhe vorangetrieben wird. Das Geheimnis der Welt bekommt einen Namen, macht sich damit nicht nur benenn-, sondern auch angreifbar. JHWH: Mit diesem Namen wird fortan nicht nur eine religionsgeschichtliche Formation beschrieben, sondern ein lebendiges Gegenüber angeredet. Wer diesen Namen nennt, hat es mit Kraft, Herz und Willen zu tun, nicht nur mit Funktion, Ordnung und Struktur. Und es verbindet sich mit einer Verheißung an uns, die aus der Erinnerung der Menschheit nicht mehr gestrichen werden kann: Freiheit. Nicht nur der verborgene und ungreifbare Gott wird konkret und namhaft, auch der Mensch gewinnt eine Kontur seiner Bestimmung: in Freiheit vor und mit Gott leben. Der Bericht von der Begegnung am Berg Horeb markiert auf diese Weise ein Davor und Danach: Der Gott Abrahams, Isaaks und Israels, der als Vater Jesu Christi in der christlichen Überzeugung noch einmal dichter an den Menschen heranrückt, ist weder fern noch einfach vorhanden. Sondern er will an uns Menschen, an unsere Seele, an unser Herz. Weil wir zueinander gehören. Er so wie wir. Wir so wie er. Eine Welt ohne diesen Gott mag ich mir nicht vorstellen.

HELMUT ASSMANN

Du naher und lebendiger Gott, zeige uns deine Wege und halte uns bei deiner Verheißung, frei zu sein und dir gegenüber. Vergib uns Kleinglaube und falsche Bescheidenheit. Ruf uns, Herr!

Minderwertigkeitskomplex

Man erkennt ihn kaum wieder: Soeben erhält Mose den Auftrag, das Volk aus Ägypten zu führen. Er wird von allerhöchster Stelle dafür legitimiert. Und ein paar Verse weiter sucht er an allen Ecken und Enden nach Schwierigkeiten, die bei der Durchführung ins Feld zu führen sind. Und nach Zeichen, die ihn überzeugen. Er hat ja Recht. Es gibt alle diese Probleme. Und es gibt, bei Lichte besehen, immer noch viel mehr davon. Aber das Herzählen von Widrigkeiten angesichts der Größe des Auftrages hat den Geruch von Kleinlichkeit. Irgendetwas ist schließlich immer. Diese realistische Schilderung der Reaktion des Mose auf seine Berufung macht eindrücklich klar, dass Angst vor der eigenen Courage, Verantwortungsverweigerung und – womöglich – ein gewisses Maß an Bequemlichkeit zur menschlichen Standardausrüstung dessen gehören, was wir als Minderwertigkeitsgefühl zu entschuldigen pflegen. Rückblende: Mose hatte offenbar keine Not, den Ägypter zu erschlagen, und er zeigte auch keine Angst, die Hirten vom Brunnen zu vertreiben. Aber nun, wo es um den Einstieg in eine göttliche Angelegenheit geht, da zickt er herum und findet immer wieder neue Ausflüchte, um sich mit honorigen Gründen zu verdrücken. Gott sei Dank funktioniert das in diesem Falle nicht. Das lehrt zweierlei. Zum einen: Noch der größte göttliche Auftrag hindert nicht, dass man sich, wie etwa der heilige Martin von Tours, gelegentlich in einen Gänsestall verkriechen möchte, um dieser schweren Ehre zu entfliehen. Wir sind und bleiben immer auch hasenherzig, wenn es um den Himmel geht. Zum anderen aber: Göttliche Aufträge tun nicht nur Wohl und Ehre an, sie tun auch weh, sind anstrengend und kosten Opfer. Keiner macht sowas gern. Aber, immerhin, Gott hat es auch nicht gescheut.

HELMUT ASSMANN

Wenn du uns beauftragst, etwas zu sagen oder zu tun, zu lassen oder zu unterbinden, dann hilf uns gehorsam zu sein und klar. In großen wie in kleinen Dingen. So wie du.

Exodus/2 Mose 4,18–31 Donnerstag, 22. Februar

Nächtliche Rettung

Der heutige Abschnitt erzählt von Menschen in Bewegung. Mose und seine Familie machen sich auf den Weg von Midian nach Ägypten. Die Reise nimmt mehrere Tage in Anspruch – und lässt für die Nächte nach einer sicheren Herberge Ausschau halten. Aaron geht seinem Bruder entgegen – in der Wüste sollen/werden sie sich treffen.

Bewegt geht es zu und gefährlich ist's. Weil der dem Mose gegebene Auftrag auf den Widerstand Pharaos stoßen wird. Und weil von einem nächtlichen, lebensbedrohlichen Angriff Gottes selbst auf Mose erzählt wird.

Diesem Angriff tritt Zippora – die hier ausdrücklich mit ihrem Namen genannte Frau des Moses – beherzt entgegen. Sie beschneidet »ihren« Sohn (V. 25) und unterstellt so ihren Sohn und sich eindeutig dem Gott Israels. Zugleich schafft sie eine neue Qualität der Beziehung mit ihrem Mann, ist nicht mehr »nur« Ehefrau, sondern mit Mose, dem Israeliten, gleichsam blutsverwandt. Die midianitische und so »fremde« Frau gehört durch ihr Handeln jetzt – wie auch ihr Sohn – ganz und gar zum Volk Israel.

Hier klingt das bis heute in ganz unterschiedlichen Zusammenhängen diskutierte Thema an, wer eigentlich ganz dazugehört – zu einer Kirchengemeinde, einem Gemeinwesen, einem Volk – und wer eben fremd bleibt (oder von anderen als »fremd« bezeichnet wird).

Wenn dieses Thema im Zugehen auf die im Folgenden erzählte Rettungsgeschichte aufgeworfen wird, zeigt sich, welches Gewicht ihm beigemessen wird. Wobei sich in Ex 12,38 die Notiz findet, es seien auch viele Nicht-Israeliten mit dem Volk Israel aus Ägypten ausgezogen – und so befreit worden.

Weit über das Volk Israel hinaus kann die Erinnerung an erfahrene Rettung, an Befreiung aus der Sklaverei Hoffnung schenken. Diese Erinnerung kann Kräfte freisetzen, neue Perspektiven eröffnen. Sie tut das für alle, die sich auf den lebendigen Gott einlassen, der Leben eröffnet.

ERNST MICHAEL DÖRRFUSS

Schenke du mir Hoffnung, befreiender Gott, und schenke mir Mut für meine nächsten Lebensschritte, bleibe bei mir auf allen meinen Wegen.

Mit Gott rechnen und mit Gott rechten

Als ebenso ignoranter wie selbstherrlicher und gewaltbereiter Herrscher erscheint Pharao. Den Gott Israels kennt er nicht – und will nichts von ihm wissen. Und er weiß nichts davon, dass es gut ist, Gott zu singen (Ps 92), weiß nichts von der Wohltat, die sich mit einem Ruhetag verbindet, von heilsamer Unterbrechung des Arbeitsalltages.

Die zähen Verhandlungen von Mose und Aaron tragen nichts aus. Stattdessen: verschärfte Arbeitsbedingungen, eine nicht zu bewerkstelligende Normerhöhung, noch schlechtere Lebensbedingungen für das versklavte Volk. Die Proteste der Vorarbeiter tragen nichts aus. Ihre Frustration bekommen Mose und Aaron zu spüren. Die wissen sich nicht anders zu helfen, als Gott vorzuwerfen: »... und du hast dein Volk überhaupt nicht gerettet.« (5,23)

Der so Angesprochene zieht sich nicht beleidigt zurück, weist die mit dem Vorwurf verbundene Klage nicht ab. Vielmehr zeigt er sich ein weiteres Mal als ein Gott, der tatsächlich hinschaut, hinhört, der Leid wahrnimmt, sich auf die einlässt, die Rettung brauchen, der eingreift.

Befreiung, Rettung ist und bleibt das Ziel des Handelns Gottes. Davon erzählt das Volk Israel, daran haben jüdische Menschen durch die Zeiten hindurch bis heute so festgehalten, wie es Christenmenschen mit ihnen zusammen getan haben und weiter tun.

Wenn es sein muss, erweisen sie sich – gegen allen Augenschein und aller Not zum Trotz – immer neu als Protestleute gegen alle Formen von Knechtschaft und Unterdrückung, von Ignoranz und Selbstherrlichkeit. Und sie wissen sich frei, in ihrem »Mit-Gott-Rechnen« immer wieder auch mit diesem Gott rechten zu dürfen, ihm in den Ohren zu liegen – ihm die Nöte dieser Welt und ihre ganz persönliche Not zu klagen, wann und wo immer sein Rettungswillen verborgen bleibt.

ERNST MICHAEL DÖRRFUSS

Danke, dass ich dir in den Ohren liegen darf mit allem, was mich bewegt, du in allem mächtiger und barmherziger Gott. Danke, dass du ein Gott bist, der mich hört.

Exodus/2 Mose 7,1–13   Samstag, 24. Februar

Bevollmächtigt und beauftragt

Mit besonderer Vollmacht wird Mose gegenüber Pharao auftreten können. Darauf zielt die beim ersten und auch zweiten Lesen vielleicht anstößige Aussage: »Ich setze dich zum Gott des Pharaos.« Der Auftraggeber versieht seinen Beauftragten mit höchster Autorität, stärkt ihm den Rücken und stellt ihm erneut Aaron zur Seite. Der soll Prophet des Moses sein – dem Pharao weitersagen, was der Gott Israels Mose aufgetragen hat.

Pharao aber wird sich weigern, auf Mose oder Aaron zu hören. Ja, er wird die göttlichen Zeichen und Wunder nicht wahrnehmen, kann es nicht. Deutlich wird und rätselhaft bleibt, dass das Nichtwollen Pharaos, seine Verstockung – mit anderen Worten: sein Starrsinn oder die Verhärtung seines Herzens – letztlich in Gott wurzelt.

Die Gegenüberstellung vom König Ägyptens und dem König der Welt rückt in den Mittelpunkt der ersten Verse. Ziel dieser Gegenüberstellung, ja des ganzen Geschehens ist, dass Ägypten erkennt, wer der Gott Israels ist: ein Richter und ein Retter.

Im Mittelpunkt der folgenden Episode steht ein Wunder. Es geht den im folgenden erzählten Wunder- und Machttaten im Zusammenhang der Befreiung des Volkes Israel aus der Knechtschaft in Ägypten voraus und dient der Beglaubigung der Vollmacht beider Brüder.

Der Stab wird zur Schlange. Dem Wunder begegnen die ägyptischen Magier mit Zauberkunststücken. Auch sie vermögen es, Schlangen zu erzeugen. Die aber werden vom Stab Aarons »verspeist«. Allein: Pharao gibt sich unbeeindruckt. So nimmt das für Ägypten unheilvolle Geschehen seinen Lauf.

Der Wettstreit zwischen Mose und Aaron auf der einen und den ägyptischen Zauberern und Magiern auf der anderen Seite mag verwundern. Mit anderen Texten belegt der heutige Abschnitt, dass das Alte Testament magische Praktiken nicht durchweg verurteilt. Auf der anderen Seite findet sich in der Bibel die kategorische Ablehnung der Magie. Sie ist in der Überzeugung begründet, dass der Gott Israels allein Herr der Schöpfung und der Geschichte ist.

ERNST MICHAEL DÖRRFUSS

Bleib du bei mir, Gott. Lass mich deine Nähe spüren. Stärke mein Vertrauen darin, dass nichts und niemand mich von deiner Liebe trennen kann.

Sonntag, 25. Februar · Psalm 123

Das Geheimnis liegt im Blick

Den Blick kenne ich! Es ist der Blick, den der Hund meiner Schwägerin neulich bei der Kaffeetafel auf mich richtete: unbeirrbar, hoffnungsfroh, voller Gewissheit, nahezu unabwendbar. Ich guck da nicht zurück. Denn ansonsten fühle ich mich schlecht, weil ich natürlich nichts gebe. So sind ja die Regeln. Kein schöner Vergleich irgendwie.

Es ist der Blick, den meine Töchter so gut hinkriegen. Ohne Worte. Sie heften ihre Augen nur fest auf mich und gucken. Erwartungsvoll, drängend, unbeirrbar – nur mit ihren festgehefteten Augen sagen sie: Los, Mama! Mach was. Sag was. Das erlösende Wort, das gültige, das helfende. Da gucke ich nie weg! Da bleibe ich ihnen ein Gegenüber, das nicht ausweicht. Dieser erwartungsvolle Blick bezwingt mich immer irgendwie. Zwingt mich zu einer Reaktion. Diese unterschiedlichen Blicke fallen mir ein, wenn ich die Worte des Psalms heute lese. Die Distanz zwischen dem Beter und Gott ist groß, sie ist himmelweit. Der eine machtlos, der andere allmächtig? Und doch ist diese Distanz offensichtlich mit einem aufschauenden Blick überwindbar. Gott, in himmelweiter Entfernung, hat die Macht, sich dem Beter gnädig zuzuwenden, ihn zu beachten und sich zu erbarmen. Dieser vertrauensvoll aufschauende Blick kann alles wenden. Weil Gott wohl nicht wegguckt. Das weiß der Beter. Er richtet seinen Blick mit der Gewissheit auf Gott, dass Gott sich gnädig ihm zuwendet. Schon in diesem Blick liegt ein Teil der Kraft und Hilfe, die er gleichzeitig sucht. Kann ich meinen Blick so vertrauensvoll auf Gott richten, wie es meine Töchter bei mir tun? – Mich hat irritiert, dass der Psalm nicht weitergeht. Er bricht ab, so scheint es. Es gibt gar keine Auflösung am Schluss. Aber mal ehrlich: Diesem Blick kann Gott gar nicht ausweichen, oder?

ULRIKE JUNGE

Gott, ich suche dich mit meinem Blick heute und du kommst mir nahe.

Exodus/2 Mose 7,14–25 — Montag, 26. Februar

Starrsinn und langer Atem

Zehn Plagen werden nötig, bis der Pharao das Volk endlich ziehen lässt. Warum? Weil er verstockt ist. Der Pharao bleibt verstockt und Gott selbst bewirkt die Verstockung. Doch der Pharao ist keineswegs Gottes willenloses Instrument. Er hätte durchaus die Freiheit, zur Einsicht zu kommen und umzukehren. Sinn der Plagen ist nicht nur, dass »ihr erkennt, dass ich JHWH bin, der ich euch aus Ägypten geführt habe«. Die Plagen sollen den Pharao vielmehr dazu bringen, JHWH als den Schöpfer von Himmel und Erde aktiv anzuerkennen. Er soll nicht nur aus berechnender Taktik und Angst vor der nächsten Plage nachgeben und das Volk ziehen lassen; er soll aus eigener Einsicht dazu kommen, Gott zu ehren und sich ihm zu unterwerfen.

Allerdings meint der Pharao, er sei Gott ebenbürtig. Schließlich seien seine Zauberer in der Lage, dieselben Plagen zu vollbringen. Das beweist für ihn, dass er sich auf Augenhöhe mit dem Gott der Israeliten bewegt. Doch wäre das so – müsste sich diese Ebenbürtigkeit nicht in der Fähigkeit erweisen, die von JHWH verhängten Plagen aufzuheben, sie unwirksam zu machen? Das scheint er nicht im Blick zu haben.

Der jüdische Exeget Benno Jacob deutet die zehn Plagen als eine »Flucht von Denkmälern«, die Gott an Ägypten und seinem Schicksal errichtet habe. Keine vergänglichen Denkmäler aus Eisen und Stein, sondern Zeichen, die die Israeliten von Generation zu Generation weitergeben sollen, ähnlich den zwölf Steinen, die Josua beim Einzug ins Gelobte Land im trocken liegenden Flussbett des Jordan platzieren wird als Denkmal und Zeichen für die Geschlossenheit der zwölf Stämme. Zum Gedächtnis der Taten und Zeichen Gottes gehört so auch die Geschichte vom Ende seiner Gegenspieler – die Erinnerung an ihren Starrsinn und zugleich an die Langmut und den langen Atem, mit denen Gott diesen Gegnern begegnet ist.

CHRISTOPH SCHROEDER

Gott, öffne mir Augen, Ohren und Herz, wenn ich mich verrannt habe und starrsinnig zu werden drohe. Sei meines Fußes Leuchte und ein Licht auf meinem Weg.

Dienstag, 27. Februar Exodus/2 Mose 11,1–10

Weitsichtige Fürsorge

Beim Passa tritt das Passalamm an die Stelle des erstgeborenen Sohnes. Sein an die Türpfosten gestrichenes Blut weist den Verderber ab. Das Jubiläenbuch, eine apokryphe Schrift aus dem 2. Jahrhundert v. Chr., stellt eine Verbindung her zwischen der zehnten Plage, der Tötung der Erstgeburt, und der Geschichte von der Bindung Isaaks. Die Bindung Isaaks ist, dem Jubiläenbuch zufolge, das Urmuster des Passarituals. In der Nacht des Auszugs aktualisieren die Israeliten das Ritual der Bindung Israels und bewahren so ihre Erstgeborenen vor den tödlichen Schlägen des Verderbers.

Die Bindung Isaaks ist lange vor dem Aufenthalt Israels in Ägypten geschehen, in der Zeit der Väter. Der Chronologie des Jubiläenbuchs zufolge bricht Abraham am 12. des ersten Monats auf zum Berg, auf dem er Gott seinen Sohn zum Brandopfer hingeben soll. Drei Tage dauert der Weg zur Opferstätte. Am 15. des ersten Monats kommen Abraham und Isaak am Berg Moria an. Der 15. des ersten Monats wird später das Datum des jährlichen Passafests sein. Die Aqedah – die Bindung Isaaks – findet, so das Jubiläenbuch, am Kalendertermin des Passafestes statt. Die Bindung Isaaks ist damit die Ursprungslegende des Passafestes. Die Israeliten brauchten die Urtat Abrahams viele Jahre später in der Situation, als der »Verderber« umherhing, nur rituell zu vergegenwärtigen. Sie hatten damit von vornherein ein bewährtes Mittel gegen die Schrecken der zehnten Plage. Wie der Widder in der Geschichte von der Bindung Isaaks tritt in der Passanacht das Lamm an die Stelle des erstgeborenen Sohnes. Indem die Verfasser des Jubiläenbuches das Passafest in der bereits weit zurückliegenden Heilsgeschichte, in der Geschichte ihres Urvaters Abraham, verankern, stellen sie heraus, dass Gott fürsorglich und verlässlich ist.

CHRISTOPH SCHROEDER

Gott, bewahre uns vor allem Übel. In der Not berge uns unter dem Schatten deiner Flügel.

Exodus/2 Mose 12,1–20   Mittwoch, 28. Februar

Erlöst und befreit

Die wundersame Verschonung der Erstgeborenen Israels ist das eigentliche Ereignis der Passanacht. Diese theologische Mitte des Passafestes rückt im Roman »Hiob« von Joseph Roth auf eine kunstvolle Weise ins Blickfeld. In der Schlussszene des Buches, beim Passamahl seines Nachbarn Skowronnek, findet die Leidensgeschichte des modernen Hiob Mendel Singer ihre wunderbare Lösung.

Mendel und seine Frau Deborah haben ihren ältesten Sohn an die russische Armee verloren. Die Tochter Mirjam bandelt mit den in der nahen Kaserne stationierten russischen Soldaten an; der dritte, Schemarja, wandert in die USA aus. Das vierte Kind, Menuchim, ist geistig zurückgeblieben und leidet unter epileptischen Anfällen. Die Familie beschließt, nach Amerika auszuwandern; den kranken Menuchim lassen sie schweren Herzens bei einer benachbarten Familie zurück. Kaum in Amerika, stirbt Schemarja, aus Gram darüber dann auch Deborah; Mirjam verfällt dem Wahnsinn. Mendel ist nun ganz allein in der Fremde. Er hadert mit Gott und kappt die Verbindung zu ihm.

Nur widerwillig nimmt er am Passamahl seines Nachbarn teil. Zu später Stunde stößt ein fremder russischer Jude zur Tischgesellschaft, ein Musiker, Alexej Kossak sein Name. Der ist gerade auf Konzertreise in New York. Es heißt, dass er Verwandte Mendels kennt und etwas über das Schicksal von Menuchim weiß. Schüchtern beäugt Mendel den Fremden. Er wagt es nicht, nach Menuchim zu fragen – er fürchtet zu hören, dass er tot ist.

Schließlich nimmt sein Freund Skowronnek ihm die Frage ab. Als der Fremde verkündet: »Menuchim lebt«, wird Mendel von Lachen und Weinen zugleich übermannt. Nun steht die Frage im Raum: Wo ist Menuchim jetzt? Fast unerträglich die Spannung – bis Alexej Kossak das lösende Wort spricht: »Ich selbst bin Menuchim.« Mendel hat seinen – einzig verbliebenen – Sohn neu geschenkt bekommen. Dass das im Verlauf des Passarituals geschieht, lässt dessen erlösende Kraft sinnhaft gegenwärtig werden.

CHRISTOPH SCHROEDER

Gott, manchmal verlieren wir alle Hoffnung. Doch deine Gnade ist jeden Morgen neu. Lass uns deine wunderbare Güte erfahren.

Das Happyend hat einen (zu?) hohen Preis

Im heutigen Bibeltext erreicht die Konfrontation des Mose mit dem Pharao ihren Höhepunkt. Gott tötet als Erfüllung der zehnten Plage alle ägyptischen Erstgeburten »vom ersten Sohn des Pharao an bis zum ersten Sohn des Gefangenen im Gefängnis«. Das Blut der Passa-Lämmer an den Türen der israelitischen Häuser aber bewahrt das Leben der Erstgeborenen Israels. Der Pharao gibt sich endlich (aber wie Bibelkundige wissen: noch nicht endgültig) geschlagen: Er lässt Gottes Volk ziehen.

Wahrlich ein Happyend in dem sich steigernden Machtkampf zwischen dem Pharao und Gott. Aber so wie dieses Happyend erzählt wird, hat es einen hohen Preis. Damals in der biblischen Geschichte für die ägyptischen Erstgeborenen, deren Leben gewaltsam und vorzeitig abgebrochen wird. Und für ihre Väter und Mütter, die unabhängig von persönlicher Schuld oder Unschuld um ihre Kinder trauern. Und heute kann ich mich nicht vorbehaltlos über dieses Happyend freuen. Obwohl ich beim Lesen und Vergegenwärtigen dieser alten Geschichte an der Seite der befreiten Israeliten stehe. Ich vermag das Tod-bringende Handeln Gottes bei der Erfüllung der zehnten Plage nicht bruchlos in mein Gottvertrauen zu integrieren. Ich bekenne Gott als Gott des Lebens und kann deshalb nicht glauben, dass Gott selbst der verantwortliche Akteur ist, wenn die Freiheit der einen mit Tod und Vernichtung von anderen erkauft wird. Damals nicht und heute nicht. Als heiligte der gute Zweck jedes Mittel, auch das Töten. Das Buch Exodus erzählt: Gott hat sein Volk Israel aus der Sklaverei in Ägypten befreit. Diese Befreiungsgeschichte entfaltet das Bild eines Gottes, der Leben in Freiheit für seine Menschen will. Wie hoch aber darf »um Gottes Willen« der Preis für unsere Freiheit sein?

ANNE SCHNEIDER

Du unser Gott, leite uns auf Wegen des Friedens. Inspiriere uns dazu, Leben zu bewahren, auch wenn uns tötende Gewalt oft als einziges Mittel erscheint, um Freiheit zu erkämpfen.

Markus 10,32–45 Freitag, 1. März

Kein Ostern ohne Karfreitage

Jesus bezeugt seinen Weg auf der Erde als Leidensweg – als ihm bewussten und bejahten Leidensweg. Dieses Zeugnis steht quer zu dem, was Menschen sich von ihrem irdischen Leben erhoffen und erwarten. Heute wie auch damals vor 2000 Jahren in Israel, als Jesus sich mit seinen Jüngern auf den Weg nach Jerusalem machte, auf seinen Weg zum Kreuz.

Zum dritten Mal spricht Jesus jetzt zu seinen Jüngern über seinen Leidensweg. Über das Unheil, das Menschen ihm antun werden. Dreimal aber bezeugt er ihnen auch: Nicht das Kreuz, sondern die Auferstehung ist das Ziel seines Weges. Ganz offensichtlich sind bei den beiden Jüngern Jakobus und Johannes nur Bruchstücke von Jesu Worten über seinen Weg durchgedrungen. Sie haben wahrgenommen, was sie gerne wahrnehmen wollten: dass die Herrlichkeit Gottes auf Jesus wartet. Über die dafür vorausgehenden Leiden wollen sie lieber nicht nachdenken. Aber sie wollen ihr »Ostern«, also ihr neues Leben und ihre Positionen im Reich Gottes, schon einmal organisieren. An den anderen Jüngern vorbei, vor den anderen und ohne Rücksicht auf die anderen. Frommer Egoismus bewegt sie trotz ihrer Berufung in die Nachfolge Jesu. Das zu lesen ist zum einen enttäuschend, zum anderen aber doch auch tröstlich für uns Heutige. Jesu Jünger blieben fehlsame Menschen. Die ideale Gemeinde gab es nicht und wird und muss es auch heute unter uns nicht geben.

Auf seinem Weg zum Kreuz macht Jesus deutlich: Es gibt kein Ostern ohne Karfreitag! Der Weg zur Auferstehung führt für manche durch Schmerzen und Leiden, für alle aber durch das Sterben. Leiden und Sterben aber haben keinen Wert in sich selbst. Leben und Sterben im »Dienst für andere« ist hier für Jesus das entscheidende Stichwort. Das gilt auch für unsere Lebenswege, für unsere Karfreitage und für unser Ostern.

ANNE SCHNEIDER

Gott, schenke uns die Gewissheit deiner Gegenwart. Gerade dann, wenn Todesängste, Schmerzen und Leiden uns beschweren.

Samstag, 2. März — Markus 10,46–52

Gottes Kraft heilt – auch unsere körperlichen Gebrechen!?

Gottes Kraft heilt, das wird uns durch Jesu Leben, Reden und Handeln bezeugt. Davon erzählt auch die heutige Geschichte des Markusevangeliums. Der blinde Bartimäus hört, dass Jesus von Nazaret vorbeigeht. Sein eindringliches Geschrei »Jesus, du Sohn Davids, erbarme dich meiner!« bewegt Jesus dazu, ihn zu sich rufen zu lassen. Die Heilung selbst wird dann knapp und sachlich erzählt. Auf Jesu Frage: Was willst du, dass ich für dich tun soll? antwortet Bartimäus: Dass ich sehend werde. Jesus spricht: »Geh hin, dein Glaube hat dir geholfen.« Und Bartimäus wird sehend und folgt Jesus nach.

Jesus schenkt Bartimäus mit dem Augenlicht eine neue körperliche Qualität seiner Lebensmöglichkeiten. Und – weil der sehende Bartimäus sich sogleich auf den Weg der Nachfolge macht – auch eine neue spirituelle Beziehung zu Gott.

Eine im Wortsinn »Wunder-volle« Geschichte von der Kraft Gottes, die mit Jesus von Nazaret mitten in unserer Welt wirksam wird. Und die Menschen heilt, Gott sei Dank auch heute! Auch heute erfahren Menschen Gottes heilende Kraft, wenn sie blind sind. Blind vor Zorn und Wut, blind aus Neid und Gier, blind vor Tränen und Angst. Und doch steht für mich auch ein Fragezeichen hinter dem Bekenntnis. Gottes Kraft heilt – auch unsere körperlichen Gebrechen!? Ich weiß um zu viele Menschen, die an Gottes Kraft geglaubt, in ihrem Gottvertrauen immer wieder eindringlich und um körperliche Heilung gebetet haben und die enttäuscht wurden. Deshalb bleiben für mich ein Stachel und viele offene Fragen an Gott in all den Happyends der Wunder-vollen biblischen Heilungsgeschichten.

ANNE SCHNEIDER

Gott, viele offene Fragen bewegen mich im Blick auf deine heilende Kraft in unserem irdischen Leben. Schenk mir die Kraft, trotz fehlender Antworten auf deine Liebe und Nähe zu vertrauen.

Ein gottgefälliges Herz

Draußen geht die Sonne mit ihrem sanften Licht unter. Die Vesper beginnt. Wie in jeder orthodoxen Vesper wird Psalm 141 gesungen. Währenddessen bringt der Priester den Weihrauch vor dem Altar dar, sodann werden das gesamte Kirchenschiff und alle Anwesenden beweihräuchert. Die Gläubigen bekreuzigen sich und verneigen sich, während der Weihrauch vor ihnen in die Höhe steigt. Ihre Verneigung macht gleichsam eine Geisteshaltung sichtbar. Das Herz neigt sich zum Gebet, das als Opfer vor Gott wie Weihrauch, als geistiger Wohlgeruch, emporsteigt.

Diese Verbindung des Psalms 141 mit dem Rauchopfer am Abend schließt nicht nur an die frühchristliche Tradition an, sondern auch an die Ordnung des jüdischen Tempelgottesdienstes. Der Psalmist spricht sein Gebet während des Opfers im Tempel und zugleich ist das Gebet seine Opfergabe. Sein Gebet zeugt von seiner Entschiedenheit, nur gottgefällige Worte kundzutun. Deswegen bittet er in bewährter Zuversicht Gott um Hilfe, dass sein Herz nicht dem bösen Wort zugeneigt ist. Im Herzen liegt die Wurzel des Übels, aber auch des Guten. Der Psalmist distanziert sich von jenen, die mit dem Bund Gottes gebrochen haben. Hinter berauschenden Genüssen verbirgt sich die Falle, die diese ihm stellen, nämlich mit ihnen mitzuziehen, einer von ihnen zu sein, sich von Gott vollends abzuwenden. Vollzieht sich diese radikale Gottesferne, so steht das ganze Leben auf dem Spiel, denn die Verbindung zur in Gott mündenden Lebensquelle (Ps 36,10) wird gestört.

Manchmal bemerkt, manchmal unbemerkt, manchmal in mühsamen Auseinandersetzungen, wirken divergierende Kräfte in unserem Alltag; ihre Dynamik fließt gegen den Strom des Lebensquells. Am Ende eines langen Tages wird alle menschliche Mühsal im Gebet vertrauensvoll in die Hände Gottes gelegt. Mit der untergehenden Sonne geht nicht nur ein Tag zu Ende, sondern ein neuer bricht an, mit durch Gottes Kraft gestärktem Herzen.

MARINA KIROUDI

Mein Gebet steige vor dein Angesicht, Herr, wie geistiger Wohlgeruch.

Montag, 4. März Markus 11,1–11

»Wie soll ich DICH empfangen ...?«

Jesus zieht auf einem symbolträchtigen Reittier in Jerusalem ein: einem Fohlen. So wird das Prophetenwort erfüllt: »Du, Tochter Zion, freue dich sehr, und du, Tochter Jerusalem, jauchze! Siehe, dein König kommt zu dir, ein Gerechter und ein Helfer, arm und reitet auf einem Esel, auf einem Füllen der Eselin.« (Sacharja 9,9) Jesus kommt als ein König, aber ohne Gewalt – ein König des Friedens. Die Menschen, die den Einzug erleben, missverstehen ihn. Erwartet wird der Gesandte Gottes, der Messias, der kraftvoll in die Geschichte eingreift. Die Jubelnden erhoffen Befreiung vom römischen Joch, durchaus mit Macht und Gewalt. So wie es 150 Jahre zuvor Simon Makkabäus gelang, der Israels Feinde besiegte. Als diese Wünsche nicht Wirklichkeit werden, ist die Menge von Jesus enttäuscht. Wenige Tage später wird aus dem »Hosianna« ein »Kreuziget ihn«!

Nach Karfreitag und Ostern ist es für uns leicht, zu sagen: »Törichtes Volk!« – »Wankelmütige Schreihälse!« Solch Urteil ist billig und überheblich. Sind wir denn dagegen gefeit, mit voreiligen Vorstellungen von Jesu Kommen in unser Leben, in unsere Wirklichkeit und Welt grob daneben zu liegen? ER kommt, wie ER es für richtig hält. Unsere Aufgabe, damit auch unsere Chance, besteht darin, offen und bereit für SEIN Wollen und Wirken zu werden. So, wie wir es im Vaterunser erbitten: »DEIN Wille geschehe, wie im Himmel so auf Erden!«

Bald, am Palmsonntag, wird der Bericht vom Einzug in Jerusalem in unseren Gottesdiensten gelesen, dann wieder am 1. Sonntag im Advent. Es geht dabei um mehr als um die Erinnerung an ein damaliges Geschehen. Es geht in diesem Evangelium immer um die herzliche Einladung an uns, IHN in unser Leben einziehen zu lassen. Und dies so, wie ER es will. Wir dürfen uns über SEIN Kommen freuen und einwilligen in SEINE Pläne mit uns, immer wieder neu. Machen Sie doch den heutigen Tag zu einem ganz persönlichen »Adventstag«! Singen und beten Sie mit den Worten Paul Gerhardts: »Wie soll ich dich empfangen?« (EG 11)

DETLEF PUTTKAMMER

Herr Jesus, komm DU in mein Leben, so wie es DIR gefällt!

Markus 11,12–25　　　　　　　　　　　　　Dienstag, 5. März

»Werde DU für uns zur Wurzel fruchtbaren Handelns!«

Der Evangelist erzählt dreierlei Geschichten, die er kunstvoll miteinander verwebt: das Schicksal des unfruchtbaren Feigenbaums, von der »Reinigung des Tempels« und von der Kraft des Gebetes. Dabei geht es um zwei grobe Übel und um eine grandiose Verheißung.

Der Feigenbaum erscheint zwar sehr lebendig, hat viele grüne Blätter, aber er trägt keine Früchte. (Und dass es noch nicht die Zeit der Fruchtreife war, spielt hier keine Rolle. Es geht ja nicht um Biologie!) Entscheidend ist, dass er dem Hungrigen keine Sättigung bieten kann. Jesus verflucht ihn, spricht ihm damit seine Daseinsberechtigung ab.

Die Geldwechsler und Taubenhändler im Tempel sorgen zwar dafür, dass im religiösen Betrieb »der Laden läuft«, aber sie handeln nicht uneigennützig, sondern sind in Wahrheit nur an der Maximierung ihres Gewinns interessiert. Jesus wirft ihre Tische eigenhändig um und bezeichnet ihr Tun als grob gotteslästerlich.

Zwei Übel – aber man sagt ja zu Recht: »Was zu nichts taugt, ist wenigstens als abschreckendes Beispiel gut.« So sollen wir also nicht sein. Stattdessen will unser Herr, dass wir unserem Namen entsprechen, also uns nicht nur Christen nennen, sondern als solche für unsere Mitmenschen da sind. Und unser Bestreben darf nicht sein, für uns das maximal Mögliche »herauszuholen«. Im Gegenteil: Wir sollen uns bemühen, mit unseren Gaben und Möglichkeiten für unsere Umgebung und in Gottes ganzer Schöpfung hilfreich zu wirken. Unser Leben soll gute Früchte tragen. Nur so werden wir Gottes Willen gerecht.

Dies ist eine klare Forderung an uns, aber Gott-sei-Dank keine Überforderung. Denn ER hat uns die Möglichkeit des wirksamen Gebetes eröffnet. ER will uns selber schenken, was ER von uns erwartet. Deshalb können wir hoffnungsvoll darum bitten, dass wir fruchtbar leben und Gutes bewirken. Nicht zuletzt, wenn durch uns die segensreiche Kraft der Vergebung Raum gewinnt. Das ist die gute Nachricht für diesen und für jeden Tag.

DETLEF PUTTKAMMER

Herr Jesus, schaffe in uns die Wurzeln eines fruchtbaren Lebens und verändere durch uns DEINE Welt zum Guten!

Mittwoch, 6. März Markus 11,27–33

»Zeige mir DEINE Vollmacht!«

»Aus welcher Vollmacht handelst du?« Das ist doch eigentlich eine sehr berechtigte Frage! Schließlich waren Jesu Worte und sein Handeln durchaus ungewöhnlich. Eben erst hatte er als Eselsreiter einen hohen Anspruch erhoben und sich damit als Messias Gottes zu erkennen gegeben. Und dann noch seine radikale Säuberungsaktion im Tempel. War das wirklich zulässig oder eine völlige Anmaßung? Aber diese Frage wird von den Mächtigen der Tempelwelt nicht ernsthaft gestellt. Sie soll lediglich Jesus verunsichern, ihn als anmaßend entlarven und damit als strafwürdig kennzeichnen.

Jesus antwortet mit einer Gegenfrage und bringt die Tempel-Elite damit in große Verlegenheit. Zu Johannes dem Täufer, dem im Volk so angesehenen Märtyrer, wollen sie sich lieber nicht äußern. Verlegen stottern sie daher: »Keine Ahnung!« Damit geben sie Jesus eine Steilvorlage (so würde man es im Sport nennen) und er bricht das Gespräch mit ihnen kurzerhand ab.

Aber, ernsthaft gestellt, ist die Frage nach Jesu Vollmacht ja sinnvoll. Ist er wirklich, was er zu sein vorgibt: Gottes Bote, Helfer, guter Hirte, Weg, Wahrheit und Leben? Ist er wirklich, was die Christen von ihm sagen: Sohn des lebendigen Gottes, gütiger Heiland und mit dem Vater uneingeschränkter Herr der Welt? Antwort darauf hat Jesus selber gegeben, als er am Kreuz ausrief: »Es ist vollbracht!« Damit hat er seine Botschaft, sein Leben und seine Bestimmung eindeutig qualifiziert. Und durch die Auferweckung des Gekreuzigten hat der ewige Gott dies am Ostertag bekräftigt und beglaubigt.

Wir dürfen den auferstandenen Jesus Christus nun darum bitten, dass ER sich uns heute und immer wieder neu als der Lebendige, der Gegenwärtige und Vollmächtige zeigt. ER möge uns die inneren Augen, unsere Herzen, unser ganzes Sein für IHN öffnen. ER schenke uns den Glauben, den wir selbst nicht machen können. Ganz sicher: Das will ER gerne tun!

DETLEF PUTTKAMMER

Herr Jesus, ja, zeige mir, wer DU bist! Lass mich DICH erkennen als den Sohn des lebendigen und allmächtigen Gottes, als Heiland der Welt und meinen Bruder und Herrn!

Jesus – der Störenfried

Jesus war keineswegs der erste, wohl aber der wichtigste »Abgesandte« des Vaters, dessen Ansprüche von den jüdischen Verantwortungsträgern nicht anerkannt wurden. Niedere Beweggründe werden für diese Ablehnung angeführt: Es sind die selbstsüchtigen Interessen der »Weinbergpächter«, die gegenüber den legitimen Forderungen des Weinbergbesitzers (Jes 5) brutal durchgesetzt werden. Die Hoffnung, dass der Weinberg nach der Ermordung des »Erben« in ihre Hände übergeht, scheint zur damaligen Zeit nicht abwegig gewesen zu sein. – Ob das Gleichnis gänzlich nachjesuanisch ist oder noch im Kern auf Jesus zurückgeht, muss unentschieden bleiben; sicher scheint allerdings, dass die Zahl der Gewaltopfer eine polemische Steigerung erfahren hat. Darin wird die anklagende Haltung der ersten Christen gegenüber den jüdischen Autoritäten deutlich (nicht gegenüber dem jüdischen Volk, wohlgemerkt). Sie werden für den Tod Jesu verantwortlich gemacht! Eine pauschale »Verwerfung Israels« ist daraus nicht abzuleiten; sie wurde auch von Paulus vehement bestritten (Röm 3). Vermutlich endete das Gleichnis ohne Psalmzitat und »Ergreifungsbeschluss« mit Vers 9. – Zu denken gibt, dass Fjodor Dostojewski in seiner berühmten »Legende vom Großinquisitor« im Roman »Die Brüder Karamasow« genau das gleiche Problem thematisiert: Der alte und mächtige – christliche! – Würdenträger lässt Jesus nach seinem Auftauchen umgehend ins Gefängnis werfen und sagt ihm freiweg ins Gesicht: »Du bist gekommen, uns zu stören, und du weißt das!« Jesus ist und bleibt offenbar der Störenfried – auch bei denen, die sich auf ihn als »Eckstein« berufen! Auf uns selbst bezogen gilt es nüchtern zu fragen, wo auch wir versuchen, unbequemen Ansprüchen Jesu in unserem Leben aus dem Weg zu gehen. Nicht, indem wir aggressiv werden, sondern – schlimmer noch! – indem wir die Diskussion darüber stillschweigend vermeiden.

BEATE WEINGARDT

Gott, bewahre uns vor einem Glauben, in dem wir die störenden und verstörenden Worte Jesu ignorieren, um unseren eigenen Lebensstil samt unseren Interessen nicht hinterfragen zu müssen. Denn auch wir werden an unseren Taten gemessen, nicht an unseren Worten.

Freitag, 8. März — Markus 12,13–17

Kein politischer Rebell

Zur Zeit Jesu herrschte bei Teilen des Volkes die gespannte Erwartung, dass demnächst ein von Gott gesandter »Gesalbter« (Messias) erscheinen und die heidnische Besatzungsmacht der Römer aus dem Land vertreiben würde. Eine kleine Gruppe, genannt »Zeloten« (von griech. zelos, der Eifer) propagierte offenen Widerstand gegen Rom, beispielsweise indem die fälligen Tributzahlungen verweigert wurden. Da vermutlich einer der Jünger Jesu (vgl. Lk 6,15) aus dieser Gruppe stammte, verwundert es nicht, dass Vertreter der politischen und geistlichen Elite bei Jesus erschienen, um herauszufinden, ob er möglicherweise als politischer Aufrührer einzuschätzen sei – was eine Anklage als Rebell ermöglicht hätte. Interessant ist die Einschätzung von Jesu Person, die der Frage an ihn vorausgeschickt wird: Man attestiert ihm, dass er sich in seinen Äußerungen von keinerlei taktischem Kalkül leiten lässt, sondern sich allein an dem orientiert, was er für wahr und richtig hält. Sicher soll diese Einschätzung ihn auch dazu verleiten, »ins Messer zu laufen«. Dennoch ist sie als erstaunlich treffende Charakterisierung Jesu ernst zu nehmen, in der Hochachtung mitschwingt. Jede/r möge sich selbst fragen, ob dieses Urteil auch auf sie oder ihn zutreffen könnte. Die Antwort Jesu vermeidet ein simples »Ja« oder »Nein«: »Was hat das Bezahlen von Steuern an den Kaiser mit eurer Gottesbeziehung zu tun?« Die Antwort gibt er selbst: »Gar nichts!« Damit sprengt Jesus den Horizont, in dem seine Fragesteller denken. Sie gehen von der Annahme aus, dass es ein Verrat an Gott ist, wenn man sich den Forderungen der heidnischen Herrscher in irgendeinem Punkt unterwirft. »So einfach ist es nicht«, signalisiert Jesu Antwort, mit der er gleichzeitig eine der zentralen Hoffnungen enttäuscht, die mit dem erhofften Messias verbunden wurden. Er passte – so sah er sich auch selbst – in keine der bereitliegenden Schubladen.

BEATE WEINGARDT

Jesus, wie oft scheuen wir vor klaren Worten zurück, weil wir fürchten, uns dadurch Nachteile einzuhandeln oder fehleingeschätzt zu werden. Du hast Klarheit mit Klugheit, Aufrichtigkeit mit Unterscheidungsvermögen verbunden. Lass uns von dir lernen.

Markus 12,18–27   Samstag, 9. März

Keine Fortsetzung der irdischen Existenz

Nach der politischen folgt eine theologische Herausforderung. Da die Sadduzäer in Jerusalem amtierten, muss Jesus sich zu diesem Zeitpunkt schon in der Stadt aufgehalten haben. Zu seiner Zeit war der Glaube an eine Auferweckung der Toten noch nicht »Common Sense« im jüdischen Glauben. Ausgerechnet die mächtigste jüdische Gruppe, die auch für Jesu Verurteilung verantwortlich sein wird, lehnte die Idee der Totenauferweckung ab. Begründung: In der allein maßgeblichen Tora (die fünf Bücher Mose) ist davon nirgends die Rede. Das trifft zu. Erst im sehr späten Buch Daniel wird explizit davon gesprochen, dass die Entschlafenen wieder auferstehen (Kap. 12,2). Es war offensichtlich eine sich langsam entwickelnde Überzeugung im jüdischen Volk, dass auf den Menschen nach seinem Tod mehr wartet als ein Schattenreich (Scheol). Die der Frage an Jesus zugrunde liegende Vorstellung, dass es im Jenseits im Prinzip ähnlich zugeht wie im Diesseits, bildete den Aufhänger für das geschilderte Problem. Dass eine Witwe vom Bruder des verstorbenen Ehemanns geehelicht wurde, diente der sozialen Versorgung der Frau, war also keine willkürlich konstruierte Realität – diese lag eher in der siebenfachen Witwenschaft. Im ersten Teil seiner Antwort führt Jesus eine neue Kategorie ein, die dem Problem den Boden entzieht: Tote durchlaufen eine grundlegende Wandlung und werden als Auferstandene wie die Engel, also »geschlechtsneutral«, sein. Damit entfällt die Frage, welche Frau welchem Mann »gehören« wird. Im zweiten Teil seiner Antwort untermauert Jesus mit einem Schriftzitat seinen eigenen Glauben an die Auferweckung: Dass Gott sich als Gott der längst verstorbenen Patriarchen Abraham, Isaak und Jakob bezeichne, könne – da Jesus ein »Gott der Lebendigen« sei – nur bedeuten, dass diese Toten nicht mehr tot sind! Eine verblüffende Logik, die uns heute willkürlich anmutet, die damals aber ganz offensichtlich respektiert wurde.

BEATE WEINGARDT

Gott, wir glauben, dass der Tod ein Tor in eine andere Welt ist, die unser menschliches Vorstellungsvermögen sprengt. Es genügt fürs Erste zu wissen: Du bist da, und du erwartest uns.

Sonntag, 10. März — Psalm 132

Treu bin ich

Psalm 132 gehört zu den sogenannten Wallfahrtspsalmen. Im griechischen Text wird die Bezeichnung »Aufstieg(e)« verwendet, die dem hebräischen Original »Lieder des Heraufsteigens« oder »Lieder der Stufen« entspricht. Nach jüdischer Überlieferung wurden die Wallfahrtspsalmen auf Pilgerfesten gesungen, an denen das Volk Israel nach Jerusalem »hinaufzog«. Beim Aufstieg zum Tempel wurde auf jeder der fünfzehn Treppenstufen ein solcher Wallfahrtspsalm gesungen.

Gerade der Gang auf den zahlenmäßig eher überschaubaren Treppenstufen, die grundsätzlich schnell zu bewältigen sind, ist eindrücklich. Die Regeln des Endspurts sind hier außer Gefecht gesetzt – er wirkt wie eine Verlangsamung des Geschehens. Auf dem letzten Stück des Weges wird das Ziel nochmal in den Fokus gerückt. Der Aufstieg der Stufen wird nahezu rituell »begangen«, in Bedacht und in heiliger Ehrfurcht für das sich emporhebende Heiligtum. Die bevorstehende Begegnung mit dem Herrn ist das markante Merkmal des Aufstiegs.

Grundlage für eine nachhaltige Begegnung und Gemeinschaft mit dem Herrn ist die gegenseitige Treue. Gott bleibt seinem Wort gegenüber dem Menschen fortwährend treu. Bleibt auch der Mensch seiner Verbindung zu Gott treu, so erweist sich diese Gemeinschaft mit Gott als Ort der Freude und des Jubels. Die Priester, jene, die ihm dienen, kleiden sich in Gerechtigkeit, durch die der ihnen innewohnende Geist sichtbar wird. Die Kraft des treuen Bundes mit Gott vermag es, das Leben zu verwandeln und ihm eine neue Lebensqualität zu verleihen.

Der Aufstieg ist nicht auf wenige Anlässe begrenzt, sondern fortwährender Teil des Lebenswandels. Jeder Tag ist eine neue Gelegenheit, einen Gang zurückzuschalten, innezuhalten, wahrzunehmen, wo man gerade steht, und nach vorne zu blicken. Ermutigt durch den treuen Zuspruch Gottes, gestärkt durch das Gebet und in der gemeinsamen Pilgerschaft mit dem Volk Gottes kann der Aufstieg zur nächsten Stufe gewagt werden.

MARINA KIROUDI

Herr, mache mich würdig, dich aus ganzer Seele und ganzem Herzen zu lieben, und in allem deinen Willen zu tun.

Was wichtig ist

Nach zwei Streitgesprächen fragt ein Schriftgelehrter nach dem wichtigsten Gebot. Jesus antwortet mit zwei Schriftzitaten, dem »Höre Israel«, dem zentralen Gebot der Liebe zu Gott (Dtn 6,4f.), und dem Gebot der Nächstenliebe aus dem Heiligkeitsgesetz (Lev 19,18). Der Schriftgelehrte stimmt zu, indem er bekräftigt, dass diese beiden Gebote wichtiger sind als aller Opferkult im Tempel. Gottesverehrung und Nächstenliebe können auch im zeitgenössischen Judentum als Leitmotive genannt werden. Doch niemand hat diese beiden Schriftworte so pointiert zusammengestellt wie Jesus. Die Aufforderung, Gott von ganzem Herzen zu lieben, ist die Antwort auf Gottes besondere Liebe zu seinem Volk Israel. Dabei bezeichnet das deutsche Wort »Nächster« – von »nahe« abgeleitet – wie in den zehn Geboten (Ex 20,16f.) den Nachbarn, mit dem man am selben Ort wohnt, mit dem man täglich zu tun hat. Im Heiligkeitsgesetz (Lev 19) sind damit sozial Schwache und Behinderte gemeint, Arme, Tagelöhner, Taube, Blinde, Geringe. Dazu gehört nicht nur der Bruder, Stammes-, Volksgenosse, sondern auch der Fremdling, der sich in der gleichen Situation befindet, wie es Israel selber in der Sklaverei in Ägypten erlebt hat: Du sollst ihn lieben, denn er ist wie du. »Lieben« ist das Gegenstück zum Hassen. Anders als zwischen Mann und Frau steht hier aber nicht die emotionale Beziehung im Vordergrund, sondern die soziale Verantwortung für Bedürftige, die nicht ungerecht behandelt werden dürfen. Vielmehr soll der Hungrige bekommen, was er zum Leben braucht (Spr 25,21f.). Was diese Nächstenliebe bedeutet, erzählt Jesus im Gleichnis vom barmherzigen Samariter: »Gehe hin und tue desgleichen.« (Lk 10,25–36) Als der Schriftgelehrte zustimmt, antwortet Jesus: »Du bist nicht fern vom Reich Gottes.« Im Doppelgebot der Liebe besteht die größte Nähe und Übereinstimmung zwischen Juden und Christen.

ULRICH HECKEL

In Gottes Namen fang ich an, was mir zu tun gebühret; mit Gott wird alles wohlgetan und glücklich ausgeführt. Was man in Gottes Namen tut, ist allenthalben recht und gut und kann uns auch gedeihen.

Dienstag, 12. März — Markus 12,35–40

Wer Jesus ist

Auf die Frage nach dem höchsten Gebot, das Juden und Christen bleibend verbindet, folgt nun das Besondere im Auftreten Jesu, sein messianischer Anspruch als göttlicher Heilsbringer. Viele sahen in ihm den Sohn Davids (10,48), den verheißenen Messias Israels aus der Nachkommenschaft Davids. Dieser gängigen Erwartung hält Jesus das Zitat aus Psalm 110,1 entgegen, einem Königspsalm zur Einsetzung des gesalbten Königs: »Der Herr sprach zu meinem Herrn: Setze dich zu meiner Rechten, bis ich deine Feinde unter deine Füße lege.« Es ist »Ein Psalm Davids«, der nach der Überschrift David selbst zugeschrieben wird. Nach der Zitateinleitung »durch den Heiligen Geist« wird er als geistgewirkte prophetische Weissagung auf den Messias gedeutet. Demnach berichtet David, wie Gott (»der Herr«) zu Jesus (»meinem Herrn«) sagt: »Setze dich zu meiner Rechten.« Deshalb ist Jesus nicht nur Davids »Sohn«, sondern mehr noch Davids »Herr«, der über ihm steht. Vor dem Hohenpriester wird Jesus darum in Anspielung auf Dan 7,13 f. von sich sagen: »Und ihr werdet sehen den Menschensohn sitzen zur Rechten der Kraft und kommen mit den Wolken des Himmels.« (14,62) Das Zitat aus Ps 110,1 ist diejenige alttestamentliche Stelle, auf die im Neuen Testament am häufigsten verwiesen oder angespielt wird. Sogar im Glaubensbekenntnis hat sie Eingang gefunden. Dabei wird die Aufforderung »Setze dich zu meiner Rechten« als Ankündigung der Auferstehung und Erhöhung Jesu verstanden (Apg 2,33 ff.), durch die er den Tod als letzten Feind überwindet (1 Kor 15,26), auf Gottes Thron an dessen Ehrenseite eingesetzt wird und an dessen Herrschaft Anteil erhält (Röm 1,3 f.; 8,34). Dass das Volk es gern hörte, ist ein Ausdruck der Zustimmung zu Jesus als Herrn und Bevollmächtigten Gottes.

ULRICH HECKEL

Jesus Christus herrscht als König, alles ist ihm untertänig, alles legt ihm Gott zu Fuß. Aller Zungen soll bekennen, Jesus sei der Herr zu nennen, dem man Ehre geben muss.

Markus 12,41–44 — Mittwoch, 13. März

Was zählt

Diese Geschichte zeigt, was wahre Gottesliebe ist. Nach der Kritik an den geltungssüchtigen, habgierigen, scheinheiligen Schriftgelehrten mit ihrem Widerspruch zwischen religiösem Getue und praktischem Verhalten folgt nun das berührende Beispiel einer armen Witwe. Sie gehört in doppelter Hinsicht zu den gesellschaftlich Benachteiligten, durch ihre Armut und durch den Verlust ihres Ehemannes. Die Szene geschieht im Tempel. Es geht um das Opfer für den Gotteskasten, einen Opferstock, aus dem die Tieropfer bezahlt werden, um sie im Tempel darzubringen. Viele Reiche spendeten viel. Aber die Witwe war arm, sie hatte nichts. Doch sie gab zwei Münzen. Es sind Kupfermünzen, die kleinste griechische Münze, nach römischer Währung ein Quadrans, ein Pfennigbetrag, den die Lutherübersetzung auf deutsche Verhältnisse überträgt: ein Heller. Der Wert war gering, aber für die Witwe war es viel Geld. Verglichen mit den Reichen war es mehr als alles, was diese gespendet haben, die auf nichts verzichteten, sondern von ihrem Überfluss abgaben. Indem sie alles gibt, gibt sie sich ganz hin, wie auch Jesus sich für andere hingibt (10,45). Nicht die absolute Summe, der persönliche Einsatz zählt in der Liebe zu Gott. Die Gabe soll zum Opferkult im Tempel beitragen, doch dessen Stellenwert war kurz zuvor bei der Frage nach dem wichtigsten Gebot relativiert worden, weil Nächstenliebe mehr ist als alle Brandopfer und Schlachtopfer (12,33). Das entspricht prophetischer Kritik (Hos 6,6), die auch Jesus zitiert: »Barmherzigkeit will ich und nicht Opfer.« (Mt 9,13; 12,7) Barmherzigkeit zeigt sich in Almosen (Mt 6,2–4; Röm 12,8) wie der Kollekte, die Paulus für die Armen der Jerusalemer Urgemeinde sammelte (Gal 2,10; 2 Kor 8f.) – Vorbild aller Gottesdienstopfer und Spendenaufrufe bis heute.

ULRICH HECKEL

Ich will dich lieben, meine Stärke, ich will dich lieben, meine Zier,
ich will dich heben mit dem Werke und immerwährender Begier.
Ich will dich lieben, schönstes Licht, bis mir das Herze bricht.

Das Ende der Welt?

Das Thema vom Ende der Welt, von der endgültigen Katastrophe, vom Weltuntergang, hat die Menschheit schon immer beschäftigt. Erleben wir zur Zeit nicht gerade auch solche Befürchtungen und Ängste? Die unbezweifelbare Erderwärmung, damit verbunden eine immer größere Trockenheit gerade in den Regionen, die schon immer darunter gelitten haben, verbunden mit extremem Hunger der dort lebenden Menschen, andererseits Waldbrände, die zu einer immer größeren Vernichtung der Wälder führen, Hochwasserkatastrophen, das Abschmelzen der Gletscher und großer Gebiete in Arktis und Antarktis. Tiere verlieren dort ihren Lebensraum und sind in ihrer Existenz bedroht. Und die Menschen? Immer häufigere Kriege, aber auch innerhalb von Gesellschaften ein Anstieg von Hass und Verbrechen.

Jesus bringt in seiner Endzeitrede auch schon einige dieser Dinge zur Sprache. Hinzu kommen Ankündigungen von Menschen, die versuchen werden, die Jünger von ihrem Glauben abzubringen, ja sie zu verfolgen und zu bekämpfen. Jesus ruft seine Anhänger zu Wachsamkeit und Standhaftigkeit auf. Aber, und das ist der Trost und die Hoffnung, Jesus verspricht ihnen den Beistand des Heiligen Geistes, ein Versprechen, das sich unter anderem für Petrus in der Apostelgeschichte erfüllen wird. Wichtig ist nur, dass die Jünger bei aller Gefahr und Bedrängung standhaft bleiben, das heißt, sich nicht von ihrem Glauben abbringen lassen. Dann, so sagt Jesus, werden sie gerettet werden. Oder, wie es deutlicher in der gleichen Situation im Lukas-Evangelium heißt, es wird ihnen »kein Haar gekrümmt werden, und sie werden das (ewige) Leben gewinnen«. Entscheidend ist nicht die genaue Kenntnis eines Zeit-Punktes, sondern die Standhaftigkeit in der Zeit.

WOLFGANG DOERING

Herr, gib mir die Kraft und die Zuversicht, dass ich dein Wort trotz aller Widrigkeiten und Widerstände glaubhaft verkünden kann.

Markus 13,14–23 Freitag, 15. März

Bleibt standhaft!

In der Fortsetzung seiner Endzeitrede, die auch so kurz vor seiner Passion eine Abschiedsrede genannt werden kann, bringt Jesus noch einmal die Gefahren und Bedrängnisse zur Sprache, denen die Jünger und alle Anhänger des Glaubens ausgesetzt sein werden. Hier gibt er nun genaue Anweisungen, wie sich die Menschen retten können. Es geht um die »Gräuel der Verwüstungen«, die entweder von Menschen oder von Naturkatastrophen ausgelöst werden können. Die Menschen müssen versuchen, sich in Sicherheit zu bringen, ohne sich vorher noch groß vorzubereiten. Nichts wie weg! Denn diese Ereignisse werden so schlimm werden, wie es noch nie vorher geschehen ist. Hier steigert Jesus seine Warnungen zu einem gewissen Höhepunkt, seine Warnung wird extrem eindringlich! Und es sind nicht nur Naturereignisse. Wieder warnt Jesus vor Menschen, die versuchen, seine Anhänger von ihrem Glauben abzubringen.

Diese Warnungen und Ratschläge gelten natürlich auch für uns! Auch wir sehen uns heutzutage den Versuchungen und Gefahren ausgesetzt, die von Menschen ausgehen und unseren Glauben in Frage stellen. Sie versuchen, uns von unserem Glauben abzubringen. Da sind natürlich zuerst die Atheisten, die jede Art von Religion für eine Geisteskrankheit halten und nur beweisbare und begreifbare Fakten anerkennen. Oberflächliche Menschen ohne Tiefgang, könnte man sagen. Viel gefährlicher sind aber jene, die sich auch gläubig und fromm nennen, die aber ganz andere Vorstellungen von Christus haben, ja, die sich selbst als »alleinige wahre Christen« präsentieren. Es geht hier nicht um Vertreter anderer Konfessionen, die alle einen Draht zu Jesus haben, sondern um Esoteriker, die gerade in unserer Zeit immer einflussreicher werden. Was können Christen dagegen tun? Regelmäßig den Gottesdienst besuchen, sich in der Gemeinde engagieren, im ständigen Gebet und Bibelstudium den Kontakt zu Gott aufrecht erhalten, aber sich auch mit anderen Mitchristen etwa in Hauskreisen oder Bibelseminaren austauschen.

WOLFGANG DOERING

Gott, du sollst immer in unserer Mitte sein. Wir wollen dir folgen, standhaft und wachsam deine Botschaft leben und verteidigen, damit wir das ewige Leben erwerben.

Bleibt wachsam!

In diesem letzten Teil seiner Endzeitrede steigert Jesus noch einmal das Ausmaß und den Schrecken der Gefahren und Ereignisse, die auf die Menschheit zukommen. Aber diesmal haben diese Hinweise einen ganz besonderen Sinn: Sie sind praktisch das Szenario für die Wiederkunft des Heilands. Das Ende der bisherigen Welt also, aber zugleich der Beginn einer neuen Epoche, die für die Nachfolger Christi der Beginn des ewigen Lebens bedeutet. Wann das geschehen wird, bleibt offen. Deshalb ermahnt uns Jesus eindringlich, nicht nur standhaft ihm nachzufolgen, sondern ständig wachsam zu bleiben und den Kontakt zu ihm nie abreißen zu lassen.

Es folgen zwei Beispiele, um seine Mahnung weiter zu verdeutlichen. Da ist zunächst der Feigenbaum, der ein zuverlässiges Zeichen dafür ist, dass eine Veränderung (der Sommer und damit die Ernte) bevorsteht. Die Ernte ist als Symbol für das bevorstehende Gericht zu sehen. Ein Symbol dafür also, dass auch die anderen bisher im Kapitel 13 angeführten Veränderungen auf das Ende der Welt und das Kommen des Heilands hinweisen. Die Vorzeichen sind klar erkennbar, den Termin jedoch kann niemand voraussagen, nicht einmal Jesus selbst. Der bleibt allein Gott vorbehalten. Und daraus ergibt sich das zweite Beispiel: Der Herr eines Hauses gibt seinen Knechten vor seiner Abreise Auftrag und Vollmacht, aufmerksam das Haus zu bewachen. Dies gilt besonders für die Türhüter. Die Nennung der verschiedenen Phasen der Nacht – Abend, Mitternacht, Hahnenschrei – stellen einen Hinweis auf die kommenden Ereignisse der Passion in Kapitel 14 dar: Abendmahl, Verhaftung und das Krähen des Hahns, mit dem Petrus auf sein Fehlverhalten hingewiesen wird.

WOLFGANG DOERING

Herr Jesus Christus, bleibe bei uns, hilf uns, immer wachsam zu bleiben und uns auf deine Wiederkunft vorzubereiten. Wir erwarten dein Gericht und das ewige Leben mit dir.

Ungeschönt

»Lach doch, Gott liebt dich«, diesen griffigen Slogan konnte man in den 80er Jahren des letzten Jahrhunderts auf manchem Auto lesen. Bunt gestaltet als Aufkleber. Ich konnte schon damals mit diesem Spruch wenig anfangen, vielmehr hat er mich eher geärgert. Gott war und ist für mich eben nicht nur der leicht besungene »liebe Gott«. Je älter ich werde, umso unbegreiflicher wird mir Gott, der sich allen noch so klugen Definitionen entzieht und mein begrenztes Begreifen übersteigt. Ich staune manchmal, wie viel manche Kollegen und Kolleginnen über ihn zu wissen glauben. Mich trifft eher ein Wort von Thomas Mann, geschrieben in seinem Roman »Josef und seine Brüder«. Dort heißt es: »Gott ist (war) nicht das Gute, sondern das Ganze.« Gott übersteigt alle Kategorien und Muster. Die Psalmen wissen von der Unbegreiflichkeit Gottes und erzählen facettenreich, wie der Mensch sich zu Gott verhält. Lob, Dank, Bitte, Klage, Wut, nichts ist den Psalmen fremd. Gott wird nicht geschont, ihm wird 1:1 mitgeteilt, wie der Psalmbeter sich fühlt, was ihn bewegt, worunter er leidet, wofür er dankbar ist, worum er bittet. Sein Verhältnis zu Gott ist nicht statisch, es verändert sich je nach Situation und Erfahrung, wird aber immer von einer Zuversicht getragen, dass Gott ihn hört. So auch in diesem Psalm 130, der mit dem Titel Wallfahrtslied überschrieben ist. Der Beter analysiert ohne Beschönigung seine Lage, redet seine Fehler nicht klein, bestürmt Gott ihn wahrzunehmen und hofft leidenschaftlich auf Hilfe und Erlösung. Mit dem Bild des Wächters, der auf das Ende der Nacht wartet, auf den Morgen, der die Unsicherheit des Dunkels beendet, verdeutlicht er seine eigene Situation, in der er nicht verzweifeln will, sondern auf das Wirken Gottes hofft. Ihm ist nicht nach Lachen zumute, aber die stille Zuversicht, dass er von Gott im Letzten geliebt wird, so wie er ist, die hat er schon.

STEPHAN WAHL

Ewiger, geheimnisvoller Gott, du übersteigst unser Begreifen. Erhalte in uns die Zuversicht, dass unsere Klagen, unsere Bitten und unser Dank nicht ungehört verhallen. Dir allein sei Lob in alle Ewigkeit.

Montag, 18. März — Markus 14,1–11

Der Tod droht – eine Frau begreift

Jesus töten – muss das sein? Aus der Sicht der religiösen Autoritäten und Machthaber: Ja, es muss sein. Wer so auftritt wie Jesus mit dem Anspruch: »Die Zeit ist erfüllt, und das Reich Gottes ist nahe herbeigekommen« (Mk 1,15), und wer mit solcher Vollmacht begabt ist wie ER, dass ihm sogar die bösen Geister gehorchen und er Sünden vergibt; und wer wie Jesus so unmittelbar und vorbehaltlos Gott seinen Vater nennt und in göttlicher Freiheit lebt und handelt, dass das Volk an ihn glaubt, der muss beseitigt werden. Andernfalls bräuchte es ja die religiösen Autoritäten gar nicht mehr.

Da ist eine namenlose Frau, eine, die an ihn glaubt und ein Zeichen dieses Glaubens setzt. Unter Missachtung aller religiöser Regeln – da hat sie schon etwas von Jesu göttlicher Freiheit übernommen – nutzt sie die Gelegenheit bei Jesu Besuch in Betanien, dass sie ihn salbt. Ehrerbietung bringt sie ihm entgegen, mehr noch: Glaube, Liebe. Für sie ist ER Gottes Gesalbter; wie sollte sie ihn nicht auch salben?! Sie hat alles in diese Salbung hineingelegt, alles, was sie konnte, ihr ganzes Vermögen – dafür stehen die mehr als dreihundert Silbergroschen. Unerhört, das geht doch gar nicht, murren einige der Gäste beim Gastmahl. Soziales Engagement, Armenfürsorge will Gott von uns, keine Geldverschwendung. Und da ist ja wohl was dran, wenn man die Heilige Schrift ernst nimmt.

Jesus aber stellt sich auf die Seite der Frau und nimmt sie gegen den Vorwurf der Geldverschwendung in Schutz. Was sie an ihm getan hat, nennt er sogar ein gutes Werk. Er deutet ihre Salbung als Vorwegnahme der Totensalbung und damit als einen Hinweis auf seine bevorstehende Passion, seinen Tod und seine Auferweckung. Die namenlose Frau entpuppt sich so als Zeugin für Jesus als Heiland, der Gottes Heilswerk zum Ziel führt. Ihr Zeugnis bleibt unvergessen: Jesus muss sterben zur Rettung der Welt.

GÜNTER KNOLL

Komm, o mein Heiland Jesu Christ, meins Herzens Tür dir offen ist. Ach zieh mit deiner Gnade ein; dein Freundlichkeit auch uns erschein. Dein Heilger Geist uns führ und leit den Weg zur ewgen Seligkeit. Dem Namen dein, o Herr, sei ewig Preis und Ehr.

Markus 14,12–16 — Dienstag, 19. März

Schön soll es sein beim letzten Abendmahl Jesu

Jesus war ein Jude. Unser Textabschnitt stellt uns das deutlich vor Augen. Es war ihm offensichtlich ein selbstverständliches Anliegen, dass er als »Meister« mit seinen Schülern/Jüngern in rechter und würdiger Weise das Passamahl essen würde. Dazu mussten die entsprechenden Vorbereitungen getroffen werden. Jesus legte sie vertrauensvoll in die Hände von zweien seiner Jünger. Allerdings tat er das nicht ohne klare Anweisungen. Nichts sollte dem Zufall überlassen werden. Im Gegenteil: Alles sollte sich nach seiner Vorausschau abspielen – und es spielte sich genauso ab.

Der Evangelist Markus schildert Jesus als Souverän seines Lebensweges. Was ihm infolge des Todesbeschlusses von Seiten der religiösen Macht-Haber bevorsteht, seine Passion, kommt nicht als Katastrophe über ihn, sondern ist von ihm vorausgesehen und bewusst erlitten, ja geradezu gestaltet. Die Vorbereitungen für das bevorstehende Passamahl sind Ausdruck dieses Gestaltungswillens. Interessant ist, dass dabei ähnlich wie bei der Salbung Jesu das Ästhetische eine Rolle spielt. »Dann wird euch ein großes Zimmer im Obergeschoss gezeigt, das mit Kissen ausgelegt (Luther: »schön ausgelegt«) und vorbereitet ist.« Ob da die Ästhetik der christlichen Abendmahlsfeier, die schon in der »Alten Kirche« bezeugt ist, durchschimmert? Fraglos wird mit der Schilderung der Vorbereitungen für das Passamahl dieses letzte Beisammensein Jesu mit seinen Jüngern in die Nähe oder gar an die Stelle der jüdischen Passamahlzeit gerückt. Was da bevorsteht, ist für das Weiterwirken Jesu unter seinen Nachfolgern von allerhöchster Bedeutung. Sie sollen wissen: So, gerade so hat es Jesus gewollt. Davon sollte man nicht abweichen. Und schön soll es sein, wenn dieses letzte Abendmahl Jesu nachgefeiert und vergegenwärtigt wird.

GÜNTER KNOLL

Jesus Christus, wenn wir das Heilige Abendmahl feiern, bist du mitten unter uns. Segne uns durch deine Gegenwart und lass uns die Frucht deiner Passion in rechter Weise genießen.

Mittwoch, 20. März　　　　　　　　　　　　　　　　Markus 14,17–26

Hingabe für die vielen

Wie sich das verschränkt und ineinandergreift: Jesu Selbsthingabe einerseits und die Hingabe/Auslieferung durch einen seiner Jünger andererseits. Und das Ganze unter der Voraussetzung, dass es einen Plan der Hohenpriester und Schriftgelehrten gegeben hat, seiner habhaft zu werden und ihn zu töten.

Jesus ergreift zu Beginn des Passamahls die Gelegenheit, um diese Verschränkung und dieses Ineinandergreifen deutlich zu machen. Wohl weiß er um den Weg, den er gehen muss, um seine Sendung zu erfüllen; zugleich aber benennt er den aus seinem engsten Jüngerkreis, der ihn ausliefern wird. Sein Name fällt zwar (noch) nicht, aber dass er Jesus ganz nahesteht, geht aus Jesu prophetischem Wort hervor, dass er gemeinsam mit ihm »das Brot in die Schüssel tauche«. Dieser Jünger ist nicht schuld an Jesu Tod, aber er macht sich mitschuldig, indem er seinen Meister ausliefert. Wehe ihm, er hat sein Leben verpfuscht. Die Betroffenheit aller Jünger in dieser Szene ist mit Händen zu greifen.

Und dann das Mahl selber. Man kann es wohl so nennen: Im Vorgang des üblichen Feierns funktioniert es Jesus um. Er schreibt sich selber in dieses Mahl ein. Dem Brot spricht er einen Bezug zu seinem eigenen Leib zu und dem Kelch bzw. dem Wein, der daraus getrunken wird, zu seinem Blut. Soll man es, darf man es, muss man es als eine Erneuerung des Bundesschlusses verstehen, den Gott einst mit seinem Volk beim Auszug aus Ägypten geschlossen hat und der beim Passafest vergegenwärtigt wird? Wird damit der Kreis der Menschen, die in diesen Bund einbezogen sind, entscheidend erweitert? Der Hinweis, es handle sich bei diesem Wein um das Blut des Bundes, das für viele vergossen wird, spricht für diese Deutung.

Die Szene endet mit einem überwältigenden Ausblick. Jesus blickt über seine bevorstehende Passion und Hinrichtung hinaus und geradewegs ins Reich Gottes hinein, das seiner Vollendung entgegengeht. Dort erst wird er wieder vom Gewächs des Weinstocks trinken – mit den Vielen.

GÜNTER KNOLL

Jesus Christus, du gibst dich hin und wirst dahingegeben. Es fügt sich ineinander, was mir unbegreiflich ist. Du lässt mich Gottes barmherzige Liebe erfahren.

Markus 14,27–31 Donnerstag, 21. März

Hochmut kommt vor dem Fall

Ehrlich gesagt, ich zögere etwas, das Verhalten des Petrus mit dieser einfachen Wahrheit zu kommentieren. Denn ein wenig gilt ihm auch meine Bewunderung. Er teilt nicht die Angst und die Verzagtheit der anderen. Er traut sich etwas zu und ist überzeugt, dass er Jesus die Treue halten kann. Das imponiert mir. Vor mehr als zweihundert Jahren konnte Friedrich von Hardenberg, gen. Novalis (1772–1801), noch in aller Demut dichten: »Wenn alle untreu werden, so bleib' ich dir doch treu; dass Dankbarkeit auf Erden nicht ausgestorben sei.« Das würden wir uns heute kaum noch trauen. Zu oft haben Jünger und Jüngerinnen Jesu in der Geschichte der Kirche Jesus hochheilig die Treue versprochen und doch versagt.

Aber was ist die Alternative? Kleinmütig und in vorauseilender Resignation sich zurückzuziehen und zu sagen: Das werden wir sowieso nicht schaffen? Das scheint mir unsere Gefahr zu sein. Freilich könnte man auch fragen: Hatte Petrus denn überhaupt eine Chance? Jesus hat das doch vorausgesagt! Da musste es ja so kommen. Aber Vorhersage ist nicht Vorherbestimmung! Die Erzählung von der Verleugnung des Petrus schildert dann auch sehr einfühlsam, wie er Schritt für Schritt in das Versagen hineinschlittert! Für mich steckt gerade in der Vorhersage Jesu etwas Tröstliches: Auch unser Versagen ist in seinem Wissen aufgehoben. Für Petrus gibt es nach Karfreitag und Ostern einen Neuanfang (Joh 21,15–23). Novalis dichtet in der dritten Strophe seines Liedes: »Du stehst voll treuer Liebe noch immer jedem bei, und wenn dir keiner bliebe, so bleibst du dennoch treu.« Das zu wissen macht Mut, es bei allem Wissen um unsere Fehlbarkeit dennoch zu wagen, auch auf schwierigen Wegen Jesus zu folgen. Nach allem, was wir wissen, hat auch Petrus erlebt, dass zu verleugnen für ihn kein unentrinnbares Schicksal ist, und hat Jesus bis zum Tod als Märtyrer die Treue gehalten.

WALTER KLAIBER

Herr, schenk uns den Mut, auch in schwierigen Zeiten den Weg mit dir zu gehen. Danke, dass du uns treu bleibst, auch wenn wir versagen.

Freitag, 22. März   Markus 14,32–42

Zu Tode betrübt

Warum bricht Jesus fast zusammen? Bisher hat er so souverän von der Notwendigkeit seines Wegs in den Tod gesprochen – allerdings eher distanziert vom Leiden des »Menschensohns«. Jetzt wird es sehr persönlich: »Meine Seele ist zu Tode betrübt« oder »nimm diesen Kelch von mir«. Jesus beginnt »zu zittern und zu zagen«. Wird er plötzlich von dem Gedanken an die Qualen einer Kreuzigung überwältigt? Oder wird ihm kurz vor seiner Verhaftung erst ganz bewusst, was dieser Tod für ihn bedeutet? Er muss den Schmerz und den Schrecken völliger Gottverlassenheit durchleiden, und das ist für ihn, der ganz zu Gott gehört, die tiefste Krise seines Seins. Ist das wirklich nötig? So ringt Jesus mit Gott, ob es nicht möglich ist, dass dies bittere Geschick an ihm vorübergeht. Abba, sagt er. Das ist die Anrede Gottes, die das innige Verhältnis Jesu zum Vater am eindrücklichsten beschreibt, vergleichbar unserem Papa. Wenn es möglich ist, dass es einen anderen Weg für mich gibt, dann bitte! Doch zugleich die Einschränkung: »Aber nicht, was ich will, sondern was du willst.« Jesus spricht offen von seiner Not angesichts der drohenden Gottesfinsternis des Todes und birgt sie doch in seinem Ja zu Gottes Willen, der das Heil für alle bedeuten wird.

Jesus scheint keine Antwort zu bekommen. Dennoch steht er gestärkt auf, bereit, den von Gott vorgezeichneten Weg zu gehen. Die Jünger freilich schlafen, auch diejenigen, die Jesus ganz nahe bei sich haben wollte. Das ist nicht einfach ihr persönliches Versagen. Es zeigt beispielhaft, wie schwer es denen, die Jesus folgen, bis heute fällt, mit Jesus zu wachen und zu beten und in seinem Leiden für uns zu ihm zu stehen. Die Mahnung: »Wachet und betet«, bleibt gültig und wichtig angesichts der krankhaften Müdigkeit, die Jünger und Jüngerinnen Jesu immer wieder bedroht.

WALTER KLAIBER

Jesus, danke, dass du deine Angst und Not angesichts des Todes nicht verleugnet hast. Und danke, dass du doch den Weg gegangen bist. Hilf uns, zu unseren Ängsten zu stehen und sie betend zu überwinden.

Verraten und verlassen

Die Handlung nimmt Tempo auf. Plötzlich ist der stille Garten voller Menschen. Waffen klirren, Fackeln verbreiten ihr fahles Licht. Ganz vorne Judas, einer der Zwölf, dem engsten Kreis um Jesus, der ihn den Schergen ausliefert. Eine unerhörte Tat! Markus sagt nichts über das Motiv des Verrats. War es mehr als pure Geldgier? Steckt in der ehrerbietigen Anrede »Rabbi« und dem freundschaftlichen Kuss, mit dem er Jesus identifiziert, mehr als der Zynismus eines Verräters? Sind das verborgene Anzeichen enttäuschter Erwartung und verzweifelter Hoffnung, die zum Verrat führten? Wir wissen es nicht. Vielleicht ist der Judaskuss nicht nur Symbol für schändlichen Verrat, sondern auch für den Schmerz einer zerstörten Beziehung.

Es geht alles sehr schnell; die Schergen packen Jesus und wollen ihn abführen. Einer, der dabeisteht, will sich wehren und zieht sein Schwert. Aber sein Schlag trifft nur das Ohr eines der Männer. Markus nennt keine Namen und berichtet nichts von einer Reaktion Jesu. Deutlich ist nur: Widerstand ist zwecklos.

Jesus selbst hat seine Souveränität zurückgewonnen. Er will keine gewaltsame Gegenwehr. Aber das bedeutet nicht, dass er nicht Stellung bezieht. Was hier geschieht, ist Unrecht und feige Hinterhältigkeit. Und doch erfüllt sich damit Gottes Wille, wie er in der Schrift vorgezeichnet ist.

Seine Jünger freilich verlieren den Mut. Alle verlassen ihn und fliehen. Jesus muss seinen Weg allein gehen. Sie sind ja wirklich in Gefahr. Das zeigt die merkwürdige Episode, die nur Markus berichtet: Ein junger Mann, der – aus welchem Grund auch immer – sich nur ein leinenes Tuch übergeworfen hat, um die nächtliche Szene zu beobachten, wird ergriffen. Er aber lässt das Tuch fallen und rettet – im wahrsten Sinne des Wortes – nur sein nacktes Leben. Jesus aber lässt sich abführen, um sein Leben hinzugeben!

WALTER KLAIBER

Herr, danke, dass du treu geblieben bist. Sei mit allen, deren Leben um ihres Glaubens willen in Gefahr ist. Und hilf uns, dich nicht schon aus geringerem Anlass zu verlassen und zu verraten.

Sonntag, 24. März (Palmsonntag) — Psalm 88

Am Ende wird alles gut!

Kaum auszuhalten, diese lange Liste an Klagen! Viel mehr als nur ein Burnout. Viel tiefer gehend als eine Depression. Der Psalm lässt uns tief in eine Seele hineinblicken, die an den Grenzen des Erträglichen zu scheitern droht.

Und doch gibt es etwas, das den Psalm heraushebt aus den üblichen Klagegesängen! Diese ganze Liste der Bedrängnisse ist eingebettet in ein Gebet. Gott hält sich gerade dann nicht aus meinem Leben heraus, wenn der Boden unter meinen Füßen ins Rutschen gerät. Tröstlich bleibt am Ende für mich: Der Beter gibt seinen Glauben nicht dran. Er bleibt für ihn der sichere Halt, ohne den er sein Leben ansonsten womöglich sogar weggeworfen hätte.

Mit eindrücklichen Worten wird Gott bei seiner Ehre gepackt! »Werden die Verstorbenen aufstehen und dir danken?« Wo die Hoffnung auf die Auferstehung noch nicht im Zentrum des Glaubens steht, da muss sich Gott doch um die kümmern, die im Hier und Jetzt leben und die weitersagen, was sie an Wunderbarem in ihrem Leben schon erfahren haben. Das ist der schmale Pfad, der dem Beter bleibt. Sein Wohlergehen, so der Beter, müsste doch im Interesse von Gott selber liegen.

Der heutige Palmsonntag ruft uns in Erinnerung, wie Menschen mit ihrem »Hosianna« zumindest für einen Moment erkennen, worauf es ankommt, nämlich in dem geschundenen Leben des Jesus von Nazaret Gottes Eintreten für diese Welt wahrzunehmen. Der Ruf Jesu »Mein Gott, mein Gott, warum hast du mich verlassen?« nimmt die Gestimmtheit auf, die auch aus unserem Sonntagspsalm herauszuspüren ist. Wenn wir den Psalm aber als die eine Hälfte eines Gebets verstehen, das sich im nachfolgenden Psalm fortsetzt, kommt zum Ausdruck, dass das verzweifelte Gebet nicht vergeblich bleibt. Dankbar stimmt da der Beter in der Fortsetzung des Psalms sein Loblied an. Unser Klagen bleibt nicht das Letzte. Am Ende bleibt Gottes unaufgebbare Hingabe an uns Menschen – in diesem einen für uns alle!

TRAUGOTT SCHÄCHTELE

Manchmal blicke ich nicht über den Tag hinaus, Gott. Dann lass mich nicht los, damit ich das, was mich bedrückt, dir vor die Füße und ans Herz lege und nicht ins Nichts schreie.

Der Richter der Welt vor irdischem Gericht

Nach seiner Verhaftung wurde Jesus vor den Hohen Rat gebracht, der obersten jüdischen Religionsbehörde. Diese setzte sich aus 71 Mitgliedern zusammen: den Ältesten, den Vertretern der vornehmen Familien und den Schriftgelehrten aus den Kreisen der Pharisäer. Den Vorsitz hatte der amtierende Hohepriester. Ob der Hohe Rat, das Synedrium, damals rechtskräftige Todesurteile fällen konnte – ohne Zustimmung der römischen Besatzungsmacht, ist sehr fraglich. Bei allen Anklagen gegen Jesus: Er verteidigt sich nicht. Er geht bewusst dem Tod entgegen.

Der Anspruch, der verheißene Messias, der Christus, zu sein, galt den jüdischen Behörden nicht als strafwürdig. So wurde zum Beispiel Barkochba, der sich als Messias bezeichnete und 135 n. Chr. einen Aufstand gegen Rom verursachte, hoch geachtet. Doch Jesus hat mit seinem wiederholten demonstrativen Brechen der strengen jüdischen Auslegung des Sabbatgebotes die Gesetzeshüter herausgefordert (Mk 3,6). Er hat es gewagt, den Worten des Alten Testamentes sein souveränes »ICH aber sage« entgegenzusetzen (Mt 5, 21–48), und er hat mit der Tempelreinigung den legalen Kultbetrieb angegriffen. Was es für ein Wort Jesu gegen den Tempel war, das falsche Zeugen vorbrachten, ist unklar. War es das Wort aus Mk 13,1 über das Ende des Tempels? Nach Joh 2, 19 sprach Jesus von seinem Leib als Tempel, der abgebrochen wird. Zudem: Jesus sprengt die jüdischen Messiaserwartungen. Er war nicht der Christus, der König, der die römische Besatzungsmacht vertreiben und ein irdisches Friedensreich errichten wollte. In Aufnahme von Daniel 7,13 weist Jesus auf die Zukunft: Der, der jetzt vor dem irdischen Gericht steht, wird einst die Welt errichten.

LIESELOTTE MATTERN

Herr, unser Gott, wie oft richten wir über unsere »lieben« Mitmenschen. Lehre uns bedenken, dass du allein der Richter bist über sie – und über uns.

Dienstag, 26. März Markus 14,66–72

Petrus – ein Feigling?

Petrus, der engste Vertraute Jesu, der im Brustton der Überzeugung seinem Meister versicherte, dass, auch wenn er sterben müsste, er ihn nicht verleugnen würde. Doch kurz darauf wärmte er sich am Feuer im Hof des Palastes, während Jesus vor Gericht stand. Als ihn dann eine unbedeutende Frau, eine Magd, ansprach und sagte, er sei doch auch bei Jesus gewesen, verleugnete er Jesus – ohne unmittelbare Gefahr für ihn. Denn was war den Behörden schon eine Aussage einer Frau wert? Sie galt damals schlichtweg nichts vor Gericht. Doch die Magd war hartnäckig. Sie verfolgte Petrus, ging ihm nach und sagte dann auch den Umstehenden, dass Petrus bei Jesus war. Darauf leugnete Petrus erneut, sogar mit Schwur und Selbstverfluchung.

Wie kann sich Petrus nur so verhalten! So schäbig! So ein Feigling! Petrus, der Sprecher der Jünger, versagt jämmerlich.

Doch – ob wir Petrus mit diesem Urteil über seine Verleugnung nicht Unrecht tun? Ist dieses negative Urteil nicht etwas zu korrigieren? Zunächst gilt zu beachten, dass es wohl Petrus selbst gewesen sein muss, der von seinem Versagen berichtet hat. Zudem: Immerhin ist Petrus in den Hof des Palastes gegangen. Er war also Jesus nachgefolgt, soweit er konnte. Außerdem: Ist es nicht gerade die Frage einer unbedeutenden Frau, die ihn zu Fall brachte? Warum sollte er sich dieser Magd gegenüber zu Jesus bekennen? Ärgerlich! Sie soll ihn doch in Ruhe lassen! Er hat jetzt andere Sorgen.

Die Frage sei erlaubt: Hätte vielleicht Petrus, wenn er selbst vor Gericht zitiert worden wäre, nicht doch sich zu Jesus bekannt? Ist nicht gerade das Nebensächliche das Gefährliche? Kennen wir nicht auch Situationen, in denen wir so nebenbei Fragende ärgerlich abschütteln: Was geht denn diese neugierige Person an, ob ich Christ bin? Der Hahn auf unseren Kirchtürmen erinnert uns an die Verleugnung des Petrus. Er kann und soll uns aber auch selbst stets mahnen!

LIESELOTTE MATTERN

Herr, unser Gott, schenke uns den Mut, im Alltag zu unserem Glauben zu stehen und uns zu Christus zu bekennen, auch dann, wenn es schwierig ist.

Wer ist schuld am Tod Jesu?

Ein Gotteslästerer hätte die römische Besatzungsmacht nicht interessiert. Doch ein politischer Messias, ein König der Juden, ist für den Prokurator, den Vertreter Roms, gefährlich. Nicht umsonst verlagerte Pontius Pilatus seinen Regierungssitz während des mit hohen jüdischen Erwartungen verbundenen Passafestes von Caesarea nach Jerusalem – aus Furcht vor möglichen Unruhen. Vielleicht war Barabbas ein Aufrührer.

Wer ist verantwortlich für den Tod Jesu? Pilatus oder die jüdischen Oberen oder das jüdische Volk? Nach dem Bericht des Markusevangeliums zögert Pilatus. Er sieht hinter der Anklage den Neid der Hohenpriester. Er verhandelt mit dem Volk. Doch dann gibt er dem Drängen der Menschen nach und gibt den Befehl zur grausamen Geißelung und Kreuzigung. Nach dem Lukasevangelium bezeugt Pilatus seine eigene Unschuld am Urteil über Jesus. Nach dem Matthäusevangelium wäscht Pilatus seine Hände in Unschuld, und in Joh 19,6 heißt es, dass Pilatus den Juden sagt, sie sollen Jesus kreuzigen. In Apg 5,30 bezichtigt Petrus den Hohen Rat, er habe Jesus getötet. Die Tendenz in den Berichten ist deutlich: Immer mehr werden die Römer entlastet und die Juden belastet. Das ist verständlich aus der Zeit, als die Berichte geschrieben wurden, denn die Christen wurden von Rom verfolgt. Da ist es gut, wenn deutlich gemacht wird, dass Jesus, ihrem Herrn und Meister, von Pontius Pilatus die Unschuld beteuert wird.

Diese Tendenz wurde für die 2000-jährige Geschichte der Christenheit zum Verhängnis. Immer wieder wurde das jüdische Volk als Christusmörder geschmäht und grausam verfolgt.

Wie aber war es tatsächlich? Die jüdischen Behörden haben mitgewirkt beim Tod Jesu. Sie haben Jesus an die Römer ausgeliefert. Die Hohenpriester haben die Volksmenge aufgehetzt. Doch es ist historisch absolut sicher, dass die Römer Jesus hingerichtet haben. Der Kreuzestod war die römische Strafe für politische Aufrührer.

LIESELOTTE MATTERN

Jesus Christus, »was du, Herr, erduldet, ist alles meine Last; ich hab es selbst verschuldet, was du getragen hast«.

Gründonnerstag, 28. März — Markus 15,16–23

Die erniedrigende Verdrehung einer »Krönung«

Merkmale einer feierlichen und prächtigen Krönung zum König werden hier demütigend auf Jesus angewandt. Der Purpurmantel (V. 17a) steht für das Königsgewand. Purpur ist die Königsfarbe, aber eben auch die Farbe des Blutes. Die Krone (V. 17b) ist das Königszeichen. Die Dornenkrone Jesu aber vergrößert seine Schmerzen und sein Leiden. Zur Krönung gehört das Zepter als Königsstab, mit dem der König die Politik dirigiert. Hier erscheint es in dem Rohrstock, mit dem Jesus selbst geschlagen wird (V. 19a). Zu einer Krönung gehört die öffentliche Huldigung der Großen (Ave Caesar, Imperator – Gegrüßet seist du Caesar, Kaiser). Hier wird Jesus verspottet (V. 18), weil die römischen Soldaten – unterste Mannschaftsgrade – den »König der Juden« grüßen, den sie gerade nicht anerkennen, sondern kreuzigen werden. »König der Juden« ist schon von der Wortwahl her im Munde der Soldaten nicht Anerkennung, sondern Verachtung. Zur Huldigung gehören Weihrauch und Parfüm. Hier ist das Anspucken die erniedrigende Verdrehung (V. 19b). Und letztlich gehört hier das Niederknien ebenfalls zur Verspottung, soll das doch daran erinnern, dass zur Huldigung die Proskynese gehört, die kniefällige oder fußfällige Verehrung (V. 19c). Sie zielt auf eine Art Anbetung und ist deshalb im alttestamentlich-jüdischen Rahmen Gott allein vorbehalten. Und während nach einer Krönung ein Triumphzug in Formen einer Prozession erfolgte, ist es hier der Kreuzweg (V. 20b). Im letzten Vers unseres Abschnitts wird Jesus das einzige Mal als aktiv geschildert. Er verweigert die Mischung aus Wein und Myrrhe, was damals eine Art Betäubungsmittel gewesen ist. Die einzige Möglichkeit, sein Leiden etwas erträglicher zu machen, wird von ihm ausgeschlagen, er bleibt bei klarem Bewusstsein bis ans Ende.

STEFFEN BAUER

Gott, in jedem Vers sehen wir die Verrohung, zu der wir Menschen fähig sind. Menschen schlagen zu mit Wort und Tat. Lass uns für Frieden eintreten und ihn leben. Lass uns jeder Form der Verrohung widerstehen und Acht haben auf unsere Worte und Taten.

Markus 15,24–41 Karfreitag, 29. März

Oh mein Gott!

Knapp und vergleichsweise nüchtern wird die Kreuzigung erzählt. Zwei Phänomene ragen heraus: die Sonnenfinsternis von der 6. bis zur 9. Stunde, also von 12 bis 15 Uhr (Mk 15,33) und das Zerreißen des Tempelvorhanges beim Tod Jesu in der 9. Stunde (Mk 15,38). Beide Zeichen sollen die kosmische und heilsgeschichtliche Dimension des Kreuzestodes Jesu verdeutlichen: An seinem Tod nimmt die Schöpfung trauernd teil. Und indem der Tempelvorhang, der das Allerheiligste vor Profanierung schützt, zerreißt, wird das Kreuz mit dem Allerheiligsten verbunden.

Die gesamte Erzählung will vor dem Hintergrund der Leidenspsalmen, vor allem Psalm 22 und Psalm 69, gelesen und verstanden werden. Psalm 22 wird dabei von rückwärts nach vorwärts eingespielt: Während das Gebet vom Klageschrei ausgeht, um dann Schritt für Schritt den Abgrund der Gottverlassenheit freizulegen (Ps 22,2–19), bevor es sich mit der Rettung des Verlorenen zum Guten wendet (Ps 22,20ff.23–32), schildert die Passionsgeschichte mit Hilfe des Psalms, den es nur im ersten Teil, der Klage, aufnimmt, demütigende Details der Hinrichtung: die Verteilung der Kleider (Mk 15,24–Ps 22,19) und die Lästerungen (Mk 15,29–Ps 22,8), um dann aber Jesus das Wort zu geben: Der erste Gebetsvers von Psalm 22 ist sein letztes Wort (Mk 15,34), das auch noch einmal verdreht werden wird (Mk 15,35), bevor einer der Umstehenden seine Todesqual durch eine zynische Form von Mildtätigkeit verlängern will (Mk 15,36–Ps 69,22).

Jesu Gebet ist ein paradoxaler Ausdruck des Gottvertrauens. »Mein Gott« – persönlicher kann man nicht beten. Jesus bleibt beim »Abba« (Mk 14,36). »Warum hast du mich verlassen?« – Elender kann Jesus nicht sein: nicht nur weil die Jünger ihn im Stich gelassen haben und alle – bis auf die Frauen, die aber »von ferne« schauen (Mk 15,40) – ihn misshandeln und verspotten. Jesus bleibt bei Gott, insofern er sich hingibt und darin nach Gott ruft. Jesus fragt nach dem »Warum?«. Das Griechische hat den Aspekt des »Wozu?«, fragt also nach dem Sinn. Die Antwort wird erst im Licht des Ostertages sichtbar.

STEFFEN BAUER

Gott, wir verstummen angesichts des Todes und warten auf dein Kommen. Komm!

Karsamstag, 30. März — Markus 15,42–47

Dem Toten die letzte Würde geben

Gegen Abend wird Jesus vom Kreuz abgenommen und in ein Grab gelegt, vermutlich eine Grabnische, vor die eine Steinplatte gesetzt wurde. Joseph von Arimathäa, ein angesehener Bürger, der sich für das öffentliche Wohl engagiert, ein Ratsherr, sorgt dafür, dass der gescheiterte Messias beerdigt wird. »Er wagt es«, steht da – nun hört die Zurückhaltung der Jesusanhänger langsam auf, sie geben sich vorsichtig zu erkennen und sorgen für die Einhaltung der Pietätsregeln: Wenigstens soll er nicht am Kreuz hängenbleiben, gar noch am Sabbat. Und die Frauen, die schon bei der Kreuzigung von ferne standen und die dann, am nächsten Tag zum Grab gehen, um den Leichnam Jesu ordentlich herzurichten, die stehen auch hier dabei und merken sich, wo Jesus hingelegt wird. Wie schon in der Kreuzigungsperikope werden die Frauen bei der Grablegung Jesu erst am Schluss als Zeuginnen benannt (Mk 15,47). Aber es sind die Frauen, die die Kreuzigung und den Ostermorgen verbinden. Von den Jüngern hört man nichts. Stattdessen wird das Durchhaltevermögen der Frauen, ihre Treue, ihr Mut und ihre Nachfolge bis in den Tod Jesu hinein in den Vordergrund gestellt. Damit stehen sie im deutlichen Kontrast zu der Flucht der Jünger. Unterstrichen wird, dass er, Jesus, wirklich tot war. Vermutlich ist es eine Reaktion auf spätere Polemiken gegen die Botschaft von der Auferstehung. Naheliegend ist der Einwand: Der war ja gar nicht tot, sondern hat seine Kreuzigung überlebt – nein, erwidern die Anhänger Jesu auf diese Einwände: Er war tot. Sogar Pilatus hat sich vor Freigabe des Leichnams dessen vergewissert, dass er wirklich tot war, und der für die Hinrichtung zuständige Offizier hat es bestätigt.

STEFFEN BAUER

Gott, lass uns sein wie die Frauen an Jesu Seite: dabei bleiben, da sein, standhalten, mutig sein, nicht weglaufen, nicht flüchten und dann wieder handeln …

Markus 16,1–8   Ostersonntag, 31. März

Zurück – und dann los

Am Morgen machen sich drei Frauen auf. Drei, die geblieben sind unter dem Kreuz. Sie sind bereit gewesen, dem Tod ins Auge zu schauen, ihn als Teil des Lebens zu akzeptieren. Nun suchen sie nach kleinen Gesten, die Trauer zu bewältigen. Wissen sich aber hilflos. Wer soll den Stein bewegen?

Es geht den Frauen, wie es uns oft geht. Wir haben längst akzeptiert, dass Geld die Welt regiert und Gewalt sich durchsetzt. Wir hören, dass für die Produktion unserer Güter riesige Verwüstungen angerichtet werden, und zucken hilflos mit den Schultern. Wir beweinen den Tod und suchen, wie wir mit unserer Trauer zurechtkommen. Das aber ist für Gott die falsche Richtung. Denn er hat längst das Leben gerettet – herausgerettet aus dem Grab. Hat dort einen Boten hingesetzt, der auf den Weg des Lebens weist. Gott braucht den Boten, Gott braucht seine Gemeinde. Er setzt den Boten ins Grab, die Frauen schickt er zu den versprengten und verängstigten Jünger/innen und dann mit ihnen zurück nach Galiläa, dorthin, wo Armut und Hunger herrschen und Hoffnungslosigkeit. Dorthin aber auch, wo durch Jesus das Reich Gottes angebrochen ist. Wo Heilung geschah und Menschen auferweckt wurden aus Besessenheit und Todeserfahrung. Die Gemeinde soll Jesus neu nachfolgen in allem, was er an den Menschen getan hat. Sie kennen jetzt die Macht Gottes, die Jesus aus dem Tod auferweckt hat, die Erbarmen und Liebe und Brotbrechen und Teilen zu unbesiegbaren Elementen seines Reiches macht.

Geht zurück! Jesus geht euch voraus. Schlagt das Evangelium von vorne auf und erfahrt in seiner Nachfolge, was die Auferstehung von den Toten im Leben bedeutet. Wer durch dieses »los – geht« vor Angst zittern mag, geht dann aber in Osterkraft und Auferstehungsmut verändernd durch die immer noch endliche Welt.

ANNE RESSEL

Gott, wir gehen oft müde und verzagt. Nehmen Gewalt und Tod als gegeben hin und versuchen nur, den Schmerz in unseren Seelen zu bewältigen. Ruf uns heraus, schick uns los, damit wir Jesus vor uns sehen, den lebendigen Sieger über Unrecht und Leid.

Ostermontag, 1. April — Markus 16,9–20

Für die Last der späten Geburt

Die Verse gehörten ursprünglich nicht an den Schluss. Markus endete mit der Furcht der Frauen angesichts der unglaublichen Auferstehung und ihrem Zittern angesichts des untragbaren Auftrags. Inzwischen aber hatte sich Unglaube breitgemacht, die Botschaft schien tatsächlich untragbar. Die später lebten und nie mit Jesus unterwegs gewesen waren, konnten nicht die Geschichten aus Galiläa erinnernd beleben. Sie fühlten nichts von der Macht Gottes, die mit Jesus ins Leben getreten war. Für sie wurde nun der Bericht darüber angefügt, dass ihr Zweifel schon Kennzeichen der ersten Jünger/innen war. Und dass es dennoch weiterging. Weil Jesus sich zeigte. Unglaube und Herzenshärte werden von Jesus selbst überwunden. Wer es dann noch nicht glaubt, dem ist nicht zu helfen! Wer aber glaubt, dem ist es möglich, die Botschaft vom Leben in alle Bereiche der Welt zu übersetzen. Der kann die Auferstehung Jesu durchbuchstabieren in alle Sprachen und Lebenszusammenhänge und kann mit seinen Taten Wunder wirken. Das macht es den spät Geborenen möglich, doch noch Anschluss zu finden. Auch sie beginnen, noch einmal nachzulesen, was damals in Galiläa geschah, und finden die Verheißung der Taufe mit dem Heiligen Geist (1,8) und die Erzählung darüber, dass der, der mit dem Heiligen Geist getauft ist, Kind Gottes ist, an dem Gott Wohlgefallen hat (1,11). Und dann gilt auch für sie: Das Reich Gottes ist nahe. Kehrt um und glaubt (1,15).

Das ist ein Trost für uns Heutige, die wir am Ostermontag vielleicht nicht gleich sagen können, was die Auferstehung bedeutet. Die aber durch die Taufe hineingenommen sind in das Geschehen, in dem die Tora gelehrt wird und Menschen geheilt werden, böse Geister benannt und vertrieben werden und Vergebung geschieht. Wenn wir uns da einfädeln, leuchtet Ostern hell und weit.

ANNE RESSEL

Du, Jesus, siehst unsere Zweifel und duldest sie nicht. Zu viel steht auf dem Spiel. Du willst, dass dein Reich sich ausbreitet und deine Macht sichtbar wird. Danke, dass du uns sendest, an deiner Liebe mitzuweben.

1 Petrus 1,1–12 Dienstag, 2. April
Einführung zum 1. Petrusbrief auf Seite 424 f.

Lebendige Hoffnung

Wann merken wir eigentlich, dass wir Hoffnung und Zuspruch brauchen? Brauchen wir die Hoffnung überhaupt? Oder ist die Hoffnung etwas für Schwache, ein Zeugnis der eigenen Unfähigkeit, die Dinge unter Kontrolle zu haben? Und wann hören wir auf zu hoffen? Wann ist klar, dass es sinnlos ist zu hoffen? Wann wird die Hoffnung möglicherweise sogar zum Selbstbetrug?

Wir richten unsere Hoffnung nach vorne. Gerade in den schwierigen Zeiten des Lebens brauchen wir etwas, worauf wir uns freuen dürfen. Etwas, was vielleicht noch in der Zukunft liegt, uns aber schon hier und jetzt Vorfreude bereitet und uns Zuversicht und Trost schenkt. Im vergänglichen Hier und Jetzt braucht der Mensch eine Perspektive, die vielleicht sogar noch unsicherer, ungenauer und unzuverlässiger ist als dieses Hier und Jetzt.

Neben dieser Sehnsucht nach einer Zukunftsperspektive kann die Hoffnung auch in die Gegenwart oder Vergangenheit gerichtet werden. So hoffen wir, dass wir uns in einem Moment richtig entscheiden. Wir brauchen Trost und Zuversicht, wenn wir unseren Weg einschlagen. Wir brauchen Trost und Zuversicht, dass dieser unser Weg der richtige für uns ist. Wir hoffen aber auch, dass eine bereute Entscheidung in der Vergangenheit vielleicht im großen Zusammenhang des Lebens doch Sinn ergibt.

Doch worin ist unsere Hoffnung begründet? Vielleicht in einem Zufall? Hoffen wir, dass der Zufall für uns entscheidet, oder dass wir durch den Zufall alles irgendwie richtig machen? Nicht immer können wir uns erklären, woher wir unsere Hoffnung schöpfen.

Wie ist es, auf etwas hoffen zu dürfen? Christliche Hoffnung gründet in einer Erfahrung, in der Erfahrung des lebendigen Gottes, der selbst den Tod überwunden hat und der uns die Zuversicht schenkt, dass wir den Anteil an seinem Sieg über den Tod haben können. Gott ist das Leben. Gott ist die Auferstehung. Auch der Mensch hat Anteil an diesem Leben. Gott gibt uns die Möglichkeit, am Leben Anteil zu haben. Diese Hoffnung ist eine lebendig machende Hoffnung, eine tragende Hoffnung.

YAUHENIYA DANILOVICH

Christus ist auferstanden von den Toten, den Tod hat er durch den Tod zertreten und denen in den Gräbern das Leben geschenkt.

Auftrag zur Heiligkeit

Nichts weniger als den Auftrag, heilig zu werden, bekommt der Mensch. Das ist eine Zumutung. Das mutet Gott den Menschen zu und ermutigt zur Heiligkeit. Ist Heiligkeit nicht eher etwas für die religiöse Elite? Ist Heiligkeit für jeden da? Zugänglich? Möglich? Unabdingbar? Heiligkeit wird zur Realität und bleibt nicht etwas Abstraktes.

Doch wie geht das? Die Gnade Gottes ermöglicht dem Menschen die Teilhabe an der Heiligkeit Gottes und macht den Weg frei, diesen Auftrag zur Heiligkeit auszuführen. Es wird vom Wandel gesprochen, der den ganzen Menschen und sein Leben umfasst. Und diesen Auftrag zur Heiligkeit kann der Mensch nicht in Isolation, sondern nur in Beziehung zu Gott, zu den Mitmenschen und der gesamten Schöpfung ausführen.

Gott als Schöpfer des Menschen und als Quelle der Heiligkeit lässt den Menschen an seiner Heiligkeit partizipieren, macht den Menschen fähig, heilig zu werden. Die Gottebenbildlichkeit in jedem Menschen ist unzerstörbar und gewährt die Verbindung mit Gott. Das Abbild Gottes im Menschen macht es möglich, heilig zu werden, garantiert diesen Zustand aber nicht. Denn der Mensch als ein freies Wesen kann sich dafür oder dagegen entscheiden.

In der Orthodoxen Kirche ruft der Priester vor dem Empfang der Heiligen Gaben in der Göttlichen Liturgie aus: »Das Heilige den Heiligen«. Die Heiligen Gaben – Leib und Blut Christi – sind für die Gläubigen bestimmt. Die Heiligkeit wird den an Christus Glaubenden zugesprochen. Bei einem solchen Zuspruch kann auch die sündhafte Natur des Menschen kein absolutes Hindernis darstellen, weil Gott die Quelle der Heiligkeit ist. So antwortet der Chor auf diesen Ausruf des Priesters: »Einer ist heilig, einer der Herr, Jesus Christus, zur Verherrlichung Gottes des Vaters – Amen.«

Die Quelle allen Heils ist Gott, der menschgeworden ist in Jesus Christus. Christus ist somit nicht nur die wahre Ikone Gottes, sondern nach orthodoxer Theologie auch das wahre Bild des vergöttlichten Menschen.

YAUHENIYA DANILOVICH

O großes Pas'cha und heiligstes, Christus; o Weisheit und Logos Gottes und Macht. Gib uns, als getreueres Abbild an dir teilzunehmen am abendlosen Tag deines Reiches.

1 Petrus 1,17–21   Donnerstag, 4. April

Blut

Blut ist kostbar. In ihm ist Leben. Es kann Leben retten. Immer wieder gibt es Aufrufe zum Blutspenden, weil die Krankenhäuser einen Mangel an Blutkonserven beklagen.

Kostbar ist auch das Blut Christi, vergossen am Kreuz, um die Sünden der ganzen Welt zu sühnen. Als einzigartiges Opferlamm starb er stellvertretend für uns. Sein Blut rettete uns das Leben. Das ist das Ziel der Sendung Jesu Christi, der ausersehen, geoffenbart, gestorben, auferstanden und verherrlicht ist.

Ein kurzer Glaubenshymnus zeichnet den Heilsweg nach, den Jesus gegangen ist. »Um euretwillen!«, betont der Schreiber des Briefes. Mitten in das Lied vom weltumspannenden und zeitübergreifenden Heilsplan stellt er seine Leser hinein. Sie sind gemeint. Gott lässt ihnen sagen: »Versteht ihr, was das heißt, dass ihr mit dem teuren Blut Jesu erkauft seid? Ihr könnt daran ermessen, wie wertvoll ihr für Gott seid. Ihr seid jetzt frei, nicht mehr gebunden an euer altes Leben im immer gleichen Trott, ohne Sinn und Ziel. Jesus Christus hat euch zu glaubenden und hoffenden Menschen gemacht. Was für ein Privileg, dass ihr jetzt ein neues Leben führen könnt.«

»Und wenn wir uns dennoch so fremd fühlen in unserer Welt? Wenn sie uns ausgrenzt, weil wir ihre Werte und Ziele überhaupt nicht mehr teilen können?« Das fragten sich ja nicht nur die Leser des 1. Petrusbriefs. Das sind auch unsere Fragen. Wir leiden darunter, dass die Zahl der Gläubigen zurückgeht und die Bedeutung der Kirche im Schwinden ist.

Die Antwort unseres Textes könnte sein: »Dann denkt daran, wie kostbar ihr in Gottes Augen seid. Dann lebt unter seinen Augen, in Ehrfurcht und Verantwortung vor ihm. Es wird sich lohnen, wenn ihr standhaltet, standesbewusst.«

ANNEGRET AHRENS

Herr Jesus Christus, du hast für uns dein Blut vergossen. Dir verdanken wir unser Leben. Deshalb singen wir: »Jesus Christus ist der Eine, der gegründet die Gemeinde, die ihn ehrt als teures Haupt. Er hat sie mit Blut erkaufet, mit dem Geiste sie getaufet, und sie lebet, weil sie glaubt.«

Freitag, 5. April — 1 Petrus 1,22–2,3

Milch

Für Neugeborene gibt es nichts Besseres als Muttermilch. Sie ist fett und nahrhaft, damit das Baby kräftig wächst. Sie stärkt sein Immunsystem. Sie ist optimal an die Bedürfnisse des Kindes angepasst.

»Quasimodogeniti« – wie die neugeborenen Kindlein – so benennt die Kirche den ersten Sonntag nach dem Osterfest. Die in der Osternacht Getauften trugen bis zum folgenden Sonntag ihre weißen Kleider als Zeichen ihrer Wiedergeburt. Ihnen galt der Aufruf aus 1 Petrus 2,2, nach der »guten Milch«, nach Gottes Wort, zu »gieren«. Aber nicht nur jung im Glauben stehende Christen brauchen diese Nahrung. Die ganze Gemeinde hat sie nötig.

Was ist so einzigartig an dieser »Milch«? Sie schmeckt nach der Güte Gottes. Sie macht gründlich satt. Sie ist unbegrenzt haltbar. Sie lässt uns im Glauben groß und stark werden.

Vor allem aber stärkt uns Gottes Wort im geschwisterlichen Zusammenhalt. Es mahnt, unsere alten, bösen Gewohnheiten abzulegen: Lüge, Heuchelei, Neid, üble Nachrede. Wer wüsste nicht, wovon die Rede ist? Wer wüsste nicht, wie zerstörerisch sich dieses Verhalten auf Beziehungen auswirkt?

Es passt nicht zum neuen Leben in Jesus Christus. Unser Miteinander soll von herzlicher Liebe geprägt sein. Das ist die schöne Frucht des Geistes Gottes. Gott darf von seinen Kindern erwarten, dass sie sich um diese Liebe bemühen. Und wir dürfen von unserer Kirche erwarten, dass wir in ihr einen geschützten Raum der Liebe vorfinden.

Und wenn das nicht unserer Wirklichkeit entspricht? Wenn ich selbst an diesem Maßstab scheitere? Dann ist es Zeit zur Buße und zur Neuausrichtung am Wort Gottes. Es hilft uns, den neuen Lebensstil der Liebe einzuüben.

ANNEGRET AHRENS

Herr, unser Gott, Quelle der Liebe! Erfülle uns, damit wir als Liebende erkennbar sind: »Er kennt sie an der Liebe, die seiner Liebe Frucht, und die mit lauterm Triebe ihm zu gefallen sucht, die andern so begegnet, wie er das Herz bewegt, die segnet, wie er segnet, und trägt, wie er sie trägt.«

Eckstein

Das beherrschende Bild des heutigen Bibeltextes ist der Eck- oder Grundstein, der ein Gebäude trägt und ihm die Ausrichtung gibt. Es war ein Glücksfall für Baumeister früherer Zeit, einen geeigneten Grundstein für ein geplantes Bauwerk zu finden.

Der Verfasser des Petrusbriefes findet das Bild vom Grundstein im Alten Testament vor (Jes 28,16). Gott warnt sein Volk, auf falsche Sicherheiten zu setzen, und bietet sich ihnen als festes Fundament an. Israel ist immer dann gescheitert, wenn es dies Angebot ausgeschlagen hat.

Jesus Christus, sagt unser Text, ist der Grundstein, auf den man bauen kann. Gott selbst hat ihn dazu gemacht. Leider ist er von vielen nicht erkannt und verworfen worden. Die Gemeinde aber soll sich fest auf ihn verlassen. Denn sie ist Gottes erwähltes Volk. Sie ist das wunderbare Haus, das Gott aus einzelnen »lebendigen« Steinen zusammenfügt.

Die einzelnen Christen sind nicht für sich selber da. Der eine herumliegende Stein macht keinen Sinn. Ein Privatchristentum ist nicht im »Sinne des Erfinders«. Gott will sich ein neues Volk schaffen, das ihm gemeinsam dient; ihn im Gottesdienst mit einer Stimme anbetet.

Ihr Auftrag ist es, heilige Priesterschaft zu sein. Sie stehen ihm ganz zur Verfügung. Sie suchen Gottes Nähe und sein Licht. Von ihm herkommend, sollen sie zu den Menschen gehen. Dort legen sie Zeugnis ab von den vielerlei »Wohltaten« Gottes. Sie sollen sozusagen anderen den Mund wässrig machen nach den Köstlichkeiten, die es am Tisch Gottes zu schmecken gibt.

Sie dürfen im Namen Gottes segnen. Ganz wie ihr Vorbild Jesus Christus, der große Lastenträger, bringen sie Not und Versagen der Menschen vor Gottes Thron und bitten für sie.

ANNEGRET AHRENS

Herr Jesus, Grund und Fundament meines Glaubens! Hilf mir, der Selbstgenügsamkeit zu widerstehen. Mach mich bereit, mich in dein Volk einzufügen, um deinen Auftrag zu erfüllen.

Sonntag, 7. April — Psalm 134

Auf der Pilgerschaft – ein Leben lang

Hier geht's ums Ganze! Kein Jammern und Klagen, kein Ringen um die rechten Worte, um Gottes Handeln recht zu würdigen. Stattdessen die lapidare Aufforderung: »Wohlan, lobet den Herrn!« Dieses Gotteslob bleibt nicht auf die Zeiten beschränkt, in denen es in meine gewohnten zeitlichen Abläufe passt. Es enthält die Aufforderung, sich sogar in der Nacht vom eigenen Gottesglauben nicht zu verabschieden.

Dieser Bezug auf die Nacht ist kein Zufall. Dieser Psalm bildet den Abschluss einer Sammlung von sogenannten Wallfahrtsliedern, in unseren Worten einer Liedsammlung für Pilgerinnen und Pilger. Das Pilgern hat mittlerweile wieder großen Zulauf, vor allem in der Gestalt des Pilgerns auf dem Jakobsweg. Es zeigt, dass viele Menschen das Bedürfnis verspüren, in ihrem Leben noch auf anderen Pfaden unterwegs zu sein als auf denen, die sie tagtäglich zu gehen haben. Pilgern ist – zumindest auf Zeit – eine ganzheitliche Weise des Lebens, in der die Fürsorge für Leib und Seele zusammengehören. Pilgern meint etwas anderes als mobil zu sein. Wer mobil ist, will andauernd Grenzen überschreiten. Wer pilgert, konzentriert sich auf das nächste Stück des Weges, das vor einem liegt. Pilgern meint, bei sich zu bleiben und doch in Bewegung zu sein.

Diese ganzheitliche Form der Gottsuche nimmt keinen Ort und keine Tageszeit aus. Die Pilger auf dem Weg zum Tempel in Jerusalem machen auch schon unterwegs Erfahrungen mit ihrem Gott. Und wo es tagsüber womöglich zu heiß ist, schieben sie in der Nacht eine Wegstrecke ein – mit diesem Psalm auf den Lippen, der das Gotteslob zur Pflichtaufgabe erklärt.

Es hilft mir, mein Leben überhaupt als eine Form der Pilgerschaft durch diese Zeit zu verstehen. Wenn ich weiß, dass ich im Grunde zeitlebens bleibend unterwegs bin, kann ich auch mit den alltäglichen Unwägsamkeiten besser umgehen. Und ich lerne eine Woche nach dem österlichen Ur-Sonntag die Gabe des Sonntags neu zu schätzen.

TRAUGOTT SCHÄCHTELE

Ich möchte in meinem Leben nicht stehen bleiben, Gott. Wenn ich mit dir unterwegs bin, komme ich irgendwann ans Ziel, wie viele Umwege ich auch gehen muss.

1 Petrus 2,11–17 — Montag, 8. April

Butter bei die Fische

Gottes Volk seid ihr, geliebt, geehrt und auserwählt, so hatte es der Verfasser des Petrusbriefes den Christinnen und Christen in Kleinasien geschrieben. Was für eine Zusage für diejenigen, die doch eine ganz kleine, oft bedrängte Minderheit in einer Region mit eigenen Werten und Religionen waren! Wie sollten sie nun leben, ihren Alltag gestalten in der Gesellschaft, einer Gesellschaft, die in ausnahmslos allen ihren Bezügen hierarchisch und patriarchalisch geordnet war? Der Verfasser gibt eine Antwort, die auch über 2000 Jahre hinein in unsere so ganz anders geprägte Gesellschaft noch Relevanz hat: Tut das Gute und nehmt eure Freiheit als Kinder Gottes nicht als Deckmantel für böses Handeln. Ihr sollt eurer nichtchristlichen Umgebung keinerlei Grund geben, über euer Verhalten herzuziehen.

Dabei geht der Verfasser davon aus, dass es möglich ist, innerhalb der herrschenden gesellschaftlichen und staatlichen Strukturen das Gute zu tun und das Böse zu meiden. Darum sollen sich die Christinnen und Christen einfügen in die gegebenen Ordnungen und sie von innen füllen mit dem Geist der Liebe. Denn das ist ja der Maßstab für das Gute oder das Böse: Betrug, Heuchelei, Neid und üble Nachrede (V. 1) gehen nicht überein mit der Liebe; Respekt vor allen Menschen, Gesetzestreue und ein helfendes, warmes Miteinander in der christlichen Gemeinschaft sind Ausdruck der Liebe. Eine Grenze ist da erreicht, wo eine Einordnung in eine vorhandene Struktur Solidarität und Liebe unmöglich macht. Das gab und gibt es – aber häufiger wohl sind wir als christliche Gemeinde deshalb ein schlechtes Zeugnis für unsere Umwelt, weil unser internes und externes Verhalten eklatant gegen das Gebot der Liebe verstößt.

KERSTIN LUBENOW

Ach, Herr, dein Licht sollen wir zu den Menschen bringen – und wie finster sieht es oft aus in unseren Familien und Gemeinden, in uns. Fülle uns mit deinem Geist der Liebe, damit wir anderen den Weg zu dir nicht versperren, sondern sie ermutigen und begleiten können.

Dienstag, 9. April — 1 Petrus 2,18–25

Aufstehen!

Hier ist nicht Sklave noch Freier (Gal 3,28) – die von Paulus formulierte Grundüberzeugung führte nicht dazu, dass die Christen die geltende Wirtschafts- und Sozialordnung in Frage stellten. Weltweit und von den frühesten Hochkulturen bis in die Neuzeit war die Sklavenhaltung eine rechtlich und politisch abgesicherte und in weiten Teilen als natürlich angesehene Institution. Es entwickelte sich jedoch in der christlichen wie der muslimischen Welt die Norm, dass Angehörige der eigenen Religion nicht versklavt werden durften. So speiste sich der Nachschub an versklavten Menschen aus Raubzügen und Kriegsbeuten.

Nur vereinzelt forderten Christen, erschüttert vom Elend der versklavten Menschen, die Abschaffung der Sklaverei. Erst im 18. und 19. Jahrhundert wurde daraus, wesentlich angetrieben von christlichen Aktivistinnen und Aktivisten, eine politische Bewegung.

Der Verfasser des Petrusbriefes akzeptiert die Sklavenhalterordnung, weiß aber um das Unrecht, das den Rechtlosen geschehen kann. Auf ihr Leiden sollen sie – wie alle anderen ungerecht behandelten und leidenden Christenmenschen – nicht mit Gegengewalt antworten, sondern mit standfester Sanftmut und unerschütterlichem Gottvertrauen, darin Jesus folgend, der für uns gelitten hat.

Für uns kann das Wissen um die Gottesebenbildlichkeit des Menschen und das Vertrauen auf Gottes Gerechtigkeit und Liebe nur eine Konsequenz haben: dass wir uns entschlossen einsetzen gegen jegliche Form von moderner Sklaverei, Ausbeutung, Rassismus und Zwangsprostitution.

KERSTIN LUBENOW

Herr, wir klagen dir das Leid so vieler Kinder, Frauen und Männer, die heute unter sklavenähnlichen Umständen leben müssen. Wir wissen, dass das Wirtschaftssystem, von dem wir profitieren, ihre Ausbeutung oft genug fördert. Fülle uns mit deinem Geist der Liebe, damit wir einen Beitrag dazu leisten, dass ungerechte Strukturen abgebaut und Menschen frei werden.

1 Petrus 3,1–7 — Mittwoch, 10. April

Topf und Deckel

Um diesen Text zu verstehen, muss man sich bewusst machen, dass in der antiken Welt jeder außer dem Kaiser in ein hierarchisches System eingebunden und zu Gehorsam verpflichtet war. Das wurde auch als natürlich und notwendig angesehen, um das Funktionieren der Gesellschaft sicherzustellen. Die untergeordnete Stellung bot zudem Schutz und Anspruch auf Versorgung. Der Verfasser des Petrusbriefes stellt darum auch nicht das Unterordnungsprinzip in Frage, sondern will für die christlichen Gemeinden klären, wie dieses Prinzip mit dem Geist der Liebe gefüllt werden kann. Dabei hat er besonders die Ehen im Blick, in denen der Ehemann einer nichtchristlichen Religion angehört.

Dass er es aber für nötig erachtet, so stark die Pflicht der Frauen zu betonen, ihren Männern innerlich und mit vollem Herzen gehorsam zu sein, spricht dafür, dass es auch in antiken Ehen ziemlich häufig Machtkämpfe gegeben hat; sie wurden wohl nur nicht so offen, sondern versteckter und indirekter ausgetragen. Wenn er die Ehemänner ermahnt, ihren Frauen Respekt zu erweisen und vernünftig, das heißt ohne Willkür und Gewalt, mit ihnen zusammenzuleben, dann weist er auf die Grenzen ihrer Macht hin. Männer wie Frauen genießen die gleiche Wertschätzung bei Gott, daraus erwächst ihre Würde. Gemeinsam sollen sie mit Gott im Gebet sprechen können; das ist nur möglich, wenn das Eheleben frei von Demütigung, Machtspielen und Bitterkeit ist. Und da ergeht es den modernen Ehen nicht anders als den antiken: Ein friedvolles, nach außen ausstrahlendes Miteinander ist kein Selbstläufer, sondern muss mit Gottvertrauen, Demut, Ehrlichkeit und dem Wahrnehmen der Bedürfnisse des anderen immer wieder neu errungen werden.

KERSTIN LUBENOW

Herr, wir klagen dir, dass auch so viele christliche Ehen den inneren und äußeren Fliehkräften nicht widerstehen können und zerbrechen. Wir bitten dich um deinen Geist der Liebe, der Beziehungen stärken, der heilen und erneuern kann. Sei uns gnädig, sei uns gnädig.

Donnerstag, 11. April — 1 Petrus 3,8–12

Eine hoch gehängte Latte?

Wir sitzen zusammen bei der Infoveranstaltung zur Mitgliederaufnahme, ein langjähriges Kirchenglied und ich. Drei Interessierte sind gekommen. In der Evangelisch-methodistischen Kirche wird man dadurch Mitglied, dass man sich als Erwachsener öffentlich zu Jesus Christus bekennt. Diese drei Damen wollen. Am Ende des Gesprächs komme ich auf die Fragen zu sprechen, die im Gottesdienst bejaht werden müssen. Die erste ist die schönste, die nach der Herzensbeziehung zu Gott. Aber dann kommt es faustdick: »Entsagst du dem Bösen und wendest du dich von der Sünde ab?« Diese Frage ist mir regelmäßig unangenehm und ich beeile mich, den Neuen zu sagen, dass sie zum uralten Bestand der Tauffragen gehört. Zu den frühen Zeiten des Christentums bedeutete die Taufe einen völligen Neuanfang: Christen fühlten es, dass sie ab jetzt als Gesegnete das Böse hinter sich gelassen hatten. Für sie selbst und für andere sichtbar war eine neue Zeit angebrochen. Nun ist das bei den meisten unserer heutigen Mitglieder nicht mehr so. Wenn sie um Gliederaufnahme bitten, sind sie längst Christen. Aber bei dieser traditionellen Frage merken wir, wie hoch die Latte eigentlich hängt. »Entsagst du dem Bösen?« Wenn das doch nur so einfach wäre!

Auch der spät geschriebene Petrusbrief ergießt sich im heutigen Abschnitt mit Anweisungen zu diesem Thema: Nichts Böses tun, einander in Liebe begegnen, keine Vergeltung und keine Beleidigungen. Seine Zunge im Zaum halten und immer bei der Wahrheit bleiben. Den Frieden suchen. Das sind die Werte an Jesu Christi Seite. Aber da ist es wohl mit dem einmaligen Versprechen nicht getan! Immer wieder muss ich daran arbeiten. Der Verfasser des 1 Petrus schreibt allerdings auch von der Verheißung und stellt sie uns klar vor Augen: Wir dürfen uns am Leben freuen, gute Tage sehen, den Segen empfangen. Gott schenkt dem sein Ohr, der gerecht ist, und seine Augen ruhen auf ihm. Könnte sich also lohnen, wieder ganz bewusst danach zu streben, dem Bösen zu entsagen – auch wenn mein Bekenntnis schon viele Jahrzehnte her ist.

ANNE OBERKAMPF

Jesus Christus, ich möchte dem Bösen entsagen – jeden Tag neu.

1 Petrus 3,13–17   Freitag, 12. April

Skandale und gute Taten? Bekennen!

Fast ist es, als könnte man das innere Hin und Her des Briefschreibers beim Lesen spüren. Auf der einen Seite ist er überzeugt (V. 13): Wenn die Christen Gutes tun, kann niemand etwas dagegen haben. Wer könnte gegen eine gute Sache etwas Böses im Schilde führen? Es gab die Hoffnung, Leiden ließe sich bei guter Lebensführung verhindern. – Auf der anderen Seite steht die Erfahrung der christlichen Anfänge (V. 14): Es gibt Leiden um des Glaubens willen. Manche Leute aus der Gemeinde sind verleumdet worden, andere unter falschen Vorwänden verurteilt. Manche wurden aus den Familien geworfen. Das ist Fakt. Das Erste glaubte die frühe Christenheit. Und das Zweite erlitten und fürchteten die jungen Christen. Sicherlich gab es Leute in den Gemeinden, die sich wieder zurückzogen. Bei der Taufe hatte man sich erhofft, vor allen Problemen von Gott geschützt zu werden. Aber wenn jetzt sogar Leiden dazugehören soll, war man nicht dazu bereit. Darum redet der Briefschreiber so ermutigend zu seiner Gemeinde. Leidenschaftlich sollen sie sich für das Gute einsetzen trotz Nachteilen und Drohungen. Denn Gott will es. Sie sollen sich nicht fürchten und einschüchtern lassen. Im Gegenteil: Christen sollen bereit sein, über ihren Glauben zu sprechen. Selbst wenn sie sich in Gefahr bringen. Und wenn sie dabei ein gutes Gewissen haben, mit Sanftmut und Liebe reden und trotzdem leiden müssen, dann ist das wohl in Gottes Willen. Immer vorausgesetzt, es geht um Leiden wegen einer guten Tat, denn die setzt den anderen ins Unrecht.

In Deutschland wird die Luft für die christliche Botschaft dünner. Nur noch weniger als die Hälfte der Menschen sind in einer Kirche. Der Ruf der Kirchen hat unter so manchen skandalösen un-christlichen Taten gelitten. Die guten Taten der Kirchen – Diakonie, Kindergärten, Altenheime und auch ehrenamtliches Engagement von Christen – werden nach wie vor sehr gelobt und gesamtgesellschaftlich gebraucht. Wir müssten zumindest im Moment nichts fürchten an Leiden. Und trotzdem sind wir schlecht darin, von der Hoffnung Jesu Christi zu reden. Warum eigentlich?

ANNE OBERKAMPF

Herr, bitte, stärke uns zu guten Taten und Worten der Hoffnung.

Samstag, 13. April — 1 Petrus 3,18–22

In welcher Einheit wird Liebe gemessen?

Welche Maßeinheit haben wir für abstrakte Dinge wie Macht oder Mut oder Liebe? Kilometer? Gramm? Liter? Vor vielen Jahren war ein Kinderbuch sehr beliebt, das diese Frage stellte. Es handelt von einem großen und einem kleinen Hasen. Wie lieb haben wir uns? Ist die Grundfrage. So weit wie die ausgestreckten Arme? Oder so hoch wir hüpfen können? Am Ende steht die Antwort: Bis zum Mond – und wieder zurück.

Wie viel Macht hat Jesus Christus? Wer und was gehört alles zum Einflussbereich seiner Liebe? Wen möchte er überhaupt haben und wohin kommt er vielleicht auch nicht? Unser Text im Petrusbrief gibt darauf eine Antwort mit der sogenannten »Höllenfahrt«. Jesus hat nach seinem Tod sogar den »Geistern im Gefängnis« gepredigt. Gemeint sind die Menschen, die Noah damals nicht glaubten, bevor die große Flut kam. Sie galten als besonders gottlose und verwerfliche Menschen. Nur Noahs Familie wurde gerettet, die »Geister« sitzen seitdem im Totenreich. Und nun heißt es: Jesu Liebe und seine Macht sind so groß, dass er sogar diesen Menschen predigt. Die erlösende Kraft Jesu Christi dringt vor bis in die tiefsten Tiefen des Kosmos und erreicht auch die Verdammtesten der Verdammten in der Menschheitsgeschichte. Seine Macht und seine Liebe kommen auch zu ihnen.

Erstaunlich ist auch, was Jesus Christus ihnen predigt. Keine Abrechnung, keine ewige und endgültige Verdammnis. Sondern er predigt ihnen das Heil (vgl. 1 Petr 4,6). Auch die tiefste Verlorenheit von Menschen kann durch die Predigt Jesu Christi erreicht werden. Die Botschaft von der Auferstehung und der Erlösung ergeht auch an die, die unendlich weit entfernt sind. Diese sogenannte Höllenfahrt hat sogar Eingang gefunden ins Apostolische Glaubensbekenntnis. Vielleicht ja deshalb, weil sie wachhält, dass die Liebe Christi diese eine Maßeinheit hat: Sie umfasst alle und alles, Himmel und Erde, Gerechte und Ungerechte, Tote und Lebende. Und das ist weit mehr als bis zum Mond und wieder zurück. Die Liebe Christi ist universal, total, grenzenlos, unmessbar.

ANNE OBERKAMPF

Keiner ist so weit von dir entfernt, dass du ihn nicht erreichen könntest. Auch ich nicht, liebender Gott.

Psalm 136 — Sonntag, 14. April

Am Ende bleibt der Dank

»Danket dem Herrn, denn er ist freundlich, denn seine Güte währet ewiglich.« Der erste Vers dieses Psalms war das tägliche Tischgebet meiner Kindheit. Und noch immer löst dieser Vers bei mir das Gefühl aus: Wo Gott am Werk ist, bleibt für mich nur der Dank.

Genauso, denke ich, ist dieser ganze Psalm gemeint. Als Anlass zum dankbaren Erinnern daran, dass mir das Entscheidende in meinem Leben als Geschenk zukommt. Dabei gilt der Psalm zunächst gar nicht uns. Seine ursprünglichen Beterinnen und Beter haben vor mehr als zweitausend Jahren gelebt. Manches von dem, was im Psalm mit Gottes Wirken in Verbindung gebracht wird, erklären wir längst auf andere Weise. Aber die Grundmelodie des Psalms könnte auch die unsere sein. Alles, was ist, verdankt sich der Wirkkraft eines anderen. Alles hat seinen Grund zuletzt darin, dass Gott in dieser Welt präsent war, ist und bleibt.

Es gibt ausgearbeitete wissenschaftliche Theorien, die das Entstehen des Kosmos beschreiben. Aber dass es zuletzt ein Geheimnis bleibt, wer den Anstoß zu diesem Prozess gegeben hat, sagen nicht wenige der himmelskundigen Astronomen. Die Urerfahrung Israels, die Befreiung aus der Sklaverei in Ägypten, mag ja im Mut der Unterdrückten und der späten Einsicht des Pharaos ihre Ursache haben. Aber neu erfahrene Freiheit lässt sich am Ende vor dem Hintergrund des Glaubens an Gott am besten verstehen. Die Landgabe, die den aus Ägypten Geflüchteten einen neuen Lebensraum schenkt, war auch eine Landnahme, die anderen mit militärischer Gewalt entriss, was vorher ihr Eigen war. Aber dass die Zeit der Flucht und des Lebens in der Wüste kein Dauerzustand geblieben ist – die Menschen haben Gottes Wirken damit verbunden.

Gott am Werk zu sehen, ist allemal der angemessenere Blick auf das eigene Leben als nur die Auflistung eigener Verdienste. Im bunten Strauß der Gefühle, die meinen Gottesglauben begleiten, ist die Dankbarkeit am Ende das Entscheidende!

TRAUGOTT SCHÄCHTELE

Lass mich mein Leben dankbar in den Blick nehmen. Viele meiner Gaben darf ich einsetzen in meinem Leben. Aber am Ende kommt das, was mich wirklich ausmacht, von dir.

Montag, 15. April — 1 Petrus 4,1–11

Ausgerechnet Petrus!

Er war nicht der Musterschüler. Wie oft hatte er das Thema verfehlt, den Meister enttäuscht, Erwartungen nicht erfüllt. Sicher, er war der erste am Grab. Er kann sogar vom Frühstück am Strand mit dem Auferstandenen erzählen. Und jetzt kommen diese Zeilen, Rundbrief nennt man das, an ferne Leute in fernen Ländern, keine Juden, säkulare Interessenten, ausgerechnet von Petrus. Von wegen Liebe und Gastfreundschaft, Haushälterschaft und, ganz weit oben, Leiden. Ein bisschen Liebe, mit aller nötigen Vorsicht nett sein zu den Fremden, ein wenig Verwalten von Gottes großem Anwesen, das ginge noch, aber damit ist es nicht getan.

Der Punkt ist ein ganz anderer: Wir werden alle Rechenschaft abgeben, wenn der Meister wiederkommt. Und dann zählt, ob wir genug geliebt, genügend Fremde umarmt, ausreichend verantwortlich gewirtschaftet haben. Das ist unbequeme Literatur, kein freundlicher Wohlfühlbrief. Keiner soll später sagen, wenn wir das gewusst hätten, dass da noch ein Examen kommt, dann hätten wir anders gelebt.

Petrus weiß, was ihn rettet. Bei allen ungenügenden Noten, die da in seinem Zeugnis stehen, hat er eine einzige Chance: Er kennt den, der da kommt. Der Richter ist der Herr, ist der, der gerichtet wurde, damit alle leben sollen. Und gemeint ist hier ein Leben, das lieben lernt und Freundschaft mit den Fremden übt und in allem verwaltet, was Gott selbst gehört. Das ist der Inhalt, der Grund und das Ziel des Schreibens. Petrus weiß, dass alle Welt davon hören muss. Und so schreibt er los. Schreibt er los mit Wissen von und Glauben an und Vorfreude auf den Jüngsten Tag. Und er hofft, wie jeder Petrus hofft, dass er dann als erster berichten darf. Aber damit wird Gott schon umgehen können.

HEIKE MILLER

Verlässlicher Gott, lass uns mehr und mehr zu denen werden, die du gemeint hat, als du die große Welt und mein kleines Dorf erfunden hast! Lass mich mit Dankbarkeit und Freude warten auf den Tag, wenn wir berichten dürfen. Lass uns in allem, was gestern war und wir in Zukunft sehen, dein Kommen unser Ziel und Messpunkt sein.

1 Petrus 4,12–19 Dienstag, 16. April

Leiden inbegriffen

Petrus macht keinen Hehl daraus. Wenn ihr den Empfehlungen dieses Briefs folgt, werdet ihr leiden lernen. Es wird nicht einfach, euch werden Prügel in den Weg gelegt, ihr werdet angefeindet, werdet schief angeschaut oder systematisch verfolgt. Petrus bleibt dabei: Rühmt Gott, weil ihr Christi Namen tragt! Gebt, was ihr habt, mit Großzügigkeit und Großmut, liebt mit dem Herzen, das Gott gehört.

Und dann war da noch, übt Gastfreundschaft mit solcher Konsequenz und einem Durchhaltevermögen, dass es weh tut, ja, richtig, dass es an die Grenzen bringt. Vielleicht sollten wir eher sagen, über die Grenzen hinausbringt, ganz buchstäblich und dann auch bildlich gesprochen. Petrus praktiziert, was er predigt. Weit über das übliche Kaffeekränzchengetue geht sein Anspruch. Mit seinem Schreiben hat er unzählige Kulturkreise überschritten, Zielgruppe Menschen weit entfernt mit anderen Sitten und Gebräuchen. Nicht, weil dem frischgebackenen Jünger die Kunden vor der Haustür ausgingen, sondern weil er weiß, wenn ich meine Komfortecke verlasse und auf den Fremden zugehe, werden neue Erfahrungen von Gott möglich – in und durch die Begegnung mit dem Unvertrauten. Dazu braucht es keine Weltreise. Sucht das Fremde, geht in die Altenheime, in die Siedlung, wo die Zuzügler wohnen, spielt Kanasta mit dem Obdachlosen vor Rewe, oder geht schön essen mit der Nachbarin mit Alzheimer. Mühevoll? Aber sicher! Mit Sprachbarrieren und Misstrauen gepaart? Garantiert! Trachtet nach dem Unentdeckten, gebt, liebt und tretet heraus aus eurer Monokultur, rät Petrus. Und habt keine Scheu vor dem Schwierigen, dem Schmerz, der damit kommt. Denn wert ist es das Leiden allemal. Am Ende werden wir Zeugen werden, wie das Mühevolle sich in neues Leben wandelt. Auferstehung eben, Leiden inbegriffen.

HEIKE MILLER

Gütiger Gott, in deinem Sohn hast du uns gezeigt, dass Leiden sich in Leben verwandelt. Welch eine Aussage für mein Leben. Ich darf Komfortzonen überschreiten, mich neuen Erfahrungen aussetzen, ins ungelebte Leben hineinlehnen, dass die Nachricht vom Kreuz bekannt und erfahren werden wird, überall, auch da, wo ich mich nicht auskenne. Gib mir Mut, mein Gott.

Mittwoch, 17. April — 1 Petrus 5,1–7

Weit hinaus!

Da hat Petrus große Töne. Freiwillig, freudig sollen wir unser Amt antreten, Leitbilder sein in unserem Umfeld. Wir sollen anderen Führungsqualitäten zeigen, die wir selbst auch leben, im Privaten genauso wie in der Öffentlichkeit. Das kommt von Petrus, dem Paradebeispiel von fehlendem Rückgrat und Übereinstimmung von Worten und Taten. Immer wieder landet er, so scheint es, in seiner Erinnerung in diesem seltsamen Gespräch zum Thema Liebe. »Liebst du mich?«, hatte der Meister ihn gefragt, drei Mal hintereinander. Und am Ende hat selbst Petrus es geschafft: »Agape« ist die richtige Antwort, nicht Menschenfreundlichkeit, lernt die Liebe, die von Gottes Herzen kommt! Dann, nur dann, werdet ihr willentlich, freudig Leitbilder werden, selbst die »Petruse« und »Petras« unter euch.

Woher kommt dieses Gottvertrauen in die Menschheit? Er schickt den Schüler weit über seine vertraute Umgebung hinaus. Mit Konzept: Lernfeld Fremde, das wird Petrus guttun. Pack den Seesack, sende Briefe los. Und mach dich darauf gefasst, dass die dir antworten werden. Lerne zu lieben mit der Liebe Gottes, ist der Auftrag.

Hier ist der Trick, es ist kein neues Konzept, es ist Abbild dessen, was Gott selbst macht, der »Gott mit uns«, Immanuel. Und das Wort wurde Mensch, Gott nimmt Wohnung in der aus Eden gefallenen Landschaft, um Gottes Liebe zu leben und wirken, willentlich, freudig, als Beispiel und Leitbild eben. Und wenn Gott das kann, dann sind wir nicht mehr in Pionierstellung. Dann dürfen Petrus und wir einfach abgucken, was Gott hier lostritt. Und wir beginnen, in den Fußstapfen des Immanuel zu laufen, erst auf Zehenspitzen vielleicht und dann ganz mutig. Weit hinaus geht es – um am Ende wieder in Gottes Erfahrungswelt zu landen. Das gibt Kraft und gibt Rat, einfach Gott nachahmen, und er hat ja gesagt, ich bin bei euch, alle Tage. Dann mal los.

HEIKE MILLER

Du schickst uns über das Vertraute hinaus, lebendiger Gott. Du schickst uns dahin, wo wir Liebe, die von dir kommt, leben und erfahren dürfen. Du schickst uns in deine Fußstapfen, Gott mit uns. Dank sei dir. Lass uns losziehen und dir nachfolgen – und danke für dein Gottvertrauen und den Segen.

1 Petrus 5,8–14 — Donnerstag, 18. April

Nur nicht die Nerven verlieren!

Normalerweise verbindet man mit einer doppelten Staatsbürgerschaft den Gedanken, dass sich Inhaber das Beste beider Staaten sichern. Christinnen und Christen leben immer schon in einer doppelten Staatsbürgerschaft. Aber für sie ist es kein Vorteil. Sie sind Staatsangehörige der Regionen Kleinasiens (1,1b) oder wie der Apostel selbst Bewohner von Rom, einer Megastadt mit allen Abgründen, die in den christlichen Gemeinden nur Babylon genannt wird. Zugleich gehören sie aber zum Reich Gottes und stehen unter Gottes Gebot. Das macht sie zu Fremdlingen in der Welt. Sie möchten als Christen leben, aber die Welt »tickt« anders. Das führt zu Spannungen nicht nur mit der Umwelt, sondern auch untereinander. Da gilt es nüchtern zu bleiben, die Nerven zu behalten und beieinander zu bleiben. Der Teufel geht wie ein brüllender Löwe umher. In einer Tradition der Mönche heißt es über den Löwen, dass er in der Nacht vor einem Viehgehege brüllt, weil er die eingepferchte Herde in Panik versetzen will. Er will so einzelne Tiere zum Ausbruch aus der schützenden Herde verleiten, damit er sie verschlingen kann. Wer keinen kühlen Kopf bewahrt, dessen Christsein verschwindet rückstandslos. Also wird hier davor gewarnt, sich in Panik aus der christlichen Gemeinschaft zu lösen und wegzurennen. Viele haben Schwierigkeiten damit, sich den Teufel vorzustellen. Aber das Leiden und die Sorgen, die durch die Spannungen für Christen zwischen den zwei Welten entstehen, haben nun mal etwas Teuflisches. Krisen verleiten eine Ellenbogengesellschaft schnell dazu, nur noch auf sich zu schauen. Selbst in einer Gemeinde kann beispielsweise finanzielle Not fatale Folgen für die Gemeinschaft haben.

Der Apostel erinnert daran, dass solche Leiden die Christinnen und Christen überall treffen. Es kann trösten, wenn man weiß, dass andere Ähnliches durchmachen. Aber mehr noch tröstet, dass sich das Reich Gottes mit seinem Gebot der Liebe am Ende durchsetzen wird.

HANS-WILHELM FRICKE-HEIN

Gott, lass uns nicht die Nerven verlieren, wenn die Sorgen an uns zerren. Bewahre du uns das Vertrauen, dass wir bei dir geborgen sind.

Freitag, 19. April — 1 Korinther 1,1–9
Einführung zum 1. Korintherbrief auf Seite 402 ff.

Mehr als eine Formsache

»Sehr geehrte Damen und Herren …« So beginnen wir heute unsere Briefe. Damals war ein dreiteiliger Anfang üblich. Auch Paulus wahrte die Form seiner Zeit. Doch schon damit sagt er viel.

Alle Briefe begannen mit der Absenderangabe. Gott hat ihn zum Apostel Christi berufen. Es ist ein offizieller Brief. Auch Bruder Sosthenes weiß von diesem Schreiben. Es folgten die Adressaten, die Geheiligten in Korinth. Sie sind nicht heilig, sondern geheiligt. Heilig sind wir nicht durch unsere Lebensleistung, sondern weil Gott uns in Christus geheiligt hat. Wir sind ihm heilig. Aber nicht allein wir. Auch die Gemeinde in Korinth ruft den Herrn Jesus nicht allein an, sondern sie tut es mit vielen Geheiligten auf der ganzen Welt. Die Gemeinde in Korinth ist nicht der Nabel der Welt, sondern Teil der Christenheit. Wer könnte besser daran erinnern als Paulus, der Reisende im Auftrag Christi. Es ist eine Absage an jeglichen christlichen Provinzialismus.

Der Briefanfang endet mit guten Wünschen. Die guten Wünsche stehen in unseren Briefen immer am Schluss. Hier rahmen sie den Brief. Eine schöne Form, in der Paulus zuerst an die gnädige Zuwendung Gottes erinnert, die ein Klima der Versöhnung schafft. So gedeiht Frieden. Das ist der Rahmen, in dem er offene, auch kritische Worte wagen wird. Aber zu den offenen Worten gehört erst einmal seine Wertschätzung für die Gemeinde, die so reich an Gnadengaben, Begabungen, guten Worten und Erkenntnis ist. Ein faszinierendes Gemeindeleben. Mit Recht könnte die Gemeinde stolz darauf sein. Aber Dankbarkeit ist die bessere Haltung. Deshalb wählt Paulus seine Worte mit Bedacht: Die Gemeinde ist nicht reich, sondern reich gemacht durch Gottes Gnade. Und sie ist nicht perfekt, denn wie alle Christen wartet sie auf die endgültige Offenbarung Jesu Christi. Es ist Gottes Treue, die uns zu Schwestern und Brüdern seines Sohnes gemacht hat. Deshalb beginnen wir unsere Briefe oft so: »Liebe Schwestern und Brüder …«

HANS-WILHELM FRICKE-HEIN

Gott, wir danken dir für deine Treue, mit der du uns trägst.

1 Korinther 1,10–17   Samstag, 20. April

Gefahren geistlichen Reichtums

Paulus ist dankbar für den geistlichen Reichtum und die Vielfalt des Gemeindelebens in Korinth. Diese Lebendigkeit entsteht auch dadurch, dass Paulus nicht der einzige Apostel ist, der die Gemeinde mit seiner Art der Verkündigung prägt. Andere verkündigen das Evangelium auf ihre Weise. Eigentlich ist das vollkommen in Ordnung. Aber geistlicher Reichtum hat auch Gefahren. Die Leute der Chloë, wahrscheinlich Bedienstete im Hause einer wohlhabenden Korintherin, waren zu Paulus gekommen und berichteten von Spaltungen in der Gemeinde. Die Gemeindeglieder suchten sich ihre geistlichen Leitfiguren aus. Vielleicht taten sie das auch deshalb, weil sie von diesen getauft worden waren. Vielleicht gefiel ihnen aber auch nur deren Verkündigung besonders gut. Beispielsweise stand Rhetorik damals ganz hoch im Kurs und war oft genauso wichtig wie der Inhalt. So hielten sich einige Gemeindeglieder zu Apollos, andere zu Kephas, wieder andere zu Paulus. Die Gruppen arbeiteten gegeneinander. Offenbar wusste Paulus nicht einmal, dass sich Leute in Korinth in seinem Namen von anderen abgrenzten. Wie zu allen Zeiten in der Kirchengeschichte wird es auch solche gegeben haben, die Christus für sich allein beanspruchten. Sie gehören Christus, alle anderen gehen in die Irre. Paulus mahnt zur Einigkeit. Ihm geht es nicht um seine Person. Schließlich ist nicht er für seine Täuflinge gekreuzigt worden, sondern Christus für alle Menschen. Wenn Paulus um Einstimmigkeit bittet, dann geht es ihm nicht um Uniformität der Botschaft, sondern um die gemeinsame Basis. Gemeindeglieder sollen sich nicht voneinander abgrenzen, sondern aneinander festhalten, weil alle Christus gehören. Wenn alle aneinander festhalten und alle sich mit einer Stimme zu Christus bekennen, dann sind die unterschiedlichen Tonlagen und die verschiedenen Weisen in unseren Gottesdiensten ein Reichtum, der aufbaut und nicht trennt.

HANS-WILHELM FRICKE-HEIN

Gott, wir danken dir für die vielfältigen Weisen, den Glauben zu feiern. Wir bitten dich, hilf uns, dass wir einander in unserer Vielstimmigkeit gelten lassen.

Hinauf

Die Bilder dieses Psalms sind nicht schön. Sie geben jene Gefühle wieder, die Israel aufgrund seiner Geschichte geprägt haben. Sie geben aber auch die Zuversicht auf den Beistand Gottes wieder.

Psalm 129 gehört zu den Wallfahrtsliedern. Die Wallfahrt, die diese Psalmen deuten, beginnt in einem Ort in maximaler Entfernung von Jerusalem (Ps 120) und endet mitten im Tempel (Ps 134). Die wörtliche Übersetzung des hebräischen Titels jedes dieser Psalmen ins Deutsche heißt »Lied der Hinaufzüge«. Dieses Hinaufziehen weist den Weg nach Jerusalem, das auf einem Bergrücken liegt. Andererseits laden diese Psalmen zu einer Meditation, zu einer geistlichen Reise zum Zion ein.

Jeder, der auf der Wallfahrt ist, begibt sich auf eine vieldimensionale Reise, die »weit weg« beginnt und »mitten im Tempel« enden soll: einem Ort, wo der Heilige in besonderer Weise erfahrbar werden kann. Auch auf der Reise zu sich selbst, um sich für diese Erfahrung vorzubereiten. Somit ist jede Wallfahrt Reise nach vorn und eine Reise nach innen. Sie ist aber auch eine Reise hinauf zu Ihm, dessen Beistand ständig erhofft, erbeten und erfahren wird.

Im liturgischen Kalender der Orthodoxie ist heute der fünfte Fastensonntag, der vorletzte Sonntag in der Fastenzeit. Morgen beginnt die sechste Fastenwoche, die zum orthodoxen Palmsonntag führt. Die Karwoche, die ihm folgt, ist somit die letzte Woche des vorösterlichen Fastens. Auch jede Fastenzeit ist eine Wallfahrt, eine geistliche Reise auf dem Weg zu Ostern, dem »Fest der Feste«. Sie dient der Vorbereitung auf die Begegnung mit dem Auferstandenen.

Heute wird in der Liturgie jene Geschichte vom Markusevangelium (10,23–45) gelesen, bei der sich Jesus zusammen mit seinen Jüngern auf den Weg hinauf nach Jerusalem begibt, um dort das Pessachfest zu feiern. Auf dem Weg bereitet er sie vor, indem er zum dritten Mal das Ziel dieser Reise kündigt: sein kommendes Leiden und seine Auferstehung.

KONSTANTINOS VLIAGKOFTIS

Tut Gelübde dem HERRN, eurem Gott, und haltet sie! Gott ist in Juda bekannt, in Israel ist sein Name herrlich.

1 Korinther 1,18–25 Montag, 22. April

»Ich kann es nicht verstehen ...«

Durchkreuzt. Eben noch konnten wir Bäume ausreißen und die Welt aus den Angeln heben und dann geht nichts mehr. Eine Krankheit wirft mich aus der Bahn und das Leiden einer Freundin. Eine Fehlentscheidung ruiniert die Firma meines Sohnes und ein ferner Krieg verändert das Leben auf der Welt. Plötzlich zerbrechen vertraute Strukturen und nichts ist mehr sicher. Das macht mich und viele andere fertig. Unheil durchkreuzt den Alltag.

Finito. Ich bin mit meinem Latein am Ende. Anderen geht es ähnlich. Selbst Fachleute haben auf brennende Fragen mehr Vermutungen als Antworten. Sie forschen weiter und ich verdränge weiter: Meine Möglichkeiten sind begrenzt, wie der Spielraum von Strukturen und die Macht von Politik, Wissenschaft und Technik. Und zu allem Übel bekommt mein Glaube Risse. Vertraute Lieder gehen mir nicht mehr so leicht von den Lippen und die Feste der Kirche lassen mich kalt.

Der Apostel Paulus ist realistisch. Alle menschliche Weisheit erweist sich als kleinkariert, geradezu dumm angesichts der Weisheit Gottes, der die Welt und alles Leben schuf. Er sieht das Chaos im Kleinen wie im Großen und rechnet in all unseren Stärken und Schwächen, in den Sternstunden wie in den Krisen mit Gott. Bei dem Mann am Kreuz findet er sich wieder. Dort laufen alle seine Gedankenfäden zusammen. Das klingt ziemlich unlogisch.

Ungerecht kommt Jesus zu Tode: schwach, schmerzvoll, leidend. So entsetzlich menschlich – wie einer von uns. Das habe ich verstanden. Doch dass in ihm die Kraft Gottes steckt, will mir nicht leicht über die Lippen. Mit seiner Weisheit ist Gott an keinem Kreuz der Welt zu Ende. Er erweckt Jesus von den Toten – uns allen voran, als Zeichen. Die Schwäche Christi soll unsere Stärke werden. Deshalb ist die Auferstehung ein Durchbruch: Neues Leben steht an für alle. Das Alte ist ein für alle Mal durchkreuzt.

HEINZ-GÜNTER BEUTLER-LOTZ

Ich glaube, dass Gott aus allem, auch aus dem Bösesten, Gutes entstehen lassen kann und will. Dafür braucht er Menschen, die sich alle Dinge zum Besten dienen lassen.

Dienstag, 23. April — 1 Korinther 1,26–31

»Ich kann das nicht ...«

Wenn sie nicht schlafen kann, denkt sie nach. Ihre Knochen wollen nicht mehr so, aber ihr Kopf geht gut und gerne auf Reisen. Klar erinnert sie sich an erlebte Zeiten; das lässt sie sich nicht nehmen. Aber mehr noch grübelt sie über alltägliche Probleme, die sie oder andere haben, und sucht nach Lösungen. Manchmal genial und zur Verwunderung der anderen. Sie nimmt teil und teilt, redet und betet. Viel zu oft sagen wir dagegen: »Ich kann das nicht«, wenn es etwas zu bewältigen gilt. Das lähmt uns.

Manchmal schäme ich mich für »meine Kirche« und für andere: wie ängstlich, wie ungeschickt, wie wenig kraftvoll. Keine Spur vom Salz in der Suppe oder Licht der Dunkelheit. Dabei bin ich oft ebenso kleinlich und kleingläubig. Im Verurteilen bin ich besser als beim Nachfragen oder in der Nachsorge.

Einer unserer Ehrenamtlichen fragte stets: Was unterscheidet uns denn von den anderen? Und er meinte: Wozu sind wir denn berufen? Wie sieht unsere Nachfolge in den Spuren Jesu aus? Diese Fragen nach dem Selbstverständnis fehlen mir an vielen Stellen ebenso wie das gegenseitige Vergewissern. Woran glauben wir denn zusammen, was bringt uns zur Verzweiflung, wo sind unsere Stärken und wo liegen die Schwächen, und was packen wir in Jesu Namen gemeinsam an?

Als Mittelstandskirche bieten wir den einen Bildung, Kultur und Musik, den anderen Gottesdienste, Gruppen und Einrichtungen. Leider oft unverbunden, ohne erkennbaren roten Faden. Und im Augenblick beschäftigen wir uns mehr mit uns selbst und weniger mit unserem Auftrag. Sind wir auf dem Weg in die Marginalität einer Randgruppe oder eines Museums? Offene Ohren und Augen füreinander und für das, was uns Jesus ans Herz legt, wären hilfreich. Wenn wir uns zurückziehen wollen, sagt Paulus mir: Leg deine alten Bilder ab und kümmere dich. Weil Gott uns frei macht, sind wir unsere Fesseln los. Lass dich begeistern und begeistere die anderen in Jesu Namen.

HEINZ-GÜNTER BEUTLER-LOTZ

Dein Kreuz erschreckt mich, wie mir fremdes Sterben Angst macht. Ich weiß nicht, ob ich mich so ausliefern kann. Gott, lass mich in deine Hände fallen und bewege mich zu neuem Leben.

1 Korinther 2,1–5 Mittwoch, 24. April

»Ich bin dabei ...«

Wenn Menschen sich in den Mittelpunkt spielen, bekomme ich die Krise. Viel ICH ist in der Welt und wenig DU oder WIR. Die Frage nach dem Anderen und Notwendigen, der Gemeinschaft und auch nach Gott geht leicht unter.

Für Paulus war die Zusammensetzung der Gemeinde ein Beweis für die Maßstäbe Gottes. Denn da waren Menschen aus Randgruppen, Habenichtse und kleine Handwerker, Zöllner und Mitläufer. Keine noble Gesellschaft, sondern zweifelhafte und zwielichtige Gestalten. Bei seinen Besuchen waren Ansehen und Status für ihn kein Thema und auch seine Verkündigung sollten sie unabhängig von seiner Person annehmen. Nicht toller Redner, sondern Botschafter wollte er sein. Nicht an seinen Lippen sollten sie hängen, sondern an Jesu Worten. Wie er Fan von Jesu geworden war, sollten es seine Zuhörer auch werden. Schwach und ängstlich zeigte er sich, ehrlich, aber begeistert.

Vielleicht gelingt es mir auch, mich selbst und andere mit Gottes Augen zu sehen und das, was mir geschenkt ist, zu seinem Lob einzusetzen. Vielleicht kann ich genauer hinschauen, besser hinhören, freudig loben und lieben. Ich will dazugehören, dabei sein und mitmachen in Jesu Namen. Aber ich muss noch üben.

Den Perspektivwechsel des Paulus möchte ich mir zu eigen machen. Nicht die Einzelnen, die Unterschiede, auch nicht die Situation sind das Wesentliche, sondern Jesus Christus und die Botschaft vom Leben. Während wir entweder bei der Situation oder bei Lehrsätzen beginnen und uns oft verzetteln, beginnt Paulus bei Jesus und erschließt von ihm aus die Welt. Er veranstaltet keine Retrospektive mit Zitaten, sondern macht sich auf den Weg zum Reich Gottes. Das ist spannend und aktuell. Martin Niemöller formulierte die Grundfrage: Was würde Jesus dazu sagen?

Also: Was ist mein, was unser Auftrag? Da zu sein, wo wir gebraucht werden. Da zu sein, wo Jesus auch war. Voller Kraft, mit langem Atem den Glauben sichtbar werden lassen. Leben und Lieben in Gottes Namen.

HEINZ-GÜNTER BEUTLER-LOTZ

Dein Kreuz verwundert mich, weil es nicht das Ende ist. Lass deine Liebe wachsen, deine Hoffnung sich ausbreiten, dein Glaube uns mutig machen. Beflügle uns überall und alle Zeit.

Donnerstag, 25. April · 1 Korinther 2,6–16

Dumm und skandalös

Müssen Christenmenschen all ihr Wissen und ihre Vernunft beiseitelegen, wenn es um Gott geht? Diesen Eindruck erweckt Paulus in den heutigen Versen. Einen Hang in diese Richtung hat er. Erklären lässt sich das, wenn man sich die geistige Umwelt von Paulus anschaut. Paulus verkündet einen gekreuzigten Messias. Für jüdische Menschen ist das ein Skandal; galten Gekreuzigte doch als von Gott verflucht (vgl. Dtn 21,23). Für Menschen aus dem griechischen Kulturkreis ist so ein Gerede pure Dummheit; wurden doch nur Schwerverbrecher gekreuzigt. So einer kann ja unmöglich etwas mit Gott bzw. den Göttern zu tun haben.

Paulus macht deutlich, dass das übliche Denken nicht weiterbringt. Gott geht im Falle Jesu andere Wege, als wir Menschen sie gewohnt sind. Das Große, das er den Menschen schenken möchte, ist noch nicht gesehen bzw. noch nicht gehört worden. Es kann nicht einfach aus der Welt oder aus unseren Wunschvorstellungen abgeleitet werden. Gott geht nämlich einen Weg, der menschlich gesehen als skandalös oder als dumm gilt. Er offenbart nämlich in einem Gekreuzigten der Welt seine Liebe. Das ist sein ultimativer Liebeserweis an uns. Aber deutlicher hätte er nicht zeigen können, wie weit seine Liebe reicht und dass ihm für uns keine Mühe zu groß ist.

Um das zu verstehen, muss man das landläufige Denken ablegen und sich vom Geist Gottes führen lassen. Denn Gott kann nur durch sich selbst, und das heißt nur durch seinen Geist erkannt werden. Auch ein Mensch kann ja nur erkannt werden, wenn sie oder er etwas von sich kundtut, ja offenbart. So ist es eben auch bei Gott. Was wir dann von Gott erkennen, muss aber vernünftig durchdacht werden. Denn Glaube und Vernunft sind Freunde und keine Feinde; schließlich ist auch die Vernunft Gottes Gabe an uns.

FRANK EWERSZUMRODE

Komm, Heiliger Geist, und lass uns Gott erkennen. Stärke unser Vertrauen auf die göttliche Liebe, die sich in Jesus gezeigt hat. Komm, Anwalt und Trösterin, und bleibe in uns.

1 Korinther 3,1–4 Freitag, 26. April

Erwachsen werden

Die Korinther sollen ungeistlich sein? Dieser Vorwurf erstaunt. Nach heutigen Maßstäben würden sie als lebendige Gemeinde gelten. Es gab dort außergewöhnliche Gnadengaben: Zungenrede, Prophetie, Heilungskünste und vieles mehr. Und zur Feier des Herrenmahles sind viele gekommen. Jede/r Geistliche heute wäre damit mehr als zufrieden.

Aber nicht Paulus. Trotz des geistlichen Reichtums sind sie glaubenstechnisch »unmündige Kinder in Christus« (V. 1). Passender wäre wohl »Babys in Christus«, die nur Milch und keine feste Speise vertragen.

Das Problem der korinthischen Gemeinde ist Folgendes: Die Gemeindemitglieder haben untereinander verschiedene Richtungen ausgebildet. Sie halten zu bestimmten Persönlichkeiten, die die Gemeinde geprägt haben: Paulus, Apollos usw. Für Paulus ist das unreifes Getue. Die korinthischen Christenmenschen haben nämlich das Wesentliche aus dem Blick verloren: das Fundament, das »gelegt ist: Jesus Christus« (1 Kor 3,11). Ihr Glaube dreht sich um Drittrangiges. Das ist in Paulus' Beurteilung kindisch.

Im Glauben ist die Beziehung zu Gott, der sich in Jesus Christus und im Heiligen Geist geoffenbart hat, das zentrale. Darauf kommt es an, alles andere ist ihr nachgeordnet. Wenn man neu im Glauben ist, sind bestimmte Personen und auch gewisse Formen oft wichtiger als der Inhalt. Aber irgendwann muss man erwachsen werden. Das heißt: zuallererst Gott im Blick haben und dann alles andere zu ihm in Beziehung setzen. Ohne bestimmte Prediger/innen würden wir nicht glauben. Ohne Formen wäre unser Glaube konturlos. Aber das ist nicht das Entscheidende, sondern das, was Gott für uns in Christus getan hat. In der Relativierung auf dieses Zentrum hin werden wir im Glauben erwachsen. Dann vertragen wir festere Nahrung.

FRANK EWERSZUMRODE

Lebt Christus, was bin ich betrübt? Ich weiß, dass er mich herzlich liebt; wenn mir gleich alle Welt stürb ab, g'nug, dass ich Christus bei mir hab. Halleluja.
Mein Herz darf nicht entsetzen sich, Gott und die Engel lieben mich; die Freude, die mir ist bereit', vertreibet Furcht und Traurigkeit. Halleluja.

Samstag, 27. April — 1 Korinther 3,5–8

Gott, der Gärtner

Was ist denn schon die Kirche? Und was ist ein Pfarrer bzw. die Pfarrerin? So würde Paulus heute seine Verse vielleicht schreiben. Paulus macht deutlich, dass Apollos, er selber und die vielen anderen, die in Korinth das Evangelium verkündet haben, nicht um ihrer selbst willen da sind. Sie allesamt sind Diener Gottes, nicht weniger, aber vor allem auch nicht mehr. Entscheidend sind zwei andere Größen: die Gemeinde als Gottes Ackerfeld und Gott als der Gärtner.

In all den Diskussionen in den verschiedenen Kirchen und Gemeinden können diese drei Verse aus dem Ersten Korintherbrief helfen, den Blick auf das Wesentliche zu lenken. Amtspersonen in der Kirche haben zwar eine wichtige Funktion inne, aber sie sind nicht um ihrer selbst willen da. Vielmehr geht es um Gott, der seinen Acker bestellen möchte. Der Acker soll gut und viel Frucht bringen. Dem ist alles andere in der Kirche, ganz gleich welcher Konfession und Richtung, untergeordnet.

Es geht also wieder zuerst um die Beziehung, die Gott mit den Menschen begonnen hat. Er hat den ersten Schritt gemacht. Sein Ziel ist dabei Folgendes: den Menschen sein göttliches Leben und seine göttliche Liebe weiterzugeben, damit sie wachsen und aufblühen können. Das ist Gottes Ziel, dem das Feld gehört.

Jeder Mensch, der sich in der Kirche in irgendeiner Weise engagiert, muss sich daher dessen bewusst sein, dass er nie im eigenen Namen, sondern immer für einen anderen arbeitet, nämlich für Gott. Immer geht es um ihn und um die Menschen, die er liebt. Oder um es in ganz klassischen Worten auszudrücken: Es geht um das Heil der Menschen, das zugleich auch die Ehre Gottes ist.

FRANK EWERSZUMRODE

Jesus lebt! Ihm ist das Reich über alle Welt gegeben; mit ihm werd auch ich zugleich ewig herrschen, ewig leben. Gott erfüllt, was er verspricht; dies ist meine Zuversicht.

Psalm 96 — Sonntag, 28. April

Der Herr ist König

Ein kurzer, ein doxologischer Text ist dieser Psalm. Beim Lesen seiner Strophen spürt man große Lust zu jubeln, den Namen Gottes zu preisen, ein Loblied zu Ehren Seiner Herrlichkeit zu singen. Der Psalmist will uns in diese ekstatische Freude des Lobes hineinnehmen; er reißt uns mit. Nicht nur uns Menschen; auch die ganze Schöpfung: Himmel und Erde, das Meer mit allem, was in ihm ist, die Felder und alles, was auf ihnen ist, und alle Bäume im Wald.

In diesem kurzem Loblied wird alles aufgezählt, was Gott, der Herr, für uns ist: unser einziger Gott, der einzig Heilige, unser Schöpfer, unser Erretter, unser Richter. Dieser Psalm ist mehr als ein Lied, mehr als ein Gebet: Er ist ein Bekenntnis, ein Credo, ein feierlicher Ausdruck unseres Glaubens an den einen Gott, den Schöpfer und Erretter. Mit diesem Psalm bringen wir Ihm die Ehre Seines Namens dar.

Dies soll kein persönliches Bekenntnis sein, sondern ein öffentliches: Er ist die Wahrheit (Joh 14,6), die allen Menschen, allen Völkern kundgetan werden soll. Alle Zungen sollen dies bekennen zur Ehre Gottes (vgl. Phil 2,11).

In jener Zeit des Psalmisten hatte man das Wort »König« verwendet, um alle diese Namen mit einem einzigen Wort zu visualisieren. Der Herr ist König! Kein Märchenkönig, auch kein zeitgenössischer König des Jetsets und der Bilder der Klatschblätter. Ein König alter Zeiten, von dem geglaubt wurde, dass Alles aus ihm hervorkommt und zu ihm zurückkehrt. Das A und O.

Der heutige Tag ist für die orthodoxen Christen der Palmsonntag. Jesus zieht auf einem Esel nach Jerusalem ein und wird dort von einer begeisterten Menschenmenge als König empfangen. Jubelnd riefen die Menschen, die vor ihm hergingen und die ihm nachfolgten, Palmenzweige haltend: »Hosanna! Gesegnet sei er, der kommt im Namen des Herrn, der König Israels!« (Joh 12,13)

KONSTANTINOS VLIAGKOFTIS

Hosanna! Gesegnet sei er, der kommt im Namen des Herrn, der König Israels!

Montag, 29. April 1 Korinther 3,9–17

Baufragen

Manche Baufragen werden in Gemeinden zur Feuerprobe. Einerlei, ob es um architektonische Gebäude oder kirchlichen Gemeindeaufbau geht. Den einen ist der Raum zu eng, den anderen fehlt ein erkennbares Konzept. Für manche ist Beständigkeit zentral, andere möchten den Trend der Zeit nicht verpassen. Es wird über Ästhetik und Wirkung nach außen diskutiert. Und strittig bleibt, was sich längerfristig bewähren wird. Das führt zu Spannungen unter den Bauleuten. Dies hat bereits Paulus beklagt, dessen Lehrgebäude bis heute nachwirkt. Christliche Bautätigkeit hatte schon bei Paulus existenzielle Bedeutung. Er hat uns gelehrt, dass dies zentraler Auftrag ist. Dem nachzukommen bei oft gegensätzlichen Meinungen macht heute viele müde. Was bleibt, wenn durch feurige Debatten bisherigem Bauen der Einsturz droht?

Allein Jesus Christus ist letztlich Grund und Kraft all unseres Bauens. Jesus, der als Baby König war, doch ohne Palast und Haus. Jesus, der uns ermahnte, auf Felsen und nicht auf Sand zu bauen und selbst doch keinen Ort hatte, wo er sein Haupt niederlegte. Jesus, der zu Petrus' Vorschlag schwieg, eine Hütte für ihn zu bauen, selbst jedoch ankündigte, den Tempel in drei Tagen wieder aufzubauen.

Das heißt: Zu unserem Grundstein gehört bereits von allem Anfang an auch der Einsturz und die Unbehaustheit. Der Einsturz gehört seit jeher dazu. Die Kirche lebt immer schon im Wechsel von Einsturz und Aufbau. In diesem Wechsel ist sie unzerstörbar, so wie wir im Lied »Herr Jesus, Grundstein der Gemeinde« singen: »Herr Jesus, Grundstein der Gemeinde, kein andrer Grund ist außer dir. Wer einen andern Grund wollt legen, würd irregehen für und für. Die Kirche steht auf dir allein und wird drum unzerstörbar sein.«

ANDREA BRUNNER-WYSS

Segne unsere Hände, die tätigen und die ruhenden. Segne, was wir aufbauen. Segne, was wir loslassen.

1 Korinther 3,18–23   Dienstag, 30. April

Es jubelt, wen die Welt gekränkt

Kränkungen gehören heute zu den stärksten negativen Kräften, die unsere Zeit prägen. Gekränkte Menschen können verheerende Wirkungen entfalten, wenn sie ihre Kränkungen auf Kosten anderer ausagieren. Charles Wesley dichtete 1739 Heilendes dazu: »Es jubelt, wen die Welt gekränkt.«

Wie kommt es zu diesem Jubel? Durch den Namen Jesu. Jesus, der Mensch ist wie wir. Jesus, der Brot bricht und austeilt und sein Leben hingibt für alle. Der Name Jesu heilt den Schmerz. Der Name Jesu macht aus dem Leid ein Lied. Jesus spricht und schenkt damit neues Leben. Jesus schenkt dem neues Leben, der an ihn glaubt und der dann jubelt, auch wenn er gekränkt worden ist, so dichtet Wesley im Lied »Mein Mund besinge tausendfach«.

Schon bei Paulus werden alle anderen Menschen und Kräfte irrelevant: Damals prägende Namen wie Apollos oder Kephas werden plötzlich unwichtig. Ebenso die unser Leben bis heute prägenden Kräfte wie Tod, Gegenwart oder Zukunft verlieren ihre Macht.

Nur dieser eine Mensch und Gott bleibt relevant, weil durch ihn alles immer wieder völlig umgedreht werden kann. Weisheit wird zu Torheit und Kränkung wird zu Jubel. In ihm lebt die Liebe, die Böses mit Gutem vergilt. Mit ihm ist Glauben gegeben, der Enttäuschung aushält. Durch ihn bleibt Hoffnung wach, die niemanden verloren gibt.

Wir sollen uns keines Menschen rühmen und diesen damit zu unseren Gunsten verzwecken. Wir sollen uns davon frei machen. Dann aber werden wir frei für den Jubel, denn die Welt hat keinen Zugriff mehr als kränkende Macht. Paulus, Apollos, Kephas, Welt, Leben, Tod, Gegenwart und Zukunft: Alles gehört euch; ihr aber gehört Christus und Christus gehört Gott.

Es jubelt, wen die Welt gekränkt! Die Welt gehört sowieso euch.

ANDREA BRUNNER-WYSS

Christus, dir sei Lob und Dank. Ich gehöre dir, und auch mein Schmerz. Christus, dir sei Lob und Dank. Du befreist mich zur Freude.

Mittwoch, 1. Mai   1 Korinther 4,1–5

Kreativität oder Verwaltung

Da scheint einer – Paulus – verurteilt worden zu sein. Und trotzig sagt er: Das macht mir nichts aus. Doch seinen Trotz spricht er erst als Zweites aus. Als Erstes nennt er die Kriterien, die seiner Meinung nach angelegt werden sollen für ein angemessenes Urteil.

Man soll ihn messen an einem Verwalter. Und man soll ihn messen an einem Verwalter, der treu ist. Verwalter sein: Das ist heute nicht gerade ein Traumberuf. Wir wollen eher selbst kreativ werden als verwalten. Kreativköpfe werden heute verehrt wie Götter, die Neues schaffen in schöpferischer Kraft. Wer sich hingegen treu an Verwaltungsrichtlinien hält, riskiert als sturer Bürokrat beurteilt zu werden. Uns gefallen also heute die Kriterien des Paulus nicht mehr unbedingt. Wie finden wir in unseren Gemeinden immer wieder zu einer gleichmäßigen Anerkennung sowohl der Kreativität als auch der treuen Verwaltung? Hätte sich Paulus selbst als kreativen Menschen bezeichnet? Ist nicht aber Paulus als Gemeindegründer unser Vorbild?

Martin Behm, lutherischer Pfarrer und Sohn eines Verwalters in Schlesien, bat 1604 mit den folgenden Worten um ein treues, gläubiges Leben: Herr, lass die Sonne blicken ins finstre Herze mein, damit sich's möge schicken fröhlich im Geist zu sein, die größte Lust zu haben allein an deinem Wort, das mich im Kreuz kann laben und weist des Himmels Pfort. Seinen Worten schließen wir uns Christinnen und Christen bis heute an, wenn wir das Lied »Wie lieblich ist der Maien aus lauter Gottes Güt« singen. Denn ohne die Güte Gottes, der unsere unausgeglichenen und einseitigen Urteile immer wieder vergibt, bliebe es finster in unseren Herzen. Ohne die Treue Gottes, der unsere Lust am Wort Gottes weckt, würden Ausgleich und Anerkennung für gleichermaßen grundlegende Werte fehlen.

Denn in der Lust am Wort Gottes ist beides drin: kreativ sein und treu verwalten.

ANDREA BRUNNER-WYSS

Schenk Lust und Kraft für das, was heute zu schaffen ist. Bewahre mich vor vernichtendem Urteilen mir selbst und anderen gegenüber.

1 Korinther 4,6–13 — Donnerstag, 2. Mai

Bella figura ade

»Bella figura«, eine gute Figur abgeben, das ist nicht nur das Ziel vieler Menschen in Italien, sondern gilt überall auf der Welt: modisch auf der Höhe, den Körper straff und wohlproportioniert sowie angenehm in den Umgangsformen. Das ist das Mindestmaß an Anforderungen, dem zu entsprechen ist. Bloß nicht unangenehm auffallen oder belächelt werden. Nein, »cool« in allen Lebenslagen, das ist erstrebenswert.

Und dann diese Ansage von Paulus: Narren um Christi willen. Muss das sein? Das klingt nach Dostojewskis »Idiot« und anderer anstrengenden Literatur. Ist das der Preis des Christentums, verlacht und verspottet zu werden, lebenslange Hänselei?

Doch langsam. Paulus will eine fundamentale Neubewertung der menschlichen Lage, eine Neuausrichtung, weil sein Ausgangspunkt besagt, dass wir alles, wirklich ausnahmslos alles von Gott empfangen haben und daraus das Weitere folgt. Keine Überheblichkeit. Kein Selbstruhm. Keine Aufgeblasenheit. Wir sind Narren um seiner willen.

Das bedeutet, dass wir uns nicht abmühen müssen, täglich sorgen oder ängstigen, weil Gott für uns sorgt. Das bedeutet, dass wir andere nicht geringschätzen müssen, weil wir alle Gottes Kinder sind. Und das bedeutet vor allem auch, dass wir uns nicht in den gnadenlosen Wettbewerb um »bella figura« begeben müssen, weil das nicht das ist, was in Gottes Augen wirklich wichtig ist. Da zählt jede und jeder so, wie ihn Gott erschaffen und gedacht hat – mit Ecken, Kanten, Fehlern und Mängeln, mit Ungereimtheiten und Brüchen. Und gerade so, in aller Vorläufigkeit, mit Fragmenten und Schwächen, ist er oder sie in Gottes Augen vollkommen, »bella figura«. Ein Narr um seinetwillen. Gott sei Dank!

CHRISTIAN BUTT

Gott, Schöpfer allen Lebens, du erschaffst uns vollkommen unvollkommen. Uns fällt es schwer, das anzunehmen. Lass uns Frieden mit uns selbst finden und erkennen, dass wir in deinen Augen vollkommen sind.

Freitag, 3. Mai 1 Korinther 4,14–21

Alltagsvorbild

Vorbilder haben es schwer in unserer Zeit. Kaum stehen sie im gesellschaftlichen Rampenlicht, wird ihr Leben erbarmungslos durchleuchtet, eine detektivische Feinarbeit beginnt. Die Biografie wird durchstöbert, kleinste Makel werden zum Skandal erklärt und nicht selten steht am Ende der Absturz. Das eben noch erklärte Idol, der Liebling der Massen, wird zum Versager ausgerufen und verschwindet wieder in der Versenkung.

Auch altgediente Vorbilder werden nicht ausgenommen. Noch nach Jahrzehnten und Jahrhunderten finden Nachforschungen, Friedensnobelpreisträger hin, Ehrentitel her, etwas, was nunmehr zu hinterfragen, zu bemängeln oder in anderem Licht zu sehen gilt. Der Nimbus wird zumindest angekratzt.

Mutig also, Paulus, der gänzlich unverhüllt seine Gemeinde ermahnt, ihn zum Beispiel zu nehmen. Paulus ein Vorbild? Sofort fällt die Gegenrede ein. Würde ein Paulus mit dieser Biografie und seinen zuweilen sperrigen Äußerungen den heutigen Ansprüchen genügen? Selbst eine ganze Reihe von Theologen kritisieren Paulus vehement, stellen sogar seine Existenz gänzlich in Frage.

Sei's drum. Wie wäre es mit dieser Perspektive? Paulus mag nicht perfekt sein, seine Worte nicht immer den Bedürfnissen der gängigen Meinung entsprechen, mag da das eine oder andere schwierig erscheinen. Aber er versteckt sich nicht, steht zu seinen Brüchen und Versäumnissen und wird dadurch zu einem authentischen Zeugen des Glaubens. Gerade dadurch. Er sieht sich mit seinen Widersprüchen und Brüchen von Gott getragen und glättet und beschönigt dabei nichts.

Was könnte ein größeres Vorbild sein? Dass einer mit allen Unzulänglichkeiten den Weg des Glaubens geht und immer wieder um die Wahrheit ringt. Mehr geht doch nicht. Oder?

CHRISTIAN BUTT

Gott, Quelle des Lebens, wir brauchen Orientierung auf unserem Weg. Schenk du uns immer wieder Menschen, die uns inspirieren durch ihren Glauben, ihren Mut und ihre Wahrhaftigkeit.

1 Korinther 5,1–8 — Samstag, 4. Mai

Der Anti-Weichspüler

Heute wird es ungemütlich. Paulus redet Klartext. Ganz gegen die gegenwärtig übliche Sichtweise fordert er den Ausschluss von Unzüchtigen aus der Gemeinde. Das bedeutet nichts anderes, als dass er Grenzen im Zusammenleben und in der Gemeinde zieht. Es gibt Grenzlinien. Bis hierher und nicht weiter.

Das ist ungewöhnlich für unsere Ohren. Denn gilt nicht die unverbrüchliche Zusage von Gottes Liebe für alle Menschen? Auch den schwarzen Schafen? Wie passt das zusammen?

Vielleicht so. Es geht ihm um einen neuen Wandel, eine Veränderung zum Guten. Und damit einher geht die Einsicht, dass nicht jeder Lebenswandel, nicht jede Handlung, nicht jede Meinung mit dem Evangelium im Einklang steht. Es gibt Tun und Lassen, das schlichtweg gottlos in seinen Augen ist. Und das nennt er ohne Scheu beim Namen, in unüberbietbarer Deutlichkeit.

Zunächst befremdlich, aber doch irgendwie zugleich auch befreiend? An seiner Klarheit kann man sich reiben. Aber gibt sie nicht auch Perspektive? Gilt es nicht gerade heute, Grenzen zu benennen? Gibt es nicht Haltungen, die es aus christlicher Sicht zu verneinen gilt, weil sie schlichtweg falsch sind? Muss nicht stärker aus unserem Glauben heraus Stellung bezogen werden?

Schnell geht unser Zeigefinger in Richtung derer, die Verantwortung tragen. Die müssten mal. Aber die meint Paulus nicht. Er meint uns alle. Dass wir klarer und profilierter unseren Glauben bekennen. Dass wir uns nicht hinter wohlfeilen Reden verstecken, sondern sagen und tun, was Gottes Wille heute meint. Und das kann unbequem sein, weh tun, aber zugleich dient es der Sache. Ja, das ist nicht der übliche Schongang und Weichspüler, aber vielleicht sind diese Zeiten auch längst vorbei?

CHRISTIAN BUTT

Gott, schenke uns den Mut, dich deutlicher zu bekennen, beherzter zu dir zu stehen und furchtloser für den Glauben einzustehen.

Christus ist auferstanden! Er ist wahrhaftig auferstanden!

Haben Sie schon mal das Osterfest in Griechenland gefeiert? Haben Sie sich schon mal von einem Freund oder Bekannten, der dies tat, berichten lassen, wie schön die Feier des Fests dort ist?

Heute feiern die orthodoxen Christinnen und Christen ihr Osterfest. Aufgrund der Verwendung eines unterschiedlichen liturgischen Kalenders weicht meistens das Datum des Festes für die Orthodoxen von demjenigen des westlichen Christentums um eine oder mehrere Wochen ab. Aber auch die Begehung dieses Fests ist in der orthodoxen Welt – zumindest in der äußerlichen Wahrnehmung – eine andere, eine feierlichere. Denn die Bedeutung des Festes der Auferstehung, des »Festes der Feste«, übersteigt um einiges diejenige der anderen Feste der Kirche, auch der Geburt Christi, die an Weihnachten gefeiert wird.

Psalm 149 führt uns trefflich in die Atmosphäre dieser Feier ein. Die Auferstehung des Herrn, die die Erneuerung der ganzen Schöpfung und neues Leben bedeutet, soll stets mit einem neuen Lied, das von seinem ganzen Volk angestimmt wird, gefeiert werden. Der Schöpfer, der Erretter und Erneuerer erfreut sich dieses jubelnden Liedes, erfreut sich seines Volkes.

Und die Feinde des Volkes liegen zu seinen Füßen mit eisernen Fesseln gebunden. Dies erinnert an die klassische orthodoxe Darstellung der Auferstehung im Chora-Kloster in Istanbul: Christus steigt in die Unterwelt (Hades) hinab und befreit die ersten Menschen, Adam und Eva, sowie die Gerechten des Alten Bundes vom Tod. Und der Tod, der letzte Feind des Menschen, liegt zertreten, mit eisernen Fesseln gebunden, unter den Füßen Christi.

In dieser Zeit ist bei allen Orthodoxen, auch in Griechenland, das neue Lied überall zu vernehmen – sowohl im Osterhymnus »Christus ist auferstanden von den Toten« als auch im altkirchlichen Ostergruß, der gern vierzig Tage nach Ostern im alltäglichen Leben der orthodoxen Christinnen und Christen Verwendung findet: »Christus ist auferstanden! Er ist wahrhaftig auferstanden!«

KONSTANTINOS VLIAGKOFTIS

Christus ist auferstanden von den Toten, hat den Tod durch den Tod zertreten und denen in den Gräbern das Leben geschenkt.

1 Korinther 5,9–13 — Montag, 6. Mai

Kommando zurück!

Es ist ein Zeichen von Souveränität, wenn man seine Meinung zurücknehmen und eine Position zu revidieren vermag. So auch hier in der Tageslese für heute. In einem Brief an die Gemeinde zu Korinth, der nicht mehr erhalten ist, hatte Paulus die Forderung aufgestellt, dass die Gläubigen dort jeglichen Kontakt mit strafwürdigen Menschen und der Halbwelt der Hafenstadt Korinth abzubrechen hätten. Nüchtern räumt er nun ein: Wer im Alltag überleben will, darf nicht damit rechnen, dass die gesamte Umwelt christlich handelt, so als ob es keine Leute gäbe, die ein böses Leben führen und in komplizierte Situationen geraten sind. Auch mit ihnen muss man zusammenleben und zum Beispiel Handel treiben und Geschäfte machen. Sie sind mit ins Boot zu holen, wenn man nicht wie in einem (schlechten!) Kloster von aller Welt isoliert nur unter sich leben will. Auch solche Menschen sind zu lieben, wie Paulus etwa im Röm 12,17–21 ausführt. Selbst, wenn es – wie zuvor in 1 Kor 5 gesagt – zu einem Ausschluss aus der Gemeinde kommen sollte, werden die Exkommunizierten nicht »für Feinde« erklärt: »Sie bleiben Brüder.« So sogar der für seine »Kirchenzucht« bekannt gewordene Johannes Calvin zur Tageslese von heute. Das »Richtet nicht vor der Zeit« (1 Kor 4,5) mahnt, die Menschenwürde von jedermann zu achten, auch wenn es sich um Betrüger oder Verbrecher handelt. Gleichzeitig warnt Paulus jedoch die Gemeinde davor, jedermanns Freund zu werden und es allen Menschen recht machen zu wollen. Für diejenigen, die die neue Welt Jesu Christi repräsentieren, gibt es Kontakte und Gemeinschaft, die die Glaubwürdigkeit der Gemeinde belasten. Ich denke an Situationen, in denen zum Beispiel sexueller Missbrauch auf der Hand liegt. Selbst da bleiben Seelsorge und Solidarität für die Delinquenten geboten, aber im Blick auf kirchliche Dienste und strafbewehrtes Verhalten ist in solchen Fällen auch harte Kante zu zeigen, und es führt kein Weg daran vorbei, die erforderlichen Trennungen zu vollziehen.

HEINER SÜSELBECK

Gütiger Gott im Himmel, hilf uns, der Welt glaubwürdig zu zeigen, wie du sie liebst.

Dienstag, 7. Mai — 1 Korinther 6,1–11

In einer anderen Welt?

Wer sich in den ersten christlichen Gemeinden (als Erwachsener!) taufen ließ, lebte fortan in einer »anderen Welt«. Was vorher als groß gelten konnte, war nun klein geworden und das Kleine war groß, vor allem für die Beziehungen untereinander und den Umgang mit Geld, Zeit und Besitz. Zum Beispiel: »In Demut achte einer den anderen höher als sich selbst« (Phil 2,3) war die Grundregel für das neue Miteinander. Wenn es trotzdem Streit gab, war die Suche nach Ausgleich und Versöhnung oberstes Gebot. Hatten zwei Parteien sich so verhakt, dass sie in ihrer Auseinandersetzung nicht mehr weiterwussten, wurden andere aus der Gemeinde um Hilfe gebeten, um eine Lösung zu finden (vgl. Mt 18,15–19). Es blieb deshalb verpönt, in Rechtssachen weltliche Gerichte zu bemühen. Heute können wir diesen Abstand von Kirche und weltlicher Justiz nicht mehr nachvollziehen. Es haben sich christliche Grundsätze im Rechtswesen auch außerhalb der Kirchen durchgesetzt, während eine rein innerkirchliche Rechtsfindung mitunter hinter deren Geist zurückbleibt. Johannes Calvin (von Haus aus Jurist!) will darum in seiner Auslegung der Tageslese von heute ihr Nein gegenüber außergemeindlichen Gerichten nicht mehr gelten lassen. Er akzeptiert an diesen Versen, dass sie sich gegen »Ungeduld und Rachsucht, Hass und Trotz« wehren, wenn sie davor warnen, im Rechtswesen »böse Affekte« zuzulassen. Wenn jedoch vor weltlichen Gerichten »geduldig und maßvoll« gestritten wird, sollten auch Menschen aus der Gemeinde den Gang zum Gericht nicht scheuen. Zum letzten Abschnitt unserer Lesung ist entschiedene Sachkritik geboten. So sehr Paulus zu Recht im Blick auf die in Vers 9–11 genannten Menschen vor Unrecht warnt, so sehr ist ihm zu widersprechen, wenn er hier wie in Röm 1,26 auf homosexuell orientierte Menschen im Allgemeinen anspielt. Die unheilvolle Wirkung dieser Verurteilung lässt sich nicht bestreiten und muss zu denken geben.

HEINER SÜSELBECK

Herr Jesus Christus, lass uns einander annehmen, wie du uns angenommen hast.

1 Korinther 6,12–20   Mittwoch, 8. Mai

Der Herr dem Leibe

Jesus ist nicht gekommen, um allein den Geist der Menschen anzusprechen. Sendung und Auferstehung Christi zielen auf das ganze Leben, und damit auch auf den Leib von uns Menschen. Ostern und alles, was Jesus sagte und tat, war dazu angetan, Menschen mit ihrer Seele und ihrem Leib aufzurichten. Die Evangelien erzählen, dass Jesus Menschen half, indem er heilte und das Leid kranker Körper von Verachtung und Vergessen befreite. »Der Herr dem Leibe« (1 Kor 6,13c) kann Paulus deshalb das Evangelium von Jesus Christus knapp zusammenfassen. Damit machte er den Christen und den Christinnen in Korinth klar: Vergebung, Herrlichkeit, Würde mit Ewigkeitswert – alles, was Gott schenkt, will an unserem Leib spürbar gelebt werden. Die Leiber, die der Schöpfer den Menschen verliehen hat, sind keine Kisten, bei denen es nur auf den Inhalt ankommt. Körper sind keine Container, die man eines Tages zusammenklappt und auf den Müll wirft. Unsre Leiber sind kostbare Körner einer Saat, mit der Gott herrliches Leben aufgehen lassen möchte – und zwar für alle Zeit.

Der Körper ist kein isoliertes Leistungsorgan weder im Bereich der Sexualität noch im Bereich der Nächstenliebe, sondern er ist der Ort sozialer Menschwerdung, der Ort, an dem wir uns wechselseitig ins Leben rufen, indem wir uns mit ihm Freude, Achtung und Liebe füreinander gönnen.

In der christlichen Gemeinde von Korinth gab es Männer, die sich ein bisschen Geld mitnahmen und zu den Huren am Hafen gingen, um dort ihre sexuellen Kräfte zu lassen. Paulus griff die Frauen, die von ihnen besucht wurden, nicht an, aber jene Männer, die sie benutzten, bezahlten und dann allein ließen. Er hielt ihnen vor: Euer Leib, aber auch das Leben der Frauen, die ihr bezahlt, das ist zu schade, um nur berechnend und gleichgültig behandelt zu werden. An Sachen kann man so vielleicht herangehen, aber nicht an Leib und Leben von Menschen.

Denn mit unseren Köpern sind wir wunderbare Zeichen für die Leidenschaft Gottes zum Leben.

HEINER SÜSELBECK

Gott, ich bin von dir wunderbar geschaffen. Erhalte mir diese Würde jetzt und in Ewigkeit.

Donnerstag, 9. Mai (Christi Himmelfahrt) Philipper 2,5–11
Einführung zum Philipperbrief auf Seite 415ff.

Christ fuhr gen Himmel ...

»... Was sandt er uns hernieder? Er sandte uns den Heilgen Geist zu Trost der armen Christenheit ...« So ein altes Lied zum heutigen Feiertag. Der ist der Mehrheit unserer Zeitgenossen vermutlich eher als »Vatertag« denn in seiner eigentlichen Bedeutung präsent. Was Himmelfahrt bedeutet, wieso Christus uns nun, wo er »weg« ist, näher sein soll als vorher, darüber hat sicher nicht nur der große Theologe Karl Rahner nachgedacht. Himmelfahrt, was heißt das? Was sind die Folgen für mich? Heute wäre ein guter Anlass, darüber mal nachzudenken.

Als Christus auf Erden war, war, wie bei jedem Menschen, seine Kommunikationsfähigkeit naturgemäß eingeschränkt auf die Menschen in seiner unmittelbaren Umgebung. Himmelfahrt besagt nicht, dass er, wie auf dem berühmten Bild des Isenheimer Altars zu sehen, »einfach so«, in irdischer Gestalt, über die Wolken entschwebte, wie eine Rakete in den Weltraum – nein, er ist, nach seinem irdischen, »richtigen« Tod in verwandelter Gestalt zu Gott »aufgefahren« und kann uns, jedem von uns, so und nur so, in dieser verwandelten Gestalt nahe sein. Er ist nun »mitten bei uns, genau dort, wo wir jetzt sind, nicht mehr [wie vorher] nur daneben« (Rahner).

Und was ist nun mit uns, die wir zurückgeblieben sind auf der Erde? Der heutige Text gibt uns die Antwort: Wir sollen nicht »in den Himmel schauen« (Apg 1,11) und untätig auf die Wiederkunft des Herrn warten, sondern ihm nachfolgen, ganz konkret, hier und jetzt, in unserem Leben, »so gesinnt sein, wie Christus Jesus es war« (V. 5). Wie das in der Praxis aussehen kann, sagt der Text auch: Ein jeder achte nicht nur auf das Seine, sondern auch auf das, was des andern ist (V. 4) – »Beten und Tun des Gerechten«, schrieb Dietrich Bonhoeffer. Ist das in einer »Welt aus den Fugen« (Peter Scholl-Latour) nicht schon erschreckend aktuell, im Großen wie im Kleinen? Klare Ansage! Täten wir nur etwas davon ...

GUNTHER BRITZ

Guter Gott, hilf uns, möglist viel von deinem Evangelium in unserem Leben zu verwirklichen!

»Ballermann« damals und heute?

Es gab wohl kaum einen Skandal, der die Glaubwürdigkeit der Kirchen so erschüttert hat wie die Missbrauchsfälle, samt deren – was den Missbrauch verschlimmerte – völlig untaugliche Vertuschungsversuche. Missbrauch, ausgerechnet durch Geistliche? Ja, nehmen die denn selbst nicht ernst, was sie predigen? So weit dürfte es nicht kommen.

Eine Ursache (neben vielen anderen) für diese Fälle war sicher, dass manche Alleinstehende mit ihrer Lebenssituation nicht mehr zurechtkamen; es wäre sicher besser gewesen, sie hätten geheiratet. Auch wäre ein Fragezeichen zu setzen hinter den Grundsatz der Unauflöslichkeit der Ehe (V. 15 ff.) – er ist im Grundsatz sicher richtig (Lk 16,18), aber das hier geregelte sogenannte »Paulinische Privileg« deutet darauf hin, dass auch das Gebot der Unauflöslichkeit der Ehe schon damals nicht ohne Ausnahme galt.

Die Gemeinde von Korinth war seinerzeit bekannt für ihre sexuelle Freizügigkeit, ein »antiker Ballermann« sozusagen, so dass der Apostel Paulus wohl meinte, er müsse hier mal für Ordnung sorgen. Das ist gewiss lange her – aber ist damit heute wirklich alles, was er geschrieben hat, überholt? Warum steht der Brief in der Bibel, was kann er uns heute sagen?

Es gibt Menschen die besser ehelos leben, andere, die dies nicht können, wohl auch einige (sehr wenige), die ohne Probleme lebenslang »enthaltsam« leben können; wieder andere, deren Beziehung (nicht nur, wie von Paulus erwähnt, aus religiösen Gründen) gescheitert ist und die einen Neuanfang suchen – sie müssen die Möglichkeit haben, entsprechend zu leben, zugleich aber auch Verantwortung für den Anderen übernehmen (auch wenn wir das »Wie« heute sicher anders ausdrücken würden). Und mit alledem muss die Kirche, wir Christen, umgehen können, die unterschiedlichen Fähigkeiten und Lebensentwürfe – sofern sie nicht anderen schaden – akzeptieren.

GUNTHER BRITZ

Guter Gott, hilf uns, in allen unseren Lebensentwürfen die Verantwortung vor dir und unseren Mitmenschen nicht zu vergessen!

Samstag, 11. Mai — 1 Korinther 7,17–24

Bleiben oder nicht bleiben

Niemand ist vor Missverständnissen geschützt. Auch die Bibel nicht. Das Missverständnis, dem unser heutiger Bibeltext ausgesetzt ist, besteht in der Annahme, für Gott seien unsere menschlichen Verhältnisse irrelevant. Ob Sklave oder freier Mensch – egal. Bei Gott komme es doch auf etwas ganz Anderes an. So wird aus einem Missverständnis schnell ein Missbrauch zu eigenen Zwecken. Denn genau damit sind etwa die amerikanischen Sklaven seinerzeit von ihren – vorgeblich frommen – Herren brutal unterdrückt und ausgebeutet worden: »Jeder bleibe in der Berufung, in der er berufen wurde.« (V. 20)

Man fragt sich: Wenn Gott wirklich die irdischen Verhältnisse so egal sein sollten, warum hat er dann seinerzeit sein Volk aus der Sklaverei befreit? Der Auszug aus der Knechtschaft und die menschenwürdige Lebensgestaltung im neuen Land – das waren doch keine irrelevanten oder bloß »spirituellen« Vorgänge, sondern handfeste Realitäten. Und wenn Jesus Kranke heilte, Hungernde sättigte und von Ausgrenzung Bedrohte in die soziale Gemeinschaft zurückholte, so doch wahrhaftig nicht »im nur übertragenen Sinne«.

Vermutlich hat Paulus den irdischen Verhältnissen deshalb nicht so große Bedeutung beigemessen, weil er der Meinung war, der Anbruch des Reiches Gottes stehe so nahe bevor, dass es sich gewissermaßen nicht mehr »lohne«, an diesen Verhältnissen jetzt noch etwas Grundsätzliches zu ändern. Allerdings sagt er selbst: »Werdet nicht der Menschen Knechte!« (V. 23) Das ist der Grundsatz, von dem her alles andere zu verstehen ist. Martin Luther King, der wie kaum ein anderer das Reich Gottes herbeigesehnt hat, ist genau mit dieser Überzeugung auf die Straße gegangen.

Bleiben oder nicht bleiben in dem, was man gerade ist? Sich anpassen oder aufbegehren? Mitmachen oder Sich-Verweigern? Im Alltag stehen wir oft vor diesen Alternativen. Entscheidend ist: »Gottes Gebote halten.« (V. 19) Daran muss sich alles, was wir tun oder lassen, messen lassen.

OKKO HERLYN

Weise mir, Herr, deinen Weg, dass ich wandle in deiner Wahrheit; erhalte mein Herz bei dem einen, dass ich deinen Namen fürchte.

Wandern auf dem Weg des Glaubens

Auf dem Weg sein, Schritt für Schritt, Fuß für Fuß, als Wallfahrerin, als Wallfahrer – Herz und Gedanken sind wach, suchen und finden die je eigene Richtung. Die Sonne brennt, der Wind bringt Kühlung. Höhen und Tiefen, Glücksmomente und Stolperstellen wechseln sich ab. Das Außen lehrt Demut und Dankbarkeit, das Innen atmet im Takt alter und neuer Erfahrungen. Raum und Zeit gewinnen neue Konturen und Tiefe.

Ein Kind ist mit auf der Reise. Gottsuche lässt nichts aus, was einem Menschen je widerfahren ist, Gutes wie Böses. Von Kindesbeinen an spricht der Ernst des Lebens ein gewichtiges Wort, wenn die Gottesgestalt Konturen gewinnt.

Kindsein ist kein Spaß. Wir sind angewiesen auf andere, auf Gedeih und Verderb, auf Leben und Tod. Vertrauen baut sich auf über Trost und Gestilltwerden, wächst durch Zärtlichkeit, durch eine Stimme, die beruhigt, sichere Hände, die behüten, Haut an Haut, wenn sie eine sichere Höhle bauen. Wie ein Kind sein dürfen auf dem Weg des Lebens, Gott fest im Auge, ihn als Ziel aller Sehnsucht zu sehen wünschen – wer so geht, dem geht es gut. Ein solcher Mensch kann Leben schenken, pflegen, schützen und erhalten, es groß werden lassen. Seine Weisheit ist weiblich, wie die ruach Gottes weiblich ist. Wie sie erhofft er, erhofft sie Heil für jeden und jede, für jede Seele und jedes Volk bis in Ewigkeit, selbst dann, wenn es schwer fällt zu hoffen gegen alle Hoffnung. Der »Gott der kleinen Leute« (Erich Zenger) hat versprochen mitzugehen mit denen, die ihn mitgehen lassen, Schritt für Schritt, unermüdlich.

AURELIA SPENDEL OP

Wandern will ich vor dir, Gott. Mutter bist du mir und Vater. Du stillst mein Verlangen, du gehst neben mir. Ruhig kann ich sein, geborgen und voller Elan. Das Maß des Weges, das du mir zumisst, ist richtig für mich. Mein Rhythmus ist der der Hoffnung auf gute Zeiten. Alles ist gut, wenn ich dir in die Augen schauen darf und du mich auf deinem Rücken trägst. Möge es allen so ergehen.

Montag, 13. Mai — 1 Korinther 7,25–40

Mit beiden Beinen auf der Erde und ganz für Gott

Der Text fordert mich heraus. Als Ehefrau und Mutter und Großmutter. Als Mensch, der gerne in und auf dieser Welt lebt. Als mich Gottes Ruf traf, war ich sechzehn. Ich brannte für Gott. Ich fragte mich, welche Aufgabe er für mich hat, wie ich leben soll. In seinen Dienst wollte ich mich stellen, mit all meiner Kraft. Und wir sangen: »Komm doch bald, oh Herr, komm doch bald ...« Paulus hatte sein Leben in seiner Zeit. Ich habe mein Leben in meiner Zeit. Was uns verbindet: Unsere Zeit ist begrenzt. Ob verheiratet oder ledig, ob verwitwet oder wiederverheiratet – wichtig ist doch allein, dass Gott in meinem Leben wirkt. Er hat einen Plan für mich. Ich bitte: »Wie auch immer mein Leben verläuft, was immer ich tue, lass es Liebe sein.« Und diese Liebe möge sich ungehindert ausbreiten. Darum geht es wohl, dass Gottes Reich gebaut wird, dass Licht wird in einer dunklen Welt. Dazu sind wir berufen, jeder an seinem Platz. Paulus ist ein Christ in der ersten Generation, überzeugt, dass Gottes Reich nahe ist. Jetzt gilt es, möglichst frei zu sein von allen weltlichen Bindungen. Die Zeit drängt. Alles Störende im Bemühen, Gott zu dienen, ist abzulegen. Was nimmt mich so gefangen, dass ich Gott aus den Augen verliere? Alles ist mir erlaubt, sagt Paulus, aber es soll mich nichts gefangen nehmen. Nicht die Beziehungen zu Menschen, nicht die Freude, nicht das Leid, nicht mein Besitz. Denn all das wird letztlich keinen Bestand haben. Frei sein von der Welt, frei sein für Gott. Das ist eine ganz neue Sicht auf mein Leben. Ich lebe gerne verbindlich. Ich lebe gut in den Bindungen, die ich eingegangen bin. Sie geben mir Sicherheit. Ich habe meinen Platz in ihnen. Aber was, wenn diese Bindungen gekappt werden? Was trägt mich, wenn Beziehungen zerbrechen, wenn Besitz verloren geht? Gott trägt mich. Er gibt meinem Leben seinen Grund. Was meinen Alltag bestimmt, beschwert mich auch oft. Wo verorte ich mich? Was ist mir wirklich wichtig? Mit beiden Beinen fest auf der Erde, mit dem Herzen dem Himmel zugewandt. Ob das geht?

INGRID EBERT

Herr, ich will frei sein für dich.

1 Korinther 8,1–6   Dienstag, 14. Mai

Recht haben wollen trennt, Liebe eint

Es gibt Menschen, die sind unheimlich klug, die wissen Bescheid, die kennen sich aus. Und doch sind sie im Zusammenleben wenig hilfreich. Besonders, wenn sie immer und überall recht haben wollen und andere ständig zurechtweisen. Sie bringen mit ihren Argumenten jedes Gespräch zum Erliegen. Erkenntnis bläht auf. Liebe baut auf. Dieser Gedanke ist mir wichtig in dem Text, mit dem ich sonst nicht viel anfangen kann. Opferfleisch essen. Ja oder nein? Alles essen dürfen oder besser nur vegetarisch leben oder gar vegan? Auch wir Christen streiten uns oft, weil wir eben alles richtig machen wollen. So war das wohl in Korinth. So ist es noch immer. Was einer für sich als Wahrheit erkannt hat, das soll eben auch der andere erkennen und danach leben, sonst wird sein Glaube schnell infrage gestellt. Dann geht der Streit los, der nicht selten in der Trennung mündet. Wirkliche Erkenntnis, so verstehe ich hier den Apostel Paulus, ist Liebe, nicht Recht haben. Recht haben wollen trennt. Liebe eint. Wir wissen doch, wie unangenehm uns die ewigen Besserwisser sind. Und doch machen wir es ihnen gerne nach. Wer sich an Christus bindet, gewinnt eine ganz neue Freiheit. Frei von Schuld. Frei von Gesetzlichkeit. Frei auch von dem Zwang, es immer besser wissen zu müssen. Der moralische Zeigefinger reckt sich mahnend in die Höhe oder zeigt wie eine Pistole auf den anderen. Da wird heftig verurteilt, was man selber doch erst vor wenigen Jahren oder Jahrzehnten für richtig gehalten hat. Ja, inzwischen wissen wir es vielleicht besser. Aber kann das ein Grund dafür sein, sich aufzublähen und über andere zu urteilen? Lohnt sich der heftige Streit um Nichtigkeiten? Es ist großartig, beim Bibellesen, beim Hören einer Predigt oder im Gespräch mit anderen zu einer neuen Erkenntnis zu kommen. Erkenntnis gehört zur christlichen Freiheit. Es ist großartiger, hinter der Erkenntnis die Liebe Gottes zu begreifen und aus dieser Liebe heraus zu leben und zu glauben. Ohne Liebe bleibt alle Erkenntnis unvollendet.

INGRID EBERT

Zeige mir, Gott, wo mich Erkenntnis aufbläht, weil es mir an Liebe mangelt.

Mittwoch, 15. Mai — 1 Korinther 8,7–13

Es bleibt eine Gratwanderung

»Der Fuchs hatte den Storch zum Essen eingeladen.« So beginnt eine Fabel von Äsop, die uns lehren möchte, Rücksicht zu nehmen auf den anderen und seine Lebensart. Natürlich werde ich als gute Gastgeberin keinen Schweinebraten auf den Tisch stellen, wenn Muslime oder Juden zu Gast sind. Ebenso nehme ich Rücksicht auf Vegetarier und Veganer, und ich verzichte auch gerne auf alkoholische Getränke, wenn ich weiß, dass ein Gast Probleme mit dem Alkohol hat. Ich möchte nicht, dass er in Versuchung kommt. Eine Episode aus den 70er Jahren fällt mir ein. Bei einem Spaziergang sah ich von Weitem, wie ein mir bekannter Christ blitzschnell die Zigarette hinter seinem Rücken verschwinden ließ, als er mich sah. Wahrscheinlich tat er es, um mir keinen Anstoß zu geben. Ich empfand das als Heuchelei und es hat mich verletzt. Mit Rücksichtnahme aus Liebe hat das wohl nichts zu tun. Paulus spricht ein ganz anderes Thema an. Was ich in großer Freiheit darf, bringt meinen Bruder, meine Schwester vielleicht in einen schweren Gewissenskonflikt. Hier soll unsere Rücksichtnahme ansetzen. Doch da regt sich in mir Widerstand. Ist es denn richtig, als wahr Erkanntes dem Nächsten zuliebe zu verschweigen? »Lieber will ich ein Leben lang auf Fleisch verzichten«, sagt Paulus, »als dass eines von meinen Geschwistern durch mich zu einer Sünde verführt wird.« Ganz radikal gibt er seine Freiheit auf, um andere nicht in ihrem Glauben zu gefährden. Das hieße dann aber auf der Stelle zu treten, nicht im Glauben zu wachsen, keine Erkenntnisse zuzulassen. Wenn immer nur Rücksicht genommen wird auf die, deren Glauben noch in den Kinderschuhen steckt, wie sollen wir da wachsen und reifen? Es bleibt wohl eine Gratwanderung. Sich selber nicht zu verbiegen und den anderen nicht zu verletzen, dem anderen die Zeit zu lassen, die er braucht, um mündig zu werden.

INGRID EBERT

Ich will mich nicht verbiegen, Gott, und ich will den anderen nicht hinbiegen.

1 Korinther 9,1–18 Donnerstag, 16. Mai

Wie frei sind wir wirklich?

Über die Work-Life-Balance sprechen wir spätestens dann, wenn uns die Arbeit überfordert. Freizeit und Privatleben geraten dann mehr in den Blick. Die Folge ist oftmals, dass auch die private Zeit überfrachtet wird: Sport-Termine, ehrenamtliche Aktivitäten, Zeit für Familie, mit Freunden soll es auch noch geben. Das Leben wird knallvoll und fast eine Überforderung.

In Kapitel 9 begegnen wir einem ebenfalls überforderten Paulus, der mit einer Salve an rhetorischen Fragen und Argumenten auf abfällige Äußerungen über ihn reagiert (V. 3). Was ist der Hintergrund dieser Worte?

Es geht um das, was Paulus zum Leben braucht. Eigentlich hätte er Anrecht auf Unterstützung durch die korinthische Gemeinde. Doch diese bekommen (nur) Barnabas und er nicht, die anderen Apostel offensichtlich schon (V. 4–6.12.14). Es lohnt sich, Apg 18,1–5 zu 1 Kor 9 dazu zu lesen. Da wird deutlich: Paulus arbeitet in Korinth zusammen mit Priska und Aquila als Zeltmacher. An jedem Sabbat geht er in die Synagoge und verkündet das Evangelium. Das bedeutet Arbeiten ohne Pause: ein schwerer Handwerkerberuf und zusätzlich noch Verkündigungsarbeit, Lehre der Tora in der Synagoge, die ganze Woche nonstop. Erst als Silas und Timotheus in Korinth eintreffen, wird Paulus offensichtlich von ihnen (und nicht von der Gemeinde) unterhalten und kann sich ganz der Wort-Verkündigung widmen (Apg 18,5). Paulus schreibt, er möchte gar keinen Lohn, denn er müsse wie die Propheten Israels von Gott her seine Botschaft unentgeltlich zu den Menschen bringen (ganz ähnlich Jes 49,1–6). Paulus hört in all dieser Belastung und Konflikte Gottes Anruf – und kann innerlich frei entscheiden (V. 1) – auch gegen Bräuche und Vorstellungen. Durch Long Covid habe ich gelernt, Arbeit und Freizeitaktivitäten zu reduzieren: Ich genieße das Gefühl, frei zu haben, freier zu werden von eigenen Ansprüchen und Vorstellungen. Und vielleicht ist auch alles Life/Leben?

BETTINA ELTROP

Jesus, du bist gekommen, um uns Menschen zu befreien. Schenke mir ein hörendes Herz, damit ich immer zu mir kommen und dir nachfolgen kann.

Freitag, 17. Mai · 1 Korinther 9,19–23

Alle sind wichtig

Paulus, ein freier Mann, macht sich selbst zum Sklaven, versteht sich als völlig an Gott gebunden und zu unentgeltlicher Arbeit verpflichtet. Doch was ist sein Auftrag? Allen alles werden? (V. 19.22) Was heißt das? Beliebig zu sein? Es allen recht zu machen?

Wieder hilft es, Apg 18,1–11 hinzuzuziehen: Paulus stößt bei seiner Tätigkeit in der Synagoge auf jüdische und nichtjüdische Menschen. Die nichtjüdischen Menschen sind Gottesfürchtige, die sich für den jüdischen Glauben interessieren, zur Synagoge gehen, in ihrem Umkreis leben (V. 4.7). Den jüdischen Menschen verkündet Paulus, dass Jesus der Messias Israels ist; dabei kommt es zu heftigen Konflikten (V. 5f.). Jüdische und nichtjüdische Menschen nehmen die Verkündigung des Paulus an (V. 7f.). Sogar der Synagogenvorsteher mit seinem ganzen Haus lässt sich gewinnen. Der Abschnitt der Apostelgeschichte endet mit einer Erscheinung Gottes im Traum. Paulus wird von Gott aufgefordert, weiter zu wirken: »Denn ich bin mit dir ... Viel Volk nämlich gehört mir in dieser Stadt«. (Apg 18,10)

Das ist für mich eine gute Folie, um Paulus' Worte in 1 Kor 9 zu hören: Er möchte dem Auftrag nachkommen, viele Menschen in Korinth für den Gott Israels gewinnen. Er lässt sich ganz auf die unterschiedlichen Gruppierungen ein: Jüdischen Menschen begegnet Paulus, der er selbst Jude ist, intensiv durch die Auslegung der Tora, die als »Gesetz« Lebensweisung Israels ist. Das Gesetz/die Tora wird im Judentum immer aktualisiert und an neue Lebensumstände angepasst. Dies ist in Vers 20 wohl gemeint. In Vers 21 geht es nicht um »Gesetzlose« (EÜ), sondern um die Menschen in Korinth, die (noch) keinen Zugang zum Glauben Israels haben. Auch diese Menschen wollen Gott (Apg 18,10) und sein treuer Sklave Paulus (1 Kor 9,19) erreichen. Das Evangelium kann wachsen, wenn Menschen sich wertschätzend und achtungsvoll begegnen. Davon profitiert auch Paulus selbst (V. 23)!

BETTINA ELTROP

Gott, du hast dich in der Menschwerdung Jesu uns liebevoll zugeneigt. Lass mich in allen Menschen dich erkennen.

1 Korinther 9,24–27

Mein Umgang mit mir selbst

Paulus beendet das 9. Kapitel mit Bildern aus Sportwettkämpfen, die in jener Zeit auch in Korinth veranstaltet wurden. Drei Situationen wählt Paulus aus, um sie dem Leben in der korinthischen Jesusgemeinschaft entgegenzustellen:
1. Einen Wettlauf: Eine der Personen gewinnt und erhält den Siegeskranz.
2. Alle, die am Wettkampf teilnehmen, leben enthaltsam und wollen den (vergänglichen) Siegeskranz aus Blättern gewinnen.
3. Ein Boxer schlägt beim Kampf zu, trifft aber seinen Gegner nicht.

Zu jedem dieser Bilder stellt Paulus eine Analogie zur Gemeinde/zu sich selbst:
1. Alle in der Gemeinde sind in einem Wettlauf, sollen aber so laufen, dass alle gewinnen.
2. Die Gemeinde läuft für einen unvergänglichen Siegespreis.
3. Paulus boxt auch, aber er schlägt sich selbst ins Gesicht, er schlägt seinen eigenen Körper.

Während die ersten beiden Bilder verständlich und selbsterklärend sind, ist der dritte Vergleich verstörend. Paulus verwendet für seine Verkündigungs-Arbeit, die er liebt und die sein Leben bestimmt, das brutale Bild vom Box-Kampf mit sich selbst. Sein prophetischer Dienst mündet in die Selbstverletzung.
  Bis in die heutige Zeit nutzen wir Sprach-Bilder, die einen verletzenden Umgang mit sich selbst beschreiben: sich ins eigene Fleisch schneiden, Arbeiten bis zum Umfallen, sich selbst ein Bein stellen ... Sprache spiegelt die Welt, in der wir leben. Allzu oft werden Menschen runtergemacht, auch mit Selbstkritik sind viele nicht zimperlich. Hier einen liebevolleren Blick auf sich selbst und andere zu finden, könnte der Beginn vom Ende manch konfliktreicher Kommunikation und Konstellation sein.

BETTINA ELTROP

Guter Gott, alle Menschen sind dir heilig. Sie sind dein heiliger Tempel. Schenke uns einen liebevollen Blick auf uns selbst und andere. Und schenke uns liebevolle Worte, die Verletzungen heilen und Brücken bauen.

Pfingstsonntag, 19. Mai Epheser 1,3–14

Einführung zum Epheserbrief auf Seite 412ff.

Wes das Herz voll ist

Puh, was ist denn das? Ein endloses Satzgebilde, vollgestopft mit gewichtigen theologischen Worten: Segen, Erwählung, Heiligkeit, Liebe, Gnade, Erlösung, Vergebung, Weisheit, Seligkeit, Herrlichkeit – um nur einige zu nennen. Ja, geht's noch? So würde man am liebsten dem Apostel Paulus zurufen. Könnte es nicht auch ein bisschen weniger vollmundig zugehen?

Nein, geht nicht, würde Paulus vielleicht antworten. Ich bin so überwältigt von dem, was mir durch Jesus Christus widerfahren ist, dass ich das jetzt einfach einmal loswerden muss. Wes das Herz voll ist, des geht bekanntlich der Mund über. Ihr wisst, mein ganzes Leben ist durch die Begegnung mit Christus völlig auf den Kopf gestellt worden. Ich, ein alter, eingefleischter Christenverfolger, bin durch ihn zum Verkündiger des Evangeliums geworden. Seither ist alles anders geworden in meinem Leben: Segen, Erwählung, Heiligkeit, Gnade und so weiter. Einfach alles. Ich könnte noch eine Menge mehr aufzählen.

Wie die Gemeinde in Ephesus auf diesen überschwänglichen Wortschwall gleich zu Beginn des Briefes reagiert hat, wissen wir nicht. Vielleicht waren sie theologisch bewanderter als wir und konnten mit jedem einzelnen Wort sogleich etwas anfangen. Wir sind da etwas langsamer, fühlen uns von solchen Endlossätzen vielleicht sogar überfordert.

Eins fällt immerhin sofort auf: Das ständig wiederkehrende: »in ihm«, also »in Christus«. Jedes einzelne der vielen Worte, die jeweils für sich genommen womöglich nur blasse Begriffe blieben, wird durch die Begegnung mit Christus mit Leben erfüllt. Wie wäre es, wenn wir uns heute einfach einmal damit bescheiden, vielleicht nur ein einziges jener Worte konzentriert in den Blick zu nehmen und unter dem Vorzeichen des »in ihm« in Ruhe zu bedenken? Wo ist mir Christus in meinem Leben zum Segen geworden? Wo habe ich seine Vergebung erfahren? Wo kann ich auch heute ein »Lob seiner Herrlichkeit« anstimmen?

OKKO HERLYN

Herr Jesus Christus, schenke mir auch heute deine lebendige Gegenwart.

Biblisches Panikorchester

In ganzen sechs Versen werden wir sage und schreibe elfmal aufgefordert, Gott zu loben. »Lobt, lobt, lobt …« Halleluja nicht mit eingerechnet. Dazu ein regelrechtes »Panikorchester«, um mit Udo Lindenberg zu sprechen: Posaune und Leier, Harfe und Trommel, Pfeife, Zimbel und … Reigen. Ja, es darf sogar getanzt werden. Man hat fast den Eindruck: Hier kann eigentlich jeder mitmachen: »Alles, was atmen kann, lobe den Herrn!« Der ganze Psalm atmet eine fröhliche Leichtigkeit, ist in seinem bunten Stimmengewirr geradezu von einer schwebenden Heiterkeit durchdrungen. Einer Glaubensheiterkeit, die jeden mitreißt: »Alles, was atmen kann, lobe den Herrn!«

Doch schon kommen Einwände: Ich bin aber gar nicht musikalisch, und Posaune oder Harfe kann ich schon gar nicht spielen. Na und? Muss es denn unbedingt ein Musikinstrument sein? Vielleicht kannst du ja ein ganz anderes »Instrument« spielen. Vielleicht kannst du mit einem guten Wort Gott loben. Oder mit einer Hand, die sich zur Versöhnung ausstreckt. Mit Füßen, die sich zu einem Krankenbesuch aufmachen. Mit freundlichen Augen oder aufmerksamen Ohren. Vielleicht kannst du mit deinem fröhlichen Wesen Gott loben oder mit deiner Ernsthaftigkeit. Vielleicht mit deinem Sachverstand oder mit deinem Einfühlungsvermögen. Oder auch einmal mit einer völlig verrückten Idee. Da muss man nicht lange Noten pauken. Zu Gottes Lob sind uns die Instrumente längst in die Wiege gelegt: »Alles, was atmen kann, lobe den Herrn!«

Alles! Ja, wer kann nicht alles atmen? Jeder lebendige Mensch kann es, egal ob alt oder jung, gesund oder krank, dumm oder schlau, schwarz oder weiß. Beten und Arbeiten, Glauben und Zweifeln, Nachdenken und Ärmelaufkrempeln – was uns oft wie ein christliches Sammelsurium, gar wie ein blanker Widerspruch vorkommt, bei Gott gehört das alles vielleicht längst zusammen, ist dort längst versöhnt und zu verborgener Harmonie gebracht. Deshalb: »Alles, was atmen kann, lobe den Herrn!«

OKKO HERLYN

Herr, mein Gott! Lass mich dir heute mit meinen Gedanken, Worten und Werken, mit allem, was ich tue und lasse, ein Loblied singen.

Dienstag, 21. Mai 1 Korinther 10,1–13

Wie stark bin ich wirklich?

»Sucht? Kein Thema für mich. Und wird auch nie eins sein.« Davon sind viele überzeugt. Sie fühlen sich stark. So stark, dass sie jeder Versuchung widerstehen. Egal ob Alkohol, Tabletten, Drogen, Videospiele, Macht oder sonst etwas, von dem Menschen abhängig werden können.

Paulus lässt das so nicht gelten. Er warnt die Christen in Korinth vor Selbstüberschätzung. Einige von ihnen wollten weiterhin an Festmählern für heidnische Gottheiten teilnehmen. Sie fühlten sich stark genug im christlichen Glauben, um dabei nicht selbst vom Götterglauben angesteckt und in Ausschweifungen hineingezogen zu werden. Paulus verweist sie auf das Volk Israel beim Zug durch die Wüste. Es hatte den Glauben. Es hatte mit dem Manna sogar Speise von Gott. Und trotzdem sind einige Israeliten wieder umgefallen und haben heidnischen Göttern gehuldigt. Also mahnt Paulus: Überlegt gut, wann und wo ihr vielleicht doch einer Versuchung erliegen könntet.

Und der Glaube? Das Gottvertrauen? Ist das nicht stark genug für jede Versuchung? Ja, sagt Paulus. Gott lässt niemanden in eine Versuchung geraten, die seine Kräfte übersteigt. Wenn ich also ohne eigene Absicht in eine Situation gerate, in der mich jemand zu etwas verführen will, steht Gott mir zur Seite. Nur soll ich mich nicht absichtlich selbst in solche Situationen begeben.

Paulus hat damit kein Verbot ausgesprochen. Aber er warnt doch sehr eindringlich vor Selbstüberschätzung. Daraus spricht viel Erfahrung. Sucht beispielsweise kann für jeden ein Thema werden, der nicht weiß, was er vermeiden muss. Und Gott lässt uns im Zweifelsfall die Freiheit, in die Falle zu tappen. Nur stellt uns Gott selbst keine Fallen. Und er streckt uns die Hand aus, wenn wir aus eigener Schuld in Bedrängnis geraten sind.

MARTIN FAATZ

Liebender Vater, du kennst mich besser als ich mich selbst. Lass mich im Spiegel nicht mehr sehen, als ich bin. Und lass mich hinter mir dich sehen, der mehr ist.

An wen glaube ich?

»Ja, an Gott glaube ich schon. Und an Jesus und den Heiligen Geist. Aber schon auch an Wiedergeburt. Und an die Macht der Ahnen. Und an das Göttliche in allem. Das kann man doch alles irgendwie verbinden.« Viele Zeitgenossen leben nach diesem Prinzip. Sie übernehmen aus verschiedensten Religionen das, was ihnen zusagt. Das gehört für sie zu ihrer Freiheit und Selbstbestimmung dazu.

Paulus kennt diese Haltung. Nicht zuletzt aus Korinth. Die kleine christliche Gemeinde lebte mitten unter Menschen, die an die Götter Griechenlands oder Gottheiten aus dem Orient glaubten. Die meisten Gemeindemitglieder hatten sich erst vor kurzem dem Christentum zugewandt. Da war die Versuchung groß, den Götterkult irgendwie noch ein wenig beizubehalten. Zumindest wollten sich einige nicht ausgrenzen, wenn sie zu einem Festmahl eingeladen waren und die Gastgeber im Rahmen dieses Mahls nach ihrer Gewohnheit einer Gottheit ein Opfer darbrachten.

Aber genau hier sieht Paulus die Grenze überschritten. Er erinnert daran: Wer am Abendmahl teilnimmt, steht in der Lebensgemeinschaft mit Christus selbst und den anderen, die an Christus glauben. In diese Lebensgemeinschaft passt es nicht hinein, nebenbei noch irgendwelche andere Gottheiten anzubeten und mit Opfern gnädig stimmen zu wollen.

Damit verlangt Paulus keineswegs, sich von allen Menschen abzugrenzen, die den christlichen Glauben nicht teilen. Auch müssen wir die Weisheit und Lebenserfahrung nicht ablehnen, wie sie in anderen Religionen überliefert sind. Aber wir brauchen Klarheit und Entschiedenheit: Wer sich zu Christus bekennt, kann nicht gleichzeitig Versatzstücke aus anderen Religionen in sein Glaubensleben einbauen. Nur dann können wir uns wirklich von Christus das Leben schenken lassen.

MARTIN FAATZ

Allmächtiger Gott, du lässt dich finden, wo niemand dich erwartet. Aber lass mich wirklich dich finden in allem und allein bei dir mich bergen.

Wem nütze ich?

»Was kümmert mich das Geschwätz der anderen? Ich bin niemand Rechenschaft schuldig. Was ich vor meinem Gewissen verantworten kann, das mache ich auch.« Das klingt erst einmal sympathisch. Es steckt innere Freiheit darin.

Und doch stimmt Paulus nicht für jeden Fall zu. Er führt ein Kriterium ein: Nützt es etwas, wenn ich mich von den Meinungen anderer völlig frei mache? Oder will ich nur einfach tun und lassen können, was mir gefällt?

Wieder hat Paulus den Alltag der Christen in Korinth vor sich. Sie wollen Fleisch einkaufen. Auf dem Markt finden sie es zu einem guten Preis. Aber was ist das für Fleisch? Ist es vielleicht Fleisch, das ursprünglich für das Opfer an einem Göttertempel gedacht war, aber dann nicht gebraucht wurde und nun billig verkauft wird? Oder ein Christ ist eingeladen. Die Gastgeber setzen ihm Fleisch vor. Wieder ist die Frage: War auch das vielleicht Fleisch, das ursprünglich für das Opfer gespendet worden war? An sich könnte das einem Christen egal sein, denn er glaubt ja nicht an diese Götter. Also verlangt auch Paulus nicht, nachzuforschen oder die Gastgeber zu fragen. Aber was, wenn der Gastgeber darauf hinweist? Und das vielleicht sogar, um die Christen auf die Probe zu stellen? Oder wenn am Markt ausdrücklich gekennzeichnet ist, woher das Fleisch stammt? Paulus dringt darauf, in diesen Fällen auf das Fleisch zu verzichten. Denn sonst könnte der Eindruck entstehen, dass die Christen eben doch gleichzeitig noch den Göttern huldigen. Das Glaubenszeugnis wäre verwischt. Und das lehnt Paulus ab.

Damit hat Paulus die innere Freiheit hochgehalten. Aber er koppelt sie an die Gottes- und die Nächstenliebe: Gebe ich klar genug Zeugnis für meinen Glauben und nehme ich genug Rücksicht auf die Menschen um mich her? Wenn ich beides bejahen kann, dann muss ich mich um Gerede anderer tatsächlich nicht kümmern.

MARTIN FAATZ

Jesus Christus, lass mich frei sein, wie du, von all den Stimmen rings um mich, und frei sein, wie du, für all die Menschen rings um mich.

1 Korinther 11,2–16 Freitag, 24. Mai

Brauchtum nicht überbewerten

Achtung, vermintes Gelände: Paulus und die Frauen! Damit möchte sich kaum mehr jemand ernsthaft beschäftigen. Weder aufgeklärte Frauen noch inzwischen endlich sensibilisierte Männer. Und wer die Gedanken des Paulus hier eins zu eins in die Gegenwart übertragen möchte, für den haben viele ohnehin nur Spott übrig. Kann man Paulus in diesem Zusammenhang überhaupt gerecht werden?

Der Text bietet zunächst einmal die Möglichkeit zu lesen, was dasteht. Dieser Hinweis ist nötig, damit nicht alles mitgedacht wird, was Paulus gar nicht geschrieben hat. Der entscheidende Schlüssel zum Verstehen dieses Abschnitts dürfte wohl darin bestehen, dass wir zur Kenntnis nehmen, worum es Paulus hier konkret geht: um Sitte – und nichts anderes.

Um sich nicht von eigenen Vorurteilen leiten zu lassen, muss man den Text bis zum Ende lesen, um auf dieses Schlüsselwort zu stoßen. Nicht um Paulus zu rechtfertigen, sondern ihn zu verstehen. Bei »Sitte« geht es um (moralische) Werte, Regeln, soziale Verhaltensnormen, Gepflogenheiten, Umgangsformen, auch um Brauchtum. Und dies alles kann sich sehr wohl ändern!

Vor diesem Hintergrund lassen sich manche – nicht alle – Ausführungen des Paulus nachvollziehen. Lohnt sich der Streit in der Gemeinde, so könnte man fragen, wo es »nur« um Brauchtum geht? Manch einen mag das »nur« stören. Es sollte die Frage keinesfalls banalisieren, aber eben auch nicht überbewerten.

Übrigens: Für Paulus ist es überhaupt keine Frage, dass Frauen am Gottesdienst aktiv mitwirken, und zwar durch Gebet und prophetische Rede. Hingegen wirkt es etwas bemüht, wenn der Apostel auf die Schöpfungserzählung – genauer: auf die beiden Erzählungen – Bezug nimmt. Und leider nicht den Akzent auf die erste legt: Gott schuf den Menschen als Mann und Frau. Sondern auf die zweite, wonach der Mann vor der Frau erschaffen wurde.

Am Ende, so hat es den Anschein, unternimmt Paulus selbst einen Brückenschlag, indem er rät: »Urteilt bei euch selbst …« Schade, dass die Lust am Streit, von der er schreibt, ihn selbst hier nicht gepackt hat.

UDO HAHN

Gott, hilf uns zu einem fairen Umgang zwischen den Geschlechtern, der in allem dir die Ehre gibt.

Samstag, 25. Mai — 1 Korinther 11,17–26

Echte Gemeinschaft

Der Apostel Paulus fährt ein schweres Geschütz auf, wenn er hier von Irrlehre – Häresie – spricht. Auf den ersten Blick scheint es eher angemessen, von einem Fehlverhalten zu sprechen. Der Feier des Herrenmahls ging, so erfährt Paulus aus Korinth, eine Mahlzeit voraus. Warum auch nicht? Denn nach der Mühe und Arbeit des Tages waren die Menschen hungrig. Wie es aussieht, brachten alle ihr eigenes Essen mit und aßen dieses auch selbst auf. Während sich die einen Delikates gönnten, reichte es bei anderen nicht einmal fürs Nötigste. Nicht wenige blieben hungrig! Hinzu kam: Einige genossen schon reichlich Wein, dass manche bereits lange vor dem Herrenmahl sturzbetrunken waren. Mit dem eigentlichen Sinn des Mahls des Herrn hatte dies nichts mehr zu tun.

Paulus macht einen pragmatischen Vorschlag: Esst und trinkt zu Hause – und kommt dann zur Mahlfeier. Betrunkene würden sich wahrscheinlich nicht mehr auf den Weg machen, sie wären dazu nicht mehr in der Lage. Der optische Eindruck hätte sich zweifellos verbessert. Aber – und das scheint die eigentliche Frage – kann denn eine Gemeinde solche Unterschiede auf Dauer hinnehmen, aushalten? Sie will ihrem Selbstverständnis nach doch mehr als nur die Ansammlung ihrer Individuen, sondern wirklich Gemeinschaft sein.

Die christliche Gemeinde ist keine Pseudogemeinschaft. Auch wenn Unterschiede durch Besitz und Einkommen nicht nur nicht zu leugnen und oft auch kaum zu ändern sind, so sind die Menschen, die an den Tisch des Herrn treten, vor Gott gleich. Und aus dieser Gleichheit folgt eine Verantwortung der Starken für die Schwachen – auch im Alltag. Denn Christus hat sein Leben gegeben für alle – für die Reichen wie für die Armen. Wer diesen Gemeinschaftsgedanken ignoriert, der verhält sich nach biblischem Maßstab nicht nur falsch, sondern auch häretisch – er lebt gegen die Lehre Jesu.

UDO HAHN

Gott, schenke uns die Erkenntnis, dass wir ungeachtet aller Unterschiede eine Gemeinschaft sind, in der wir uns von deinem Geist lenken lassen.

Psalm 68,1–19   Sonntag, 26. Mai

Die größere Hoffnung

»Gott steht auf.« Die ersten Worte des Psalms sagen alles, was Menschen in ihrer Not wissen müssen. Mit jedem Vers bringt er die tiefere Zuversicht, die größere Hoffnung zum Ausdruck, dass nichts bleibt, wie es ist. Dass sich das sprichwörtliche Blatt, das Schicksal wendet. Der Beter des Psalms stimmt ein Loblied an: »Nun danket alle Gott« – oder noch weiter gefasst: »Großer Gott, wir loben dich.«

Gott steht auf. Er schafft Recht und Ordnung. Die jetzt triumphieren, verwehen wie Rauch, schmelzen wie Wachs. Der Psalm lässt mit seinen Worten Bilder vor dem inneren Auge erstehen, die Halt und Kraft und Trost spenden wollen, wo alles wegzubrechen, Menschen kraft- und ihre Situation trostlos geworden zu sein scheint.

Gott ist der Anwalt der Witwen und Waisen, Tröster der Einsamen, Befreier der Gefangenen. Seine Fürsorge gilt jenen, die am Rande der Gesellschaft stehen, allen, die keine Lobby haben, die Fürsprache brauchen, eine Stimme für die Stimmlosen.

Mehr noch: Er durchquert jeden Ort dieser Welt und schafft Bedingungen, die ein auskömmliches Leben gewährleisten. Recht und Gerechtigkeit sorgen für den Ordnungsrahmen, Regen in Fülle für ausreichend Nahrung. Alles Leben verdankt sich der Güte Gottes.

Soweit die biblische Theorie, mögen manche denken, deren Hoffnung ein ums andere Mal immer wieder enttäuscht wurde. Die schon lange gewartet haben, um jetzt nichts mehr zu erwarten. Die aufgeben, weil ihre Hoffnungsflamme längst erloschen ist. Die Sehnsucht dennoch nicht aufgeben, das wäre »Die größere Hoffnung«, wie die österreichische Schriftstellerin Ilse Aichinger ihren einzigen Roman überschrieben hat. Darin mahnt sie: »Erwartet das Unerwartete. Erwartet nicht, dass eure Uhr ganz genau geht und euer Kragen ganz richtig sitzt. Erwartet nicht, dass es still wird draußen hinter den Läden, wenn der Sturm nachlässt. Erwartet, dass er zu singen beginnt.«

UDO HAHN

Gott, lass mich deine Kraft erfahren und das Lied anstimmen, das von der Hoffnung singt.

Gemeinsam am Tisch

Wenn es um das Abendmahl geht im Konfirmandenunterricht meiner Gemeinde, dann beginnen wir als Team die Einheit damit, dass von den Konfis fünf verschiedene Brotsorten, Trauben, Saft und ein Minischluck Wein getestet werden dürfen. Das Brot wird schön angerichtet auf Brottellern, die Getränke werden aus schicken Gläsern gereicht. Vorher sind einige Vorbereitungen zu treffen. Jeder soll sich die Hände waschen, die Kaugummis raus machen, Jacken an die Garderoben hängen, den Raum aufräumen. Die »Verkostung« folgt dann einem vorher erklärten Ablauf, zwischen den Brotsorten und den Trauben und Getränken wird jeweils ein Schluck Wasser zum Neutralisieren getrunken. Geschmack und Wirkung werden in Reflexionsrunden ausführlich besprochen.

Es braucht also im Vorfeld eine Reihe von Regeln, bis die Annäherung an das Abendmahl gelingen kann. Für viele ist das gemeinsame Probieren, das Essen und Trinken dann eine gute Erfahrung. Am Ende der ganzen Einheit wird ausgewertet, auch danach, was die Unterschiede sind zwischen allein essen und in Gemeinschaft essen.

Es stellt sich heraus, in Gemeinschaft braucht es mehr Absprachen und Regeln, dafür ist es schöner und es wird mehr miteinander gesprochen. Wenn das gelingt, dass beim gemeinsamen Essen die Bedürfnisse aller Anwesenden geachtet werden und sich jeder am Tisch wohlfühlen kann, dann ist die Grundlage dafür geschaffen, dass auch Abendmahl gut miteinander gefeiert werden kann. Gemeinschaft braucht das: miteinander sprechen und abtasten, was für jeden Einzelnen wichtig ist, auch Abendmahl braucht immer wieder Übersetzungen in das Leben von Menschen hinein. Was ist der Kern des Abendmahls? Was ist wichtig daran für jeden Einzelnen und für die Gemeinschaft?

Diese Fragen sind wichtig zu klären, damit Abendmahl lebendig bleibt und seine Wirkung für die Gemeinschaft der Christen entfalten kann.

KATHARINA GARBEN

Gott, gib uns Mut, einander zuzuhören und eigene Bedürfnisse zu äußern. Gib uns Mut, Gemeinschaft zu leben, in der jeder und jede sein darf und dennoch Neues entsteht.

Leuchten lassen

»Gott begabt nicht ohne zu berufen und er beruft nicht ohne zu begaben.« Dieser steile Satz stammt von dem Theologen Karl Barth. Und er wurde mir bei meiner Ordination geschenkt zum Aufhängen in mein jeweiliges Arbeitszimmer. Seitdem begleitet mich dieses Zitat.

Alle, die sich berufen fühlen, in einer Gemeinde mitzuarbeiten, sind mit einer entsprechenden Begabung ausgerüstet. Das ist gut zu wissen und zu achten. Daran kann ich mich halten in der Begegnung und Gemeinschaft mit anderen. Manchmal ist aber die Herausforderung gegeben herauszufinden, welche Begabung der Einzelne hat, und diese dann entsprechend einzusetzen, herauszufordern und zu fördern.

Was kann ein Mensch besonders gut? Wo liegen seine Begabungen, die er vom Geist Gottes bekommen hat? Wie kann sie diese Begabungen am besten einsetzen?

Ich glaube, in diesen Fragen liegt eine Hauptaufgabe von Leitung. Es geht beim Leiten darum, Menschen zu ermutigen herauszufinden, was sie gut können, womit sie glänzen und anderen Menschen Glanz verleihen, ohne dass es ihnen mehr Mühe als Freude bereitet. Es geht darum, anderen Mut zu machen, ihr Licht leuchten zu lassen. Leitung kann auch Perspektiven eröffnen.

Und Leitung ist Loslassen. Wenn klar wird, dass ein Mensch seine Gabe gefunden hat, die er in eine Gemeinde einbringen will, dann soll er oder sie machen können und dürfen, dann soll Leitung diesem Menschen den Weg frei machen und Hindernisse aus der Bahn räumen.

Und noch eine Sache: Ich glaube, meine Aufgabe als Gemeindeleitung ist es auch, überall die Augen offen zu halten nach offensichtlichen Begabungen, ohne mich von vermeintlichen Hindernissen abhalten zu lassen wie fehlende Kirchenmitgliedschaft zum Beispiel.

Fragen kann man immer.

KATHARINA GARBEN

Gott, ich bitte dich um die Freude daran, andere zum Glänzen zu bringen und selbst zu strahlen.

Mittwoch, 29. Mai · 1 Korinther 12,12–26

Einer für alle – alle für einen

Alle gehören zusammen und alle sind füreinander da und finden wichtig, was der andere erlebt hat und mitbringt. Darum geht es in diesem Text. Das ist etwas, was wir in unserer Gesellschaft ganz selten erleben. Meistens gehört jeder in seine Blase. Die Reichen hierhin, die Armen dahin. Die Städter dorthin, die Landbevölkerung woanders und die Obdachlosen sollen bitte gar nicht auffallen. Die Schwarzen bitte nur hierhin, die Weißen überallhin. Die Männer in die Erwerbsarbeit, die Frauen in die Erwerbsarbeit, in die Care-Arbeit und in alle andere Arbeit auch. Kinder sind schon toll und wichtig, aber bitte Kinder sollen nicht überallhin und die Alten dann bitte rechtzeitig ins Seniorenheim. Für jeden gibt es doch einen passenden Ort und eine passende Stelle. Ist das so?

Da ist der Korintherbrief so richtig dagegen.

Alle für einen, einer für alle, das ist das Motto. Und da ist richtig Sprengkraft drin. Das ist ein schönes Ziel. Das wäre mein Traum von Kirche. Dass Kirche die Brücke ist, auf der sich alle begegnen können. Die Konservativen und die Träumer, die Klimaaktivisten und die SUV-Fahrer, die Superhirne und die Tiefbegabten.

Dass es völlig klar ist, bei Kirche geht es nicht um Einkommen und Herkunft. Hier geht es darum, einander zuzuhören und Raum zu geben, besonders an die, denen der Raum zu sprechen, zu leiten, zu bestimmen so lange verwehrt war. Hier geht es darum, eigene Privilegien und eigene Macht zu hinterfragen und abzugeben. Hier geht es nicht um Superstars, um den einen starken Mann oder die eine starke Frau. Hier geht es darum, gemeinsam stark und schwach zu sein, ohne zu verurteilen oder abzuerkennen.

Einer für alle – alle für einen.

KATHARINA GARBEN

Gott gebe mir die Einsicht, dass wir alle zusammengehören als Familie Mensch in dieser Welt und dass wir alle zusammenleben unter Gottes Schirm.

Jeder einzelne ein Glied

Die Gemeinde Jesu Christi ist sein Leib. So beschreibt Paulus die Kirche. Die einzelnen Menschen sind Glieder, ausgestattet mit unterschiedlichen Gaben und Aufgaben. An erster Stelle nennt Paulus hier das Apostelamt. Er selbst hat mit den anderen als Apostel, als Zeuge des Auferstandenen dessen Geist in die Welt getragen. Das gilt bis heute. Wir nennen im nizänischen Bekenntnis unsere Kirche die apostolische.

Im Amt der Propheten wird die Zukunft der göttlichen Herrschaft bezeugt. So wird Gemeinde erbaut.

Paulus beschreibt hier die Reihenfolge der Gaben etwas anders als in den Versen 8 bis 10. Entscheidend ist aber, dass im Zusammenwirken mit den anderen Gaben die Kirche gebildet wird. Schließlich nennt Paulus noch die Zungenrede. Offenbar ist sie für ihn nicht so bedeutend für die Kirche. Das führt er im 14. Kapitel näher aus.

Paulus zeigt, dass Kirche nicht darin wurzelt, dass Menschen sie organisieren. Sie ist vielmehr Verwirklichung des göttlichen Heilswillens mit Hilfe der vom Gottesgeist geschenkten Gaben.

Bei allen Mühen heute um die Zukunft der Kirche tröstet die Botschaft des Apostel Paulus: Kirche muss nicht gemacht werden. Sie ist Realität als göttliche Wirklichkeit in den Sakramenten und in der Botschaft vom lebendigen Christus. Er ist der Herr und wirkt in allen Gnadengaben. So wird die Kirche bezeugt und ständig erneuert. Denn Gott schafft als Heiliger Geist die Dienste, welche die Gemeinde braucht.

Eine Kirchenorganisation im heutigen Sinne und institutionelle Ämter kennt Paulus noch nicht. Aber aus den Maßstäben seines Glaubens begründet er eine Ordnung, die sich im Miteinander der Gnadengaben vieler als einen gemeinsamen Dienst versteht, der die Kirche aufbaut.

MANFRED KOCK

Heiliger Gott, du hast mir Gaben geschenkt. Hilf mir, sie besser zu erkennen und sie einzusetzen in den Bau deiner Gemeinde.

Freitag, 31. Mai — 1 Korinther 13,1–7

Ein Gedicht über die Liebe

Wunderbar ist dieser Text in seiner sprachlichen Kraft. Trotz aller sentimentalen Benutzung ist die Sprache klar. Er legt die Einbildungen bloß, auch die christlichen, und beschreibt die verfehlten Lebensentwürfe, die hochmütigen religiösen Leistungsansprüche mit der kurzen Formel »und hätte die Liebe nicht ...«. Alles ist vergeblich, wenn es nicht liebend auf unser Gegenüber gerichtet ist. Wenn wir einander nicht als von Gott geliebte Menschen erkennen, ist alles nur Gedröhn ohne Liebe. Das war in Korinth so. Und ist auch heute noch die große Gefahr religiösen Selbstbewusstseins.

Das Gedicht beschreibt die Struktur der Liebe und ihre Wirkungen: Die Liebe ist langmütig, sie eifert nicht, sie bläht sich nicht auf. Hier erscheint Liebe als eine Energie, die uns in eine humane und gottgewollte Richtung weist; nicht länger für uns selbst, sondern mit anderen und für andere.

Das Bleibende ist nicht, was wir erreicht haben. Es ist das, was den Weg beschreibt, den wir weitergehen sollen. Zum Ewigen unterwegs, also menschlich sein und immer neu lernen.

Die Liebe erträgt alles, sie glaubt alles, sie hofft alles, sie duldet alles. Alles. Das klingt überschwänglich. Ein einziges Kind, ein einziger Erwachsener kann schon eine riesige Last sein. Und was ist das gegen die Lasten der leidenden Erde? Wie hilflos sind Politik und Gesellschaft angesichts ungerechter Verteilung der Güter. Wie ohnmächtig angesichts des fanatischen Terrors und der Folgen von wilder Spekulation.

Die Liebe ist langmütig, sie hat einen langen Atem, sagt Paulus. Beim Rennen entscheidet in der letzten Runde der lange Atem. Im Umgang mit uns selber und miteinander ist er noch notwendiger. Liebe schenkt Zeit, damit Vertrauen wachsen kann. Wer keine Zeit hat für sich und für andere, kann nicht reifen und wachsen. Geduldige Güte macht das Leben fruchtbar. Reichtum und Macht ersetzen die Güte nie.

MANFRED KOCK

Herr Gott, schenk uns den langen Atem der Liebe, dass wir uns an deiner Wahrheit freuen. Lass uns stark sein gegen alle Ungerechtigkeit.

1 Korinther 13,8–13 Samstag, 1. Juni

Unser Wissen ist Stückwerk, aber Glaube, Hoffnung und Liebe bleiben

Alles erträgt die Liebe? Wir müssen schon redlich sein. Wir haben die Liebe nicht als eine Zaubermöglichkeit. Sie will aber von uns Besitz ergreifen auf unserem Weg zum Bleibenden. Es ist der Weg Jesu nach Jerusalem, hinauf nach Golgatha, zum Kreuz. Und wir mit unseren Möglichkeiten zu lieben, erkennen nur Stückwerk.

Stückwerk bleibt, was immer Menschen entwickeln, konstruieren, bauen und betreiben. Zur Unvollkommenheit und zur Zerbrechlichkeit unserer menschlichen Existenz gehören enttäuschte Erwartungen, unerfüllte Liebe, unüberwindliche Krankheiten ebenso wie menschliches Versagen.

Wir können uns nicht selbst ins Angesicht sehen. Wir brauchen den Spiegel, um die eigenen Stärken und Schwächen zu entdecken. Wir brauchen den Anderen, der uns sagt: Du bist von mir und von Gott geliebt.

Der Apostel, dessen Erkennen Stückwerk ist, lebt in dieser Gewissheit. Die Erkenntnis als Stückwerk ist insofern gar nicht fatalistisch. Denn das Stückwerk vergeht; wie Kinder erwachsen werden, so wird das Unerwachsene vergehen.

Noch sehen wir rätselhafte Umrisse, wie in einem verzerrenden Spiegel. Dann aber werden wir Klarheit erhalten. Von Angesicht zu Angesicht werden wir sehen, sagt der Apostel. Er meint eine Hoffnung, die nicht vertröstet, sondern wirklich Trost ist.

Die Liebe aber hört niemals auf. Diese Gewissheit ist gegründet in Christus. Er wurde vom Sterben gequält, aber vom Tode nicht besiegt. Das ist der Grund der Hoffnung. »Ich lebe, und ihr sollt auch leben« ist sein Versprechen.

Bis dahin lasst uns getröstet gehen. Denn die Hoffnung wirkt sich aus auf unser Leben, schon jetzt und gerade angesichts von Fassungslosigkeit und Schmerz.

Am Ende des Kapitels steht der Satz, auf den der Apostel alle seine Gedanken hinlenkt. Der Satz will unser Trost sein: Nun aber bleiben Glaube, Hoffnung, Liebe.

MANFRED KOCK

Ewiger Gott, stehe uns bei in Unsicherheit und Zweifeln, solange unser Erkennen Stückwerk ist. Führe uns zu der Gewissheit, dass deine Liebe unendlich ist.

Achtsamkeit

»Wie gut und wie schön!« (*mah thob*) leitet kein Gebet, sondern eine kurze, fein gebaute Predigt ein! Zwei parallel angeordnete Vergleiche aus der Kosmetik (V. 2) und der Klimatologie (V. 3a) veranschaulichen aufs Schönste, wofür der Psalm begeistern will: das gute Zusammenleben von Brüdern bzw. Verwandten (`achim hat engeren und weiteren Sinn) in *einem* Haus und auf *einem* Hof. Der Psalm hat primär ein nach dem Tod des Vaters noch nicht geteiltes elterliches Anwesen im Blick (vgl. Dtn 25,5 f.). Von gelebter Eintracht dort fließt Segen weit über die betreffende Hausgemeinschaft hinaus. Normalität ist das nicht, eher etwas außergewöhnlich Erfreuliches, wie ein Blick auf Jes 52,7 und das dortige – jubelnde – *mah thob* (»wie wunderbar!«) zeigt.

Wie aber könnte der Tau vom Gebirge Hermon im Norden über Berg und Tal bis zur Zionshöhe in Jerusalem gelangen? Manches, vor allem die Geographie, spricht dafür, dass der Psalm, ehe er ins Schatzkästlein des Jerusalemer Tempels kam, die Landwirtschaft in der Gegend von Yjon (1 Kön 15,20; 2 Kön 15,29) am Fuße des Hermon-Gebirges vor Augen hatte. Dorthin konnte Tau vom Hermon fließen! Erst die Jerusalemer Priesterschaft hat mit einer einzigen Buchstabenänderung aus Yjon Zion gemacht, aus jedermanns Bart den besonders eindrücklichen des Hohepriesters, aus dem häuslichen Segen den aaronitischen Segen am Ende des Gottesdienstes.

Die Weisheit des Psalms lässt sich in einer bestimmten Richtung verallgemeinern: Gerade dort, wo Menschen in einem Haus, womöglich in einer Wohnung eng zusammenleben und zusammen »wirtschaften«, erfordert die Wahrung des Friedens eine hohe Kunst gegenseitiger Achtsamkeit. Immer wieder heißt es, die Begrenzung eigener Rechte durch Rechte des anderen zu respektieren, meinen Pflichten, die sich aus der »Hausordnung« ergeben, nachzukommen, nicht in die Intimsphäre der anderen einzudringen oder sonst übergriffig zu werden, überhaupt: aufeinander Rücksicht zu nehmen.

WERNER GRIMM

Ewiger, hilf mir, immer wieder, in Konflikten, in die ich verstrickt bin, zu weiser Friedfertigkeit. Ich möchte Frieden bewahren, wo es brenzlig wird, und Frieden fördern, wo es nottut.

1 Korinther 14,1–11　　　　　　　　　　Montag, 3. Juni

Im Licht der Liebe betrachtet

Im vorangehenden Kapitel im Brief des Paulus an die Gemeinde von Korinth wird die Bedeutung der Liebe – die noch über Glauben und Hoffnung steht – betont und als das Größte überhaupt bezeichnet. Bevor nun der Apostel verschiedene Anliegen, das Gemeindeleben betreffend, anspricht und hilfreiche Anweisungen gibt, wiederholt er es nochmals: »Die Liebe soll also euer höchstes Ziel sein.« Er will offensichtlich, dass das Nachfolgende im Licht der Liebe betrachtet wird. Er schreibt von den Geistesgaben im Allgemeinen und von der prophetischen Rede und dem Sprechen in unbekannten Sprachen im Besonderen. Er bezeichnet die Geistesgaben als Gottes Geschenk an seine Nachfolger und Nachfolgerinnen. Sie sollen sinnvoll eingesetzt werden und der Gemeinde dienen.

Paulus ist ein erfahrener Lehrer. Er weiß, dass er eine bunte Gemeinde mit unterschiedlichen sozialen Hintergründen vor sich hat. Darum redet er in einer verständlichen Sprache, wiederholt sein Anliegen mehrmals und fügt praktische Beispiele an. So heißt es dann: »Stellt euch einmal vor ...« oder »Es ist wie bei Musikinstrumenten ...«.

Dieses sorgfältige Erklären dient auch uns zum besseren Verständnis. Denn im Zusammenleben innerhalb einer Gemeinde haben auch wir Anleitung nötig. Biblische Worte zu verstehen und in den Alltag zu übersetzen ist immer wieder eine Herausforderung. Oder warum sonst führen wir heiße Diskussionen über das Verständnis von Taufe und Abendmahl, welchen Platz homosexuelle Menschen in unseren Gemeinden haben sollen oder ob nun eine Covid-Impfung für Gläubige angebracht ist oder nicht ...?

Paulus ist erfrischend direkt und nennt zwei leicht anzuwendende Maßstäbe, an denen wir unser Leben ausrichten können: Erstens »euer Ziel soll die Liebe sein«, und zweitens »setzt eure Gaben so ein, dass sie eure Mitmenschen trösten und ermutigen«. Da ist nichts mehr hinzuzufügen. Wie viele von den Briefadressaten in Korinth wohl auf den Rat von Paulus gehört haben mögen?

LEA HAFNER

Guter Gott, ich danke dir für dein Wort, das uns in unserem Glauben anleitet. Ich danke dir für deinen Geist, der uns hilft, dein Wort zu verstehen und im Leben umzusetzen.

Dienstag, 4. Juni — 1 Korinther 14,12–25

Gaben haben – Gaben geben

Ich werde den Eindruck nicht los, dass Paulus einiges Ungutes aus den Gemeinden zu Ohren gekommen ist. Warum sonst gäbe es in seinen Briefen an diese Gemeinden seitenlange detaillierte Anweisungen? Das Leben als Christusnachfolgerinnen und -nachfolger ist eben nicht so einfach und will eingeübt sein. Aktuell spricht Paulus von den Geistesgaben als Geschenk Gottes an die Gläubigen und über ihre Anwendung in der Gemeinde.

Auch in unseren Gemeinden kommt dieses Thema immer mal wieder auf die Traktandenliste. Wenn Gott allen Gaben verliehen hat, welche habe dann ich? Ein Gabentest hilft weiter. Innerhalb einer Gruppe ist es ganz amüsant, herauszufinden, wo die Stärken der Teilnehmenden liegen und mit den eigenen Beobachtungen zu vergleichen. Wer ernsthaft nach seinen Gaben fragt, sollte jedoch nicht beim Testergebnis stehenbleiben. Viel wichtiger ist die Frage: Wo werde ich mit diesen, meinen Gaben gebraucht? Bin ich bereit, sie der Gemeinde zur Verfügung zu stellen?

Natürliche Begabungen an sich selbst entdecken ist aber nur eine Seite der Medaille. Gott schenkt den Glaubenden Fähigkeiten verbunden mit einem Auftrag. Das mögen Gaben sein, von denen ich selbst noch nichts weiß. Erst durch die Bereitschaft, eine Aufgabe wahrzunehmen, entfaltet sich Gottes Geschenk. Manchmal heißt das, klein zu beginnen und sich durch einen nicht so gelungenen Start nicht entmutigen lassen. So wie mir eine Freundin erzählte, die sich sprachlich sehr gut auszudrücken versteht und für viele Berichte von Veranstaltungen, Korrekturlesen oder Interviews angefragt wird. Ihre erste Zusage für das Schreiben eines Berichtes hat sie nach diversen missglückten Formulierungsversuchen frustriert widerrufen. Sie hat später aber einen weiteren Anlauf genommen und nach und nach Sicherheit gewonnen. Das Schreiben von Texten ist heute nicht nur eine Pflichtaufgabe, sondern eine Bereicherung für sie und geht ihr leicht von der Hand.

LEA HAFNER

Du beschenkst mich mit deinen Gaben, guter Gott. Dafür danke ich dir. Lass in mir die Bereitschaft wachsen, diese Gaben einzusetzen. Gib mir den Mut, klein zu beginnen und darauf zu vertrauen, dass du meinen Mangel auffüllst.

Gott des Friedens

Als Mitglied eines Runden Tisches hatte ich vor einem guten Jahr die Gelegenheit, an einem Vorschlag mitzuarbeiten, der unsere Kirche im Gebiet von Mittel- und Südeuropa vor der drohenden Trennung bewahren könnte, die uneins ist in Fragen der menschlichen Sexualität. Die Delegierten kamen aus verschiedenen Ländern mit diversem gesellschaftlichen und kulturellen Hintergrund und unterschiedlich gelebtem Glauben. Obwohl wir alle Englisch redeten, bereiteten uns nicht die teilweise mangelhaften Sprachfähigkeiten die größte Mühe, sondern die Bereitschaft zum gegenseitigen Zuhören, Nachfragen und Verstehen-Lernen. Erst nachdem eine Vertrauensbasis geschaffen worden war, konnte unsere Arbeit letztlich erfolgreich abgeschlossen werden.

Diese Erfahrung ist nicht nur für brennende theologische Themen wichtig. Jede Christin, jeder Christ ist aufgerufen, in seinem und ihrem Umfeld nicht in erster Linie die eigene Meinung zu verteidigen, sondern zuerst einmal aktiv zuzuhören. Erst wenn ich die Überzeugung des Gegenübers als die eines Bruders oder einer Schwester in Christus respektieren kann, wird auch mein Beitrag zum Gespräch der Lösungsfindung dienen.

Paulus kritisiert den falschen Gebrauch der Geistesgaben, die nicht dem Auftrag der Gemeinde dienen, sondern Unordnung durch fehlendes gegenseitiges Verständnis zur Folge haben. Es geht nicht mehr um das Dienen, sondern um Sich-selbst-in-den-Mittelpunkt-Stellen. Der Apostel macht deutlich, wie solches Verhalten in einem Gottesdienst bei den »Fremden« unter ihnen ankommen muss. Sie könnten durch schlechtes Beispiel gehindert werden, den Glauben als einen Gewinn zu betrachten, und sich vom Evangelium abwenden. In einer Gemeinde leben viele verschiedene Menschen, die manchmal nur etwas gemeinsam haben: Sie sind Christusnachfolger und -nachfolgerinnen. Das Zusammenleben bleibt herausfordernd und soll so gestaltet werden, dass der Gott des Friedens, der Liebe und der Hoffnung spürbar und erlebbar ist.

LEA HAFNER

Gott des Friedens, hilf mir, meinen Beitrag zu einem guten und fruchtbaren Gemeindeleben einzubringen. Lass mich erkennen, was dem Frieden dient, und danach handeln.

Donnerstag, 6. Juni — 1 Korinther 14,33b–40

Beredtes Schweigen

In vielen jüdischen Gottesdiensten sitzen Frauen bis heute getrennt von den Männern. Dafür ist die Frau im Judentum im Alltag von den meisten religiösen Pflichten entbunden. Die einen sehen in dieser Rollenzuweisung einen Schutz der Frau, damit sie sich der Familie widmen und ihre Aufgabe als »Priesterin des Hauses«, wie sie im Judentum genannt wird, erfüllen kann. Die anderen wehren sich gegen eine patriarchale Gesellschaftsordnung, suchen Reformsynagogen auf oder werden selbst Rabbinerin.

Ob Paulus seine Worte zum Wohl der Frauen formuliert hat oder darin eine Frauenfeindlichkeit zum Ausdruck kommt, ist umstritten. Manche halten dem Text zugute, dass Frauen überhaupt als lernwillige Personen anerkannt werden, die aber in der Antike keine öffentliche Rolle spielen durften. Andere sehen schon in paulinischen Texten, wie sich die ursprünglich äußerst frauenaffine Bewegung um Jesus Christus herum in eine staatskonforme Institution verwandelte, die Frauen systematisch ausschloss. Sicher ist, dass man die Aussagen des Apostels in ihrer Zeit lesen und interpretieren muss.

Wir leben heute in einer Gesellschaft, in der Frauen in Spitzenberufen und Führungspositionen vertreten sind, auch in der Kirche. Frauen verkünden das Evangelium und melden sich im öffentlichen Diskurs zu Wort. Und doch wollen manche immer noch Frauen zum Schweigen bringen. Man nennt das »Silencing«. Insbesondere in den sozialen Netzwerken müssen Frauen oft unter verbaler Gewalt von Männern leiden.

Manchmal liegt im Schweigen auch eine besondere Kraft, die mehr sagt und klüger ist als laute und aufbrausende Reden. Nicht wenige ziehen sich vorübergehend in ein Kloster zurück, wo Schweigen zu bestimmten Zeiten seit Jahrhunderten Tradition ist. Gott verbietet uns nicht den Mund – egal, welches Geschlecht wir haben. Wenn wir schweigen, ist es unsere Entscheidung. Wenn wir reden, dürfen wir das frei tun. In beidem stärkt uns Gott den Rücken.

HEIKE SPRINGHART

Gott, gib uns Mut zum Reden und Zeit zum Schweigen. Und verleihe uns die Weisheit, das eine oder das andere im richtigen Moment zu tun.

Verwandelnde Begegnung

Paulus war verwandelt. Aus dem einstigen Verfolger der ersten Christen war ein großer Glaubenszeuge geworden. Die Begegnung mit dem Auferstandenen hatte alles durcheinandergewirbelt. Vielen war der auferstandene Jesus zuvor erschienen: den zwölf Aposteln, mehr als fünfhundert Menschen auf einmal, zuletzt auch Paulus, dem »geringsten unter den Aposteln« (V. 7). Keiner derjenigen, die später die Auferstehung Jesu bezeugten, hatte damit gerechnet, Zeuge des Lebens zu werden, das den Tod überwindet.

In Korinth stritten verschiedene Gruppen darum, wie der Glaube zu verstehen sei. Missstände, Zweifel, Unklarheiten machten sich breit. Manche waren der Überzeugung, es gebe keine Auferstehung der Toten, und betonten nur die von Christus geschenkte Freiheit in allen ethischen Fragen.

Ohne Auferstehung ist unser Glaube wertlos, schreibt Paulus. Aber er spitzt es zu: Nicht die Auferstehung ist letztlich der Grund unseres Glaubens, sondern der Auferstandene selbst. In der Begegnung mit dem Auferstandenen lernt er zu verstehen, was seine und unsere Auferstehung bedeuten. Selbst diejenigen, die Jesus persönlich gekannt haben, sahen ihn nach der Auferstehung ganz anders. Im Osterlicht verstanden die Jüngerinnen und Jünger auf einmal, dass alle Taten und Worte Jesu auf seinen Tod und seine Sendung hindeuteten.

Paulus selbst hatte die Begegnung mit dem Auferstandenen den Mut verliehen, die eigene Vergangenheit zu überwinden und über alle Grenzen und Vorurteile hinweg die frohe Botschaft zu predigen: dass Gottes Liebe an keinerlei Voraussetzungen geknüpft ist; dass der Tod nicht das letzte Wort hat; dass selbst unsere Schuld und unser Versagen von Gott in Christus überwunden sind; dass wir eine Hoffnung haben, die der Gewalt, dem Krieg und dem Tod das Leben entgegenzusetzen vermag. Paulus hat diese Botschaft selbst überwältigt, aus der Bahn des Versagens und des Verzweifelns auf den Weg des Lebens gestellt.

HEIKE SPRINGHART

Gott, schenke uns den Glauben, dass das Leben in dir den Tod überwindet. Verwandele unsere Ängste und Zweifel in Hoffnung und Zuversicht.

Samstag, 8. Juni — 1 Korinther 15,12–19

Unerschütterliche Hoffnung

Was passiert mit mir, wenn ich sterbe? Mit Sicherheit kann mir das niemand sagen. Die Bibel beschreibt dies auch nur in Bildern und Geschichten. Für Paulus ist allerdings eines klar: Weil Christus von den Toten auferstanden ist, hat unsere Hoffnung auf ein Leben nach dem Tod einen sicheren Anker. Gott hat Jesus Christus nicht dem Tod überlassen. Und wenn wir sterben, gehen auch wir von einer Hand Gottes in die andere über. Das Leben hier ist vorbei, aber die Geborgenheit bei Gott kommt nicht ans Ende.

Nur in diesem Leben auf Christus zu hoffen, das ist für Paulus ein verkümmerter Glaube, der keinen Atem des Lebens schöpft (V. 17). Der Glaube weist über den Tod hinaus und schenkt dadurch auch im Sterben Zuversicht und Trost. In der Gemeinschaft der Glaubenden stoßen wir die Fenster der Hoffnung auf. Selbst und gerade da, wo alle Hoffnung zu zerbröseln scheint. An den Gräbern erinnern wir daran, dass nichts – weder Hohes noch Tiefes, weder Engel, noch Mächte, noch Gewalten – nichts von dem, was am Leben und in der Seele zerrt, uns trennen kann von der Liebe Christi.

Gerade in Zeiten der Trauer, der Verzweiflung und der Perspektivlosigkeit braucht es Räume für den Zuspruch, die den Blick über das hinausrichten, was uns vor Augen ist. Das ist kein realitätsfernes Vertrösten auf ein Jenseits, im Gegenteil. Paulus sieht der Realität sehr genau ins Auge und weiß um seine eigene Verletzlichkeit (2 Kor 12,1–10). Der Glaube lenkt unseren Blick jedoch darauf, dass wir unser Leben nicht (nur) in unserer eigenen Hand haben. Dass wir uns letztlich entzogen bleiben und uns der Schöpferkraft Gottes verdanken. Der Tod bleibt uns nicht erspart. Aber er kann uns nichts mehr anhaben. So können wir die letzte Reise zuversichtlich antreten, auch wenn der Weg schwer ist und die Angst bleibt. Aber die Treue Gottes, die wir hier schon erfahren können, wird niemals aufhören.

HEIKE SPRINGHART

Gott, lass uns auch im Sterben auf dich vertrauen und schenke uns die Räume, in denen wir deine Hoffnung stark machen und neue Kraft schöpfen können.

Psalm 36 — Sonntag, 9. Juni

Da ist noch Luft nach oben!

Wie kann es sein, dass jemand völlig verdreht lebt, wenn doch der Gott der Liebe der Ursprung auch seines, ihres Lebens ist? Der Beter, die Beterin hat keine Antwort darauf, er/sie weiß nur: Menschen sinnen aus eigenem Antrieb darauf, falsch, verlogen und böse zu sein. Die Geschichte ist voll von denen, die so sind und waren, banal die Nachbarin, verheerend für einzelne Völker und ganze Kontinente ihre Staatsoberhäupter, die Influencerin, der Anwalt, der kleine Beamte, die scheinheilig Frommen. Quer durch die Gesellschaft, in allen Generationen, überall auf der Welt.

Der so wunderbare Gott und der Sünder scheinen in unversöhnlichem Gegensatz zueinander zu stehen. Nichts verbindet sie.

Und doch! Spricht nicht ein ökumenisches Kirchenlied davon, dass Gott und der Sünder, die Sünderin Freunde werden können? Güte, Gerechtigkeit, Wahrheit und Licht sind Gottes Mittel der Wahl als Brücke, die den Abgrund zwischen beiden überwindet. Sie sind nicht exklusive Belohnung für die Braven und Treuen. Wolkengleich ziehen sie über jeden Himmel, auch über den der Menschen, die sich und Gott aus den Augen verloren haben, sind Horizont auch für die, die blind sind vor Rache und Gier. Sache des und der Einzelnen ist es, aus dem sehnsuchtsvollen Willen nach einem besseren Leben diesem guten Gott das eigene malträtierte hinzuhalten. Dann stehen die Sünder wie die Gerechten auf festem Grund und können gemeinsam denen auf die Füße helfen, die gefangen und gefesselt sind und fast schon aufgegeben haben, gut zu sein. Aber nur fast!

AURELIA SPENDEL OP

Gott, es ist nicht einfach, Gutes zu tun. »Auge um Auge, Zahn um Zahn« ist verlockend als Antwort auf Mobbing und Diebstahl, Ehebruch und Lüge. Ich kann Menschen verstehen, deren Kraft nicht ausreicht, der Anziehung des Bösen Widerstand entgegenzusetzen. Dich gibt es aber doch gerade für sie! Zeige dich ihnen und verlocke sie mit deiner Güte. Sei du die Alternative, die sie ins Nachdenken bringt, Freund der Sünder, Brückenbauerin über den Abgrund.

Montag, 10. Juni — 1 Korinther 15,20–28

Das Beste kommt zum Schluss

Paulus spannt einen weiten Bogen auf: Durch einen Menschen kam der Tod in die Welt, indem Adam, der erste Mensch, sein Leben in die eigene Hand nahm und es am Ende verloren und der ganzen Menschheit das Schicksal des Todes gebracht hat. Durch einen Menschen, Christus, der am Kreuz starb und auferstand, kam die Auferstehung vom Tod in die Welt: Auch wenn alle Menschen, Adam nachlebend, sterben müssen, so hat der Tod für niemanden das letzte und endgültige Wort. Das ist die Hoffnung, auf die wir als Christenmenschen zugehen. Gottes Zukunft hat sich noch nicht erfüllt, aber sie hat begonnen auf Golgatha und am leeren Grab.

Mit wenigen Strichen zeichnet der Apostel ein Bild davon, was geschehen wird, wenn sich das Leben am Ende durchsetzen wird. Christus wird wiederkommen und die Seinen zum Leben führen. Alles, was dem Leben entgegensteht, wird er vernichten und besiegen, bis am Ende auch der Tod vernichtet wird, den Paulus sich wie einen personalen mächtigen Feind vorstellt.

Es sind starke Worte vom Großen und Ganzen unseres Glaubens. Es geht um alles: Tod und Leben, Hoffnung und Erlösung. Kann ich das glauben, dass das Leben meine Zukunft ist? Dass zwar auch für mich (und, fast noch bedrängender, auch für alle, die mir lieb sind) gilt, dass ich sterben werde, aber zugleich die Zusage wahr ist, dass der Tod in meinem Leben nur ein Zwischenschritt ist? An den Gräbern meines Lebens und in den Schmerzpunkten unserer Welt scheint dieser Glaube zu scheitern. Die Botschaft von der Auferstehung widerspricht den Fakten, aber nicht Gottes Wirklichkeit. Und wenn mir diese Worte heute zu groß sind, so will ich mich an die Hoffnung halten: Zum Schluss kommt kein Ende mit Schrecken, sondern am Ende wartet das Beste, das Gott mir und der ganzen Welt geben kann.

SIBYLLE ROLF

Auferstandener Jesus Christus, in deinem Tod und deinem Leben liegt unsere Hoffnung. Du bist uns vorangegangen, damit wir auf dem Weg durch den Tod ins Leben nicht verloren gehen. Stärke in uns die Hoffnung, dass das Leben sich am Ende durchsetzen wird.

1 Korinther 15,29–34　　　　　　　　　　　　　Dienstag, 11. Juni

Die Wahrheit und die Wirkung der Auferstehung

Paulus ringt um seine Gemeinde – das zeigt sich auch in diesem Kapitel über die Auferstehung. In Korinth sind Menschen einflussreich geworden, die eine leibliche Auferstehung abstreiten: Weder sei Jesus wirklich auferstanden, noch werde es eine Auferstehung der Toten geben. Vielmehr gelte es, in diesem Leben »geistlich« in einem neuen Leben zu leben.

In mehreren Anläufen versucht der Apostel, seine Gemeinde zu dem Glauben zurückzuführen, der sein Leben (und Sterben) trägt. Dabei findet Paulus mahnende Worte. Dass die Korinther jenen merkwürdigen Brauch anwenden, sich stellvertretend für einen bereits verstorbenen Menschen taufen zu lassen, hält Paulus für ein Indiz, dass sie den Glauben an die Auferstehung nach dem Tod zumindest nicht für ganz abwegig halten. Der Glaube an die Auferstehung – an das Gute, das noch kommt – wirft sein Licht in das Leben vor dem Tod. Paulus ermahnt zur Nüchternheit, im übertragenen wie im Wortsinne, weil es wohl in Korinth Menschen gab, die sich im Rausch Gott besonders nahe wähnten.

Es ist eh alles egal, lasst uns essen, trinken, feiern, fröhlich sein – morgen sind wir tot. Die Haltung der Korinther ist nicht »von gestern«. Es ist richtig, dass wir nur dieses eine Leben haben. Es ist richtig, dass wir dieses Leben genießen und feiern dürfen. Aber dieses Leben ist nicht das einzige oder gar das letzte, das wir erwarten und erhoffen dürfen. Wir müssen nicht alles ausreizen, und es ist nicht egal, wie ich dieses Leben lebe. Die Gier, die daraus entspringt, als müsse ich jetzt alles erleben, was möglich ist, ist nicht notwendig, ja, sie ist schädlich, weil ich mich nicht auf den lebendigen und lebensschaffenden Gott verlasse. Vielmehr darf das Vertrauen mein Leben bestimmen. Mein Leben ist in Gottes Hand. Und aus seiner Hand wird es auch am Ende verwandelt werden. Ich muss mein Leben nicht im Übermaß selbst sichern und verantworten.

SIBYLLE ROLF

Herr Jesus Christus, wir leben dir hinterher. Stärke in uns das Vertrauen, dass du uns alles gibst, was wir brauchen, und wir unser Leben nicht selbst garantieren müssen.

Mittwoch, 12. Juni 1 Korinther 15,35–49

Alles neu

Noch einmal setzt Paulus Adam und Christus parallel. Nach Gen 2 wurde Adam durch Gottes Atemhauch zu einem lebendigen Wesen – von Erde geschaffen und zu Erde vergehend. In Christus, dem neuen Menschen, wirkt Gottes lebenschaffender Schöpfergeist, der lebendig macht – zuerst Christus selbst, dann alle Verstorbenen.

Wie aber wird es sein, wenn wir auferstehen, aber unser Leib vergangen ist? Die Frage, ob es eine leibliche Auferstehung gibt oder ob (nur) die Seele bei Gott lebt, nachdem sie im Augenblick des Sterbens den Körper verlassen hat, ist heute so aktuell wie in der Gemeinde von Korinth, auch wenn sich die Sprachen und Sprachbilder unterscheiden mögen.

Paulus bedient sich eines alten Bildes, das auch dem Johannes-Evangelium bekannt ist (Joh 12): Das Korn fällt in die Erde und muss vollkommen verwandelt werden, bevor ein grüner Halm aus ihm hervorwächst. So ist es für Paulus auch mit dem Menschen. Es gibt Identität und Kontinuität: Ich bin dieselbe in diesem irdischen und in jenem himmlischen Leben bei Gott. Es ist aber allein Gottes schöpferischer Macht zu verdanken, diese Identität und Kontinuität zu schaffen. Vers 45 macht deutlich: Die Identität verdankt sich dem auferstandenen Christus, der Leben schafft und lebendig macht. Es wird alles neu und alles anders. Ich sterbe und mein Leib wird vergehen, aber Gott wird mich verwandeln und einen neuen Leib schaffen – für mich noch unvorstellbar. Warum ist das so wichtig? Die Trennung von Leib und Seele ist kein ursprünglich christlicher Gedanke, sondern in der platonischen Philosophie beheimatet. In ihr steckt eine Abwertung und Geringschätzung des Leibes. Ich bin dankbar für die Gedanken des Paulus, für den so klar ist, dass der Leib nicht minderwertig ist. Ein Mensch lebt als leib-seelische Ganzheit – in diesem Leben und in seinem Auferstehungsleben. Kein Grund also, den Leib gering zu achten!

SIBYLLE ROLF

Jesus lebt, mit ihm auch ich! Tod, wo sind nun deine Schrecken? Er, er lebt und wird auch mich von den Toten auferwecken. Er verklärt mich in sein Licht; dies ist meine Zuversicht.

Wie der Blitz und doch auf ewig

Wer einmal geflasht wurde, geblitzt, dem geht es anschließend anders als zuvor. Eine Form von Erschütterung. Wer von Gott selbst geblitzt wird, dem scheint es unmöglich, ein solches Erlebnis überhaupt auf einem Zeitstrahl einzuordnen. War es nur für eben gerade? Oder für alle Zeiten gültig? Vergangenheit? Gegenwart? Zukunft? Paulus wurde blitzartig eine Einsicht geschenkt, die seine gesamte Weltsicht verändert hat. Und seine Weltsicht hat die Welt verändert. Seither ist die Botschaft in der Welt und nicht mehr zurückzunehmen: Gott setzt der Macht des Todes ein Ende. Das Leben der Menschen wird so verändert, dass sie endlich menschlich miteinander leben können. Die ganze Erde wird neu. Selbst die Toten werden rehabilitiert, ihnen angetanes Unrecht wieder gut gemacht. Das war die Brille, durch die der Heidenapostel nun die Welt sah. Er sah hindurch durch Verfolgung und Terror, Leid und Ignoranz, Heimtücke und Zerstörung. Die Macht der Sünde, so kann er es mit biblischen Worten formulieren, ist im Grunde gebrochen. Nun gilt es für uns, seine lieben Schwestern und Brüder, bei dieser Sicht auf die Dinge zu bleiben. Und nicht etwa einzustimmen in die Gesänge des Untergangs. Nein, jetzt gilt es, als solchermaßen »Wissende« auch so zu leben. In allem Tun und Lassen. Beim Setzen unserer Prioritäten, bei der Frage nach unserem Zusammenleben und dem Umgang mit der Erde. Das Ergebnis steht schon fest, wir können unseren Teil dazu beitragen, ohne dass unser Versagen oder unsere Verweigerung an diesem Ergebnis etwas ändern könnten. Sinnvoller geht es für uns nicht.

CHRISTHARD RÜDIGER

Mit Jauchzen freuet euch: Der Herr ist hoch erhöht. Singt, bis die Welt vergeht, von seinem Sieg und Reich! Singt laut das Lied von Gottes Reich: Der Herr ist König. Freuet euch!

Freitag, 14. Juni — 1 Korinther 16,1–12

Die Gabe der Völker für Jerusalem

Wie in anderen Briefen, so redet der Heidenapostel auch hier noch einmal über die Kollekte für die Jerusalemer Gemeinde. Genauer: für die Armen der Jerusalemer Gemeinde. Die Gemeinden der Heiden sind durch seine Autorität eingeladen, denen beizustehen, die die Urgemeinde sein wollen und es ja auch sind. Die Jerusalemer Christen haben selbst immer wieder Wert darauf gelegt, etwas Besonderes zu sein. Interessant, dass Paulus für diejenigen Gutes organisiert, die ihm theologisch zeitlebens das Leben schwer gemacht haben. Sein Konzept des Evangeliums nicht nur für die Juden, sondern für alle Menschen blieb bis zuletzt massivem Widerstand ausgesetzt. Und ein Zentrum dieser Gegenbewegung war ebenjene Gemeinde, für die nun die auch nicht reichen Gemeinden »der Völker« eine Gabe zusammenlegen. Pikant auch der Zusammenhang zur Schilderung des Lukas in der Apostelgeschichte: Man hatte in Jerusalem alle Güter verkauft und dann gemeinsam genossen, aber dieser Weg führte offensichtlich langfristig nicht in ausgeglichene ökonomische Verhältnisse für alle. Und schließlich noch dieser Gedanke: Die Gemeinde in Jerusalem war schon in den folgenden Jahrhunderten bald in der Weltgeschichte verdunstet, während das Weiterbestehen des Christentums über den Weg der Heidengemeinden seinen Lauf nahm. Man kann also heute nicht wissen, wohin die Wege einer guten Sache, die man mit seinen Mitteln unterstützt, morgen führen werden. Doch eines steht fest: Nichts war in der aktuellen Situation, in der Paulus seine Kollektenpassage schrieb, richtiger, als sie genau so zu schreiben: in Respekt vor den Frauen und Männern der Urgemeinde in Jerusalem solidarisch, Mannaartig und gänzlich uneigennützig.

CHRISTHARD RÜDIGER

Erwirb, so viel du kannst. Spare, so viel du kannst. Gib, so viel du kannst.

1 Korinther 16,13–24　　　　　　　　　　　Samstag, 15. Juni

Netzwerk

Der letzte Satz des ersten Korintherbriefes ist ungewöhnlich: eine unbedingte Liebeserklärung an eine Gemeinde, die den mit allen Wassern gewaschenen Heidenapostel verwundbar und verletzbar machen wird. Der zweite Korintherbrief wird das deutlich zeigen. In den letzten Versen des ersten Briefes ist von vielen verschiedenen Menschen die Rede, die Paulus kennt, die ihm ans Herz gewachsen sind, die ihn unterstützen und trösten. Ein Netzwerk aus letztlich Gleichen, trotz aller Unterschiede in Stand, Status, Geschlecht oder Aufgabe. Alle sind mit ihm durch Christus in einer Sache verbunden. Der heilige Kuss ist in der Kirchengeschichte nur spärlich tradiert worden. Die Aufforderung des Apostels, sich mit ebendiesem gegenseitig zu küssen, markiert die Innigkeit des Verhältnisses der Gemeinde untereinander. In unseren Tagen der indifferenten Kirchenmitgliedschaften ist das schier unvorstellbar. Das Sozialwissenschaftliche Institut der EKD hat erhoben, dass 70 Prozent aller rund 20 Millionen Kirchenglieder in ihrem Leben nicht einmal eine Podiumsdiskussion oder ein Konzert in ihrer Kirche besuchen, geschweige denn einen Gottesdienst. Nun wird nicht jeder gern von allen in seiner Gemeinde geküsst werden wollen, aber ohne Beziehung geht Gemeinde nicht. Wo diese Gemeinschaft der Verschiedenen mit ihren sozialisierenden Netzwerken fehlt, werden heroische Leiter im Einzelkämpfermodus oder überbordende und sich selbst vergrößernde Strukturen die Leere ausfüllen. Der gegenseitige Trost wird fehlen, die Anteilnahme, die Verletzlichkeit. Und nicht zuletzt: die gemeinsame Intelligenz für die schöne Sache des Evangeliums.

CHRISTHARD RÜDIGER

Herr Jesus Christus, ich bitte dich für meine Gemeinde. Dass sie lebt und Zukunft hat. Ich tue dies, weil sie deine Gemeinde ist. Ich darf dazu gehören. Und der Andere, die Ungewöhnliche, der Einmalige, die Fremde auch. Danke für den Reichtum deines Leibes.

Wir werden leben

Wenn das Böse innerhalb der eigenen Reihen geschieht, tut es besonders weh. Der Psalmist erlebt diesen Schmerz, verursacht ausgerechnet von denen, die Vorbilder im Glauben sein sollen. Gottlose Gruppierungen fressen das Volk auf – ein starkes Bild! Im Psalm sind wahrscheinlich die Priester gemeint, die sich das Tempelopfer der Gläubigen einverleiben. In den Kirchen erleben wir Ähnliches. Hier heißen die Untaten Klerikalismus, Missbrauch in vielfältiger Weise, Ausgrenzungen. So etwas nimmt kein gutes Ende, damals nicht und heute nicht. Keine Gesellschaft kann in Frieden und Gerechtigkeit existieren, wenn sie sich dem Guten, einem spirituell gegründeten Mehr verweigert. Wie aus dem Nichts taucht dann irgendwann und unweigerlich ein Schrecken auf, der durch Mark und Bein geht.

Rettung? Ja, die gibt es, für den und die Einzelne und für das ganze Volk. Wenn uns die Situation der Kirche ratlos sein lässt und das Herz schwer macht, gilt wie für den Beter, die Beterin des Psalms vor Jahrhunderten: Gott wird das Unterste zuoberst kehren, er entwirrt die verdrehten Verhältnisse und rettet. Die Mächtigen werden nicht mächtig bleiben, Gewalt hat keine Zukunft, Unterdrückung zerfließt wie Schnee in der Sonne. Auch wenn die Übeltäter es nicht sehen wollen – Gott tut etwas! Selbst wenn die Chancenlosen die Zeit des Unrechts nicht überleben, gilt: Gott hat den längeren Atem und sie mit ihm. Auferstehung aus dem Tod ist keine Illusion, so wenig wie der Untergang der Menschenschinder. Denn Gottes Name ist Rettung.

AURELIA SPENDEL OP

Die gequälten Opfer der sexualisierten Gewalt in den Kirchen, des geistlichen Missbrauchs, gewissenloser Betrügereien und menschenverachtender Ausgrenzung kommen mir in den Sinn, wenn ich mit diesem Psalm zu dir bete, Gott. Ich kann nicht glauben, dass du bei diesem Unrecht ein unbeteiligter Dritter bist. In deinem Sohn hast du Einspruch erhoben. Du lässt nicht locker, bis die Wurzeln des Unrechts verdorren. Beeile dich, lass deine Zeit kommen. Hilf, jetzt, so wie nur du es kannst.

Exodus/2 Mose 13,17–22 — Montag, 17. Juni

Niemals wich die Wolkensäule ...

Na, da hatte das Volk Israel es aber gut! Die Führung Gottes derart klar ständig vor Augen zu haben, ist wirklich beneidenswert! So gut habe ich es nicht! So ein sichtbares Zeichen Tag und Nacht von Gott hätte ich auch gern! Da ist doch sicher das Vertrauen in Seine gute Führung leichter ...!?

Gerade bin ich aus dem Krankenhaus entlassen worden. In diesen Zeiten des extremen Personalmangels! Und dann fand ich mich in der Notaufnahme von einer Fachärztin betreut, es wurden gleich die wichtigsten Untersuchungen durchgeführt, die Visite am nächsten Morgen war sehr beruhigend – und nach fünf Tagen konnte ich schon wieder entlassen werden, deutlich gebessert. Viele Menschen hatten für mich gebetet, das wusste ich. Und so habe ich meinen Klinikaufenthalt wirklich als Seine Führung und mit Seiner Bewahrung erlebt und war sehr, sehr dankbar! Dann erfuhr ich, dass noch ein Kontroll-CT 14 Tage nach der Entlassung erforderlich sei – und schon schlich sich die Sorge wieder an – nicht einmal 5 Tage nach der überwältigenden Erfahrung Seiner Bewahrung!

Wie werden die Menschen des Volkes Israel die Führung Gottes wohl erlebt haben? Sicher ziemlich anstrengend – sie waren ja Tag und Nacht unterwegs! Und sie hatten bisher Sklavendienste zu verrichten – eine längere Auszeit zur Erholung wird nicht beschrieben. Wie war die Stimmung unterwegs? Die Gespräche unterwegs werden wohl auch kritische Stimmen enthalten haben: »Na gut, heute war die Säule da, aber es ist keineswegs sicher, dass sie morgen auch noch da ist? Wisst Ihr eigentlich, dass das Land Kanaan, in das wir ja angeblich unterwegs sein sollen, in der anderen Richtung liegt? Was, wenn die Säulen, die uns angeblich leiten, uns in die falsche Richtung führen?«

So oder ähnlich wird es auch Stimmen gegeben haben, denke ich. Wenn so jemand wie ich dabei gewesen wäre, sicher ...

Es ist immer die alte Geschichte: Vertraue ich IHM? Wenn Zweifel und Sorgen, Erschöpfung und 1000 Unsicherheiten in mir aufstehen – vertraue ich IHM, dass Er es gut meint?

GABRIELE HILGENSTOCK

Dennoch bleibe ich stets an dir, denn du hältst mich bei meiner rechten Hand, du leitest mich nach deinem Rat und nimmst mich am Ende mit Ehren an.

Dienstag, 18. Juni Exodus/2 Mose 14,1–14

Der Herr wird für euch streiten, und ihr werdet still sein

Meist hörte oder las ich den Text mit dem Gedanken: Wie konnte das Volk so schnell das Vertrauen in Gott verlieren? Nach diesen wunderbaren Erfahrungen, mit SEINEN Verheißungen vor Augen und mit einem solch charismatischen geistlichen Leiter?

Aber stellen Sie sich mal die Situation vor: Ein ganzes Volk von Geflüchteten, mit Alten, Kranken, Frauen, Kindern, lagert in der Wüste am Meer. Hier geht es nicht weiter. Und dann sieht es eine gut gerüstete feindliche Armee in ziemlichem Tempo sich nähern. Eine völlig ausweglose Situation. Es droht Vernichtung, Gefangenschaft, wieder Versklavung.

Der Krieg in der Ukraine mit zerstörten Dörfern und Städten und hunderten Leichenfunden, Krieg in Syrien mit Flüchtlingsströmen seit Jahren, Flüchtige aus Afghanistan usw. – überall Gewalt und Unterdrückung, Mord und Totschlag, Starke gegen Schwache. Und überall scheint der Ausgang klar: Der Stärkere siegt, der Schwächere wird Opfer.

Der Gedanke: »Wie konnten sie nur?« ist einfach überheblich.

Ich sprach mit einer Freundin in Berlin, deren Altbauwohnung, in der sie seit mehr als 30 Jahren wohnt, womöglich verkauft werden wird. Dann droht Kündigung wegen Eigenbedarf oder eine so hohe Miete, dass sie sich diese Wohnung nicht mehr leisten kann. Und die mir – unter Tränen! – sagt: »Ich bin doch Gottes Kind! Ich will doch der Angst nicht glauben, sondern Gott, der für mich sorgen wird! Das hat ER doch bisher immer getan!« – Was Sie beim Lesen jetzt wohl denken? »Wie naiv!«? »Das ist doch weltfremd!«? Ich jedenfalls war gerade gedanklich mit möglichen Hilfen beschäftigt, finanzieller oder juristischer Natur, spürte aber auch die Aussichtslosigkeit dieser Situation. Und dann sagte meine Freundin diesen Satz!

Wäre ich in ähnlicher Situation fähig, solch einen Satz zu sagen? Wo zeigt sich in unserer Wirklichkeit, dass wir Gott vertrauen, dass ER für uns »streitet«? »Ich glaube an Gott, den Allmächtigen!« – das möchte ich den Sorgen und dem Unfrieden in mir und um mich herum entgegenhalten. Und still werden und IHM vertrauen!

GABRIELE HILGENSTOCK

Ich glaube, lieber Herr, hilf meinem Unglauben!

Exodus/2 Mose 14,15–31   Mittwoch, 19. Juni

Der Ernst der Herrlichkeit

Die wunderbare Errettung des Volkes Gottes! Und seine Feinde? »Siehe, ich will das Herz der Ägypter verstocken, dass sie hinter ihnen herziehen, und will meine Herrlichkeit erweisen an dem Pharao und aller seiner Macht.« Über diesen Satz bin ich in Unruhe geraten. Wenn der Herr Seine Herrlichkeit erweist – da fällt mir Großes ein und überwältigende Schönheit! Aber hier kommt ein ganzes Heer um! Wie passt das denn zusammen? Also habe ich im etymologischen Wörterbuch nachgeschlagen, wie Herrlichkeit erklärt wird. Dort steht unter anderem: »Juristischer Begriff für Herrschaftsrecht, Gerichtsbarkeit und Herrschaftsgebiet«; veraltet: »Gebiet und Rechte eines Herrschers«. »Nicht begreifen lassen, was geschieht«. Erst seit Luther bedeutet Herrlichkeit auch »Großartigkeit«.

Übertragen bedeutet das für mich: Wir alle, Ägypter wie Israeliten, befinden uns im Herrschaftsbereich Gottes, dem Herrn über Leben und Tod! ER hat alles Recht, Seine Feinde, die Feinde Seines Volkes, zu vernichten! (Ob Ihnen beim Lesen jetzt auch der Holocaust einfällt und die Frage nach der Vernichtung der Feinde Israels?) »Der Sünde Sold ist der Tod.« So ernst nimmt Gott unsere Feindschaft, dass, wenn wir gegen IHN sind, wir daran eigentlich sterben müssten. Das ist Sein »Herrschaftsrecht«. Das passt so gar nicht zu dem »lieben Gott«. ER ist es, der das Herz dann verstockt (V. 17), und SO sieht Seine Herrlichkeit eben auch aus, so steht es hier! Und die Ägypter, so sagt der Text, haben IHN erkannt an der Macht, die sich gegen sie richtete und sich als unendlich größer erwies als sie. Dieser Schrecken darüber trieb sie zur Umkehr – was ihnen, zumindest in dem irdischen Leben, aber nichts mehr half. Zu spät! Sie kommen trotzdem um!

Jesus starb für Seine Feinde, dass wir – Volk der Ägypter und Germanen und der Ukrainer und der Russen und welches andere Volk Ihnen auch immer einfällt – nicht mehr sterben müssen, sondern gerettet werden. Denn: »Also hat Gott die Welt geliebt, dass ER seinen eingeborenen Sohn gab, auf dass alle, die an IHN glauben, nicht verloren werden.« (Joh 3,16)

GABRIELE HILGENSTOCK

Herr, ich danke dir, dass du für uns alle gestorben und auferstanden bist!

Donnerstag, 20. Juni Exodus/2 Mose 15,1–21

Gott ist mein Lied

Reden reicht nicht mehr. Einer stimmt an. Jeder und jede, miteinander stimmen sie ein in das Lied. Verschiedene Töne, verschiedene Färbungen hat dieses Lied, das Mose mit den Israeliten singt. Allmählich hört man die Gruppen heraus, die einzelnen Menschen, die eine Strophe dieses Volksliedes singen. In ihr bringen sie ihre je eigene und doch gemeinsame Erfahrung mit Gott zum Klingen: Gott, Retter, Krieger, gewaltig, unbegreiflich, mächtig, gütig, Schrecken des Feindes und der, der sein Volk zu sich führt. Dort, bei Gott, wird unser Zuhause sein. Ewiger König. Immer neu, immer weiter erklingen Erinnerung und Zukunftshoffnung, die die Menschen mit ihrem Gott verbinden. Töne, die sich vermischen und zusammenklingen. Frauen, Männer, Kinder, die miteinander gehen, einen gemeinsamen Ton, einen gemeinsamen Rhythmus finden, bis ein Tanz erwächst. Gott und Mensch werden ein Orchester im Lobpreis, im Jubel, im Dank, im Fragen, im Hoffen, im Erinnern, in der Ekstase des Tanzes. Dieses Lied bringt ihre Körper, bringt sie in Bewegung. Es erzählt, welch unvorstellbare, nicht zu greifende Masse zur Seite geschoben wurde. Wie sich ein Weg auftat. Wie die Angst endlich aufhörte und die Stärke sie umfing. Durch all das sind sie hindurch gegangen. Jetzt ist der Moment des Jubelns gekommen. Gegenwart. Der Moment zwischen Erinnern und Zukunft. Eine gewaltige Erfahrung. Wie lange braucht es, bis die Bedrohung gänzlich verschwindet, nicht mehr in Träumen und Erinnerungen auftaucht und mich aufwühlt? Bis ich Ruhe finde an einem Ort der Geborgenheit? Einen Moment, einen Atemzug, einen Schritt, eine Melodie lang ist Gott unser Lied auf dem Weg des Lebens. Aus einem Schritt wird ein Tanz, aus einem Ton ein Jubellied, aus Menschen eine Gemeinschaft. Der Anfang eines neuen Weges, der Anfang eines Liedes auf diesem Weg.

BARBARA JANZ-SPAETH

Lebendiger und ewiger Gott, du bist mein Herzton, mein Herzrhythmus geworden, in dem ich gehen darf. Von dir will ich singen mit Leib und Seele. Du bringst in mir die Töne hervor, die zur Melodie meines Lebens werden. Du führst mich zum Tanz, befreit und froh dem Rhythmus folgend. Du bist mein Lied, Gott.

Exodus/2 Mose 15,22–27 — Freitag, 21. Juni

Gott ist mein Arzt

Manchmal genügt der Hinweis auf ein Stück Holz. Es ist wie Gottes Weisungen. Unbeweglich lag es da, oft genug bin ich daran vorbei gegangen; oft genug darüber hinweg gegangen. Ich habe es nicht gebraucht und zum Wegwerfen war es zu schade. Ein Stück Holz, stabil und fest. Man kann sich daran festhalten; vielleicht auch mal daran klammern. Es bietet unterschiedliche Ansichten und kann ausgestaltet werden. Manchmal tritt eine bestimmte Faserung in den Vordergrund oder eine Seite ist bedeutsamer als die andere. Sehen, was jetzt dran ist. Sehen, wo es Schaden abwenden kann. Ein Wurf verleiht ihm Stärke, die Schlechtes brechen kann.

Ein Stück Holz gegen die Bitterkeit? Der Wurf mitten hinein in diesen nie versiegenden bitteren Fluss kehrt alles um. Der Aufprall auf dem Wasser wirbelt alles auf und bringt das Unterste nach oben. Es braucht Zeit, bis das Wasser wieder zur Ruhe kommt. Aber es fließt nie mehr so wie zuvor. Gott, der Arzt, hat sich dazwischen geschoben mit seiner Weisung, seinem Recht, das die Bitterkeit aufheben kann. Gott, der Arzt, kann die Dinge drehen, auch wenn sie jahrelang schon so dahingeflossen sind. Gott, der Arzt, zeigt uns, was er für uns bereithält und wie wir es zum Einsatz bringen können. Ein Stück Holz, fest und hart wie ein Gesetz, das nicht mehr beiseitegelegt werden darf. Wir sind gehalten, es in die Hand zu nehmen und zum Guten einzusetzen. Wenn es nötig ist, sogar mit einem gezielten starken Wurf, der zuallererst ein Durcheinander schafft. Die bestehende Ordnung wird gestört und das ist gut so. Gott, der Arzt, unterbricht die Bitterkeit und wandelt sie in bekömmliche Süße. Er führt uns auf unseren Wegen dorthin, wo es genug gutes Wasser zum Leben gibt.

BARBARA JANZ-SPAETH

Barmherziger Gott, du bist mein Arzt, der Bitteres ins Gute wandelt. Lass mich auf deine Stimme hören und deine Gebote achten. Denn dein Wort erhält mich gesund. Deine Weisungen schaffen Gerechtigkeit. Sie führen mich zum Wasser des Lebens, wo Leib und Seele genährt werden. Du bist mein Arzt, Gott.

Samstag, 22. Juni — Exodus/2 Mose 16,1–16

Meine Nahrung kommt von Gott

Krisenort Wüste. Ausgetrocknet, ausgehungert. Worüber und gegen wen richtet sich unser Murren? Wem geben wir eine Chance, mit der wir uns beruhigen ließen? Immer noch erscheint das, was wir hinter uns gelassen haben, besser als das, was vor uns liegt. Wie schnell geht das Vertrauen in die Verheißung verloren! Wie schnell vergisst man den Jubel und die Freude über die Rettung! Wie schnell geht es nur noch um eigene Existenznöte. Sehen wir, was wir zum Leben brauchen? Achten wir, wer und was uns in der Wüste helfen und satt machen kann?

Wendepunkt Wüste. Gott sieht und hört die Not. Er ist dort zugegen, wo wir denken, dass es nicht mehr weitergeht. Gott ist da, wenn wir uns dem Tod näher als dem Leben fühlen. Gott nährt uns am Morgen und am Abend mit dem, was wir brauchen. Brot, das vom Himmel fällt, liegt uns zu Füßen. Brot, für das wir keine Mühe aufwenden mussten, dürfen wir in die Hand nehmen. Brot, das wir nicht bezahlen, reicht für alle. Brot, das wir noch nie gegessen haben, wird uns sättigen. Es ist genug da, sogar Wachteln.

Glaubensort Wüste. In dem, was uns nährt, sehen, spüren und erkennen wir Gott in seiner ganzen Herrlichkeit. Die Erinnerung weicht der Gegenwart. Die Gegenwart verheißt die Zukunft. Wir werden leben. Auch dort, wo wir Not spüren, ist Leben möglich. Auch dort, wo wir an Grenzen kommen, geht der Weg weiter. Wir brauchen nicht mehr zurückschauen und können die Vergangenheit hinter uns lassen. Weil Gott auf unser Murren eine Antwort weiß. Weil Gott mit uns ist. Weil Gott uns stets nahe ist. Weil Gott uns satt macht durch sein Brot, das er Tag für Tag vom Himmel fallen lässt. Mitten in der Wüste, dort, wo wir es kaum erwarten. Sein Brot ist fein, zart, knusprig und ausreichend für alle.

BARBARA JANZ-SPAETH

Guter und treuer Gott, du siehst uns, wenn wir in Not sind. Du hörst uns, wenn wir genug haben von den alltäglichen Anstrengungen. Du stillst unseren Hunger durch deine Fürsorge. Brot, das vom Himmel fällt und uns satt macht. Brot, das uns den Glauben an die Zukunft zurückgibt. Du nährst uns in der Wüste, Gott.

Dranbleiben

Ein Klagelied stimmt der Psalmsänger an, den uns die Bibel als »Korachiter« vorstellt. Vermutlich waren die Korachiter eine Gruppe von Sängern am Jerusalemer Tempel, das Heiligtum des Volkes Israel schlechthin. In ihrem Glauben ist im Tempel Gott so spürbar gegenwärtig, wie sonst nirgends in seiner Schöpfung. Tiefe Sehnsucht erfüllt den Klagenden nach dem Ort der Gottesbegegnung, denn er ist nicht in der Lage ihn aufzusuchen. Eine Sehnsucht, die schlimmer ist als der Durst, der Leben unerträglich machen kann. Mit dem Durst eines Hirsches vergleicht er dieses Sehnen, der endlich nach monatelanger Dürre, nach Entbehrung und Leid erfrischendes Wasser findet und trinken kann. Darauf hofft der Beter, denn er ist vermutlich krank und in seiner Not fühlt er sich von Gott und den Menschen verlassen. Ja noch mehr: Er wird von seinen Gegnern aufgezogen und mit der Frage bedrängt: »Wo ist dein Gott?« Ich kann mich gut in unseren Psalmisten hineinversetzen: »Wo bist du, Gott?« – In meinem Leben geht es drunter und drüber und von der Welt will ich erst gar nicht sprechen! Ich brauche niemanden, der mich fragt: »Wo ist dein Gott?« – Diese Frage stelle ich mir oft genug selbst. Und Gott bleibt ebenso oft schrecklich still – so fühlt es sich zumindest manchmal an. Doch der Korachiter lässt sich nicht in die Irre führen, er bleibt dran. Er ruft Erinnerungen in sich wach, bei denen er sich bei Gott geborgen fühlen durfte, dem Gott seines Lebens. Zeiten, in denen er mit Jubel und Dank zum Tempel ziehen konnte. Zeiten, in denen er bedrückt war und er Gott trotz allem nicht loslassen wollte. Er bleibt dran mit Klage und Jubel, mit Bitte und Dank, mit dem Gebet. Und er blickt in die Zukunft. Sein Psalm, sein Klagelied endet mit der hoffnungsvollen Gewissheit: »Ich werde ihm noch danken, der Rettung meines Angesichts und meinem Gott.«

ALEXANDER WISCHNIEWSKI

Ewiger Gott, begleite mich in meinen Nöten, in meinem Hoffen und Sehnen. Lass mich »dranbleiben«, besonders wenn die Gefahr groß ist, mich von dir zu entfernen, Fragen und Zweifel mich umhertreiben. Auch wenn ich dich nicht spüre, lass mich deine Geborgenheit und deinen Frieden atmen.

Montag, 24. Juni — Exodus/2 Mose 16,17–36

Spare das Leben nicht auf

Diesen Tag zu sehen, mit dem, was er braucht, und mit dem, was er schenkt – das lernen die Israeliten auf ihrem Wüstenweg. Gott hält sie durch das Manna am Leben. Das Manna ist beides: überlebensnotwenige Nahrung und Zeichen für die Nähe Gottes. Es lässt sich nicht horten, es wird jeden Tag neu geschenkt. Erst nach und nach lernen die Wüstenwanderer, nicht nach vorne zu schauen auf die Tage, die kommen, und nicht zurückzuschauen auf das, was war, sondern ganz und gar auf diesen Tag, der gerade ist. So wächst Vertrauen: Gott hilft mir heute durch den Tag. Er wird mir auch morgen durch den Tag helfen.

Diese Vertrauensübung hilft auch mir.

Ich sehe diesen Tag. Auf schwerem Weg. Ich werde diesen Tag bewältigen. Mehr muss ich nicht tun.

Ich sehe diesen Tag. In der schwierigen Aufgabe, die mich lange beschäftigt. Es reicht, wenn ich das schaffe, was heute zu tun ist.

Ich sehe diesen Tag. Um das Gute zu tun. Ich werde heute die Menschen, denen ich begegne, ganz genau anschauen. Genau hinhören. Ein Mitmensch sein. Heute, das genügt.

Manna kann so vieles sein. Gott stärkt mich mit Menschen, die für mich da sind. Stärkung für den Weg ist das Sommerlicht an diesem Johannistag. Ein Gespräch. Ein Anruf. Ein Gottesdienst. Gutes Essen. Etwas, worüber ich lachen kann. Ein guter Film, der mich fesselt, oder ein Buch, das ich gern lese.

Das Manna reicht nur für einen Tag. Aber es gibt eine Ausnahme. Gott gibt den Sabbat, den Tag der Ruhe und der Festlichkeit, den Tag der Unterbrechung und des Glanzes. Gott sorgt dafür, dass dieser Tag etwas Besonderes ist. Das gibt mir Ideen, wie auch ich diesem Tag seinen Glanz lassen kann. Ich erlaube mir, auszuruhen und nichts zu tun. Ich gebe dem Tag Glanz, indem ich singe und Gottesdienst feiere. Ich lasse die Freude aufblühen. Ich habe noch die ganze Woche Zeit, mir zu überlegen, wie ich aus dem nächsten Sonntag etwas Besonderes mache.

MONIKA LEHMANN-ETZELMÜLLER

Lass mich auf diesen Tag sehen, Gott. Er ist etwas Einmaliges. Ich möchte ihn mit Sinn und Freude füllen. Ich vertraue darauf, dass du mir hilfst. Gib mir, was ich heute brauche.

Exodus/2 Mose 17,1–7   Dienstag, 25. Juni

Der Weg der Veränderung ist der Weg der Wunder

Auch heute geht es darum, Vertrauen zu lernen.

Gestern haben die Menschen auf ihrer Wüstenwanderung geübt, sich nicht um das Morgen zu sorgen.

Heute geht es darum, nicht das Gestern zu vergolden.

Manchmal erzählen mir Menschen von ihrem Heimweh nach der Vergangenheit. Nach Menschen, mit denen sie damals das Leben geteilt haben. Nach Tagen, die leicht und schön waren. Dieses Heimweh achtet und ehrt, was war. Darum geht es hier nicht.

Dass Durst gestillt wird, ist ein Grundbedürfnis. Wem auf einer Wanderung an einem heißen Tag schon mal das Wasser ausgegangen ist, der weiß, wie brennend die Sehnsucht nach einer Quelle sein kann. Das ist sehr verständlich. Darum geht es hier auch nicht.

Es geht darum, nicht umzukehren auf dem Weg ins neue Land. Es geht darum, weiterzugehen, weiter den Weg zu suchen, auch wenn es schwierig wird.

Was Mose vor Verzweiflung schreien lässt, ist der Blick zurück. In ihrer Not stellen die Wüstenwanderer alles in Frage. Sie können nicht mehr sehen, wie Gott sie bewahrt hat. Wären sie doch in Ägypten geblieben! Da gab es genug Wasser. Jetzt nicht. Und Gott ist auch nicht da. So klagen die Menschen in ihrem Durst.

Veränderungen verlangen uns viel ab. Damit umzugehen ist tatsächlich ein Weg und ein langes Üben. Situationen, wo die Menschen auf ihrer Wüstenwanderung am liebsten umkehren wollen, gibt es auch noch an anderer Stelle. Für mich höre ich das heute so: Bleibe geduldig in Veränderungen. Manches, was gewohnt war und was du unbedingt brauchst, wird anfangs karg sein und fehlen. Aber es lohnt sich weiterzugehen. Der Weg der Veränderung ist ein Weg, auf dem Gott mitgeht und nah ist. Der Weg der Veränderung ist ein Weg der Wunder.

MONIKA LEHMANN-ETZELMÜLLER

Du bist ein Gott, der mit mir geht. Du gehst mit mir auf dem Weg durch die Wüste. Auch ein schwerer Weg ist ein Weg mit dir. Gib mir Geduld mit mir selbst. Gib mir Geduld mit den Veränderungen in meinem Leben und in deiner Kirche.

Mittwoch, 26. Juni — Exodus/2 Mose 17,8–16

Trösten können nur die Geschichten vom Frieden

Erzählen wir die Geschichte neu. Das ist gute biblische Tradition. Gegengeschichten erzählen, die sich dem entgegenstemmen, was gilt in der Welt.

Da kam Amalek. Aber nicht zum Kampf. Amalek kam mit Fragen: Wer seid ihr? Wie kommt es, dass ihr durch die Wüste zieht, ein ganzes Volk? Kommt ihr in Frieden? Dann seid ihr willkommen.

Da erwählt Josua Männer und Frauen. Aber nicht die Schwertkundigen. Kundig sind sie in Worten, im Säen von Vertrauen, im Verhandeln und Verstehen.

Ja, wir kommen in Frieden. Wir wollen euch nichts Böses.

Mose erhebt seine Hände. Aber nicht, damit der Krieg fortgesetzt wird. Zum Unterbrechen, zum Anhalten, zum Segen. Das Misstrauen wird enden. Der Hass und die Gewalt.

Mose findet für Gott einen neuen Namen. Du bist ein Gott, der Frieden bringt. Du bist ein Gott, der Wege in der Wüste bahnt. Du bist ein Gott, der mich auf neue Gedanken bringt, auf die zündende Idee in der Ratlosigkeit.

Die Kinder erzählen die Geschichte weiter. Doch es ist nicht die Geschichte vom Hass ihrer Eltern. Sie spielen mit den Kindern Amaleks.

Israel hat oft Krieg erlebt. Aber nie stand es auf den Seiten der Sieger. Das kleine Volk war ein ohnmächtiger Spielball im Handeln der Mächtigen. Immer wieder Beute. Immer wieder unter fremder Besatzung. Ausgeliefert denen, die stärker waren, besser bewaffnet, mächtiger. Sie haben Geschichten erzählt von den Siegen der Vergangenheit, um sich Mut zu machen. Es war nicht immer so. Es wird nicht immer so sein. Gott ist für uns. Gott ist für uns! Das ist der Kern der Geschichte. Von dort aus lässt sie sich neu erzählen und hineinweben in das Träumen Israels. Die Menschen, die sich an Mose erinnert haben, haben Geschichten vom Krieg erzählt. Sie haben sich damit getröstet. Wir wissen: Der Krieg kann niemals trösten. Das kann nur der Friede.

MONIKA LEHMANN-ETZELMÜLLER

Ich bitte für die Kinder dieser Welt. Lass sie nicht den Hass ihrer Eltern lernen. Lass sie lernen, friedlich miteinander zu spielen.

Exodus/2 Mose 18,1–12   Donnerstag, 27. Juni

Freude herrscht

Ja, Freude herrscht: Mose sieht endlich seine Frau Zippora, seine beiden Söhne und seinen Schwiegervater Jitro wieder! Freilich: Wie er seine Frau und seine Söhne begrüßt – davon steht nichts im Text. Keine rührende Herz-Szene wird geschildert. Umso ausführlicher wird berichtet, wie sich Mose und Jitro begegnen. Mose wirft sich demütig-unterwürfig vor ihm nieder; nicht nur so, wie es einem Schwiegervater damals gebührte, sondern auch deshalb, weil Jitro Priester ist. Jitro, Priester von Midian, betet freilich einen anderen Gott an: Jitro verehrt Baal, Mose JHWH. Und jetzt kommt das Besondere: Es kommt zu einer Art Rollentausch. Nicht Mose passt sich Jitro an, nicht der Schwiegersohn dem Schwiegervater, nicht der Leader dem Priester, sondern umgekehrt.

Warum und wie wird das verdeutlicht? Die beiden Männer ziehen sich in ein Zelt zurück. Und in diesem vertrauten Rahmen erzählt Mose Jitro, was Israel erlebt hat: die Bewahrung durch JHWH, der Sieg JHWHs über die Ägypter, der befreiende Auszug … Jitro staunt nicht nur, sondern er sagt voller Freude: »Der Herr (JHWH) ist größer als alle anderen Götter (elohim)!« Das ist nicht Höflichkeit, sondern Bewunderung. Ja, mehr noch: Jitro verwendet zwei Mal die für Israel exklusiv reservierte JHWH-Bezeichnung. In diesem Moment ist er ein Teil Israels. Und als solcher richtet er ein Opferfest aus.

Das ist eine eindrückliche Geschichte des kulturübergreifenden Verständnisses zwischen dem ehemaligen Flüchtling und Gast Mose – und dem midianitischen Priester. Wenigstens für einen wunderbaren Moment waren »Israel« und »Midian« ein Herz und eine Seele.

ACHIM KUHN

Gott, wir leben in einer Gesellschaft, die christlich grundiert ist, aber kulturell immer verschiedener wird. Wir bitten dich, dass wir unseren Glauben als etwas Großes und Weites in unsere Gesellschaft und in den Dialog mit Andersgläubigen einbringen. Hilf, dass wir dies respektvoll und überzeugt, begeistert von unserem Glauben und achtsam für andere Glaubenserfahrungen tun. Gib uns dazu die nötige Weisheit.

Freitag, 28. Juni — Exodus/2 Mose 18,13–27

Burn-out-Prophylaxe à la Jitro

Eine Geschichte wie aus dem Management-Lehrbuch: Mose droht ein Burn-out. Ihm ergeht es wie vielen heutigen Menschen: Man ist begabt, gut ausgebildet und hoch engagiert. Der Beruf macht Riesenspaß und bringt Erfüllung. Man spürt, wie man gebraucht und anerkannt wird. Man arbeitet gerne viel, brennt für seine Aufgaben ... Und dann wird es irgendwann halt doch zu viel. Die Fehlerquote nimmt zu, die Überlastung hat gesundheitliche Auswirkungen, sozial wird es schwieriger und aus gutem Stress wird zerstörerischer. Ein Burn-out droht. Gelobt sei Gott, wenn man dann rechtzeitig jemand an der Seite hat, der das erkennt, der einem Gutes rät – und auf den man hört.

So ist es bei Mose: Sein Schwiegervater Jitro sieht, wie erschöpft Mose ist; er hat ein gutes Verhältnis zu Mose und spricht mit ihm unter vier Augen. Sein Rat ist einfach und hilfreich; nicht: Arbeite einfach weniger, sondern: Du hast so viel Freude an deinen Aufgaben. Und du machst das sehr gut. Aber denk doch nicht, dass du alles allein schultern musst – es gibt noch andere fähige Leute. Konzentriere dich zukünftig auf das Wesentliche – auf die wichtigsten Fälle.

So sorgt Jitro für eine Win-win-win-Situation: Mose erleidet keinen Zusammenbruch, die Menschen sind dankbar für eine speditive Behandlung ihrer Probleme und fähige Menschen aus dem Volk werden zu Mitbeteiligten, übernehmen Verantwortung. Jitro ist wie ein guter Coach, der nun – da alles eingefädelt ist und gut läuft – von der Bühne abtritt. Mose bleibt der Herr über seine Verantwortung.

Was moderne Ratgeber empfehlen, das ist hier ein alter Hut; wir können immer wieder überraschend viel aus der Bibel lernen.

ACHIM KUHN

Gott, wir danken dir, wenn wir in unseren Tätigkeiten Erfüllung finden. Wir bitten dich, dass dort, wo wir in Routine erstarren, wir die Kraft haben, etwas Neues zu beginnen. Wir bitten dich, dass dort, wo wir vor lauter erfüllender Arbeit oder dem übergroßen Wunsch, alle Erwartungen zu erfüllen, leer laufen, wo ein Burn-out droht: dass wir das rechtzeitig erkennen, rechtzeitig kommunizieren und offen sind für größere hilfreiche Änderungen.

Befremdlich, oder?

Zwei Monate sind die großartigen Erfahrungen rund um die Befreiung aus Ägypten her. Das Volk »weiß«, dass es JHWH gibt; dass er ein mächtiger Gott ist; dass Mose mit ihm gesprochen hat. Aber bisher hatte das Volk noch keinen direkten Kontakt mit Gott. Das soll jetzt anders werden: Das Volk soll Gott begegnen – aber das braucht Vorbereitung. Denn die Begegnung mit JHWH kann nicht einfach so en passant laufen – nicht so, wie ein Neuzugezogener mal rasch bei den Nachbarn mit einem Glas Wein vorbeigeht, um sich vorzustellen. Sondern Gott schlägt auf dem Berg Sinai und im Gespräch mit Mose massive verbale Pflöcke ein; er tut dies in einem Dreischritt: Zunächst erinnert JHWH daran, was er alles für das Volk Israel getan hat. Nach diesem Vertrauen schaffenden, positiven Rückblick kommt die Forderung: Bleibt mir treu und hört auf mich. Und zuletzt kommt die Aussicht, die Belohnung: Die ganze Erde ist des Herrn, aber nur dieses Volk soll sein Volk sein.

Mose fungiert als Bote dieser dreiteiligen Nachricht – wobei der Akzent auf der Aussicht liegt. Das Volk ist einverstanden; die Spannung steigt, was Gott jetzt wohl als Nächstes will. Und Gott gibt Mose zuhanden des Volkes eine ganze Reihe an vorbereitenden Verhaltensvorschriften mit. Diese sind aus christlicher Perspektive, die die Gnade und die liebende Zuwendung Gottes betont, starker Tobak. Gott kommt hier nur fordernd-gesetzlich rüber. Wen befremdet das nicht!?

Aber das Befremden kann zur selbstkritischen Frage führen: Wir Christen und Christinnen haben Zugang zum gnädigen Gott über unser Vertrauen in Christus; ist das zu einfach, zu »billig«? Schätzen wir diesen Zugang ausreichend? Und wie machen wir das deutlich?

ACHIM KUHN

Gott, wir danken dir, dass wir einfach so zu dir kommen dürfen – auch ohne innere oder äußere Vorbereitung. Dass du ein Gott bist, der mich annimmt und mit mir spricht; ohne Druck, ohne Angst, ohne zu erfüllende Forderungen. Danke, dass Israel dein Volk ist, und dass wir Christ/innen ebenso dir zugehören dürfen. Hilf, dass wir beiden »Volksteilen« Sorge tragen.

Sonntag, 30. Juni — Psalm 73

Auf dem richtigen Weg

Asaf war eine Berühmtheit in Israel, weil er der Leiter der Tempelsänger war. Seine Psalmen, seine Lieder waren jedem bekannt. Er stand wohl in der ersten Reihe beim Gottesdienst im Tempel. Wer in der ersten Reihe steht, hat aber auch eine besondere Vorbildfunktion – das war also schon immer so. Daher ist es besonders erstaunlich, wie unverhohlen ehrlich Asaf mit Gott abrechnet und ihn ins Gebet nimmt. Man kann ihm nicht vorwerfen, dass er ein völlig weltfremder Mensch ist, im Gegenteil: Er geht mit offenen Augen durch die Welt und versucht das, was er sieht, mit seinem Gottesbild in Einklang zu bringen. Er kommt aber zu der erschütterten Erkenntnis: Den Frevlern geht es gut! Den Machthabern, Ausbeutern, Hochmütigen geht es viel besser als mir, dem Glaubenden, dem Gottesfürchtigen. Eine fast unendlich lange Litanei an Vorwürfen lesen wir in diesem Psalm. Und dann passiert das völlig Unerwartete: Asaf hält inne und erinnert sich an die Nähe Gottes in seinem Heiligtum – im Tempel, und seine Wut verwandelt sich in Lobpreis. Für jeden Glaubenden besteht immer die Gefahr, Gott aus dem Blick zu verlieren, trotz Bibellektüre und Gottesdienstbesuchen, das ist auch Asaf passiert. Er hat sich zu sehr mit seinen Befindlichkeiten beschäftigt und Gott außen vorgelassen. Und ich? Habe ich ihm überhaupt die Möglichkeit gegeben, mir zu begegnen? Habe ich seine Nähe zugelassen? Seine Liebe und Zärtlichkeit? Es ist immer mal wieder an der Zeit, die Alltäglichkeiten von sich zu werfen, auch die religiösen, und mich auf den Weg Gottes zu machen. Es gibt unendlich viele Möglichkeiten, Gottes Nähe zu erspüren beim Blick auf seine Schöpfung und beim Blick in mein Herz. Das Erkennen und auch Aushalten der Gegensätzlichkeiten, der Disharmonien im Glauben gehören dazu, dem Wesen Gottes immer näher zu kommen und sein Geheimnis zu erspüren. Im Beten des Asaf begegnen uns diese Anfechtungen und Zweifel; ihn führen sie wesentlich zum Vertrauen in Gott.

ALEXANDER WISCHNIEWSKI

Ewiger Gott, wir sehnen uns nach Gerechtigkeit. Hilf uns immer mehr zu verstehen, wohin deine Wege führen, um dir mit Vertrauen folgen zu können, denn du bist das Ziel unseres Lebens.

Exodus/2 Mose 19,16–25

Blitz und Donner – Schall und Rauch

Einmal Gott begegnen, das wäre es! Sich selbst ein Bild machen, wer Gott ist, seine Stimme mit eigenen Ohren zu hören. Wer mag dieser Gott sein, der Himmel und Erde so wunderbar geschaffen hat? Wie wäre es, ihm vielleicht ein paar Fragen stellen zu können: Warum setzt du dich so für uns ein? Warum haben wir manchmal das Gefühl, dass du uns nicht im Blick hast? Nun wird Gott dem Volk endlich erscheinen. Drei Tage haben sich die Israeliten intensiv darauf vorbereitet. Von Mose haben sie die Grenzen erklärt bekommen. Sie werden vor dieser Begegnung sehr aufgeregt gewesen sein. Dann ist der Moment endlich da – und er überfordert sie alle miteinander. Donnernd, gewaltig und laut kommt Gott auf dem Berg Sinai an. Schrecken breitet sich aus. Anstatt mit dem Volk in Kontakt zu treten, scheint es Gott vor allem darum zu gehen, alle außer Mose und seinen Bruder auf Abstand zu halten. Das gelingt ihm eindeutig. Für alle ist klar: Gott ist groß und mächtig! Sollte es auf dem ganzen Weg durch die Wüste jemals für das Volk Zweifel an Gottes Existenz gegeben haben, spätestens der Schall der Posaune hat diese vertrieben. Manchmal, gewiss nicht immer, braucht es Momente im Leben, die für Klarheit sorgen. Hier am Sinai wird Klarheit geschaffen: Gott ist Gott. Selbsterklärend offenbart er sich. Für die, die dabei gewesen sind, dürften alle Fragen zu dem Thema geklärt sein. Gottes Ausstrahlung ist unermesslich. Selbst aus der Distanz durch Raum und Zeit strahlt sie hindurch. Dem einem oder der anderen mag das heute zu mächtig oder zu gewaltig sein, es passt vielleicht nicht so recht in das eigene Gottesbild. Aber Gott ist eben Gott, ist der, der er ist! Er offenbart sich auf verschiedene Weise, bei Mose im brennenden Dornbusch, hier vor seinem Volk als ausbrechender Vulkan. Aber Gott ist durchaus mehr als Blitz und Donner, Schall und Rauch. Er hat seinem Volk – und auch uns heute – jede Menge zu sagen.

WIBKE KLOMP

Gott, wer bist du? Manchmal wünsche ich mir, dass ich dich von Angesicht zu Angesicht sehen könnte. Ich bitte dich, lass mich deine Nähe spüren.

Dienstag, 2. Juli — Exodus/2 Mose 20,1–21

Regeln für das Leben

Die Zehn Gebote gehören noch heute zum Lernstoff im Religionsunterricht in der Schule. Es sind uralte Regeln für das Leben und den Umgang miteinander. Nachdem Gott seinem Volk furchteinflößend gegenübergetreten ist, erklärt er, wer er ist und was er von den Seinen erwartet. Neben ihm gibt es keinen Platz für andere Gottheiten. Daran lässt er keinen Zweifel. Ja, er charakterisiert sich selbst als leidenschaftlich, eifersüchtig, aber auch barmherzig. Kurzum, ein Gott mit durchaus menschlichen Zügen. Aber eines ist klar: Dieser Gott ist auf eine Beziehung und ein Miteinander mit den Israeliten aus. Wer sich auf ihn einlässt, der wird sich definitiv auf ihn verlassen können. Gottes Ansprüche an sein Gegenüber sind dabei klar: Unter den Seinen wird weder getötet noch die Ehe gebrochen, gelogen oder gar gestohlen. Wenn einem Menschen etwas gehört, dann gehört diesem das. Den Kindern in der Schule gefällt diese Klarheit. »Wenn ich nicht stehlen soll und mich daran halte, dann kann ich ja davon ausgehen, dass ich selbst auch nicht von einem anderen bestohlen werde. Für ihn gelten doch dieselben Regeln. Dann ist doch eigentlich alles klar. Wozu noch braucht es dann abgeschlossene Haustüren?«, so einmal ein Viertklässler. Jedes Gebot, jede Forderung hat so gesehen auch eine andere, schützende Seite. Verlässliche Regeln für eine Gemeinschaft sind wohltuend. Sie schaffen einen Rahmen für ein gutes und respektvolles Miteinander und müssen nicht täglich neu ausgehandelt werden. Im Grunde schenken sie so Sicherheit, wenn nicht sogar ein Stückchen Freiheit. Ich muss mich nicht um mein Leben sorgen. Ich muss nicht immer auf der Hut sein – Gott behütet mich mit diesen Geboten auf eigene Weise.

WIBKE KLOMP

Guter Gott, du hast uns deine Gebote geschenkt. Wir danken dir dafür. Sie geben unserem Leben auch heute noch einen Rahmen für unser Miteinander.

Exodus/2 Mose 23,1–9 Mittwoch, 3. Juli

Worte aus dem Gestern für das Heute

Wie aktuell diese Worte doch sind! Prägnante Regeln, die sich gegen Korruption und Fremdenfeindlichkeit, Hetze und Verleumdung wenden. Allesamt Probleme unserer Zeit, viel diskutiert – mit neuen Dimensionen durch die sozialen Medien. Im Grunde kaum zu glauben, dass sie aus einer der ältesten Sammlungen von Weisungen im Alten Testament stammen. Da sie als Gottesrede eingeführt werden, gibt es für die damaligen Adressaten gewiss keinen Zweifel an ihrer Gültigkeit. Ganz konkret benannt wird, wie man sich zu verhalten hat. Das mag dem einem oder der anderen als »Klein-Klein« erscheinen. Aber anscheinend braucht es genau das, um die Grundlagen für ein gutes Zusammenleben aller Menschen sicherzustellen. Der Wertekanon arbeitet dabei mit Bildern, die den Leser auf die eigene Bedürftigkeit und Verletzbarkeit verweisen. Handle darum anders! Von Menschen, die einander spinnefeind sind, wird darum erwartet, dass sie sich gemeinsam um ein Tier in Not kümmern. Eines hat sich verirrt, ein anderes ist unter der Last zusammengebrochen. Denk daran, das könnte auch dir passieren! Es könnte dein Tier sein, ja, es könnte dir selbst wie dem Tier ergehen. Lass dich nicht bestechen, gehe ehrlich durch dein Leben. Wie wahr! Beim Fremdenhass wird an das eigene Fremdsein erinnert. Selbst, wenn man nicht zu der Generation gehört, die aus Ägypten herausgeführt wurde, dürfte doch jeder Fremdheitserfahrungen in sich tragen, wenn er ein wenig nachdenkt. Wie fühlte es sich an, als man gerade neu in der Stadt war, wie war es, als man »die Neue« auf der Arbeit gewesen ist? Das mag schon lange her sein, ist aber tief in uns als Erfahrung abgespeichert. Diese wieder wachzurufen, könnte den einen oder die andere motivieren, auf einen Neuling zuzugehen und sich für ihn und seine Geschichte zu interessieren.

WIBKE KLOMP

Guter Gott, öffne unser Herz für ein gutes Miteinander. Lass uns ehrlich miteinander umgehen und immer wieder neu deine Gerechtigkeit suchen.

Donnerstag, 4. Juli — Exodus/2 Mose 23,10–19

Heilsame Unterbrechung

Es war jedes Jahr das gleiche Bild. Auf dem Weg in die Sommerferien fuhren wir mit dem Auto an unendlichen Feldern mit Getreide vorbei. Goldbraun glänzten sie in der Sonne, der Wind zauberte leichte Wellen hinein. So fühlen sich für mich bis heute Sommerferien an. Ich habe die Bilder meiner Kindheit in der Tschechoslowakei immer noch deutlich vor Augen. Mit Hochdruck wurde in den darauffolgenden Tagen und Wochen auf den Feldern gearbeitet, mit riesigen Maschinen wurde die Ernte eilig eingefahren. Jedes Jahr das gleiche Bild, jedes Jahr das gleiche Getreide. Nie gab es eine Ruhephase, nie gab es Wechsel. Manchmal war es sogar so, dass die Ernte bei strömendem Regen eingefahren wurde, damit der Fünfjahresplan der Partei erfüllt wird. »Ohne Gott und Sonnenschein bringen wir die Ernte ein.« Ein Sabbatjahr für das Land – undenkbar.

Das komplette Gegenteil habe ich in meiner alten Gemeinde auf der Schwäbischen Alb erlebt. Das Mesnerehepaar hatte nebenbei noch etwas Land. Ein Teil davon ließen sie jedes Jahr stehen. Es gab keinen Ertrag, der Gewinn einbrachte. Im Gegenteil: Sie säten Blumensamen aus. Das ganze Jahr über gab es frische Blumen, die zu unterschiedlichen Jahreszeiten blühten. Diese Blumen waren für den Gottesdienst bestimmt. Jeden Sonntag frische Blumen vom Feld. Im Sabbatjahr des Feldes erblühte das Opfer für den Gottesdienst. Den Gottesdienst am Sonntag machten sie mit ihren Blumen immer wieder zu einem kleinen Fest.

Sabbatjahr, Sabbat, Sonntag, Feiertag. Das Leben braucht Auszeiten und Ruhezeiten, wo das Funktionieren unterbrochen werden darf. Tage, an denen die Seele zur Ruhe kommt und sich erholen darf. Kleine Oasen mitten im Trubel. Zeit, um zu ruhen und zu hören. Nur für heute will ich das tun!

MAGDALENA SMETANA

Himmlischer Vater, hilf mir, wenn meine Gedanken mich wieder in Beschlag nehmen und ich nicht zur Ruhe kommen kann. Lass mich die Kraft spüren, die aus Pausen und Auszeiten entstehen kann. Schenke mir Geduld und Liebe, dass ich gnädig mit mir umgehe. Segne mein Tun und mein Lassen.

Exodus/2 Mose 23,20–33 — Freitag, 5. Juli

Wegbereiter

»Jedes Kind braucht einen Engel, der es schützt und der es hält. Jedes Kind braucht einen Engel, der es auffängt, wenn es fällt«, so singt Klaus Hoffmann im gleichnamigen Lied. Ja, Engel sind beliebte Wesen. Es gibt unzählige Bilder und Darstellungen. Meistens weiß mit goldenen Locken und Pausbacken. Sie zieren Grabstätten, Geschäfte und Fensterbänke. Eine Umfrage aus dem Jahr 2005 hat ergeben, dass mehr Menschen an Engel glauben als an Gott.

»Siehe, ich sende einen Engel vor dir her, der dich behütet auf dem Wege!« (V. 20) ist eine der beliebtesten Bibelstellen, die als Taufspruch ausgewählt werden. Eltern wünschen sich für ihre Kinder eine gute Macht an ihrer Seite, die sie behütet und beschützt. Einen Schutzengel – im wahrsten Sinne des Wortes. Doch der Engel in der heutigen Bibellese ist mehr als nur ein passiver Zuschauer und Beschützer. Im weiteren Text heißt es: »Hüte dich vor ihm und gehorche seiner Stimme …«, und dann werden Widersacher und Feinde aufgezählt, die das Leben bedrohen. Das ist nichts Überraschendes. Damals wie heute gab es Widersacher, die das Leben bedrohen. Heute haben sie nur andere Namen. Der biblische Engel soll durch diese Gefahren führen und begleiten. Und noch viel mehr. Er soll ein Bote und die Stimme Gottes sein. Eine Stimme, die Klartext spricht, die Zustände benennt, mahnt und kritisch ist. Eine Stimme, die aber auch Mut macht, Gott einen Raum zu geben, auf ihn zu hören. Gott geht unsere Wege im Leben mit. Manchmal spürbar, manchmal weniger. Doch gerade dann, wenn das Leben schwer ist, wenn Widersacher und Feinde uns bedrohen, ist er uns ganz nah. Als Stimme, als Begleiter, als Mahner, als Beschützer. Als Engel. Ich gestehe, dass ich diesen Vers in dieser Kürze mag. Er gibt mir ein Gefühl, aufgehoben zu sein. Gerade in diesen Zeiten.

MAGDALENA SMETANA

Gott, du Ewige, sei die Stimme, die mir Mut macht, die mich herausfordert, die mich tröstet. Begleite mich heute auf meinen Wegen und halte mich in deiner Liebe geborgen.

Samstag, 6. Juli Exodus/2 Mose 24,1–18

Himmel begegnet Erde

Für besondere Handlungen gibt es besondere Orte. So geben sich auf dem Standesamt zwei Menschen das Versprechen, füreinander da zu sein. Beim Notar werden Kaufverträge abgeschlossen und im Büro der Chefin der Arbeitsvertrag unterschrieben. Und häufig gibt es anschließend ein Glas Sekt oder sogar ein festliches Essen. Wichtige Verträge brauchen einen besonderen Rahmen, eine besondere Zeremonie, sie werden nicht einfach im Vorbeigehen geschlossen. Sie werden zelebriert und gefeiert. Festlich umrahmt.

Die Bibel kennt auch einen solchen Ort – den Berg Sinai, ein besonderer Berg. Nach dem Auszug aus Ägypten und der Erfahrung der Befreiung und Rettung am Schilfmeer, nach einer langen Wanderung durch die Wüste, lagert sich das Volk Israel am Sinai. Es ist ein heiliger Berg, so als wenn Gott dort seinen Sitz hat. Ein Ort der Erfüllung, der Sicherheit, des Ankommens. Ein Sehnsuchtsort. Hier erhielt Mose von Gott die 10 Gebote. Hier schließt Gott einen Vertrag, einen Bund mit seinem Volk.

Und dann befiehlt Gott Mose, noch einmal auf den Berg zu steigen und auserwählte Menschen aus dem Volk mitzubringen. Schwarz auf weiß sollen die Gebote feierlich übergeben werden. In Stein gemeißelt. Mit allem, was dazu gehört. Sie aßen und tranken mit Gott. Sie feierten mit ihm eine Gemeinschaft. Was für eine einzigartige und mystische Szene, die von Unglaublichem berichtet. Mose und seine Begleiter dürfen Gott schauen. Und nicht nur das. Sie feiern mit Gott eine glanzvolle und intensive Gemeinschaft. Eine irdische und himmlische Geschichte zugleich. So banal und doch so existenziell: geistig und leiblich gestärkt werden. So fühlt sich das an, wenn Gott nahe ist. Wie ein Glitzern des Himmels im Alltag des Lebens. Das will ich immer wieder erleben und spüren. Mit Gott Gemeinschaft haben. Glanzvoll und erfüllend.

MAGDALENA SMETANA

Gott, bleibe an meinem Tisch, in meiner Nähe, in meinem Leben. Gerade dann, wenn nichts mehr glänzt und leuchtet. Wenn ich mich einsam und verlassen fühle. Stärke du mich an Leib und Seele.

Inspektion einer Liebesbeziehung

Spricht der Beter in Vers 1–6 von einer beglückenden oder einer erdrückenden Nähe Gottes in allen seinen Lebenslagen? Darüber geht seit jeher der Streit der Ausleger. Man achte auf die Sprache von Vers 5: Der Hebräer hat für die starke, unter Umständen gewaltübende Hand das Wort *jad*, für die gewölbte Hand, die sich, segnend, schützend zum Beispiel über einen Kopf legt, das Wort *kaf* (Gen 48,14.17 u.a.). Letzteres verwendet der Psalmist in Vers 5b: »Du hast auf mich (schützend, meine Befindlichkeit abfühlend) deine Hand gelegt.« In Vers 7–12 dagegen meditiert er die Erfahrung, dass Gott ihn immer wieder an seine starke Hand (jad) nahm, um ihm einen Weg zu weisen (V. 10) – gerade dann, wenn ihn Selbstisolierungstendenzen bis hin zu Selbsttötungsgedanken an den Rand des Lebens getrieben hatten.

In Vers 13–15 vergleicht der Psalmist die Mitwirkung des Schöpfers an seinem Werden im Mutterleib mit dem Buntwirker, der mit der Nadel die Stoffe kunstvoll verziert (V. 15; vgl. Ex 26,36; 27,16 u.a.). Dass er sein Leben so verstehen darf – vor diesem Wunder steht er ehrfürchtig, ja fassungslos. Verse 16–18 sind ein kleines architektonisches Kunstwerk. Die Rahmenverse 16a und 18b bilden es förmlich ab: Unser Leben erstreckt sich nicht zwischen Wiege und Bahre, sondern in einem weit gespannten Bogen vom vorgestellten Embryo (V. 16a: »Schon, als ich noch ein Klümpchen war ...«) bis zum Erwachen aus dem Todesschlaf (so das hebräische Verb in V. 18b)! Das vermeintliche Ende klärt sich zum Anfang eines neuen Lebens bei Gott. Es gibt ein Leben vor der Geburt und es gibt ein Leben nach dem Tod, mehr noch: Schon vor der Geburt und auch nach dem Tod ist ein Mensch im liebenden Blick seines Schöpfers! Dies auch an allen dazwischen liegenden irdischen Tagen, wie es die Verse 16b–17 im Bilde eines Planungsbuches vorstellen: Gott hat seine kostbaren Pläne und Ideen mit mir für jeden Tag meines Erdendaseins skizziert, noch ehe ich das Licht der Welt erblickte.

WERNER GRIMM

Ewiger, lass uns in jeder Stunde unseres irdischen Lebens deine bergende Hand fühlen, aber auch deine starke Hand, wo wir der Aufrüttelung und Führung bedürfen.

Montag, 8. Juli — Exodus/2 Mose 25,1–22

Bauplan für ein Heiligtum

Eine Bauanleitung inklusive Materialbedarf, künstlerischer Ausgestaltung und Finanzierungsplan. Mitten in einem der wichtigsten Bücher der Bibel. Wie ein Architekt zeigt sich Gott hier dem Mose.

Gott möchte unter den Menschen wohnen, schreiben die Autor/innen des Exodusbuches. Dafür braucht Gott so etwas wie ein Zuhause, einen heiligen Ort. Kostbar soll das Heiligtum sein, kunstvoll verziert. Und mobil. Denn Gottes Heiligtum soll das Volk Israel überallhin begleiten – besonders auf seinem Weg durch die Wüste. Diese Mobilität unterscheidet es von einem an einen bestimmten Standort gebauten, fest stehenden Gebäude.

Finanziert wird das Vorhaben aus Spenden. Nicht durch eine Steuer oder verpflichtende Abgabe soll das Kunstwerk bezahlt werden. Einige der aus Ägypten Geflohenen haben mehr als die anderen. Sie werden gebeten, freiwillig und von Herzen zu geben.

Die Aufzählung der benötigten Gegenstände zeigt, welche Materialien zur damaligen Zeit als besonders wertvoll galten: Edelmetalle wie Gold, Silber und Kupfer, die violette und rote Farbe von Purpurschnecken und Schildläusen, Tierfelle, Stoffe aus Muschelseide und Ziegenhaaren und schließlich das edle, sehr robuste und widerstandsfähige Holz der Akazie. Den allerkostbarsten Ort soll Gott bekommen. Weil die Beziehung zwischen Gott und Volk eine so unendlich wertvolle ist.

Wäre es nicht sinnvoller, diese Reichtümer zur Bekämpfung von Hunger und Armut einzusetzen, fragen wir uns nicht nur heute. Während in alltäglichen Zusammenhängen Gold als Zeichen für materiellen Reichtum gilt, steht es in der theologischen Symbolsprache oftmals für Gott selbst, für Gottes Glanz, für Gottes Gegenwart. So zeigt die geplante Lade schon in ihrem Äußeren: Hier geht es um das Wertvollste des Volkes Israel. In seinen Herzen trägt es seine Beziehung zu Gott, zum Anfassen und Anschauen trägt es für alle sichtbar dieses kostbar verzierte Heiligtum.

ANDREA REHN-LARYEA

Gott, trage mich wie fester Boden aus Akazienholz. Umgib mich sanft wie kostbare Seide. Lasse mein Gesicht strahlen durch deinen Glanz. So begleite mich auf meinen wüsten Wegen.

Exodus/2 Mose 31,18–32,14

Ein selbstgemachter Gott

Das dauerte ihnen einfach zu lange. Wo blieb Mose? Und was war mit seinem ungreifbaren Gott, der ja noch nicht einmal einen richtigen Namen hatte? Und überhaupt: In Ägypten war sowieso alles besser!

Worte und Geschichten hatten sie von diesem Gott. Aber das reichte ihnen nicht. Vergessen die Erfahrung der Rettung. Vergessen die zuverlässige Begleitung. Vergessen die Verheißung einer großen Zukunft. Das Volk Israel brauchte etwas Handfestes. Jetzt! Etwas, an dem sie sich buchstäblich festhalten konnten. Her musste ein Gott, den sie sehen und anfassen konnten. Gold, ihren äußerlichen Reichtum, gaben sie dafür und verabschiedeten sich damit zugleich von dem Wertvollsten in ihrem Inneren: ihrem Vertrauen auf den unsichtbaren, aber lebendigen Gott.

Aaron machte mit. Vergessen der Auftrag von Mose und damit von Gott, für das Volk gut zu sorgen. Stiere als Götzenbilder gab es in ihrem Umfeld. Das kannten sie. So etwas wollten sie auch. Doch aus dem eingeschmolzenen Gold heraus kam nur ein Figürchen: ein schmächtiges Kalb, kein starker Stier. Die polemische Beschreibung dieser Kultfigur deutet bereits an: Das trägt nicht. Denn hier geht es nicht um Gott selbst, sondern um ein Gottesbild in Eigenbau.

Dass es von Gott nicht mehr gibt als überlieferte Worte und Geschichten, ist schwer auszuhalten. Christinnen und Christen haben mit Worten verbundene Zeichen und Symbole, um sich die Gegenwart Gottes vor Augen zu führen. Wasser, mit dem übergossen wird, Brot zum Essen, Wein zum Trinken. Um Gemeinschaft zu erfahren, untereinander und mit denen, die zu anderen Zeiten intensive Erfahrungen mit Gott gemacht haben. Und um jetzt Gemeinschaft zu erfahren mit Gott in der Mitte.

Mose wird später Steintafeln mitbringen von seinem Gespräch mit Gott. Worte zum Anfassen. Worte zum Mittragen, um sich zu erinnern, dass letztlich Gott trägt. Weil ein selbstgemachtes, erfahrungsleeres Götzenbild das eben nicht leistet.

ANDREA REHN-LARYEA

Du »Ich-bin«: Bewahre mich davor, mir ein fixes Bild von dir zu machen. Schenke mir Geduld, darauf zu warten, dass du selber zeigst, wer du bist und wo und wie.

Pubertierendes Volk

Ein großes Durcheinander in diesem Abschnitt aus dem Buch Exodus und viele Gegensätze: unten das Volk Israel mit Aaron als stellvertretender Leitung – oben auf dem Berg Mose im Gespräch mit Gott, 40 Tage schon. Mitten im Volk ein umtanztes Figürchen aus Gold auf einem Sockel – in Moses Händen Worte auf Tafeln aus Stein. Gott schreibt Mose und dem Volk die 10 Gebote auf – obwohl sie die doch eigentlich längst kennen. Mose kann Gott davon abbringen, das Volk auszulöschen – lässt dann aber selber 3000 Männer ermorden.

Was für ein Chaos! Die Party ist vorbei und so vieles jetzt zerstört. Familien sind kaputt, weil Menschen sterben mussten. Die Einheit im Volk ist entzweit. Zerrissen der zarte Bund zwischen Gott und Volk.

Zerbrochen auch die Tafeln, auf denen Gott mit eigener Hand geschrieben hatte. Sie stehen wie handgreifliche Symbole dafür, dass mehrere von Gottes Geboten in diesem Moment gebrochen werden: Ein Bildnis von Gott hatte sich das Volk gemacht. Aaron lügt und schiebt jede Verantwortung von sich. Mose befiehlt zu töten.

Ein bisschen ist es wie in den Anfangstexten der Bibel. Gott macht alles schön, die Menschen mittendrin. Und dann möchten die Menschen selber machen. Das gehört zum Erwachsensein dazu. Aber es geht schief. Doch anstatt dazu zu stehen, leugnet Adam, leugnet Aaron. Menschen sind so.

Auch Mose kann anscheinend nicht aus seiner Haut. Eben noch hat er Gott besänftigen können, das Volk nicht zu vernichten, da vergisst er sich und wird zum Richter über Leben und Tod – wie schon früher, als er den Ägypter ermordete.

Nur Gott ist anders. Gott lässt sich umstimmen. Der Bund gilt weiter, trotz allem. Gottes Verheißung bleibt ebenso bestehen wie seine Treue. Neue Tafeln wird es geben. Mose muss sie auf Anweisung anfertigen, das gebrochene Volk die Scherben zusammenkehren.

Erst mussten Adam und Eva als erste Menschen lernen, Verantwortung zu übernehmen, jetzt eine zusammenwachsende Gruppe. Doch immer wieder gibt Gott dafür neue Chancen, für jede einzelne Person, für sein ganzes Volk, für mich.

ANDREA REHN-LARYEA

Gott, sei bei uns, in unserem Chaos.

Gott hält seinen Zorn im Zaum

Es gibt Erfahrungen im Leben von uns Menschen, die sind verstörend. Sie lassen uns beschämt zurück. Wenn im Rückblick davon erzählt wird, scheinen Chronologie und Hergang durcheinander. Die einzelnen Erzählstränge gehen nicht ineinander auf, ja, manchmal widersprechen sie sich gerade. So scheint es auch bei den Schilderungen der Konsequenzen, die die Schaffung des Goldenen Kalbes für das Volk Israel hatten. In immer neuen Anläufen wird das Geschehen versucht zu erklären und einzuordnen.

Erneut tritt Mose als Mittler auf. Er setzt sich bei Gott für das Volk ein und bittet um Vergebung. Er nimmt sogar stellvertretend für das Volk alle Schuld auf sich. Doch Gott weist das Ansinnen zurück: Jede/r ist für das eigene Tun verantwortlich. Er erinnert Mose an den Auftrag, das Volk ins Gelobte Land zu führen. Der Engel Gottes soll vor ihm hergehen. »Und der Herr schlug das Volk.« Diese Erfahrung konnten wohl nicht alle so stehen lassen. In einem weiteren Erzählfaden wird geschildert, dass Gott zu seiner Verheißung steht, die er Abraham, Isaak und Jakob gegeben hat, das Volk ins Land zu führen. Der Engel Gottes wird dem Volk vorausziehen, denn Gott muss sich selbst im Zaum halten. Er nimmt sich zurück, hält Abstand zum Volk, dass sein Zorn nicht über die Israeliten entbrenne. Diese Ankündigung lässt das Volk mit Schrecken und Scham zur Besinnung kommen. Erst jetzt scheint ihnen klar geworden zu sein, was sie mit dem Götterbildnis angerichtet haben. Dass sie, statt dem lebendigen Gott zu vertrauen, ihre Hoffnung auf ein selbstgemachtes Götterbild setzten. Doch Gott hält seinen Zorn im Zaum und lässt sich von ihrer Reue erweichen und gibt eine neue Chance.

Wie ein roter Faden zieht sich durch die Geschichte Gottes mit uns Menschen das Ringen um einen gnädigen Gott. Bis heute leben wir davon, dass Gott sich immer wieder erweichen lässt und seinen Zorn im Zaum hält.

BÄRBEL KOCH-BAISCH

Lass uns erkennen, wo wir fehlgegangen sind, und bereuen. Kyrie eleison.

Freitag, 12. Juli — Exodus/2 Mose 33,7–11

Im Hören zeigt sich Gott

Nach diesen verstörenden Erfahrungen sucht Mose die Begegnung mit Gott. Mose ist verunsichert. Wo ist Gott in all diesem Hin und Her, zwischen gegenseitigem Vertrauen und Befremden? Gott erneuert seine Verheißung und gleich darauf beschimpft er das Volk als halsstarrig und will es ausrotten. Mose hat allen Grund zu fragen: Was ist los mit Gott in dieser Welt? Gilt sein Auftrag an mich noch? Das Bild, das Mose von Gott hatte, ist erschüttert. Er sucht die Begegnung mit Gott.

Außerhalb des Lagers, in Abgeschiedenheit, baut Mose das Zelt der Begegnung auf. In einem eigens geschützten Raum sucht Mose die Begegnung mit Gott. Und Gott zeigt sich – indem er sich verbirgt. In einer Wolkensäule kommt er den Menschen nahe. So nimmt das Volk die Begegnung wahr. Schwebend, geheimnisvoll, flüchtig. Wieder übernimmt Mose die Mittlerrolle. Er betritt das Zelt und Gott redet mit ihm. Und es heißt, dass Gott mit ihm redet, wie ein Freund mit einem Freund redet. Das berührt mich und weckt Sehnsucht. So nahe kann der unnahbare Gott einem Menschen kommen: von Angesicht zu Angesicht. Näher geht nicht. Wer sein Angesicht einem anderen zuwendet, der zeigt sich. Er hält sich nicht verborgen. Im Angesicht eines anderen kann man »lesen«. Man sieht, was der andere von einem hält, wie er einem begegnet. Ein Angesicht ist lebendig. Es verändert sich. Es kann strahlen und sich verfinstern. Gott zeigt sich dem Mose, indem er mit ihm redet. Er zeigt sich in seinem Wort. Im Gespräch. Im Hören auf Gott kann Mose Gott erkennen – als Freund. Als einen, der ihm nahesteht. Der ihm wohlgesonnen ist. Die Begegnung zwischen Gott und Mose im Zelt ist so bewegend, dass selbst das Volk in Bewegung kommt. Da hält es sogar die anderen aus dem Volk nicht mehr auf ihren Plätzen. Sie nehmen Anteil am Gespräch, am Gebet des Mose. Sie werfen sich nieder und treten so in gewissem Sinn mit vor Gott.

Mose sucht Vergewisserung für den weiteren Weg. Orientierung für die nächsten Schritte, für seinen Auftrag, das Volk zu führen.

BÄRBEL KOCH-BAISCH

In unsicheren Zeiten komm du, Gott, mir nahe in deinem Wort. Lass mich hören und mein Herz fest werden, dass ich zuversichtlich meine Wege gehen kann.

Exodus/2 Mose 33,12–23   Samstag, 13. Juli

Nur im Nachhinein

Wir Menschen sind Augenmenschen. Wir glauben nur, was wir sehen. Auch Mose glaubt an die Macht der Augen und Bilder. Mose will Gott sehen: »Lass mich deine Herrlichkeit sehen.« Er möchte wissen, wer das ist, der ihn treibt und drängt. Wer ihn da ruft und nicht in Ruhe lässt. Er will es endlich wissen. Längst ist ihm alles zu viel geworden. Sein Auftrag, das Volk in ein freies Land zu führen. Hat das alles überhaupt noch Sinn? Er wünscht, Gottes Angesicht zu sehen, um zu wissen, wie Gott jetzt zu seinem Volk steht, das ihm untreu geworden ist. Er will Gott von Angesicht zu Angesicht sehen, um sicher sein zu können, dass Gott das Volk nicht in der Wüste sich selbst überlassen wird. Er möchte es aus Gottes eigenem Mund hören, von seinem Gesicht ablesen können. Mose braucht eine Bestätigung: »Lass mich deine Herrlichkeit sehen.« Er braucht endlich Klarheit, woran er sich bisher in seinem Glauben geklammert hat. Mose erhält eine Antwort. Aber anders als erhofft. »Siehe, es ist ein Raum bei mir …« Nur in einer Schutzhöhle, unter Gottes Schutzhand darf Mose Gottes Nähe erfahren. Und in diesem Schutzraum gibt es dann etwas zu sehen: »Ich will … all meine Güte vorübergehen lassen.« Alles Schöne und Gute, alles, was das Leben reich macht und erfüllt, das kann Mose hinterher sehen. So kann Gott geschaut werden. Im Wahrnehmen seiner Spuren, die er hinterlässt. Im Sehen hinter ihm her. Im Nachhinein.

Vom dänischen Schriftsteller und Theologen Søren Kierkegaard gibt es den Ausspruch: »Das Leben kann nur vorwärts gelebt, aber es kann nur rückwärts verstanden werden.« Mose möchte verstehen und wissen, was auf ihn und das Volk zukommt, möchte wissen, was kommt, wie es wird, und vor allem, ob alles gut geht. Er möchte vorher wissen, worauf er sich einlässt, um die vor ihm liegende Wegstrecke besser überblicken zu können.

Die Antwort, die er darauf bekommt: Im Nachhinein, im Rückblick sehen wir in unserem Leben Spuren des Guten, Spuren Gottes.

BÄRBEL KOCH-BAISCH

Im Rückblick auf mein Leben erkenne ich voll Dankbarkeit das Gute und Schöne, das mir geschenkt wurde. Voller Zuversicht gehe ich in die Zukunft, die vor mir liegt, wie ein offenes Land.

Sonntag, 14. Juli · Psalm 119,25–32

Gottes Wort durchbuchstabieren

Ein Beter buchstabiert – im wahrsten Sinne des Wortes – durch, welche Bedeutung für ihn die Tora, die Weisung Gottes hat. An den 22 Buchstaben des hebräischen Alphabetes entlang meditiert er das Wort Gottes. So wird der längste Psalm der Bibel zu einem Herzensgebet der Nähe und Weite Gottes. Mit großem innerem Vertrauen und tief empfundener Freude begegnet der Psalmist seinem Herrn, der für ihn selbst Lehrer seiner Gesetze ist. Er blickt staunend auf Gottes Wunder, auf seinen eigenen Glaubensweg und auf die Gegenwart Gottes in seinem Leben und in der Welt. Ganz stellt er sich unter das Wort der Tora. Sobald ihn eine leise Ungewissheit an Gottes Weisung überkommt, vertraut er sich ihm sofort bittend an. Es ist fast ein wenig viel, fast zu schön, um wahr zu sein. Ein klein wenig beneide ich ihn um dieses nahezu uneingeschränkte Gottvertrauen und fühle mich ertappt in meinem Kleinglauben, der mich so manches Mal überkommt. Meine Gedanken schweifen umher. Ich denke an Jesus, der sich wohl diese Verse zu eigen gemacht und sein Herz weit geöffnet hat für die Menschen, die ihm begegnet sind. Menschen, die nach Trost und Heil suchten. Er hat die Weisungen Gottes, wie der Psalmist, nicht als einengend, bedrückend und autoritär empfunden, sondern als Richtschnur für freies und gelingendes Leben. Vielleicht hilft es mir, Gottes Wort ebenso durchzubuchstabieren wie der Dichter des Psalms: die Worte beim Lesen auf der Zunge zergehen zu lassen, zu verkosten, zu spüren und zu schmecken. Werde ich dann merken, was Gott von mir möchte, was sein Plan für mich ist in meinem Leben? Wohin er mich führt auf seinem Weg? Der Ewige hat Gutes mit mir und dir vor. Er, der mich und dich von Herzen liebt, will mein und dein Herz weit machen!

ALEXANDER WISCHNIEWSKI

Lehr mich den Weg zum Leben, führ mich nach deinem Wort, so will ich Zeugnis geben von dir, mein Heil und Hort. Durch deinen Geist, Herr, stärke mich, dass ich dein Wort festhalte, von Herzen fürchte dich.

Exodus/2 Mose 34,1–10   Montag, 15. Juli

Gott erinnern helfen

Als der HERR an Mose vorüberging: Wer rief denn da? Die Einheitsübersetzung kommt dem hebräischen Text am nächsten und stimmt mit der jüdischen Tradition überein: Gott selbst ruft: »Herr, Herr, Gott! Du bist reich an Barmherzigkeit …«

Warum das der jüdischen Tradition wichtig ist? Weil Gott selbst dem Mose das Beten beibringt. Das wird wichtig in den Situationen, die Mose noch mit seinem Volk durchmachen muss, in denen das Volk versagt und in denen Mose auf dieses von Gott gelehrte Gebet zurückgreifen kann (Num 14,17–19). Mit dem Gebet erinnert er Gott an seine eigene Natur. Sinngemäß sagt Mose: »Hast du nicht gesagt, dass du barmherzig bist, Gott? ... Dann halte dich auch daran! Du weißt doch, dass wir Menschen kläglich versagen, immer wieder.« Gott an seine eigenen Worte erinnern, sie ihm vorhalten, wenn wieder einmal droht, dass alles den Bach runtergeht, wenn wieder einmal droht, dass die Welt zugrunde geht.

Bei allen Tafeln und Geboten, die da als Richtschnur fürs Leben angeboten werden: Menschen werden sie immer wieder übertreten. Wir werden immer auf Gnade, Barmherzigkeit angewiesen sein, damit wir neu anfangen können. Besonders deutlich wird das, wenn wir Krieg und Klimakatastrophe vor Augen haben.

Bei allen Versprechungen, die Gott uns macht, wir Menschen erleben manchmal Situationen, die uns sprachlos machen, in denen wir uns nicht vorstellen können, dass das ein gnädiger Gott zulässt. Besonders deutlich wird das, wenn geliebte Menschen viel zu früh sterben.

Dann können wir ihn mit seinen eigenen Worten trotzig erinnern. Hast du nicht selbst einmal gesagt, dass du barmherzig bist und dass du treu bist?

Gott an seine Worte erinnern, heißt an ihn glauben wollen. Haben wir etwa einen anderen Grund für eine beständige Hoffnung? Ich sehe keinen. Gott an seine eigenen Worte erinnern, heißt: Wir wollen den Glauben an ihn nicht verlieren.

MICHAEL SCHÄFER

Barmherziger Gott, lehre mich beten. Stärke mich mit deinen Worten und mache mich beweglich und lass mich ein Zeichen sein dafür, dass du barmherzig, geduldig und langsam zum Zorn bist.

Dienstag, 16. Juli — Exodus/2 Mose 34,27–35

Es gibt nichts Gutes, außer man tut es

Die ersten Tafeln liegen zertrümmert auf dem Sinaiberg. Mose hat sie nicht nach unten zum Volk gebracht. Das tanzte gerade um das Goldene Kalb. In der jüdischen Tradition waren die ersten Tafeln aber auch zu heilig für die Erde: Immerhin diese Tafeln hatte Gott selbst zugehauen und (!) beschriftet (Ex 32,16). Manche Dinge sind einfach zu heilig, als dass sie Bodenhaftung bekommen können.

Die zweiten Tafeln, von denen unser Kapitel erzählt, sind von Gott beschriftet und von Mose zugehauen. Sie sind nicht mehr so heilig. Sie gelangen bis zum Volk. Erst die Partnerschaft zwischen Gott und Mensch macht es den Menschen möglich zu begreifen und anzunehmen, was Gottes Willen ist für die Welt, und diese Partnerschaft verändert den Menschen. Menschen werden verändert nicht durch das, was sie bekommen, sondern durch das, was sie tun.

Erst hier, so die Rabbinen, erscheint die sichtbare Veränderung, der Glanz auf Moses Angesicht. Die Geschichte erzählt auch davon, wie Gott nicht mehr alles kontrolliert, sondern wie er den Menschen in Stand setzt mitzuarbeiten.

Im Epheserbrief (2,10) finde ich den wunderbaren Vers: »Denn wir sind sein Werk, geschaffen in Christus Jesus zu guten Werken, die Gott zuvor bereitet hat, dass wir darin wandeln sollen.« Wir, die Geschöpfe, die Kinder Gottes, sind brauchbar und alles ist bereit. Auch die guten Werke liegen bereit, getan zu werden. Von jeher ist angelegt, dass wir Partner/innen Gottes sind. Alles ist vorbereitet.

Erich Kästner kommt jetzt ins Spiel: »Es gibt nichts Gutes, außer man tut es.« Was hindert mich, das Gute zu tun? Gott will die Partnerschaft mit seinen Menschen, er will das Zusammenspiel zwischen Himmel und Erde, zwischen Glanz und Staub.

Gut reformiert möchte ich den Grund allen Handelns hervorheben: die Dankbarkeit für alle guten Gaben. Ich erinnere mich gerade jetzt im Sommer an das Lied: »Geh aus mein Herz und suche Freud … an deines Gottes Gaben.« Bin ich dankbar für die guten Werke, die Gott in mir schuf?

MICHAEL SCHÄFER

Barmherziger Gott, ich danke dir von Herzen für alles, was du mir schenkst. Mach mich auch heute bereit für diese Gaben. Ich freue mich, dass du mich brauchbar findest.

Exodus/2 Mose 35,4–29

Vielfalt der Gaben

Das Heilige ist da und es braucht Unterschlupf, aber nicht irgendeinen. Es muss aus dem Besten sein, was die Menschen gesammelt haben. Und: Es muss »Herz bewegt« gegeben werden.

Das Volk, das gerade erst als Sklavenvolk den mächtigen Ägyptern entkommen ist, hat erstaunlicherweise eine ungeheure Menge und Vielfalt an Schätzen. Davor waren schon die ziemlich eintönigen Goldschätze beim Goldenen Kalb zu »bewundern«, jetzt aber kommen sie in einer Vielzahl und Buntheit zum Vorschein, die mich wirklich erstaunt und erfreut.

Wäre das nicht traumhaft, so frage ich mich, wenn jeder Christenmensch, »den sein Herz bewegt«, das gibt, was er hat? Und was könnte uns mehr bewegen großzügig zu sein, als eine Heimat für das Heilige zu schaffen? Ich erinnere mich an die Wendung im Epheserbrief (2,22), in der wir selbst mit erbaut werden »zu einer Wohnung Gottes im Geist«. Wir sind heiliger Tempel.

Das Heiligtum in der Wüste wird nach jüdischer Tradition als Mikrokosmos des Universums angesehen. Deshalb auch ist diese ungeheure Vielfalt nötig. Alles, was gegeben wird, ist willkommen. Die Bausteine für den heiligen Raum, die Wohnung Gottes im Geist, gibt es auch bei uns. Auch dieser Tempel ist ein Mikrokosmos, eine Perspektive für die Welt. Und deshalb finde ich es sehr befreiend, dass alles in Frage kommt, um Gott zu dienen, eine Welt zu bauen und zu erhalten, in der Gottes Reich sichtbar wird.

Was die Israeliten in der Wüste geben, ist schön, es wärmt, es duftet, es ist wertvoll und es leuchtet und funkelt. Dieses Material, das von Herzen gegebene, wird von anderen nach den Plänen Gottes zum Heiligtum verarbeitet. Auch diese handwerklichen Fähigkeiten sind Gaben Gottes, die zum Vorschein kommen wie das Material.

Eine sich ergänzende Gemeinschaft der Menschen, die geben und die umsetzen, bildet sich. Auch bei uns immer wieder neu. Ich muss nicht mehr tun, als von Herzen geben: Geschick und Gabe. Heute fange ich an!

MICHAEL SCHÄFER

Ich danke dir, Gott, du Geberin aller Gaben, die uns beschenkt mit einer Vielfalt an Möglichkeiten mitzugestalten an deinem Reich: Befeuere mein Herz, dass ich mit Freude das beitrage, was ich bin und kann.

Donnerstag, 18. Juli — Exodus/2 Mose 35,30–36,7

Weisheit, Verstand und alle nötigen Kenntnisse

An Fachkräftemangel leidet Mose jedenfalls nicht. Er hat genug Fachleute, die beim Bau der Stiftshütte helfen. Sie kennen sich aus mit den verschiedenen Gewerken, sind in Planung und Personalführung bewandert. Und sie besitzen etwas, das man normalerweise nicht in einer Stellenbeschreibung findet: Weisheit.

Ich stelle mir ein Unternehmen voller weiser Mitarbeiter/innen vor: Jede und jeder kennt sich in seinem Fachgebiet aus. Weiß um seine Fähigkeiten, kennt aber auch seine Schwächen und steht dazu. Freut sich über Erfolge anderer Teams, die im unmittelbaren Wettbewerb zum eigenen stehen, weil doch auch die Erfolge der anderen das Unternehmen vorwärtsbringen. Dazu weise Vorgesetzte, die fördern und Experimente zulassen, die sich schützend vor ihre Mitarbeiter/innen stellen, wenn der Gegenwind zu stark wird, die aber auch mal eingreifen, wenn jemand über das Ziel hinausschießt.

Warum erleben wir diese Weisheit so wenig in den Betrieben und – Gott sei es geklagt – auch schmerzhaft wenig in unseren Kirchengemeinden? Dass es immer nur an den Führungskräften liegt, kann mir niemand erzählen. Zu viele Situationen sind mir bekannt, wo sich Kolleg/innen bis aufs Blut bekämpfen, wo von Teambuilding geredet wird und im nächsten Moment eine böse E-Mail geschrieben. Wo bleibt die so einfache, aber so wertvolle Lebensweisheit, dass unser alle Leben besser ist, wenn wir uns so verhalten, wie wir auch von anderen behandelt werden möchten? So viel Weisheit ist doch dafür gar nicht nötig.

In unserem Bibeltext wird bei jeder Fachkraft, die neu auf der Bildfläche erscheint, betont: Gott hat sie mit Weisheit erfüllt. Es scheint so, als sei Weisheit im Arbeitsleben auch damals nicht die Regel gewesen, aber schon genauso notwendig.

Wie wäre es, wenn wir jeden Morgen beim Betreten des Firmengeländes oder beim Aufschließen der Bürotür ganz bewusst Gott um Weisheit für den Arbeitstag bitten würden? Dann wäre ein Anfang gemacht.

ANNETTE RÖHRS

Jesus Christus, du weist mich immer wieder drauf hin: Genau so wie ich behandelt werden will, soll ich andere behandeln. Lass mich das nicht vergessen und hilf mir dabei!

Exodus/2 Mose 40,1–17

Schritt für Schritt

Endlich ist alles fertig, alles ist gerichtet. Der Aufbau kann beginnen!

Ob Mose angesichts der Fülle der Gegenstände, die ausgebreitet rund um den Bauplatz liegen, kurz Panik bekommen hat, ob er das jetzt hinkriegt? Ich könnte das verstehen. Es ist eine große Aufgabe, die auf ihn wartet. Aber Mose hat ja schon andere große Aufgaben erfolgreich gemeistert. Er wird sich wohl darauf verlassen haben, dass Gott ihm auch dieses Mal zur Seite steht. Und so ist es ja auch: Detailliert weist Gott Mose an. Stelle auf, hänge auf, errichte, salbe, kleide ein.

Wir wissen, dass viel Arbeit in jedem einzelnen Gegenstand steckt. Mit welcher Würde wird jetzt alles zusammengefügt! Welche Bedeutung kommt jedem Teil und jeder Handlung zu.

Ich will mir Mose als Vorbild für mein nächstes Projekt nehmen: Ich will versuchen, weise Mitarbeitende zu finden und dann, wenn die einzelnen Teile fertig sind, langsam und mit Bedacht – das Ohr nah am Herzen Gottes – einen Schritt nach dem nächsten in Richtung Fertigstellung tun. Sorgsam. Achtsam. Jedes Teil-Projekt noch mal wertschätzend anschauen. Jeden Schritt würdigend. Genug Zeit nehmen für das Lob der Mitarbeitenden. Und nicht: »Schnell, schnell, husch, husch, auf Leute, wir müssen fertig werden.« Nein. Sondern: »Schaut doch, was wir gemeinsam geschafft haben. Wie schön ist das.«

Sollte es im Vorfeld oder bei der Ausführung klemmen, nicht weitergehen, sollte sich Verzweiflung breitmachen oder das Gefühl, dass »das ja doch alles nichts wird«, dann will ich mich erinnern – so wie Mose es sicherlich getan hat: Gott ist doch an meiner Seite. Er wird mich leiten und führen, so wie er es schon so oft getan hat.

Und wenn es trotz aller Sorgfalt, aller mir möglichen Weisheit, zum Abbruch des Projekts kommt, auch dann ist Er da. Das hat er doch versprochen!

ANNETTE RÖHRS

Guter Gott, hilf mir, die Dinge langsam anzugehen und achtsam auf deinen Willen durchzuführen. Und erinnere mich daran, dir für deine Hilfe zu danken!

Samstag, 20. Juli Exodus/2 Mose 40,34–38

Wolkiger Gott

Eine Wolke bedeckt und erfüllt das neu gebaute Heiligtum. Sogar Moses konnte es deshalb nicht betreten. Nicht zum ersten und nicht zum letzten Mal in der Heiligen Schrift wird Gott und/oder seine Herrlichkeit als Wolke beschrieben. Gott ist wie eine Wolke?

Es wäre vermutlich eines der letzten Dinge, mit denen ich Gottes Herrlichkeit beschreiben würde. Natürlich kenne ich die vielen biblischen Bilder: die Wolken- und Feuersäule, die dem Gottesvolk in der Wüste den Weg weisen. Die Wolke, die den Tempel erfüllt – in unserem Text und auch bei der Einweihung des salomonischen Tempels (1 Kön 8,10 f.). Oder die Wolke, die Jesus umhüllt, als er sich mit Mose und Elia auf dem Berg trifft (Mt 17,5). Aber wenn mich jemand fragen würde, wie sieht sie denn nun aus, die Herrlichkeit Gottes, dann würde »wie eine Wolke« eher nicht meine Antwort sein. Zu flüchtig ist eine Wolke. Eben noch da und dann schon wieder weg. Zu wenig verlässlich. Und irgendwie auch zu »fluffig«, ohne genug Substanz.

Aber wenn ich mich darauf einlasse, dann entdecke ich in dem Bild der Wolke viel von Gott: Vom Himmel kommen die Wolken und bleiben Teil des Himmels! Sie bringen Schatten – wie gut tut das, wenn die Sonne vom Himmel brennt, wie wir das in den letzten Sommern immer wieder erlebt haben. Wolken bringen Regen – wie nötig ist der für unser Leben. Wolken kommen in vielen verschiedenen Formen und auch Farben daher – wie unser Gott auch.

Vielleicht ist es an der Zeit, mich wieder einmal auf eine Wiese zu legen und den Wolken am Himmel zuzusehen, zu schauen, in welchen Formen Gott über und um mich wacht. Und nicht allein als Wolke!

ANNETTE RÖHRS

Lieber Gott, lass mich dich mit kindlichem Gemüt entdecken in Wolken-Engeln und Wolken-Ungeheuern, in Hummeln und Marienkäfern und auch in manchem Mitmenschen, der mir seltsam erscheint.

Psalm 119,33–40   Sonntag, 21. Juli

Wegweiser zum Glück

Während unserem deutschen Wort »Gesetz« oft ein unangenehmer Beigeschmack anhaftet, trägt das zugrundeliegende hebräische Wort »Tora« die Bedeutung »Weisung«, »Unterweisung«, »Wegweisung«. Biblische Gesetze wie etwa der Dekalog sind also gedacht als Wegweiser zum Glück, nicht als Gängelung.

Psalm 119 gilt als der Tora-Psalm schlechthin. Sein Thema aber ist weder das Wesen noch der Inhalt der Tora. Er zitiert keines der vielen Gebote. Er entwirft kein ethisches Modell und liefert keine Methode für eine spitzfindige Auslegung des Gesetzes. Hier redet ein Mensch über seine Beziehung zur Tora, und er tut dies in Form eines Gebets. Er weiß: Ein gottgefälliges Leben ist nicht nur das Ergebnis eigener Kraftanstrengung, sondern auch Gnade Gottes. In diesem Sinn formuliert er im vorliegenden Abschnitt seine Bitten um den Beistand Gottes.

Er betet zunächst darum, das Gute und Gerechte um seiner selbst willen zu tun, nicht aus Gewinn oder Nutzen (V. 36) und auch darum, die Gebote »mit ganzem Herzen« (V. 34) und mit leidenschaftlichem »Gefallen« (V. 35) zu erfüllen. Er betet schließlich darum, durch nichts vom Tun der Tora abgehalten zu werden, weder durch die Angst vor »Schande« (V. 39) noch durch die Faszination von »Nichtigem« (V. 37).

Diese beiden Gefährdungen sind auch uns bekannt. Wer versucht, ein Leben nach den Weisungen Gottes zu führen, der wird nicht unbedingt auf Wohlgefallen in seiner Umgebung treffen, der muss vielmehr gegen den Strom schwimmen und mit Kritik, Unverständnis, ja Spott und Hohn rechnen. Der kennt aber auch die Versuchung, sich ablenken zu lassen durch Nebensächliches und Unnützes und dadurch das Gute und Gerechte nur halbherzig zu tun.

Schade also, dass die übliche Bezeichnung von Psalm 119 als »Gesetzespsalm« vergessen lässt, dass die Weisungen Gottes nicht lastendes und eingrenzendes Gesetz sind, sondern Wegweiser zu einem erfüllten Leben.

PETER SEUL

Gott, deine Gnade komme uns zuvor und begleite uns, damit wir deine Weisung im Herzen bewahren und immer bereit sind, das Gute zu tun.

Montag, 22. Juli — Markus 3,7–12

Rückzug erlaubt!

Jesus zieht sich zurück in die Gegend um den See Genezareth, Ruhe ist angesagt. Auch er litt unter Übermaß. Es hat sich aber herumgesprochen, was er bewirken kann. Eine doppelter »Effekt« ist spürbar, es kommen zu viele, und viele haben den Drang, sich von ihm berühren zu lassen. Jesus wird es zu viel, er braucht eine »Fluchtmöglichkeit«. Ein Boot bietet die Möglichkeit, sich rauszuziehen. Auch der Retter der Welt hat Grenzen. Ich begleite Menschen auf ihrem geistlichen Weg in Exerzitien. Sehr eindrücklich blieb mir ein Kollege, der diese Szene aus dem Markusevangelium in der Stille betrachtet hatte und sehr berührt ins Gespräch kam: »Jesus lässt sich von den Erwartungen nicht erdrücken, er hält sich den Rückzug offen. Er hat für sich ein kleines Boot in der Hinterhand, da passt nur er drauf. Das kann ich doch lernen von ihm, dass ich mich auch nicht erdrücken lassen muss von den Erwartungen in der Familie, in der Gemeinde und von den eigenen.« Ja, Jesus lädt uns in seiner Menschwerdung in Gottes Namen ein, auch unsere Grenzen zu achten; Rückzug ist erlaubt. Am Schluss der Szene ereignet sich noch etwas mehr als Lästiges: Die von »unreinen Geistern« Betroffenen sprechen etwas aus, was in der Dramaturgie des Markusevangeliums noch lange nicht dran ist. Markus lädt ein, Jesus eben nicht nur als Heiler zu ersehen, sondern als Retter der Welt. Dazu braucht es das Kreuz, deshalb kommt die Einsicht zur Unzeit. Zuerst ist Jesu Menschwerdung zu begreifen, auch in seiner Begrenztheit, und dann gilt es, vom Kreuz her den Weg ins Leben zu bekennen.

SUSANNE SCHNEIDER-RIEDE

Lebendiger Gott, über das Maß, zu viel – wie oft gehe ich darin unter. Deine Menschwerdung lädt mich ein, auch auf das »Zuviel« zu achten. Dafür danke ich dir und bitte dich um Einsicht und Weitsicht, dass ich deinen Weg ins Leben wage.

Markus 3,13–19   Dienstag, 23. Juli

Der Auftrag ist beeindruckend – die Beauftragten divers

Das damalige Bodenpersonal Jesu wird im Markusevangelium eher kritisch gezeichnet. Unverständnis zeichnet es aus. Der Auftrag ist beeindruckend: Aussendung zur Verkündigung und Vollmacht, Dämonen auszutreiben. Das alles geschieht auf einem Berg, in der biblischen Tradition ein Ort für besondere Ereignisse, für entscheidende Ereignisse zwischen Himmel und Erde. Anklänge an Mose und die Sinaiszene eröffnen für die damaligen Hörenden einen bekannten Resonanzraum. Jesus wählt sich seine engsten Mitarbeiter. Sie dürfen Jesus auf seinem Weg eng begleiten. Sie werden ihn auch entlasten. Namentlich werden sie benannt. Die Beinamen helfen bei Namen, die damals verbreitet waren, zur Unterscheidung. Die Zwölfzahl erinnert an Israel als Zwölf-Stämme-Volk. Für Markus haben die Zwölf ihre Autorität durch Jesus selbst erhalten. Eine diverse Truppe. Simon, der Kananäer, gehört den Zeloten an, für sie war es sehr wichtig, die biblische Tradition streng zu leben, ja es ging so weit, dass sie sich gewaltsam für deren Einhaltung einsetzten. Gerne wüsste ich mehr von denen, die damals ausgewählt wurden. Simon, der später Petrus genannt wurde, von ihm wissen wir mehr: Sein Lebenslauf ist gezeichnet von Höhen und Tiefen auf dem Weg der Nachfolge, von Verstehen und Missverstehen, und dennoch hat Jesus gerade an ihm festgehalten. Das bleibt für mich, für uns eine ermutigende Erfahrung, auch für unseren Weg der Nachfolge zwischen Verstehen und Missverstehen der Bewegung Gottes in diese Welt.

SUSANNE SCHNEIDER-RIEDE

Lebendiger Gott, deine Bewegung in diese Welt – manchmal verstehe ich sie, manchmal missverstehe ich sie. Damals hast du auf die Jünger gesetzt, auch sie haben nicht wirklich verstanden und dennoch bleibst du mit ihnen unterwegs. Bleibe auch mit mir, mit uns unterwegs in unserem Verstehen und Missverstehen.

Mittwoch, 24. Juli   Markus 3,20–30

Nicht ver-rückt, sondern geist-bewegt

Und noch eine kritische Spur im Markusevangelium. Jesus kann auf keine »heile« Familie bauen. Sehr kritisch zeichnet Markus die Resonanz auf Jesu Wirken in seiner Familie. Wieder ist Jesus in Bedrängnis, die Menge stürmt auf ihn ein. Auch seine Jünger spüren diese Bedrängnis, nicht mal Zeit zum Essen bleibt. Missverstehen liegt in der Luft, die Familie Jesu kapiert nichts, und die Theologen der damaligen Zeit halten ihn auch für ver-rückt! Sie wollen ihn aus dem Verkehr ziehen, seine Zurechnungsfähigkeit wird in Frage gestellt. Die Schriftgelehrten sind ganz in einem dualistischen Weltbild unterwegs: Jesu »Erfolge« können nur von der dunklen Seite her kommen. Jesus tritt jetzt als theologischer, geistlicher Lehrer auf: Die Argumentation der Schriftgelehrten wird als absurd enttarnt und in einer Gleichniserzählung veranschaulicht. Jesus fordert die Zuhörenden und Lesenden heraus, er zieht heftige Grenzen. Er ist leidenschaftlich daran interessiert, dass Gottes Heiliger Geist, durch den Gott in dieser Welt wirkt, nicht irgendwie behindert wird. Jesus wehrt allen Immunisierungsversuchen. Es ist der klare, bestimmte, vielleicht auch zornige Jesus, der uns in dieser Szene begegnet, der gegen theologische Missdeutungen und das Nichtverstehen im engsten Familienkreis seiner Sendung treu bleiben will. In der Nachfolge Jesu bis heute eine Erfahrung: Es gibt theologische Missdeutungen und ein Nichtverstehen im engsten Lebenskreis. Jesus ist seiner Sendung entschieden treu geblieben, theologisch begründet und leidenschaftlich. Ich spüre eine Einladung an uns, Gottes Geist zu trauen, auf ihn zu setzen, theologisch begründet und leidenschaftlich auf sein Wirken setzend.

SUSANNE SCHNEIDER-RIEDE

Lebendiger Gott, auf deinen Geist zu trauen, der Leben ermöglicht und Perspektiven schenkt, schenke mir, schenke uns dieses Vertrauen.

Markus 3,31–35   Donnerstag, 25. Juli

Familienangelegenheiten

Man fühlt mit der Mutter. Muss Jesus sie so zurückweisen? Es tut Eltern weh, wenn sie von ihren Kindern zurückgewiesen werden. Kinder, Jugendliche, junge Erwachsene haben die Aufgabe, sich abzunabeln und ihren eigenen Weg zu gehen. Wie viel Nähe und Distanz ist richtig?

Ein Freund hat als junger Erwachsener mit seiner Familie gebrochen. Jahrzehnte später hat er liebevoll beide Elternteile beim Sterben begleitet. Jesu Geschichte mit seiner Mutter Maria geht auch weiter. Sie steht unter seinem Kreuz, sie schließt sich der jungen Christusbewegung an. Jakobus, sein Bruder, wird einer der Führenden der Jerusalemer Gemeinde.

Der heutige Text schließt etwas vorläufig ab. Jesus klärt in Kapitel 3, wo er steht und mit wem zusammen. Es kommt zu (Ent-)Scheidungen.

Jesus ist in der Familie der Erstgeborene. Vermutlich ist Josef schon gestorben. Jetzt soll er als Familienoberhaupt Verantwortung übernehmen. (Vgl. V. 21) Jesus entscheidet sich für seine Berufung. Dafür bricht er mit der Konvention. Entscheidungen sind schmerzhaft für alle Beteiligten. Eine Konfirmandin verzichtet auf den Tanzkurs mit ihrer Klasse, um am Konfiunterricht teilzunehmen.

Jesus entscheidet sich auch für einen anderen Begriff von Familie. »Wer Gottes Willen tut«, gehört zu seiner Familie. Seine Familie wird definiert und zusammengehalten von Gott. Die Gottesbeziehung relativiert alle anderen Bindungen und Beziehungen. Bei der Aufzählung (V. 35) ist die Gestalt des Vaters bewusst ausgespart. Für Jesus ist Gott Vater. Jesus und alle seine Geschwister haben einen gemeinsamen »Vater unser im Himmel«. Sind nicht alle Menschen Geschwister, stehend auf »Mutter Erde«, ausgerichtet auf den »Vater im Himmel«?

Hier geht es um (Ent-)Scheidungen. »Man muss Gott mehr gehorchen als den Menschen.« (Apg 5,29) Die Gottesbeziehung relativiert alle anderen Autoritäten. Das gibt Klarheit gegenüber ungesunden, übergriffigen Bindungen, die es eben auch gibt.

HARTMUT MILDENBERGER

Gott, der du uns Vater und Mutter bist, ich bitte dich für meine irdische Familie. Ich bitte dich auch für Geschwister im Glauben, für deine Kirche, für die ganze Menschheit. Ich bitte dich um gute (Ent-)Scheidungen.

Freitag, 26. Juli — Markus 4,1–9

Breitsaat – der zuversichtliche Sämann

Von Vincent van Gogh kenne ich zwei Bilder. Auf beiden geht ein Mensch über das Feld, mit voller Hand verstreut er das kostbare Gut; dahinter eine große leuchtende Sonne. Auf dem einen Bild strahlt der ganze Himmel, auf dem anderen ist der Himmel grün, als ob der Himmel schon abbildet, wie die Erde einst grünen wird. Was für eine Zuversicht, was für ein Licht.

»Es ging ein Sämann aus, zu säen.« Jesus setzt am Selbstverständlichen an.

Der Sämann tut, was das Seine ist. Seine Aussaat auf die Böden wirkt verschwenderisch. Erst seit etwa 1930 gibt es die maschinelle Drillsaat, in der Maschinen Reihe für Reihe in programmierten Abständen ein Samenkorn legen. Für Getreide braucht es die Breitsaat, die maschinell oder manuell gestreut wird, schwungvoll und flächig.

Guten Mutes und schwungvoll streut der Sämann, zuversichtlich und bis ans Verschwenderische großzügig. So ist das Bild, das Jesus vom Sämann zeichnet. Groß ist dann auch die Ernte. Manche Körner tragen dreißigfach, manche sechzigfach, manche sogar hundertfache Frucht. – Natürlich bin auch ich enttäuscht, wenn das eine oder andere nicht gelingt, nicht fruchtet. Jesus sagt: Das ist normal. Schau auf das, was eben auch das Normale ist: Vieles glückt, vieles trägt Frucht. Sieh auf das, was gelingt.

Jesu Sämann, sein Gleichnis strotzt vor Zuversicht. »Ein Sämann ging aus, um zu säen.« Nicht berechnend, sondern schwungvoll verkündet Jesus seine Botschaft. Er streut sie breit aus, verschwenderisch. So ist es im Reich Gottes wie in Gottes Schöpfung. Säen, verlieren, loslassen, dann wachsen und gedeihen lassen und ernten (wie jetzt im Juli). Das Weizenkorn fällt in die Erde, erstirbt und bringt Frucht. (Vgl. Joh 12,24) So verkörpert Jesus selbst das Reich Gottes, ja Gott selbst. Jesus/Gott sät breit aus: sein Wort, seine Kraft, seine Liebe. Von seiner Zuversicht und Großmut will ich mich anstecken lassen.

HARTMUT MILDENBERGER

Ich weiß, mein Gott, dass all mein Tun und Werk in deinem Willen ruhn, von dir kommt Glück und Segen; was du regierst, das geht und steht auf rechten, guten Wegen.

Markus 4,10–20   Samstag, 27. Juli

Von Böden und Gründen

»Das Reich Gottes ist herbeigekommen.« (Mk 1,15) Das ist Jesu Botschaft. Sie lässt sich nicht in Begriffe fassen. Gleichnisse weisen über sich hinaus. Sie sind wie Kunstwerke offen für eigene Interpretation. Ihre (Erzähl-)Dynamik zieht einen – nicht immer, nicht alle – geheimnisvoll hinein in die Bewegung Gottes.

Rätselhaft bleibt, wenn nach göttlicher Vorsehung manche absichtlich hören, aber nicht verstehen sollen (V. 12). Schon bei Jesaja 6,9 findet sich dieses Motiv der Verstockung. Es ist Gottes Verantwortung, dass Menschen Gott finden oder verstehen oder glauben. »Ich glaube, dass ich nicht aus eigener Vernunft noch Kraft an Jesus Christus glauben … kann, der Heilige Geist hat mich … berufen.« (Martin Luther) Verkündigung ist nötig wie die Aussaat, Wachsen oder Gedeihen sind nicht machbar.

Auch die Auslegung des Gleichnisses spiegelt diese Erfahrung. Allegorisierend vergleicht sie Einzelnes der Bildebene mit Einzelnem der Sachebene. Dadurch liegt der Ton auf der Deutung von Grund und Boden des Ackers. Das Wort Grund auf schöne Weise doppelsinnig: Es bezeichnet Bodenbeschaffenheit und kausale Ursache. »Gründe« verhindern Wachstum und Frucht: Der Unruhegeist lässt gar nicht zu, dass Menschen empfänglich werden für Gottes Geheimnis und seine verschwenderische Liebe. Manchmal keimt ein kleines Pflänzchen auf, aber es kann nicht in der Tiefe verwurzeln. Dann ist da manches, was einfach erdrückend zu viel ist: zu viele Sorgen, zu viel Wohlstand, zu viele Möglichkeiten.

Ich höre zum einen die Anfrage: Was für ein Boden bist du? Bringst du genug Frucht? Oder lässt du dich immer wieder ablenken oder erdrücken?

Ich höre auch Tröstliches: So viele Faktoren spielen eine Rolle, für die ich nicht verantwortlich bin. Menschen und ihre Umstände sind, wie sie sind.

Und doch bringt guter Boden viel, viel Frucht. Was würde es für Sie heute bedeuten, wenn etwas fruchtet? Wenn Gott – unberechenbar – wirkt, ist vieles möglich, auch das, womit wir nicht rechnen.

HARTMUT MILDENBERGER

Mache mich zum guten Lande, wenn dein Samkorn auf mich fällt. Gib mir Licht in dem Verstande und was mir wird vorgestellt, präge du im Herzen ein, lass es mir zur Frucht gedeihn.

Armenfrömmigkeit

Armut ist ein in den alttestamentlichen Texten vielfach reflektiertes Problem. Während die Weisheitsliteratur lediglich deren Vorhandensein feststellt, sehen die Propheten Armut als Ergebnis sozialer Umschichtung und lasten diese den Reichen als Unterdrücker an. Weil Armut nicht gottgewollt ist, ist sie zu beseitigen.

Daneben hat sich im alten Israel in der ausgebeuteten, verarmten und verelendeten Unterschicht eine besondere Art von Armenfrömmigkeit entwickelt. Sie hat ihren literarischen Niederschlag vor allem in den Psalmen gefunden. Hier treten menschliches und göttliches Königtum in scharfen Gegensatz zueinander. Gegen die vorhandene Herrschaft menschlicher Herrscher, die überwiegend als bedrückend erfahren wird, hebt Gottes Herrschaft jegliche Gestalt von Armut und Leid auf. Gott ist der Retter des armen Israel; er heilt die gebrochenen Herzen (vgl. Ps 147).

Dieser Kontrast findet sich auch im Psalm 119. Der vorliegende Abschnitt stilisiert den Beter als Opfer von »Fürsten« (V. 23) und »Königen« (V. 46). Das ist nicht im engen Sinn biografisch gemeint. Das ist vielmehr eine »Niedrigkeitsaussage« im Sinne der Armenfrömmigkeit: Menschen wie er, die nach und mit der Tora leben und sie »von Herzen lieben« (V. 47), sind die wahrhaft Frommen. Sie stehen Gott besonders nahe und dürfen auf einen Ausgleich durch ihn am Ende der Zeit hoffen. Diejenigen aber, die nur Spott und Hohn für das Halten der Tora übrighaben (vgl. V. 42) und »toravergessen handeln« (Erich Zenger), sind die Gottlosen und haben nur noch das Gericht Gottes zu erwarten.

Bis heute findet diese Art von Frömmigkeit besondere Beachtung überall dort, wo Arme und Unterdrückte beginnen, ihre Situation im Licht von biblischen Texten wie dem Psalm 119 zu deuten. Welch eine Hoffnung liegt in dem Leitmotiv vom gerechten Gott, der den Armen in Gefahr aufhilft, dem Hochmut der Reichen ein Ende bereitet und an den Armen und Niedrigen seine Macht erweist!

PETER SEUL

Gott, du bist denen besonders nahe, die Not leiden. Erwecke in uns tätige Liebe zu den Armen.

Markus 4,21–25 — Montag, 29. Juli

Orientierung und Erneuerung

Ohne Licht gäbe es kein Leben. Jeder weiß das. Licht gibt Orientierung und Sicherheit. Wir verlieren unsere Standfestigkeit, wenn wir aus einem lichtdurchfluteten Raum in eine dunkle Kammer eintreten. Schon ein kleiner Lichtstrahl hilft uns, aus der Unsicherheit allmählich unsere Orientierung wiederzugewinnen. Diese allgemeine Alltagserfahrung leitet zum Verständnis des Gleichnisses. Das sichtbare Licht ist eines – das Licht aus Gottes Herrlichkeit ein anderes. Beides ist für das Leben der Menschen gleichermaßen überlebenswichtig. Keiner kann doch riskieren, dieses Licht zu verbergen. Es soll ohne Umschweife sichtbar gemacht werden und allen Menschen Orientierung zum Leben schenken. Daran soll jeder gemessen werden. Mit der Bibelübersetzung Martin Luthers ist der Satz »das Licht unter den Scheffel stellen« zu einem geflügelten Wort geworden und hat sich verselbständigt. Es ist längst auch in außerbiblischen Zusammenhängen gebräuchlich, hat damit vielfach den Bezug zu seinem ursprünglichen Sinn verloren. Den gilt es neu zu entdecken. Viele wissen heute nicht einmal mehr, dass der Scheffel ein Gefäß zum Abmessen des Korns war. Die Menschen haben mit Jesu Kommen ein unauslöschliches Licht und Orientierung für ihr Leben bekommen: das menschgewordene Wort des Schöpfers. Mehrfach weist der Bibeltext darauf hin, genau hinzuhören und in Jesus Gottes Schöpferwort zu erkennen. Hört auf dieses wirkmächtige Wort. Lasst euch von ihm bewegen und erneuern – durch dieses Wort hat Gott die gesamte Schöpfung hervorgebracht. Der Glaube wächst aus dem lebendigen Wort.

Das Sprichwort zum Abschluss drückt eine allgemeine Erfahrung aus. Bis heute ist es gebräuchlich, um auf soziale Ungleichgewichte in der Gesellschaft hinzuweisen. Jesus gibt ihm jedoch einen neuen Sinn. Er spricht von einem Geschenk für alle. Wer dieses Geschenk der Verheißung in sich aufnimmt, dem wird immer mehr davon geschenkt – mit jedem Mal, da er es teilt und Gottes Licht hell aufleuchten lässt.

KLAUS SCHWARZ

Dein Wort ist meines Fußes Leuchte und ein Licht auf meinem Weg.

Dienstag, 30. Juli Markus 4,26–29

Gottvertrauen statt selber werkeln

Allein der Evangelist Markus überliefert dieses Gleichnis im großen Zusammenhang von Worten Jesu. Sie illustrieren den Hörern mit Bildern aus ihrem vertrauten Umfeld, wie sie sich das Reich Gottes vorstellen können. Die Zuhörer kennen die Arbeit des Bauern. Ihr Leben ist hart. Überfluss erleben sie selten. Richtig satt zu essen gibt es für sie zumeist nur an großen Festtagen. Da kann es die Hörer doch verwundern, dass einige grundlegende Arbeiten des Landwirts offensichtlich für Jesus gar nicht im Blick sind. Es fehlen so wichtige, alltägliche Dinge wie das Pflügen, das Eggen, womöglich auch das Düngen. Auch von der Sorge des Landwirts ist keine Rede; denn selbst wenn er alle Arbeit umsichtig getan hat, können immer noch Naturkatastrophen wie Unwetter, ausbleibender Regen oder vielleicht sogar eine Schädlingsplage die Ernte verderben.

Das alles interessiert Jesus gar nicht. Er beschränkt sich auf vier wesentliche Punkte: Säen, Wachsen, Frucht bringen und die Ernte. Dieses Desinteresse an der gesamten übrigen Arbeit des Bauern wäre schon genug, um die Zuhörer hellhörig zu machen. Beim Satz, »er weiß nicht, wie« das geschieht, haben es wohl die meisten verstanden: Die Rede vom Säen und Ernten malt zwar ein vertrautes Bild. Aber das Bild weist auf etwas vollkommen anderes, viel Größeres. Die Rede vom Wachsen des Weizenkorns bleibt ein Bild. Hinter dem Bild verbirgt sich die Sache, die durch das Bild lediglich veranschaulicht werden soll. Jesus beschreibt Gottes Schöpferwort, das wirkt, sobald es gesprochen ist. Es wächst und wirkt von selbst. Wie am ersten Tag, als Gott die Welt allein durch sein Wort geschaffen hat. Nur so ist die Kennzeichnung »von selbst« für das Wachsen der Saat verstehbar. Im unerschütterlichen Gottvertrauen darf man getrost auf das Wachsen des Gottesreiches vertrauen. Keiner kann es herbeizwingen, weder durch eine Revolution, noch durch das Schüren von Angst vor dem baldigen Weltuntergang, auch nicht durch freudloses, zwanghaftes und heilloses Werkeln.

KLAUS SCHWARZ

Herr, bewahre mich vor Kleinglauben und schenke mir mehr Gottvertrauen.

Markus 4,30–34 Mittwoch, 31. Juli

Das große Bild vom Reich Gottes

Jesus erklärt den Hörern, dass er ihnen gegenüber immer nur in Bildern vom Reich Gottes sprechen und es nur im Vergleich mit etwas Vertrautem in Umrissen ein wenig sichtbar machen kann. Das kann kaum verwundern. Kein Mensch kann in diesem Leben die direkte Schau der göttlichen Herrlichkeit aushalten. Er müsste auf der Stelle sterben. Selbst Mose musste sich am Sinai in einer Felskluft verbergen, als Gott an ihm vorüberging.

Erneut holt Jesus seine Hörer mit einem Bild aus ihrer vertrauten Lebenswelt ab. Aus etwas ganz Kleinem wächst ein großer Baum auf. Vielleicht hätte er in unseren Breiten statt des Senfsamens einen Apfelkern als Beispiel gewählt – wer weiß! Aber das bleibt ja nur ein Bild. Weder die Witterung noch der richtige Boden spielen eine Rolle. Es wird gesät und wächst dann zu etwas Großem. Wer hinter das Bild blickt, wird bald die eigentliche Sache sehen. Gott selber lässt sein Reich wachsen. Das Bild von der schützenden Krone eines hochgewachsenen Baumes kennen die Hörer aus der Verheißung der Propheten. Durch ihren Mund hat Gott gesprochen. Damit ist das Wort wirksam und wird jetzt in Jesus vollkommen offenbar. Die Vögel des Himmels finden Schutz in den Zweigen des Baums. Sie bauen dort ihre Nester und ziehen ihre Nachkommen auf. Der Prophet Ezechiel spricht von der ganzen Schöpfung: »Die Tiere hatten Junge unter seinen Zweigen und in seinem Schatten wohnten alle großen Völker.« (Ez 31,6) Die Wirklichkeit des Gottesreiches reicht weit über den Umkreis der Hörer Jesu am See hinaus – die Rede Jesu hat die gesamte Schöpfung im Blick. Aus der kleinen Schar der Hörer am See kommt die große, weltweite Gemeinde in den Blick. Allen ist das Reich Gottes verheißen.

Die beiden Schlussverse sind durch den inneren Widerspruch schwierig. Spricht Jesus für alle Hörer verständlich – oder nur für die Jünger? Der Evangelist lässt uns hier unmittelbar in seine »Schreibwerkstatt« blicken. Er fügt zwei gemeindliche Überlieferungsstränge zusammen. Nichts soll verloren gehen.

KLAUS SCHWARZ

Herr, schenke mir dereinst die Schau deiner ganzen Herrlichkeit.

Donnerstag, 1. August   Markus 4,35–41

Seelenkraft – I

Ein unberechenbarer Wind jagt über das Wasser. Von allen Seiten drohen die Wellen über die Bordwand zu schlagen. Es ist unmöglich, unter diesen Bedingungen ein kleines Boot zu steuern. Der Wind beginnt dann auch noch, das Wasser ins Boot hinein zu peitschen. Da der See Genezareth weit unter dem Meeresspiegel (-212 m) liegt, können unter bestimmten Wetterbedingungen Fallwinde entstehen, die solch eine fatale Wirkung entfalten können. Sobald die Luftdruckverhältnisse sich wieder stabilisieren, ist unvermittelt die Stille wahrnehmbar, von der in Vers 39 die Rede ist.

Nein, es geht dem Evangelisten Markus nicht darum, die Stillung des Sturmes in einem wunderhaften Naturschauspiel aufgehen zu lassen. Markus weist vielmehr den Weg zu der Kraft Jesu, obwohl Jesus völlig erschöpft ist, obwohl die Lage aussichtslos erscheint.

Nur wenige Menschen sind im Boot, dennoch ist nicht viel Platz. Angst macht sich breit, denn das Boot ist in den wilden Wellenbewegungen nicht mehr in den Griff zu bekommen. Aus dieser Lage sich davonschleichen geht nicht.

Umhergebeutelt von den Widrigkeiten des Lebens bleibt nur eine Haltung: Glauben haben und darauf zu vertrauen, dass Gott mit mir ist. Nein, das kann ich nicht wissen, programmieren, kaufen. Wer könnte sich wirklich von Angst freikaufen, um getröstet zu sein?

Die Jünger machen in ihrer Hilflosigkeit das einzig Richtige. Sie wenden sich Jesus zu, suchen seine Nähe und sein Wort. Das ist das Wunder auf dem See Genezareth: sich Jesus in den Stürmen des Lebens öffnen und darauf vertrauen, dass er mit seinem Wort Liebe schenkt und seinen Trost. Die Angst wird sich legen und staunende, hoffnungsvolle und ermutigende Stille kann sich ausbreiten.

CHRISTIAN STALTER

Jesus, der du zu trösten vermagst, dein Wort gibt Mut und Halt, wenn Angst das Leben prägt. Bewahre mein Herz in der Zuversicht, dass mit dir mein Leben gelingt.

Seelenkraft – II

Der namenlose Außenseiter wird in den wildesten Bildern beschrieben. Da lebt einer in einer Grabhöhle, ist im Grunde bei den Toten und für niemanden mehr zu erreichen. Alle Hinwendung, sogar die brachiale mit Ketten und Fesseln, hat nichts genutzt. Sicherlich gab es früher ausführliche Gespräche und Menschen haben versucht, Nähe aufzubauen – ohne Erfolg. Der Unerreichbare ist weiter abgedriftet in seine eigentümliche Welt, die ein merkwürdig unreiner Geist beherrscht. Dem ist wirklich nicht mehr zu helfen.

Doch dann geschieht ein Wunder, dort in dem Gebiet um die Stadt Gerasa, weil Jesus nicht sagt: »Dem ist nicht mehr zu helfen!« Sondern weil der Sohn Gottes sich dem Namenlosen zuwendet und zu ihm sagt: »Ich verstehe es nicht.«

Und wie in Zeitlupe ereignet sich eine faszinierende Begegnung. Dem Bild, das der Außenseiter in der Öffentlichkeit hat, zum Trotz meidet Jesus nicht die Begegnung. Er lässt jetzt seinem Gegenüber Zeit, zu ihm zu kommen, und bleibt stehen. Er hört auf ihn, auch wenn er wohl beängstigend laut spricht, und lässt sich sein Bekenntnis gefallen: »Jesus, du Sohn Gottes.« Bei Markus erkennen die unreinen Geister, auch schon in Kapitel 3, dass Jesus der Sohn des Allerhöchsten ist. Sie erkennen zuerst seine Kraft, nicht die Jünger. Jesus versteht nicht, dass die ihn zuerst erkennen, die weit weg von ihm sind.

Aber das ist es, was zählt. Jesus wendet sich denen zu, die von ihm nicht schon alles wissen, sondern ahnen, welch' unvorstellbare Kraft im Glauben an ihn liegt. Er hilft dem Außenseiter, der von den anderen abgeschrieben wurde, mit besonderem Blick auf sein Herz, seine Seele und schenkt ihm wieder seine Würde. Das ist wertvoller als alle gewalttätigen Vorschriften, mit denen wohl aus Hilflosigkeit versucht wurde, dem Menschen zu helfen.

CHRISTIAN STALTER

Jesus, der du das Leben bist, du gibst uns nicht auf. Du bewahrst uns in deiner Güte und deiner Kraft der Versöhnung. Schenke uns den Mut, dir zu vertrauen.

Seelenkraft – III

Es ist bemerkenswert, wie Jesus sich darauf konzentriert, die Bitten und Erfordernisse der Hilfsbedürftigen wahrzunehmen. Kein von Anonymität gezeichneter Tumult ist zu groß, keine existenzielle Not zu unpassend, keine biografische Situation zu außergewöhnlich, um bei den Menschen zu sein.

Eine junge Frau, in den Zwanzigern, hat starke körperliche Schmerzen – medizinisch spricht man nach der Beschreibung in Vers 25 von schmerzhaften Regelblutungen. Vieles kann Auslöser dafür sein, auch psychische Faktoren. Möglicherweise ist sie als Kind zu schnell in das Erwachsensein gestoßen worden und wusste doch kaum, wer es war und was sie einmal werden soll. Sich selbst wahrnehmen und die eigenen Gefühle zu beachten, dafür war weder das dafür nötige Umfeld da, noch wurde ihr die Zeit für ihren Rhythmus geschenkt. Nicht nur im Alltag haben die Schmerzen große Auswirkungen – Vers 26 –, sondern auch religiös. Sie galt daher als unrein und wurde nicht akzeptiert.

Jesus nimmt sich Zeit. Er spürt, da hat jemand Angst, zu sich zu stehen; da möchte sich jemand lieber verstecken, um unerkannt davonzueilen. Und es ist nicht ein Mann, nicht das Gewand, das da so viel fließen und spüren lässt, sondern die Liebe Gottes in diesem Jesus ist es, die dies ermöglicht. Die junge Frau ahnt dies und vertraut darauf, sich so verhalten zu können. Sie spürt, diese Liebe verurteilt mich nicht.

So erzählt sie zwar vor der Menschenmenge nicht ihre ganze Lebensgeschichte, aber doch die ganze Wahrheit. Und die besteht darin, dass sie zu Jesus, der Liebe Gottes, Vertrauen hat, dass sie sich von ihm angenommen fühlt, ohne sich rechtfertigen zu müssen.

Das ist das Wunder in dem Moment und um das sie bittet. Jesus hilft und verhilft der jungen Frau zu neuem Leben und schenkt ihr Frieden, durch den sie aufrecht und selbstbewusst durchs Leben gehen kann.

CHRISTIAN STALTER

Jesus, der du Hoffnung schenkst, du lässt uns immer wieder deine Liebe spüren. Auch heute, sei du uns nah und richte du uns auf, dass wir in Frieden gehen.

Psalm 122 — Sonntag, 4. August

Ein Wallfahrtslied

Pilgern ist kein typisch christliches Merkmal. In allen Weltreligionen ist die Pilgerreise eine besondere Beziehungspflege zwischen Gott und den Menschen. Reisende sind Suchende, die sich als Muslim, Jude, Hindu, Buddhist oder Christ auf den Weg machen, um mit ihrem Gott Verbindung aufzunehmen.

Da die Tradition des Pilgerns in jeder Religion etwas anders gelagert ist, gibt es auch nicht die eine Entstehungsgeschichte des Pilgerns. Zurück geht der Pilgerbrauch vor allem auf die Erfahrung von gläubigen Menschen, dass es bestimmte »heilige« Orte gibt, an denen Gottes Nähe besonders spürbar ist.

Das galt auch für den Tempel in Jerusalem. Er war in den Augen der Juden die Wohnstätte Gottes, »Realsymbol« seiner Gegenwart inmitten seines Volkes. Er war deshalb auch ihr großes Pilgerziel. Psalm 122 schildert die Freude der Pilger über das Erreichen ihres Ziels (V. 1–2), beschreibt die Stadt mit ihrer Architektur (V. 3–5) und erinnert schließlich an den Brauch der Pilger, an den Toren der Heiligen Stadt haltzumachen und ihr den Gruß »Schalom«, »Friede« (V. 6–9), zu entbieten – eine Andeutung auf die volkstümliche Deutung des Namens Jerusalem als »Stadt des Friedens«.

Jesus hat, wie jeder männliche Israelit seiner Zeit, Jahr für Jahr eine Wallfahrt nach Jerusalem unternommen. Unser Psalm gehörte zu seinen Pilgergebeten. Er hat den Tempel in all seiner Pracht bewundert. Er hat die Heilige Stadt so sehr geliebt, dass er um sie geweint hat. Er hat ihr von Herzen Heil gewünscht, musste aber auch erleben, dass sie seine Heilszusage abgelehnt hat. Für die ersten Christen war fortan nicht mehr der Tempel der Ort der Gegenwart Gottes, sondern Jesus Christus. In ihm ist Gott den Menschen ein für alle Mal nahegekommen.

Als Christen beten wir den Psalm sowohl im Blick auf das irdische Jerusalem, das auch für uns die heiligste Stätte der Welt ist, wie auch in der Schau auf das himmlische Jerusalem, das Ziel unserer irdischen Pilgerschaft.

PETER SEUL

Gott, begleite uns alle Tage auf unserem Lebensweg und führe uns an das Ziel aller Pilgerschaft.

Montag, 5. August • Markus 5,35–43

Wenig Worte

Ich bin immer wieder erstaunt darüber, wie schroff Jesus kommuniziert. Hier konkret: »Warum weint ihr? Raus mit euch! Sagt bloß niemandem, was hier passiert ist!«

Für mich ist das nicht die Art, die ich mir in so einer existenziellen Situation wünsche. Ich stelle mir vor, dass jemand auf mich zugeht, mich vielleicht in den Arm nimmt und – wenn überhaupt – tröstende Worte findet. Von Jesus erwarte ich das erst recht.

Es gibt mehrere biblische Erzählungen, in denen von Jesus eher knappe Kommunikation überliefert ist. Kein Wort zu viel, den Menschen direkt ins Gesicht. Vielleicht verwendet Jesus das ganz bewusst, um zu zeigen, dass er nun wirklich Gottes Sohn ist. Er spricht keine Worte, die nichts bringen oder nichts aussagen. Und er wickelt nichts drumherum. Wenn er will, dass die Menschen gehen, dann sagt er es.

Das, was er *tut*, spricht eine eigene Sprache. Und das steht im Vordergrund. Dann wird klar, dass Jesus sich hinwendet, genau hinsieht. Er nimmt vor allem die in den Blick, die nicht in die Gesellschaft passen, weil sie arm, krank, eine Frau, ein Kind sind oder etwas getan haben, was nicht den Normen entspricht.

In so einer Situation braucht es keine Worte. Da erfasst Jesus mit klarem Blick, was los ist, und dann handelt er! Er heilt, versöhnt, rettet, bringt Leben. Das kommt nicht bei allen gut an. Jesus wird angefeindet, weil er eben anders ist. Vielleicht kommt auch deshalb kein überflüssiges Wort aus seinem Mund. Nicht diskutieren, sondern tun und dann sollen sie sehen.

Ich wünschte mir trotzdem an der ein oder anderen Stelle ein bisschen mehr Kommunikation, weil ich glaube, dass dadurch schwierige Situationen auch hätten entschärft werden können. Jedenfalls erlebe ich das so.

Aber Jesu Leben war kein Wunschkonzert. Gottes Sohn hatte einen Auftrag: den Menschen zu zeigen, wie frei es macht, wenn man sich bedingungslos angenommen und geliebt fühlt. Viele Worte braucht es dafür nicht.

JOHANNA VERING

Jesus, die richtigen Worte zu finden, ist manchmal ganz schön schwierig. Schenke uns deinen Geist für Wort und Tat!

Markus 6,1–6   Dienstag, 6. August

Prophet/innen im eigenen Land

Eine schwierige Situation. Die Menschen kennen Jesus von klein auf. Haben ihn aufwachsen sehen, kennen die ganze Familie. Und jetzt kommt er als erwachsener Mann mal wieder in seine Heimat und erzählt ihnen etwas völlig Neues. Und dazu hat er auch noch den Anspruch, Gottes Sohn zu sein, alles also aus erster Hand zu wissen. Das passt doch nicht zusammen.

Jesus wird das Leben der Nazarener in den Grundfesten in Frage gestellt haben. Alles, was sie bisher für richtig und für gutes Leben gehalten haben, gilt nicht. Es muss mehr sein. Und Jesus kann ja immer auch sehr genau sagen, was und wie er sich das vorstellt. Sein Auftrag ist klar: Gott liebt euch. Glaubt an ihn. Dazu gehört allerdings auch etwas. Ihr müsst euer Leben komplett an Gott ausrichten, dann klappt auch das Miteinander. Das umzusetzen ist ganz schön schwierig.

Mir gefällt an der Bibel, dass unser Leben in den Geschichten vorkommt. Ich muss nämlich sofort an Familien denken, in denen Kinder sich zum Beispiel durch Freundinnen und Freunde oder eine Ausbildung von den Überzeugungen der Familie distanzieren. Das sorgt manchmal für große Konflikte, weil es nur schwer nachzuvollziehen ist, dass die Werte von früher jetzt nicht mehr alle tragen.

Oder ein junger Mensch kommt nach langer Zeit wieder in den Heimatort zurück und engagiert sich politisch. Aber nicht für die Mehrheitspartei am Ort. Dann kommt schnell das Gefühl auf, jetzt will der/die uns zeigen, wie es richtig geht.

Jesus hat sich schnell entmutigen lassen. Er konnte wenig tun, um zu zeigen, dass er Recht hatte. Vermutlich hat er gewusst, dass es aussichtslos war. Er ist weitergezogen. Bei uns heute wünsche ich den »Prophet/innen im eigenen Land« Durchhaltevermögen und gute Kommunikation. Wir können von neuem Input und einer guten und fairen Diskussion nur profitieren.

JOHANNA VERING

Prophet/innen im eigenen Land. Brauchen Mut. Brauchen Kraft. Brauchen Fingerspitzengefühl. Brauchen Worte. Brauchen Zuspruch. Brauchen den richtigen Moment. Brauchen Segen – Du unser Gott!

Mittwoch, 7. August   Markus 6,7–13

Pilgerwege

Frank ist begeisterter Pilger. Ob den alten Pilgerweg nach Rom, die Via Francigena oder vom Schwarzwald aus nach Jerusalem. Frank zieht mit seinem Rucksack los, hat einen Plan für die Route, aber keinen für die Übernachtungen. In der Tasche einen Zettel seiner Kirchengemeinde, dass er ein Pilger ist, auf einem religiösen Weg.

Was Frank auf seinen Pilgerwegen erlebt, kann man eigentlich nicht beschreiben. Das Erstaunliche: Es ist fast nur Gutes. Dort, wo er hinkommt, wird er freundlich und mit offenen Armen empfangen, bekommt die feinsten und landestypischen Speisen und lernt Menschen und Kultur kennen. Vor allem in arabischen Ländern hat er sich wohlgefühlt und war als Pilger herzlich willkommen.

An Frank musste ich denken bei dieser Bibelstelle, in der Jesus seine Freunde losschickt, um von Gott zu erzählen. Jesus erweitert das »Aufgabenspektrum« um das Heilen. Wo nötig, heilt die Menschen. Und ansonsten gilt für sie wie für Frank: Lasst euch vom Leben und von den Menschen überraschen. Seid offen für das, was euch entgegenkommt. Wenn es passt, bleibt und erzählt, was euch antreibt. Wenn nicht, geht weiter.

Ich bin beeindruckt von Frank, den Jüngern damals und von allen, die sich auf einen Weg machen, ohne genau geplant zu haben, wie alles läuft. Mir fällt das schwer. Beim Pilgern kommt ja noch dazu, dass es um einen inneren Weg geht. Einen Weg mit Gott. Vielleicht muss ich etwas bedenken und entscheiden, vielleicht will ich vor einem wichtigen Ereignis noch Zeit für mich und für Gott haben. Vielleicht will ich anderen von Gott und meiner Überzeugung erzählen.

Pilgern ist ein uraltes biblisches Motiv. Es ist immer eine Herausforderung für den Menschen. Aber am Ende steht etwas Gutes. Es hat sich etwas bewegt, im wahrsten Sinne des Wortes. Mit Gott unterwegs zu sein, lohnt sich immer.

JOHANNA VERING

Gott des Weges, segne uns. Geh mit uns und schenke uns Menschen und Begegnungen, die das Leben prägen. Sei bei uns und stärke uns für alle Wege.

Markus 6,14–29 — Donnerstag, 8. August

Den Kopf verlieren – Herodes und Johannes

»Den Kopf verlieren« – das ist doppeldeutig. Einerseits bedeutet es: unruhig oder gar panisch werden. Der Kopf als Träger der Gedanken steht symbolisch für vernünftiges und überlegtes Handeln. Und andererseits bedeutet es: grausam enthauptet werden. Herodes und Johannes, beide haben sie den Kopf verloren. Herodes, der verdorbene Herrscher, der im Sumpf der Begierde und Eitelkeit ertrinkt, aus dem er sich am eigenen Schopf nicht mehr herausziehen kann, und Johannes, Bußprediger aus der Wüste, der zum Opfer der schmutzigen Intrigen zweier Frauen wird. Wie in einer Seifenoper, allerdings ohne Happy End. Oder doch? Solche Menschen wie in dieser Geschichte finden wir in jeder Zeit – auch in unserer Gegenwart. Rücksichtslose Diktatoren, die ihre Kritiker ins Gefängnis stecken oder umbringen lassen. Intrigante Frauen (und Männer), die Ränkepläne schmieden, um ihre Macht und ihr Ansehen aufzuwerten. Eitle und naive Schönheiten, die sich für die Interessen anderer einspannen lassen, ohne es vielleicht sogar zu merken. Und immer gibt es dazu auch eine schweigende Masse, Menschen, die wegschauen – sei es aus Angst oder Gleichgültigkeit. Sie haben schon längst »ihren Kopf als den Träger für vernünftiges Handeln« verloren. Sie sind »kopflos« vor Angst, ihre Macht, ihr Ansehen, ihren Reichtum zu verlieren. Das macht sie oft noch gewalttätiger und unberechenbarer. Glücklicherweise gibt es aber auch immer solche Menschen wie Johannes den Täufer. Menschen, die aufstehen und Ungerechtigkeit, Unmenschlichkeit und Unrecht anprangern. Menschen, die zur Umkehr rufen. Manchmal müssen sie – wie Johannes – ihr Zeugnis für die Wahrheit mit ihrem Kopf bezahlen. Auch wenn Johannes stirbt, so wirkt seine Botschaft weiter. Bei Gott ist die Geschichte nicht zu Ende. Johannes weist auf den hin, der nach ihm kommen wird. Jesus Christus, der den Tod besiegt und uns sein Reich verheißen hat, wo »Güte und Treue einander begegnen, Gerechtigkeit und Friede sich küssen« (Ps 85,11).

BEATE STÖCKIGT

Herr, gib mir den Mut, für Wahrheit und Gerechtigkeit einzustehen.

Freitag, 9. August — Markus 6,30–44

Mangel oder Fülle – auf die Perspektive kommt es an

Ein Wasserglas. Ist es halbleer oder halbvoll? Es gibt unterschiedliche Betrachtungsweisen. Entweder fällt auf, was fehlt, oder aber, was bereits da ist. Mangel oder Fülle? Die Jünger sind verantwortungsvoll. Am Tagesende sorgen sie sich um das leibliche Wohl der Zuhörer. Sie stellen fest, dass ihre Vorräte nicht ausreichen werden für so viele Menschen. Da braucht man gar nicht erst anzufangen. Sie sind auf den Mangel fokussiert. Für sie ist das Glas halbleer. Jesus dagegen lenkt ihren Blick auf das, was sie haben. Bei ihm ist das Glas halb voll. Auch wir sind oft viel zu sehr auf den Mangel fokussiert. Was kann ich mit meiner kleinen Kraft schon tun? Meine Zeit, meine Kraft, meine Mittel reichen nicht. In der Kirche klagen wir, dass alles weniger wird. Es fehlt an Menschen, an Geld, an Ressourcen. Schnell fühlen wir uns überfordert. Jesus sagt: Schaut doch einmal genau hin auf das, was ihr habt. Wer wirklich hinschaut, wird oft überrascht, was es an Ressourcen, Talenten und Möglichkeiten gibt. In unseren Augen reicht es vielleicht nicht, weil wir vom Mangel her denken. Aber wenn wir erst einmal anfangen mit dem, was uns zur Verfügung steht, werden wir entdecken, dass Gott uns den Rest dazu schenkt, so dass es für alle reicht. Aber anfangen müssen wir … Jesus nimmt die Jünger auch nicht aus der Pflicht! Aber er überfordert sie auch nicht. Das ist entlastend. Und noch etwas ist wichtig. Es geht um Gemeinschaft. Wo Gemeinschaft entsteht, ändert sich die Umgebung. Wo Menschen zusammenkommen und teilen, was sie empfangen haben, fängt die Wüste an zu blühen. In der Gemeinschaft werden Erfahrungen möglich, die dem Leben Leuchtkraft und Farbe verleihen. Es geht um die Sendung Jesu. Er bringt das Reich Gottes mit seiner Fülle in unsere Mitte, indem er uns zu einem Perspektivwechsel ermutigt. Im Vertrauen auf Gottes Hilfe kann sich auch der Mangel wandeln, so dass am Tisch Gottes alle satt werden.

BEATE STÖCKIGT

Gott, wir stellen dir dankbar alles zur Verfügung, was wir haben. Wandle es und gib den Rest dazu, dass alle satt werden.

Markus 6,45–56

Österlicher Glaube

Der dänische Theologe und Philosoph Søren Kierkegaard hat gesagt: »Verstehen kann man das Leben nur rückwärts. Leben muss man es vorwärts.« In dieser Spannung stehen auch die Wundergeschichten, die der Evangelist Markus erzählt. Es geht ihm darum zu zeigen, wer dieser Jesus wirklich ist. Die wahre Bedeutung von Jesus erschließt sich erst von seinem Tod und seiner Auferstehung her. Die Jünger, die noch mit Jesus auf dem Weg von Galiläa nach Jerusalem sind, waren trotz ihres Erlebens von Heilungen und Wundern, die Jesus getan hat, nicht zur Erkenntnis gekommen, dass Jesus der Sohn Gottes ist und seine Herrschaft verkündet. Sie konnten es noch nicht zusammenbringen: die eine Seite der Realität durch den lebensbedrohenden Sturm und die andere Seite, dass ausschließlich ihr Vertrauen auf Gottes Möglichkeiten ihnen Rettung bringt. So sind sie blind für die Nähe Jesu und verwechseln ihn mit einer Erscheinung, vor der sie Furcht haben. Sie erkennen ihn selbst dann nicht, als er zu ihnen ins Boot steigt. Das ist oft auch unsere Situation. Obgleich wir in der Nachfolge des Auferstandenen leben, erkennen wir ihn oft nicht. Jesus Christus ist nicht mehr sichtbar unter uns. Wir haben ihn nur in seinem Wort und in seinen Sakramenten. Darin spricht er uns an. »Ich bin es; fürchtet euch nicht!« Oft aber sind wir taub und blind dafür. Wie die Jünger rechnen wir nicht mit ihm und seinen Möglichkeiten. Wir sind auf unsere Sorgen, Nöte und Probleme fixiert, versuchen sie so gut wie möglich in den Griff zu bekommen und erwarten von ihm keine Hilfe mehr. Wie die Jünger stecken wir dann fest und kommen aus eigener Kraft nicht mehr weiter. Erst wenn wir uns auch in unseren Zweifeln und Leiden ganz auf ihn einlassen, werden wir im Glauben wachsen. Zu diesem österlichen Glauben, der durch Dunkelheiten und Abgründe gegangen ist, will uns der Evangelist Markus ermutigen. Es stellt sich auch für uns die Frage: Wo stehe ich mit meinem Glauben?

BEATE STÖCKIGT

Herr, schenke uns Vertrauen in deine Gegenwart und stärke uns durch dein Wort und Sakrament, damit österlicher Glaube in uns wachse.

Sonntag, 11. August — Psalm 145

Lob, Anbetung, Ruhm und Ehre – heute. Und in der Zukunft?

Man kann es sich angewöhnen, Gott jeden Tag im Gebet für eine Sache, die an diesem Tag geschehen ist, zu loben und zu danken. Wer achtsam durch den Tag geht, findet Anregungen dafür. Im Urtext beginnt jede Zeile von Psalm 145 mit einem Buchstaben des hebräischen Alphabets. Das künstlerisch angefertigte Gedicht macht Mut, Gott auf kreative Weise zu loben. Gott ist großzügig wirksam. In der Geschichte seines auserwählten Volkes; durch Jesus Christus, in unserer Gegenwart und in der Zukunft. Gott lässt seinen Segen nicht nur über Menschen, sondern spürbar über die ganze Schöpfung kommen. Dafür wird Gott überschwänglich gelobt. Der Psalmist will das sogar täglich tun – jedenfalls hat er es vor. Für immer. Die eigenen Kinder und Enkel sollen zum Lob Gottes ermutigt werden. Durch Gebete, Singen, Musizieren, im selbstlosen Dienst am Mitmenschen, im Einsatz für die wunderbare Schöpfung Gottes. Die spannende Frage ist, wie die (eigene) Erfahrung von Gottes Güte einer weiteren Generation in unserer Zeit vermittelt werden kann. Anregungen schauen wir uns anderswo ab. Das Lob Gottes kann in Videos, Podcasts oder auf andere Weise, in den sozialen Medien oder Printmaterialien zum Ausdruck gebracht werden. Es gibt Gesprächsformate, in denen Menschen aus verschiedenen Generationen ihre Erfahrungen austauschen können. Vielleicht tut es gerade in unserer Zeit ein Mentoring, bei dem eine ältergewordene Generation jungen Menschen Rat und Unterstützung anbietet. Themen gibt es nach Psalm 145 in Hülle und Fülle. Gottes Gnade. Gottes Güte. Gottes Fürsorge. Gottes Treue über die Zeiten hinweg. Was bei allem guten Ansinnen sicher nicht zu kurz kommen darf, ist die Kehrseite des Lobens. Konkret die Klage über Krankheit, Leid, Beschämung, Schuld, Versagen, Ungerechtigkeit, Bosheit oder Resignation. Sonst bleibt das Loben Gottes irgendwie einseitig und verkennt die Ambivalenzen des Lebens – trotz des Glaubens an Gottes Güte.

MARKUS NIETZKE

Grund gibt es genug, dich zu loben, Gott. Ich will es gerne tun.

Markus 7,1–23 Montag, 12. August

Sauber bleiben!

Pausenaufsicht am örtlichen Gymnasium. Die Gruppe Jugendlicher steht im Pulk und diskutiert engagiert. Was Thema ist, kann ich nicht hören. Doch den Ausruf am Ende der Pause, bevor sich die Teenager wieder auf den Weg zum Unterricht machen, habe ich deutlich im Ohr. Neben Tschüss, Tschau, Servus heißt es da: Sauber bleiben! Ob die Ansage einem einzelnen gilt oder der ganzen Gruppe? Ich weiß es nicht. Doch weiß ich durch Gespräche mit der Altersgruppe, was dieser Abschiedsgruß meint: Verhalte dich korrekt! Sei anständig! Auf alle Fälle geht es bei »Sauber bleiben!« nicht um gewaschene Hände oder frische Wäsche!

Jesus scheut auch keine Diskussion, vor allem nicht, wenn es darum geht, wie Menschen ihren Glauben leben sollen. Daher ringt er mit den jüdischen Gelehrten immer wieder um diesen Glauben. Und er fragt deutlich an, ob ihre aufgestellten Regeln wirklich einen Weg ebnen oder Menschen nur verunsichern.

Ob diese sich nicht im Regelwust letztendlich verlieren und vom eigentlichen Ziel abkommen, nämlich in einer guten Verbindung zu Gott zu stehen. Deshalb spielt es seines Erachtens keine Rolle, ob mit gewaschenen Händen gegessen wird oder ob die rituelle Reinigung vor dem Gebet erfolgt ist. Wer wirklich meint, solche Äußerlichkeiten sind Gott wichtig, der hat die Rechnung ohne den Wirt gemacht. Was von außen kommt, ficht die Gottesbeziehung nicht an.

Wenn schon »Sauber bleiben!« gelten soll, dann die Herzenskammer sauber halten. Das große Reinemachen gilt den Gefühlen, Gedanken und Taten, die Leben erschweren und auch die Beziehung zu Gott und den Mitmenschen beschweren. Die »Verfehlungsliste« in den Versen 21 und 22 lässt sich leider auch in unserer Lebenswelt führen. Sich davon zu befreien, diesen Ballast abzuwerfen, das eröffnet Lebens- und Glaubensperspektiven. In diesem Sinne »Sauber bleiben!« – das wünsche ich uns.

CHRISTINE WOLF

In meinem Herzen aufzuräumen und alles auszumisten, was mich am guten Leben mit dir und meinen Nächsten hindert, dazu brauche ich Kraft. Stärke du mich mit deinem Segen.

Dienstag, 13. August Markus 7,24–30

Lass dich überraschen!

Jesus ist genervt. Vielleicht auch nur müde und ausgelaugt. Menschlich verständlich. Das Unterwegssein, die Armut und Hoffnungslosigkeit der jüdischen Bevölkerung, die Aggression der römischen Besatzungsmacht – all das zehrt an ihm. So sucht er Ruhe und Abgeschiedenheit.

Der Rückzug ins Private gelingt ihm jedoch nicht. Dafür ist er mittlerweile zu bekannt, eine »Person von allgemeinem Interesse«, ein »VIP«. Deshalb sucht auch die Frau mit fremden Wurzeln nach ihm. Sie muss ihn sehen, ihn sprechen. Die Sorge um ihre kranke Tochter treibt sie um und an. Dieser Jesus kann helfen, das hat sie gehört. Dieser Jesus muss helfen, darauf vertraut sie. Ihr bleibt nur noch diese Chance. Jesus, der Heiler. Und dann diese Reaktion!

Hätte es Facebook und Twitter schon gegeben, wäre Jesu Konto sicher gesperrt worden. Grund: Beleidigung einer Frau! Das Gespräch mit der Mutter kennt keine Anteilnahme und Fürsorge. Barsch kanzelt er sie ab, die da zu seinen Füßen kauert, in Bittstellung. Beschimpft sie als Hund, der vom Abfall lebt. Nein, für solche wie sie ist er nicht da. Seine Botschaft gilt dem jüdischen Volk, den »Kindern« – so sehen es die theologischen Ausleger. Diese Kinder sollen umkehren, sollen Gott wieder entdecken.

Es ist noch ein weiter Weg, bis Paulus schließlich auch die sogenannten Heiden unter die Botschaft vom gerechten Gott stellt. Die Frau öffnet zumindest die Tür in die richtige Richtung.

Und so endet diese Begegnung nicht mit den beleidigenden Worten Jesu. Wer den stillen Rückzug der bittenden Frau erwartet hat, der hat sich deutlich geirrt. Unerwartetes geschieht: Sie zeigt Kante, hält dagegen. Lässt sich nicht einschüchtern. Macht deutlich, dass sie ebenso Anrecht auf die Guttaten Jesu hat wie alle anderen auch. So überrascht zu werden, löst ein Umdenken aus. Gerade bei Jesus. Der Mut und die Hartnäckigkeit der Frau überzeugen. Und stecken hoffentlich an.

CHRISTINE WOLF

Dankbar erkenne ich, dass du ein Gott bist, der sich überraschen lässt. Schenke mir diese Gabe, damit ich meinen Mitmenschen gerecht werde.

Markus 7,31–37 Mittwoch, 14. August

Es gut machen!

Keine gute Nachricht, die die Nachbarin da mitbringt. »Der Effata macht zu!« Wirklich keine gute Nachricht. Der Eine-Welt-Laden Effata war Treffpunkt im Stadtteil, die fairen Produkte brachten die weite Welt ins heimische Leben, die Kaffeebar versammelte Alte und Junge. Auch die Einkäufer des benachbarten Tafelladens schauten gerne vorbei, ein Schwätzchen und so manche Tasse Heißgetränk gab es obendrein.

Und nun das, der »Effata« geschlossen. Mit ihm auch geschlossen das Miteinander und Füreinander, die Bildungsarbeit, die Stimme für Gerechtigkeit und Bewahrung der Schöpfung. Der Name war so überlegt ausgesucht worden – Effata – öffne dich – und er war konsequent gelebt worden. Ein offener Ort, der ein Stück weit zum Zuhause für Viele wurde. Der plötzliche Tod des Geschäftsführers ließ keine andere Lösung als die Schließung erkennen. Und wir blieben traurig zurück. Doch wer weiß, vielleicht wächst aus der Traurigkeit wieder etwas Neues ...

Traurig über den Zustand des Freundes waren wohl auch die Menschen, die Jesus aufsuchten. Traurig darüber, dass der Mann nichts hören konnte, nur stammelnde Laute hervorbrachte. Dass er Mühe hatte, zu verstehen und sich verständlich zu machen. Traurig darüber, dass ihm so vieles im Alltag verschlossen blieb. Wie gut, dass sie sich für ihn eingesetzt haben. Nicht selbstverständlich zu diesen Zeiten, nicht selbstverständlich auch heute.

Jesus reagiert, mit Wort – Effata – und Zeichen – Speichel – schließt er dem Mann die Welt auf. Öffnet ihn gänzlich für Teilhabe und Zugehörigkeit. Zollt den anderen Respekt, die sich für dieses Offenwerden eingesetzt haben.

Das blieb natürlich nicht verborgen, diese Nachricht breitete sich aus. Jesus hat es wohl gemacht! Hat es in Gottes Namen wohl gemacht! Eine gute Nachricht! Sagen wir sie gerne weiter.

CHRISTINE WOLF

Einfühlsamer Gott, sei bei allen, die sich verschließen und doch darauf warten, dass einer kommt, der es gut macht und die Worte spricht: Effata!

Donnerstag, 15. August — Markus 8,1–9

Jesus hat Mitleid

Sehr konkret sind die Gründe, die Jesus in der Erzählung von der Brotvermehrung vorträgt, um seine Jünger dazu zu bewegen, die Menschen wahrzunehmen und spontan zu handeln: Die sich versammelnden Menschen haben nichts zu essen. Viele Menschen sind gekommen und wollen Jesus begegnen. Jesus macht sich Gedanken über ihren Rückweg – wenn sie nichts zu essen bekommen, werden sie den Weg nach Hause nicht schaffen. Jesus nimmt, was da ist. In seinem Dank und Lobpreis Gottes vermehrt sich das Brot. Alle werden satt.

Bei der Auslegung dieser biblischen Erzählung geht es um mehr als eine Antwort auf die Frage, was damals geschehen ist, was Jesus konnte oder nicht, wie viele Menschen kamen und wie viele Körbe übrig waren. Wir haben gelernt, den tieferen Sinn der biblischen Erzählungen zu erfassen. Von den biblischen Schriften erfahren wir dabei Hilfe – einmal erzählen sie von sieben und dann von zwölf Körben Brot, die übrig sind. Theologische Anliegen stehen dahinter: Die zwölf Stämme in Gottes Volk Israel sollen niemals vergessen sein; auch die Fremden in den sieben damals bekannten Gebieten außerhalb von Israel werden satt.

Es ist nicht schwer, die heutige Lebenswirklichkeit in das Gespräch mit dem biblischen Text zu bringen: Menschen verhungern gegenwärtig an vielen Orten – Kinder, Frauen, Männer. Wir wissen darum. Es gibt genug Nahrung weltweit – sie müsste nicht einmal vermehrt werden, nur an die Orte der Not gebracht werden. Warum geschieht es nicht? Es verursacht Kosten. In der biblischen Erzählung geben Menschen das, was sie haben, damit alle satt werden.

Ein Gedanke in dieser Erzählung rührt mich besonders an: Jesus begegnet uns als ein Mensch, der um die alltäglichen Nöte weiß. Zugleich vermag er einen Weg aus der Not zu finden, der die menschlichen Möglichkeiten übersteigt. Dies vor allem will der Evangelist Markus bezeugen: Jesus ist nicht nur ein Mensch – immerhin: ein Mensch; Maria hat ihn geboren. Jesus fühlt wie ein Mensch.

DOROTHEA SATTLER

Unser Vater und unsere Mutter, Gott, tägliches Brot gib heute uns allen!

Markus 8,10–13 Freitag, 16. August

Generation Jesus und Generation heute

Jesus ist enttäuscht. Soeben hat er aus Wenigem sehr Vieles werden lassen – mehr als genug für alle. Körbe voller Brot blieben übrig. Streitlustige fordern jedoch eindeutigere Zeichen. Jesus wendet sich ab, verlässt den Ort und hadert mit seinen Zeitgenossen – mit den Menschen seiner Generation, die niemals genug bekommen und vom Himmel erwarten, was sie sich wünschen.

Vielleicht fällt es auch unserer Generation heute schwer, sich über Brot zu freuen. Es gibt genug davon – zumindest in unserer Region. Es fehlen andere »Zeichen vom Himmel«. Der Mensch lebt nicht vom Brot allein. Welche Zeichen könnten die heutige Generation von Menschen zum Glauben an Jesus Christus motivieren? Was müsste geschehen? Die Kriege beenden, den Klimawandel aufhalten, die Erdbeben aufhalten, die Rechte aller Menschen – auch der Frauen weltweit – auf Freiheit und Selbstbestimmung achten, die medizinische Versorgung für alle in gleicher Weise sichern, keine Folter mehr, kein Todesurteil – wären dies nicht die »Zeichen vom Himmel« – und warum hat Jesus nur Brot vermehrt?

Der Evangelist Markus hält nicht viel von denen, die Jesus begegnet sind: Ständig verstehen sie nicht, was er tut. Wer mit wenig Brot und ein paar Fischen Tausende sättigen kann, dem ist alles zuzutrauen. Eines ist jedoch erforderlich: die tätige Hoffnung, nicht das Warten auf den göttlichen Eingriff. Die Zeichen fallen nicht vom Himmel. Die eigene Anstrengung ist erforderlich. So ist es wohl gedacht im Reich Gottes. Nicht ohne unser Handeln geschieht Gutes. Wir sind gefordert – unsere Generation! Das Zuschauen allein und Forderungen an Andere erheben – das genügt nicht. Vorzeichen hat Jesus gesetzt – die Ausgestaltung ist jeder Generation selbst überlassen.

Oft ist in der Bibel die Rede davon, dass Jesus in Momenten der Enttäuschung mit dem Boot an »das andere Ufer« fährt. Vielleicht gibt es dort Menschen, die nicht auf »Zeichen vom Himmel« warten, sondern handeln in ihrer Generation.

DOROTHEA SATTLER

Aufmerksamer Gott, du – schenke uns die Gaben der Dankbarkeit und den Mut zur Tat!

Samstag, 17. August — Markus 8,14–21

Selbstsorge der Jünger – anders als die Sorgen Jesu

Der Evangelist Markus schont die Jünger nicht: Mit feiner Ironie schildert er, dass sie erst im Boot bemerken, dass sie nur ein Brot von den vielen, die übrig waren, mitgenommen haben. Eigentlich waren sie ja schon satt. Das eine Brot könnten sie teilen. Und Jesus war bei ihnen – was wollten sie mehr? Ein gesichertes Leben aus eigenem Vermögen, daran lag ihnen. Aus Selbstsorge schwindet ihr Vertrauen – in ganz kurzer Frist.

Jesus hat ganz andere Sorgen. Ihn beschäftigt nachhaltig das Streitgespräch mit den Pharisäern. Seiner Ausbildung nach stand Jesus den Pharisäern eigentlich nahe. Auch sie vertrauten auf Gottes Gerechtigkeit und erwarteten den Messias. Konflikte mit Nahestehenden sind oft länger belastend als mit Menschen, die andere Positionen vertreten. Jesus haderte mit seinen jüdischen Geschwistern. Und seine Jünger machten sich Gedanken über die nächste Mahlzeit.

Vergleiche über Jahrtausende hinweg sind immer schwer zu ziehen. Aber gibt es nicht auch heute gute Gründe, den Lebensstandard der Menschen, die in den Kirchen arbeiten, zu hinterfragen? Brauchen wir in den reichen Ländern der Erde so viel Absicherung durch finanzielle Rücklagen, Immobilien und andere Geldanlagen? Wir sitzen doch eigentlich mit Jesus in einem Boot und könnten darauf vertrauen, dass er immerzu Wege weiß. Und nehmen wir die eigentlichen Herausforderungen auf – das theologische Streitgespräch mit den Zeitgenossen?

Es gibt keine leichten Antworten auf die gestellten Fragen. Eine solide Haushaltspolitik in den Kirchen sichert das Leben vieler Familien ab. Vorsorge ist zu treffen, sonst können Projekte in Zukunft nicht mehr finanziert werden. All das stimmt. Zugleich bleibt ein segensreicher, guter Stachel im Fleisch der für sich selbst Sorgenden in den Kirchen: Könnte nicht auch ein Brot ausreichen?

Die Pharisäer vertrauten auf Gottes Gericht. Ans Tageslicht soll kommen, wer gerecht gehandelt hat. Diese Hoffnung teilen wir. Judentum wie Christentum vertreten ethische Normen, die schöpfungstheologisch begründet sind: Niemand soll verhungern!

DOROTHEA SATTLER

Gerechter Gott, schenke uns den Geist der Umkehr!

Psalm 147 Sonntag, 18. August

Reden reicht nicht. Bitte Singen!

Die Einladung zum gemeinsamen Singen und Musizieren wird in allen Kirchen der Welt groß geschrieben. Auf vielfältige Weise wird Gott in den Kirchengemeinden und Gemeinschaften gelobt. Oft laut. Manchmal sehr rhythmisch, mit ekstatischen Zwischenrufen. Oder eher besinnlich, meditativ. Immer geht es darum, dass Gottes Name »verherrlicht und groß gemacht wird«, wie es bei einigen Christen heißt. Anlass dafür ist die Erfahrung der Güte Gottes, seine Zuwendung zu den Menschen und sein Erbarmen in notvoller Situation.

Hintergrund für die Entstehung von Psalm 147 mag die Erfahrung des Wiederanfangs und Aufbaus nach einer Zerstörung Jerusalems durch einen Krieg gewesen sein. Das Volk ist aus dem Exil in Babylon zurückgekehrt und erlebt einen Neuanfang. Das ist die damalige Welt im größeren Zusammenhang gesehen. Es gibt neben solchen Zusammenhängen andere, kleinere und scheinbar unbedeutendere Anlässe, Gott zu danken. Nach langer, schwerer Krankheit gibt es eine Lösung. Jemand wird gesund – oder erlöst. Nach langer Zeit der Arbeitssuche findet sich eine passende Stelle. Eine zerrüttete Partnerschaft erlebt einen verheißungsvollen Neuanfang. In anderen Weltteilen liegt der Fokus auf der Stillung von Hunger oder Durst. Anderswo gibt es frisches Wasser. Vielleicht gibt es Dankbarkeit für den Erhalt bedrohter Tierarten, wie Buckelwale, Tiger, Nashörner und andere.

Positive Dinge in den Blick zu nehmen, fällt uns schwer. In den Lobpsalmen wie Psalm 147 wird unser Blick über das Vorfindliche hinaus geweitet. Wir sind eingeladen, in den Jubel über Gottes Wirken und Walten in der Natur und der Geschichte einzustimmen. Eine Besonderheit fällt auf. Gott wird für sein Wort gelobt. Das Volk Israel hat es seinerzeit als einzigartiges Privileg empfangen. Wir partizipieren an dieser Offenbarung durch Jesus Christus.

MARKUS NIETZKE

Du greifst auf ungewöhnliche Weise in das Geschick deines auserwählten Volkes ein, guter Gott. Oft genug in ganz kleinen, eher unscheinbaren Dingen bei uns. Wir loben dich für beides.

Liebe macht sehend

Bewusst setzt Markus seinen Bericht der Heilung eines Blinden an diese Gelenkstelle seines Evangeliums. Er steuert auf den Höhepunkt des Bekenntnisses zu Jesus als dem Christus zu (8,31). Die Leserinnen und Leser sollen erkennen, wer Jesus ist und wie seine Hoheitstitel eigentlich zu verstehen sind. »Begreift ihr denn noch nicht?«, so beschreibt Markus direkt zuvor (8,21) das Unverständnis der Jünger. Nun werden auch sie von ihrer geistlichen Blindheit befreit, ihnen die Augen geöffnet. Allerdings wohl auch erst Schritt für Schritt wie dem Blinden in Betsaida (V. 24), wie die folgende Auseinandersetzung mit Petrus zeigen wird.

In der nur von Markus beschriebenen Szene wendet sich Jesus dem Blinden so intensiv zu, wie es sonst kaum in den Heilungsgeschichten erzählt wird. Er führt ihn behutsam aus dem Dorf und berührt ihn mit heilenden Gesten sowie Speichel als Heilmittel. Diesem sagte man eine Dämonen abwehrende Kraft nach. Es entwickelt sich geradezu ein therapeutisches Gespräch. Die Szene erinnert zugleich an den Bericht der Heilung des Taubstummen, wenige Verse zuvor (7,31–37). Markus macht mit den beiden Geschichten deutlich, dass Jesus den Menschen, die arm sind und Heilung benötigen, ganz intensiv nahe ist. Er begegnet ihnen menschlich, auf Augenhöhe, und heilt sie an Leib und Seele. Zugleich bereitet er die Leidensankündigungen vor, die im zweiten Teil des Evangeliums drei Mal erwähnt werden (8,31; 9,31; 10,33). Jesus will keine politische Sensation, er richtet sein Reich nicht mit Pomp und Gloria auf. Daher verbietet er dem Blinden, im Dorf von seiner Heilung zu berichten. Jesu Weg führt ins Leiden, ans Kreuz und in den Tod. Doch wie der Blinde geheilt und dessen Dunkelheit erhellt wird, überwindet Jesus selbst die Nacht des Todes. So wird er alle, die sich zu ihm bekennen, zur Erkenntnis und zum Licht führen.

MARC WITZENBACHER

Ich danke dir, du wahre Sonne, dass mir dein Glanz hat Licht gebracht; ich danke dir, du Himmelswonne, dass du mich froh und frei gemacht; ich danke dir, du güldner Mund, dass du mich machst gesund.

Markus 8,27–33 — Dienstag, 20. August

Liebe kennt keine Grenzen

Mit dem Bekenntnis des Petrus: »Du bist der Christus!« setzt Markus zugleich einen Höhepunkt und einen Doppelpunkt in seinem Evangelium. Jesus ist der Messias, der Gesalbte, die Mensch gewordene Hoffnung Israels und der ganzen Welt. Aber er entspricht eben nicht den zeitgenössischen Vorstellungen eines Messias, der mit Gewalt und großer Macht die Besatzung der Römer zerschlägt. Daher verwahrt sich Jesus zum einen dagegen, dieses Bekenntnis zu verbreiten (V. 30), und weist zudem auf sein kommendes Leiden hin, das im zweiten Teil des Evangeliums im Mittelpunkt stehen wird.

Markus nutzt für das Leiden des Messias das göttliche »Muss« (V. 31). Jesus selbst spricht vom »Menschensohn«, der als von Gott Auserwählter den Weg des leidenden Gerechten gehen »muss« (vgl. Ps 34,20). In der zeitgenössischen jüdischen Tradition wird diese Gestalt mit dem endzeitlichen Gericht verbunden (vgl. Dan 7,13). Markus bezeichnet das Leiden des Messias somit als notwendige Zeitenwende der Geschichte. Ebenso »muss« der Menschensohn auferstehen, um seinen Weg zu vollenden. Dies sagt Jesus seinen Jüngern nicht mehr in Gleichnissen, sondern »frei und offen« (V. 32).

Der Theologe Markus rückt das Kreuz in die Mitte seines Evangeliums: Der Messias ist kein politischer Held, der sein Volk befreit. Jesus ist vielmehr der Heiland, der sich den Menschen an die Seite stellt und für sie in den Tod geht. Daher soll Petrus auch »hinter Jesus«, was das griechische Wort bedeutet. Der Weg der Jüngerinnen und Jünger ist kein Weg zur Macht, sondern führt ebenso an die Seite der Armen und Benachteiligten, was Markus nach jeder der drei Leidensankündigungen mit Zurechtweisungen der Jünger wie hier mit dem Petrustadel, dann zum Rangstreit (9,33–37) und dem Begehren der Söhne des Zebedäus (10,35–45) wiederholt.

MARC WITZENBACHER

Dein Kampf ist unser Sieg, dein Tod ist unser Leben; in deinen Banden ist die Freiheit uns gegeben. Dein Kreuz ist unser Trost, die Wunden unser Heil, dein Blut das Lösegeld, der armen Sünder Teil.

Liebe überdauert den Tod

Was Jesus über die Nachfolge zu sagen hat, gilt für alle. Daher führt Markus den Abschnitt anders als Matthäus (Mt 16,24) und Lukas (Lk 9,23) damit ein, dass Jesus die Volksmenge zu sich ruft (V. 34). Für den Evangelisten führt der Weg aller Jüngerinnen und Jünger in die gleiche Richtung wie bei Jesus. Es geht nicht um Macht oder ein glorreiches Leben, nicht um die eigenen Wünsche und Vorstellungen, sondern das »Kreuz«. Für die Gemeinde des Markus kann dies wohl offensichtlich wörtlich meinen, für das Bekenntnis zu Jesus Christus auch den Tod auf sich zu nehmen. Lukas wird später das Wort »täglich« einfügen (vgl. Lk 9,23), was bei ihm wohl mehr die alltägliche Bereitschaft zu Nachteilen und Widerständen signalisiert.

Für Markus ist die Nachfolge Jesu es wert, sein Leben aufs Spiel zu setzen. Darunter versteht Markus vermutlich analog dem hebräischen Wort für Seele das ganzheitliche Leben, nicht nur die physische Existenz. Kein irdisches Gut, kein Besitz oder auch keine gesellschaftliche Stellung vermag diesem Leben gleichzukommen, das den Jüngerinnen und Jüngern in Jesus Christus zugesagt ist. Gerade in der endzeitlichen Perspektive, die in Vers 38 mit dem Bild des auf den Wolken kommenden Menschensohns (vgl. Dan 7,13) angezeigt wird, wird dieses Leben in der Liebe Christi sogar den Tod überdauern.

Jesus wusste selbst nicht, wann der Menschensohn in seiner Herrlichkeit wiederkommen wird, dies wisse »allein der Vater« (vgl. Mk 13,32). Aber das Reich Gottes ist in seiner ganzen Herrlichkeit im Kommen Jesu schon angebrochen, davon ist Markus überzeugt (vgl. Mk 1,15). Gott ist den Menschen also jetzt schon nahe, daher steht selbst der Tod der ersten Generation der Verheißung des endgültig die Welt erlösenden Gottes nicht entgegen.

MARC WITZENBACHER

Hilf das Kreuz uns tragen, und in finstern Tagen sei du unser Licht; trag nach Zions Hügeln uns mit Glaubensflügeln und verlass uns nicht, wenn der Tod, die letzte Not, mit uns will zu Felde liegen, dass wir fröhlich siegen.

Markus 9,2–13   Donnerstag, 22. August

Vom Genießen und (Mit-)Leiden

Die schönsten Momente vergehen immer am schnellsten. Petrus wollte diesen besonderen Augenblick festhalten. Doch genauso schnell und plötzlich, wie Mose und Elia erschienen waren, waren sie auch wieder verschwunden. Und Jesus sah wieder so aus, wie sie ihn kannten, nicht mehr so außerirdisch-göttlich. Elia ging ihm und den beiden anderen Jüngern nicht mehr aus dem Kopf. Er sollte doch alles vorbereiten und schön machen für das Kommen des Messias!? Aber wieso sprach Jesus dann vom Auferstehen? Das konnte doch nur bedeuten …

Auch wir wollen schöne Momente gerne festhalten. Auch für unseren Glauben benötigen wir solche Bergerfahrungen, bei denen wir erschauern. Oder uns Tränen in den Augen stehen. Oder das Herz ganz warm wird. Oder uns vom Kopf ins Herz dringt, dass Jesus Christus Gottes Sohn ist und wir zu ihm gehören, seine Nachfolger sein dürfen. Gott schenkt solche Augenblicke. Doch sie sind seltene Höhepunkte, an die wir uns unser ganzes Leben lang erinnern können. Auch wenn sie uns im Nachhinein oft wie ein Traum vorkommen.

Doch wir folgen dem Sohn Gottes, der Mensch wurde und sich nicht zu schade war, immer da zu sein, wo die Not am größten war. Und der bereit war, selbst das Leiden auf sich zu nehmen um seiner und seines Vaters Liebe zu uns Menschen willen. Und Elia? Er war gekommen, in Gestalt des Täufers, der zur Umkehr gerufen hatte und ebenfalls dem Leiden nicht ausgewichen war.

Wir dürfen die schönen Momente unseres Lebens genießen, weil sie eine Gabe Gottes sind. Doch unser Weg geht auch immer wieder vom Berg hinunter in die Niederungen der Not unserer Mitmenschen. Und manchmal auch unserer eigenen. Doch auch gerade da will der Auferstandene an unserer Seite sein. Kraft geben. Trost spenden. Uns Glauben ermöglichen. Und durch uns andere zum Glauben einladen.

DIRK ZIMMER

Du liebst das Leben, Herr. Du gibst das Leben. Und du trägst mit am Leiden. An meinem und an dem der anderen. Hilf mir, das Gute zu genießen, anderen in der Not beizustehen und dem Leiden nicht auszuweichen. Zu deiner Ehre.

Freitag, 23. August — Markus 9,14–29

Vom Glauben und Beten

»Ich kann mit der Kirche nichts mehr anfangen. Die ist unglaubwürdig geworden.« Solche und ähnliche Sätze hört man als »Pfarrer«, wie ich in Bayern genannt werde, auch hier immer wieder. Mal sind es die Missbrauchsfälle, die als Grund genannt werden. Anderen ist die Kirche zu politisch. Wieder andere finden, dass die Christen insgesamt ein schlechtes Bild abgeben. Frei nach Nietzsche: Wir müssten erlöster aussehen ... Was können wir tun?

Die Jünger haben auf Jesu Frage, worüber sie mit den Menschen im Streit sind, nicht reagiert. Ein Mann aus deren Mitte beantwortet sie stattdessen. Und er stellt am Ende ihr Unvermögen fest, ihm zu helfen.

Wir haben als Kirchen und auch als einzelne Christen Grund, selbstkritisch zu sein und die Anfragen der Menschen ernst zu nehmen. Sie weisen auf die Gründe für die Kirchenmüdigkeit und dafür, dass Menschen den christlichen Glauben für irrelevant halten.

Wie hat Jesus damals auf die Kritik reagiert? Er hat den Hilfesuchenden mit seinem Sohn beiseite genommen und ihn gefragt, was genau des Kindes Not ist. Dann hat er den Vater zum Vertrauen auf ihn herausgefordert. Der Aufschrei des Vaters zeigt das Wesen des christlichen Glaubens: Er will ja glauben, dass Jesus helfen kann, aber er merkt, wie schwer es ihm fällt. Er ist nun der, der Hilfe benötigt. Er bittet und darf erleben, wie Jesus heilsam und befreiend handelt, an seinem Sohn und ihm.

Auch die Jünger zeigen ihre Probleme mit dem Glauben, hatten sie doch schon so erfolgreich gewirkt. Warum nicht auch hier? Was musste zu ihrem Glauben noch dazu kommen? Jesu Antwort wirft sie zurück auf ihren Glauben; mehr ist nicht nötig. Da hilft nur noch beten, so sagen wir heute auch manchmal, wenn wir unsere Ohnmacht eingestehen müssen. Beten ist Ausdruck der Einsicht, dass wir Jesu Hilfe benötigen, und Ausdruck des Vertrauens, dass er helfen wird. Glauben heißt beten.

DIRK ZIMMER

Manchmal nehmen unsere Zweifel überhand. Manchmal sind wir mit unserem Latein am Ende. Gut, dass wir auch dann dich, unseren Herrn und Heiland, um Hilfe bitten dürfen.

Markus 9,30–37 Samstag, 24. August

Vom Leiden und Leiten

Leiden und Leiten liegen nicht nur sprachlich nahe beieinander. Wer »groß rauskommen« möchte, der muss auch Leidensfähigkeit mitbringen. Und da, wo das Leiden groß ist, braucht es Menschen, die Verantwortung übernehmen, helfen und aus dem Leid herauszuführen versuchen.

Jesus hat so gelebt und gehandelt. Schon darin, dass der Gottessohn Mensch wurde, hat er sich den Menschen ausgeliefert und sich darauf eingelassen, leiden zu müssen. Die Jünger, allen voran die Zwölf, haben den Weg hinauf nach Jerusalem als Weg zum Königsthron verstanden. Das Leiden hatte da in ihren Vorstellungen und Erwartungen keinen Platz.

Jesus kritisierte nicht, dass sie sich darüber Gedanken machten, wer von ihnen Macht und Größe erlangte. Wer gestalten und etwas zum Besseren verändern möchte, der braucht dazu Macht. Jesus wirft aber die Frage auf, aus welcher Motivation das geschieht. Er gibt den zwölf Jüngern als den Repräsentanten seiner zukünftigen Kirche eine wesentliche Lektion mit auf ihren Weg. Als gute Führungskräfte sollen sie die Entwicklung, die Förderung und das Wohl der anderen im Blick haben.

Eine gute Führungsperson versucht, die Menschen zu ermutigen und zu befähigen, gemeinsam die Not zu lindern und die Dinge zum Besseren zu verändern. Auch dabei nimmt sie immer den einzelnen in den Blick. Ihm gilt es, wie einem Kind Raum zu geben, seine Fähigkeiten zu entdecken, sie ausprobieren zu können und dabei auch Fehler machen zu dürfen. Zu führen bedeutet, dann die Verantwortung zu übernehmen und den Kopf hinzuhalten.

Die Kirchengemeinden sind gute Orte, an denen insbesondere auch junge Menschen lernen können, im Team zu arbeiten, dabei Leitungskompetenz zu erwerben und Verantwortung zu übernehmen. Dies zu kultivieren und immer wieder zu ermöglichen ist eine wesentliche Aufgabe haupt- und ehrenamtlicher Verantwortungsträger und Führungskräfte.

DIRK ZIMMER

Herr, du hast für uns gelitten, damit wir uns im Leben entfalten können. Hilf uns, diesen Raum der nachwachsenden Generation zu öffnen.

Sonntag, 25. August Psalm 120

Frieden finden trotz Verleumdung – geht das?

Wer eine Weile im Ausland lebt, wird unwillkürlich Unterschiede zur eigenen Kultur entdecken. Manchmal begegnet einem Menschen eine Situation, die nicht ohne eine gewisse Peinlichkeit aufgelöst werden kann. Wie gut, wenn dann das Gegenüber darüber freundlich hinwegsieht und Hilfestellung anbietet. Interkulturelle Kompetenz lässt sich bei Gebräuchen, beim Essen und Trinken, der Bekleidung und alltäglichen Umgangsformen aneignen. Beim gemeinsamen Essen wird deutlich, wie es um die Gastfreundschaft steht. Im Psalm bricht sich eine massive Enttäuschung Bahn. Es kam in der Fremde nicht zu einem guten Miteinander. Das Sprichwort »Andere Länder, andere Sitten« hat einen negativen Beigeschmack bekommen. Die sprichwörtlich orientalische Gastfreundschaft hat irgendwie nicht funktioniert. Die Enttäuschung über erlittene Verleumdung wird im Tempel zur Sprache gebracht. Nun gilt: Endlich wieder zuhause! Gott sei Dank! Aus der misslichen Situation durch Gott gerettet! Von Lügenmäulern und der Erfahrung eines falschen Zungenschlags ist im Gebet die Rede. »Fake News« und Desinformationen in unserer Zeit machen Menschen das Leben schwer. Die Erfahrung von übler Nachrede oder einer Verleumdung in ein Gebet zu fassen zeigt, wie sehr auf das Eingreifen Gottes in solcher befremdlichen Erfahrung gehofft wird. Das verbindet bei gleicher Erfahrung in ähnlicher Situation. Rachegelüste in einem Gebet zu artikulieren und auf Vergeltung für erfahrenes Unrecht zu hoffen, ist legitim. Trotzdem im Beten irgendwie auch schwierig. Es zeigt aber, wie vertraut wir im Gebet mit Gott sprechen können. Das mag ansatzweise genügen, erlittenes Unrecht zu ertragen. Sonst gilt: Es gibt in Deutschland Mittel und Wege, gegen Verleumdung (Strafgesetzbuch § 186 und 187) konkret anzugehen.

MARKUS NIETZKE

Du greifst auf ungewöhnliche Weise bis heute in das Geschick deiner Leute ein, guter Gott. Hilf mir, zurecht zu kommen, wo ich Opfer von Verleumdung und übler Nachrede geworden bin. Zeige mir Lösungsoptionen, bitte!

Markus 9,38–41   Montag, 26. August

Wunder und Plagiatsvorwürfe

Es ist ein Phänomen, dass manche Worte dadurch an Wert und Wirkung gewinnen, wenn sie einer berühmten Persönlichkeit zugeschrieben werden können. Mit dem Verweis auf bedeutende Schriftsteller, Politiker, Philosophen, Heilige, Sportler oder Musiker steigt die Akzeptanz und die zugeschriebene Wirksamkeit der Aussage.

Dass dies wohl schon immer so war, lässt sich auch an biblischen Texten ablesen. Die Autorenschaft bzw. Urheberschaft ist nämlich auch hier von enormer Bedeutung und nicht wenige der dort nachlesbaren Worte und Taten leben vom zugeschriebenen Urheber. Wie sensibel das Thema Urheberschaft und die Angst vor Plagiaten allerdings ist, lässt sich in der heutigen Bibellesung und an dem darin beschriebenen Verhalten der Jünger Jesu ablesen, die sich offenbar schwer damit tun, dass ein Wundertäter, der kein Jünger Jesu ist, in seinem Namen Dämonen austreibt.

Plagiats- oder Amtsanmaßungsprobleme hat Jesus gegenüber dem Wundertäter allerdings überhaupt nicht. Die »unerlaubte« Verwendung seines Namens stört ihn nicht, im Gegenteil: »Hindert ihn nicht! Keiner, der in meinem Namen Wunder tut, kann so leicht schlecht von mir reden. Denn wer nicht gegen uns ist, der ist für uns«, kann bei Markus hierzu nachgelesen werden.

Kleinkariertes und Eitelkeitsdenken dürfen nicht dazu führen, dass große und gute Taten verhindert werden. Entscheidend ist, dass geholfen wird. Wenn Wundertäter im Namen Jesu erfolgreich wirken, dann ist das doch gut, auch wenn sie nicht zu seinen Jüngern zählen?! Heil und Heilung gibt es nämlich auch außerhalb der Kirche. Für diese Aussage hat man über Jahrhunderte nicht nur innerkirchlich Prügel bezogen. Vielleicht gelingt es uns, wie Jesus, entspannter und großzügiger zu werden und uns mit denen zu freuen, denen – von wem auch immer – geholfen werden konnte.

THOMAS STEPHAN

Herr, Jesus Christus, geheiligt ist dein Name. Hilf uns und anderen, durch deinen Namen Gesundheit und Heil zu erlangen.

Dienstag, 27. August — Markus 9,42–50

Verführer? Abführen!

In den letzten 10 bis 20 Jahren sind mehr Missbrauchsfälle von kirchlichen Amtsträgern ans Tageslicht gekommen als je zuvor. Eine Flut an veröffentlichten und nachprüfbaren Abgründen hat einen großen Teil an Glaubwürdigkeit und Vertrauen in die Institution Kirche weggerissen.

»Warnung vor der Verführung« ist in der Einheitsübersetzung der heutige Abschnitt überschrieben, wo es heißt: »Wer einen von diesen Kleinen, die an mich glauben, zum Bösen verführt, für den wäre es besser, wenn er mit dem Mühlstein um den Hals ins Meer geworfen würde.« Wenn diese Aussage auf Kindes- und Machtmissbrauch tatsächlich Anwendung finden würde, dann würden sich schreckliche Szenen auf dem Meeresboden abspielen. In unmissverständlicher Schärfe und Härte rechnet Jesus mit dem Bösen im Menschen ab. Dieses gilt es zu bekämpfen und auszumerzen. Andernfalls drohen nie erlöschendes Feuer und die Hölle.

Wie geht es Ihnen mit der Wortwahl der Bibel? Nach jüdischer Auffassung hatten Begierden und damit auch das Böse ihren Sitz in einzelnen Gliedmaßen und Körperteilen. Vor diesem Hintergrund erklärt sich die Forderung, Hand und Fuß abzuhauen und das Auge herauszureißen, wie bei Markus beschrieben.

Wie kann, soll, muss mit dem Bösen verfahren werden, das zweifellos auch heute noch Teil menschlicher Existenz ist? Menschenrechtlich und völkerrechtlich besteht Einigkeit, dass Verstümmelung und Hinrichtung zu ächten sind. Dies bedeutet allerdings nicht, gegenüber dem Bösen untätig zu bleiben. Das Evangelium drängt zu einem entschiedenen Kampf und einem klaren Standpunkt mit dem Aufruf: »Habt Salz in euch.« Hierbei geht es um eine Stärke und Wirksamkeit, die es gilt zu leben. Die Kirche – aber nicht nur sie – braucht Menschen, die sich verpflichtet und berufen fühlen, klar und entschieden gegen jegliche Form von Verführung, Missbrauch und Bösem vorzugehen.

THOMAS STEPHAN

Herr, unser Gott, hilf uns bei unserem Kampf gegen das Böse. Mach uns mutig und stark besonders in unserem Einsatz für die Kleinen, Schwachen und die uns Anvertrauten.

Markus 10,1–12 — Mittwoch, 28. August

Umgang mit Geschiedenen und Wiederverheirateten

»Ich bin ein Schweinehund. Nach ihrem Papst bin ich ein Schweinehund.« Diese Worte klingen mir auch 30 Jahre danach immer noch in den Ohren. Zu dieser Zeit arbeitete ich als Student ehrenamtlich in der Klinikseelsorge und auf einem meiner Gänge sprach ich einen Patienten an, ob er die Krankenkommunion haben möchte. Er verneinte dies, da er geschieden und wiederverheiratet sei und somit als Katholik von den Sakramenten ausgeschlossen sei.

»Was aber Gott verbunden hat, das darf der Mensch nicht trennen.« Dieser 9. Vers des 10. Kapitels bei Markus hat es in sich. Kirchlich-katholische Scheidungen gibt es bis heute nicht, allenfalls Annullierungen von Ehen aufgrund zum Beispiel eines nachgewiesenen sogenannten Formfehlers, der besagt, dass eine gültige katholische Ehe gar nicht erst zustande gekommen ist.

Fakt ist, dass das Scheitern Teil menschlicher Existenz sein kann. Scheidungen von Ehen sind bitter, sie werden, besonders wenn Kinder betroffen sind, aber nicht leichtfertig angestrebt. Weltliches Recht kollidiert hierbei mit kirchlichem Recht.

Die Ächtung und Ausgrenzung von Menschen, die in ihrer Ehe gescheitert sind und wieder geheiratet haben, ist aber inakzeptabel. Eine »sakramentale Zweitehe« ist bis heute nicht möglich. Jetzt kann man sagen, dass dies weite Teile der Bevölkerung völlig kalt lässt. Gläubige, haupt- und ehrenamtlich engagierte Katholiken betrifft dies allerdings sehr wohl.

Es ist gut, dass es die Möglichkeit zu Eheannullierungen gibt. Es ist gut, dass es an vielen Orten schon immer eine Duldung kirchenrechtlich nicht konformer Lebensverhältnisse gibt. Es ist gut, dass es immer mehr Segensfeiern für Geschiedene gibt, die ihre neue Beziehung mit Gottes Segen führen wollen. Es reicht aber nicht, dabei stehenzubleiben und sich damit abzufinden.

THOMAS STEPHAN

Herr, unser Gott, wir ehren dich und dein Wort. Du weißt um unsere menschlichen Fehler und Schwächen. Zeige uns Wege auf, wie wir dein Wort und unsere menschlichen Realitäten besser vereinbaren können.

Donnerstag, 29. August — Markus 10,13–16

Wundern

»Die ›Schwirrnis‹ der Libellen«, so schildert die Schriftstellerin Sibylle Lewitscharoff in einem Interview, »das war für mich die größte paradiesische Sensation, die mir vor Augen kam. Der See war umwaldet, und überall diese funkelnden großen Libellen. Die schwirren ein bisschen und bleiben in der Luft fast stehen. Das war so ein herrlicher Anblick. Und die Schönheit dieses Moments war für mich erhaben. Sofort. Frommes Kind. Am liebsten gleich ein bisschen beten.« – »Wer das Reich Gottes nicht empfängt wie ein Kind, der wird nicht hineinkommen«, sagt Jesus. »Lasst die Kinder zu mir kommen und wehret ihnen nicht, denn solchen gehört das Reich Gottes«, verweist er seine Jünger. Die aber wird das gewundert haben, denn gerade eben noch waren sie davon überzeugt, dass es richtig sei, die Kleinen von Jesus fernzuhalten. Und nun diese Hinwendung des Meisters zu den herbeigebrachten Kindern. Nicht weniger als alles spricht er ihnen zu. Sie gehören dem Reich Gottes an. Ganz und gar. Was aber, so mögen sich die Jünger gefragt haben, haben sie uns voraus? Denn eine tiefe Sehnsucht hatte Jesus den Zwölfen ins Herz gepflanzt, die Sehnsucht nach Gottes Reich. Aber nun schien es, als sei das nur unter einer Bedingung zu erlangen, die sie nicht mehr erfüllen konnten, weil sie erwachsen geworden waren. Wie war das zu verstehen? – Blinzelnd vielleicht, wie Kinder es tun, wenn sie etwas erkunden, werden sie Jesu Worte gegen das Licht gehalten haben. Im Drehen, Wenden, Beleuchten war etwas zu finden, was vorher verstellt schien: Wer das Reich Gottes empfängt. Gleichsam wie ein Kind. Der wird hineinkommen. Nie haben die Großen wirklich verlernt, wie ein Kind zu empfangen. Darum locken die Worte, es wieder zu versuchen, werben dafür, Reich-Gottes-Momente wahrzunehmen. Und dann wie ein glückseliges Gotteskind mitten hinein zu springen.

ANGELIKA LEONHARDI

Bei dir, Jesus, will ich bleiben, stets in deinem Dienste stehn; nichts soll mich von dir vertreiben, will auf deinen Wegen gehn. Du bist meines Lebens Leben, meiner Seele Trieb und Kraft, wie der Weinstock seinen Reben zuströmt Kraft und Lebenssaft.

Fragen

Zwei Menschen bewegen sich aufeinander zu. Aber nur einer ist losgegangen, um den anderen zu treffen. Jesus will er begegnen. Und so läuft er herbei und beugt seine Knie und spricht, als er ihn antrifft. Was für ein Tempo, in dem dieser Text das erzählt. Nur ein einziger Satz zeigt einen Mann, den etwas umtreibt: »Was soll ich tun, damit ich das ewige Leben ererbe?« Halte dich an die Gebote Gottes, mahnt Jesus, indem er sie aufzählt. Das aber hatte der Mann seit seiner Jugend getan und tat es noch immer, aber das stillte nicht sein Verlangen. Er suchte nach dem, was seinem Leben noch fehlt. Deshalb war er jetzt hier und kniete vor Jesus. »Und Jesus sah ihn an und gewann ihn lieb.« – Merken wir uns diesen Moment. Unbedingt! Denn er überschreibt alles, was danach kommt. Jesus liebt diesen Mann, und das wirkt fort, wenn er scheitert. »Eines fehlt dir. Geh hin, verkaufe alles, was du hast, und gib's den Armen, so wirst du einen Schatz im Himmel haben, und komm, folge mir nach!«, spricht er ihm zu. Das klang wie ein Ruf, und doch durchfährt es den Mann augenblicklich, als er den Preis erkennt. Alles müsste er loslassen, all seine Güter hergeben, um das Ersehnte zu »erwerben«. Da steht er auf und wendet sich um. Enttäuscht und »betrübt« schaut er zurück. »Traurig« geht er davon. Und wir mit ihm. Denn von der ersten Zeile an schließt dieser Text auch unsere Hoffnung ein und unsere Suche nach dem, was unserem Leben fehlt. Mit der Frage des Mannes schickt er uns auf den Weg. Und hernach ins Entsetzen der Jünger: »Wer kann dann selig werden?« Das Nadelöhr ist für uns alle zu klein. Wir können nichts tun, um uns das Himmelreich zu erwerben. »Wie schwer ist's, ins Reich Gottes zu kommen!«, sagt Jesus, aber »alle Dinge sind möglich bei Gott.«

ANGELIKA LEONHARDI

Könnt ich's irgend besser haben als bei dir, der allezeit so viel tausend Gnadengaben für mich Armen hat bereit? Könnt ich je getroster werden als bei dir, Herr Jesu Christ, dem im Himmel und auf Erden alle Macht gegeben ist?

Ahnen

»Siehe, wir haben alles verlassen und sind dir nachgefolgt«, so wendet sich Petrus an Jesus. Und das hieß auch: Wir haben genau das getan, was du diesem Mann empfohlen hast. Wir haben uns losgerissen und den Sprung ins Ungewisse gewagt. Häuser und Brüder und Schwestern und Mütter und Kinder und Äcker haben wir verlassen. Nahezu alles, was uns das frühere Leben bedeutet hat, ließen wir stehen und liegen um deinetwillen und »um des Evangeliums willen«. Wir hielten uns an dein Wort, zogen durchs Land und trugen die Botschaft zu den bedürftigen Menschen hinaus. Manchmal sogar riskierten wir unser Leben. Wir folgten deinem Ruf, aber wofür das alles, wenn du dann doch nur vom kaum zu erlangenden Gottesreich sprichst?

»Bei den Menschen ist's unmöglich, aber nicht bei Gott«, hatte Jesus seinen Jüngern versichert. Aber zu heftig tobte in ihnen die wilde Empörung, als dass sie es da hätten aufnehmen können. Was sie mitangesehen und gehört hatten, das hatte sie tief bestürzt und war so schnell nicht zu besänftigen. Ein Riss war durch ihre Gewissheit gefahren. Sie wollten jetzt wissen, warum sie mit Jesus waren. – Und wieder spricht er zu ihnen in einem verschlungenen Wort, das erst bei Lichte besehen seinen Gehalt offenbart: Das »Hundertfache« werdet ihr dafür empfangen, »und in der kommenden Welt das ewige Leben«. Was für ein Versprechen! – So dicht sind sie jetzt beieinander, die so verschiedenen Worte vom Himmelreich: das Wort von den Kindern, denen es gehört, vom Kamel und dem Nadelöhr, vom vielfachen Empfangen, von den Letzten und Ersten. Aber sie stören einander nicht, denn sie sind von ein und demselben Geheimnis grundiert. Weit über sich selbst hinaus verweisen sie alle auf Gottes unendlichen Möglichkeitsraum.

ANGELIKA LEONHARDI

Ja, Herr Jesu, bei dir bleib ich so in Freude wie in Leid; bei dir bleib ich, dir verschreib ich mich für Zeit und Ewigkeit. Deines Winks bin ich gewärtig, auch des Rufs aus dieser Welt; denn der ist zum Sterben fertig, der sich lebend zu dir hält.

Würde

Menschliches Miteinander ist auf Vertrauen angewiesen. Absolutes Vertrauen aber, so stellt der Psalmist im Rahmen eines Hymnus fest, schenke man nur dem Gott Jakobs. Denn in tiefer Not werden noch so angesehene und als Wohltäter bekannte Menschen – so das in den Bibeln meist mit »Fürsten« übersetzte Wort in Vers 3 – nicht helfen wollen oder nicht helfen können, unterliegen sie doch den Gesetzen der Sterblichkeit (V. 4). Derlei Enttäuschungen kennen wir alle.

Inwiefern verdient der Gott Jakobs Vertrauen? Auf diese Frage bezogen entwirft der Psalmist ein »Tätigkeitsprofil« JHWHs. JHWH hatte sich am Sinai vor Mose offenbart als der Gott, der für die Seinen »da« ist (Ex 3,14) und dessen Wesenseigenschaften Barmherzigkeit, Freundlichkeit, Langmut, starke Liebe und Treue sind (Ex 34,6; vgl. Ps 103,8 u.a.). Psalm 146 buchstabiert nun die barmherzige Liebe ins reale, genauer: ins soziale bzw. unsoziale Leben hinein: Als verlässlicher Hüter der von ihm geschaffenen Welt (V. 6) wendet sich JHWH besonders jenen Menschen zu, die in allen Völkern damals wie teilweise heute noch ins Abseits gedrängt werden: Leute, die ein Recht haben, aber nicht Recht bekommen, Weggesperrte wie die Demonstranten in Belarus und im Iran, Blinde, Leidgebeugte, Asylsuchende, Witwen und Waisen (V. 7–9). Mitten in der Reihe derer, die JHWH unter seinen Schutz stellt, heißt es: »Die Gerechten liebt er.« Sie sind Gottes Handlanger, die seinen Willen immer wieder in unsere leidvolle Welt »herunterbrechen.«

In besonderer Weise tat dies, so erzählen die Evangelien, Jesus, der Künder der Königsherrschaft Gottes. Gut vorstellbar, dass Jesus sich bei seinem messianischen Wirken an Psalm 147,7–9, den Handlungsprinzipien JHWHs, des »Königs auf ewig« (V. 10a), orientierte. Ganz in ihrem Sinne hat sich Jesus vornehmlich den – in der damaligen Welt mehr noch als heute – um ihre Würde gebrachten Menschen zugewandt. Wir sind seine Jüngerinnen und Jünger.

WERNER GRIMM

Ewiger, du hast uns vermittels des Dichters, der den 146. Psalm verfasste, und durch Jesus den Weg gezeigt, wie wir mit deinem Willen für die Welt eins sein können. Hilf uns, dass wir in dieser Spur bleiben.

Montag, 2. September 1 Makkabäer 1,1–15

Einführung zum 1. Buch der Makkabäer auf Seite 390ff.

Geschichtsunterricht?

Selbst Alexander der Große wird in der Bibel erwähnt! Aber tatsächlich geht es um eine Deutung und Einordnung dessen, was sich damals ereignet hat. Es geht im Kern doch darum, wie diese Dinge in den Plan Gottes hineinpassen. Meist können wir erst im Nachhinein erkennen, dass sich frühere Ereignisse zusammenfügen zu einem Bild, das uns das Handeln Gottes erkennbar werden lässt. Manchmal aber ist auch das, was erkennbar wird, nur ein kleiner Teil des Ganzen, vielleicht ein Puzzle- oder Mosaikstück, und wir können bestenfalls nur ahnen, wo dieses Stück später seinen Platz finden wird.

Nun ist die Einordnung der geschichtlichen Ereignisse das eine. Das andere ist, die Geschichte des Volkes Israel zu beschreiben. Nach rund 300 Jahren Fremdherrschaft zeigt sich ein deutlicher Identitätsverlust. Juden sind die Minderheit, sie werden umgeben von einer florierenden und sich (scheinbar) stetig fortentwickelnden Gesellschaft. Warum also nicht dazugehören?

Das Jüdisch-Sein konnte da schon ein Hindernis sein, zumal man (als Mann) sein Jude-Sein nicht verbergen konnte. Es gab öfter Gelegenheiten, an denen man sich aller Kleidung entledigt, wie beispielsweise sportliche Wettkämpfe. Man würde sogleich als Außenseiter erkannt. Und so wird dieses äußerliche Erkennungszeichen mit viel Aufwand rückgängig gemacht.

Durch die Erlaubnis des Königs wird die nötige Öffentlichkeit hergestellt, so dass der Eindruck entsteht, dass die Juden sich eingliedern und dem herrschenden Volk unter- (besser ein-)ordnen wollen.

Die Angst, wegen der Zugehörigkeit zu einer bestimmten Gruppe Nachteile erleiden zu müssen, gibt es auch in unserer Zeit. Man spricht nicht mehr über seinen Glauben, oder besser: Man bekennt sich nicht mehr zu seinem Glauben. Doch dazu sagt Jesus: »Wer mich vor den Menschen verleugnet, den werde ich auch vor meinem Vater im Himmel verleugnen.« (Mt 10,33)

MARTIN SENFTLEBEN

Herr, nimm alle Angst von uns, damit wir deinen Namen bekennen und dir in Treue dienen. Hilf uns, dass wir denen Freunde werden, die als Außenseiter gelten.

Frevel

Es handelt sich bei dem erwähnten Antiochus um Antiochos IV., der seine Herrschaft 175 v. Chr. antrat. Er selbst legte sich die Beinamen Epiphanes Theos (Erscheinender Gott) zu, womit er seinen Machtanspruch unterstreichen wollte. Die Plünderung des Tempels ist auch deswegen für das jüdische Volk mehr als nur ein Diebstahl. Hier maßt sich einer an, das Eigentum des Gottes JHWH zu rauben, und bezeichnet sich selbst als Gott. Indem er den Tempelbereich betritt, der ausschließlich Juden vorbehalten war, begeht er den größtmöglichen Frevel, der ganz sicher von Gott geahndet werden würde.

Doch noch ist es nicht so weit. Was für Antiochos nur eine Geldbeschaffungsmaßnahme war (er musste ja seine Soldaten bezahlen), ist für das jüdische Volk Anlass zu tiefer Trauer und Entsetzen. Die Auswirkung dieses Ereignisses wird in einem Lied beschrieben: Das, was selbstverständlich war, ist nicht mehr, ja, es kann nicht mehr sein angesichts solchen Frevels.

Aber auch die Machtlosigkeit der jüdischen Bevölkerung wird durch das Lied spürbar. Sie können nichts gegen Antiochos unternehmen. Nur Gott selbst kann sich noch dem in den Weg stellen, der sich selbst zum Gott gemacht hat.

Dass Mächtige auch heute ihre Macht missbrauchen, hat man zum Beispiel am Krieg Russlands gegen die Ukraine erfahren können. Die Möglichkeit, sich schnell per Smartphone bzw. Internet zu informieren, wird genutzt, um durch Streuung von Falschinformationen gezielt neue Feindbilder zu schaffen. Wenn diese Falschinformationen oft genug verbreitet (geteilt) werden, wirken sie glaubwürdig. So erlangt man die Zustimmung und Unterstützung, die man sonst nicht erhalten würde.

Wie wichtig ist es, dass wir uns umfassend informieren anstatt leichtgläubig weiterzugeben, was uns da zugespielt wird. Wir schulden dies auch und besonders unseren Mitmenschen, die durch falsche Aussagen allzu schnell zu Opfern werden.

MARTIN SENFTLEBEN

Herr, hilf uns, achtsam zu bleiben, damit wir deine Gnade nicht verlieren.

Mittwoch, 4. September 1 Makkabäer 1,29–40

Verzweiflung

Die zwei Jahre, die zwischen dem gestrigen und dem heutigen Abschnitt liegen, spielen scheinbar überhaupt keine Rolle, auch wenn auf sie hingewiesen wird. Es ist, als ginge das Elend ohne Unterbrechung weiter: Das jüdische Volk befindet sich in einer Zeit der Trauer und Verzweiflung. Nachdem der Tempel geplündert und entweiht wurde, wird nun auch die Stadt Jerusalem geplündert und zerstört. Warum der königliche Beamte nicht nur die Steuern eintreibt, was seinem ursprünglichen Auftrag entspräche, lässt sich nur vermuten: Die Menschen in Jerusalem konnten die geforderten Steuern nicht aufbringen.

Sünder sind nun Herren über die Stadt. Eigentlich nichts Neues, wenn man die Geschichte der Könige Judas und Israels bedenkt, die sich oftmals von Gottes Geboten und Verheißungen abgewandt hatten.

Es scheint, dass hier die Strafe beschrieben wird auf den Versuch vieler Juden, sich an die Fremdherrscher anzupassen und ihre eigene Identität aufzugeben (1 Makk 1,11–15) – also, sich von JHWH loszusagen.

Es gibt aber noch Menschen, die trauern, wie das folgende Lied (V. 36–40) deutlich macht. Da sind Menschen, die diese Geschichte deuten als Folge des Abfalls und offenbar in JHWH ihre Hilfe suchen. Von der Herrlichkeit zur Schande, von der Höhe in die Tiefe – das ist der Weg der Arroganz und der Hybris.

Diesen Weg ist Jerusalem gegangen. Wie geht es weiter? Während alles in Verzweiflung zu versinken droht, gibt es doch einen Blick hin zu dem, der retten kann. Denn der Blick wandert immer wieder hin zum Heiligtum, zu den Trümmern des Tempels. Die zerstörten Wohnhäuser spielen keine Rolle. Ist beim Heiligtum nicht Schluss? Muss Gott da nicht helfen? Muss er sein Heiligtum nicht retten aus der Hand der Frevler, und damit auch sein Volk, das er sich zum Erbe erwählt hat? Muss er nicht machtvoll eingreifen?

Nur rund 160 Jahre später (1000 Jahre sind vor dir wie ein Tag) wird es geschehen: Gott wird Mensch.

MARTIN SENFTLEBEN

Vater im Himmel, lass uns auch in der tiefsten Verzweiflung nicht vergessen, dass du immer unsere Hilfe bist!

Gleichschaltungsoffensive

Der König erlässt ein Gebot. Das klingt harmlos. Alle Völker in dem großen Reich sollen zu einem Volk werden. (V. 41) Was sollte dagegen einzuwenden sein? Aber solche verordneten Einheitsbestrebungen haben in der Geschichte der Völker stets einen Preis. Religiöse und kulturelle Eigenständigkeit werden eingeschränkt, um die reibungslose Eingliederung in ein großes Imperium zu erreichen. Hier im Text ist es zunächst die Anordnung, die eigene Gesetzgebung abzuschaffen. Für das Volk Israel, zu dessen DNA das Befolgen der Tora, des göttlichen Gesetzes gehört, ein Ding der Unmöglichkeit. Dass alle anderen Völker und auch viele aus Israel (V. 43) dieser Anordnung folgten, erhöhte den Druck auf die gesetzestreuen jüdischen Kreise, die sich weigerten, die hellenistische Denk- und Lebensweise zu übernehmen.

Die Angriffe auf die Identität des jüdischen Volkes wurden immer perfider. Gezielt wurde alles, was zum Wesen jüdischer Existenz gehört, verboten: Die Opfer im Jerusalemer Tempel, der Verzehr unreiner Speisen angeordnet, der Sabbat und andere Feste verboten, der Tempel geschändet, die Beschneidung, das Zeichen des Bundes mit dem Gott Israels, durfte nicht mehr durchgeführt werden. Der Höhepunkt war die Errichtung eines Altars im Tempel von Jerusalem für den Zeus Olympios, dem fortan geopfert werden musste. Das war eine Machtdemonstration, die mit der gewaltsamen Verfolgung und Vernichtung derer einherging, die weiterhin standhaft sich zum Gott Israels bekannten. Drastisch wird das Leid geschildert, dem die Menschen ausgesetzt waren und die Bilder erinnern fatal an die Zeit der Pogrome im Nationalsozialismus.

Die Verfasser des 1 Makkabäer sahen in dieser Zeit der Unterdrückung eine Prüfung für das Volk. (V. 64)

DAGMAR ZOBEL

Gott, du bist unsere Hilfe, stelle uns wieder her! Sei nicht länger so aufgebracht gegen uns. Willst du denn für immer auf uns zornig sein? Herr, lass uns doch deine Güte erfahren! Wir brauchen deine Hilfe, gib sie uns!

Wer sollte da noch Lust haben zu leben?

Die »vielen vom Volk Israel«, die standhaft geblieben sind, waren bisher anonym, wie so viele, die in der Geschichte von Unterdrückung und Verfolgung namen- und gesichtslos leiden und sterben müssen.

Hier bekommen sie jetzt einen Namen. Mattatias und seine fünf Söhne treten auf. Mattatias wird vorgestellt mit genauen Angaben über seinen Wohnort, die Funktion als Priester und seine prominente Herkunft aus dem alten Jerusalemer Priesteradel.

Seine Söhne werden allesamt mit ihren Beinamen vorgestellt, die wohl ihre individuellen Eigenschaften und Besonderheiten würdigen sollen. Johannes Gaddi, »mein Glück«, Simon Tassi, vielleicht: »mein Volkommener«, Judas Makkabäus, »der Hämmerer«, Eleasar Awaran, »der Blasse«, vielleicht aber auch »der Kampfbereite« und schließlich Jonatan Aphus, »der Liebling«. So entsteht ein lebendiges Bild dieses Familienclans, der künftig im Zentrum der Auseinandersetzungen stehen wird.

Mattatias stimmt ein Klagelied an. Die Verwüstung des Tempels, die Vernichtung des Volkes, wie sie im vorhergehenden Kapitel geschildert werden, wird nun eindrücklich aus der Perspektive eines Betroffenen beweint und nimmt die Lesenden hinein in die Betroffenheit. Man spürt in jeder Zeile die Ohnmacht und die Verzweiflung, die diese Ereignisse hervorgerufen haben, wie beschämend die Schändung des Heiligtums und der heiligen Stadt erfahren wird, wie unerträglich der Anblick der erschlagenen unschuldigen Kinder und der ermordeten jungen Leute auf den Straßen. »Wer sollte da noch Lust haben zu leben?« (V. 13), so der Aufschrei des Priesters. Aber Mattatias' Klage ist kein stilles Trauergebet. Gemeinsam mit seinen Söhnen macht er seine Trauer und Verzweiflung öffentlich. Sie zerreißen nach damaligem Brauch ihre Kleider, gehen in »Sack und Asche« und werden damit sichtbar als Sprachrohr und Kristallisationspunkt für alle, die standhaft dem Gott Israels die Treue hielten.

DAGMAR ZOBEL

Ohnmächtig stehe ich Gewalt, unsäglichem Leiden und Ungerechtigkeit gegenüber. Lass mich nicht verzweifeln, Gott, sondern schenke mir Kraft zum Aufstehen, Geduld zum Durchhalten und Hoffnung durch deinen Geist.

Blinder Eifer

Der Aufstand nimmt seinen Anfang in Modein, dem Wohnsitz Mattatias' und seiner Familie. Wie überall im Land sollten auch hier die Opferungen für die heidnischen Götter durchgesetzt werden. Das Vorgehen der Abgesandten des Königs ist gezielt. Wenn die einflussreichen Bewohner der Stadt den Anfang machen, dann wird der ganze Ort folgen. Also schmeicheln sie dem Mattatias, der wohl eine besondere soziale Stellung in Modein hatte, und machen wunderbare Versprechungen. Mit dem Ehrentitel »Freund des Königs« (V. 18) waren zahlreiche Privilegien verbunden.

Aber demonstrativ und in aller Öffentlichkeit werden diese Ehrungen und Geschenke zurückgewiesen. Mattatias' Rede formuliert scharf und unversöhnlich die Standhaftigkeit derer, die am göttlichen Gesetz und dem Bund festhalten wollen, um jeden Preis. Und unmittelbar im Anschluss an diese Rede eskaliert die Situation, denn geradezu provokativ leistet ein Judäer dem Opfergebot Folge. »Es gab Mattatias einen Stich ins Herz«, besser: Seine Nieren erbebten bei diesem Frevel und er rastet aus, ersticht den Judäer und den Abgesandten und reißt den Altar nieder. Rechtfertigt solcher Eifer für Bund und Gesetz auch ein Blutbad? In den Augen der Verfasser ja. Es wird sogar Mattatias Tat in die Heilsgeschichte Israels eingeordnet mit dem Verweis auf den Priester Pinhas, von dem in Numeri 25,6–15 berichtet wird, dass er den abtrünnigen Simri tötete und für diesen leidenschaftlichen Eifer für das Gesetz von Gott die ewige Priesterschaft für sich und sein Geschlecht verheißen wurde. Die werden auch die Makkabäer für sich beanspruchen.

Der makkabäische Widerstand richtet sich nicht nur gegen die Herrschaft des seleukidischen Königs, sondern ebenso heftig gegen die abtrünnigen Juden.

Mattatias' Aufforderung, mit ihm und seinen Söhnen in die Berge zu fliehen, zwingt die Anwesenden, sich zu positionieren. Es gibt nur noch: entweder – oder.

DAGMAR ZOBEL

Du Gott des Lebens, hilf du uns, auf die Zwischentöne zu achten, dem blinden Eifer nicht nachzugeben. Lass deinen Frieden in der Geschichte wirksam werden.

Sonntag, 8. September — Psalm 127

En passant

Psalm 127, in den Zyklus sog. Wallfahrtslieder eingereiht, ist Ausdruck einer konkreten zeitgebundenen Kultur und Situation und hebt ins Wort, was jedem Israeliten bestens bekannt ist: Ein Haus bedarf eines geschickten Baumeisters, die Stadt eines aufmerksamen Wächters, die Familie zahlreicher Kinder, denn diese bilden mangels anderweitiger Möglichkeiten die Altersvorsorge der Alten. Es bedarf also einer alles durchwaltenden Macht und Kraft, die der Beter des Psalms in Gott erblickt.

So fern ist dies gar nicht von unserer Zeit, denn was passiert, wenn es an Kindern und somit an Nachwuchskräften mangelt, das erleben wir derzeit allenthalben auf dem Lehrstellenmarkt, bei den Pflegeberufen, in der Gastronomie und in vielen Zweigen des alltäglichen Lebens: Eine Gesellschaft ohne Kinder schaufelt dem über Jahrzehnte erworbenen Wohlstand das Grab, ja, ist vom Aussterben bedroht.

Den Beter des Psalms bewegt also eine tiefgreifende eigene Erfahrung: Aus eigener Kraft vermag er nichts, zumindest relativ wenig; mit Hilfe der Kraft und Macht Gottes jedoch alles, selbst das, was er sich niemals zugetraut hätte und bis anhin für unmöglich gehalten hat, ist mit der Kraft Gottes realisierbar. Zu dieser Erkenntnis kann sich nur derjenige durchringen, der nicht nur von Gottes Existenz weiß, von ihm gelesen und gehört hat, sondern von Demut, sprich Dienmut durchdrungen und von Ehrfurcht vor Gott erfüllt ist, ja, ihn persönlich und existenziell erfahren hat. Ein solcher Beter ist glaubwürdig, denn er lehrt nicht einfach Gotteskenntnis, sondern gibt eigene Gotteserfahrung und -begegnung wieder.

Wer dem Wort des Psalmisten vertraut, wer sich im Glauben gewiss ist, dass er Ähnliches erleben kann, insofern er nur Gott den Primat in seinem Leben zugesteht und ihm mehr vertraut als eigener Kraft, dem wird wie dem Beter von Psalm 127 die Erfahrung zuteil, dass Gott ihm in »Schlaf und Traum« gewährt, was er im wachen Zustand niemals zu erhoffen gewagt hätte. Mit Gott an der Seite ist vieles, ja alles möglich, gleichsam en passant.

BERNHARD KIRCHGESSNER

Stehst du mir zur Seite, HERR, dann wanke ich nicht.

1 Makkabäer 2,29–41

Freiheit, verantwortlich zu handeln

Was tun Menschen, wenn sie unterdrückt werden? Manche fügen sich, manche kämpfen, manche flüchten. Sie wägen ab und suchen dabei Orientierung in ihrem Glauben. Zu der Zeit unseres Bibeltextes entscheiden sich die Israeliten zu fliehen. Sie verstecken sich in Höhlen in der Wüste.

Aber es gibt auch jüdische Menschen, die sich mit dem Unterdrücker arrangiert haben. Sie erklären den Verfolgern, dass jüdische Menschen am Sabbat nicht kämpfen dürfen. Die Verfolger nutzen das aus und überfallen die wehrlosen Israeliten am Sabbat. Brutal bringen sie Männer, Frauen, Kinder und Vieh um. Was für ein Verbrechen!

Kann das Gottes Willen sein? So fragen sich Mattatias und seine Freunde, als sie die Totenklage für die Ermordeten halten: Haben wir nicht auch am Sabbat ein Recht, uns gegen diese Menschenfeindlichkeit und Mordlust zu wehren?

Fragen, die gläubige Menschen nicht loslassen, wenn es darum geht, sich gegen Unrecht zu wehren. Sie haben die jüdischen Menschen im Warschauer Ghetto geplagt; sie haben die Menschen in der Ukraine beschäftigt, als sie von Russland angegriffen wurden: Dürfen wir uns wehren? Dürfen wir dabei Menschen töten?

Gott schenkt Freiheit, mit Herz und Verstand den Weg zu suchen, der der Not angemessen ist und dem Leben dient! Gott schenkt Freiheit, damit wir uns im Glauben auch den Situationen stellen, in denen es nicht einfach Schwarz oder Weiß gibt. Gott schenkt uns die Freiheit, unsere Entscheidung zu treffen, auch wenn wir in Dilemmata geraten, die wir nicht auflösen können, ohne schuldig zu werden.

Gott schenkt uns die Freiheit und stellt uns damit zugleich in die Verantwortung, für diese Entscheidung einzustehen – vor Gott und unseren Mitmenschen. Freiheit und Verantwortung sind ein unzertrennliches Geschwisterpaar!

JOCHEN CORNELIUS-BUNDSCHUH

Gott, ich danke dir. Du schenkst uns Freiheit, im Vertrauen auf dich unseren Weg zu gehen. Deine Gebote sind Wegweiser auf dem Weg in die Freiheit; sie helfen uns, Verantwortung für uns und für andere, auch für unsere Feinde zu übernehmen. Geh mit uns und stärke unseren Glauben, dass wir unsere Freiheit und unsere Verantwortung im Geist deines Sohnes Jesus Christus leben.

Dienstag, 10. September — 1 Makkabäer 2,42–48

Gott schenkt auch den Anderen Freiheit

In Glaubensfragen darf es keinen Zwang geben. Wie viele Menschen werden wegen ihres Glaubens verfolgt?! In Indien, in Indonesien, im Iran ... die Liste der Länder ist schrecklich lang!

In Glaubensfragen darf es keinen Zwang geben. Das ist ein Grundsatz unseres christlichen Glaubens, auch wenn wir ihn als Kirchen oft verraten haben. Wenn es um den Glauben geht, sind gute Argumente gefragt. Im Glauben gilt es, Rechenschaft zu geben von der Hoffnung und der Liebe, die in uns sind. Wer im Glauben lebt, weiß um die Grenzen, die Gott uns Menschen setzt, und erkennt selbst im Feind ein Geschöpf Gottes, dessen Glaubensfreiheit wie die eigene zu schützen ist.

Der heutige Bibelabschnitt beschreibt, wie gefährdet diese freiheitliche Haltung ist. Eben noch hatten Mattatias und seine Freunde erlebt, dass Gott ihnen Freiheit schenkt. Aber kaum haben sie Erfolg, lassen sie sich vom Rausch der Macht mitreißen. Nun wollen sie bestimmen, wie die anderen zu leben haben. Mit Gewalt setzen sie ihren Glauben durch und beschneiden Knaben gegen ihren eigenen oder den Willen ihrer Eltern. Wer nicht glaubt wie sie, wird als abtrünnig verfolgt.

Mir fallen die Bilder aus dem Iran ein: Die junge iranische Kurdin Mahsa Amini starb, weil sie ihr Kopftuch nicht so getragen hatte, wie es die Sittenpolizei forderte. Die Menschen auf den Straßen des Iran rufen: »Frau – Leben – Freiheit!«

Der Glaube hat Mattatias und seine Freunde stark gemacht im Kampf gegen Unrecht und die Unterdrücker. Doch dann überschreiten sie die Linie, mit der Gott uns und unser Tun heilsam begrenzt. Wir sind Menschen, nicht Gott! Unser Glaube setzt uns eine Grenze und lässt uns auf Gottes Liebe vertrauen. Er macht uns frei gegenüber unseren eigenen Bindungen an Macht, Anerkennung oder Erfolg; er macht uns frei, einander ernst zu nehmen und für- und miteinander die Welt im Geist der Liebe zu gestalten.

JOCHEN CORNELIUS-BUNDSCHUH

Gott, du schenkst uns Freiheit. Rüttle uns auf, wenn wir sie missbrauchen und die Grenzen überschreiten, die du uns setzt: im Umgang mit unseren Mitmenschen, im Zusammenleben mit deiner Schöpfung. Gib uns die Kraft umzukehren. Und erfülle uns mit deinem Geist der Liebe, dass wir frei werden, einander zu lieben.

1 Makkabäer 2,49–70 Mittwoch, 11. September

Glaube lebt von Geschlecht zu Geschlecht und muss doch »mein Glaube« werden

Mattatias ist alt geworden. Er schaut zurück auf sein Leben und ruft seine Kinder zusammen. Mit seinem Vermächtnis will er noch einmal die Weichen in die richtige Richtung stellen. Um sie auf seinen Weg zu locken, verweist er auf die Fußstapfen der Väter und Mütter des Glaubens und sagt ihnen: »Bedenkt, was von Geschlecht zu Geschlecht geschehen ist, dass alle, die auf Gott vertrauen, nicht unterliegen werden.«

Mattatias' Weg war geprägt von Erfahrungen der Unterdrückung und Verfolgung. Deshalb betont er den Kampf des Glaubens, der Treuen in Israel gegen die Völker: »Fürchtet euch nicht«, »rächt«, »zahlt heim«, ruft er denen zu, die um sein Sterbebett stehen. Mit seinem Vermächtnis schwört er die Guten auf den Kampf gegen die Bösen ein.

Aber das, was die lange Kette der Zeuginnen und Zeugen des Glaubens, aus denen er einige in seiner Abschiedsrede ins Gedächtnis ruft, verbindet, ist ihr Gottvertrauen, nicht ihre Abgrenzung und ihre Kampfbereitschaft. Abraham wurde sein Glauben zur Gerechtigkeit angerechnet, Josef seine Weisheit, David seine Barmherzigkeit. Sie alle hatten das große »Fürchte dich nicht! Fürchtet euch nicht!« Gottes gehört und ihm vertraut; aber sie alle mussten eigene Lebenswege im Glauben finden.

Deshalb stößt jedes Vermächtnis in Glaubensfragen an eine Grenze. Es kann die, die uns lieb sind und denen wir etwas mitgeben wollen auf ihren weiteren Weg, in ihrem Gottvertrauen stärken; aber es muss auch erkennen, dass jede Generation, jeder Mensch neu gefragt ist und in eigener Freiheit und Verantwortung antworten muss: Wie lebst du dein Gottvertrauen? Wohin führt es dich?

JOCHEN CORNELIUS-BUNDSCHUH

Gott, du gehst mit uns durch die Zeit. Von Geschlecht zu Geschlecht bist du uns treu. Stärke unser Vertrauen in dich. Hilf jedem und jeder ihren Weg mit dir zu finden. Nähre die Neugier der Jungen auf ein Leben mit dir. Lass die Mittleren über allem Geschäft nicht vergessen, woraus sie leben. Gib den Alten die Gelassenheit, die Jungen neue Wege suchen zu lassen. Wir vertrauen auf die Wege, die du uns weist.

Donnerstag, 12. September — 1 Makkabäer 3,1–26

Die Sehnsucht nach dem starken Mann

Da wird das Bild eines Helden gezeichnet, wie ihn sich die wünschen, die in Angst und Unsicherheit leben. Einer, der Vorbild ist mit seinem Mut, den man bewundern kann und der Schutz und Sicherheit verspricht und den Mächtigen die Stirn bietet. Und in den eigenen Reihen aufräumt. Spätestens da muss ich schlucken, erinnert das doch an fanatische Säuberungen und eine Atmosphäre der Angst. Der historische Kontext beschreibt, dass Bedrohung nicht nur von außen kam, sondern in der Gesellschaft die Abkehr von der Tora und die Ausbreitung hellenistischer Kultur als Kampfmittel gegen das jüdische Volk eingesetzt wurden. Trotzdem – dieser Weg verheißt nichts Gutes.

Für das jüdische Volk ist dieser Held ein strahlendes Beispiel dafür, dass die Opferrolle und das Ausgeliefertsein an die Mächtigen kein ewiges Schicksal sein müssen.

Doch nachhaltig ist das nicht. Jeder Sieg setzt eine weitere Spirale der Gewalt in Gang: Die nächsten stehen schon bereit, mit einem gewaltigen Heer, um Rache zu üben.

Einer, der so genau weiß, dass er für Gottes Sache und das Überleben des Volkes kämpft, der kann überzeugen und motivieren und auch eine kleine Schar zum Sieg führen. Erinnerungen an den Zug durchs Rote Meer klingen hier an oder auch an die zahlreichen Kriege im Namen Gottes, von denen die Bibel berichtet.

Mich lässt dieser Anspruch mit Zweifeln zurück. Es kann zu Bösem führen, wenn Menschen sich als Vollstrecker des göttlichen Willens verstehen. Dafür gibt es bis in unsere Zeit viele Beispiele. Aber als Deutung in der Rückschau kann ich sie verstehen als eine Begrenzung menschlicher Macht: Der Sieg und die Rettung sind nicht Werk eines Menschen, und sei er noch so ein strahlender Held, sondern Gott ist es, der rettet.

BEATE STRÄTER

Gott, wir denken an die zahllosen Kriege, die unsere Geschichte durchziehen. Wo bist du in all dem sinnlosen Morden und Sterben? Kann ein Krieg in deinem Geist geschehen? Wir glauben, du stehst auf der Seite der Opfer und lässt ihre Peiniger die Folgen ihres bösen Treibens tragen. Doch deine Wege bleiben uns oft verborgen.

1 Makkabäer 3,27–41

Geld regiert die Welt

Dieser Text fasziniert mich, weil er etwas beschreibt, was wir bis heute kennen: die Verbindung von Krieg und Habgier, massive finanzielle Interessen und unbedingter Vernichtungswillen gegenüber einem Volk und seiner Identität. Das hört sich so aktuell und modern an, dass sich Parallelen zu aktuellen Kriegen unmittelbar aufdrängen. Damals war der Begriff des Genozids nicht bekannt, aber was dort beschrieben wird, geht in diese Richtung. Die komplette Vernichtung der noch in Jerusalem Verbliebenen soll nicht nur physisch geschehen: Auch die Erinnerung an diesen Ort soll für immer ausgelöscht werden.

Und die Kunde von diesem monströsen Projekt lockt auch schon die Kriegsgewinnler an: Kaufleute, die auf den zukünftigen Sieg spekulieren und kommende Geschäfte planen.

Die enorme Attraktivität, die dieser Feldzug hat, zeigt sich auch daran, dass immer mehr Mitstreiter hinzustoßen. Was hier ziemlich klar wird: In diesem Angriffskrieg geht es nicht um eigene Sicherheit, wahrscheinlich auch weniger um »clash of cultures«, hier geht es um Geld, um viel Geld. Bis heute gilt: Selten sind es hehre Motive, wenn in den Krieg gezogen wird, meist sind es Habgier und Machtbesessenheit.

Neben der Geldgier lässt sich auch fragen, welcher Stachel im Fleisch der großen Mächte eigentlich dieses kleine jüdische Volk war, dass es solche großen Feldzüge provozierte?

Die offensichtliche Weigerung, sich der überlegenen Macht zu beugen, sich vor allem nicht religiös anzupassen, schien in der damaligen Zeit etwas Einzigartiges zu sein, dessen man nicht wirklich Herr wurde.

Geld regiert die Welt – mich lässt das fragen, welche Überzeugungen wir als Christinnen und Christen dem so standhaft, hartnäckig und unverwechselbar entgegenhalten können. Heute wird es darum gehen, Bündnisse zu schließen gegen ungebremste, menschenverachtende Profitgier, Beispiele zu leben für eine friedliche gerechte Ordnung.

BEATE STRÄTER

Gott, deine Gebote zeigen uns einen Weg für eine friedliche und gerechte Welt. Hilf uns dabei, sie immer wieder neu für unsere Zeit zu verstehen und danach zu leben.

Samstag, 14. September — 1 Makkabäer 3,42–60

Was den Unterschied macht

Die Versammlung in Mizpa lässt Erinnerungen an die Geschichte Israels in vorstaatlicher Zeit aufkommen. Der Ort spielte in der Richterzeit eine wichtige Rolle. Das Volk versammelt sich dort in einer Situation größter Gefahr: Eine große militärische Übermacht droht mit der vollständigen Vernichtung. Der Kontrast zum Text davor könnte nicht größer sein: Während dort die Kriegsherren hochrüsten, sich auf ihren Beutezug und die Kaufleute auf ihren Gewinn vorbereiten, schreit das Volk zu Gott in tiefer Verzweiflung, legt sich Büßerkleidung an und erinnert Gott in seiner Klage daran, sein Heiligtum wieder zu dem zu machen, als was es gedacht war. Indem sie sich ganz auf Gott verlassen, verlassen müssen, sammeln sie Mut, in einer scheinbar aussichtslosen Situation nicht ohnmächtig auf ihre Vernichtung zu warten. Was mich hier besonders beeindruckt, ist die Anwendung der Tora, wenn es darum geht, wer in den Krieg zieht und wer zu Hause bleiben darf: Nicht nur die mit Verpflichtungen, sondern sogar die, die Furcht haben, müssen nicht in den Kampf. In modernen Begriffen könnte man darin eine erste Form humanitärer Regeln im Krieg sehen, die doch noch weit darüber hinausgehen, wenn auch die Ängstlichen nicht kämpfen müssen.

Trotz allem, die offene Frage bleibt, ob es einen gerechten Krieg geben kann. Zwar gibt es legitime Gründe der Verteidigung, aber es bleibt die Frage nach Sicherheit und Frieden in der Zukunft. Nach dem Verständnis des Makkabäerbuches sind der Sieg und damit auch ein Leben in Sicherheit ein Ergebnis göttlichen Handelns. Dieser Kampf dient dem Überleben, nicht nur dem physischen, sondern auch einem Leben als gläubige jüdische Menschen, die den Geboten Gottes folgen können. Frieden kann auf Dauer nur dann gelingen, wenn er gerecht ist und alle einschließt. Kann auch dieser Frieden nur gelingen, wenn Gott ihn schenkt?

BEATE STRÄTER

Gott, zahllose Kriege hat deine Menschheit erlebt. Wann wird das endlich einmal vorbei sein? Ohne deinen guten Geist und deine Rechtleitung werden wir Menschen es wohl niemals schaffen. Mache uns offen für dich und halte unsere Sehnsucht nach einer Welt ohne Krieg und Gewalt am Leben.

Psalm 68,20–36 — Sonntag, 15. September

Hoffnung braucht kraftvolle Gründe

Die zweite Hälfte des Psalms 68 beginnt fast simpel, Gott legt zwar Last auf, aber er hilft auch. Weil ich eine Pfarrerstochter bin, sind mir schon als Kind Menschen begegnet, die genau diesen Satz zitiert haben. Nur hat mich das noch nie überzeugt. Warum sollte Gott das tun? Uns eine Last auflegen, damit er uns dann helfen kann? Das wäre zynisch oder irrational. Dahinter steht ein Gottesbild, mit dem ich nichts anfangen kann.

Beim Weiterlesen im Psalm 68 wird es dramatisch und durchaus auch blutrünstig. Diese Verse sind mir nie als Zitat begegnet.

Voll zorniger Wucht kommt hier der altisraelitische Gott daher, der aber seinem Volk allen Grund zum Loben gibt. Und mir stockt der Atem beim Lautlesen – Füße, die im Blut der Feinde baden und Hunde, die das Blut lecken. Hier ist ein kriegerischer Gott am Werk, der offensichtlich die Feinde ohne Probleme in die Schranken weisen kann. Aber immerhin schlagen kraftvolle Beterinnen die Pauke, um in der Gemeinschaft, die eine Geschichte miteinander teilt, Gott zu loben und ihm allein die Macht zu geben.

Aber die Essenz dieses Psalms ist gut: Es gibt einen mächtigen Gott, der die Angst besiegt. Jede Angst.

Und ich sehe das Volk Israel gemeinsam unterwegs mit einer großen, kraftvollen Hoffnung, eine Hoffnung, die so heilig und stark ist, dass sie am Ende auch blutrünstige Bilder überstrahlt und den Einen lobt, der die Völker zerstreuen kann, die gerne Krieg führen. Möge das möglich sein. Möge auch das unsere Hoffnung sein. Hoffnung braucht kraftvolle Gründe.

Und ich bleibe am Ende eine Betende, mit vielen offenen Fragen und dem Glauben an einen Gott, der Hoffnung gibt, ohne dass ich ihn immer verstehe.

FRIEDERIKE VON KIRCHBACH

Großer Gott, gib mir immer wieder den Glauben an deine Macht, die alles übersteigt, was ich mir vorstellen kann.

Lebendige Erinnerung

Es gehört zum Stil historischer Berichterstattung, dass sie eher nüchtern die Geschehnisse schildert. Dadurch könnte man fast vergessen, wie grausam der Krieg ist. Auch die Schlacht zwischen den Truppen des Königs unter Führung des Georgias und den Juden unter ihrem charismatischen Führer Judas macht das mehr als deutlich. Viel Blut fließt, auch unter den jüdischen Aufständischen. Tausende Frauen, Kinder und Eltern verlieren ihre Männer, Väter und Söhne. Es gibt viele Verwundete. Die siegreichen Juden plündern das feindliche Lager und machen große Beute. Wer verliert, zahlt zusätzlich einen hohen Preis.

Mehr als die Grausamkeiten des Krieges interessiert den Bericht die Frage: Wem verdanken die Juden den Sieg? Eine Antwort: Judas ist ein geschickter Heerführer. Seine Kriegstaktik gegen den zahlenmäßig und von der Ausrüstung her überlegenen Feind geht auf.

Den eigentlichen Grund für den Sieg sieht der Bericht darin, dass Gott auf ihrer Seite steht. Die Juden leisten Widerstand gegen die fremden Herren im Land, die den Tempel entweiht haben. Sie kämpfen damit auch für ihren Glauben an den einen Herrn und für ihren Kult, den sie ungehindert ausüben wollen. Judas erinnert seine Soldaten daran, wie Gott die Israeliten vor der Übermacht der ägyptischen Truppen am Roten Meer gerettet hat, und bittet Gott jetzt um seinen erneuten Beistand. Und tatsächlich: Wie damals rettet Gott die Juden aus dieser scheinbar aussichtslosen Situation. Darum danken und loben die Soldaten am Ende Gott für diesen großen Sieg.

In persönlichen Krisenzeiten versuche ich, mich an Situationen zu erinnern, in denen ich erlebt habe, dass Gott mich vor Unglück bewahrt oder mir geholfen hat, eine schwere Zeit gut zu überstehen. Diese lebendige Erinnerung stärkt mein Vertrauen in Gott und schenkt mir neue Zuversicht und Lebenskraft.

JÜRGEN KAUFFMANN

Gott, ich bitte dich, lass mich die Situationen nicht vergessen, in denen du mir geholfen und beigestanden hast. Stärke meinen Glauben und schenke mir immer wieder neue Zuversicht.

David gegen Goliat

Nachdem Georgias keinen Erfolg hatte, nimmt der Regent Lysias selbst den Feldzug gegen die Aufständischen in die Hand. Er bietet noch mehr Soldaten und noch mehr Reiter auf. Da scheint der Ausgang des Kampfes gegen die zahlenmäßig deutlich unterlegenen Juden klar zu sein.

Doch vor der entscheidenden Schlacht erinnert Judas seine Soldaten an eine ähnliche Situation in der Geschichte Israels. Der junge, schmächtige Hirte David gewann wider Erwarten den Kampf gegen Goliat, den gut ausgerüsteten Krieger der Philister – dank Gottes Hilfe. Darum bittet Judas jetzt Gott um seinen Beistand. Das Unwahrscheinliche tritt ein – so wie damals bei David und Goliat. Die zahlenmäßige Überlegenheit der Truppen des Lysias wird wettgemacht durch den Kampfgeist der Juden. Die Söldner, vielleicht zum Feldzug gezwungen, vielleicht durch Geld angeworben, kämpfen nicht für ihre Herzenssache. Die Männer um Judas dagegen wollen das Joch der Unterdrückung abschütteln. Es ist die innere Einstellung, die den Unterschied ausmacht und den Sieg bringt.

Manchmal geraten wir in Situationen, in denen wir uns einem scheinbar übermächtigen Gegner gegenübersehen. Ich denke zum Beispiel an die Mitarbeiterin, die von ihrem Chef schikaniert wird. Die Angestellte versucht, sich zu wehren. Das ist aber gar nicht so leicht, weil sie auf den Arbeitsplatz angewiesen ist.

In solchen Konflikten stehen wir in der Gefahr, zu resignieren und aufzugeben, weil wir uns unterlegen oder nicht genügend für die Auseinandersetzung »gerüstet« fühlen. Dann kann es helfen, mit Gott im Gebet unsere Möglichkeiten zu sondieren. Dadurch können neue Kräfte aktiviert werden, die unser Selbstvertrauen stärken. Dann können wir die richtigen Schritte gehen: nicht aufgeben und kämpfen, wenn notwendig, und nach Kompromissen suchen, wenn möglich.

JÜRGEN KAUFFMANN

Gott, lass mich mutig und zuversichtlich Konflikte angehen und bestehen. Schenke mir dazu deinen Geist der Kraft, der Liebe und der Besonnenheit.

Mittwoch, 18. September   1 Makkabäer 4,36–51

Freude

Kirchen sind besondere Orte. Durch die Architektur, die Innenausstattung oder den Standort wirken Kirchen auf uns erhaben, berühren uns spirituell und laden ein zum Verweilen und zur Besinnung. Vielleicht verbinden wir auch eine besondere Geschichte mit einer Kirche: Da sind wir gefirmt, konfirmiert oder getraut worden, haben die Kinder taufen lassen, haben besondere Gottesdienste erlebt, im stillen Gebet Gottes Nähe gespürt oder wir haben nach dem Besuch erfahren, dass unsere Bitten erhört worden sind. Diese Kirchen sind und bleiben für uns bedeutsam.

Wie furchtbar, wenn Kirchen zerstört wurden durch Brand oder Krieg. Welch eine Freude, wenn zerstörte Kirchen neu errichtet werden. Der Wiederaufbau einer Kirche, wie etwa der Frauenkirche in Dresden, zeigt, was durch den gemeinsamen hartnäckigen Einsatz vieler möglich ist. Von der Idee überzeugte Menschen im In- und Ausland haben große Anstrengungen unternommen, bis die Kirche 60 Jahre nach Kriegsende wieder eingeweiht werden konnte. Durch den Wiederaufbau wurde nicht nur ein kulturelles Erbe für Dresden und ein einladendes Gotteshaus wiederhergestellt, sondern auch ein Ort der Versöhnung geschaffen.

Welch eine Freude auch für die siegreichen Juden, dass sie ihren Tempel in Jerusalem wieder herrichten und einweihen können. Die Wiederherstellung des Tempels war ein Ziel des Aufstandes gegen die Unterdrückung der fremden Herren. Nun können die Priester dort wieder ihren Dienst tun. Gläubige können wieder dorthin wallfahren, um zu opfern, um Vergebung ihrer Sünden zu bitten und um Gott zu danken und zu loben.

Welche Kirchen fallen uns ein, die eine besondere Bedeutung für uns hatten und haben? Welche Freude, Hilfe und Zuversicht für unseren Glauben haben wir in ihnen – allein oder in der Gemeinschaft mit anderen – bis heute erfahren dürfen?

JÜRGEN KAUFFMANN

Gott, ich danke dir für die Kirchen, in denen ich deine Nähe und Zuwendung erfahren durfte. Ich danke für die Gemeinschaft mit dir und mit den anderen Glaubenden.

1 Makkabäer 4,52–61 — Donnerstag, 19. September

Säbelrasseln I

Mit Gesang, Zithern, Harfen und Zimbeln wird gefeiert. Acht Tage lang, mit liturgischen Opferritualen, Gebeten und Lobpreis. »Preist Gott, er hat die Schande getilgt, die der Feind, die die Heiden! uns angetan haben.« Aber nicht nur die Ohren bekommen etwas zu hören, auch für die Augen wird gesorgt: Mit goldenen Kränzen und Schilden ist die Vorderseite des Tempels geschmückt.

Ein üppiges Fest – es strahlt aus und schallt weithin. Mit gutem Grund, denn der Tempel wird wieder geweiht! Höre ich da nicht doch noch einen anderen Klang? Neben Zithern, Harfen und Zimbeln? Gebeten und Gesang? Tatsächlich. Noch ganz schwach nur ist es zu hören, aber es wird immer lauter: Steine-Klopfen.

Wieso Steine-Klopfen?

Welch dumme Frage: Dieser neu geweihte Tempel muss doch geschützt werden! Verteidigt! Nicht noch ein weiteres Mal diese Schande! Wehrtürme und Mauern werden errichtet. Das ist ein Zeichen, ein mächtiges Zeichen: »Wir sind stark, wir können uns wehren.« Deswegen Steine-Klopfen.

Kaum sind alle Steine geklopft und die Mauern errichtet, herrscht mitnichten Stille! Nein: Dann ertönt das Geräusch von marschierenden Schritten. Schau, da biegt es um die Ecke: das Kriegsvolk! Es ist zur Stelle, zur Verteidigung, zum Schutz. Säbelrasseln!

»Panzer zu Pflugscharen!« »Frieden schaffen ohne Waffen!« Diese Rufe haben mich und mein Weltbild geprägt. Mit Sorge blicke ich derzeit auf die Höhe des Verteidigungsbudgets. Braucht es so viele Waffen zum Schutz von Grenzen, Werten, Ländern? Wie viel Geld bleibt dann noch für die Entwicklungshilfe?

Anfang des Jahres 2023 wird beschlossen, schweres Geschütz in die Ukraine zu schicken. Seit dem Ende des Zweiten Weltkrieges war im europäischen Raum nicht mehr solches Säbelrasseln zu hören gewesen!

BÄRBEL SCHÄFER

Das Leben feiern – ja! Militärische Stärke feiern? Nein. Hilf mir, Gott, deine Worte zu verstehen und hörbar zu machen, gegen alles Säbelrasseln unserer Gegenwart.

Freitag, 20. September — Judit 1,1–16
Einführung zum Buch Judit auf Seite 386ff.

Säbelrasseln II

Mit Türmen und Toren ist die Stadt Ekbatan ausgestattet. Eine dicke Mauer umgibt sie. Sicherheit soll sie bieten. Von den Türmen ist der Feind gut erkennbar, die Tore sichern den Durchmarsch der Streitmächte. Für den Krieg ist sie gerüstet.

Denn die Stadt muss fürchten um ihre Eroberung. Zwei Könige sind im Streit, sie wollen jeweils ihre Macht ausbauen. Arphaxad, der König der Meder, und Nebukadnezzar, der König der Syrer. Arphaxad hat Ekbatan militärisch aufgerüstet und andere Länder als Verbündete gewonnen.

Da muss Nebukadnezzar gleichziehen. Gleichgewicht des Schreckens gab es schon damals. Er sucht seinerseits Verbündete, schickt Boten aus zu einer Vielzahl von Ländern im Westen und Süden. Aber diese Bemühung scheitert. Seine Worte und Werbung werden nicht gehört. Entehrt sind damit die Boten, entehrt ist damit aber vor allem der König! Welch Demütigung!

Er beschließt, all diese Länder, die er gewinnen wollte, auszulöschen. Verbrannte Erde. Aber als erstes ist der direkte Gegner dran. Im Rausch seines Zornes, trunken von der Demütigung schlägt er um sich, schlägt den Feind. All dessen Streitmächte werden in die Flucht geschlagen, die hochgerüstete Stadt Ekbatan wird geschleift und zerstört, der König durchbohrt. Nach dem Blut fließt der Wein, ein Festmahl wird gefeiert. Das Fest des Siegers. Säbelrasseln!

So einfach ist das: Ein entehrter gedemütigter Herrscher schlägt zurück. Greift an, zerstört, übt Rache. Koste es, was es wolle. Als erstes kostet es das Leben seines direkten Feindes.

»Liebet eure Feinde«, hat Jesus von Nazaret hunderte von Jahren später als Handlungsmaxime den Menschen ins Herz geschrieben. »Liebet eure Feinde und bittet für die, die euch verfolgen!« (Mt 5,44) Das ist keine naive Gefühlsduselei, sondern ein innerer Kern diplomatischer Bemühungen.

BÄRBEL SCHÄFER

Es braucht Kraft, Gott, dem Impuls der Rache zu widerstehen, andere Wege zu suchen, einen Ausgleich der Kräfte herzustellen. Dass die Feindesliebe deines Sohnes hier Wirkung zeigt, darum bitte ich dich!

Judit 2,1–13 — Samstag, 21. September

Säbelrasseln III

Nebukadnezzar ist dieser militärische Sieg zu Kopf gestiegen. Er sieht sich als Herr der ganzen Erde. Gott gleich. Diese Länder im Westen, die ihn in seiner Ehre verletzt haben, wird er vernichten, wie angekündigt. Er wird sie unterwerfen, demütigen, töten. Er persönlich wird die Gefangenen hinrichten, so befiehlt er dem Feldhauptmann, dem »Zweiten nach ihm«. Während er ihm in kleinsten Details seinen Tötungsplan unterbreitet, schwelgt er in Fantasien, in Bildern der brutalsten Ermordung und Zerstörung, die ihresgleichen suchen.

Bei diesen Allmachtsfantasien gefriert mir das Blut in den Adern. Und sie haben kein Ende gefunden! Das ist, neben der damaligen historischen Katastrophe und menschlichen Vernichtung, die schreckliche Erkenntnis heute: Immer noch sichern sich Diktatoren ihre vermeintliche Macht durch Angriffskriege und Massaker. Ihre Sprache ist, wie Nebukadnezzars Rede, verräterisch. Und sie können sich verlassen auf die jeweils »Zweiten nach ihnen«. Ohne die geht es nicht. Damals wie heute. Säbelrasseln.

Der gedemütigte Herrscher schlägt zurück. Greift an, zerstört, übt Rache. Koste es, was es wolle: das Leben unschuldiger Menschen, Frauen, Kinder, Alte und Kranke. Neben den Soldaten und Soldatinnen sind sie in jedem Krieg Opfer. Jahrtausendelang, bis heute.

Ich denke an Massengräber und Flüchtlingsströme. An Schlepperfirmen und gesunkene Schlauchboote.

Aber es gibt nicht nur die »Zweiten« nach den Herrschern, die die Grausamkeit vervielfältigen und erst möglich machen in der Fläche. Es gibt die Vielen, die Menschen retten. Zum Beispiel United4rescue, ein breites Bündnis zur Unterstützung ziviler Seenotrettung.

BÄRBEL SCHÄFER

Das Säbelrasseln ist laut! Die Kriegsbilder bedrückend! Dass wir nicht überhören und übersehen, wie viele Menschen Leben retten, Leben sichern, Leben lieben und dem Leben dienen – dass wir davon erzählen! Gott: Dazu befähige uns!

Präzise danken

Die Worte des 138. Psalms klingen so, als ob etwas besonders Großes und Schönes geschehen ist. Die oder der Betende weiß, wem sie ihr großes Glück zu danken hat. Gott hat die Gebete erhört und die Kraft gegeben, die gebraucht wurde.

Andere, machtvolle Zeugen werden benannt, die Gott ebenfalls loben und danken für sein Handeln. Und es wird auf etwas sehr Wichtiges hingewiesen, die Bibel nennt das an anderen Stellen auch: Gott erhört die Niedrigen. Er ist für die Schwachen und Geringen zuständig. Der berühmteste biblische Beleg für diese Aussage wird das Magnificat, der Lobgesang der Maria, sein.

Ist dieser Psalm oft zur leeren Formel verkommen? Ist er oft gebetet worden, weil es sein musste, und nicht, weil es einem inneren Bedürfnis entsprach?

Gut wäre es schon, immer ehrlich zu beten, und wenn ich ganz und gar nicht dankbar bin, dann sollte ich darauf verzichten. Es gibt genug selten verwendete, zornige Psalmen. Die Bibel hat kein Problem mit mangelnder Dankbarkeit. Und auch nicht mit meinem Zorn. Sie kennt beides. Doch die Gefahr ist, dass Dankbarkeit zu einer bloßen Formel verkommt und Zorn keine Worte findet und unterdrückt wird.

Aber weil ich gerade bei einem Dankpsalm bin, bietet es sich an, über echte Gründe nachzudenken, für die ich heute dankbar sein könnte. Und je präziser die Worte sind, die ich dafür finde, umso mehr banne ich die Gefahr, formelhaft zu sein.

Ich habe ein Dach über dem Kopf und ein frisch bezogenes Bett, in das ich mich gern lege mit dem Wissen, dass die Nacht ruhig und erholsam sein wird. Und wenn es mir nicht gut geht, hilft mir ein medizinisches System, das Schmerzen bannen kann und vielen Erkrankungen ihre tödliche Bedrohung genommen hat. Ich habe einen Pass, den jeder Zollbeamte auf der Welt respektvoll betrachtet. Das Buch, in dem ich gerade lese, gehört mir, neben vielen anderen schönen Dingen. Vielleicht schon zu vielen.

Gründe zu danken, kenne ich genug. Jetzt muss es nur noch gelingen, das auch zu fühlen.

FRIEDERIKE VON KIRCHBACH

Gott lass mich, wenn ich danken will, ganz konkret danken und nimm mir die Scheu vor Klage und Zorn. Denn du liebst mich, so wie ich bin.

Krieg

Der Rachefeldzug des Nebukadnezzar beginnt und wird ausführlich geschildert. Jeder Satz dient dazu, die Größe des aufgebotenen Heeres ins Bewusstsein zu rücken und damit die Ausweglosigkeit jedweden Widerstands zu verdeutlichen. Schritt für Schritt werden wir als Lesende auf die Kriegsschauplätze mitgenommen, sehen zu, wie ein Volk nach dem anderen vernichtend geschlagen wird.

Wie geringschätzend hier mit menschlichem Leben umgegangen wird, wie achtlos Tiere und Pflanzen, kulturelle Güter und Beheimatungen vernichtet werden, wie nüchtern und planvoll alles ringsum den kriegerischen Zielen untergeordnet wird, ist entsetzlich. Und noch entsetzlicher ist wohl, dass diese Details erschreckend an vergangene und aktuelle Kriege erinnern. Die Erfahrungen Israels aus mehreren Jahrhunderten, die das Juditbuch erzählerisch zusammenfasst, entsprechen den Erfahrungen unzähliger Menschen quer durch alle Jahrhunderte bis heute.

Das Juditbuch schildert den Krieg des Holofernes allerdings als unüberbietbar bedrohlich: erdumspannend, universell und existenziell. Eine größere Gefahr lässt sich nicht mehr vorstellen. Die ganze Welt rottet sich – freiwillig oder unfreiwillig – langsam, aber unaufhaltsam gegen Israel zusammen. Auffällig ist auch, wie viel Platz das Buch der Schilderung dieses Krieges widmet. Das ist wichtig, um die spätere Tat Judits ins rechte Licht zu rücken. Insofern ist es folgerichtig, dass ganze sieben der sechzehn Kapitel des Buches nur von der Bedrohung sprechen und dass die Titelfigur erst im 8. Kapitel erstmals die Bühne betritt. So lässt die Dramaturgie des Buches keinen Zweifel darüber, wie die Erzählung ausgegangen wäre ohne Judit. Und wie die Welt aussehen würde, wenn Machtbesessenheit das letzte Wort hätte.

ELISABETH BIRNBAUM

Es ist entsetzlich, was Menschen einander antun können. Gott, schenke uns auch heute noch Menschen, die anders sind. Die dir vertrauen und aus diesem Vertrauen heraus der Gewalt und den Kriegen ein Ende bereiten können.

Zweierlei Götter

Größer könnte die Gefährdung kaum sein. Ein Feldherr zieht aus, um die Welt zu erobern. Und es scheint ihm mühelos zu gelingen. Alle unterwerfen sich ihm beziehungsweise seinem Herrn. Was möchte er wirklich? Geht es um politische Macht? Dann würde ihm die Unterwerfung der Völker genügen. Sie kriechen förmlich heran. Sie betteln um Frieden.

Doch das genügt nicht. Holofernes will keine Länder unterwerfen, keine Menschen. Er will Götter unterwerfen. Er will die ganze Welt zwingen, seinen Gott anzubeten. Und sein Gott ist König Nebukadnezzar.

Hier wird erstmals deutlich, worum es im Juditbuch wirklich geht: Nebukadnezzar fordert nicht die Könige der Welt heraus, er fordert die Götter der Völker heraus. Der Kampf wird sich in weiterer Folge zwischen dem Gott Israels und dem Gott des Holofernes abspielen. Und die Art und Weise des Kampfes könnte unterschiedlicher nicht sein: Der »Gott« Nebukadnezzar bedient sich eines gewaltigen Heeres, das Krieg, Unterdrückung, Grausamkeit und größtmögliche Gewalt über die Welt bringt. Seine Anbeter glauben an die Unbezwingbarkeit militärischer Macht. Der »wahre« Gott, der Gott Israels, wird das Geschick seines Volkes einer Frau anvertrauen und so die große Macht, die hier beschrieben wird, ad absurdum führen. Er agiert mit geringstmöglicher Gewalt und führt zu Frieden und Freiheit. Wer an ihn glaubt, glaubt an die Kraft des Gebets, an die Kraft der Niedrigen, Schwachen und Wehrlosen.

Es klingt wie ein Märchen und ist doch eine immer wiederkehrende Erfahrung des Gottesvolkes. Eine Erfahrung, die offenbar so sehr mit dem Gott Israels zusammenhängt, dass sie die gesamte Bibel durchzieht. Eine Erfahrung, angesichts derer man sich entscheiden muss: Worauf setze ich meine Hoffnung? Wem glaube ich? Wen verehre ich als Gott? Den scheinbar Stärkeren, der im Begriff ist, die Welt zu erobern, oder die ganz anders geartete Kraft des scheinbar Schwachen?

ELISABETH BIRNBAUM

Der Gewalt weichen oder festhalten an dir? Mein Heil im scheinbar Starken suchen oder auf dich vertrauen? Herr, gib mir die Kraft, auf dich zu hoffen!

Bedrohungen meistern

Was tun bei großer Bedrohung? Ein Machthaber zieht heran. Nicht nur das Leben der Menschen in Israel steht auf dem Spiel, sondern auch alles, was sie ausmacht, alles, was sie glauben, alles, was ihnen heilig ist. Von Märtyrern hört man häufig, dass ihnen ihr Leben nicht so wichtig ist, wenn sie für ihren Glauben sterben können. Doch hier droht jemand damit, mit dem Volk auch das Heiligste, selbst Gott zu vernichten. Was also tun?

Mir gefällt die dreifache Ausrichtung der Reaktion auf die umfassende Bedrohung: Da wird einmal alles Menschenmögliche getan, um auf der militärischen Ebene Widerstand zu leisten und das Überleben der Bevölkerung zu sichern. Die günstige Gebirgslage wird strategisch genützt, Verbündete mobilisiert, der Ort befestigt, ein Lebensmittelvorrat angelegt. So, als ob alles nur vom Einzelnen selbst abhinge.

Daneben aber handelt die Bevölkerung noch auf andere Weise: Sie erfleht ihre Rettung von Gott. Sie tut vor Gott Buße und verlässt damit auch die reine Opferrolle. Sie übernimmt Verantwortung. Was sie selbst zu dieser gefährlichen Situation beigetragen haben könnte, soll dadurch entfernt werden. Sie vertraut sich Gott an, so, als ob alles von ihm abhinge.

Und, der dritte Aspekt: Sie tut all das einmütig. Alle machen mit und legen eine umfassende Solidarität an den Tag. So, als ob alles nur vom Miteinander abhinge.

Das Volk handelt also selbstverantwortlich und sachgerecht; es handelt vertrauensvoll und seiner Abhängigkeit bewusst; und es handelt solidarisch und miteinander. Aus sich heraus, auf Gott hin und mit und für die anderen.

»Und der Herr hörte ihr Rufen und sah auf ihre Not.« (Jdt 4,13) Was für ein hoffnungsstiftender Text!

ELISABETH BIRNBAUM

Gott, du Helfer der Unterdrückten und Gefährdeten! Gib uns auch in schwierigsten Zeiten den Mut zu handeln, das Vertrauen zu beten und die Kraft zusammenzuhalten.

... die Wahrheit ... über dieses Volk (5,5)

König Nebukadnezzar entfaltet vor aller Welt seinen Anspruch, Gott zu sein. Der König ist Gott. Vor ihm haben alle in die Knie zu gehen. Totalitäre Verhältnisse, in denen man über Leichen geht und andere Länder mit Krieg zur Unterwerfung zwingt. Wie kann solch ein Anspruch erschüttert werden? Und durch wen?

Durch Israel? Zwar kapituliert Israel nicht vor der drohenden Gefahr, vom riesigen Heer des Nebukadnezzar überrollt zu werden. Es bringt immerhin den Vormarsch des Heeres ins Stocken. Zugleich flehen die Israeliten in dieser beängstigenden Situation zu ihrem Gott um Rettung. Doch können sie gerettet werden?

Natürlich ist Holofernes als Oberbefehlshaber des Heeres über den Widerstand Israels wütend und will genau wissen, wer dieses Volk ist. Als er sich mit kanaanäischen Hauptleuten seines Heeres im Lager der Assyrer berät, erläutert einer von ihnen, Achior, die Eigenart Israels. In drei Bewegungen schildert er die Geschichte dieses Volkes. Sein Fazit: Dieses immer wieder vertriebene Volk Israel ist anders als alle anderen Völker. Seine Stärke lässt sich nicht in militärischen Kategorien erfassen, sie liegt auf der theologischen Ebene. Die Wahrheit über Israel ist ihr Gott. Er hat sie gerettet und einen Weg geführt, für den er ihnen die Tora als Wegweisung gegeben hat. Leben sie danach, ergeht es ihnen gut. Weichen sie davon ab, werden sie vertrieben. Das Gute, das ihnen zukommt, ist immer gefährdet durch ihr Verhalten. Gottes Pläne sind anders: Gegengewalt funktioniert nicht für sein Volk. Gott befreit sein Volk seit je von Gewaltherrschaft. Dann können sie als Gerettete dankbar leben. Vertrauen sie nicht, geraten sie in Sklaverei.

Ganz loyal ist die Handlungsempfehlung des Achior für Holofernes: Er habe eine Chance zur Eroberung, wenn Israel sich falsch verhält. Er habe keine Chance, wenn Israel auf die Hilfe seines Gottes vertraut. Dann wird es von ihm gerettet und Holofernes' Armee zum Gespött werden.

PAUL DESELAERS

Ob wir uns als von dir Gerettete begreifen? Das ist alles, was wir selbst tun und beitragen können, du Retter-Gott!

Ihr Gott wird sie nicht retten (6,2)

Die Reaktionen auf die Achior-Rede sind nicht unerwartet. Alle, die ihm zugehört haben, bleiben in ihren Denkmustern allein auf der militärischen Ebene. Achiors Rat wird rundweg abgelehnt. In der Folge ist er selbst gefährdet, denn man will ihn zusammenschlagen. Angesichts der militärischen Bedeutungslosigkeit der Israeliten und der eigenen Überlegenheit ist ein weiterer erfolgreicher Kriegszug für die Generäle alternativlos. Holofernes bekommt versichert: »Sie sollen deinem ganzen Heer zum Fraß dienen.« (5,24)

Erst danach reagiert Holofernes selbst auf die Rede des Achior. Er verdächtigt ihn, sich als Prophet aufzuspielen und fremder Macht zu dienen. In einer Rede voller Vernichtungswillen stellt er den Absolutheitsanspruch des Nabuchodonosor (Nebukadnezzar) als Herrscher und Gott heraus, weit über dem Gott Israels stehend. Damit ist die Grundfrage der Erzählung gestellt: Wer ist der wahre Gott? Und ist militärischer Erfolg die selbstverständliche Folge? Den offensichtlichen Verhältnissen entsprechend wird behauptet: »Ihr Gott wird sie nicht retten.« (6,2) Damit wird »Rettung« zu einer wesentlichen Qualität, die einen Gott auszeichnet. So spitzt sich die Frage zu: Wer ist Gott – Nabuchodonosor oder der Gott Israels?

Das Schicksal Achiors wird raffiniert und zynisch mit dem Anspruch des Holofernes nach der Art eines Gotteswortes verknüpft: »Ich habe gesprochen, und keines meiner Worte wird unerfüllt bleiben.« (6,9) Achior wird als Spion Israels verachtet, der nur Unrecht redet. Er soll an die Israeliten ausgeliefert werden und zusammen mit »diesem Volk aus Ägypten« völlig zugrunde gehen. Sein zukünftiges Geschick wird mit einer Sprache der Zerstörung besiegelt.

Wenn so offensichtlich Holofernes das Schicksal des Achior mit dem des Volkes Israel verknüpft, ist die Frage schon eingewoben: Wird er mit Israel gerettet und kann er Zeuge der Rettung werden?

PAUL DESELAERS

Geheimnisvoller Gott, wem ist die Erkenntnis deines Wirkens möglich, wenn nicht dem, der die Spuren deiner Geschichte mit den Menschen lesen lernt und sie beherzigt?

Herr, Gott des Himmels, blick herab (6,19)

Das weitere Vorgehen im Anschluss an den Befehl des Holofernes wird aus assyrischer Perspektive geschildert. Drei Aktionen werden ausgeführt: Achior wird wie ein Verbrecher festgenommen, nach Betulia fortgeschafft und an die Israeliten ausgeliefert. Er wird unterhalb des Berges, auf dem Betulia liegt, gefesselt und hilflos zurückgelassen, erniedrigt und wehrlos.

Holofernes selbst hat diesen Ort ausgewählt. Betulia ist ein künstlich gebildeter Programm-Name, der »Haus Gottes« bedeutet. Dieser Ort wird zum Zentrum des Geschehens. Von ihm aus soll offenbar werden, wer der einzig wahre Gott ist.

Achior wird nun von den Israeliten aus seiner Wehrlosigkeit befreit und in die Stadt Betulia gebracht. Man führt ihn vor die leitenden Männer. Zu ihnen gehören Usija (= meine Kraft ist der HERR) und Karmi (= Gott ist mein Weinberg = meine Freude, meine Liebe). Diese Namen zeigen dem Achior schon, was er von Israel bezeugt hat. Er selbst berichtet in drei Schritten von den Reden im Kriegsrat der Assyrer, von seinem weisen Plädoyer für den Gott Israels und der mit Überheblichkeit gespickten Rede des Holofernes. Dieses Szenario bewegt das Volk zum Gebet.

Die Bitte »blick herab« schließt immer auch das rettende Eingreifen Gottes ein. Er schaut nicht nur; aus dem, was er sieht, engagiert er sich. Achior erfährt mit dem Gastmahl im Haus des Usija die Bestätigung für sein Verhalten und seine Deutung der Geschichte Israels.

Zugleich wird die Erzählung nicht müde, Betulia als eine inständig betende und auf Gottes Rettung vertrauende Gemeinde dazuzustellen. Der Gestus »sich vor jemandem niederwerfen« entwickelt sich in der Juditerzählung und bezieht sich am Ende ausschließlich auf den Gott Israels. Denn Er ist der einzig wahre Gott. Achior hat die Spur zu ihm aufgedeckt und wird darin bestärkt werden. In diesem Licht wird zugleich die sich selbst vernichtende Überheblichkeit des Holofernes entlarvt werden.

PAUL DESELAERS

Gib mir ein Wort, du ewiges Wort, nicht armselige Vokabeln, vielmehr Worte, die uns sagen, wer wir sind – vor dir und mit dir.

Psalm 142 — Sonntag, 29. September

Aufschreiben, um es auszuhalten

Wenn es mir schlecht geht, wenn ich mich in einer schwierigen Situation befinde, wenn ich Angst habe, dann hilft mir mein Tagebuch. Allein der Versuch, das, was mich emotional umtreibt, in Worte zu fassen, hat etwas Beruhigendes. Deutlich kleiner ist meine Lust, etwas aufzuschreiben, wenn es mir gut geht, wenn ich glücklich bin oder wenn einfach ein ganz normaler Tag mit ausreichend Schlaf, diversen Verrichtungen und guten Gesprächen vergeht. So kommt es, dass in meinen, über die Jahre angehäuften Tagebüchern viel mehr schwierige Berichte als fröhliche Sachen stehen. In dem Falle halte ich mich nicht an die mir einst von meinem Vater liebevoll vermittelte Lebensregel: »Mach es wie die Sonnenuhr, zähl die heiteren Stunden nur.« Der Betende, der den Psalm 142 mit der Überschrift »Hilferuf in schwerer Bedrängnis« formuliert hat, wird vielleicht diesen Trost durch das Aufschreiben gekannt haben. Er oder sie hat eine bedrängende Erfahrung aufgeschrieben und damit geteilt mit jenen, die nachkommen.

Zur Erfahrung von schwerer Bedrängnis gehört, dass es manchmal gut ist, wenn da schon Worte sind, derer wir uns bedienen können. Alte, schon oft benutzte Worte, die uns hineinnehmen in einen großen Chor der Klagenden. Und wenn wir das bewusst wahrnehmen, befreien wir uns auch von der Last der eigenen Zuständigkeit für die Ursache des Klagens. Manchmal ist das Beenden der schlimmen Situation mit eigener Kraft gar nicht möglich. Manchmal bleibt eine letzte Hoffnung nur dort, wo Gott wirklich Gott ist und nicht ein Teil unserer hilflosen, leidenden Welt. Hoffen, auch wenn es keinen Grund gibt zu hoffen. Ich weiß nicht, ob das auf die Seiten meines Tagebuchs passt, aber der Psalm würde es empfehlen.

Mir hat auch schon ein Gedicht geholfen, ähnlich wie ein Psalm. Josef von Eichendorff hat vor 200 Jahren den Zyklus »Der Umkehrende« geschrieben. Mein liebster Vers daraus ist auch ein Gebet:

FRIEDERIKE VON KIRCHBACH

Du bist's, der, was wir bauen, mild über uns zerbricht, dass wir den Himmel schauen, darum so klag ich nicht.

Montag, 30. September — Judit 7,1–15

Realitäten anschauen!

Am Vorabend wird die Macht demonstriert. Die Streitmacht geht in Stellung. Ein Muster, das sich wohl endlos wiederholt. Für unsere Augen unübersehbar vor dem Einmarsch Russlands in die Ukraine. Abend für Abend rollten die Panzerkolonnen über den Bildschirm. Die Zahlen schlugen die von Holofernes befehligten Truppen bei weitem, und die Waffentechnik durfte sich noch 2000 Jahre weiterentwickeln: Ende Februar 2022 war die Rede von 200.000 Soldaten, 550 Kampfflugzeugen und zwischen 80 und 120 »bataillonstaktischen Gruppen«, die um die Ukraine herum zusammengezogen waren. Die Übermacht war erdrückend.

Wenn die Machtverhältnisse erst einmal sichtbar sind, schlägt die Stunde der Helfeshelfer. Auch wenn der Sieg schon gebongt ist und der Ausgang gewiss, die Daumenschrauben können noch weiter angedreht werden. Die Unmenschlichkeit ist entfesselt und jedes Ethos abgestreift. Der Rat der Vasallen: »Zerstören wir doch die Infrastruktur! Damit schonen wir unsere Kräfte und hungern den Feind aus oder lassen ihn verdursten oder erfrieren. Auf jeden Fall demoralisieren wir die Zivilbevölkerung.«

Wenn die Macht demonstriert ist und die Niedertracht ihren Platz eingenommen hat, dann braucht es aber auch noch der Rechtfertigung: »Die sind doch selber schuld. Die haben doch angefangen, es an Respekt mangeln lassen oder sich anderweitig vergangen. Wir dienen höheren Zielen, würden niemals zum Angriff blasen, wenn wir nicht müssten.«

So tritt es auf, das Böse, die Gewalt, der Vernichtungswille. Drohung und Einschüchterung, Niedertracht und Selbstrechtfertigung gehen Hand in Hand, nicht nur in den Kriegen, in denen Panzer auffahren. Damit ist zu rechnen im Großen und im Kleinen. Dem können wir ausgesetzt sein. Da können wir hineingeraten, nicht nur als Opfer. Das gehört zum Lernprozess unserer Zeit: den Realitäten ins Auge schauen.

CHRISTINE JAHN

Mein Gott, was geschieht auf deiner Erde, Tag für Tag an so vielen Orten! Lässt sich das Böse nicht ausrotten? Lässt es sich nicht besser eindämmen? Was kann ich tun an meinem Platz? Tu du, was du tun kannst, bitte, bald!

Noch eine kleine Weile

34 Tage genügen, um in die Knie zu zwingen. Wahrscheinlich braucht es sogar weniger. Dabei läutet gar nicht das eigene Leiden das Ende der Widerstandskraft ein, sondern der Anblick der anderen, der Kleinen, der Kinder. Ihre Augen, ihre ausgemergelten Leiber brechen den Durchhaltewillen. Wir sind verletzlich, viel leichter verwundbar, als wir gemeinhin glauben. Wer unsere Schwachstellen kennt, braucht nicht viel Kraft aufzuwenden, um uns zu demoralisieren und die Gemeinschaft zu zerstören.

Schon geht ein Riss zwischen Volk und Regierung. Es wird jemand ausgemacht, der schuld ist: die Regierung, der König, der Kanzler, die Chefin, vielleicht auch niemand aus der Führungsetage, aber auf jeden Fall jemand anders: »Ihr habt euch schwer an uns verschuldet«, wird Ozias vorgeworfen. »Wir hätten ja schon längst nachgegeben. Ihr wolltet ja Widerstand leisten und habt uns ins Elend geführt.« Man kann solche Rede niemandem verdenken, dem die Zunge am Gaumen klebt, der vergeblich auf Gott hoffte.

Ozias' Antwort wirkt nicht gerade begeisternd. Ihm kommt kein militärischer Trick in den Sinn, welcher sollte das auch sein. Auch seinem Glauben fehlt es an Durchschlagkraft. Die Leute hatten ja gebetet und Gott um Hilfe angerufen. Sie war ausgeblieben ganz offensichtlich, bisher.

Und doch ist Ozias' Antwort stark: Noch eine kleine Weile, ganze fünf Tage gebt dazu. Dann gebe ich nach. Dann geben wir auf. Versprochen.

Was soll geschehen in fünf Tagen, was in 34 Tagen nicht geschah? Das weiß keiner. Nicht nur die Kraft, auch die Phantasie des Menschen ist am Ende. Aber es ist noch einmal Zeit für Gott. Und wer hat es noch nicht erfahren, wie sich das Blatt wenden kann von einem Tag zum andern und etwas geschieht, was das Verderben abwendet: ein Anruf. Ein Satz. Ein Mensch. Ein Wetterumschwung. Eine Meldung. Eine Idee. Ein Schluck Wasser.

CHRISTINE JAHN

Noch fünf Tage, Gott, die halte ich durch. Keine Sekunde länger, das sage ich dir. Heute halte ich durch, nur heute. Diese Nacht gebe ich dir noch, Gott. Die schaffe ich. Versprochen.

Mittwoch, 2. Oktober — Judit 8,1–10

Eine starke Frau

Die Retterin war ja eigentlich schon da. Sie lebte unter ihnen, fest verwurzelt. Sie fällt nicht vom Himmel. Warum war keiner auf sie gekommen? Dabei hat sie alles, was ein Mensch haben kann: Schön ist sie, reich, gottesfürchtig und klug.

War keiner auf sie gekommen, weil sie eine Frau war? Weil ihre Gaben in dieser Krise vermeintlich nichts taugten? Was nützten Schönheit und Reichtum Kriegern gegenüber? Offenbar nützte ja noch nicht einmal Gottesfurcht.

Man kann ein wenig Anstoß nehmen am Bild dieser Superfrau, das eher nach Hollywood gehört als in unser Leben. Dort sind es Superkräfte, die Rettung bringen. Im Glauben setzen wir aber doch auf einen Gekreuzigten, auf den geschundenen Gottesknecht.

Nun ja, geschunden war Judit auch. Sie wird ja nicht über geheime Wasservorräte verfügt haben. Ihre Wangen werden eingefallen sein und ihre Figur gelitten haben. Trotzdem war so viel dran an ihr, dass es reichte, die Wende zu bringen.

Vielleicht sind wir bisweilen blind für die Potenziale, die Rettung bringen. Vielleicht müssen unsere Augen geöffnet werden, damit wir Talente entdecken, die weiterhelfen können. Vielleicht bietet sich ihnen plötzlich Raum, den bislang andere einnahmen. Vielleicht schlummert in uns manches, das Gott gerade dann, wenn es ganz eng wird, zum Leben erwecken kann.

Der Prophet stimmt Gottes Lob mit folgenden Worten an: Er hat mir die »Kleider des Heils« angezogen (Jes 61,10). Wenn das nichts ist! Die können sich doch sehen lassen neben der schönen Judit. Die werden doch auch meine Vorzüge zur Geltung bringen. Vor allem geben sie mir eine Gestalt, die dem Heil dient. Es ist an der Zeit, sie zu entdecken, an mir und an anderen.

Noch ist unklar, was die Schöne in dieser Situation bewerkstelligen kann. Aber sie tritt fristgerecht in Erscheinung, gerade noch rechtzeitig.

CHRISTINE JAHN

Unser Gott, dein Prophet hat es angekündigt: Du legst uns Kleider des Heils an, hüllst uns in den Mantel der Gerechtigkeit und zierst uns wie eine Braut. Wir trauen es dir zu. Enttäusche uns nicht. Wecke Gaben in uns, die der Not abhelfen.

Judit 8,11–24

Wie überzeugen wir andere?

Rhetorische Fähigkeiten und Überzeugungsmacht bedeuten viel. Bei Bewerbungen, in der Ausbildung, in Betrieben, Vereinen, in der Politik. Überall eigentlich. Dazu gehört das äußere Erscheinungsbild. Wer Erfolg will, findet Ratgeber-Medien allüberall. Einzeltraining, Coach – für alle Bereiche, bis hin zur stringenten Karriereplanung. Auch in der Institution Kirche gibt es dafür eine besondere Arbeitsstelle. Ist das immer so gewesen? In biblischen Zeiten und lange danach noch kam es doch wohl vorrangig auf die Inhalte an. Und dann auch auf die innere Ausstrahlung der Person, der Persönlichkeit, auf Authentizität und Glaubwürdigkeit. So auch bei Judit, die sich mit der aussichtslos scheinenden Lage nicht abfinden kann. Mutig und beseelt redet sie den Verantwortlichen der Stadt ins Gewissen. Sie lässt sich nicht einschüchtern und verwirren. Aus ihrem festen Gottvertrauen greift sie in das gesellschaftliche und politische Leben ein. Unbeirrbar und doch nicht fanatisch. Ganz anders allerdings als gewisse Evangelikale in Amerika und anderswo, anders als der Patriarch von Moskau, anders als viele religiöse Führer weltweit. Judit ist nicht machtbesessen, sondern ganz einfach schlicht fromm, ohne parteiisches Drängen oder Hass gar. Es geht ihr nicht um irgendeine Ideologie, sondern nur um Vertrauen zu Gott. Bedingungslos. Diese Witwe Judit zeigt einen Glauben, der uns allen guttäte – und allen Menschen in der Nähe und Ferne – und Gottes Schöpfung. Was mit Glauben und Gebeten möglich ist, heute vor 25 Jahren zusätzlich mit Kerzen möglich war, wir dürfen das nicht vergessen oder kleinreden. Glaubwürdigkeit lässt sich nicht mit noch so ausgetüftelten Kursen und Methoden erwerben. Es geht um die Beziehung zu Gott, um das ehrliche Ringen und Vertrauen auf seinen Frieden und sein Heil.

MARIA JEPSEN

Gott, lehre uns, glaubwürdig von dir zu sprechen und in deinem Sinn und deinem Namen zu leben.

Freitag, 4. Oktober Judit 8,25–36

Dienen ist nichts Geringes

Seltsam schon: »Nicht fremden Völkern dienen!« – Dieser Satz aus dem gestrigen Bibeltext geht mir nicht aus dem Sinn. Sie sollen sich nicht anderen Völkern unterwerfen und damit ihre Würde verlieren. Gewalt, Hohn und Spott soll ihr Leben und ihre Gottesbeziehung nicht beschädigen. Zugleich werde ich erinnert an das Motto unserer Bundeswehr »Wir.Dienen.Deutschland«. Wie unterschiedliche Deutungsnuancen hat doch das Wort »Dienen«. Zwang, Sklaverei, Unterstützung, militärische und geistliche Aufgaben – denken wir an Gottesdienst/Gemeindedienst –, auch verbunden mit Demut, Dankbarkeit, Stärke, Frömmigkeit ... Wir haben gelernt, dass fremde Völker und Menschen nicht einfach unterworfen werden dürfen. Sklaverei und Folter und Bomben jeglicher Art verstoßen gegen die Menschenrechte, Menschenwürde, Gottesebenbildlichkeit aller Menschen. Gegen Gott selber. Nicht Waffen und Mannesstärke schaffen Frieden. Auch wenn wir die bittere Erfahrung in Europa machen mussten, dass auch von uns auf militärische Macht reagiert wurde. Allerdings nicht, um zu erobern und zu zerstören, sondern um Zerstörungen aufzuhalten. Friedensdienst bleibt rechter Gottesdienst, möglichst ohne Waffen. Dabei sollen wir fromm und gehorsam, hörfähig auch in Bezug auf die leisen Töne jeglichen Konflikt angehen. Mit Lebenszugewandtheit. Ohne Gewaltspirale und Todesfurcht. Wie immer wieder Frauen in kriegerischen Auseinandersetzungen aufgetreten sind, in Südamerika und Russland, im Iran und vielen Regionen weltweit. Unser Text heute erwähnt biblische Frauen, aber ohne Namen. Wir kennen das. Aber Judit, »die Jüdin«, hat einen Namen. Und an ihr wird gleichsam ein Exempel statuiert: Gott wird durch ihre Hand Rettung bringen, durch ihre Geradlinigkeit, bedingungslose Frömmigkeit. Bibelvertraute wissen: Gott hat mit starker Hand durch Mose einst sein Volk Israel gerettet. Und nun: durch die Hand einer Frau! Gottes Geschichte mit den Menschen ist nicht nur männlich, patriarchal. Auch Frauen gehören dazu – und ihre Namen ebenso.

MARIA JEPSEN

Gott, lass mich dein sein und bleiben, überall und allezeit.

Judit 9,1–14

Wie steht es um Frieden?

Diese Verse zerreißen mich fast. Gewalt, Vergewaltigung, Krieg. Berichte über Gräueltaten stürzen auf mich ein, auf Menschen überall auf der Welt. Wie brutal können Menschen doch sein! Und nun lesen wir es auch noch in der Bibel. Da fällt mir Luthers Äußerung zum Judit-Buch ein: »nützlich und gut«. Ja, es wäre gut und wie es scheint notwendig gewesen, wenn diese Vergewaltigungsverbrechen immer wieder klar und eindeutig benannt worden wären, in Kirche und Gesellschaft, in den Familien und der Politik. Und dazu klipp und klar der biblische Satz »so soll es nicht sein!«. Zuerst deutlich geäußert bei der »Schandtat« an Dina. Einer Vorfahrin Judits (Gen 34). Der von einem Fremden Gewalt angetan wurde, gegen die geltende Ordnung. Die Unversehrtheit einer Frau und eines Landes zu erhalten, das liegt Gott am Herzen. Das ist sein Wille. Sein Gebot. Schwache, Erniedrigte, Verachtete, Hoffnungslose – sie stehen Gott besonders nahe, ihnen muss Schutz und Liebe zuteilwerden. Judit ringt im Gebet mit Gott – und der Tradition. Nein, so ihre Erkenntnis, Gott will keinen Krieg, keinen Hass, keine Gewalt, kein Leiden. Gott will Frieden, gewaltlos, ohne Waffen, ohne männliche Vorherrschaft. Judit ruft Gott an, in guter Tradition ihres Volkes, wie Mose und die Propheten und Prophetinnen vor ihr, und erinnert an die Geschichte ihres Volkes Israel. Da hatte doch Mose vehement zu Gott geschrien, als sie in Wassersnot geraten waren. Mirjam sang mit den Frauen am Schilfmeer von Gott als einem, der Kriege zerstört! Und so Judit nun: »Du bist der Herr, der Kriege zerstört!« – und damit auch die kriegerischen Gewalttaten und Vergewaltigungen, die dazu gehörten, gehören. Judit ist einfach fromm, ohne Berechnung, ohne Anmaßung, ohne Selbstüberschätzung. Durch ihre gar nicht so schwache Hand wird Gott Rettung schaffen. Darauf vertraut sie. Ach, könnten wir Christen und Christinnen davon berührt und bewegt werden! Kein Krieg ist heilig. Gewalt an Menschen und Gottes Schöpfung auch nicht.

MARIA JEPSEN

Gott, lehre mich Friedensdienst, ohne Grenzen.

Sonntag, 6. Oktober — Psalm 65

Gott krönt das Jahr mit Güte

Unglaublich beeindruckend hält uns die Natur immer wieder vor Augen, wie unfassbar schön Gott die Welt erschaffen hat und sie in den Fugen hält: Die Schöpfung der mächtigen Berge, die Formierung der Meere bis an ihre Ufer – Gott ist stärker als Mächte, Gewalten und Chaos.

Gleichzeitig hält Gott alles im Fluss und lässt Leben neu entstehen. Dabei bekommt die Natur neue Kraft und wird fruchtbar durch den Regen. Wir können Gottes Spuren und die Schöpfungskraft in all dem entdecken. Gott tut Gutes und davon sollen wir Menschen berichten. Es braucht ein Danklied – eine Hymne voller Dankbarkeit über Gottes große Taten. Feierliche Selbstverpflichtung und öffentliche Dankbarkeit. Die Natur stimmt in die Symphonie der Dankbarkeit ein und singt ein Loblied auf Gott: Alle guten Gaben kommen von Gott.

Aber das Lied beinhaltet nicht nur die Zeiten, in denen alles blüht und lebendig ist. Gott weiß um die Zeiten der Dürre. Wir haben auf so vieles keinen Einfluss, und im Rückblick auf ein Jahr und dessen Ertrag stehen neben Dank immer auch Schmerz und Verlust.

Gott überblickt auch unser Chaos, kennt unsere Gebete und hört sie. Gott vergibt Schuld und segnet uns. Wie das trockene Land wieder beginnt zu leben, wenn Regen sacht auf es fällt – so zeigt sich Gott uns. So ist Gottes Gnade.

Gott krönt das Jahr mit Güte. Und Güte bedeutet nicht nur, dass alles gut ist. Güte ist auch, wenn uns jemand freundlich-gütig gegenübertritt. In Milde, wie ein sanfter Regen nach einer Trockenzeit. Dankbarkeit für das Gute, Verständnis für das, was war, Vergebung für das, was schwer wiegt. Und Segen für das, was ist und kommt. Gott ordnet alles, auch unser Chaos.

Denn Gott ist gnädig und gütig, davon erzählen wir.

THERESA BRÜCKNER

Alle guten Gaben, alles, was wir haben, das kommt, oh Gott, von dir. Wir danken dir dafür.

Judit 10,1–13 — Montag, 7. Oktober

Mit den Waffen einer Frau?

Nachdem Judit ihr Gebet beendet hat, sucht sie sich als erstes eine Mitstreiterin. Sie ruft ihre Magd herbei, eine Weggefährtin für ihr Vorhaben. Gute Idee: Auch für meinen Einsatz in Beruf, Ehrenamt oder Kirchengemeinde ist es hilfreich, wenn ich jemanden an meiner Seite habe. Als zweites zieht sie sich sorgfältig an: Festtagskleider, Schmuck, feine Sandalen, eine aufwändige Frisur, ein edler Duft. Ich überlege: Was sind meine Gaben und Begabungen, die ich einbringen könnte? Als drittes packt sie Lebensmittel ein: Wein, Öl, Brote, Fruchtkuchen. Sie nimmt eigenes Essen mit, um unabhängig von der Verpflegung bei Holofernes zu sein und die jüdischen Speisegesetze einhalten zu können (das wird später noch wichtig). Hier könnte ich mich fragen lassen, was mich stärkt und nährt, welche Vorräte ich brauche.

Judit macht sich nun auf den Weg zu den Besatzern. Ihre Schönheit ist so atemberaubend, dass sie alle (Männer) in Erstaunen und Bewunderung versetzt. Sie geht völlig unbewaffnet in das Militärlager, beschützt nur von ihrer Ausstrahlung. Ganz schön naiv. Müsste sie nicht befürchten, dass sie samt ihrer Magd überfallen und vergewaltigt wird? Sexuelle Gewalt gehört bis heute zu den Gräueltaten der Kriegsführung. Aber Judit spielt die »Waffen einer Frau« souverän aus – und schlägt damit alle in Bann.

Man könnte fast meinen, dass unser Text die Angst der Männer vor der »femme fatale« bedient, die den Männern nur den Kopf verdreht, um sie zu zerstören. Aber dieser Gedanke greift zu kurz. Das Juditbuch macht ganz klar, dass es um das Rettungshandeln Gottes geht. Die Schönheit Judits ist in Wahrheit die Ausstrahlung ihrer Gottesfurcht und ihrer Weisheit. Durch ihr bezauberndes Auftreten verschafft sie sich zwar Zutritt zum mächtigsten General. Dass sie ihn aber besiegen kann, verdankt sie ihrer Klugheit, denn es geht ihr dabei allein darum, den Gott Israels groß zu machen.

CHRISTINE HAAG-MERZ

Barmherziger Gott, es hört nicht auf mit Krieg, Kampf, Belagerungen, Waffenschiebereien, Gewalt. Wir sind verzweifelt wie das Volk in Betulia und flehen um Frieden, Weisheit und Mut.

Ein Mückennetz aus Gold

Auch ein berühmter, erfolgreicher General wird von Stechmücken geplagt – das ist ein netter Einblick in die Realität mitten in unserer eher phantastischen Erzählung. Und wir ahnen bereits: So ein Mückenstich wird sich noch als das geringste Problem für Holofernes herausstellen. Auf diesem Bett unter dem glitzernden Baldachin, gewirkt aus Purpur, Gold und Smaragden, erwartet ihn demnächst ein ganz anderer Angriff, den er nicht kommen sieht und gegen den das Mückennetz keine Hilfe sein wird ...

Judits Ankunft im Lager sorgt für große Aufregung (V. 18). Der griechische Begriff »Parusie« für »Ankunft« bezeichnet im Hellenismus das Kommen des Königs als den göttlichen Retter einer Stadt. Damit wird laut Ausleger auf die wahre Sendung der Judit angespielt: Nicht Judit ist die Heldin, sondern Gott selbst steht hinter ihrem Einsatz.

Als Holofernes hinaus ins Vorzelt tritt, um Judit zu empfangen, werden silberne Leuchter vor ihm hergetragen – ein blasses Licht im Vergleich zu Judits strahlender Schönheit, die ihre tiefe Gottesbeziehung spiegelt. Denn Judits Plan geht auf: Ihre Anmut nimmt allen den Atem. Die Männer wirken wie hypnotisiert. Judit betört sowohl die eigenen Leute am Stadttor als auch die Wachmänner der Besatzer sowie die Diener des Holofernes, ja, das ganze assyrische Lager samt dem General selbst. Unser kunstvoll formulierter Text zeigt mit Augenzwinkern, wie Holofernes bereits bei der ersten Begegnung mit Judit seinen Kopf verliert – bevor es dann buchstäblich so weit kommt. Sie verdreht ihm den Kopf und er agiert kopflos. Denn der Anblick dieser außergewöhnlich schönen Frau führt bei ihm sofort zum Begehren und Besitzen-Wollen, wie wir später sehen werden.

Judit fällt auf die Knie und verneigt sich vor dem Oberbefehlshaber der Assyrer. Sie spielt ihre Rolle als Überläuferin mit Bravour.

CHRISTINE HAAG-MERZ

Guter Gott, wir lieben die Schönheit der Natur, der Musik, der Kunst, der Menschen – du hast alles wunderbar gemacht. Lass uns achtsam sein, bevor unsere Bewunderung in Begehren und Besitzgier umschlägt.

Judit 11,5–15 Mittwoch, 9. Oktober

Schmeicheleien funktionieren immer

Hätte Holofernes doch gut zugehört, was Judit ihm sagt. Aber er achtet nur auf die oberflächlichen Schmeicheleien. Sie zählt alles auf, was er gerne hört, sie rühmt seine Weisheit, Tüchtigkeit, politische Macht und Kriegskunst. Wer hört das nicht gerne: Du bist der Beste! (V. 8) Es ist verblüffend, wie leicht Holofernes sich einwickeln lässt. Und es fällt ihm dabei nicht auf, mit welcher Doppeldeutigkeit sie ihm Honig ums Maul schmiert: »Gott wird mit dir sein Werk vollenden.« (V. 6) Für Judit ist »Gott« ausschließlich der eine und einzige Gott des Volkes Israel, nicht Nebukadnezzar, den alle Völker als Gott anrufen sollen (Kapitel 3,8). Diese Feinheit übersieht Holofernes.

In ihrer Rede knüpft Judit direkt an den Bericht des Ammoniters Achior an, der in Kapitel 5 einen Sieg über das Volk Israel nur unter einer Bedingung für möglich hält – eine Argumentation, die Judit übernimmt: Nur wenn das Volk gegen seinen Gott sündigt, hat Nebukadnezzar beziehungsweise sein General Holofernes eine Chance. Laut Judit sei es nun so weit gekommen, dass das Volk seinen Gott erzürnt hat. Diese Lüge klingt für die Assyrer glaubhaft: Da Lebensmittel und Wasser durch die Belagerung knapp werden, setzen sich die Bewohner von Betulia anscheinend über die jüdischen Speisegesetze hinweg, würden Tierfleisch mit Blut, unreine Tiere und sogar jene Gaben essen, die für den Tempel in Jerusalem bestimmt sind. Judit behauptet, die Bewohner von Betulia hätten sogar Boten nach Jerusalem geschickt, um die offizielle Erlaubnis dafür zu erhalten. Sobald diese Erlaubnis vorliege, wäre das Volk dem Verderben ausgeliefert (V. 15). Mit dieser Argumentationskette legitimiert sich Judit als Überläuferin. Holofernes hegt keinen Verdacht, er findet es wohl absolut nachvollziehbar, dass Judit lieber zu den Assyrern überläuft. Ihre Schmeicheleien steigern seinen Hochmut. Wie anders die Haltung von Judit, die sich in Demut von Gott gesendet weiß.

CHRISTINE HAAG-MERZ

Treuer Gott, auch ich bin anfällig für Schmeicheleien. Schenke mir eine Antenne für die Fallstricke, die damit verbunden sein können. Ich will für Wahrheit offen sein und mich mutig und in Demut für sie einsetzen.

Ein nächtliches Gespräch

Das nächtliche Gespräch Judits mit Holofernes, dem Heerführer Nebukadnezzars, geht weiter. Sie, die mit einem klaren Plan zu ihm gekommen ist, versucht, ihn mit Worten zu betören und so sein Vertrauen zu gewinnen. Furchtlos spricht sie mit ihm und kündigt ihm siegreiche Taten an, die in seinem Einzug in Jerusalem gipfeln sollen. Wortreich und geschickt malt sie aus, was Holofernes in der Zukunft erwartet.

Es ist das, was er hören will: militärischer Erfolg, Durchsetzungskraft, Sieg. Das alles nimmt Holofernes mit Begeisterung auf. Und so wiegt er sich in Sicherheit. Gleichzeitig gibt er selbst ein wesentliches Signal für den Fortgang der Geschichte: »Gott hat gut gehandelt, dass er dich vor deinem Volk her sandte.« Seine Worte aber werden sich anders erfüllen, als er denkt.

Holofernes ist zufrieden, und die Einladung zu einem erlesenen Essen ist die folgerichtige Konsequenz. Judit kommt Holofernes so immer näher, er lässt sie gewissermaßen in seine Privaträume ein, die wohl besonders abgeschirmt und bewacht waren. Die Teilnahme an diesem Essen kommt für Judit aber nicht in Frage, »damit nicht ein Anstoß entsteht«, könnten die Speisen und Getränke doch gegen die Speisevorschriften der Tora verstoßen. Die Annahme der Einladung könnte so gleichbedeutend sein mit einem Bruch der Beziehung zu Gott. Damit würde sich Judit von Gott abwenden. Und dann wäre eingetreten, was Judit selbst angekündigt hatte: eine militärische Schwächung der Judäer, weil sie in ihrem religiösen Verhalten »schwach« geworden sind. Denn dann hätten sie Gott nicht mehr an ihrer Seite und müssten kapitulieren. Dementsprechend will Judit nur von dem essen, was sie vorausschauend mitgebracht hatte, so bleibt Holofernes chancenlos.

Eine mutige Frau, die die Konfrontation mit dem mächtigen Soldatenführer nicht scheut ... Klug agiert sie, vorausschauend und gleichzeitig glaubenstreu. Wo ist solch ein kluges Verhalten gegenüber den Mächtigen der Welt heute angesagt?

PETER RIEDE

Gott, lass mich dein sein und bleiben auch in schwierigen Situationen des Lebens. Zeige mir den Weg für mich und für diese Welt und lass mich an dir festhalten.

Judit 12,5–14   Freitag, 11. Oktober

Ein nächtliches Gebet

Judit übernachtet im feindlichen Lager. Gerade hier braucht sie die Stärkung durch Gott. Sie lässt bei Holofernes anfragen und bittet, das Lager verlassen zu dürfen, um zu beten. Nicht von ungefähr wird der Zeitpunkt angegeben. Es ist die Morgenwache – also die Zeit der nahenden Hilfe durch Gott. »Gott sei uns gnädig, auf dich hoffen wir! Sei unser Arm jeden Morgen, ja unsere Hilfe in der Zeit der Not«, so lautet ein bei Jesaja überliefertes Gebet (Jes 33,2). Die Nacht ist die Zeit von Gefahr und Angst, der Morgen bringt Rettung und Hilfe.

Holofernes gewährt die Bitte und verzichtet dabei auf alle Sicherungsmaßnahmen für das Lager. Denn durch das Gebet Judits erhofft er sich wichtige Informationen für seine geplante militärische Aktion. Für Judit dagegen geht es beim Verlassen des Lagers um ganz andere Dinge: Sie will sich durch ein Bad reinigen und damit alles Unreine abstreifen, mit dem sie im Kriegslager der Assyrer in Kontakt gekommen war. Gleichzeitig bekommt sie durch die nächtliche Aktion auch die Möglichkeit, sich ungehindert im Heerlager umzusehen.

Judit hat ihren Plan zur Rettung ihres Volkes fest vor Augen. In ihrem nächtlichen Gebet bittet sie Gott immer wieder, sie dabei zu unterstützen.

Dann tritt Unerwartetes ein: Holofernes lädt Judit zu einem privaten, intimen Gastmahl ein, das er zusammen mit seinen engsten Genossen feiern möchte. Er möchte mit der schönen Frau »verkehren« und sich mit ihr vergnügen. Bagoas, die rechte Hand des Holofernes, macht den Übermittler. Zum allseitigen Vergnügen bei diesem Fest wird Wein bereitgestellt, der enthemmt und der Luststeigerung dient. Die Einladung birgt somit Gefahren für Judit.

Dennoch spielt sie das Spiel scheinbar mit. Ihre Zusage, in der sie von der Freude bis zum Tage ihres Todes spricht, aber ist doppeldeutig. Holofernes mag sie als Willfährigkeit deuten. Judit dagegen mag auf das weitere Geschehen anspielen, das unheilvoll für Holofernes endet. Sie bleibt klug und entschieden. Wann ist es für uns angesagt, klug und entschieden zu sein?

PETER RIEDE

Gott, lass uns jeden Morgen dankbar sein für deine Hilfe. Lass uns unseren Weg erkennen.

Samstag, 12. Oktober Judit 12,15–13,10

Eine nächtliche Tat

Judit und Holofernes sind beim nächtlichen Festmahl. Seine Absichten sind klar: Er will Judit verführen. Der Wein fließt in Strömen. Irgendwann ist Holofernes völlig betrunken.

Nachdem alle Gäste und auch das Personal den Ort des Festes erschöpft verlassen hatten, ist es soweit. Judit kann den lange gehegten geheimen Plan, den sie in sich trug, seit sie bei Holofernes angekommen war, umsetzen.

Judit und Holofernes sind am Ende allein im Zelt. Er liegt volltrunken und weinbesudelt kopfüber in seinem Bett, zu keiner Regung mehr fähig. Der Mächtige ist macht- und schutzlos dem Kommenden ausgeliefert. Von seinem Prunk, seinem Gehabe, seinen Machtgelüsten und Gewaltäußerungen ist nichts mehr geblieben.

Im Gebet wendet sich Judit an Gott und bittet um Rettung, aber nicht für sich selbst, sondern für Jerusalem.

Und dann kommt die nächtliche Tat: Judit schlägt Holofernes den Kopf ab – mit seiner eigenen Waffe. Seine eigenen Gewaltmaßnahmen, die sich im bisherigen Verlauf der Geschichte immer wieder gezeigt hatten, fallen nun auf ihn zurück. Und das, was Holofernes gegenüber Judit an Täuschungs- und Verführungsversuchen unternommen hatte, führt am Ende dazu, dass er selbst getäuscht wird.

Als sie mit ihrer Magd den Schauplatz verlässt, fällt niemandem etwas auf, war alles doch wie in den Nächten zuvor, als die beiden zum Gebet zusammenkamen.

Es ist eine schaurige, blutige Geschichte, die ein Problem entfaltet, das bis in die Zeit des Nationalsozialismus, ja bis heute Menschen umgetrieben hat und umtreibt: Muss man die Gewalt von Tyrannen und rücksichtslosen Befehlshabern, von Diktatoren und grausamen Potentaten widerstandslos ertragen? Oder ist Tyrannenmord erlaubt? Dietrich Bonhoeffer hat zu diesem theologischen Problem wichtige Impulse gegeben, als er in entscheidungsschwerer Stunde dazu aufrief, nicht nur die Opfer von staatlicher Gewaltherrschaft »unter dem Rad zu verbinden, sondern dem Rad selbst in die Speichen zu fallen«.

PETER RIEDE

Gott, Gewalt ist in unserer Welt an der Tagesordnung. Wie sehr brauchen wir deinen Beistand. Hilf uns, nach deinem Willen zu handeln.

Psalm 106,1–23 — Sonntag, 13. Oktober

Alltag

Schuld wiegt so schwer. Erdrückend und dunkel. Vor allem, wenn man die eigenen Fehler nochmal vor Augen geführt bekommt. Wenn man nochmal zuhören muss, wie jemand anderes über all das spricht. Alles wird wiederholt, hochgeholt, durchgekaut und eingeordnet.

Wir machen ständig Fehler – jeden Tag. Wir sind ungerecht zueinander, und in unserem Leben ist es oft erdrückend und dunkel. Manchmal sind wir selbst schuld – manches Mal geraten wir schuldlos in eine Situation, die alles dunkel macht.

Die Liste der Verfehlungen des Volkes Israel im Psalm ist lang. Alle zusammen haben versagt. Eigentlich wussten sie doch, dass die Teilung des Schilfmeeres ein unfassbar großes Wunder war. Dass Gott sie gerettet hat.

Doch nach dem Wunder folgt das Vergessen. Zu schnell ist der alte Trott wieder da. Zu schnell folgen Frust und Resignation – und dann? Rebellion und die Abwendung von Gott. Klassischer Alltag. Es ist entlastend zu sehen, dass Gottes geliebtes Volk solche großen Wunder direkt vor Augen hatte und dennoch typisch menschlich reagiert. Sie können nicht mehr beten und brauchen einen Vermittler.

Mose findet Worte für das, was belastet. Er leiht dem Volk seine Stimme und tritt für die Menschen ein: Bitte, Gott – sei gnädig. Bleib bei uns.

Und Gott ist freundlich. Und Gottes Güte bleibt immer und ewig. Egal was ist, egal was passiert. Gott bleibt treu. Und so kann das Volk Israel weitergehen auf seinem Weg. Und so können wir weitergehen auf unserem Lebensweg. Mit einem gnädigen Gott im Gepäck.

THERESA BRÜCKNER

Gott, unsere Schuld wiegt schwer. Manchmal erdrückt mich meine eigene Schuld. Manchmal leide ich unter der Schuld der anderen. Wir alle machen Fehler. Bitte, sei uns gnädig.

Die Stellvertreterin Gottes

In der Rückkehr Judits nach ihrem Sieg über Holofernes zeigt sich, wie in ihrer Gestalt Elemente aus verschiedenen Ereignissen der Geschichte Israels, wo Männer und Frauen im Namen Gottes wirkten, wie in einem Brennglas zusammengeführt werden. So erinnert etwa das Abschlagen des Kopfes an den Sieg Davids über den Riesen Goliat (1 Sam 17,51) oder der Lobpreis an das Siegeslied der Mirjam am Schilfmeer (Ex 15,21). Bedenkt man außerdem, dass Holofornes die Rolle eines Vertreters bzw. Propheten seines Herrn spielt, der sich als alleiniger Gott verehren lassen will, wird demgegenüber Judit zur Stellvertreterin und Prophetin des einzig wahren Gottes, des Gottes Israels. Im Sieg der Judit über Holofernes wird somit dem falschen Gott bzw. seinem Vertreter das Haupt abgeschlagen und JHWH erweist sich als wahrer Gott der Welt. Doch stellt sich Judit nicht in den Vordergrund, sondern erfährt gerade in ihrem Handeln letztlich die wunderbare Macht Gottes, der »die Mächtigen vom Thron stürzt und die Niedrigen erhöht« (Lk 1,52). Sie unterstreicht dies nicht zuletzt durch zentrale Bekenntnisse bzw. Lobsprüche, die sie der israelitischen Prophetie und dem Psalter entnimmt: zu »Gott ist mit uns« vgl. Jes 8,10 – als Bekenntnis in einer durch die Assyrer, die Erzfeinde Israels, herbeigeführten bedrohlichen Situation; »Lobt Gott« vgl. Psalm 150,1 als Abschluss und Inbegriff des Psalters, des Gebetbuchs Israels. Damit wiederum wird sie zur exemplarischen Bekennerin und Vorbeterin ihres Volkes. Genau dieses Verhalten aber wird ihr zum Ruhm und zum Segen, vgl. Jdt 13,20. Insofern ist Judit Inbegriff eines Vorbilds für jeden Gläubigen. Die Stärke eines Angehörigen des Volkes Gottes liegt in seinem Vertrauen auf Gott selbst in ausweglosen Situationen und gerade hier erweist sich aller menschlicher Logik zum Trotz Gottes Kraft. Davon Zeugnis zu geben und immer neu auf Gott hinzuweisen, ist wohl bis heute Aufgabe jedes Gläubigen.

BURKARD M. ZAPFF

Gib, Herr, dass ich in allem darauf aus bin, dass du als Herr der Welt und unseres Lebens bekannt und gelobt wirst.

Judit 14,1–10 Dienstag, 15. Oktober

Zieh den Kreis nicht zu klein!

Mit diesen Worten beginnt ein Lied aus der Jugendkatechese. Die Gefahr, eine Art »Blase« zu bilden, in der man sich wohlfühlt, zu der aber Fremde keinen Zutritt haben, ist eine Neigung, die sich auf allen Ebenen, manchmal auch im religiösen Bereich findet. Eine solche Blase könnte auch die Gemeinschaft von Betulia bilden, die sich von allem JHWH-Feindlichen getrennt hat und nun den durch Judit errungenen Sieg wie einst die Befreiung aus Ägypten feiern darf (vgl. Jdt 14,2 und Ex 14,24!). Diese Blase wird jedoch durch eine Gestalt aufgebrochen. Es handelt sich um Achior, jenen Ammoniter, dessen Rede Holofernes empört hatte (vgl. Jdt 6,1–9). Er wurde ja nach Betulia überstellt, um dort mit dem Gottesvolk den Tod zu finden. Diese fiktive Gestalt steht für Angehörige fremder, ja ursprünglich sogar feindlicher Völker (vgl. Dtn 23,5). In der Bekehrung Achiors deutet sich also eine Hinwendung fremder Völker zum Gottesvolk an, eine theologische Linie, die sich im Alten Testament mehrfach findet (vgl. Jes 19,24f.): Auch die Völker können in das Gottesvolk integriert werden. Zeitgenössischer Hintergrund dürfte das Israel der hellenistischen Zeit sein, in der neben aller Betonung der Identität und Eigenart des Gottesvolkes, dennoch zugleich eine Offenheit für Menschen anderer Völker bestand und diese durch das Bundeszeichen der Beschneidung ins Gottesvolk aufgenommen werden konnten. Identität in der Verehrung des einen Gottes, dem sich alle Mächte zu beugen haben, und Zeugnis für das Wirken dieses einen Gottes ist Ausweis des Gottesvolkes. Dies bedeutet jedoch keinen Ausschluss von Menschen guten Willens, die sich von diesem Glauben faszinieren lassen, ja, sprichwörtlich in die Knie gehen vor diesem Gott (vgl. Jdt 14,6, Fortsetzung in 1 Kor 14,25!), mögen diese auch zunächst dem Gottesvolk fremd erscheinen. Auch hier ist es wiederum Gott, der durch seine Stellvertreterin und sein Werkzeug Judit die Filterblase öffnet. Bis heute haben Menschen ihm in diesem seinem Heilswillen zu dienen.

BURKARD M. ZAPFF

Lobet den Herrn, alle Völker, preist ihn, alle Nationen.

Gott führt die Schwachen zum Sieg

Wiederum werden wesentliche Inhalte des Glaubens Israels in erzählerischer Form veranschaulicht. Das in unseren Ohren grausam klingende Aufhängen des Kopfes des besiegten Gegners an die Stadtmauer ist vorab bereits ein zeichenhafter Ausdruck des Sieges: Der bösartigen, todbringenden Schlange ist sozusagen der Kopf und damit ihre Aggressivität genommen. Dass dies am Morgen geschehen soll, erinnert an das alte Motiv der Hilfe Gottes am Morgen (vgl. Ex 11,4; 12,12.39) und ist damit ein Bekenntnisakt zu Gottes Eintreten für sein Volk, indem im Aufstrahlen der Sonne die göttliche Gerechtigkeit sichtbar wird. In der Tat Judits wird damit die einstige Rettungstat JHWHs für sein Volk bei der Befreiung aus Ägypten gegenwärtig. Wenn es merkwürdig anmutet, dass der Verlust des Heerführers der Assyrer zur Auflösung und wilden Flucht eines ganzen, immer noch mächtigen Heeres führt, so spiegelt sich darin das alte biblische Motiv des durch Gott – hier durch die Tat seiner Stellvertreterin Judit – bewirkten Schreckens der Feinde, der dazu führt, dass auch eine gewaltige Übermacht von einer kleinen Schar des Gottesvolkes überwunden werden kann (vgl. z.B. Ri 7). Hier liegt wohl auch die eigentliche Aussagerichtung dieses Textes. Es geht hier nicht um eine Aufforderung zu einem Massaker oder blutiger Rache aus religiösen Gründen, also eine Art Heiligen Krieg, als vielmehr um eine Ermutigung des Gottesvolkes, angesichts gewaltiger Hindernisse nicht den Mut zu verlieren. Wer sich an Gott hält, wer seine Sache Gott anheimstellt, wird nicht untergehen. In Treue, Standhaftigkeit und der alten Kardinaltugend der Tapferkeit für Recht und Gerechtigkeit einzutreten wird schließlich von Gott zum Sieg geführt. Schwachheit bedeutet eben nicht Ohnmacht. Aktualisiert wird dies im Neuen Testament in der unscheinbaren Geburt Christi und seinem Tod am Kreuz, der in seiner Auferstehung zum Sieg über die Mächte des Todes führt.

BURKARD M. ZAPFF

Den Schwachen hebt der Herr empor aus dem Staub und erhöht den Armen, der im Schmutz liegt.

Beklommen

»Und forderten die Bevölkerung auf, sich ebenfalls auf die Feinde zu stürzen und sie zu vernichten« – »damit sich alle auf die Feinde stürzen und sie vollständig aufreiben sollten«. So steht es in den beiden wichtigsten Übersetzungen. Vernichtung. Vollständiges Aufreiben. Ich bin bei solchen Bibelstellen beklommen. Der Untergang der assyrischen Streitmacht infolge von Judits Tat ist in der Bibel nicht einmal der schauerlichste Gewalttext. Bis heute begegne ich als Religionslehrer bei Kolleg/innen, Schüler/innen und Eltern oft der Reaktion: »Naja, das ist das Alte Testament. Da wird ja gelehrt, dass Gott zürnt und rächt. Aber Jesus hat uns im Neuen Testament ja die Botschaft vom liebenden Vater gebracht, sodass das Alte Testament überholt ist.« Ich zucke bei solchen Interpretationen zusammen.

Sie sind – untheologisch: Für katholische Christenmenschen ist das Juditbuch nicht weniger heilige Schrift als der Römerbrief. Sie sind ahnungs- und taktlos gegenüber dem Judentum: Im Alten Testament wird nicht weniger als im Neuen gelehrt, dass Gott den Menschen bedingungslos liebt. Und sie sind falsch: Wir machen es uns zu einfach, wenn wir die biblischen Zeilen auf einen historischen Bericht reduzieren. Sie sagen viel mehr, wenn wir sie nur sprechen lassen.

Der große Bibelausleger Origenes († ca. 253) weist darauf hin, dass man Bibelstellen, die Unmögliches oder Unlogisches enthalten, anders auffassen muss. Die Bibel bezieht sich auf Geschichte, aber sie ist nicht als Historie geschrieben, sondern für die Seele. Betulia, das ist ein Sinnbild für die Seele. Die Seele ist belagert von einer vernichtenden Streitmacht. Sorgen, Nöte, Sünde, Tod. Wie wird man davon befreit? Durch Vernichtung. Nicht einmal eine Spur von Sorge, Not, Sünde, Tod darf bleiben. Wer will von dieser Last nicht befreit sein?

MICHAEL HAUBER

Meine Seele preist die Größe des Herrn, und mein Geist jubelt über Gott, meinen Retter. Denn auf die Niedrigkeit seiner Magd hat er geschaut. Siehe, von nun an preisen mich selig alle Geschlechter. Denn der Mächtige hat Großes an mir getan, und sein Name ist heilig.

Freitag, 18. Oktober — Judit 16,1–17

Das Ende des Krieges: Die Schönheit

Wir hatten uns in Europa so schön daran gewöhnt: Es gibt keine Kriege mehr bei uns. Wenn, dann sitzt man in der Zuschauerloge und verfolgt mit Schaudern die Brutalität der Welt. Doch war es die einsame Entscheidung eines Autokraten, die uns Abendländer/innen zurück in die Wirklichkeit holte. Seit dem 24. Februar 2022 wird auch davon gesprochen, dass am Ende des Krieges ein Friedensschluss durch Diplomaten steht. Vielleicht – hoffentlich! – ist das schon lange geschehen, wenn der heutige Text von Ihnen meditiert wird. Und innerweltlich hat das seine Richtigkeit.

Innerseelisch aber nicht. Wenn Betulia die von Sorgen, Nöten, Sünde und Tod belagerte Seele ist, dann gibt es dort keine Diplomatie und keinen Vertrag zwischen beiden Seiten. Nur eine Seite kann siegen, die andere wird, ja muss untergehen. Judit lässt in ihrem Lobgesang keinen Zweifel: »Der Herr ist ein Gott, der den Kriegen ein Ende setzt.« Wer Gott auf seiner Seite hat, der gewinnt. Das ist unmittelbar einleuchtend. Die einzige Frage ist: Kann man darauf vertrauen? Ich kann dieses Vertrauen niemandem gleichsam anerziehen. Aber man kann versuchen, in sich hineinzuhören. Tief im Inneren des Menschen, da ist eine Tür, die nur darauf wartet, aufgesperrt zu werden für dieses Vertrauen. Das Aufsperren selber ist ein Werk Gottes. Lassen wir es zu! Es wird keine Gewalttat Gottes sein, wir dürfen uns von ihm überzeugen lassen. Nicht von klugen Worten, nicht durch Rhetorik oder Diplomatie, sondern durch Schönheit: »Judit ... bannte [Holofernes'] Macht mit dem Reiz ihrer Schönheit.« Wenn schon Schönheit zum Untergang des Bösen führt, wie viel mehr dann zum Aufgang des Guten?

MICHAEL HAUBER

Der Herr erbarmt sich von Geschlecht zu Geschlecht über alle, die ihn fürchten. Er vollbringt mit seinem Arm machtvolle Taten: Er zerstreut, die im Herzen voll Hochmut sind. Er stürzt die Mächtigen vom Thron und erhöht die Niedrigen. Die Hungernden beschenkt er mit seinen Gaben und lässt die Reichen leer ausgehen.

Sich niederwerfen

Vielleicht ist es Ihnen aufgefallen. Nachdem der Sieg errungen war, haben sich die Israeliten in Jerusalem niedergeworfen. Erst danach wird von der rituellen Reinigung, den Brandopfern, den Gaben und Stiftungen erzählt. Irgendwie möchte man meinen, dass doch zuerst die Reinigung kommt und dann das Niederwerfen, möglicherweise sogar erst nach dem Opfer. Aber nein: Ganz am Anfang steht die Proskynese, also nicht nur die Kniebeuge, sondern auch die Beuge des Oberkörpers im Knien, sodass die Stirn den Boden berührt. In der Regel kennen wir diese Gebetshaltung nur von Muslimen. Es ist die Haltung der Unterwerfung unter den Willen Gottes. Uns Christ/innen wird diese Haltung nur angedeutet in einem einzigen, aber dafür notwendigen Ritus: in der Taufe. Die zu Taufenden sollten sich eigentlich im Untertauchen im Wasser einmal klein machen vor Gott, damit sie dann von ihm zur österlichen Haltung des auferweckten Stehens aufgerichtet werden können.

Und wie bei den Muslimen und in unserer Taufe steht auch am Ende des Juditbuches an wichtiger Stelle: »Als sie nach Jerusalem gekommen waren, warfen sie sich vor Gott zum Gebet nieder.« Damit erkennen die Israeliten an: Nicht sie selber, sondern Gott hat den Krieg beendet. Israel, Betulia, die Seele – sie sind frei. Gott hat das geschenkt. Dass Judit ihren – ihr von Rechts wegen zustehenden! – Beuteanteil Gott überlässt, unterstreicht das. Das Niederwerfen bedeutet nichts anderes, als dass man Gott wirklich Gott sein lässt. Wenn man dies annimmt, wenn man sich nicht selbst an die Stelle Gottes setzt, so wie Nebukadnezzar oder Holofernes, dann darf man auch ein ausgelassenes Freudenfest über drei Monate feiern und dann auf den Erbbesitz in Ruhe zurückkehren. Ich finde, das ist doch eine erfreuliche Aussicht. Ach, eines noch: Wissen Sie, was der Erbbesitz der Christ/innen ist? Das ist Gott selber. Kann man mehr wollen?

MICHAEL HAUBER

Der Herr nimmt sich seines Knechtes Israel an und denkt an sein Erbarmen, das er unseren Vätern verheißen hat, Abraham und seinen Nachkommen auf ewig.

Sonntag, 20. Oktober Psalm 106,24–48

Heilsame Unterbrechung

Sie provozieren. Immer und immer wieder. Sie wissen genau, wo es wehtut. Und sie wissen nicht, wohin mit ihrem Frust und ihrem Ärger. Also lassen sie ihn bei Gott.

Mehrfach wurden sie schon gewarnt. Sie wurden vorgewarnt und abgemahnt. Doch sie provozieren immer und immer weiter. Und offenbar kennen sie Gottes wunde Punkte. Denn sie sind die, die Gott ganz besonders nah sind. Gottes geliebte Menschen, das Volk Israel.

Gott ist wütend. Gott wurde einmal zu oft provoziert. Und dann ist da einer, der betet für die Provozierenden. Es folgt kein Wunder. Es folgt auch keine Veränderung des Verhaltens. Zu vieles ist zu eingefahren, zu eingeübt. Es war schon immer so.

Das Gebet in all dem – eine heilsame Unterbrechung. Nicht mehr und nicht weniger. Klar ist: Die Provokationen bleiben nicht ohne Konsequenzen. Irgendwie ist etwas kaputt gegangen.

Klar ist – so wie es war, kann es nicht bleiben. Es muss anders werden. Es braucht Dankbarkeit für den Prozess. Und es braucht Einsicht, dass Fehler gemacht wurden, die nicht wieder geschehen dürfen. Es braucht Abstand. Exil.

Braucht Gott Abstand? Keine absolute Trennung, kein Ende. Aber eine Beziehungspause. Ein Es-ist-Kompliziert. Es braucht Zeit.

Und dann – ist der Abstand nicht das Ende. Wut und Zorn bleiben nicht die letzten Gefühle. Abstand wirkt. Und Gott ist gnädig.

THERESA BRÜCKNER

Gott, manchmal brauche ich Abstand. Manches braucht Zeit und Raum. Danke, dass deine Gnade trotz allem da ist und wirkt. Für immer und ewig.

Einführung zum 2. Korintherbrief auf Seite 408ff.

Der Gott allen Trostes

Trösten ist ein Risiko. Wer trösten will, riskiert, das Falsche zu sagen und zu tun, egal, wie gut es gemeint ist. Wer Menschen in den westdeutschen Flutgebieten begleitet hat, deren Angehörige vermisst oder ums Leben gekommen sind, ist mit der eigenen Unsicherheit, ja Hilflosigkeit konfrontiert worden.

»Ich bin gerade selbst sprachlos«, einen solchen Satz können Betroffene zumeist hören und annehmen. Oder auch die Frage: »Was brauchen Sie, was brauchst du jetzt?« Wer tröstet, darf auch seine eigene Ohnmacht zeigen.

Dietrich Bonhoeffer schreibt 1944 aus seiner Gefängniszelle, wenn die Mitgefangenen und Wärter nach den Schrecken der Bombennächte zu ihm kommen: »Aber ich glaube, ich bin ein schlechter Tröster. Zuhören kann ich, aber sagen kann ich fast nie etwas.«

Vielleicht ist Trösten zunächst weniger, dass ich etwas Tröstliches sage. Trost bedeutet, da zu sein, zuzuhören, den Schmerz auszuhalten. Die bitteren Fragen des Lebens lassen sich nicht einfach mit Antworten beruhigen. Es kann auch eine gemeinsame Trostlosigkeit geben.

Für mich geht es gerade dann um das Wachhalten der Verheißungen Gottes, um die Hoffnung auf IHN und SEINE Gegenwart. Trost heißt in der Tiefe, nicht gottverlassen zu sein.

Auch Paulus hat Leiden durchgemacht, die über seine Kraft gingen: »Wir dachten bei uns selbst, zum Tode verurteilt zu sein.«

Und er erlebt: Gott ist da! »Gott, der die Toten auferweckt, der uns aus solcher Todesnot errettet hat und erretten wird.«

Wenn ich Menschen, die leiden, frage, ob ich für sie oder mit ihnen beten darf, habe ich fast immer Zustimmung gehört. Und das Gebet zu Gott, dem »Gott allen Trostes«, habe ich als hilfreich erlebt, für die Betroffenen und für mich.

EDWIN JABS

Lebendiger Gott, wohin sollen wir gehen außer zu dir? Wenn wir von uns selbst nichts mehr erwarten können, dann sei du bei uns. Auf dich und dein Wort hoffen wir!

Dienstag, 22. Oktober   2 Korinther 1,12–24

Redlichkeit als Antwort auf Gottes Ja

Paulus muss sich mit dem Vorwurf auseinandersetzen, er sei nicht ehrlich und damit nicht glaubwürdig. Leichtfertig habe er der Gemeinde in Korinth einen Besuch versprochen, dann aber seine Zusage gebrochen.

Wenn aber schon gewöhnliche Versprechungen des Paulus nicht gelten, wie könne man dann noch dem Vertrauen schenken, was er über Gott und seine Verheißungen sagt? So die Gegner.

Das ist eine bis heute brisante Frage: Steht und fällt nicht mit der persönlichen Glaubwürdigkeit von den in der Kirche Verantwortlichen auch die Glaubwürdigkeit der Botschaft?

Zweifelsohne haben Amtsträger mit Fehlverhalten dazu beigetragen, dass sich Menschen von ihrer Kirche und auch von der Botschaft des Evangeliums abgewandt haben.

Paulus ist überzeugt von seiner Redlichkeit. Weil er sein Leben »in der Gnade Gottes« führt, können die Korinther darauf vertrauen, dass er nicht »auf fleischliche Weise« – und das bedeutet hier, hinterhältig und unehrlich – schreibt und handelt. Sein Gewissen bürgt für seine Ehrlichkeit.

Deshalb kämpft er um das Verständnis seiner Gemeinde. Er ist bisher nicht nach Korinth gereist, weil er sie »schonen« wollte. Damit ist wohl gemeint, dass er durch einen ihn verletzenden Eklat in Korinth gefühlsmäßig so aufgewühlt war, dass ein schneller Besuch kein Seelsorgebesuch geworden wäre. Den Korinthern aber Freude zu vermitteln, die Freude des Glaubens an Jesus Christus, ist sein eigentliches Ziel.

Auch wenn die persönliche Integrität der Überbringer Menschen für die Botschaft des Evangeliums öffnen oder verschließen kann: Es ist Jesus Christus, der mit seinem Leben, seinem Sterben und seiner Auferstehung für die Glaubwürdigkeit des Evangeliums einsteht. In ihm hat Gott nicht Ja und Nein, sondern ein für alle Mal Ja zu uns Menschen gesagt.

Auch für uns heute bleibt es eine Gewissensfrage, im Vertrauen auf Gottes Gnade ehrlich uns selbst und anderen gegenüber zu leben. Und auf Gottes Gnade und seine Verheißungen zu vertrauen. So sei es, Amen!

EDWIN JABS

Lebendiger Gott, wir danken dir, dass du ein für alle Mal Ja zu uns sagst. Lass uns deiner Gnade vertrauen und in Wahrhaftigkeit leben.

Mut zur Vergebung

Wer kennt sie nicht, Konflikte in der christlichen Gemeinde. Von Anfang an gehören sie dazu. Paulus erlebt in Korinth eine Enttäuschung, die ihn erschüttert. Deshalb schreibt er einen Brief an die Gemeinde »aus großer Bedrängnis und Angst des Herzens unter vielen Tränen«.

Es erfordert Mut, sich selbst und anderen einzugestehen, dass man gekränkt und verletzt ist. Wer diesen Schritt nicht wagt und meint, durch Verdrängung oder Bagatellisierung eines erlittenen Unrechts den Konflikt aus der Welt schaffen zu können, irrt. Denn Kränkungen können den Wunsch nach Vergeltung wachrufen.

Ohne diesen Mut zur Ehrlichkeit ist menschliche Vergebung nicht zu haben. Einander zu vergeben aber ist ein Grundanliegen christlichen Glaubens. Nur in der gegenseitigen Vergebung entrinnen wir dem Teufelskreis von Verletzung und Rache, auf »dass wir nicht überlistet werden vom Satan«.

Der Verzicht auf Rache ist ein entscheidender Schritt zur Vergebung. Paulus gewinnt »vor Christi Angesicht« und aus seiner Ehrlichkeit heraus die Kraft, sich auf den Weg zur Vergebung aufzumachen.

Vergebung braucht Zeit. Sie ist oft erst am Ende eines Weges möglich. Wenn ich einen anderen ernst nehme, mache ich ihn auch verantwortlich für das, was er tut. Entscheidend ist, dass ich mein Gegenüber nicht dämonisiere und zum Feind mache. Und dass ich Verantwortung übernehme für mein eigenes Tun.

Paulus erlebt in seiner Gemeinde Einsicht in das geschehene Unrecht und bei seinem Widersacher Reue. Nur so ist zu verstehen, dass die Gemeinde diesen trösten soll, damit er nicht in Traurigkeit versinkt. Die Gemeinde bekommt die Aufgabe, »Liebe an ihm« zu beweisen.

Vergebung geschieht »vor Christi Angesicht«. Vor Christus, der niemanden mit seiner Schuld in finstere Abgründe fallen lässt, sondern der jeder und jedem einen Neuanfang schenkt. Vergangenes kann nicht ungeschehen gemacht werden, aber wir können gemeinsam nach vorne schauen.

EDWIN JABS

Vergib uns unsere Schuld, wie auch wir vergeben unseren Schuldigern.

Donnerstag, 24. Oktober 2 Korinther 2,12–17

Ein Wohlgeruch

Die ersten beiden Verse schließen die mit 1,5 beginnende Schilderung der Ereignisse unmittelbar vor Abfassung dieses Briefes ab. Der Apostel hat sich eilends auf den Weg gemacht. Um der Korinther willen verzichtet er sogar auf eine erfolgversprechende Missionsgelegenheit in Troas, der letzten Station seiner Reise auf der kleinasiatischen Seite, und setzt nach Makedonien über, sehnsüchtig wartend auf die Begegnung mit seinem Gesandten Titus, der ihm hoffentlich gute Nachrichten aus Korinth mitbringt.

Nun beginnt ein neuer Abschnitt (2,14–7,3), in dem Paulus um Anerkennung seines Aposteldienstes durch die Korinthische Gemeinde ringt. Er beginnt mit einer Danksagung an Gott. Der Apostel sieht sich als Teil eines Triumphzuges Gottes. Anders als in der Antike üblich, werden die Besiegten aber nicht in die Sklaverei geführt, sondern gehören von nun an zu den in Christus Befreiten. Das erinnert an die Urgeschichte von Kain und Abel. Abels Opferrauch ist Gott ein Wohlgeruch. Eben weil er selbst durch die Gewalttat seines Bruders zum Opfer wird und sein Leben verliert. Deshalb stellt Gott sich auf seine Seite. Die Geschichte will also vom Ende her gelesen werden! Ebenso stellt sich Gott an Christi Seite, erleidet er doch den Tod am Kreuz. Paulus sieht sich als Diener Christi. Mit seinem Evangelium verbreitet sich ein Geruch in der Welt. Selig, wer es annimmt und als Wohlgeruch zum Leben richtig deutet. Wer es ablehnt, der riecht nur den Tod. In der Begegnung mit diesem durch den Dienst des Apostels verbreiteten Evangelium geht es also um Leben oder Tod.

Wer ist für diesen Aposteldienst geeignet (»tüchtig« 2,16c)? Darum geht es im Folgenden. Paulus grenzt sich ab von »den Vielen«, die Gottes Wort verhökern, um sich selbst daran zu bereichern. Und so das Evangelium verfälschen, den Leuten nach dem Mund redend, weil sie ihnen etwas verkaufen wollen. Der Anspruch des Paulus ist dagegen, aus »Lauterkeit« zu reden, also im Angesicht Gottes, dem Evangelium Christi und seiner Wahrheit verpflichtet.

HANS-MICHAEL WÜNSCH

O komm, du Geist der Wahrheit, und kehre bei uns ein, verbreite Licht und Klarheit, verbanne Trug und Schein.

Nicht mit Tinte

Die jüdische Auslegung der Schrift kennt die schwarze und die weiße Tora. Das Schwarze sind die geschriebenen Buchstaben, das Weiße ist der freie Raum zwischen den Zeilen. Das sind wir selbst als Leser/innen der Schrift, das ist unser Leben, das wir einbringen, wenn wir in der Bibel lesen. Wenn wir das Schwarze und das Weiße zusammenbringen, dann lassen wir Gottes Wort unser Leben auslegen. Dann wird das geschriebene Wort lebendig!

Paulus ist immer noch bei seinem Thema: Was macht ihn geeignet zu diesem Apostelamt? Bestimmt nicht Empfehlungsschreiben, die »gewisse Leute« vorweisen können! Diese sind den Korinthern wohlbekannt: Konkurrenten des Paulus, die solche Zeugnisse vorweisen können. Nun fordert seine Gemeinde dasselbe auch von ihm! »Ihr seid unser Brief!«, entgegnet Paulus darauf. Und macht so seine Gemeinde selbst zu der Autorität, die allein über seine Eignung als Apostel urteilen kann. Erweisen sie sich in der Nachfolge als Gemeinde Christi, so geben sie Zeugnis von der Wirksamkeit und Wahrheit des Evangeliums, das der Apostel verkündigt.

Paulus verweigert sich einem direkten Vergleich mit den »gewissen Leuten«. Wenn schon, dann ist sein Dienst für Christus nur vergleichbar mit dem Amt des Mose. Und wie Mose sich für den Auftrag Gottes nicht geeignet fühlte (2 Mose 3,11), so betont auch Paulus, dass nicht sein eigenes Vermögen ihn zu diesem Dienst befähigt, sondern Gott selbst, der ihn dafür in Dienst nimmt. Es folgt ein Midrasch, eine Auslegung des Toraabschnitts 2 Mose 34,29–35. Um diese zu verstehen, hilft uns wieder jenes wunderbare Bild der schwarzen und der weißen Tora. Paulus sagt, »der Buchstabe tötet«. Wird das Schwarze, Geschriebene nicht mit unseren eigenen Erfahrungen verbunden, so wird es nicht zur Anrede an uns. Die Bibel bleibt für uns stumm. Paulus liest seine Tora wie die Propheten des Alten Testaments. Allen voran Jeremia, der von einem neuen Bund spricht, den Gott, statt ihn in Stein zu meißeln, direkt in die Herzen der Menschen gibt (Jer 31,31–34). So wird der Buchstabe lebendig.

HANS-MICHAEL WÜNSCH

O Heilger Geist, kehr bei uns ein und lass uns deine Wohnung sein, o komm, du Herzenssonne!

Samstag, 26. Oktober   2 Korinther 3,12–18

Hoffnung. Freiheit. Herrlichkeit!

Um einem Missverständnis vorzubeugen: Hier geht es nicht um ein abwertendes Gegeneinander von »jüdischem« und »christlichem« Glauben! Hintergrund dieser Zeilen ist ein Vorwurf, gegen den sich der Apostel verteidigen muss: Sein Evangelium sei »verdeckt« (4,3). Dagegen betont Paulus: »Nicht wie Mose«, der in dieser Geschichte tatsächlich eine Decke auf sein Haupt legt. In 2 Mose 34,29–35 wird erzählt, dass das Angesicht des Mose glänzte, »weil Gott mit ihm geredet hatte«. Da sich das Volk in Ehrfurcht dem Leuchtenden nicht nähern will, verhüllt er sich mit einer Decke, solange er zu ihm redet. Auf seinem Angesicht leuchtet die Herrlichkeit Gottes. Erst wenn Mose die Stiftshütte betritt, um mit Gott zu reden, legt er die Decke ab.

Paulus sagt, diese Herrlichkeit wird durch das Evangelium Christi der Gemeinde in Korinth unverhüllt zugänglich. Das »Bild Christi« (3,18) ist das Angesicht des Menschen, nach dem Bilde Gottes geschaffen, das in Christus wiederhergestellte Ebenbild, das im Gegenüber zu Gottes Angesicht seine Herrlichkeit spiegelt. In allem »Freimut« (3,12) tritt Paulus den Korinthern gegenüber, in einer Haltung, die sich der Wahrheit des Evangeliums verpflichtet weiß, ohne Rücksicht auf gesellschaftliche Konventionen oder persönliche Vorteile, die er sich insgeheim von seiner Verkündigung erhofft. Der Apostel verfolgt keine verdeckten, dem Evangelium fremde Ziele.

Das Bild der Decke wandert, liegt erst auf dem Haupt des Mose, dann auf der Verlesung der Tora (3,14) und schließlich auf den Herzen der Israeliten (3,15). Im Gottesdienst der Synagoge wird die Torarolle zur Verlesung feierlich aus dem Toraschrein geholt, in der Regel in einem kostbaren Stoffmantel eingehüllt, der entfernt wird, bevor sie auf dem Vorlesetisch ausgerollt werden kann. Doch muss auch die Decke auf den Herzen der Zuhörenden entfernt werden, damit, was geschrieben steht, auch im Leben wirksam werden kann. Wer sie in der Hoffnung liest, durch sie befreit zu werden, findet in ihr den Geist der Freiheit, den das Evangelium verheißt.

HANS-MICHAEL WÜNSCH

Ach bleib mit deinem Glanze bei uns, du wertes Licht; dein Wahrheit uns umschanze, damit wir irren nicht.

Denn du bist mein Gott!

Kein Mensch ist vor Gott gerecht. Dieser Gedanke durchzieht die Bibel. Das wissen auch der leidende Hiob und seine Freunde (Hiob 9,2). Später zitiert Paulus diese biblische Weisheit (Röm 3,20; Gal 2,16).

Manche Menschen tun sich schwer mit diesen Worten des Psalmbeters. Sie hören darin ein Negativurteil über den Menschen, so als ob alles, was der Mensch tut, ungerecht sei. Oder als ob das Christentum mit einem unbarmherzigen Gericht drohen würde, das die Menschen einmal ereile.

Der Beter von Psalm 143 erlebt und glaubt dies anders. Er gibt uns die Erkenntnis weiter: »Ich selbst bin nicht Gott, sondern ein Mensch. Gott ist vollkommen gerecht. Es wäre darum völlig vermessen, wenn ich das von mir selbst auch sagen würde. An Gott reiche ich nicht heran. Er ist der Herr, ich der Knecht. Und das ist auch gut so.« Dieser Beter ist einer, der alles, wirklich alles von Gott erwartet. Er erinnert sich an Gottes gute Taten in der Vergangenheit und erkennt sich dankbar selbst als ein Werk Gottes. Intensiv und voller Vertrauen bittet er Gott darum, ihm zu helfen, zum Beispiel wenn Feinde ihm nachstellen, wenn seine Lebenskräfte schwinden oder wenn er Angst hat. Er schildert sogar die Gebetsgeste, die er dabei einnimmt: »Ich breite meine Hände aus zu dir.« (V. 6) Seine leeren Hände zeigen: »Gott gibt, ich empfange.« Dieser Beter wünscht sich, dass Gott ihn in seinem Alltag begleitet und ihm den Weg zeigt, den er gehen soll.

So lebt der Psalmbeter uns vor: »Ich hoffe auf Gottes rettendes Erbarmen, ich lebe aus Gottes Vergebung. Ich weiß: Gottes Geist führt mich durchs Leben. Nur so bestehe ich mein Leben.« Übrigens hat Paulus auch diesen Gedanken aufgenommen. Auch er weiß und schreibt davon, dass Gott sich erbarmt, vergibt und neues Leben schenkt (vgl. Röm 11,32).

EVELINA VOLKMANN

Gott, ich breite meine Hände aus zu dir. Fülle du sie mit dem, was für mich gut ist. Ich vertraue dir.

Montag, 28. Oktober 2 Korinther 4,1–6

In einem neuen Licht

Paulus muss sich und seinen Auftrag rechtfertigen. Das ist heikel. Wie kann das gelingen, ohne dabei sich selbst ins Zentrum zu stellen, sondern den einen, in dessen Auftrag Paulus predigt: Jesus Christus. Person und Botschaft sind aufeinander bezogen. Wir messen die Glaubwürdigkeit einer Botschaft an der Person, das ist menschlich. Und doch ist jeder Bote nur der Überbringer einer Botschaft. In diesem Sinn versteht Paulus sein Apostelamt.

Wir predigen nicht uns selbst, sondern Jesus Christus. Mit diesem Satz gibt Paulus ein Kriterium an für alle, die ein Predigtamt oder einen Verkündigungsdienst innehaben. Worum geht es mir? Was ist mein Auftrag? Es ist gut, sich dieser Frage ehrlich zu stellen.

Paulus spricht vom hellen Licht des Evangeliums: die Botschaft von der Gnade, von der Freiheit der Kinder Gottes, von einem versöhnten Leben, in das wir durch Jesus Christus hineingestellt sind. In der Begegnung mit dem auferstandenen Christus, der ihm vor Damaskus erschienen ist, wurde Paulus bis ins Innerste getroffen, erfüllt vom hellen Schein des Evangeliums. Am eigenen Leib erfuhr er, dass diese Begegnung mit Christus ein Schöpfungsakt ist. Paulus wurde noch einmal neu geschaffen, im Licht und durch das Licht des Evangeliums. Wie am Anbeginn der Welt Gott, der Schöpfer, das Licht geschaffen hat und mit diesem ersten Schöpfungsakt überhaupt Leben in dieser Welt ermöglicht hat, so hat er in und mit Jesus Christus einen neuen Schein in diese Welt gegeben. In und durch Jesus Christus werden alle Menschen neugeschaffen, die sich diesem Licht des Evangeliums öffnen. Damals im Paradies spielte der Baum der Erkenntnis eine besondere Rolle und wurde den ersten Menschen zum Fallstrick. In der Neuschöpfung in und durch Jesus Christus dürfen wir teilhaben an der Erkenntnis Gottes. Ja, das helle Licht des Evangeliums will uns erleuchten, dass wir im Innersten uns selbst und Gott erkennen können.

SR. BRIGITTE ARNOLD

Herr, Jesus Christus, du Licht der Welt. Erleuchte unsre Herzen, erfülle uns mit dem Licht deiner Liebe, deiner Gnade, Tag um Tag. Davon allein leben wir.

2 Korinther 4,7–18　　　　　　　　　　Dienstag, 29. Oktober

Zerbrechliche Gefäße

Einen kostbaren Schatz in zerbrechlichen Gefäßen aufzubewahren, das käme uns Menschen wohl nicht in den Sinn. Im Gegenteil: Kostbarer Schmuck wird in den Tresor gelegt. Alte, wertvolle Handschriften liegen hinter Panzerglas. Wie anders handelt Gott. Er hat das Evangelium, die frohe Botschaft in Jesus Christus, uns anvertraut. Hat uns beauftragt, diesen kostbaren Schatz zu bewahren und zu teilen mit anderen Menschen.

Wir Menschen schauen oft auf die äußere Verpackung. Bemessen den Wert des Inhalts an der äußeren Hülle. Das musste auch Paulus schmerzlich erfahren. Er war wohl nicht die charismatische Lichtgestalt, die alle für sich einnehmen konnte. Er hat vielmehr selbst an seiner eigenen Schwachheit, seinen Begrenzungen gelitten. Einer, der die Gemeinde Christi so radikal verfolgt hatte, das blieb an ihm haften. Er war krank, hatte ein Leiden, das ihn immer wieder behinderte und einschränkte. Er, Paulus, fürwahr ein zerbrechliches Gefäß. So mag er sich selbst zuweilen erlebt haben. So haben ihn andere Menschen erlebt, ihn dafür kritisiert und angegriffen.

Ein kostbarer Schatz in zerbrechlichen Gefäßen – das ist aber gerade das Geheimnis des Evangeliums. Ist es doch die Botschaft von dem, der für uns seinen Leib hingegeben hat. Der gerade in seinem Tod am Kreuz die Zerbrechlichkeit des Menschen demonstriert hat und zugleich darin die Herrlichkeit Gottes offenbar gemacht hat.

Ein kostbarer Schatz in zerbrechlichen Gefäßen mag uns gerade dabei helfen, dass wir uns selbst nicht zu sehr in den Mittelpunkt stellen, dass wir immer und überall um unser Angewiesen-Sein wissen. Nur in der engen Verbindung mit Gott empfangen wir Kraft und Hilfe, Schutz und Zurüstung, um den kostbaren Schatz des Evangeliums zu bewahren und in dieser Welt zum Leuchten zu bringen. Unsere Zerbrechlichkeit ist zeitlich, irdisch. Der kostbare Schatz aber, der uns anvertraut ist, nimmt uns mit in die Ewigkeit, ins ewige Leben.

SR. BRIGITTE ARNOLD

Herr, mein Gott, nimm mich, wie ich bin, ein zerbrechliches Gefäß, und fülle mich ganz mit dir. Du, Schatz meines Lebens.

Mittwoch, 30. Oktober 2 Korinther 5,1–10

Im Vorläufigen unterwegs

Mit einer Hütte, einem Zelt beschreibt Paulus unser irdisches Leben. Wer im Zelt lebt, ist unterwegs. Er weiß, es ist vorübergehend, vorläufig, begrenzt, nur ein Übergang. Zum Leben im Provisorium gehört auch das Leiden an und unter dieser Situation. Wir erleben uns mit Fehlern und Grenzen. Wir müssen Schuld und Versagen annehmen lernen bei uns und anderen. Wie schön wäre es dagegen, schon jetzt im Haus Gottes, in der ewigen Heimat zu wohnen. Wie schön wäre es, endlich zu schauen, was wir jetzt glaubend hoffen.

Was Paulus beschreibt, erinnert an die Zeit des wandernden Gottesvolkes in der Wüste. Das verheißene Land war Ziel und Motivation weiterzugehen. Die Bewährung aber lag im täglichen Leben. Das war mühsam und schwer.

Es gibt mehr als dieses irdische Leben, will Paulus sagen. Das bedeutet aber nicht, dass uns deshalb die Gegenwart egal wäre. Vielmehr lerne ich eine andere Relation. Ich muss nicht krampfhaft und ängstlich festhalten wollen. Ich muss nicht um jeden Preis besitzen. Ich kann auch loslassen. Was Paulus beschreibt, klingt verlockend, macht Mut und tröstet: Nicht nackt und bloß werden wir einmal dastehen. Wir brauchen nicht davor Angst zu haben, das, was wir jetzt besitzen, loszulassen oder zu verlieren. Wir werden überkleidet, bekleidet werden. Wir werden unser irdisches Zelt eintauschen gegen ein Haus, das Gott selbst gebaut hat und deshalb ewigen Bestand hat. Aber solange wir hier auf dieser Erde leben, haben wir eine Verantwortung. Von Rechenschaft geben spricht Paulus. Das soll uns nicht ängstigen, sondern vielmehr ermutigen, das uns Anvertraute, den Schatz des Evangeliums weiterzugeben. Leben als Zeugen für Jesus Christus.

Zerbrechliche Gefäße sind wir, so hieß es im gestrigen Abschnitt. Unser Leben ein Provisorium hin zur ewigen Heimat und doch oder gerade deshalb bin ich dazu eingeladen, ganz im Heute und Hier zu leben. Getrost und entlastet, weil die Vollendung in anderen Händen ruht.

SR. BRIGITTE ARNOLD

Herr, gib uns Kraft und Mut, ganz im Heute zu leben. Gib uns Geduld und Hoffnung, deine künftige Herrlichkeit zu erwarten.

2 Korinther 5,11–15   Donnerstag, 31. Oktober (Reformationstag)

Menschen gewinnen

Menschen gewinnen. Vom Glauben so erzählen, dass darüber anderen Herz und Verstand aufgehen. Das Vertrauen stärken. Das ist die Herausforderung der Kirche. Damals in Korinth und heute.

Paulus hat die Gemeinde in Korinth selbst gegründet. Sie ist seine große Liebe. An wichtigen Handelswegen gelegen pulsiert in der Hafenstadt das Leben. Der anfängliche Erfolg seiner Mission nährte die Hoffnung, bald weitere Menschen für die Botschaft von Christi Kreuz und Auferstehung zu gewinnen. Aber mittlerweile kann Paulus die Entwicklung nur aus der Ferne beobachten. Geplante Besuche mussten abgesagt werden. Das belastet die Kommunikation. Längst liegt auf der großen Liebe ein dunkler Schatten. Chaos beim Abendmahl, fehlende Sensibilität im Umgang mit den Schwachen, Zweifel über die Auferstehung. Die Liste der Probleme ist lang. Zuletzt wird sogar Paulus' Rolle als Apostel in Frage gestellt.

Paulus widersteht der Versuchung, mit »falschen Aposteln« zu konkurrieren. Es geht nicht um ihn, sondern um die Wahrheit des Evangeliums. Sein Ziel: Die Gemeinde sprachfähig machen, was die Liebe Christi für sie bedeutet. Im Kern geht es darum, eine Antwort auf die Frage nach dem »einzigen Trost im Leben und im Sterben« (Heidelberger Katechismus, Frage 1) zu geben. Denn der Tod, die Begrenztheit des Lebens, ist die Schlüsselbedrohung für das menschliche Vertrauen. Daran hat sich nichts geändert. Angesichts der dramatischen Krisen unserer Zeit hat die Christenheit immerfort die Aufgabe, von ihrem Vertrauen Zeugnis zu geben. Christliches Vertrauen ins Dasein ist nicht Selbstschöpfung, nicht Optimismus. Christliches Vertrauen ist Hoffnung gegen den Tod. Eine Hoffnung, die in Christi Kreuz und Auferstehung gründet.

KLAUS EBERL

Gott / Du liebst mich, auch wenn ich es nicht verdiene / Ich gestehe / Mein Vertrauen wird weggeweht beim kleinsten Sturm / Meine Suche nach gutem Leben führt mich in die Irre / Wenn es gilt, die Partei der Schwachen, Armen und Geschundenen zu ergreifen / Hebe ich nicht die Hand / Trotzdem liebst du mich / Das ist mir zu wunderbar / Ich kann es nicht begreifen.

Freitag, 1. November (Allerheiligen) 2 Korinther 5,16–21

Das Wunder Versöhnung

Von Anfang an sucht man. Wer bin ich? Wo ist mein Platz? Wo meine Heimat? Menschen gehören einer bestimmten Kultur oder Nationalität an, sind evangelisch oder katholisch, Agnostiker oder Muslime, sie unterscheiden sich durch ihre soziale Lage, ihr Geschlecht, ihr Alter. Nur: Wenn Vielfalt nicht als Bereicherung erlebt wird, entstehen Barrieren, Trennungen und Konflikte.

Offensichtlich wird auch die Gemeinde in Korinth von Konflikten konkurrierender Gruppen erschüttert. Ein Neuanfang ist für Paulus nur möglich, wenn mit anderen Augen auf jeden Einzelnen geschaut wird. »Ist jemand in Christus, so ist er eine neue Kreatur.« Der Platz der Gemeinde ist beim gekreuzigten und auferweckten Christus. Alle anderen Bindungen haben keine entscheidende Bedeutung. In Christus hat Gott sich und die Welt miteinander versöhnt und die Gräben überwunden, die Menschen voneinander trennen. Was zerbrochen und getrennt ist, wartet auf Heilung. Wartet auf Botschafter der Versöhnung.

Als 1991 die Landessynode der evangelischen Kirche im Rheinland einen Beschluss zur »Versöhnung mit der Sowjetunion« fasste, konnte niemand ahnen, dass daraus einmal das »Wunder von Pskow« entstehen würde. Die Stadt – deutsches Hauptquartier im Aufmarschgebiet zu Leningrad – hatte im Zweiten Weltkrieg besonders gelitten. 50 Jahre nach dem deutschen Überfall reiste eine Delegation in die russische Stadt. Versöhnung war das Ziel. Versöhnung konnte wachsen, indem rheinische Christen gemeinsam mit ihren russischen Partnern eine Einrichtung zur Förderung schwerbehinderter Menschen gründeten. Heute ist das Heilpädagogische Zentrum Pskow Zeichen einer vollständigen Neuorientierung der Behindertenhilfe in Russland. Nach Jahrhunderten der Ausgrenzung behinderter Menschen macht Pskow den Weg frei für Barrierefreiheit und Inklusion.

KLAUS EBERL

Herr, mach mich zu einem Werkzeug deines Friedens, dass ich liebe, wo man hasst, dass ich verzeihe, wo man beleidigt, dass ich verbinde, wo Streit ist ...

Stark und schwach

Wer ist der Stärkste? Der Klügste? Der Beste? Märchenhaft ist der Aufstieg von einer Art »Superapostel« in Korinth. In der Gemeinde haben sie die Oberhand gewonnen. Wer will schon schwach sein in einer Welt, in der sich nur die Besten durchsetzen, in der nur die Härtesten Bestand haben, in der Fehler nicht verziehen werden: Niemand! Auch in Korinth nicht.

Paulus sprechen sie seine Rolle als Apostel ab. Er gerät in die Defensive. Sein Ruf zur Sache wird fast überhört: »Jetzt ist die Zeit der Gnade, jetzt ist der Tag des Heils.« Was bleibt ihm anderes übrig, als seine Leistungsbilanz vorzulegen. Aber nur scheinbar spielt Paulus mit. Er spielt, um das Spiel zu beenden. Um zu zeigen: Die lächerlichen Gesten der Stärke sind absurdes Theater. Sein Dienst am Evangelium ist geprägt durch Trübsal, Not und Angst. Er wurde geschlagen, verfolgt und inhaftiert. Böse Gerüchte wurden über ihn in die Welt gesetzt, als Verführer wurde er gebrandmarkt. Paulus sieht wie ein Verlierer aus. Ein Versager, dessen Hände leer sind.

Aber es ist Gnadenzeit. Deshalb schämt sich Paulus seiner Schwachheit nicht. Er bildet sich nicht ein, er könne die Welt retten. Er kennt seine Grenzen. Seine Wege werden immer Kreuzwege bleiben. Am Ende seines Briefes schreibt er: Gottes Kraft ist in den Schwachen mächtig. Ein Resümee: Verlasse dich auf Gott und mache dir keine Illusionen über die Menschen! Du bist ohne Verdienst geliebt, so, wie du bist! Staune darüber, wie Gott alles neu macht! Den Sterbenden sagt er Leben zu, die Traurigen macht er fröhlich, die Armen reich!

KLAUS EBERL

Gott / Schau mich an / Meine Hände sind leer / Meine Tage fülle ich mit Nichtigem / An den sichtbaren Zeichen der Hoffnung laufe ich vorbei / Nimm mich dennoch an, wie ich bin / Ich weiß / du kannst leere Hände füllen / Nimm sie in deinen Dienst / Jetzt werden sie gebraucht / Gib meinem Nachdenken Richtung und Ziel / Halt mich fest, damit ich anderen Halt gebe / Und sei mir gnädig.

Sonntag, 3. November   Psalm 125

Das Ende der krummen Wege

Bedrohung, räuberische Überfälle, feindliche Invasionen, Chaos und in der Folge menschliche Not: Das Volk Israel wird von einer fremden Macht beherrscht. Es leidet sehr unter dem Unrecht. Es kann seinen Glauben nicht frei ausleben. Wirtschaftlich wird es ausgebeutet, Korruption ist an der Tagesordnung. Manche Israeliten sind sogar in Gefahr, sich an diesem Unrecht zu beteiligen. Sie strecken wie die Feinde ihre Hand zur Ungerechtigkeit aus. Diese »krummen Wege« (V. 4) belasten alle. So sehnt man sich nach gesellschaftlichem und politischem Schalom, nach Frieden für das Volk, nach einem Ende der krummen Machenschaften. Das »Zepter des Frevels« (V. 3) möge zum Erliegen kommen. Die Israeliten bitten Gott um eine Wende. Denn die Propheten haben ihnen verkündet: Gott wird das Ende des Frevels herbeiführen. Gott wird das Chaos der ungerechten Herrscher beseitigen und Frieden über Israel schaffen. Wer sich für den Frieden einsetzt, wird dies als Wohltat empfinden. Für alle anderen wird es sich wie ein Gericht anfühlen.

Wer so betet, hat ein sehr stabiles Fundament. Wer angesichts täglich erlebter politischer Ungerechtigkeit und Schikane das Gottvertrauen nicht verliert, ist fest im Glauben verwurzelt. Genauso fest hat Gott seine Gegenwart mit dem Jerusalemer Berg Zion verbunden. Vom Zion geht mein Segen aus, hat er versprochen. Er schafft auf dem Zion sicheren Wohnraum für diejenigen, die ihn um Frieden bitten. Der Zionsgott wird »rings um sein Volk« (V. 2) sein, die Menschen schützen und ihnen aus ihrer Not helfen.

Diesen Frieden gibt es übrigens nicht einsam und allein ohne die anderen. Er ist vielmehr eine gemeinschaftliche Sache. Wo Gott das menschliche Leben fördert und Bedrohliches entmachtet, geht dies immer viele an.

EVELINA VOLKMANN

Um Frieden bitten wir dich, um Frieden für verfolgte Menschen, für Menschen in Not, für uns. Lass uns Menschen nicht allein. Schenk uns deinen Segen.

2 Korinther 6,11–7,1   Montag, 4. November

Auf und macht die Herzen weit

»Auf und macht die Herzen weit, euren Mund zum Lob bereit.« Gerne singe ich dieses Lied zu Beginn des Gottesdienstes. Denn nur mit einem offenen Herzen kann ich das, was ich höre und erfahre, aufnehmen. Nach biblischem Verständnis ist das Herz Sitz unseres Fühlens, Denkens und Erkennens, Mitte des leiblichen, geistigen und geistlichen Lebens. Was also mein Herz erreicht, bestimmt mich im Innersten, prägt mich.

Mit Nachdruck wirbt Paulus um die offenen Herzen der Korinther für das, was er ihnen schreibt. Das Evangelium, das sie von ihm zuerst gehört haben, soll ihr Leben prägen. Alles, was dem Evangelium nicht entspricht, hat keinen Platz mehr in ihrem Leben, das macht er ihnen eindringlich klar. Glauben heißt tatsächlich entweder oder. Was so harsch klingt, entspringt der tiefen Sorge des Apostels um die Gemeinde. Darum, dass sie vergessen könnte, dass, wer glaubt, zu Gott allein gehört.

Diese innige und exklusive Verbundenheit der Gläubigen mit Gott malt Paulus in seinen Briefen bildreich und wortgewaltig aus: In ihren Herzen ist der Geist Gottes als »Unterpfand«, Christus wohnt in ihnen, sie sind »Tempel des lebendigen Gottes«. Ein Tempel aber ist einem Gott allein geweiht. Die Heiligung, die Paulus von den Korinthern fordert, bedeutet, aus dieser ausschließlichen Prägung zu leben, sie im eigenen Leben Gestalt gewinnen zu lassen.

In einem Gebet, das ich als kleines Kind lernte, ist das Bild des Herzens als Ort der göttlichen Gegenwart und Prägung meines Innersten aufgenommen: »Ich bin klein, mein Herz ist rein, soll niemand drin wohnen als Jesus allein.« Damit das aber sein kann, muss ich mein Herz für Ihn öffnen. Den Worten des Evangeliums, dem Hören auf Gott im Gebet, den Begegnungen, in denen mir etwas von Seiner Nähe und Präsenz aufscheint, den Momenten, in denen ein Mensch mich und das, was Gottes Geist in meinem Herzen wirkt, braucht.

WIEBKE BÄHNK

Komm, o mein Heiland Jesu Christ, meins Herzens Tür dir offen ist. Ach zieh mit deiner Gnade ein; dein Freundlichkeit auch uns erschein.

Dienstag, 5. November   2 Korinther 7,2–16

Traurigkeit nach Gottes Willen

»Er war von seinen guten Vorsätzen ... durchflammt und außer sich ... Während seines Ringens mit dem Geist hatte er bitterlich geweint, und sein Gesicht war noch nass von den Tränen.« In »A Christmas Carol« erzählt Charles Dickens die Geschichte von Lebenswende und Umkehr des hartherzigen Ebenezer Scrooge. In den Begegnungen mit den drei »Geistern der Weihnacht« werden ihm die Wurzeln und die Wirkungen seiner Hartherzigkeit vor Augen geführt. Aus der Selbsterkenntnis und Traurigkeit über sich selbst erwächst sein innerer Wandel.

Von Traurigkeit schreibt Paulus den Korinthern. Konflikte, Kritik und Bitten klingen an. Die Betrübnis aber, die seine Worte hervorgerufen haben, hat auch in der Gemeinde zu einer Veränderung geführt, die nun fest zu Paulus und zu dem Evangelium, das er ihnen verkündigt hat, steht. Ihre Traurigkeit ist eine »Traurigkeit nach Gottes Willen«. Die kirchliche Tradition kennt sie als »contritio cordis«, als »Reue des Herzens«, die den Beginn von Umkehr und Veränderung bezeichnet.

Eine »Traurigkeit nach Gottes Willen« entsteht aus dem Wissen, dass der, der sie durch seine Worte in uns verursacht, es im tiefsten Herzen gut mit uns meint. So haben die Korinther die Worte des Paulus offensichtlich verstanden. Und das braucht es auch für uns, dass wir spüren: Hier geht es nicht um Kränkung oder Abrechnung, sondern um Wegzeichen zu einer Veränderung, die uns auf gute Wege führt.

Und anders als die »Traurigkeit der Welt«, in der wir verharren in dem, was uns bedrückt und womit wir andere bedrücken, setzt uns eine »Traurigkeit nach Gottes Willen« in Bewegung. Zu Gott hin und zu einem Leben, das ihm entspricht. Und letztlich zur Freude. Bei denen, denen wir vielleicht anders begegnen als zuvor, liebevoller, barmherziger, menschenfreundlicher. Und darin auch in uns selbst.

WIEBKE BÄHNK

Danken möchte ich dir, mein Gott, für die Menschen, die mir ihre Liebe zeigen in offenen Worten und mancher unbequemen Wahrheit. Danken möchte ich dir für die Traurigkeiten, die mich erkennen lassen, was ich nicht sehen möchte und wovor ich doch nicht die Augen verschließen kann, die mich verändern und auf neue Wege führen.

Fülle und Mangel, Brot und Gnade

»Die Sorge um das eigene Brot ist eine materielle Sorge, die Sorge um das Brot des Bruders eine geistliche«, so unterscheidet der russische Religionsphilosoph Nikolai Berdjajew. Geistliches Sorgen gehört grundlegend mit zum Glaubensleben dazu.

Paulus wird deshalb nicht müde, die Korinther zu Spenden für die Jerusalemer Gemeinde aufzufordern. Als in vielerlei Hinsicht Reiche sollen sie auch die Spenden – in der Übersetzung Martin Luthers heißen sie »Wohltaten« – reichlich geben. Dass für Paulus diese Gaben eine wesentlich geistliche Bedeutung haben, zeigt sich daran, dass er für sie durchgängig das meist mit »Gnade« übersetzte griechische Wort verwendet, mit dem er sonst die Zuwendung Gottes zu uns in Jesus Christus bezeichnet.

Im Geben drückt sich das Bewusstsein geistlicher Zusammengehörigkeit aus. Und es ist grundlegender Ausdruck der Nachfolge Jesu: Jesus Christus war reich und wurde arm um unseretwillen, damit wir um seiner Armut willen reich würden. Und so soll auch zwischen den Gläubigen ein Wechsel stattfinden.

Dabei betont Paulus den Gedanken des Ausgleichs: Die eigene Fülle solle dem Mangel der anderen abhelfen. Und deren Fülle, möglicherweise in anderer Hinsicht, solle wiederum dem eigenen Mangel abhelfen. In allem aber müsse das Abgeben dem Maß des jeweils Möglichen entsprechen.

Ein jeder gebe, was er könne, damit eine jede habe, was sie brauche. Ob ich Geld spende oder Kraft und Fähigkeiten einsetze in Suppenküchen und Wärmestuben, bei Tafeln, in der Hilfe für Geflüchtete, bei sozialen Projekten vor Ort oder in einem anderen Land: Entsprechend dem Maß des mir Möglichen am Ausgleich teilzuhaben, bleibt eine wesentliche geistliche Aufgabe. Und dass auch ich dadurch reicher werde, durch den Horizont, den sie mir weiten, durch Freude, Vertrauen, den Glauben anderer Menschen, bleibt eine ebensolche Erfahrung.

WIEBKE BÄHNK

Unser Gott, Quelle des Lebens, danke für die Fülle, mit der du mich beschenkst, Zeit, Kraft, Gaben, alles Lebensnotwendige wendest du mir zu. Dass ich nicht vergesse, dass alles Geschenk ist, mir anvertraut zum Geben, dass ich nicht vergesse die, die mich brauchen und die ich brauche – darum bitte ich dich.

Donnerstag, 7. November — 2 Korinther 8,16–24

Paulus, der Realist

Manchmal wird dem Glauben Fantasterei vorgeworfen. Mit dem Kopf im Himmel und keine Verbindung mehr zur Wirklichkeit, zur Welt, wie sie wirklich ist. Woher auch immer diese Einschätzung kommen mag, bei Paulus jedenfalls sieht es anders aus. Natürlich, in seinen Briefen finden sich auch theologische Gedanken, poetische Bilder und ein wenig philosophische Fantasie. Aber daneben und immer damit verwoben stehen auch praktische Erwägungen. Paulus ist Wegweiser für die Gemeinden, die er mit viel Elan gegründet hat. Und Gemeinde ist ja nichts anderes als der Versuch, Gott und die Welt zusammenzubringen. Sie ist eine Lebensgemeinschaft mit all ihren praktischen Problemen. Die Kollekte für Jerusalem ist so ein Gemeinschaftsinstrument. Lastenausgleich würde man das heute nennen oder Solidarität. Die Reicheren in der Gemeinschaft sollen die Ärmeren unterstützen. Es geht um Geld. Und wenn es um Geld geht, darf man den Kopf nicht in den Wolken haben. Paulus weiß das. Der heutige Briefabschnitt ist ein deutlicher Beweis seines Realitätssinns. Wenn es um Geld geht, müssen die Beteiligten ehrenhafte Leute sein. Nicht ein Quäntchen eines Verdachts von Unredlichkeit darf dabei entstehen. Paulus nimmt sich dabei nicht aus (V. 20f.). Wenn es um Geld geht, ist Transparenz gefordert. Am besten gelingt das durch die Zusammenarbeit von Personen, die sich ihrer Verantwortung bewusst sind. Deshalb stellt er ein Team zusammen. Titus als seinen Vertreter, dazu einen angesehenen Missionar und zwei Abgeordnete aus den gebenden Gemeinden, die besonders auf die richtige Verwendung des Geldes achthaben werden. So möchte er für den Geldverkehr unter den Gemeinden höchstmögliche Transparenz herstellen. »Öffentlichkeit« ist wortwörtlich seine Forderung (V. 24). Seit der paulinischen Zeit ist die Welt komplexer geworden, aber die Forderung nach Transparenz bleibt bestehen. Korruption und Bestechung darf es nicht geben. Deshalb ist Paulus so realistisch, Kontrollmechanismen für die entstehenden Gemeinden einzubauen und sie allen anderen Gruppierungen in der Welt als Vorbild hinzustellen.

DIRK PUDER

Herr, schaue mein Herz an und leite mich alle Tage auf rechtem Wege.

Realität ist mehr als Geld

Dass die christlichen Gemeinden sich gegenseitig unterstützen, davon geht Paulus aus. Aber das christliche Geben hat noch einen Mehrwert, es wird öffentlich wahrgenommen. Es wirkt beispielhaft in die Welt hinein. Es bindet die Gemeinschaft zusammen und es kann den Anstoß für noch Unentschiedene geben, sich dem Evangelium Christi näher zuzuwenden. Für Paulus ist auch der Umgang mit Geld eine missionarische Gelegenheit. Segensreich wirken, nennt er das. Aber er geht weiter. Er weitet jetzt den Wirkungskreis aus. Brot und Not ist das eine, aber nach außen wirkende Lauterkeit und Früchte der Gerechtigkeit sind das andere. Gerechtigkeit geht weit über Geld geben hinaus. Früchte der Gerechtigkeit zeigen sich dadurch, dass die Gemeinden in die reale Welt hineinwirken. Ihre Motivation finden sie im Evangelium Christi, aber ihre Taten sind oftmals einfach nur hilfreich für notleidende Menschen, ohne Ansehen der Person. Welche Früchte der Gerechtigkeit könnten das sein? Jeder von uns kann da wohl seine eigene notwendige Liste erstellen. Natürlich bleibt leibliche Notlinderung etwas primäres, aber längerfristig gedacht gehören dazu auch eine gerechte Machtverteilung, Klimaschonung und ein gerechter Friede. Was genau dem Einzelnen/der Einzelnen zu tun bleibt, ist seine/ihre Sache, solange es mit fröhlichem Herzen aus dem Evangelium geschieht (V. 7). Luther nannte das später »seine Berufung finden« und das konnte durchaus in einem weltlichen »Beruf« geschehen. So ist Paulus ein Realist, der die Bodenhaftung nicht verloren hat. Aber er sieht auch, worauf sich unsere Wirklichkeit gründet, er sieht »das größere Ganze«, er sieht, wie Gott und Mensch und Welt zusammengehören und zusammenwirken nach dem Evangelium Jesu Christi. Die großen Fäden hält Gott in der Hand, zweifellos, aber durch unser lauteres und transparentes Tun dürfen und sollen wir durchaus an dem einen oder anderen Faden mitzupfen. Gottes Gaben teilen ist Segen für die Welt.

DIRK PUDER

Segensreicher Gott, hilf uns, die Welt ein wenig zu heilen, indem wir alle deine Gaben teilen.

Samstag, 9. November   2 Korinther 10,1–11

Paulus, der Kämpfer

Es geht um Geld. Es geht um reale Entscheidungen in der Gemeinde. Und schon geschieht es. Die Alphatierchen in der Gemeinde mucken auf. Mindestens drei Kapitel widmet Paulus jetzt der Auseinandersetzung mit den Gegnern, die um Anhängerschaft in der jungen Gemeinde kämpfen.

Sie greifen Paulus mit allem an, was ihnen einfällt: Sie verunglimpfen seine körperliche Erscheinung (V. 10), sie arbeiten mit Unterstellungen (V. 2) und sie bezweifeln seine Kompetenz (V. 7). Unwillkürlich werden wir an politische und gesellschaftliche Streitigkeiten unserer Zeit erinnert. Oft sind die Streitenden nicht von lauteren Absichten getragen, Korruption ist ein gängiger Vorwurf. Paulus hält dagegen. Die christliche Freiheit, die im Evangelium geschenkt wird, bedeutet nicht, zu eigenem Nutzen machen zu können, was man will. Sie bedeutet auch nicht, alles in falscher Demut hinzunehmen, was andere tun und sagen. Paulus ist bereit zu kämpfen. Aber nicht so, wie es in der weltlichen Logik gang und gäbe ist. Ja, er ist hart in der Sache und oft auch hart im Ton. Aber sein Kampf um den rechten Weg der Christen durch die Zeit beruht auf Gottes Logik und diese ist im Werk Christi am deutlichsten sichtbar. Damit steht das, was in der Welt schwach ist und im Dreieck von Ruhm, Geld und Ehre nichts zu bieten hat, im Mittelpunkt von Gottes Aufmerksamkeit. Eine Gemeinde, die Christus nachfolgt, hat das Kreuz – das in den Augen der Welt absolut Schwache – als Maßstab. Nicht als Selbsterniedrigung, sondern als Leitlinie für Glauben und Handeln. Gerade die, die vor der Welt nichts gelten, dürfen auf das Handeln der Gemeinde hoffen. In kraftvollen Diskussionen und wortgewaltigem Streit wird Paulus, so kündigt er an, die Maßstäbe der Gemeinde wieder zurechtbringen. Nicht für sich selbst, sondern für andere da zu sein, dessen soll und darf man sich rühmen. Handeln auf der Basis der Erkenntnis Gottes führt zur Einmischung der Kirchen in Gesellschaft und Politik, so wie Paulus es kraftvoll vorgemacht hat. Gerade der 9. November fordert dazu auf.

DIRK PUDER

Kraftvoller Gott, gib uns täglich deine Stärke mit auf den Weg durch unsere Zeit.

Psalm 90 — Sonntag, 10. November

Damit wir klug werden

Dieser Psalm begegnet uns meist dann, wenn es um Tod und Sterben geht. Die erwähnten 70 oder 80 Jahre stimmen oft mit dem Alter der Verstorbenen überein. Der Zentralvers »Lehre uns bedenken, dass wir sterben müssen, auf dass wir klug werden« (V. 12) wird gern Trauerpredigten zugrunde gelegt. Denn dieses Psalmgebet bringt eine Bitte vor Gott, in der sich Menschen bis heute wiederfinden: Wie geht das, das unfassliche Sterben der Menschen zu begreifen? Der Psalm antwortet darauf in radikalen Worten. Der Psalmbeter klagt Gott wortreich und bedrängend an. Denn beim menschlichen Tod sieht er den vernichtenden, zornigen Gott am Werk. Gott steht da wie ein Feind, der den Menschen nach dem Leben trachtet. Das Gebet wird zum Ort schonungsloser Vorwürfe an die Adresse Gottes. Doch dabei bleibt der Beter nicht stehen. Er stellt Gottes Zorn in Frage und bittet, Gott soll endlich wieder Gnade walten lassen. Das erinnert an Moses Fürbitte für die Israeliten, nachdem diese sich ein goldenes Kalb angefertigt und es wie ein Götterbild verehrt hatten. Darum erstaunt es auch nicht, dass Psalm 90 (und nur dieser!) dem Gottesmann Mose zugeschrieben wird. Sein Leben und Wirken zeigen uns, dass es Sünde und Schuld gibt. Sie belasten, aber sie haben vor Gott nicht das letzte Wort. Am Ende steht das Erbarmen. Das Ende des göttlichen Zorns ist für die Menschen ganz konkret daran zu erleben, dass das, was sie tun, wohltuende Auswirkungen haben wird. Das fängt schon damit an, dass sie den Morgen eines jeden Tages fröhlich und dankbar als einen Zeitpunkt empfinden werden, an dem sich Gott ihnen wohlwollend zeigt (V. 14). Er gilt ihnen nicht mehr pessimistisch als der betrübliche Anfang vom Ende (V. 5). Obwohl die Menschen weiterhin sterblich bleiben, hoffen sie nun auf Gottes Herrlichkeit. Dies gibt ihnen große Kraft. Dieser weite Horizont bietet ihnen die tröstliche Perspektive: Mit meinem Sterben bin ich in Gottes Ewigkeit geborgen: »Du bist unsere Zuflucht für und für.«

EVELINA VOLKMANN

Wir bitten dich, sei bei uns, wenn der Tod uns schreckt. Umhülle uns mit dem Mantel deines Trostes und lehre uns bedenken, dass wir sterben müssen, auf dass wir klug werden.

Montag, 11. November   2 Korinther 10,12–18

Konkurrenten oder Mitarbeiter?

Paulus muss sich gegen »Missionare« wehren, die in der Gemeinde Korinth mit dem Anspruch auftreten, als maßgebliche Leiter und Lehrer der Gemeinde Anerkennung zu bekommen, die bisher Paulus galt. Paulus, der doch Gründer und »Vater« der Gemeinde ist, sei ihnen weit unterlegen und könne nicht mit dem Selbstbewusstsein auftreten, das sie für sich und ihren Dienst in Anspruch nehmen könnten. Paulus nennt sie falsche Apostel. Sie sind von sich selbst so überzeugt, dass sie sich als Personen wichtiger nehmen als die Botschaft, um die es in der christlichen Gemeinde vorrangig gehen muss.

Dabei setzen sie sich absolut, messen sich nur an sich selbst.

Die scharfe Reaktion des Apostels erklärt sich für uns nicht in verletzter Eitelkeit, so wie wir vielleicht beleidigt wären, wenn jüngere, attraktivere, rhetorisch gewandtere »Hoffnungsträger« neben uns um die Gunst der Gemeinde buhlen würden.

Nein, Paulus protestiert um des Evangeliums willen, das missbraucht und in seinem Wesen zerstört wird, wenn ein falscher Maßstab angelegt, wenn nicht an dem gekreuzigten und auferstandenen Christus und seiner Verkündigung Maß genommen wird.

Er weiß sich von Christus berufen, den Heiden das Evangelium zu verkündigen (Gal 1,15f.; 2,9). Das ist seine Empfehlung, die gilt und ihn von menschlichen Erwägungen und Einwänden unabhängig sein lässt.

Diese falschen Apostel haben in ihrer selbst verliehenen Autorität für Paulus nur Spott übrig. Es geht ihnen um Selbstdarstellung und um die eigene Ehre – und damit erweisen sie sich als Konkurrenten, nicht als Mitarbeiter des Apostels.

Das bleibt bis heute die entscheidende Frage in dem Miteinander aller haupt- und ehrenamtlich Tätigen: Geht es um menschliche Selbstprofilierung und fromm verbrämten Ehrgeiz oder um den Ruhm, die Ehre des Herrn, der uns berufen, begabt, beauftragt und bevollmächtigt hat zum Dienst in seinem Reich?

EDWIN BRANDT

Herr, du bist unser Gott, der uns sieht und uns kennt, besser als wir uns selber kennen. Du schaust in Geduld und mit tiefem Verständnis auf uns und unser Tun. Hilf uns, im Raum deiner Liebe zu reifen und echt zu sein, dass auch andere Raum zum Wachsen und zur Entfaltung ihrer Gaben finden.

2 Korinther 11,1–15 Dienstag, 12. November

Kein anderes Evangelium!

Das starke, anschauliche Bild, das Paulus anführt und der Gemeinde vor Augen hält, macht deutlich, was auf dem Spiel steht. Die falschen Apostel, die er als Super-Apostel apostrophiert, gefährden die Existenz der Gemeinde, weil sie ihre Lebensgrundlage, das Evangelium Jesu Christi, entstellen und vernichten.

Es ist gefährlich, wie sie vorgehen. Sie sprechen vom Evangelium, aber ihr Evangelium hat nicht seine Mitte in Kreuz und Auferstehung Jesu. Wenn sie von Jesus sprechen, meinen sie nicht den Jesus von Nazaret, zu dem Gott sich als zu seinem Sohn bekannt und den er zur Versöhnung der Welt gegeben hat. Und der Geist, dessen sie sich rühmen, trägt nicht die Signatur von Kreuz und Auferstehung Jesu.

Der Verführer hat sich der falschen Apostel bemächtigt und droht die Gemeinde mit einem falschen, von Menschen konzipierten »Evangelium« zu zerstören.

Paulus argumentiert auf verschiedenen Ebenen und stellt sich als Person mit seiner Lebensgeschichte und Dienstpraxis vor die Gemeinde, um sie auf die Wahrheit des Evangeliums zurückzurufen und auf sie als alleiniges Fundament zu verweisen.

Die Wahrheit des biblisch bezeugten Evangeliums von Kreuz und Auferstehung Jesu steht niemals unangefochten fest – auch heute nicht.

Selbstbewusst spricht der Apostel von seinen Erkenntnissen. Seine theologische Argumentation ist nicht beliebig: Kreuz und Auferstehung Christi lassen im Auferstandenen den Gekreuzigten erkennbar bleiben und im Gekreuzigten schon den Auferstandenen sehen.

»Kein anderes Evangelium« ist nicht als billiger Schlachtruf abzutun, sondern als Weckruf zu verstehen für alle, die die Wahrheit des Evangeliums denkend verantworten und ihr Leben diesem Evangelium gemäß gestalten.

EDWIN BRANDT

Unglaub und Torheit brüsten sich frecher jetzt als je; darum musst uns rüsten mit Waffen aus der Höh. Du musst uns Kraft verleihen, Geduld und Glaubenstreu ...

Mittwoch, 13. November · 2 Korinther 11,16–33

Ich bin doch ganz anders …

So kennen wir Paulus eigentlich gar nicht. Das ist doch nicht sein Stil: sich selbst zu rühmen und seine Vorzüge und »Heldentaten« in den Vordergrund zu stellen.

Aber sind das Heldentaten, was er hier aufzählt? Bibelleser werden an die Berichte aus der Apostelgeschichte erinnert. Sind das nicht alles eher Pannen, peinliche Blamagen, Katastrophen und Schicksalsschläge, die seinen Aposteldienst begleiten? Will der Apostel sich damit wichtigmachen und wenigstens ein wenig Mitleid erregen?

Paulus erklärt sich selber: Jetzt rede ich wie ein Narr, wie ein törichter Mensch. Ich versuche, euch zur Einsicht zu bringen. Ihr haltet euch doch für klug, wenn ihr den falschen Aposteln folgt und euch von ihnen alles gefallen lasst. Auf ihrem Niveau könnte ich auch mitmachen.

Geht es denn wirklich um menschliche Vorzüge und Großtaten, um eigene erfolgreiche Anstrengungen? Das entspricht doch nicht dem Evangelium Christi, als würde sein Diener mit seinen eigenen Leistungen von einem Erfolg und Sieg zum anderen eilen.

Christusnachfolge zeichnet sich weder damals noch heute durch beeindruckende Kraftanstrengungen und Erfolgsmeldungen aus, als wäre das Kommen der Gottesherrschaft unsere Sache, Konsequenz unserer frommen Werke.

Wir rühmen uns auch unserer Schwachheit – bekennt Paulus, weil sich unser Herr auch angesichts unserer Grenzen als Sieger, als Vollender erweisen wird.

Wir leben im Glauben, noch nicht im Schauen! Darum gehört zum Evangelium Christi nicht eine Theologie des Ruhmes menschlicher Herrlichkeit, sondern eine Theologie des Kreuzes. Was wir sind und können, sind und können wir allein aus der Gnade Gottes.

EDWIN BRANDT

Du treuer und barmherziger Gott, du nimmst uns in deinen Dienst, trotz unseres Kleinglaubens, trotz mancher Überheblichkeiten und manchen Versagens. Du hältst uns die Treue, darum wollen wir bei dir und deinem Wort bleiben. Danke, Herr.

In Schwäche stark

Paulus hatte einen körperlichen Makel, der ihn in seinem Leben erheblich einschränkte. Diesen nahm er keineswegs einfach hin, sondern rang mit Gott. Paulus wollte nicht krank sein! Er wollte ein produktives Leben führen und hatte gute Fähigkeiten. Wichtig scheint mir, dass bei ihm Phasen von Flehen und von Duldung (oder Resignation?) abwechseln. Das finde ich tröstlich. Denn egal, welche Einschränkungen wir haben, wohl die wenigsten von uns nehmen vom ersten Augenblick an alles ergeben aus Gottes Hand an.

Irgendwann erlebt Paulus in seinem Hadern und Ringen eine Gotteserfahrung: Er bekommt eine Antwort. Manchmal verstreicht quälend viel Zeit, in der sich (wie wir meinen) nichts tut. Entscheidend: Gott gibt seine Antwort zum richtigen Zeitpunkt, als Paulus bereit ist für die Antwort.

An ihm ist es nun, etwas mit dieser Erwiderung zu machen. Er darf nicht in der Rolle des armen Kranken verharren! Wenn uns ein wie auch immer gearteter Schlag trifft, fühlen wir uns oft erst mal hilflos. Das ist absolut verständlich. Wenn wir aber in dieser Situation stecken bleiben, wird sie im Zweifel schlimmer. Also raus aus der Opferrolle! Das ist zugegebenermaßen anstrengend, aber eine Chance, unser Los zu verbessern.

Paulus ergreift diese Chance: Er beschließt, fortan sich am meisten genau dieser Schwäche zu rühmen. Er hofft, dass Gott sein Versprechen wahr macht und seine Kraft in Paulus wirken lässt. Er erhofft also neue Stärke, auch wenn es nicht mehr seine eigene Stärke sein wird. In all dem Schrecklichen, das uns vielleicht in unserem Leben umgibt, trotzdem die Perlen sehen, die Gott hineinlegt. Hauptsache, wir sind offen für Gottes Worte und Führung und gehen raus aus der Opferrolle. Das verhindert ehrlicherweise nicht die seelischen Tiefs. Trotzdem kann diese Hoffnung vielleicht dazu beitragen, dass die Tiefen etwas weniger tief und etwas weniger lang werden.

CLAUDIA KOLTER

Herr, danke für deinen Beistand auch in unseren Tiefen. Hilf uns, Unvermeidbares zu akzeptieren. Gib uns Kraft, für Verbesserungen zu kämpfen.

Freitag, 15. November — 2 Korinther 12,11–21

Undank ist der Welt Lohn!?

Paulus ringt mit seiner korinthischen Gemeinde. Was hat er sich um sie gemüht und für sie auf sich genommen! Und anstatt ihm dafür zu danken und ihn mit offenen Armen willkommen zu heißen zu seinem dritten Besuch, findet er sich in der Defensive wieder und muss sich rechtfertigen. Dabei geht es ihm doch um ihr Seelenheil und nicht um sein Ego! Er tut doch alles für sie! Warum dann dieser Undank?

Ich kann Paulus seinen Schmerz nachfühlen. Auch ich kenne das, dass ich mich für andere abmühe und aufreibe und dann statt eines Dankeschöns auch noch einen gefühlten Tritt in den Allerwertesten bekomme.

Das große Aber: Wie ist denn die Perspektive derer, für die ich mich abgemüht habe? Sicherlich gibt es auch die Leute, denen man den kleinen Finger reicht und die dann gleich den ganzen Arm abreißen. Davon muss sich niemand ausnutzen lassen, auch nicht im Namen christlicher Barmherzigkeit.

Jedoch kann es Situationen geben, in denen ich zu wissen meine, was gut für die anderen ist (ohne sie gefragt zu haben). Es gibt viele Wege nach Rom, aber will mein Gegenüber überhaupt dahin? Oder stülpe ich der anderen Person ungefragt meine Ziele über?

Auch für den Glauben gilt: Ja, wir sollen unseren Glauben weitergeben. Jedoch in der Regel nicht im Sinne einer Hauruck-Mission, sondern indem wir unseren Glauben vorleben und Rede und Antwort stehen, wenn wir gefragt werden (1 Petr 3,15). Manchmal ist es dran, anderen intensiv nachzugehen, so wie Paulus es hier tut. Und manchmal ist es wichtiger, den anderen loszulassen, damit er wiederkommt. Da brauchen wir Weisheit zu erkennen, was jetzt angesagt ist. Und Geduld und langen Atem benötigen wir oft auch. Und wir sollten nicht vergessen, dass es nicht in unserer Macht steht, ob der andere sich bekehrt oder nicht. Das kann nur Gott. Wir sind hier nur Werkzeug. Das ist Aufforderung zu Demut und zum Werk zugleich.

CLAUDIA KOLTER

Herr, hilf mir, mit dem anderen seinen Weg in Liebe mitzugehen.

2 Korinther 13,1–13 Samstag, 16. November

Habt einerlei Sinn, haltet Frieden!

Paulus spricht deutliche Worte in seinem Werben um die Korinther, damit sie »bei der Stange« bleiben und entsprechend leben. Er mahnt, er bittet, ja er fleht geradezu, dass sie sich selbst prüfen sollen in ihrem Herzen, ob sie treu im Glauben sind. Und er hofft inständig, dass er die ihm gegebene Vollmacht nicht nutzen muss. Das ist ein sehr bewusster und behutsamer Umgang mit Macht. Wo immer ich eine Leitungsfunktion ausübe, habe ich – informelle oder formelle – Macht. Wie nutze ich sie? Missbräuchliche Ausübung sehen wir nicht nur bei diktatorischen Staatslenkern, sondern auch in unserem beruflichen, gemeindlichen oder privaten Umfeld manchmal. Ein guter Indikator ist die Absicht hinter dem Machtgebrauch: Geht es um mein Ego oder dient es den Menschen? Paulus geht es hundertprozentig um das Wohl »seiner« Menschen in der Gemeinde.

Die zweite Frage bei Macht ist das »Wie« des Gebrauchs. Hier haben sich die Zeiten zur Antike deutlich geändert. War früher ein autoritärer Führungsstil gang und gäbe, ist heute eher demokratische Führung gefragt (auch wenn wir zurzeit wieder Rückschritte in der Welt sehen). Diesbezüglich ist Paulus sogar sehr modern: Er appelliert, argumentiert, er betet, er wirbt. Doch er kündigt auch konsequente Sanktionen an für den Fall des Nichtbewährens. Allerdings ist das Entscheidende hierbei, dass er die Menschen seiner Gemeinde mitnimmt in dem Entscheidungsprozess. Und er weiß sich von Gott beauftragt, kennt freilich auch die Grenzen seiner Vollmacht und ist bereit, dies vor Gott zu verantworten. Zudem richtet er sich immer wieder aufs Neue auf Gott hin aus und legt ihm seine Absichten zur Prüfung im Licht der Wahrheit hin.

Auf der anderen Seite haben unser Tun und unsere Entscheidungen immer auch Konsequenzen. Paulus ahnt, wie schrecklich Gottesferne sein muss. Und er will mit aller Kraft verhindern, dass die Korinther von Gott weg und in ihr Verderben laufen.

CLAUDIA KOLTER

Herr, ich danke dir, dass du uns jeden Tag neu mit allem ausstattest, was wir für unser Tun benötigen. Hilf uns, sorgsam mit dem Anvertrauten umzugehen.

Sonntag, 17. November — Psalm 51

Der Weg der Buße

Was mag sich der große König David bloß dabei gedacht haben, als er seinen Soldaten Uria, den Mann der Batseba, an die vorderste Front schickt, dort, wo der Kampf am härtesten ist, dort, wo er am ehesten im Kampf zu Tode kommt. Und dies alles nur, um sich danach Urias Frau unbeschwert nehmen zu können. Was mag sich David bloß dabei gedacht haben? Nichts! Zumindest nichts, was mit moralischen Bedenken zu tun gehabt hätte. Er wollte diese Frau, Batseba, haben; allein darum drehten sich seine Gedanken und ließen ihn diesen hinterhältigen Plan schmieden. Erst der Prophet Natan hat ihm die Augen dafür geöffnet, dass er sieht, was er getan und angerichtet hat: einen Mann in den Tod geschickt, eine Frau zur Witwe gemacht. David durchläuft einen Prozess der Buße, der in diesem Psalm seinen Niederschlag findet. Zunächst die Erkenntnis seines Vergehens. Jedes Vergehen – ob es offensichtlich ist oder nicht, ob jemand zu Schaden gekommen ist oder nicht – ist eine Sünde vor Gott, reißt einen Graben zu Gott auf, trennt von ihm. Nur Gott kann diesen Graben durch seine Vergebung zuschütten. Deswegen als zweites die Bitte: Entsündige mich, schaffe in mir ein reines Herz, gib mir vor dir die Chance zu einem Neuanfang. Mehr noch, und das ist das Dritte: Bewahre mich auch künftig durch deinen Geist, dass ich nicht wieder erneut den Graben aufreiße, lasse mich willig all das tun, was du willst. Und schließlich als viertes das Lob für Gottes Werk: Er ist Mitwisser unseres Handelns und prägt unser Gewissen, so dass wir unser Vergehen erkennen und Vergebung erhalten können. – »Sünder sind wir allzumal«, schreibt Paulus im Römerbrief (3,23). Nicht nur König David muss diesen Weg der Buße gehen. Es ist unser Weg, den der Psalm beschreibt, damit wir nicht von Gott getrennt bleiben.

CHRISTIAN RENOVANZ

Als Sünder stehen wir vor dir. Schenke uns die Einsicht für unser Fehlverhalten und vergib uns, wo wir gegen dich gesündigt haben. Gib uns deinen Geist, damit wir deinen Weg gehen, denn bei dir ist Gnade und die Gerechtigkeit, die vor dir gilt.

2 Petrus 1,1–11   Montag, 18. November

Einführung zum 2. Petrusbrief auf Seite 424ff.

Petrus als Wegweiser

Wohl jeder Romtourist besucht den Petersdom. In der Vierung der Barockkirche befindet sich unter einem imposanten Baldachin der Papstaltar. Dieser markiert die sogenannte Confessio, die Stelle des mutmaßlichen Petrusgrabes. Ist der heutige Bau in seiner Bildsprache auch das Ergebnis eines kirchengeschichtlich gewachsenen Verständnisses der Person des römischen Bischofs als Papst, so bleibt St. Peter in seinem Kern doch eine Memorialkirche für den Apostel Petrus.

Dessen besondere Rolle im Jüngerkreis dokumentiert auch 2 Petrus. Dieser ist, unter der Autorität des Apostels durch einen unbekannten Verfasser (vielleicht ein hellenistisch gebildeter Judenchrist nach dem Beginn des 2. Jahrhunderts, so H. Frankemölle, 1. und 2. Petrusbrief. Judasbrief, Würzburg ²1990 [NEB. NT 18.20] 82) geschrieben, »ein außerordentlich wohldurchkomponierter und in sich formal thematisch stimmiger theologischer Brief« (ebd. 76). Sein Ziel ist die konkrete Verwirklichung der »Berufung und Erwählung« (V. 10) der Christen im Alltag. Wie dies für »unser Leben und unsere Frömmigkeit« (V. 1) konkret aussehen soll, wird in Form eines Katalogs in den Versen 5 bis 7 in klassisch-antiker Diktion erläutert: Streben nach Tugend und Erkenntnis, Selbstbeherrschung, Ausdauer, Frömmigkeit (d. h. den Willen Gottes tun), Brüderlichkeit unter den Christen und Liebe zu allen Menschen. Wer als Christ so lebt, der besitzt eine Eintrittskarte in das ewige Reich Gottes (V. 11).

Letztlich mahnt unser Lesetext eine Selbstverständlichkeit an. Der Glaube muss sich im Alltag bewähren – und er muss dort sichtbar werden. Dazu bedarf es keiner zusätzlichen Anweisungen. Die Frohe Botschaft vom Reich Gottes liegt in der Schrift vor. Sie praktisch umzusetzen, das ist gleichzeitig Aufgabe und Herausforderung.

JOSEF RIST

Nicht jeder, der zu mir sagt: Herr! Herr!, wird in das Himmelreich kommen, sondern wer den Willen meines Vaters im Himmel tut.

Dienstag, 19. November · 2 Petrus 1,12–21

»Diese Stimme, die vom Himmel kam, haben wir gehört« (2 Petr 1,18)

Zu den eindrücklichsten Erzählungen der Evangelien zählt die Verklärung Jesu (Lk 9,28–36). Petrus, Johannes und Jakobus werden auf einen Berg geführt, und Jesus erscheint ihnen dort in »strahlendem Licht« (Lk 9,32), während eine Stimme ihn als den Sohn Gottes offenbart. Die Anwesenheit des Petrus und die Schilderung des Ereignisses betonen die besondere Stellung des Apostels.

Dieser Vorrang bildet die Grundlage für die Mahnungen des 2 Petrus. Der unmittelbar bevorstehende Tod des Verfassers (V. 14) macht die Weisungen zu einer Art Testament, das zukünftig jederzeit greifbar ist (V. 15). Grundlage der hier entfalteten Autorität des Petrus ist seine Augen- und Ohrenzeugenschaft bei der Verklärung: Der Apostel sieht den verklärten Herrn und hört die Stimme Gottes (V. 16f.). »Stärker kann die göttliche Legitimation der apostolischen Tradition, besonders der Lehrautorität des Petrus durch einen Offenbarungsvorgang nicht betont werden.« (H. Frankemölle, 1. und 2. Petrusbrief. Judasbrief, Würzburg ²1990 [NEB. NT 18.20] 98) Folgerichtig sind das »Wir« der Apostel (V. 16.18.19) und das »Ich« des Petrus (V. 12.15) identisch (vgl. ebd.). Im Anschluss betont unser Lesetext, dass das Zeugnis des Petrus auch mit der »Weissagung der Schrift« (V. 20) – bzw. synonym dazu das »Wort der Propheten« (V. 19) – übereinstimmt. Gestützt auf diese doppelte Legitimation – apostolische und schriftgemäße Autorität –, tritt Petrus im weiteren Brief den Irrlehrern entgegen.

Auch im Glauben stehen wir auf den Schultern derjenigen, die vor uns Jesus begegnet sind und seine Botschaft gehört haben. Sie können uns Vorbilder sein und Anregungen für die Gegenwart schenken. In besonderer Weise trifft dies auf die Apostel zu. Unter ihnen kommt Petrus eine besondere Bedeutung zu.

JOSEF RIST

Und er wurde vor ihnen verwandelt; sein Gesicht leuchtete wie die Sonne und seine Kleider wurden weiß wie das Licht.

Fake News

Die sozialen Netzwerke haben unser Kommunikationsverhalten grundlegend verändert. Eine negative Folge dieser Entwicklung sind Fake News, d. h. bewusst manipulierte oder frei erfundene Nachrichten. Zwischen Wahrheit und Lüge zu unterscheiden, ist so schwieriger geworden, manchmal ist dies nur mit großer Mühe möglich.

Vor einer ähnlichen Situation sieht unser Lesetext sein Publikum. Ihm bietet 2 Petrus eine eindeutige Unterscheidung an. Inhaltlich und sprachlich steht das zweite Kapitel in enger Verbindung mit Judas 3–16 (Vgl. H. Frankemölle, 1. und 2. Petrusbrief. Judasbrief, Würzburg ²1990 [NEB. NT 18.20] 100f. bzw. 132–140). Petrus bezeichnet seine Gegner als »falsche Lehrer«, die »verderbliche Irrlehren« (V. 1) verbreiten. Sie sind sittlich verdorben (V. 2.10) und täuschen die Gläubigen »mit verlogenen Worten« (V. 3). Die falsche Lehre zeigt sich also unmittelbar in der falschen Lebensführung. In der Forschung werden die Irrlehrer meist in Parallele zu Judas als »frühgnostische Libertinisten« (ebd., 106) identifiziert. Ihnen ist das Gericht Gottes gewiss (V. 3). Dessen Handeln in der Geschichte beschreiben biblische Beispiele in den Versen 4–10a (im Griechischen übrigens eine einzige Satzperiode [!] mit Gott als Subjekt, vgl. ebd., 101), beginnend mit dem Engelsturz (V. 4). Auch wenn Gott Geduld zeigt, ist sein Gericht unausweichlich (V. 9).

Der eindeutigen Positionsbestimmung unseres Lesetextes liegt eine wichtige Erkenntnis zugrunde: Die Orthodoxie, der rechte Glaube, zeigt sich in der Orthopraxie, im richtigen Handeln. Fallen beide auseinander, so kann christliches Leben nicht gelingen. In diesem Sinne ist unser Lesetext ein Aufruf, sich unter diesem Aspekt einmal selbst zu prüfen.

JOSEF RIST

Fehlt es aber einem von euch an Weisheit, dann soll er sie von Gott erbitten; Gott wird sie ihm geben, denn er gibt allen gern und macht niemandem einen Vorwurf.

Donnerstag, 21. November — 2 Petrus 2,12–22

Die falschen Wegweiser

Wer kennt sie nicht? Die Menschen, die immer und überall lästern, was das Zeug hält? Diejenigen, die den Hals nie voll genug bekommen. Genau diese liebenswerten Zeitgenossen, die immer sehr genau wissen, wo es langgeht, und nicht merken, wenn sie den geraden Weg längst verlassen haben und in die Irre gehen! Alle kennen sie! Den aufgeblasenen Wichtigtuer, der andere öffentlich schlechtmacht. All die Besserwissenden, die aus ihrer eigenen Blase nie herausgekommen sind, aber Gott und die Welt jederzeit und unaufgefordert erklären können. Die großen, wuchtigen Bilder beeindrucken mich, wenn zu diesen lästernden und betrügenden Menschen im Petrusbrief gesagt wird: »Diese Menschen sind Quellen ohne Wasser, sie sind Wolken, die der Sturm vor sich herjagt; für sie ist die dunkelste Finsternis bestimmt.«

Was mir auffällt, wenn ich die Zeilen aus dem Petrusbrief lese, dass ich automatisch immer an »die Anderen« denke. Ihre Fehltritte und Fehler stören mich und ich entdecke sie überall – mich selber habe ich dabei eher selten im Blick. Der Petrusbrief spricht in starken Worten und Metaphern von Betrügern, Habgierigen und Ungerechten, er nennt sie auch die »Gottlosen« – nein, dazu möchte ich nicht gehören, in die Gottesferne will ich mit meinem Verhalten nicht geraten! In diesen Zeilen, in negativer Formulierung versteckt, entdecke ich die Schlüsselworte, um nicht in die Irre zu gehen. Positiv übersetzt: »Erkenne den Herrn und Retter Jesus Christus« und »Erkenne den Weg der Gerechtigkeit«!

Der Petrusbrief, der an dieser Stelle vor den falschen Wegweisern, vor den Irrlehrern warnt, ist eine Mahnung an mich und zugleich eine Empfehlung und Einladung, eigene Irrwege zu verlassen und in Jesus Rettung und Freiheit zu finden. Wenn das gelingt – dann führt der Weg zum Leben, dann werde ich, dann werden wir zur Quelle, aus der das Wasser fließt.

PETRA DIERKES

Du, Gott des Lebens, du bist der Retter, rette mich aus meinen Verstrickungen, schenke mir einen liebenden Blick. Du bist die Gerechtigkeit, ich darf in deiner Nähe leben und dein Wort weitersagen jeden Tag. Du bist die Quelle, aus der ich trinke, lass mich dein lebendiges Wasser weitergeben.

2 Petrus 3,1–10   Freitag, 22. November

Voll Geduld auf Gott warten

Wenn Prominente nach ihren Schwächen gefragt werden, dann bedauern sie oft freimütig, dass sie zu ungeduldig seien. Keine Geduld zu haben – wer das zugibt, signalisiert gleichzeitig immer noch ein wenig, dass er oder sie eigentlich zielstrebig und erfolgsorientiert unterwegs ist. »Okay, ich könnte mir ein wenig mehr Zeit auf meiner Karriereleiter gönnen ... – aber Geduld ist halt nicht meine Stärke ...«

Menschen, die ungeduldig sind und schnell die Nerven verlieren, können aber für ihre Mitmenschen ganz schön nervig sein. Unter den Christinnen und Christen der ersten Jahre vertrauten sehr viele auf eine schnelle Wiederkunft des Herrn. Mit jedem Tag, den der Herr auf sich warten ließ, wuchsen die Zweifel – steigerte sich ihre Ungeduld. Und wo Ungeduld und Unglaube zuhause sind, wird es schnell ungemütlich. Da fehlt die Zuversicht – das Vertrauen: Vielleicht wird das ja nichts mit der ersehnten Ankunft des Messias? Vielleicht war alles doch irgendwie nur eine schöne Geschichte, viel zu schön, um wahr zu sein? Aber am Ende ein hoffnungsloses Unternehmen!

Dem setzt Petrus sein Vertrauen, seinen unerschütterlichen Glauben entgegen. Der Herr wird schon kommen, auch wenn bei Gott tausend Jahre wie ein Tag sind. Gott hat andere Maßstäbe als wir Menschenkinder, nur Geduld.

Das gilt auch uns, die wir inzwischen schon im Jahr 2024 auf die Wiederkunft des Herrn warten. Warten wir eigentlich noch? Erwarten wir sehnsüchtig seine Wiederkunft? Oder sind wir wie die Promis, die ihre Ungeduld nur rhetorisch nach vorne schieben? Wer wirklich geduldig auf den Herrn wartet, der darf schon heute darauf vertrauen, dass er wirklich kommen wird. Das bezeugt nicht nur Petrus – sondern das bezeugen alle die, die voller Hoffnung Tag für Tag geduldig warten. Und in der Wartezeit, so Petrus, ist wiederum Gott voll Geduld, dass alle zur Umkehr gelangen und keine und keiner zugrunde geht.

PETRA DIERKES

Du, unser Gott, wir vertrauen dir, dass du immer schon da bist, wohin wir auch kommen. Wir vertrauen dir, dass du uns kennst und voll Geduld mit uns unterwegs bist. Wir vertrauen dir, dass du uns in guten und in schweren Tagen mit deiner Liebe begleitest.

Samstag, 23. November — 2 Petrus 3,11–18

Ein neuer Himmel und eine neue Erde

»Wir erwarten einen neuen Himmel und eine neue Erde, in denen die Gerechtigkeit wohnt!« Was für ein wunderbares Bekenntnis! Dieser kurze Satz bringt die christliche Grundordnung auf den Punkt. Christinnen und Christen laufen dabei nicht mit einer billigen Vertröstung auf irgendeinen Sankt Nimmerleinstag durch die Welt – sie vertrauen auf den Herrn. Vertrauen darauf, dass Gott wirklich alles neu – alles heil und gerecht machen wird. Dass Gottes Gerechtigkeit einziehen wird. Dass Krieg, Hass und Unfriede – all die Ungerechtigkeiten dieser Welt ein Ende haben werden.

Ein neuer Himmel – eine neue Erde wird uns nicht einfach so geschenkt. Es reicht nicht, die Hände in den Schoss zu legen und darauf zu vertrauen, dass es der Herr alleine schon richten wird. Ganz im Gegenteil: Christinnen und Christen sind aufgefordert, schon hier und heute an diesem neuen Himmel – an dieser neuen Erde mitzubauen. Maßstab und Richtschnur für das christliche Handeln kann immer und überall nur die Gerechtigkeit sein. Denn nahezu alle Probleme auf unserem Planeten hängen mit ungerechten Strukturen, ungerechtem Handeln, ungerechten Menschen zusammen. Der Hunger der Welt könnte gestoppt werden, wenn wir die Gaben der Erde gerecht verteilen würden. Wo Arbeiterinnen und Arbeiter ihren gerechten Lohn bekommen, da haben Not und Elend ein Ende. Wo Menschenrechte beachtet werden, Flüchtlinge aufgenommen und Minderheiten nicht länger am Rand bleiben, da schimmert schon jetzt ein neuer Himmel durch. Wo Unrecht bekämpft wird und das Recht zur Geltung kommt, da kann der Friede gedeihen, da wird friedliches Zusammenleben überhaupt erst wieder möglich. Alle, die sich stark machen für eine Welt, in der die Gerechtigkeit wohnt, leben schon hier und heute diesen neuen Himmel – diese neue Erde.

PETRA DIERKES

Gott des Lebens, du ersehnst eine neue Erde, auf der alle willkommen sind, wo die Gerechtigkeit groß ist. Du ersehnst eine neue Erde, die alle nährt, wo Große und Kleine ohne Hunger einschlafen können. Du ersehnst eine neue Erde, die den Krieg nicht kennt, wo der Himmel auf der Erde wohnt. Du ersehnst eine neue Erde, wir sehnen uns mit dir und leben darauf zu.

Jesaja 26,7–19   Sonntag, 24. November
Einführung zum Buch Jesaja 1–39 auf Seite 375ff.

Auferstehung – das Unvorstellbare glauben

Bei einer Umfrage im Jahr 2021 gab fast jeder fünfte Deutsche an, dass der Auferstehungsglaube für sein Leben entscheidend sei; diese Aussage stieg mit zunehmendem Lebensalter. Wie stehen wir zur Auferstehung, zu der Jesu Christi wie auch zu der unsrigen, dereinst? Schlagen wir uns eher auf die Seite derer, die sagen: »Die Toten werden nicht leben, die Verstorbenen stehen nie wieder auf«? Oder halten wir es mit denen, die sagen: »Aber deine Toten werden leben, die Leichen stehen wieder auf«? – Die vorliegenden Worte aus dem Buch des Propheten Jesaja sind eine Klage an Gott, weil sich Israel in einer schwierigen Situation befindet, bedrängt von Feinden. Diese Klage setzt mit einem Bekenntnis ein, mit einer Grundüberzeugung, die alles Folgende leitet: »Der Weg des Gerechten ist gerade, du ebnest dem Gerechten die Bahn.« Das erlebt Israel gerade nicht, leider. Es sehnt sich nach Gottes Nähe, nach seinem Eingreifen und dem Ebnen des Weges, indem er die Feinde vernichtet. So hat es Israel in der Vergangenheit immer wieder erlebt. Die Feinde, die dabei ihr Leben lassen mussten, sind und bleiben tot. In der jetzigen schier aussichtslosen Situation sucht Israel wieder Gott, fleht und schreit um Hilfe, schreit wie eine Gebärende. Aber während diese am Ende ein Kind zur Welt bringt, bewirkt das Schreien Israels nichts. Und dennoch ist da die Gewissheit, dass der Weg desjenigen, der ganz auf Gott vertraut, eben gemacht wird. So soll, so wird es jetzt auch geschehen, denn Gott ist treu. Und am Ende wird Israel als Volk wieder aufgerichtet werden und seine Toten werden auferstehen zum Lobe Gottes. – Gott ebnet den Weg des Gerechten, desjenigen, der auf Gott vertraut und sein Leben danach ausrichtet. Dieser Weg bricht nicht mit dem Tod ab. Das ist die Hoffnung, die Jesu Tod und Auferstehung uns vermitteln will: das Unvorstellbare glauben und daraus leben.

CHRISTIAN RENOVANZ

Lieber Vater im Himmel, wir sind gewiss, dass du an unserer Seite bist, uns begleitest und unseren Weg ebnest – im Leben, im Sterben und im Tod. Darauf vertrauen wir und daraus leben wir.

Montag, 25. November — Jesaja 56,1–8

Einführung zum Buch Jesaja 56–66 auf Seite 381ff.

Gottes Wunsch ist grenzenlos

Ist es nicht irgendwann genug? Sind nicht auch einmal die Grenzen des Wachstums erreicht? Im Wirtschaftsleben hört man häufig, dass nach langer Wachstumsphase irgendwann der Markt überhitzt. Auf Aufschwung folgt immer Rezession. Daran haben wir uns gewöhnt. Es geht nicht immer weiter, höher, schneller. Das aber ist nicht die Logik Gottes. Bei ihm geht es doch immer weiter, und gerade das Wachstum soll nicht aufhören: Gott kennt keine Grenzen für das Wachsen seiner Gemeinde. Er schließt niemanden aus. Er gibt sich nicht zufrieden mit dem Bestand und hört nicht auf, diejenigen um sich zu sammeln, die sich ihm zugewandt haben. Insofern ist der Herr maßlos.

Doch ist die Mehrung seiner Gemeinde nicht bedingungslos. Da darf man sich nicht vertun. Bedingungslos ist Gott, wo es um seine Liebe geht. Die ist jedem zugesagt, ohne Wenn und Aber. Doch um zu seiner Gemeinde zu gehören, bedarf es sehr wohl einer Anstrengung. Das geht nicht zum Nulltarif. Immer wieder hat das jedoch zu Missverständnissen geführt. Die Vorstellung vom »gottgefälligen Leben« hat viel Unheil angerichtet – als müsse man Gebote um Gebote erfüllen, um die Liebe Gottes zu verdienen. So aber ist es nicht.

Ge- und Verbote sollen den Menschen nicht knechten, man verdient sich durch ihre Beachtung nicht die Liebe Gottes. Aber sie sollen und können ein verbindendes Zeichen für die Gemeinde Gottes sein. Sie werden ein Erkennungsmerkmal, das Gottes Gemeinde miteinander verbindet und nach außen deutlich werden lässt: »Wir gehören zu Ihm und zueinander.« Alle Gebote aber, die zum Erkennungszeichen seiner Gemeinde werden, sind aufgehoben in dem einen Gebot: »Daran werden alle erkennen, dass ihr meine Jünger seid: wenn ihr einander liebt.«

Um auf diese Weise Gottes Namen, sein Denkmal zu erhalten, wie der Prophet Jesaja sagt. Der Bund, den Gott uns zugesagt hat, hat keine Grenzen. Er ist jedem zugesagt, der sich Gott zuwenden möchte.

JACOB JOUSSEN

Gib mir einen ewigen Namen und lass mich Teil deiner Gemeinde werden und bleiben. Bleibe grenzenlos in deiner Liebe zu deinen Menschen.

Jesaja 56,9–12 — Dienstag, 26. November

Meine Hirten-Verantwortung?

Offensichtlich waren die Zeiten früher nicht besser als heute, auch wenn wir das immer wieder hören und selber sagen: »Früher war alles besser.« Doch schon zu biblischen Zeiten wurde über »die da oben« geklagt. Es ist offenkundig kein Phänomen unserer Zeit, über die raffgierigen Herrschenden zu klagen, die sich nur die eigenen Taschen vollstopfen wollen und denen in erster Linie oder sogar allein ihr eigenes Wohlergehen am Herzen liegt. Die als gierige Hunde gesehen wurden, ausschließlich auf den eigenen Gewinn aus. Und ansonsten faul auf ihrer Haut liegen.

Doch damals wie heute ist das ein billiger Vorwurf. Menschen, die bereit sind, sich mit ihren Gaben einzubringen, die bereit sind, Verantwortung zu übernehmen, sind für jede Gesellschaft, auch für jede kirchliche Gemeinschaft, essenziell. Der Nachweis, dass »die da oben« alle korrupt sind, bleiben dann vor allem diejenigen schuldig, die von ganz rechts oder ganz links außen diesen Vorwurf immer wieder erheben. Dabei ist das Engagement von Menschen, die Verantwortung übernommen haben, häufig überobligatorisch, der Einsatz verlangt ihnen so viel mehr ab, als ihnen (auch pekuniär) gedankt wird. Ja, auch »da oben« gibt es stumme, faule, korrupte Menschen. Aber hüten wir uns vor Verallgemeinerungen, die immer darauf abzielen, pauschal Menschen verächtlich zu machen und herabzuwürdigen.

Fangen wir lieber bei uns an: Übernehme ich Verantwortung? Bin ich bereit, mich einzusetzen? Ein guter Hirte zu sein? Was sind meine Gaben, die ich einbringen kann? Ich muss nicht gleich »ganz oben« mitwirken. Jeder und jede ist nach seiner bzw. ihrer Gabe berufen, sich einzubringen und mitzuwirken. Und wer sich so engagiert, wird sehen, dass das populistische Geschrei und Geschimpfe über »die da oben« hohl und leer ist. Entlarven wir die Populisten!

JACOB JOUSSEN

Zeige mir meinen Ort, an dem ich mich heute verantwortlich einbringen kann, an dem ich für andere wirken und ein guter Hirte sein kann.

Mittwoch, 27. November — Jesaja 57,1–13

Gott vertrauen!

Von alters her scheint es immer einen Kampf zwischen Gut und Böse, zwischen den Frommen und Gottlosen gegeben zu haben. Das dualistische Denken hat die Menschen von Beginn an geprägt, gerade auch im Christentum. Die Frommen, Gerechten auf der einen Seite, die Gottlosen, Ungerechten auf der anderen. Und wie schnell wähnten sich die Frommen als die Guten – und waren dann nicht gerecht, sondern selbstgerecht! Der Fromme blickt schnell herab auf alle anderen, auf die Kinder des Ehebrechers und der Hure, auf die mit ihren komischen Trankopfern. Und schnell ist man dann bei der Frage, wen die denn gefürchtet hätten, dass sie treulos wurden. Weil man sich selbst seiner Frommheit so sicher ist.

Diese Frage der Frommen wurde immer wieder auch Gott in den Mund gelegt – weil man sich eben nicht vorstellen konnte, dass man auch anders gottgefällig sein kann. Was für eine Anmaßung! Gott ist groß und gütig, und er will die Gerechtigkeit eines jeden Gerechten kundtun. Aber die Gerechtigkeit Gottes ist nicht die des Menschen. Unser Maß ist nicht göttlich, unser Maß ist menschlich. Fehlbar. Irrend. Für Gott zählt allein ein, nämlich sein Maßstab: Vertrauen.

Wer auf ihn vertraut, das ist der Leitfaden all seiner Zusagen an die Menschen, wird das Land erben und seinen heiligen Berg besitzen. Wer ihm vertraut, wandelt auf dem richtigen Weg und geht nicht in die Irre. Wer auf ihn vertraut, wird nicht untergehen, mögen die Stürme noch so toben. Da mag dann das Verhalten eines anderen befremden, man mag die Nase rümpfen und fragen, was er da tut. Doch nicht wir Kleingläubigen sind die, die darüber entscheiden, was Gott gefällt. Er allein ist es. Und ihm gefällt ein Vertrauen, das der Mensch ihm entgegenbringt, möge das Vertrauen auch gewagt und unbegründet erscheinen. Das Vertrauen in Gott ist es aber nie. Das ist seine Zusage.

JACOB JOUSSEN

Herr, wir sind oft zu ängstlich. Und verlieren den Mut. Trotz aller deiner Zusagen vertrauen wir nicht auf dich und deine Hilfe. Stärke in uns das Vertrauen auf dich.

Jesaja 57,14–21 — Donnerstag, 28. November

Nie wieder Krieg

Getrennte Welten stoßen aufeinander: hier der Heilige »in der Höhe«, dort die Zerschlagenen, die Opfer menschlicher Geschichte. Gott und Welt scheint eine unüberbrückbare Kluft zu trennen.

Doch: Was unmöglich erscheint, soll möglich werden. Denn der Erhabene ist nicht der Enthobene, der scheinbar Unnahbare sucht die Nähe der Menschen. Die Heiligkeit Gottes erweist sich in seiner heilenden Zuwendung, die zum Frieden führt.

Frommes Versprechen? Zu schön, um wahr zu werden? Die harte Wirklichkeit sieht doch anders aus. Der Krieg erobert wieder das Terrain der macht-politischen Optionen. Vergessen die Worte Jesajas von den Schwertern, aus denen Pflugscharen geschmiedet werden; seine Hoffnung, dass nicht mehr gelernt wird, Krieg zu führen. Überhört die zahllosen Schreie nach Frieden, die verhallenden Appelle. »Nie wieder Krieg«, so beschwor Papst Paul VI. 1965 die Mächtigen vor den Vereinten Nationen.

Aber sind denn alle »Pazifisten« weltfremde Fantasten, blind für die Realität? Im Gegenteil. Weil sie diese mit ihren Abgründen kennen, deshalb setzen sie die Utopie des Friedens dagegen, nicht als Hirngespinst, nicht weltfremd, sondern als Real-Utopie. Durch sie findet man sich nicht ab mit der scheinbar unabänderbaren Realität, kapituliert nicht vor ihr – um der Welt und der in ihr zu Opfern gemachten Menschen willen.

Und wenn dann doch in einer noch nicht »paradiesischen« Welt zu den Waffen gegriffen wird, dann kann es not-wendig sein, denen in schmerzlicher Solidarität beizustehen, deren Menschenrechte mit den Füßen getreten und deren Lebenshoffnungen zerstört werden – allerdings ohne jede Begeisterung für den »Stiefel, der dröhnend daherstampft« (Jes 9,4).

In einem Monat hören wir die weihnachtliche Botschaft: »Verherrlicht ist Gott in der Höhe, und auf Erden ist Friede bei den Menschen seiner Gnade.« (Lk 2,14) Der »Gott in der Höhe« ist uns Menschen endgültig nahe gekommen im »Friedensfürst« Jesus von Nazaret: aufrichtende, heilende und zugleich herausfordernde Botschaft vom Frieden.

EDGAR UTSCH

Herr, mach mich zum Werkzeug deines Friedens.

Freitag, 29. November — Jesaja 58,1–9a

Der Mensch: Weg zu Gott

Was können wir von Gott erwarten, wenn es hart auf hart kommt? Wenn wir nicht mehr weiter wissen angesichts des Elends in der Welt und der schmerzhaften Grenzen in unserem eigenen Leben? Wo bist du, Gott? – Das ist wohl die bedrängendste Frage unseres Glaubens, die aus der Erfahrung der Abwesenheit Gottes entsteht. Wer sucht, der findet. Eine naive Vorstellung.

Schon die Israeliten kannten dieses »moderne« Lebensgefühl und nutzten das ganze Arsenal religiöser Praxis, um Zugang zu Gott zu gewinnen. Sie beten und fasten, doch er bleibt unberührt. Brüsk bescheinigt er ihnen: »Wenn ihr eure Hände ausbreitet, verhülle ich meine Augen vor euch. Wenn ihr auch noch so viel betet, ich höre es nicht. Eure Hände sind voller Blut.« (Jes 1,15) Mit seiner drastischen Zurückweisung macht Gott also klar, warum ihm Gebet und Fasten ein Gräuel sind: Ihr könnt mich nicht finden mit dem Rücken zu euren Mitmenschen! Im Gegenteil: Der Mensch in seiner Not ist der Weg zu mir. Meine Nähe erfahrt ihr in der Nähe zu den Menschen.

Gott ist kein Konkurrent des Menschen. Es geht nicht um die leidige Frage, wem mehr zu dienen sei, Gott oder den Menschen. Gottes- und Nächstenliebe sind eins, wie Gott und Mensch in der Liebe eins sind. Diese Überzeugung des Ersten Bundes formuliert der 1. Johannesbrief für die frühe christliche Gemeinde: »Gott ist die Liebe, und wer in der Liebe bleibt, bleibt in Gott, und Gott bleibt in ihm ... Wenn jemand sagt: Ich liebe Gott!, aber seinen Bruder hasst, ist er ein Lügner.« (1 Joh 4,16b.20a)

Im Glauben dürfen wir darauf vertrauen, dass wir auf diesem »Menschen-Weg« das Ohr, ja, das Herz Gottes erreichen. Doch zugleich werden wir immer wieder erfahren und vor uns selbst und vor Gott eingestehen: Unsere Gebete sind oft »Worte ins Schweigen«, und das Suchen seiner Nähe bleibt nicht selten ein »klagendes Vermissen«.

EDGAR UTSCH

Gott, lass unser Herz in der Sehnsucht nach dir und in der Liebe zu den Menschen unruhig bleiben, bis es zur Ruhe kommt in dir.

Jesaja 58,9b–14   Samstag, 30. November

Uns geht ein Licht auf

Vom Dunkel war schon gestern die Rede: vom vergeblichen Suchen des Menschen nach Gott, vom zwecklos-frommen Bemühen um seine Nähe. Heute heißt es nun: »… deine Finsternis wird hell wie der Mittag.« Licht, »Aufklärung« wird uns versprochen. Allerdings nicht in erster Linie auf dem Weg, den wir modernen, rationalen Menschen bevorzugen, auf dem Weg der Vernunft. Gott verweist uns hartnäckig auf seinen Weg der Erkenntnis und der Nähe, auf den Weg der Liebe. Wenn wir so handeln, wie es Gott liebenden Menschen ermöglicht ist, dann erschließt sich uns der Sinn des Lebens und zugleich die Nähe Gottes. (1 Joh 4,7–21) Uns geht im wahrsten Sinne des Wortes »ein Licht auf«, wenn wir für andere zu »Lichtgestalten« werden.

In weiteren Bildern erinnert der Prophet an das göttliche Handeln in der Vergangenheit. Gott hat aus der dürren, lebensfeindlichen Wüste einen Ort der Befreiung gemacht und gegen alle menschliche Erwartung und Todesangst aus dem Felsen lebenspendendes Wasser sprudeln lassen. Aus dieser Glaubenserfahrung gewinnt der Prophet die Zuversicht für eine lichtvolle Zukunft, die letztlich über alle Tage hinausreicht.

Im morgen beginnenden Advent wird uns das neu bewusst, wenn wir uns auf den Weg zu dem Fest machen, dessen Geheimnis der Evangelist Johannes so beschreibt: »Das wahre Licht, das jeden Menschen erleuchtet, kam in die Welt.« (Joh 1,9) Dieses »Licht der Welt« beleuchtet unser alltägliches Handeln und macht es zum Erkenntnis-Ort göttlicher Nähe.

Wenn wir aber für unsere Verstorbenen beten: »Das ewige Licht leuchte ihnen«, dann tun wir dies in der Hoffnung, dass dieses Licht nicht nur ein Blitzlicht in dieser Welt ist, sondern das endgültige, lichtvolle Ziel unseres Lebens, das Reich des »Lichtes und des Friedens«, das mit Jesus von Nazaret schon nahe gekommen ist. (Mk 1,15)

EDGAR UTSCH

Jesus Christus, oft liegen unsere Lebenswege im Dunkel. Sei du unser Licht, damit wir auf ihnen deine Spuren erkennen und ihnen folgen können bis in deine lichte Ewigkeit.

Sonntag, 1. Dezember (1. Advent) — Psalm 24

Das Tor zum Menschen

Man stelle sich vor: eine Prozession, die durch die Straßen Jerusalems zieht, hinauf zum Tempel. Man hat Aufstellung genommen: vorneweg die Lade, die die Anwesenheit Gottes symbolisiert und zur Gewissheit macht, dann die Gruppe der Priester und schließlich das Volk, das Volk Gottes. Sie alle folgen der Lade, werden durch die Tore und Türen des Tempels gehen und dort einziehen, um Gott nahe zu sein und ihm zu begegnen. Es ist kein schweigender Marsch. Die Priester beten, die Prozessionsgemeinde respondiert. Die Priester sprechen ein Bekenntnis: Die Lade ist kein Götze wie bei anderen Völkern, sondern symbolisiert die Wohnstatt des Gottes, der unfassbar groß ist, der die Erde geschaffen hat, alle Lebewesen, alle Meere, einfach alles. Wer darf diesem Gott begegnen, fragen die Priester in der Liturgie und die Gemeinde antwortet: Wer reinen Herzens ist, ohne Lug und Trug, für den ist die Begegnung mit Gott ein Segen, der wird Anteil an Gottes Gerechtigkeit haben. Vielleicht ist die Prozession mittlerweile vor den Toren des Tempels angelangt und die Priester rufen: Machet die Tore weit und die Türen in der Welt hoch, dass der König der Ehre einziehe. Nein, es sind keine baulichen Maßnahmen nötig. Vielmehr kommt der Schöpfer dieser Welt und all dessen, was darauf ist, in seiner unendlichen Größe zu seinem Volk, um ihm zu begegnen. Die Priester fragen: Wer ist der König der Ehre? Wieder antwortet die Prozessionsgemeinde und preist seine Größe, seine Stärke, seine Macht. – Gott nimmt Wohnung in seinem Tempel und dort können die Menschen seines Volkes ihm begegnen. Das war die Vorstellung. Im 1. Korintherbrief (3,17) schreibt Paulus: »Der Tempel Gottes ist heilig, und der seid ihr!« Gott will den Menschen nicht im Tempel, in einem Gebäude begegnen; er will zu jedem einzelnen Menschen kommen, der sich ihm öffnet. Deswegen gilt der Ruf uns: Machet die Tore weit ...

CHRISTIAN RENOVANZ

Wir wollen dir angehören und warten auf dein Kommen. Wir machen unsere Tore weit und ziehen die Türen für dich hoch. Denn du bist unser Herr, der die Welt und alles, was darauf ist, geschaffen hat.

Jesaja 59,1–15a Montag, 2. Dezember

Advent ist Umkehrzeit

Der Prophet verkündigt, Gott helfe dem Gottesvolk (1)! Stattdessen sind die Zeiten unsicher. Vor Gericht kommen die Leute nicht zu ihrem Recht (9.14). Richter sprechen unklare Urteile. Ihre Worte beschönigen und vertuschen. So herrscht die Lüge (13–14). Und die deckt die Ungerechtigkeit, unter der viele leiden.

Der Prophet sieht die Lage anders. Von wegen, es liege nicht an uns, den normalen Leuten. Er macht die faulen Zustände an den Menschen fest: an ihren Händen und Füßen, Lippen und Zungen (3.7). Die Leute schauen nicht einfach Prozessen zu, die über sie hinwegrollen, sondern beteiligen sich an ihnen – mit Händen und Füßen, Lippen und Zungen, mit Worten und Taten, mit Schweigen und Nichtstun. Verlogene Sprachregelungen lassen sie stehen oder sprechen sie gedankenlos nach (13); ohne die Folgen zu bedenken, machen sie bei allem mit, was die Mehrheit doch auch macht.

Nur in Bildern deutet der Prophet an, um was es geht. Seine offenen Bilder (3–8) lassen sich mit Gegenwart füllen: mit Plastikmüll im Meer, mit Flut und Dürre wegen jahrzehntelangen CO_2-Ausstoßes, mit Artenverlust auf Feldern und zugebauten Flächen; mit der Not unterbezahlter Menschen.

Der Grund all dessen ist nicht schon, dass der Mensch kurzsichtig ist. Darunter liegt nochmal die Sünde, der Abfall von Gott (12f.). Deren Symptom ist, dass ICH oben stehe und alles meinem Wohlbefinden unterordne. Sünde heißt, die lebensfreundliche Quelle der Welt durch MICH zu ersetzen; Gott zu missachten – und von Gott nicht gesehen zu werden (1f.). Sünde bedeutet also, bei sich anzufangen und bei sich aufzuhören und nicht über sich hinauszukommen.

Wer nun Sünde bekennt, unterbricht sich selbst und fängt ab sofort mit Gott an. Advent ist Umkehrzeit. Wo sehe ich Sünde ein und bekenne mich zu ihr – statt auf andere zu zeigen? Wie kann ich mit Gott neu und anders anfangen? Wo sehe ich Gottes Spuren und folge ihnen? Welches Gebot Gottes spricht zu mir?

SEBASTIAN DEGKWITZ

Gott, mache mich ehrlich mit mir selbst. Beginne neu mit mir, damit ich neu mit dir beginne.

Dienstag, 3. Dezember   Jesaja 59,15b–21

Gottes doppelte Reaktion

Wie geht Gott mit Sünde um? Wie stellt sich Gott zu dem, was der Lebensfreundlichkeit Gottes feind ist?

Zunächst einmal lässt Gott die Sünde gewähren. Gott überlässt sie sich selbst – bis sie an sich selbst zugrunde geht. Was Menschen an Zerstörung in die Welt bringen, fällt auf sie selbst zurück (17–18). Das sieht wie ein Selbstläufer aus, ist aber Gottes Tat. Der Prophet nennt es Gottes Rache, Vergeltung und Grimm. Erschreckende Wörter für den Gott des Lebens! Sie halten aber fest, dass Gott sich nicht heraushält. Gott begibt sich hinein in die Irrwege der Menschen. Gott sorgt dafür, dass das Unrecht scheitert. Der Prophet mahnt, niemand solle sich täuschen: Nur scheinbar und eine Zeitlang kann jemand an Gott vorbeileben. Schließlich wird Gott einfordern, ihn zu fürchten als den, der er ist (19): als den Gott des Rechts (16) und des Friedens (8.17). Wer Unrecht tut und Unfrieden stiftet, wird damit nicht durchkommen. Irgendwann muss er doch Recht und Frieden anerkennen – und damit Gott, der Recht und Frieden stiftet und hütet.

Aber, so sagt der Prophet (20), Gott tut noch etwas mit der Sünde, etwas völlig anderes: Gott wird als Erlöser kommen. Der Erlöser lenkt nicht länger die Folgen der Sünde auf den Sünder zurück. Er beendet die Sünde, indem er aus ihr befreit. Er sorgt dafür, dass der Mensch zu sich kommt und sich von seiner besten Seite zeigt. Können und müssen die Menschen das nicht von sich aus tun? Sie müssen doch selbst einsichtig werden, auf Unrecht verzichten und eine Lebensweise ändern, die Unfrieden stiftet! Ja, die Menschen müssen sich selbst von der Sünde abwenden, müssen umdenken, aufhören und etwas Neues beginnen. Doch diese Bewegung gelingt, wenn der Erlöser kommt. Nur weil Gott sich zuwendet, nur weil Gottes Entgegenkommen das Herz bewegt, werden Menschen frei, Recht und Frieden zu fördern.

Adventlich zu leben heißt also: den Erlöser zu erwarten, auf ein großes Entgegenkommen zu setzen – und deshalb zu beginnen, anders zu leben.

SEBASTIAN DEGKWITZ

Gott, öffne neu in mir die Quellen der Lebendigkeit. Bring ans Licht, was in mir schläft: mein Glaube, meine Hoffnung, meine Liebe.

Jesaja 60,1–14 — Mittwoch, 4. Dezember

Das Licht der Versöhnung

Die Verse 1 und 2 zählen zu den schönsten, die im Advent gesprochen oder gesungen werden. Sie sind tröstlich und strahlend, festlich und triumphal. Gerade diese Mischung macht sie so anziehend. Sie haben den Adventsklang in den Gesangbüchern und in den Kantaten von J.S. Bach mitgeformt.

Dein Licht kommt! Wie in 59,20 sollen deshalb nun auch die Menschen Gott entgegengehen und ihr Licht zeigen. Ich kann mich den Worten des Propheten einfach überlassen, um selbst darauf zu kommen, was »licht werden« heißt: zum Beispiel heiter und leicht sein, zuversichtlich und offen, dankbar für Lichtblicke und selbst bereit, ein Lichtblick für andere zu werden. Jesaja 60,1 ist geradezu ein Aufruf, eine Adventskultur zu entwickeln: Versammelt euch und zündet Lichter an, esst und singt miteinander, unterhaltet und amüsiert euch! Und teilt von eurem Licht aus an die, die gerade in Finsternis sind!

Eigenartig sind die Bilder, die nun folgen (3–14): Weltweit sehen die Völker Gottes Herrlichkeit und wie das Gottesvolk sie spiegelt und ausstrahlt. Angezogen davon kommen sie mit ihren Königen nach Jerusalem. Die geben ihre Reichtümer ab, legen selbst Hand an und bauen die Mauern der geschleiften Stadt wieder auf. Das sind Hoffnungsbilder eines jahrhundertelang gedemütigten und ausgebeuteten Volkes. Was ihm angetan wurde, müssen seine Peiniger nun wiedergutmachen.

Ein Hauch von Demütigung und Genugtuung weht durch diese Bilder (14). Allerdings kommen die Völker und Könige, angezogen von Gottes Licht (3). Sie kommen aus freien Stücken und loben Gott für seine Taten (6). Lob kann nur von Herzen kommen. Es gehört zur Erlösung dazu, dass die, die Unrecht verübt haben, das endlich einsehen, ihren einstigen Opfern die Hand reichen und ihnen Ehre erweisen. Dann erst sind auch sie im Licht, und alle können gemeinsam Gott loben.

So gesehen malen diese Verse ein Bild der Versöhnung. Für uns ist die Frage: Gehöre ich auf die Seite der Gedemütigten? Oder auf die der Könige? Oder stehe ich auf beiden Seiten?

SEBASTIAN DEGKWITZ

Gott, versöhne uns. Lass die aufeinander zugehen, die getrennt leben.

Donnerstag, 5. Dezember — Jesaja 60,15–22

Mut in der Ohnmacht

Es gibt Situationen, in denen man sich klein und ohnmächtig fühlt. Man kann unterschiedlich damit umgehen. Ich kann in Selbstmitleid versinken, mich als Opfer fühlen und resignieren. Oder ich kann in meinem Herzen den Hass auf die Großen und Starken nähren. Vielleicht tröste ich mich mit dem Gedanken, dass ich der Gute bin und die anderen die Schlechten sind.

Das Volk Israel kennt Ohnmachtsgefühle zur Genüge. Es weiß, was es heißt, zwischen den Mühlsteinen der Großmächte zerrieben zu werden. Die Eroberung Samarias und die Auslöschung des Nordreichs durch die Assyrer 722, die Zerstörung Jerusalems 587 durch die Neubabylonier und die Deportationen der Oberschicht – diese Ereignisse haben sich tief ins Bewusstsein des Volkes eingegraben. Die Rückkehr aus dem Exil bringt einen Neuaufbau, aber immer wieder gibt es auch neue Situationen von Unterdrückung durch die jeweils dominierenden Großmächte.

Was gibt diesem gedemütigten Volk Halt? Der Glaube: Da ist ein Gott, der Ja zu uns sagt. Dieser Gott ist stärker als die Götter der anderen, mehr noch: Er ist der einzige Gott, alle anderen sind nur menschliche Erfindung. Er wird einst Gerechtigkeit unter den Menschen und Frieden unter den Völkern schaffen.

Die prophetischen Zusagen des dritten Teils des Jesajabuches machen Mut – auch uns heutigen Menschen. Wenn ich mich klein fühle, kann ich mich daran erinnern: Dieser Gott schenkt mir Würde und er stützt mich. Wenn ich mich ohnmächtig fühle, kann ich mir vergegenwärtigen: Dieser Gott ist mächtiger als alle, die sich so stark gebärden. Niemand kann mir die Würde nehmen, die ER mir schenkt. Ich muss nicht in Resignation versinken. Ich muss nicht Hass in meinem Herzen nähren. Ich tue, was in meinen Kräften steht, um meine Situation zu verändern – und alles andere lege ich in SEINE Hand.

HELMUT GABEL

Herr, du schenkst mir Würde. Du stützt mich, wenn ich mich klein und ohnmächtig fühle. Dein ist das Reich und die Kraft und die Herrlichkeit in Ewigkeit.

Jesaja 61,1–11   Freitag, 6. Dezember

Ein Gott, der aufrichtet

»Heute hat sich dieses Schriftwort erfüllt« – erklärt Jesus in der Synagoge seines Heimatorts, nachdem er die Anfangssätze dieses Kapitels vorgelesen hat. Mit diesen Worten, die das Jesajabuch dem endzeitlichen Gesalbten Gottes in den Mund legt, beschreibt Jesus seine Sendung – so schildert es Lukas in seinem Evangelium (Lk 4,16–21).

Darin besteht die Sendung des verheißenen Gesalbten: Er verkündet den Armen eine frohe Botschaft, er heilt die gebrochenen Herzen, er bringt Freiheit, er lässt aufatmen. Diesen Gesalbten verheißt das Jesajabuch am Ende der Zeiten.

Die Jünger Jesu beziehen diese Worte auf Jesus. Denn so haben viele Menschen Jesus während seines irdischen Daseins erlebt: Mutlose spürten neue Energie, Ausgegrenzte fanden eine neue Gemeinschaft, Schwache gewannen Selbstbewusstsein.

Wir haben durch die Taufe Anteil erhalten an dem Geist, der auf Jesus ruht. Wir haben dadurch teil an seiner Sendung. Wir sind gesandt, so mit anderen umzugehen, dass sie froher und freier werden. Wenn Menschen durch mich mutloser werden und sich nach der Begegnung mit mir bedrückt und beladen fühlen, dann stimmt etwas nicht. Dann gehe ich nicht in den Fußspuren Jesu.

Ein Seelsorger hat einmal von sich gesagt: »Ich frage mich nach jedem Gespräch, das ich führe: Geht der andere ermutigt weg? Ist er ein klein wenig zuversichtlicher und hoffnungsvoller geworden? Das ist für mich meine kleine persönliche Gewissenserforschung im Alltag!«

Möge es uns gelingen, im Sinne dieses Gesalbten zu handeln, den der dritte Teil des Jesajabuchs ankündigt. Mögen wir dazu beitragen, dass Menschen aufatmen können – und dass sie etwas spüren von Gottes Geist: dem Atem Gottes, der neues Leben schenkt.

                                                                      HELMUT GABEL

Herr, richte mich auf, wenn ich bedrückt bin. Schenke mir deinen Geist – deinen langen Atem, der mich durchströmt, wenn ich kurzatmig oder müde geworden bin. Befähige mich, andere aufzurichten. Lass etwas aufleuchten von dem Heil, das du uns verheißen hast.

Samstag, 7. Dezember — Jesaja 62,1–12

Gott freut sich über mich

Gott freut sich über mich – kann ich das glauben? Oder habe ich eher die Vorstellung: Gott schaut kritisch und skeptisch auf mich herab, rümpft die Nase und rechnet mir vor, was ich jetzt wieder falsch gemacht habe, wo ich einmal mehr versagt habe und wo ich erneut hinter seinem Anspruch zurückgeblieben bin? Ist Gott für mich eine Art Vorgesetzter, der vor allem an meiner Arbeit interessiert ist? Dem es in erster Linie wichtig ist, dass ich alles in seinem Sinne mache und meine Aufgaben erfülle?

Gott freut sich an seinem Volk – behauptet das Jesajabuch. Obwohl dieses Volk so oft untreu ist und auf anderen Wegen geht, als Gott sie ihm zeigt. Obwohl es oft eher den Blick auf seinen Gott verstellt als ermöglicht. Obwohl es oftmals ein schlechtes Aushängeschild für seinen Gott ist. Er freut sich dennoch an ihm – weil er es erschaffen und erwählt hat.

Jede und jeder von uns ist Teil dieses Volkes. Wir sind Glieder des neuen Gottesvolkes, und die Zusage des Propheten gilt daher auch jeder und jedem von uns. Gott freut sich über mich. Weil ich von ihm geschaffen bin, weil er mich so gemacht hat, wie ich bin – mit meinen Gaben, Talenten und Fähigkeiten, und auch mit meinen Grenzen und Schwächen. Ich bin kein »Montagsstück«, dessen er sich schämt, sondern ein gelungenes Werk seiner Hände, auf das er stolz ist.

Gott freut sich über mich – das kann ich mir gerade dann ins Bewusstsein rufen, wenn ich mich nicht mehr liebenswert fühle oder spüre, dass ich versagt habe. Gott freut sich über mich – das kann ich mir gar nicht oft genug sagen!

HELMUT GABEL

Gott, du liebst deine Geschöpfe, und es ist deine Freude, bei den Menschen zu wohnen. Gib uns ein neues und reines Herz, das bereit ist, dich aufzunehmen. Darum bitten wir durch Jesus Christus, deinen Sohn, unseren Herrn und Gott, der in der Einheit des Heiligen Geistes mit dir lebt und herrscht in alle Ewigkeit.

Von welchem Kampf ist die Rede?

Der Psalm gibt Antwort auf die Frage, was David meint, wenn er davon spricht, vom Herrn der Kampf- und Kriegskunst gelehrt worden zu sein. Bevor darauf aber eingegangen wird, gilt es die Kriegsparteien zu ermitteln: die leidenden Gerechten gegen die scheinbar triumphierenden Ungerechten. Diese genießen trotz ihrer rücksichtslosen Lebensweise (oder gerade wegen ihr) scheinbar allen Erfolg, während die Gerechten gerade von den Ungerechten verachtet werden und ihnen jegliche Art von Leid zukommt. Der unstillbare Durst Davids nach der Gerechtigkeit und der Verurteilung der Feinde ist unverkennbar, wenn er den Herrn darum bittet, seine Hände auszustrecken und ihn von der Verleumdung der Ungerechten zu befreien. Im Vergleich zu den Klagepsalmen fehlt hier der vorwurfsvolle Hilfeschrei wegen der misslichen Lage, vielmehr lobpreist er den Herrn inmitten dieser Umstände!

Im Lobpreis erkennt der Mensch die Größe des Herrn und wird sich zugleich seiner Vergänglichkeit bewusst, was David als Waffe im »Kampf« gegen die Ungerechten wertet. Konkret äußern sich die Ausdauer und Standhaftigkeit im Ertragen all des Leides als Kampf- und Kriegskünste, die ihm der Herr beibrachte. Ein Sieg der Gerechten auf Erden durch »echte« Waffen, der eine geordnete und gerechte Welt schaffen soll, ist weder gewollt noch wäre es ein sinnvoller. Der Sieg wird nicht durch Menschenhand erzwungen, er wird sich durch das Gericht Gottes verwirklichen. Das neue Lied, das David dem Herrn singt, erzählt von dieser kommenden friedvollen, harmonischen und gerechten Welt.

Das Paradox bei der Rede von Krieg und Kampf, den der Gerechte ohne Gewalt und Waffen führen soll, verdeutlicht, dass der Sieg der Gerechten in dieser Welt aussichtslos ist und die Hoffnung im Herrn liegt, der wegen seines Versprechens der ewigen Gerechtigkeit bei all dem Leid der lebensrettende Schild ist. Mit dieser Gewissheit fällt das Ertragen der Ungerechtigkeit und allen Leids manchmal gar nicht so schwer. Selig daher der, dem Gott der Herr ist!

DEJAN RISTIĆ

Auf die Gnade deines Erbarmens hoffend, rufe ich wie David zu dir: Erbarme dich meiner o Gott, nach deiner großen Barmherzigkeit!

Montag, 9. Dezember Jesaja 63,7–14

Wo ist er?

Krieg, Erdbeben, Naturkatastrophen, persönliche Schicksalsschläge – damals wie heute fragen Menschen nach Gott. Manchmal auch erst dann, wenn es ihnen schlecht geht, wenn sie nicht mehr weiterwissen und die Welt nicht mehr verstehen.

Wo ist Gott jetzt in unserem Leid? Ist er überhaupt irgendwo?

Auch das Volk Israel stellte sich diese Frage angesichts einer leidvollen Erfahrung. Wortwörtlich am Boden zerstört, denkt es zurück an vergangene schwierige Zeiten und brenzlige Situationen. In der Erinnerung an die unglaubliche Rettungsaktion durch Gott am Schilfmeer wird ihm bewusst, dass Gott seinem Volk immer wieder zur Hilfe gekommen ist. Mitten im Leid schöpft es Hoffnung: Gott rettete uns in den schwierigsten Situationen. Er wird uns doch auch jetzt nicht in unserem Leid und unseren Sorgen ertrinken lassen?!

Angesichts seiner Situation muss sich das Volk aber nun fragen: Haben wir Gott auch einen Raum in unserem Leben gegeben? Oder haben wir alles andere so in die Mitte gestellt, dass wir ihn an den Rand und schließlich aus unserem Leben herausgedrängt haben? Gab es in den guten Zeiten für Gott einfach keinen Platz und keine Zeit, weil alles andere wichtiger war?

Und wo ist Gott jetzt?

Gott ist da, ganz nah und er lässt uns auch heute nicht alleine in schwierigen und schmerzhaften Situationen. Doch dazu ist es nötig, ihm auch Raum in unserem Leben zu geben und ihn nicht an den Rand zu verbannen, den ich so lange aus den Augen verliere, bis ich mich hilfesuchend umsehe.

Gott will mit uns sein und mit uns durchs Leben gehen. Nicht nur im Leid, sondern an jedem Tag unseres Lebens.

Die Adventszeit ist dazu da, um uns auf SEINE Ankunft vorzubereiten. Sie bietet uns die beste Gelegenheit, neuen Platz in unserer Mitte zu schaffen, indem wir unser Herz zur Krippe für IHN machen.

CRISTINA BURKERT-HUBER

Eins aber, hoff ich, wirst du mir, mein Heiland nicht versagen: dass ich dich möge für und für in, bei und an mir tragen. So lass mich doch dein Kripplein sein; komm, komm und lege bei mir ein dich und all deine Freuden.

Jesaja 63,15–64,6   Dienstag, 10. Dezember

O Heiland, reiß die Himmel auf

Zurückweisung schmerzt! Das weiß jeder Mensch, der das schon einmal erleben musste. Auch der Prophet Jesaja kennt dieses Gefühl. Doch er wird nicht von einem anderen Menschen zurückgewiesen, sondern von Gott.

Er befindet sich mit dem Gottesvolk im Exil – fernab der Heimat und ohne den Tempel, dem Ort der Begegnung mit Gott. Allein das wäre schon schlimm genug, aber nun verschärft sich die Lage zusätzlich, denn von Gottes Zuwendung und Barmherzigkeit scheint in der Ferne nicht die geringste Spur zu sein.

Pure Verzweiflung spricht daher aus Jesajas Worten! Warum Herr, verhinderst du nicht, dass wir von deinen Wegen abkommen – dass wir unsere eigenen Wege ohne dich gehen, dass unsere Herzen mehr und mehr verstocken?

Jesaja klagt! Er klagt nicht nur über die Zustände, die er vorfindet – er scheut sich auch nicht davor, Gott anzuklagen.

Denn nachdem das Volk seinen Gott immer wieder und wieder vergessen hat, scheint sich Gott nun endgültig zurückgezogen zu haben. Er wirkt fern, ganz weit weg – unerreichbar.

Und trotz dieser ausweglosen Lage gibt Jesaja nicht auf! Trotz seiner negativen Erfahrung, trotz des Leides, der Einsamkeit, der Verzweiflung, der Trauer, des Schmerzes. Trotzdem oder gerade deswegen fleht er in seiner ohnmächtigen Situation um Gottes mächtiges Eingreifen! Die Sehnsucht nach den Zeiten, in denen alles besser war, treibt ihn. Daher fleht er Gott an, zurückzukehren.

Seine Worte fanden Einzug in ein altbekanntes Adventslied: »O Heiland, reiß die Himmel auf, herab, herab vom Himmel lauf, reiß ab vom Himmel Tor und Tür, reiß ab, wo Schloss und Riegel für.« (EG 7) Mit diesem Liedtext bitten auch wir jedes Jahr im Advent wieder – wie Jesaja – um Gottes erneute Zuwendung trotz unserer Fehltritte.

Und wie Jesaja vertrauen wir letztendlich auf Gottes Gnade, der uns auch dann schon sein Licht in Sichtweite stellt, wenn wir noch im Dunklen wandern. (Vgl. Jes 9,1)

CRISTINA BURKERT-HUBER

Barmherziger Gott, öffne unsere Augen, damit wir in den Dunkelheiten des Lebens nicht verzweifeln, sondern stets dein helles Licht im Blick haben.

Töpfernder Schöpfer

Jesajas klagendes, anflehendes Gebet geht weiter. Um Gott zum Eingreifen zu bewegen, erinnert er ihn an seine enge Beziehung zu seinem Volk.

Das Bild vom Ton und dem Töpfer taucht in der Bibel mehrfach auf (vgl. Gen 2,7, Jer 18,1–2, Röm 9,21). Kritisch kann man anmerken, dass wir als seine »Tongebilde« Gott völlig ausgeliefert sind. Er bestimmt, was aus einem nutzlosen, ungeformten Tonklumpen am Ende wird und ob überhaupt etwas aus ihm wird. Vor allem das Töpfergleichnis im Buch Jeremia und im Römerbrief lassen die Gedanken des Ausgeliefertseins aufkommen.

Doch im Buch des Propheten Jesaja wird nicht so sehr die Macht des Töpfers gegenüber seiner Werkmasse betont – der Fokus liegt hier auf Gottes Schöpfungskraft.

Aus jedem einzelnen Tonklumpen formt Gott ein einzigartiges und unverwechselbares Gebilde. Keines ist wie das andere und ist so, wie es ist, von Gott sorgfältig erdacht und gemacht.

Jesaja ruft mit dem Bild von Ton und Töpfer Gott zu: »Wir sind dein Werk! In jedem von uns liegt deine Schöpferkraft. Wir sind ein Teil von dir! Lass uns nicht fallen, damit wir nicht zerbrechen!« Jerusalem und der Tempel liegen bereits in Schutt und Asche. Und groß war die Angst, dass auch das gesamte Gottesvolk aufgrund seiner Fehltritte dem Untergang geweiht war.

Jesaja vergleicht den Menschen nicht mit einem fertigen Tongefäß, sondern mit einem Stück modellierbarem Ton, das seine vollendete, fertige Gestalt noch nicht erreicht hat. So hat es die Eigenschaft, sich von Gott immer wieder formen und umbilden zu lassen.

Gott verwirft uns nicht, auch dann nicht, wenn etwas in unserem Leben schiefgelaufen ist und unsere Tonmasse ihre von Gott bestimmte Form einmal verloren oder Schaden genommen hat. Mit seiner Schöpferkraft lässt er uns immer wieder neu werden.

CRISTINA BURKERT-HUBER

Gott, du Schöpfer allen Lebens, hilf uns, deinen Willen zu erkennen und danach zu handeln. Und wenn wir daran scheitern, dann wirke an uns mit deiner Schöpferkraft und mach uns neu.

Jesaja 65,1–10 — Donnerstag, 12. Dezember

Sich finden lassen

Mein kleiner Bruder war sehr gut im Verstecken. Oft so gut, dass wir das Suchen dann irgendwann einfach aufgegeben haben. Er saß mucksmäuschenstill in seinem Eck. Pfiffiger, winziger Kerl, erst hoch zufrieden, weil wir es nicht schafften ihn aufzuspüren. Dann irgendwann frustriert. Sauer. Gelangweilt. Bis er rausgekrochen kam und sich in das nächste einfädelte, was wir so taten.

Gott ist anders als der Kleine, oder eben doch nicht? Anders jedenfalls als wir Großen, die so schnell aufgaben. Gott lässt sich suchen, obwohl niemand nach ihm fragt. Lässt sich finden von denen, die nicht auf seinen Wegen gehen. Ruft: »Ich bin hier, ich bin hier!« Streckt die Hände aus nach denen, die ihn verraten.

Ein Gott, der straft, soll Gott sein im Alten Testament. Ein Rachegott, so wird behauptet. Eine antisemitische Verleumdung – denn hier zeigt sich ein anderer Gott, wie an so vielen Stellen der hebräischen Bibel. Gott hört nicht auf, sich finden zu lassen. Gott, die das Volk zurückgeführt hat nach dem Exil, Gott, die nicht mehr strafen will, Gott gleicht einer Mutter, trotz aller Zurückweisung.

Wie kann Gott so sein, frage ich mich? So langmütig? So geduldig? Dieses Verhalten verlangt doch nach Gerechtigkeit! Ich gehöre zu denen, die es nicht ertragen können, wenn Gott nicht gerecht ist. Wie soll Gott all das Böse ungestraft lassen? Die Gewalt an Frauen im Iran und in Afghanistan, die unfassbare Brutalität im Krieg gegen die Ukraine, all das Unrecht weltweit! Wie sollte Gott das ungestraft lassen?

Die Geduld hat ein Ende. Es wird nicht mehr vergessen und vergeben. Das Böse ist aufgeschrieben, en détail und wird heimgesucht. Ist er das nun wieder, der Gott der Rache? Aber Gott hört nicht auf zu fragen und zu suchen und sich finden zu lassen von denen, die ihm treu bleiben. In Gott findet das zusammen, was ich so oft nicht zusammendenken kann: Gerechtigkeit und Liebe, verborgenes Einfädeln in unser Leben!

ILKA SOBOTTKE

Gott, nach deiner Gerechtigkeit für diese Welt sehne ich mich und vertraue mich doch deiner Geduld an. Du fädelst dich ein in unser Leben, treu, spielerisch, verborgen. Wundersame Gegenwart.

Freitag, 13. Dezember — Jesaja 65,17–25

Stroh den Wölfen!

Neuer Himmel! Neue Erde! Nicht irgendwann, sondern hier und jetzt fängt das an. Nicht in einem Jenseits, kein Paradies auf der anderen Seite des Regenbogens. Es gilt für diese Welt ein Versprechen. Die Kinder leben. Keines verhungert. Das, was eine produziert, was einer baut, das wird nicht anderen zugutekommen. Ein klarer ökonomischer Gedanke steht hinter diesen Worten Jesajas: Wenn einer Güter anhäuft, geht das notwendig zu Lasten anderer. Wir heute meinen, es könne immer mehr von allem geben. Wir brauchen Wachstum, damit unsere Wirtschaft funktioniert. Wir müssen Sachen wegschmeißen, um der Konsumlogik zu folgen. In der Zeit von Jesaja war völlig klar: Die Güter dieser Welt sind begrenzt. Wenn einer mehr hat, mehr als ein Haus, mehr Land, als ihm zusteht, mehr als sie oder er braucht, dann muss das notwendig zu Lasten anderer gehen.

Wenn der Himmel neu wird und die Erde, dann ist das bei den Propheten der Gerechtigkeit eine Verheißung, die bedeutet: Es ist genug für alle da! Wer ein Haus baut, soll es bewohnen, wer etwas anpflanzt, soll es essen. Der Unsinn von unermesslichem Reichtum einerseits und bitterer Armut andererseits wird einfach abgeschafft.

Auch heute stellen wir fest: Die Erde ist nicht genug, damit alle unendlich prassen oder auch nur wenige. In einem riesigen Haus alleine wohnen, mehrere Wohnungen besitzen, das führt zur Wohnungsnot der anderen. Zu teuer die Wohnungen auf Sylt für Familien und Servicepersonal, zu teuer ist es im Zentrum von München und Mannheim für Rentner/innen. Sie werden vertrieben, da wo sie lange lebten. Am Ende wohnt da niemand. Häuser sind Spekulationsprojekte.

Neuer Himmel! Neue Erde: Die Langlebigkeit von Bäumen, die an ihrem Ort bleiben, wird zum Vorbild für das Leben des Volkes. Keine Angst, verjagt, verschleppt und heimatlos zu werden.

Dann werden die Spekulationswölfe Stroh fressen und mit den Lämmern gemeinsam weiden! Man tut nichts Böses mehr. So sagt das unser Gott.

ILKA SOBOTTKE

Du willst, dass unser Leben mit dir zu tun hat, Gott. Alles spielt eine Rolle. Wie wir wohnen, was wir haben. Du setzt gegen Maßlosigkeit und Gier den Sinn von »genug«. Lass mir an dir Genüge sein.

Jesaja 66,1–4 — Samstag, 14. Dezember

Fußschemel

Ein Fußschemel! Wozu soll der gut sein? Ein Fußschemel hilft, wenn jemand leicht kalte Füße bekommt, um sie nicht auf den kalten Boden stellen zu müssen oder wenn man zu kurze Beine hat oder um die Füße nicht in den Weiten des Himmels herumbaumeln zu lassen. Der Fußschemel dient der Bequemlichkeit. Die Himmel Gottes Thron, die Erde sein Fußschemel. Die Verhältnisse sind geklärt. So groß ist unser Gott. Könnt ihr das jetzt mal verstehen? Es ist einfach falsch, zu versuchen, mit Gott Geschäfte zu machen: Schlachtopfer. Oder ihm ein Haus zu bauen. Gott hat doch alles gebaut – mit seinen Händen. So groß ist Gott! Schon gar nicht kann Gott es ertragen, wenn Leute so tun, als würden sie ihm gehorchen, aber gleichzeitig anderen Göttern dienen. Gott lässt sich nicht verschaukeln.

Und wo sieht Gott hin? Auf die Armen, die Niedergeschlagenen, Gott wendet sich zu denen in der Schlange vorm Jobcenter, zerbrochenen Geistes, zu den Verschuldeten, den Wohnungslosen, den Verängstigten, Verfolgten, Heimatlosen, den Hungernden.

Gott, so groß – hat eine Erwartung an uns: dass wir seiner Gerechtigkeit folgen. Und dahin sehen: auf die in Not. Immer weiter klaffen Reichtum und Armut auseinander. Immer weniger können sich die einen vorstellen, wie die anderen leben. Immer selbstverständlicher ist es, auf die von Armut Betroffenen herabzusehen. »Die machen es sich nur bequem; soziale Hängematte!« Dabei arbeiten die meisten der Armen oder sind krank oder Kinder oder alt.

Gottes Blick verkehrt die Verhältnisse. Freundlichkeit für die, die in dieser Welt nicht mal Fußschemel, sondern Fußabputzer sind. Den Überheblichen aber, ihnen gilt Gottes Demütigung. Nicht um die Verhältnisse einfach umzukehren, nicht aus Rache. Die Welt soll eine andere werden. Bequem soll sie sein, unsere Erde – für die Armen zuerst, dann wird es auch für Gott bequem. Alle erkennen: So groß ist Gott, die Welt ein Schemel seinen Füßen!

ILKA SOBOTTKE

Gott, so groß bist du und alles ist von deinen Händen gemacht. Du siehst die in Armut und Not an, die Verzweifelten finden bei dir Hilfe. Du wendest meinen Blick und lehrst mich, dir neu zu vertrauen.

Sonntag, 15. Dezember (3. Advent) — Psalm 130

Zu Gott »Du« sagen

Vier Glocken – die Glocke der Reue, die Glocke der Vergebung, die Glocke des Wartens, die Glocke der Befreiung. Am Sonntagmorgen klingen sie zusammen: Die tiefste ist die »Reue«, die etwas hellere die Antwort »Vergebung«, und dann die beiden hellen: die Glocke »Warten« und die Glocke »Befreiung«. Der Akkord heißt dann »Du, HERR!« Mit dem großen Gott per »Du«, mit dem, den unser Verstand nie begreifen wird, per »Du« – welch Wunder! Topf und Töpfer, Geschöpfe und Schöpfer können sich auf einer Ebene begegnen – welch eine Gnade!

Dieser Psalm wird im Psalter als der sechste Bußpsalm geführt. Er wurde (und wird) gebetet als die große Bitte um Vergebung der Sünden.

Versuchen wir doch, diesen 130. Psalm einmal als eine Kette von Impulsen zu Exerzitien zu lesen!

– »Wer bin ich, HERR, vor dir, vor deiner Größe? Ich Unwürdiger!« – Ich denke nach über mein Bild von Gott, über mich vor Gott ...

– »Du siehst mich, du nimmst mich an, HERR, du vergibst mir.« – Ich denke nach über die zentrale Botschaft, dass Gott es ist, der zu mir kommt. Ich kann zu ihm nicht kommen, er wäre unerreichbar, wenn er sich nicht erreichbar machte. Das ist die Botschaft von Gottes Huld ...

– »Ich warte auf Gott.« – Ich halte Ausschau auf die Offenbarungen im Alltag. Wir alle haben darüber hinaus noch eine Vorstellung von einer großen Offenbarung am Ende der Tage – Was bedeutet dieses Warten der Christenheit für mich persönlich?

– »Er wird erlösen, befreien.« – Diese Zukunft, die jeden Tag schon erfahrbare Wirklichkeit ist: Befreiung. Und dennoch dieses Erwarten der großen Zukunft am Ende der Tage.

ALBRECHT SUDERMANN

Komm, o mein Heiland Jesu Christ, meins Herzens Tür dir offen ist. Ach zieh mit deiner Gnade ein; dein Freundlichkeit auch uns erschein. Dein Heilger Geist uns führ und leit den Weg zur ewgen Seligkeit. Dem Namen dein, o Herr, sei ewig Preis und Ehr.

Jesaja 66,5–14

»Das mütterlichste aller Wörter«

Ein eigenes Buch über die tröstende Kraft der Religion erschien Johann Baptist Metz notwendig. Es müsste ein Trostverständnis entwickelt werden, das den aus seiner Sicht verbreiteten Denk- und Erzählverboten von Trauer, Unschuldswahn und oft von Hilflosigkeit geprägten Umgangsweisen mit Leid begegne. Allzu schnell angebotene Tröstungsmuster dürften nicht wiederholt werden. Wer kennt solche Vertröstungen nicht, die das Leid wohl letztlich verharmlosen. Auch für manche Predigten gilt dies, in denen zum Beispiel mit dem Verweis auf die Auferstehung Leid und Trauer allzu schnell übersprungen werden.

Wenn Rilke davon spricht, dass aller Trost »trübe« ist, denkt er wohl an Vertröstungen. »Es wird schon wieder werden.« Eine wirklich helfende Kraft geht davon zumeist nicht aus.

Heute ein Jesaja-Text, der nicht in den Advent mit seiner Stimmung passen will. Vom tosenden Lärm, von Feinden und Vergeltung ist die Rede. Jesaja spricht die Rückkehrer aus dem babylonischen Exil an. Der »Evangelist des Alten Testamentes«, wie Hieronymus ihn nennt, verheißt angesichts ihrer bedrückenden Erfahrungen, Gott komme in seine Schöpfung und sorge für Heil, Gerechtigkeit und Frieden. Eine Hoffnungsbotschaft für alle Verfolgten, Traumatisierten und Zukurzgekommenen. Gerade ihnen spricht er Trost zu. Das Buch des Jesaja wird zu Recht das »Trostbuch Gottes« genannt.

Im künftigen Jerusalem werden die Menschen Trost finden. Die Gottesstadt und Gott selbst erhalten dabei kraftvolle weibliche, mütterliche Züge. In diesem Sinne ist für Fulbert Steffensky Trost »das mütterlichste aller Wörter«. »Wie eine Mutter ihren Sohn tröstet, so tröste ich euch; in Jerusalem findet ihr Trost.« Dies verheißt Jesaja für den Lebensweg, von der Geburt an über das Kindesalter bis hin zum Erwachsensein. Dieser Trost ist fernab von Vertröstung. Er ist wirkmächtig. »Euer Herz wird jubeln.« Neu atmen zu können, in das Leben zurückzufinden, das meint Trost in der Bibel. Wer Trost spendet, schenkt Leben.

MICHAEL SCHLAGHECK

Komm, du Trost der ganzen Welt. Komm, auf dass wir aufatmen und neu leben können.

Eine entlastende und ermutigende Vision

In der Zeit des Tritojesaja kehrten Juden nach Jerusalem zurück. Andere hatten sich im Exil ein Zuhause geschaffen. Sie ruft der Prophet nun zur Heimkehr auf und spart nicht mit großen Bildern von neuer Herrlichkeit, vom neuen Himmel und der neuen Erde. Zugleich wählt der Gerichtsprophet erschreckende Worte von JHWHs Zorn und seinem Drohen und noch im letzten Vers von Feuer und Abscheu.

Eine polarisierende Botschaft. Aber ist nicht dies das biblische Gottesbild, der liebende und zugleich zornige Gott? Der Psychoanalytiker und Theologe Dieter Funcke beklagt, dass aus Gott oft nur ein »lieber Gott« wurde. Dabei wäre es verkürzt, den zornigen Gott nur im Alten Testament sehen zu wollen. Auch hier wird vom barmherzigen und geduldigen Gott gesprochen sowie im Neuen Testament vom gütigen und liebenden Gott und seinem Zorn. Wer die Polarität nicht sehe, stehe in der Gefahr, Gott zu halbieren, ihn in dem Sinne zum Idealbild zu machen, das alles Bruchstückhafte verdränge und abspalte. Dieses Gottesbild könne zurückwirken auf die Vorstellung unserer eigenen Identität. Ambivalenzen anzunehmen, ist aber für gelingendes Leben unabdingbar.

Natürlich. Wir sehnen uns nach Heil und Ungebrochensein. Dies schenkt uns Kraft für innere Wandlungen und unser Engagement für würdevolles und nachhaltiges Leben. Hier und heute sind wir gefragt. Glaubende Menschen dürfen aber darauf hoffen, dass bei allem notwendigen Einsatz das letzte Heil durch Gottes Tat erreicht wird. Nicht einem persönlichen »Gotteskomplex« zu erliegen, sich selbst für allmächtig zu halten, entlastet. Ich schaffe »den neuen Himmel und die neue Erde«, spricht Gott nach Jesaja. Am Ende erlöst er die Welt, verschafft den Erschöpften Ruhe, verhilft den Armen zu ihrem Recht und sorgt für Frieden ohne Ende, sichert Nachkommenschaft und Name. Eine entlastende Vision, die als Maßstab zugleich zur kritischen Sicht der Gegenwart und zu Engagement ermutigt.

MICHAEL SCHLAGHECK

Komm, schaffe du den neuen Himmel und die neue Erde und lass uns sehen, wo wir dazu beitragen können und wo sie in unserem Alltag schon begonnen haben.

Lukas 1,1–17 Mittwoch, 18. Dezember
Einführung zum Lukasevangelium auf Seite 399ff.

Die Frage nach Gott nicht aufgeben

Der Isenheimer Altar fasziniert Menschen bis heute. Wir sehen Johannes den Täufer unter dem Kreuz. Dabei war er vor Jesus hingerichtet worden. Dem Maler Grünewald ging es eben nicht um geschichtliche Abläufe, sondern um Verkündigung.

Der überlang gemalte Zeigefinger des Täufers richtet sich auf Jesus. Deutlich werden soll, dass es allein auf Christus ankommt. Auf ihn müsst ihr schauen. Das Altarbild zeigt Johannes auf Jesus ausgerichtet. Die heutige Schriftstelle zeigt dies, indem die Lebensgeschichten der beiden verknüpft werden.

Außerordentliches geschieht. Einem kinderlosen Ehepaar im »vorgerückten Alter« wird ein Kind verheißen. In der Spur alttestamentlicher Erzählmodelle besonderer Geburten – und wie auch bei Maria – verheißt ein Engel die Geburt, offenbart die Zukunft des Kindes und gegen alle Bedenken wird die Zusage Gottes erfüllt. Verheißung und Erfüllung, ein Grundthema bei Lukas.

Das Altarbild zeigt Johannes als schroffe Gestalt, als »wilden Mann« wie der jüdisch-römische Chronist Josephus Flavius ihn bezeichnete. Auch Elija, dessen Geist und Kraft Lukas dem Täufer zuschreibt, wurde im Alten Testament so skizziert. Mit seiner Kraft predigt Johannes Buße und Umkehr. Er verkündet das nahe Reich Gottes. Eine ganz und gar adventliche Gestalt.

Er ist das Bindeglied zwischen dem alten und dem neuen Bund. Am Schluss des letzten alttestamentlichen Buches Maleachi wird von dem Boten gesprochen, der Gott den Weg bahnt. (Mal 3,1) Auf dem Isenheimer Altarbild hält der Bote Johannes das Alte Testament in der Hand und deutet auf Christus.

Mit der Geburt des Johannes weist Lukas auf die Geburt Jesu hin. Die stetig wiederholte Frage der Psalmen, wo Gott denn bleibt, wann er kommt, will Lukas mit »Zuverlässigkeit« beantworten. Dennoch bleibt uns diese Frage und wir können und wollen sie trotz aller kirchlichen Erosion, der tiefgreifenden Vertrauensverluste und persönlichen Zweifel nicht aufgeben.

Unsere Hoffnung: Gott kommt. Und wie bei der Geburt des Täufers werden wir uns »freuen und jubeln«.

MICHAEL SCHLAGHECK

Halte gegen alle Zweifel die große Sehnsucht nach dir und deinem Kommen in uns wach.

Donnerstag, 19. Dezember — Lukas 1,18–25

Stille Freude

Was bedeutet es, eine spirituelle Erfahrung zu machen, die einen verstummen lässt? Etwas Unerklärliches zu erleben? Läuft man nicht Gefahr, seine Glaubwürdigkeit zu verlieren, wenn man diese Erfahrung mit unserer »entgeistlichten« Welt teilen möchte? Fragen, auf die es keine einfache Antwort gibt.

Spirituelle Erfahrungen klingen für moderne Menschen oft abstrus. Gleichwohl sind viele Menschen unserer Zeit ständig auf der Suche nach dem »Spirituellen«. Dieses soll aber nicht übersinnlich oder obskur sein, sondern echt und erklärbar. Auch wir Christen suchen nach sinnfüllenden spirituellen Erfahrungen. Wir sehnen uns danach, dass Gott sich uns erklärt, und das mit handfesten Beweisen.

Während meiner Studienzeit konnte ich viele ökumenische Erfahrungen sammeln. Gespräche, Gebete, Gottesdienste, Gemeindeeinsätze usw. gehörten zum Programm. Immer wieder stand ich vor der Herausforderung, meinen Glauben mit dem, was sich mir auf diesem Weg eröffnete, in Einklang zu bringen. Oft wurde mein Mut belohnt und ich durfte Spiritualität in vielen Formen erleben. Es kam aber auch vor, dass ich in Anbetracht der Erfahrung lieber still blieb. Der »Spirit« wollte sich nicht auf Anhieb offenbaren.

Mit der Zeit lernte ich meine Geschwister kennen und lieben. Ich freute mich über den Austausch und die gemeinsame Zeit, trotz aller Unterschiede. Ich merkte, dass Gott mir besondere und bereichernde Erfahrungen schenkt. Nicht immer konnte ich sofort darüber sprechen, genauso wie Zacharias. Aber ich schaffte es irgendwie, mich still über Gottes Geschenke zu freuen und daraus zu lernen.

Wir alle erleben Gott auf besondere Weise. Viele sprechen darüber, andere bleiben stumm. Aber das Wissen, dass Gott uns in seiner Gnade annimmt, so wie wir sind, ermuntert uns zu neuen Schritten. Ist das nicht ein guter Grund, sich auch mal in Stille zu freuen?

EMMANUEL SFIATKOS

Herr, öffne meine Augen, dass ich deine Wunder sehe. Öffne meine Ohren, dass ich dein Wort höre. Öffne mein Herz, dass ich deine Liebe empfange. Öffne meinen Mund, dass ich deine Größe besinge, und mach mich zum Werkzeug deiner Gnade.

Gottvertrauen

Im Zentrum eines jeden Gottesdienstes, ob orthodox, römisch-katholisch, evangelisch oder freikirchlich, steht die Verkündigung der frohen Botschaft, das Evangelium. Dieses wunderbare griechische Wort verbindet alle Christen miteinander.

Der heutige Text beschreibt ein freudiges Ereignis, eine alttestamentliche Prophezeiung, die sich im Neuen Testament erfüllt. Eine junge Frau aus Galiläa spielt dabei eine Schlüsselrolle: Maria. Ihr tiefer Glaube, ihre Demut, ihre Ehrfurcht und ihr Gehorsam sind nach orthodoxem Verständnis wichtige Merkmale im Leben eines jeden Menschen, der sich zu Jesus Christus bekennt. Denn von Bedeutung ist nicht ihr Zweifel an den Worten des Engels, sondern das absolute Vertrauen in die alles erfüllende Gnade Gottes und den Heiligen Geist, der über sie kommen wird.

Gottvertrauen ist heutzutage Mangelware. Er lässt zu, so der Vorwurf, dass Menschen sich im Streit entzweien, leiden und sterben. Er lässt uns allein.

Viele Beispiele aus der Bibel und aus der Tradition der Kirche zeugen jedoch von einem Gott, der uns nahe ist, Trost spendet und Mut macht. Über das Bibelstudium hinaus ist für orthodoxe Christen die Gottesmutter Maria von besonderer Bedeutung. Sie nennen sie liebevoll »Mutter« und erbitten ihre Fürsprache, ihren Beistand. Sie bewundern ihren Mut und ihren Gehorsam und erkennen in ihrer Zustimmung zum Heilsplan Gottes eine besondere Form der Verkündigung. Ihr Gottvertrauen ist tröstlich und ermutigend, ihr Leben ein Vorbild.

Gottvertrauen ist eine Quelle der Freude, ein Ansporn, Seine Herrlichkeit in der Welt zu verkünden, trotz aller Katastrophen, seien sie natürlichen Ursprungs oder von Menschen verschuldet. Gottvertrauen ist ein Beweis unserer Liebe zu Gott und füreinander und setzt einen Prozess des ständigen Wachstums und der inneren Reifung voraus. Wenn das geschieht, können wir voller Freude sagen: »Herr, es geschehe, wie du gesagt hast.«

EMMANUEL SFIATKOS

Allheilige Gottesgebärerin, verlasse mich nicht all die Zeit meines Lebens, übergib mich nicht menschlichem Schutz, sondern nimm du selbst dich meiner an und erbarme dich meiner.

Eine Begegnung mit Folgen

Zwei Menschen begegnen und umarmen einander in Dankbarkeit. Sie teilen Momente, die Gott ihnen gewährt. Sie können es kaum fassen, dass die Alltäglichkeit der Erfüllung eines Versprechens weicht.

Was ist der Grund? Ist es der Schüler, der die Ergebnisse der Abiturprüfung erhält und dankbar seine Freunde umarmt, oder ist es eine unverhoffte, unerklärliche Heilung von einer Krankheit? Ist es der Abschied in Anbetracht des drohenden Krieges oder ein längst überfälliges Wiedersehen? Ist es die Patientin, die geduldig auf den Moment ihres Ausklangs wartet, mit dem sie pflegenden Fremden an ihrer Seite, der tröstend ihre Hand hält? Oder ist es der Feuerwehrmann, der allen Widrigkeiten zum Trotz nach über zehn Tagen ein verschüttetes Kind aus den Ruinen eines Erdbebens rettet und fest umarmt?

Es gibt Momente, da werden wir uns bewusst, wie klein wir sind, wie sehr wir Gott und Seine Umarmung brauchen und wie sehr wir auch einander brauchen.

Dabei begegnet uns Gott überall. Jede gemeinsame Erfahrung, ob Zweifel, Verlust oder Trauer, hinterlässt tiefe Spuren. Jeder Augenblick unseres Lebens, jede Prüfung ist eine Gottesbegegnung mit Folgen. Denn es gibt trotz aller Dunkelheit immer Lichtblicke, die einem Hoffnung machen.

Keine Begegnung mit Gott bleibt folgenlos. Seinen Willen anzunehmen ist kein Zeichen von Schwäche. Es zeigt unsere Dankbarkeit, unsere Liebe und unsere Hingabe zu Ihm. Alles so anzunehmen, wie es geschieht, gibt uns die Gelegenheit daraus zu lernen, Hoffnung zu schöpfen, innezuhalten oder – wie Johannes – vor Freude zu tanzen. Da, wo wir eingreifen können, dürfen wir uns nicht abwenden. Einander in Liebe beizustehen, bei Schicksalsschlägen, Verlust und Ratlosigkeit, lässt uns einander und auch Gott näherkommen. Es bedarf nicht vieler Worte. Es reicht eine innige Umarmung.

EMMANUEL SFIATKOS

Gott, du Quelle der Liebe, der Heilung, der Weisheit und des Friedens. Hilf uns in deiner Barmherzigkeit, einander in Freude und Respekt zu begegnen. Begleite uns auf unserem Weg, hinaus aus Trauer und Leid, denn du bist die Quelle unserer Freude.

Solidarisch beten mit Gefolterten

Menschen werden in Gefängnissen und Straflagern gefoltert – in vielen Ländern; wir denken an Schilderungen aus dem Iran, aus Russland, Nigeria, China. Die ersten Verse in Psalm 102 klingen wie Schreien und Stöhnen in einem Folterkeller: »Ich bin verbrannt, nur noch Haut und Knochen, ich habe nicht mehr die Kraft zum Essen, und wenn, dann muss ich Dreck fressen statt Brot. Man hat mich völlig fertig gemacht. Ich bin allein.« Der Beter des Psalms: ein Mensch, der systematisch gebrochen worden ist.

Die Alten neigten dazu, hinter dem, was Menschen einander antun, Gottes Tun zu sehen: »Du, Gott, hast mich zu Boden geworfen.« Dem müssen wir heute entgegenhalten: Hinter dem bösen Tun der Menschen steckt niemals Gottes Wille! Die Gefolterten wissen, wer sie quält, wenigstens so lange, wie sie nicht durch Schmerzen um ihren Verstand gebracht wurden.

Der zweite Teil des Psalms ist der Hilferuf »HERR, höre mein Schreien!«. Dieser Hilferuf ist ein Hoffnungsruf. Er richtet sich voller Vertrauen an den kräftigen Gott, welcher verheißen hat, den »Zion« wieder aufzubauen, diesen Kraftort. Der Hilferuf richtet sich an den HERRN, der alle Gefangenen und Todgeweihten befreien und ein neues Gottesvolk mit großer Zukunft entstehen lassen wird.

Unsere Lebenserfahrung entspricht nicht immer einer biblischen Hoffnungsautomatik, dass auf schreckliches Leid die Erlösung folgt. Manchmal ist kein Ausweg in Sicht, oft sterben die Gefolterten im Gefängnis oder die seelischen und körperlichen Folterwunden bleiben ein Leben lang. Dann bleibt uns nur die besondere Solidarität, das Mitbeten, das heißt Mitschreien mit den Verzweifelten, aber mit der bangend-gewissen Ahnung, dass der gute Hirte (Ps 23) mit seinem Stab ihnen den Rücken stützt.

ALBRECHT SUDERMANN

HERR, ich denke an Frauen und Männer, die irgendwo auf der Welt in Kerkern gefoltert werden. Ich möchte schreien mit ihnen. Ich kann nicht, weil ich weit weg bin. Ich bitte: Sei du Stütze in der Verzweiflung.

Montag, 23. Dezember — Lukas 1,57–66

Tradition und Neubeginn

Auch deshalb feiern wir Advent und Weihnachten:

Menschen müssen sich nicht abfinden mit einem »so war und so ist es eben« in ihrem Leben. Sie müssen ihre Träume und ihre Sehnsüchte nicht ersticken in geistloser Routine. Denn wer Advent und Weihnachten feiert, der vergegenwärtigt sich: Mit der Geburt des Gottessohnes gerieten Himmel und Erde in Bewegung. Menschen ging ein neues Licht auf, das ihnen neue Perspektiven trotz und in aller Dunkelheit schenkte. Von Gott her brach Neues an für alles Volk und alle Menschen. Nichts muss seither mehr »beim Alten« bleiben. Das galt für Weihnachten vor mehr als zwei Jahrtausenden in Israel. Und das gilt für Weihnachten im Jahr 2024 an allen Orten dieser Welt.

So erzählt Lukas von der biblischen Adventszeit: Gott hatte ganz unerwartet die liturgische Routine des hochbetagten Priesters Zacharias unterbrochen und ihm den bislang vergeblich ersehnten Sohn versprochen. Zacharias aber traute der Verheißung Gottes nicht und bezahlte seinen Unglauben mit dem Verlust seiner Sprachfähigkeit. Stumm musste Zacharias fortan seinen Tempeldienst verrichten.

Jetzt erfüllt sich Gottes Verheißung: Seine Frau Elisabet bringt einen Sohn zur Welt. Nachbarn und Verwandte raten, den Sohn gemäß der Tradition nach seinem Vater Zacharias zu nennen. Elisabet aber beharrt auf dem vom Engel genannten Namen Johannes. Diesmal folgt auch Zacharias der Ansage des Engels und schreibt auf eine Tafel: Er heißt Johannes. Dieser Name leitet sich ab von dem Hebräischen Jochanan: »Gott hat Gnade erwiesen.« Zacharias hat erkannt: Gott in seiner Gnade lässt Neues anbrechen für Elisabets und mein Leben! Und sogleich wird die Sprachlosigkeit von Zacharias genommen. Zacharias kann wieder reden und seine erste Rede ist ein großer Lobeshymnus an Gott.

NIKOLAUS SCHNEIDER

Gott, lass uns darauf vertrauen: Deine Gnade schenkt uns neue Anfänge und neue Perspektiven, nicht nur, aber auch in der Weihnachtszeit!

Weihnachten: Gott besucht alles Volk

Das »Benedictus«, der große Lobeshymnus des Zacharias an Gott, will nicht analysiert, sondern mitgesungen werden! »Gelobt sei der Herr, der Gott Israels! Denn er hat besucht und erlöst sein Volk!« – mit diesem Jubelruf nimmt Zacharias auch Christen und Christinnen mit hinein in Gottes »herzliche Barmherzigkeit«, die sich für uns im Weihnachtsgeschehen verdichtet.

Der Lobgesang des Zacharias verweist uns auf die unverzichtbare Bindung unseres Glaubens an Vergangenes und Zukünftiges. An bereits geschehene und an verheißene, noch ausstehende Heilstaten Gottes. An Heilstaten, die nur zu oft in einer nicht auflösbaren Spannung zu einer heillosen und leidvollen Gegenwart stehen. Das galt für Zacharias. Und das gilt auch für uns Heutige.

Im Lobpreis Gottes, dessen *Weihnachtsbesuch* in Betlehem allem Volk galt, stärken wir unsere Hoffnung auf Gott. Wir sagen einander zu, dass Gott seine Welt und seine Menschen auch zukünftig besuchen und erlösen wird. Heute, am Heiligabend, wollen wir einstimmen in den Lobgesang des Zacharias: Uns Menschen besucht das aufgehende Licht aus der Höhe, dass es erscheine denen, die sitzen in Finsternis und Schatten des Todes, und richte unsere Füße auf den Weg des Friedens. Und morgen feiern wir Weihnachten. Nicht damit wir von den »Schatten des Todes« unserer Gegenwart abgelenkt werden, sondern damit diese Todesschatten ihre absolute Macht über uns verlieren. Damit wir Mut gewinnen, uns den Todesschatten unserer Gegenwart zu stellen. Damit wir Wege des Friedens suchen und finden und gehen.

NIKOLAUS SCHNEIDER

Gelobt seist du, Gott Israels! Gelobt für deine Barmherzigkeit, dein Heil und deine Gegenwart für alles Volk erfahrbar zu machen. Lass auch unser Leben, Denken, Glauben und Handeln von deinem Licht besucht und beschienen werden.

Mittwoch, 25. Dezember (1. Weihnachtstag) Lukas 2,1–14

Tausend Mal gehört ...

Ein Lied von Klaus Lage kommt mir beim Lesen spontan in den Sinn: Tausend Mal berührt ... Und auch die Hoffnung, dass es »zoom« machen möge! Es gibt wenige andere Geschichten der Bibel, die uns so im Ohr klingen wie diese Weihnachtsgeschichte nach Lukas. Immer noch und immer wieder neu kann diese alte Geschichte uns bewegen.

Zunächst wird erzählt, was sich wohl häufiger »begab«: Die regierende Macht will eine verlässliche Basis für Einnahmekalkulationen. Steuerlisten werden ausgelegt, die Menschen sollen sich darin erfassen lassen, und zwar nach einem System, das staatlicherseits vorgegeben ist und ihnen einiges zumutet. So müssen Maria und Josef als verlobtes und damit rechtlich schon gebundenes Paar nach Betlehem ziehen. Die Schwangerschaft Marias wird lapidar erwähnt als ein gewöhnliches Faktum. Die Herberge in Betlehem ist überfüllt. Es gibt keinen Raum für Maria und Josef, der eine intime Privatsphäre erlaubte. Und auch kein Bettchen für das Neugeborene – die Futterkrippe war dann nicht die schlechteste Lösung.

»Soll Jesus Christus als Gott beschrieben werden, so darf nicht von seiner Allmacht und Allwissenheit geredet werden, sondern von seiner Krippe und seinem Kreuz.« – Diese theologische Einsicht verdankt Dietrich Bonhoeffer der Weihnachtsgeschichte des Lukasevangeliums. Die Gottheit Jesu ausgerechnet in seiner Krippe zu glauben – das fiel und das fällt Menschen schwer. Gerade in unsicheren und dunklen Zeiten verlangen sie nach Gottesbildern, die von Gottes Unverletzlichkeit, Allmacht und Allwissenheit zeugen. Die Weihnachtsgeschichte aber rückt Gott nicht in eisige Ferne. Sie zeigt uns einen Gott, den es nach Fürsorge und Liebe von uns Menschen verlangt. Ein ganz naher Gott – Gesegnete Weihnachten!

NIKOLAUS SCHNEIDER

Gott, in dieser Welt wirst du für uns erfahrbar in der Schwachheit und Verletzlichkeit eines Menschenkindes. Lass uns mit dieser Zumutung leben und glauben lernen.

Lukas 2,15–20 — Donnerstag, 26. Dezember (2. Weihnachtstag)

Dennoch-Vertrauen!

Christenmenschen brauchen gesegnete Augenblicke, die sie mit einem widerständigen *Dennoch-Vertrauen* zu Gottes Menschennähe und Menschenliebe erfüllen. Gesegnete Augenblicke, in denen die Klarheit Gottes uns erfüllt – in aller Dunkelheit und trotz aller Dunkelheiten, die unser Leben weiter beschweren. So wie es damals, vor mehr als 2000 Jahren, für die Hirten auf dem Feld bei Betlehem war. Als für sie der Himmel aufriss, als die Klarheit Gottes sie erleuchtete und als die klare Weihnachtsbotschaft des Engels ihre Herzen erfüllte: »Euch ist heute der Heiland geboren!«

Die Hirten damals haben dieser Botschaft getraut. Sie haben sich auf den Weg gemacht, um diese Geschichte Gottes zu *sehen*. Sie haben die Himmelsbotschaft der Heiligen Nacht weitergetragen, zu Maria und zu allen Menschen, die ihnen in dieser Nacht begegneten: Dieses neugeborene Kind, das da in Windeln in einer Krippe in Betlehem liegt, ist Gottes Heiland für alles Volk! Auch Maria musste diese klare Botschaft der Engel durch die Hirten hören. Sie behielt alle die Worte und bewegte sie in ihrem Herzen. Sie brauchte die Klarheit dieser gesegneten Nacht als Kraftquelle für die Wochen, Monate und Jahre »danach«. Für den banalen Alltag. Und für alle unsicheren und schweren Zeiten mit ihren Fragen und Zweifeln – etwa als sie unter dem Kreuz ihres Sohnes stand.

Aus der Weihnachtsbotschaft möge auch uns ein Dennoch-Vertrauen in Gottes Menschennähe und Menschenliebe erwachsen. Ein Gottvertrauen, das uns trägt trotz aller irdischen Karfreitage, die das Leben uns zumutet. Damit auch wir die klare Botschaft von Gottes Liebe und Nähe weitererzählen. Und Gott loben und preisen für alles, was wir von Gott gehört und erfahren haben.

NIKOLAUS SCHNEIDER

Gott, schenke auch uns immer neu gesegnete Augenblicke, in denen deine Klarheit uns erfüllt. Damit das Vertrauen in deine Gegenwart uns auch durch dunkle und schwere Zeiten trägt.

Wohltuende Ordnung

Heute ist von meinem Elternhaus her der dritte Weihnachtstag. Alles ist erlaubt von Ausschlafen bis Faulenzen. Zeit für Geschenke und Spiele. Nach intensiven Feiertagen die große Freiheit im kleinen Frieden einer norddeutschen Pastorei im Privaten. Auch das ein Ritual: Zeit zum Aufatmen.

Für das Lukasevangelium ist nichts vorbei, hat gerade erst alles angefangen und geht unaufhaltsam weiter. Dauernd ist für eine der vielen Stationen die Zeit gekommen. Wie die »Begebenheit« in Betlehem, so geht, was kommt, seinen Gang. Dahinter steckt aus seiner Sicht eine Abfolge. Die Schritte sind einfach dran. Es ist an der Zeit.

Die Erzählung bemüht sich um den Eindruck, alles habe seine Ordnung. Nichts scheint zu fehlen. Es gibt Rhythmen, Rituale und Regeln. Was angesagt war, wird umgesetzt. Das Kind bekommt seinen Namen. Mit der Beschneidung wird es Teil des Volkes Israel, aus der Knechtschaft befreit und in Gottes Bund aufgenommen.

Doch die Erzählung selbst macht deutlich, dass sie nicht auf Automatismus oder Buchstabentreue zielt. Das eine geschieht bekanntermaßen nach acht Tagen, das andere wie bereits angekündigt und das weitere nach dem Gesetz. Dieser Umgang mit der Tradition zeigt Flexibilität, wenn nicht Freiheit: Mal heißt es das Gesetz »des Mose«, mal »des Herrn«, mal ist es »geschrieben«, mal »gesagt«. So vermitteln vier Bibelverse mit vier verschiedenen Formulierungen unterschiedliche Grade von Annäherung an die Schrift. Es geht also um Orientierung, die Raum gibt, um Ordnung, die wohltut.

Das deutsche Wörtchen »steht« steht da übrigens nicht im griechischen Text. Was geschrieben »ist«, ergibt keinen Standpunkt, erst recht keine Standpauke. Es gibt vielmehr zu verstehen und ruft nach Verständigung.

Ob traditionell vorgegeben oder typisiert eingewoben – für das Erzählen von Jesus kommt mehr und mehr der Tempel in den Blick – seit den ersten Worten über Zacharias und Elisabet (Lk 1,5) bis zum Schlusswort von der Freude am Gottesdienst (24,53).

JAN JANSSEN

Ewiger Gott, gib uns bitte die Zeit für jeden nächsten Schritt und die Kraft, einen Fuß vor den anderen zu setzen.

Augen und Herzen auf!

Heute kommt Weihnachten im Leben eines einzelnen Menschen in Sicht. Frieden auf Erden beginnt jetzt mit Frieden für Simeon! Unter den Menschen seines Wohlgefallens ist dieser Mensch nun einer von ihnen: gerecht und gottesfürchtig. Sein Warten auf Trost, seine Hoffnung auf den Gesalbten, wird erlöst. Das kann er jetzt festmachen. Nun, da er das Kind in seinen Armen hält, wird er sogar loslassen können, wenn es auf den Tod zugeht.

Im Tempel laufen die Fäden zusammen: der Weg Jesu – »wie es Brauch ist«, ist eine weitere Variante seiner Nähe zur Tora – und der Weg Simeons. Dieser Mensch reiht sich zunächst mit Hanna ein unter die Getreuen wie Zacharias und Elisabet zu Beginn (Lk 1,6), wie Josef von Arimathäa zum Schluss (23,51). Zugleich bekommen diese alle den gleichen Respekt wie Jesus selbst, angesichts dessen ein unbekannter Hauptmann unter dem Kreuz neben Gotteslob Anerkennung zollt:»Fürwahr, dieser Mensch ist ein Gerechter gewesen!« (23,47)

Simeon sieht im Tempel den erhofften Christus des Herrn, der den Hirten auf dem Felde genauso angekündigt war, von dem sie gehört und gesehen hatten. Das Wort, das den Hirten vom Engel verkündigt, also vom Herrn »gesagt« war (2,15), ist das Wort, das dem Simeon vom Geist geweissagt, also vom Herrn »gesagt« war. Der ersehnte Heiland (2,11) wird »nun« zum Heil – der Retter »jetzt« zur Rettung. Einleuchtend, dass wie zuvor dem Zacharias mit dem »Licht aus der Höhe« (1,78 mit Jes 9,1; 60,1 f.) nun dem Simeon mit dem »Licht für die Völker« und dem Lob auf Israel die Verheißungen der Propheten (Jes 42,6; 49,6; 60,3) über die Lippen kommen.

Wundern sich nun die Eltern Jesu über das Gesagte – wie alle, vor die es in Betlehem kam –, so kündigt sich doch Entscheidendes an: hinfallen oder aufstehen? Die »Erleuchtung« der Menschen liegt nahe am »Aufdecken« der Herzen – nicht nur im Griechischen (»Apokalypse«). Furcht oder Freude? Halten wir Augen und Herzen offen!

JAN JANSSEN

Barmherziger Gott. Schärfe unseren Blick für das Kind, das um Aufnahme bittet. Schenke unserem Herzen von dem Heil, das nach Annahme fragt.

O wie lacht

Auch heute: In Kriegspose mit ehernem Helm und Schuppenpanzer, wie einst Goliat, lehnen die Herren der Welt sich auf und halten Rat, wie sie die Fesseln von Friedensverträgen samt Stricken von Rüstungsbegrenzungen kappen können, um ihre Einflusszonen auszudehnen. Spielen sich auf wie Götter, unterwerfen andere Völker und öffnen den Chaosfluten die Schotten mit ihrem Toben und Tosen – in einer Welt, die schon lebensgefährlich bedroht ist von Klimawandel wie Artensterben und nichts weniger braucht als Gewalt und Krieg.

So eroberte einst auch der große Imperator Alexander in nur zwölf Jahren die halbe – damals bekannte – Welt und scheute dabei vor Gräueltaten nicht zurück. Er genoss es, sich vergöttern zu lassen. »Aber der im Himmel wohnt, lachet ihrer«, und der Herr spottet ihrer, singt Psalm 2. Was ist das für ein spöttisches Lachen Gottes?

Mich erinnert es an die Begegnung des großen Alexander mit dem Philosophen Diogenes, der bewusst ein »Hundeleben« führte im Rhythmus der Natur, fern von gesellschaftlichen Konventionen, und wohl in einer Tonne als Behausung lebte. Dennoch wollte Alexander den Philosophen kennenlernen. Diogenes aber nahm kaum Notiz von dem hohen Besuch. Auf dessen Frage, ob er ihm einen Gefallen tun könne, erwiderte Diogenes nur: »Geh mir ein wenig aus der Sonne.« So spottet auch der Gott Israels derer, die sich selbst für Götter halten.

Und kommt zugleich mit seiner Liebe zur Welt. »Was der alten Väter Schar höchster Wunsch und Sehnen war und was sie geprophezeit, ist erfüllt in Herzlichkeit.« (EG 12,2) Mit dem Kind in der Krippe kam Gottes Liebe zur Welt, die Mächtige vom Thron stößt, Tempel reinigt und Kleingehaltenen Freude bringt. Wie es das alte Volkslied singt: »Stille Nacht, heilige Nacht! Gottes Sohn, o wie lacht, Lieb aus deinem göttlichen Mund, da uns schlägt die rettende Stund, Christ, in deiner Geburt.« (EG 46,3)

ALFRED BUSS

Wer zuletzt lacht, lacht am besten, sagen wir. Wir bitten dich, Gott, dass deine Freude groß wird in der Welt und dein Lachen erklingt bis an die Enden von Raum und Zeit, in Ewigkeit.

Hochbetagt und zukunftsfreudig

Eine bemerkenswerte Frau stellt der Evangelist Lukas hier auf die Bühne: »Prophetin« wird Hanna genannt, als einzige im Neuen Testament. Ihr Name ist Programm, bedeutet »Gunst«, »Gnade«. Dabei ist ihr persönliches Schicksal karg: Nach nur sieben Ehejahren verwitwet und kinderlos, ist sie – alleinstehend als Frau – ganz auf Almosen angewiesen, inzwischen hochbetagt, 84 Jahre alt. Und doch harrt sie aus im Vorhof des Tempels – immerfort, tagsüber und nachts –, betet und fastet, hungert und dürstet so nach Gerechtigkeit, voller Sehnsucht und Hoffnung auf den Messias, der Israel erlösen wird. Tief verwurzelt ist sie in der Geschichte des Gottesvolks und getragen von den früheren Rettungstaten Gottes – wie der Befreiung aus der Sklaverei Ägyptens oder der Heimkehr aus dem Exil – und zugleich ganz ausgerichtet auf die Zukunft der Erfüllung von Gottes Verheißungen. So ist ihr Warten ausgespannt wie ein Bogen zwischen Vergangenheit, Gegenwart und Zukunft. Entsprechend tritt Hanna im Tempel auf. Als Simeon den Segen gesprochen hat über Maria, Josef und das Kind, erhebt Hanna ihre prophetische Stimme. Geisterfüllt und voller Präsenz spricht sie zu der Menschenmenge, die – wie sie – »auf die Erlösung Jerusalems wartete« (V. 38). Nicht, was sie sagte, gibt Lukas wieder, umso mehr aber ihr Vertrauen in das rettende Handeln Gottes: Hanna »pries Gott« – wie es zuvor schon die Hirten getan hatten und das Wort ausbreiteten, »welches zu ihnen von diesem Kinde gesagt war« (V. 17.20).

Wie ein heller Leitstern leuchtet die Lebenshaltung Hannas durch die Zeiten: Mit Zuversicht, ja Neugier und langem Atem bleibt sie wach für Gottes Wirken in der Welt – bis ins hohe Alter. Und hat noch als alter Mensch Freude an der Weitergabe des Lebendigen, von Glauben, Liebe und Hoffnung.

So würdigt Lukas auch mit Zahlensymbolik Hannas Leben. Ihr Alter 84 = 12 x 7. Ihre Ehe 7 Jahre. 12 und 7 sind im Judentum Zahlen für Vollendung und Fülle.

ALFRED BUSS

Im Frieden dein, o Herre mein, lass zieh'n mich meine Straßen. Wie mir dein Mund gegeben kund, schenkst Gnad du ohne Maßen, hast mein Gesicht das sel'ge Licht, den Heiland schauen lassen.

An unvermuteten Orten – Christus

Am Ende ist es wie bei Jesu Geburt: »Und seine Mutter behielt alle diese Worte in ihrem Herzen.« Doch zuvor hatte ganz anderes Marias Herz bewegt: »Dein Vater und ich haben dich voll Angst gesucht.« Ganze Dorfgemeinschaften machten sich auf den Weg. Die Pessach-Feier gehört zu den drei großen jüdischen Wallfahrtsfesten. Wem immer es möglich war, verbrachte diese Festwoche in Jerusalem. Auch mit Halbwüchsigen. So wurden sie früh mit den religiösen Bräuchen vertraut. Gern führten die in den Reisekarawanen ihr Eigenleben und tauchten auch schon mal unter.

Jesus finden seine Eltern schließlich im äußeren Tempel wieder. Jüdische Lehrer disputieren dort die Tora. Jesus hört zu und stellt Fragen. Kindlich leicht.

Zuhören und fragen. Fragen statt festlegen. Zuhören – und nicht immer schon eine Antwort wissen. Jüdisches Lehrhaus eben. Aufeinander hören – miteinander leben.

Im Film Yentl, mit Barbara Streisand, schwärmen Mit-Studenten von ihren großen und bedeutenden Lehrern: »Mein Lehrer«, sagt einer, »weiß auf jede Frage zehn Antworten.« Darauf Yentl – in jüdischer Tradition: »Mein Lehrer weiß auf jede Antwort zehn Fragen.«

Maria hat jetzt nur eine Frage: »Kind, wie konntest du uns das antun?« Jesus antwortet mit der Gegenfrage: »Wusstet ihr nicht, dass ich in dem sein muss, was meinem Vater gehört?« So nennt Jesus den Gott Israels, zu dem er betet: »Vater unser ...« Wo immer wir Jesus in den Evangelien begegnen, treffen wir ihn als Juden, der mitten in seinem Volk lebt. In dem muss er sein, was seinem Vater gehört – nah bei Gott. Nicht Menschenmacht verfügt, wohin Jesus gehört. Auch nicht Elternmacht. Solchen Mächten entzieht er sich gerade. Entzieht sich ihnen in Gottes Nähe. Darum befand sich Christus oft an Orten, wo ihn keiner vermutete – bis hin zum Kreuz. Und erst recht nach Ostern – findet er sich an unvermuteten Orten. Darauf dürfen wir uns verlassen: An unvermuteten Orten wird er sein, auch im Neuen Jahr.

ALFRED BUSS

Das neue Jahr liegt vor uns wie unwägbares Land. Wir bitten dich, Christus, sei du uns nah, gerade dort, wo wir dich gar nicht vermuten.

Einführung in die biblischen Bücher

Exodus/2. Buch Mose

PETER RIEDE

Exodus/Das 2. Buch Mose erzählt im Anschluss an das Buch Genesis/1. Buch Mose, innerhalb derer u. a. die *Familiengeschichte* Abrahams, Isaaks und Jakobs entwickelt wird, die *Volksgeschichte* Israels. Es setzt ein in Ägypten, wo das größer gewordene Volk (vgl. Ex 1,9) Unterdrückung und Knechtschaft erfährt, es schildert aber auch die Geschichte der Befreiung aus dieser Knechtschaft durch die göttliche Rettung am Schilfmeer. Der Name des Buches »Exodus« (»Auszug«) bezieht sich programmatisch auf diese grundlegende Rettungstat, die Israel auf seinen Gott JHWH zurückführte und die zu einem Grunddatum seiner Geschichte und seines Bekenntnisses wurde. Dieses Bekenntnis wird im Alten Testament immer wieder mit der kurzen Formel von »JHWH, der Israel aus Ägypten herausgeführt hat« (vgl. z. B. Num 24,8; Dtn 26,5–10; Am 2,10) zusammengefasst. Nicht umsonst steht es auch zu Beginn des Dekalogs (Ex 20,2) und unterstreicht somit, dass die Befreiung durch Gott Grundlage und Voraussetzung für Israels Verpflichtung in den Geboten ist. Hebräisch heißt das Buch nach seinem ersten Wort »Schemot« (»Namen«).

Man kann das Buch, das einen zeitlich langen Werdegang aufweist und unterschiedliche Traditionen (Erzählungen, Rechtstexte, kultische Anweisungen) vereint, grob in zwei Teile gliedern:

In Ex 1–18 geht es um die Befreiung Israels aus der Knechtschaft Ägyptens und seine Bewahrung in der Wüste, in Ex 19–40 dagegen um seine Verpflichtung als Volk Gottes. Während der erste Teil des Buches als Schauplätze Ägypten, das Schilfmeer und die Wüste nennt, spielt der zweite Teil am Gottesberg, dem Sinai, wo Israel die grundsätzlichen Rechtssatzungen für das Leben im Alltag (Ex 19–24) empfängt und den Bund mit seinem Gott schließt (Ex 24). Darauf folgen kultische und rituelle Anweisungen, u. a. zum Bau des Heiligtums (Ex 25–31). Die Umsetzung der letzteren wird dann in Ex 35–40 beschrieben. Dazwischen finden sich Erzählungen, die den Abfall Israels von JHWH und die Erneuerung des Bundes mit ihm schildern (Ex 32–34).

Zentralgestalt des Buches ist ab Ex 2 Mose, der im Rahmen der geschilderten Geschehnisse in unterschiedlichen Rollen (als Anführer beim Auszug, als Wundertäter, als Mittler) agiert.

Vor dem Hintergrund der ägyptischen Bedrohung, die sich insbesondere im Befehl Pharaos, die Söhne der Israeliten zu töten (Ex 1), zeigt, ist die Geschichte von der Geburt und Aussetzung des Mose eine Kontrastgeschichte. Ebenso wie in Ex 1, wo die Hebammen sich den Tötungsbefehlen des Pharao widersetzen, sind es hier Frauen, die das neugeborene Kind mit List und Gewitztheit am Leben erhalten. So tragen sie dazu bei, dass der spätere Retter selbst zum Geretteten wird, was Ex 2,10 explizit herausstellt.

Besonders auffällig ist, dass Mose einen ägyptischen Namen trägt. Ähnliche Namen finden sich in Ägypten meist in Verbindung mit einem Gottesnamen, z. B. Ramses »(Der Gott) Re ist es, der ihn geboren hat« oder Ramose »(Der Gott) Re ist geboren«. »Mose« ist die Kurzform eines solchen Namens, denn hier ist der Gottesname entfallen. Zu seinem ägyptischen Namen passt auch, dass Mose von seiner Retterin, der Tochter des Pharao, als Sohn angenommen wird. Jahre später muss er aus Ägypten fliehen, weil er sich solidarisch für seine hebräischen Landsleute einsetzt und erneut von Pharao mit dem Tode bedroht wird (Ex 2,11–15). Mose nimmt als Fliehender das spätere Schicksal seines Volkes in seiner Person vorweg. Die Flucht aus Ägypten ist die Voraussetzung für das weitere Geschehen. Mose kommt nach Midian, lernt dort Reguel, den Priester von Midian, kennen, der ihm, dem Ausländer, Schutz gewährt, und heiratet in seine Familie ein (Ex 3,16–22). Mose ist in dieser Zeit ein Retter auf Abruf.

Neben der Geburtsgeschichte ist besonders die Dornbuschgeschichte in Ex 3 zentral, die ebenfalls in Midian spielt, das somit für Mose zum Ort der ersten Gottesbegegnung wird, die am Gottesberg lokalisiert wird. Hier wird Mose von Gott berufen, hier erhält er von ihm den Auftrag, Israel aus Ägypten herauszuführen (Ex 3,10). Als Mose davor zurückscheut, offenbart JHWH ihm seinen Namen und deutet diesen: JHWH heißt nichts anderes als »Ich werde dasein, als der ich dasein werde«. In dieser Namensdeutung und der darin enthaltenen Zusage des Mitseins Gottes (vgl. Ex 3,12) wird ein charakteristischer Wesenszug des Gottes Israels deutlich. Alle weiteren Einwände des Mose gegen seine Beauftragung weist JHWH ab und verheißt ihm Unterstützung durch seinen Bruder Aaron (Ex 4,10–16), der für ihn zum Munde und somit zum Sprachrohr werden soll.

Die Konfrontation Moses mit Pharao im Rahmen der Plagengeschichten (Ex 7ff.) mit ihrer sich zuspitzenden Steigerung und der Betonung der Macht JHWHs, der sich Pharao trotz aller Versuche, seine eigene Stärke zu demonstrieren, beugen muss, gipfelt schließlich in der Flucht der Israeliten und ihrer wundersamen Errettung vor dem ägyptischen Heer am Schilfmeer (Ex 14). Dieses Ereignis wird im Schilfmeerlied (Ex 15,1–19) und dem daran anschließenden Mirjamlied (Ex 15,20f.) hymnisch gepriesen und soll in der Feier des Paschamahls, das am Vorabend des Auszugs eingesetzt wird, jährlich von den Israeliten vergegenwärtigt werden (vgl. Ex 13).

Auf die Errettung folgt eine erneute Bedrohung des Volkes in der Wüste (Ex 15–17) durch Durst (Ex 15,24; 17,3), Hunger (Ex 16,3) und Feinde (Ex 17,8–16). Daraufhin begehren die Israeliten durch Murren gegen Mose (und letztlich auch gegen Gott) auf und sehnen sich zugleich zurück »nach den Fleischtöpfen Ägyptens« (Ex 16,3). Wie beim Auszug aus Ägypten erfährt Israel auch hier die wunderbare Bewahrung durch Gott, der sein Volk auch in den negativen Widerfahrnissen des Lebens am Leben erhält.

Der Sinai, der von Ex 19 bis Num 10 Schauplatz der erzählten Ereignisse ist, wird schließlich zum Dreh- und Angelpunkt der Begegnung des Volkes mit seinem Gott. Hier erhält Israel die Zehn Gebote als Richtschnur für ein gelingendes Leben in der von Gott gewährten Freiheit (Ex 20), und hier schließt Gott seinen Bund mit seinem Volk (Ex 24). Zwischen dem Dekalog und dem Bundesschluss findet sich noch eine Reihe weiterer rechtlicher Bestimmungen, die im sog. Bundesbuch (Ex 20,22–23,33) zusammengefasst sind.

Am Sinai zeigt Gott seinem Volk auch, wie die künftige Beziehung beider gelebt werden soll: im Heiligtum, dem »Zelt der Begegnung« (Ex 27,21), und durch den Dienst der dort wirkenden Priester (Ex 25–31). Dieses Heiligtum ist transportabel vorgestellt. Es ist der Ort der Gegenwart Gottes, hier »wohnt« Gott inmitten der Israeliten (Ex 29,43–46).

Trotz der lebensdienlichen Funktion der von Gott gegebenen Bestimmungen kommt es beim Volk zum Bruch mit seinem Gott durch die Anfertigung des »Goldenen Kalbs« (Ex 32). Die Zeit am Sinai wird somit nicht als Idealzeit in der Beziehung zwischen Israel und JHWH gezeichnet, sondern schon diese Ursprungszeit war davon geprägt, dass Israel sich von seinem Gott abwandte und seine eigenen Wege ging. Diese »Beziehungskrise« wird durch den Einsatz von Mose überwunden, der sich fürbittend für Israel einsetzt (Ex 32,32).

Das im Exodusbuch entfaltete Gottesbild zeigt einen Gott, der barmherzig ist und gnädig, geduldig und von großer Güte und Treue (Ex 34,6) und der aufgrund seiner Barmherzigkeit Vergebung gewährt und den Bund mit seinem Volk erneuert (Ex 34).

Das Buch schließt dann mit dem Bau des Heiligtums und der Anfertigung der für den Kult notwendigen Gerätschaften (Ex 35–40). Am Ende steht der Einzug der Herrlichkeit Gottes in sein Heiligtum. JHWH nimmt sein Heiligtum in Besitz. Dieses symbolisiert die Gegenwart und Nähe JHWHs, der sein Volk auf seinem weiteren Weg begleitet, ja es ist gleichsam ein »wandernder Sinai« (B. Jacob).

Psalmen

PETER RIEDE

»Summa, willst du die heilige christliche Kirche gemalet sehen mit lebendiger Farbe und Gestalt, in einem kleinen Bilde gefasset, so nimm den Psalter vor dich, so hast du einen feinen, hellen, reinen Spiegel, der dir zeigen wird, was die Christenheit sei. Ja, du wirst auch dich selbst drinnen und das rechte Gnothi seauton finden, dazu Gott selbst und alle Kreaturen« (M. Luther, Vorrede auf den Psalter, 1528).

Einleitung
Seit ihrer Entstehung werden die Psalmen als lebendiges Gebet im Tempel, in der Synagoge und in der Kirche verwendet.

Jede Zeit suchte ihren eigenen Zugang zu ihnen; auch im alten Israel gehören sie nicht an einen einzigen geschichtlichen Ort. Vielmehr spiegeln sich in ihnen Erfahrungen vieler Beterinnen und Beter. Und gerade deshalb können sich auch heute viele Menschen in den Psalmen wiederfinden, trotz allem, was uns darin fremd erscheint.

Das Psalmbuch
Das Buch der Psalmen ist eine Zusammenstellung von 150 poetischen Texten, die in der hebräischen Bibel und der griechischen/lateinischen Übersetzung jeweils unterschiedlich gezählt werden.

Der Name »Psalmen« kommt von griech. psalmos = Sprechgesang zum Saitenspiel. Das hierfür benutzte Instrument, die Standleier, heißt griech. psaltērion, von daher erklärt sich der Name »Psalter«.

Das Judentum dagegen nennt die Psalmen Buch der Tehillim (Preisungen, abgeleitet vom Verb *hll* »rühmen, preisen«, das auch dem Aufruf »Halleluja« zugrundeliegt). In dieser Bezeichnung zeigt sich, dass die Psalterredaktoren das Lob für das eigentliche Gebet hielten, obwohl die Mehrzahl der Psalmen Klagegebete sind. Die Klagelieder geben ihnen recht. Denn auch sie werden letztlich um des Gotteslobes willen gebetet. Zudem spiegelt sich in dieser Bezeichnung die Beobachtung, dass das Psalmbuch zwar mit Klageliedern beginnt, aber gegen Ende, vor allem in den Psalmen 146–150, in das allumfassende Gotteslob einmündet.

Jesaja 1–39 (Protojesaja)

THEODOR SEIDL

Das Urteil zum Gesamtjesajabuch (1–66), es sei eine Bibliothek von prophetischen Texten aus sieben Jahrhunderten (8.–2.Jh. v. Chr.), gilt ebenso für seinen 1. Teil (1–39), »Protojesaja« genannt.

Nur die wenigsten Texte daraus lassen sich mit dem Propheten Jesaja aus dem 8. Jahrhundert v. Chr., dem Berater der judäischen Könige Ahas (734–728 v. Chr.) und Hiskija (728–699 v. Chr.), in Verbindung bringen. Die meisten Textfolgen richten sich allgemein an das Volk Israel/Juda, kritisieren und korrigieren seinen politischen und religiösen Kurs, fordern die Ausrichtung auf Gottes Gebot, die Tora, oder beleuchten schon die Zukunft des Gottesvolkes; sie steht in Spannung zwischen der Hoffnung auf eine Zeitenwende und der Ansage des Zeitenendes mit Anbruch der göttlichen Herrschaft.

So sind Texte prophetischer Gesellschaftskritik und prophetische Zukunftsansagen im heutigen Jesajabuch versammelt, mit dem prominenten Prophetennamen gekennzeichnet und zu einer losen, sekundär gewachsenen, aber inhaltsschweren Textsammlung gefügt.

Zur Forschungsgeschichte des Jesajabuches
Es gehört zu den bedeutendsten Errungenschaften der kritischen Exegese seit dem 18. Jahrhundert (J.G. Eichhorn), im Jesajabuch die literarische Großzäsur zwischen Jes 39 und Jes 40 erkannt und die beiden Buchteile unterschiedlichen Autoren zugeschrieben zu haben: 1–39 einem ersten Jesaja (»Protojesaja«) aus dem 8. Jahrhundert v. Chr., 40–66 einem zweiten Jesaja (»Deuterojesaja«) ausgangs des Babylonischen Exils (6.Jh.). Ende des 19. Jahrhunderts nahm man eine weitere Zäsur nach Jes 55 an und schrieb

die Kapitelfolge 56–66 einem dritten Jesaja (»Tritojesaja«) zu (B. Duhm), eine Textsammlung aus dem 5.–2. Jahrhundert v. Chr.

Diese strikte literarische Dreiteilung hat sich in der neueren Jesaja-Forschung insofern relativiert, als man einem eigenständigen »Tritojesaja« eher skeptisch gegenübersteht und wegen der Heilstexte bereits in »Protojesaja« die vereinheitlichenden Verbindungslinien im Gesamtbuch stärker beachtet (U. Berges).

Das Zusammenwachsen der unterschiedlich alten und aus verschiedenen Händen stammenden Buchteile erklärte man sich entweder aus nachträglichen Redaktionsvorgängen; sie sind in den Brückentexten Jes 33–35 als Verbindungskapitel zu Jes 40–66 noch gut erkennbar. Oder man nimmt, wie heute vielfach, ein sogenanntes Fortschreibungsmodell an, das Jesaja I als Grundstock ansieht, der nach und nach von einer »Jesajaschule« ergänzt, aktualisiert und zum heutigen Umfang fortgeschrieben worden sei.

Die gegenwärtige Forschung betont mit diesem Modell wieder stärker die Einheit des Jesajabuches, das bereits in den Abschriften der beiden großen Jesaja-Rollen von Qumran (ca. 100–50 v. Chr.) im heutigen Umfang vorlag.

Übersicht der Abschnitte und Themen in Jesaja I
Es lassen sich in Jes 1–39 etwa sechs Teile voneinander abgrenzen:

Jes 1–12: Das »Testament Jesajas« (E. Blum) mit der »Denkschrift« (6–8) im Zentrum.

Jes 13–23: Die »Fremdvölker-Orakel« mit der wiederkehrenden Überschrift – »Schuldenlast von NN«/»Ausspruch über NN«.

Jes 24–27: Die sog. »Jesaja-Apokalypse«.

Jes 28–32: Der sog. »Assur-Zyklus« mit der wiederkehrenden Überschrift »Wehe«.

Jes 33–35: Brückentexte zwischen »Proto«- und »Deuterojesaja« (40–55).

Jes 36–39: Prosaerzählungen über Hiskija und Jesaja: Das uneinnehmbare Jerusalem.

Der Beginn von »Deuterojesaja« in Jes 40 trägt zwar keine abgrenzende Überschrift, hebt sich aber als appellativer Redekontext deutlich von den Erzählungen Jes 36–39 ab und wendet sich an neue Adressaten. Insofern ist die Großzäsur nach Jes 39 auch formal gut abgesichert.

Aufbau und Inhalte der einzelnen Buchteile

Jes 1–12: Die Sammlung »Protojesaja« beginnt nach einer ersten Buchüberschrift (1,1) mit einer prophetischen Schelt- und Gerichtsrede gegen das Volk und gegen Jerusalem (1,2–17) und mit der Ankündigung und Durchführung eines göttlichen Gerichtsprozesses gegen Jerusalem (1,18–31), und zwar am Tag JHWHs, der verheerende Wirkungen hat (2,6–22). Die Anklagerede von 3,1–4,1 richtet sich gegen die besitzenden Klassen in Jerusalem, speziell gegen seine luxusverliebten Frauen.

Eine zweite Buchüberschrift (2,1) führt jüngere Heilstexte ein, die die Wallfahrt der Völker zum Torastudium auf dem heiligen Berg Zion ankündigen (2,2–5) bzw. die Rettung weniger aus dem Gottesgericht (4,2–6).

Mit dem »Weinberglied« (5,1–7) und den sechs Weherufen über bestimmte Volksgruppen (5,8–24) erfährt der Gerichtskontext »Protojesajas« seine Fortsetzung.

Das sog. »Kehrversgedicht« von 5,25–30 und 9,7–20 – gekennzeichnet durch das wiederkehrende »doch bei all dem lässt sein Zorn nicht nach, seine Hand bleibt ausgestreckt« (5,25; 9,11.16) – rahmt die sog. »Denkschrift« (6,1–8,23), von K. Budde benannt nach der Andeutung einer schriftlichen Fixierung der prophetischen Botschaft für Jesajas »Jünger« in 8,16. Die »Denkschrift« bezieht sich in 7,1–8,23 auf die machtpolitischen Konstellationen des »syrisch-ephraimitischen Krieges« der Jahre 734–732, einer Auseinandersetzung um eine Koalition gegen die Westexpansion der Neuassyrer, denen 722 das Nordreich Israel zum Opfer fiel. Weil Jesaja in den Koalitionsfragen als religionspolitischer Berater des Königs in Jerusalem fungiert (7,1–17), rechnet man diese Teile der »Denkschrift« zu den ältesten Texten in »Protojesaja«. Ihr ist die Berufungserzählung Jesajas (6,1–13) vorangestellt, die im »Verstockungsbefehl« (6,9–11) bereits das Scheitern der politischen Verkündigung Jesajas reflektiert.

Während Jes 10,5–34 ebenfalls den Assyrersturm des 8. Jahrhunderts sowie das Gericht über Assur im Blick hat, erwarten die Heilsweissagungen von Jes 9,1–6 und Jes 11,1–16 einen neuen Herrscher aus der untergegangenen Daviddynastie und gehören wohl erst der eschatologischen Prophetie der Nachexilszeit an. Ein Dank- und Preislied auf Israels Gott (12,1–6) schließt die 1. Teilsammlung »Protojesajas« ab.

Jes 13–23: Wie in den anderen großen Prophetenbüchern (Jer, Ez) folgt auf die Gerichtstexte gegen Israel eine Sammlung von Gottesbescheiden gegen die Völker, die bisher Israel unterdrückt und bekämpft haben. Auf sie geht jetzt das Gottesgericht über. In der Regel sind diese Orakel gegen die Fremdvölker im Umkreis Israels wohl erst nach dem Untergang Israels (722) und Judas (586) entstanden. In der 2. Teilsammlung »Protojesajas« sind sie gerichtet gegen Babel (13,1–14,23;21,1–10), Assur (14,24–27), Moab (15,1–16,14), Damaskus (17,1–11), Kusch (18,1–7), Ägypten (19,1–20,6), Edom (21,11f.), Arabien (21,13–17), Tyrus und Sidon (23,1–18). Aber auch über Jerusalem ergehen in diesem Zusammenhang noch einmal Gerichtsworte (22,1–25).

Texte, die sich auf die politischen Verhältnisse der Assyrerzeit des 8. Jahrhunderts beziehen, liegen allenfalls in 14,24–27 und 17,12–14 vor. Die jüngsten Textabschnitte finden sich in den universellen Heilsprophetien, die sogar Ägypten (19,18–23) und Assur (19,24f.) unter die Verehrer des Gottes Israels rechnen.

Jes 24–27: Die schwierigen Texte der sogenannten »Jesaja-Apokalypse« beziehen sich auf ein die ganze Welt umfassendes Gottesgericht. Sie werden am besten verständlich als Reaktion auf den Zusammenbruch des persischen Weltreichs durch den Siegeszug Alexanders des Großen (332 v. Chr.). So erklärt sich auch die Gegenüberstellung einer zerstörten Stadt und einer wohlbefestigten Stadt in den »Stadtliedern« von 25,1–5 und 26,1–6. Die Stadt auf dem Berg Zion wird in dieser endzeitlichen Vision zum Schauplatz des Festmahls der Völker, das JHWH Zebaot selbst für sie ausrichtet (25,6–8).

Jes 28–32: Dagegen spiegelt der sogenannte »Assurzyklus« eher die politischen Verhältnisse und Bedrängnisse des Assyrersturms am Ausgang des 8. Jahrhunderts wieder. Daher werden manche Abschnitte von Jes 28–32 zeitlich der »Denkschrift« (6–8) angenähert. Dafür sprechen: Die Warnung vor falscher Koalitionspolitik (30,1–7) und dem einseitigen Vertrauen auf militärische Rüstung (30,16; 31,1), stattdessen die Annahme der Alternative eines gläubigen Vertrauens auf den Gott Jerusalems (28,16; 30,15); auch der Auftrag zur schriftlichen Fixierung der prophetischen Worte gegen das »trotzige Volk« in 30,8 f. entspricht der möglichen schriftlichen Versiegelung der »Denkschrift« in den Jüngern nach 8,16.

Auch in diesem Teil werden die harten Gerichtsworte über Juda und Jerusalem von Ankündigungen einer gewendeten Heilszeit unterbrochen (28,5 f.; 29,17–24; 30,18–26; 32,1–8.15–20).

Jes 33–35: Von den letzten poetischen Redetexten vor den Prosaerzählungen 36–39 blicken die Verheißungsbilder von Jes 35 am deutlichsten auf die in Jes 40 beginnende Heilsprophetie »Deuterojesajas« voraus. Jes 34 mit den Gerichtsworten über den Erbfeind Edom fungiert als negatives Gegenstück dazu. Jes 33 greift einerseits manches aus der Gerichtsbotschaft »Protojesajas« auf (33,1–16), blickt andrerseits schon auf das gewendete Geschick Zions (33,17–24).

Jes 36–39: Auch die Erzählungen von der wunderbaren Bewahrung Jerusalems in der Belagerung des assyrischen Großkönigs Sanherib im Jahr 701 v. Chr. (Parallelerzählungen zu 2 Kön 18–20) haben im Buchganzen Brückenfunktion zu Deuterojesaja. Sie demonstrieren den unbedingten Heilswillen JHWHs für Jerusalem und bilden so die inhaltliche Grundlage für die ab Jes 40 einhellige und ungebrochene Heilsverkündigung im Jesaja-Buch. Die Erzählungen unterstreichen die klassischen Funktionen eines altorientalischen Berufspropheten: politische und religiöse Beratung des Königs (37,1–7;38,1), Vermittlung von Orakeln an den König (37,21–35;38,5–8) samt Fürbitte und Heilung (38,21).

Das Danklied Hiskijas (38,9–20) ist Eigengut der Jesaja-Fassung gegenüber 2 Kön 18–20.

Inhaltliche Schwerpunkte »Protojesajas«

Entsprechend der komplexen literarischen Gestalt »Protojesajas« ergibt sich eine Vielfalt von thematischen Schwerpunkten. Die wichtigsten seien aufgeführt:
– Die Rolle des Propheten besteht nach dem Berufungsbericht (6,1–8) in der Heiligung seines sündhaften Volkes; dafür wird er, der sich selbst als sündiges Glied dieses Volkes fühlt, durch Reinigung und Entsündigung befähigt.

– Denkschrift (6–8) und Assurzyklus (28–32) machen die politische Dimension des biblischen Propheten deutlich. Jesaja wirbt in dieser Funktion für den Glauben an JHWH (7,9;28,16) als wichtigsten stabilisierenden Faktor für das Staatsganze.

- Das Eröffnungskapitel reiht Jesaja in die sozialkritischen Stimmen der Prophetie ein: Die Sorge für die untersten Gesellschaftsschichten hat Vorrang vor einer überbordenden Opferpraxis (1,10–17).

- Bei aller Kritik an den Missständen in Königtum und Gesellschaft bezieht Jesaja sein Hoffnungspotenzial aus dem Vertrauen auf den Berg Zion; er ist sowohl Thronsitz des Königgottes JHWH (6,1–3) als auch uneinnehmbarer Weltenberg, der Himmel und Erde verbindet (31,4f.9).

- Der Zion ist auch der Schauplatz der eschatologischen Visionen als der Ort des universellen Torastudiums der Völker (2,1–5) und ihres endzeitlichen Festmahles (25,6–9).

- In der »Jesaja-Apokalypse« (24–27) wird aus dem Propheten des 8. Jahrhunderts der »große Visionär der Weltgeschichte, der über die eigene Gerichtszeit bis weit zur Neuschöpfung von Himmel und Erde blickt« (J.C. Gertz).

»Protojesaja«-Texte und ihre Wirkungsgeschichte
Sowohl im Neuen Testament als auch in der Schriftauslegung der Kirchenväter kommt bestimmten Texten aus Jes 1–39 besondere Bedeutung für die Christologie zu. Sie seien im Folgenden aufgeführt zusammen mit »Protojesaja«-Texten, die in Liturgie und Kirchenmusik Verwendung und Ausdeutung erlangten.

Seit Origenes werden die erkennenden Tiere Ochs und Esel im Scheltwort von 1,3 auf das Geschehen der Geburt Christi (Lk 2,7) und die Heidenmission bezogen.

Der dreimalige Heiligruf der Seraphim in 6,3 ist als Bindeglied himmlischer und irdischer Liturgie in die östlichen und westlichen Eucharistie-Agenden eingegangen und entsprechend oft auch mehrstimmig vertont worden. Martin Luther hat die Himmelsschau Jesajas kongenial in einem Kirchenliedtext nachempfunden: »Jesaja, dem Propheten das geschah...« (EKG 135).

Die Geburtsankündigung des »Immanu-El« aus der »alma« (»junge Frau«) in 7,14 wird in der Übersetzung der Septuaginta als parthenos (»Jungfrau«) bei der Geburtsankündigung Jesu in Mt 1,23 zitiert.

Auch die Ankündigung einer königlichen Geburt in 9,5 (»denn, es ist uns ein Kind geboren«) erscheint zusammen mit der Verheißung unerwarteten neuen Lebens aus der ausgestorbenen Daviddynastie, der »Wurzel Jesse« (11,1), im Lied und Brauchtum christlicher Advents- und Weihnachtsfrömmigkeit in vielfachen Varianten.

Das geheimnisvolle und schwer zu deutende »Wächterlied« in 21,11.12 hat F. Mendelssohn-Bartholdy als vokalen Höhepunkt des 4. Satzes (6. Teil) seiner 2. Symphonie (»Lobgesang«) eindrucksvoll gestaltet.

Schließlich sind einzelne Jesaja-Worte als tröstende und mahnende Verkündigungselemente in die großen Trauermusiken eingegangen: 1,18 in die »Musikalischen Exequien« von H. Schütz (2. Teil), 35,10 in das »Deutsche Requiem« von J. Brahms (2. Satz) und 38,1 in den »Actus Tragicus« von J.S. Bach (2. Teil: Bass-Arie).

Jesaja 56–66 (Tritojesaja)

THEODOR SEIDL

Die geänderte fachliche Bewertung »Tritojesajas«

Die Größe »Tritojesaja«, die Bernhard Duhm in seinem Jesajakommentar von 1892 als eigenständige und jüngste prophetische Stimme im Jesajabuch bestimmt und von Jesaja I und II abgehoben hatte, wird in der neueren Jesajaforschung nicht mehr auf die Verkündigung einer eigenständigen prophetischen Gestalt der nachexilischen Epoche zurückgeführt, sondern als literarisches Ergebnis von kommentierenden, redigierenden und aktualisierenden Bearbeitungen der älteren vorausgehenden Buchteile Jesaja I und II angesehen; ihre literarische Vereinigung ist die Voraussetzung und Grundlage der Redaktionsprozesse, deren Summe in »Tritojesaja« vorliegt.

Als Nachweise und Beispiele dafür mögen die moralisierende Kommentierung von Jes 40,3 in 57,14 stehen, auch die an 6,1 anschließende Benennung des thronenden JHWH als des »Hohen und Erhabenen« in 57,15 oder die Wiederaufnahme des Motivs der Völkerwallfahrt zum Zion von 2,1–4 sowohl in Kapitel 60 als auch am Schluss des Jesajabuches, in 66,23.

Die thematische Gliederung

Für die in Jes 56–66 vorliegenden Kommentierungen und Aktualisierungen von Jesaja I und II ergibt sich eine deutliche Gliederung der abgehandelten Stoffe und Themen, die sich in einer Dreiteilung niederschlägt:

(1) Die Kapitel 56–59 nehmen Stellung zu aktuellen ethischen und rituellen Fragen der nachexilischen Jerusalemer Gemeinde. Vor allem versuchen sie eine Bewältigungsstrategie für die in Jes II oftmals angekündigte, aber dann nicht eingetretene Heilswende anzubieten. Wird sie etwa durch das moralische und kultische Versagen der nachexilischen Gemeinde aufgehalten?

(2) Das Herzstück »Tritojesajas« bilden die Kapitel 60–62: Sie verherrlichen in prächtiger Bild- und Metaphernsprache das von seinem Gott veränderte und vollständig erneuerte Zion sowie seine weltweite Ausstrahlung.

(3) Die Abschlusskapitel der Sammlung »Tritojesaja« und des gesamten Jesaja-Buches, die Kapitel 63–66, sind bestimmt von dramatischen Gerichtsszenen, von Klage und Gebet des Volkes und münden in eschatologische Perspektiven.

Die einzelnen Inhalte und ihre zeitliche Einordnung

56,1–8 sieht Randgruppen der damaligen Gesellschaft wie Fremde und Eunuchen als Vollglieder der Tempelgemeinde, im Gegensatz zu den Bestimmungen in Dtn 23,2–9.

56,9–57,2 klagt die Verantwortlichen der Volksgemeinschaft der Ausbeutung der Gerechten an.

57,3–13 distanziert sich von allerlei fremden Kultbräuchen und empfiehlt stattdessen die ungeteilte Verehrung JHWHs.

57,14–21 proklamiert das Ende der Zorneszeit JHWHs und sein Heil für die »Fernen und Nahen«, d.h. sowohl für die Judäer in Babylon als auch in Jerusalem.

58,1–12.13–14 macht deutlich, dass die Effizienz der Einhaltung von Fasten- und Sabbatgebot von der Ausrichtung und Konzentration auf die sozialen Nöte und die Stillung der grundmenschlichen Bedürfnisse abhängig ist.

59,1–21 fragt schließlich, ob diese sozialen und humanitären Defizite die Erfüllung der göttlichen Verheißungen aufhalten. Erst ein Gottesgericht wird zur Scheidung der Geister beitragen und einen neuen Bundesschluss mit den Bewohnern Zions ermöglichen.

60,1–22 kann daher ein durch Gottes Kommen geläutertes Zion vorstellen, das zur Attraktion für die fernsten Völker wird; sie verschaffen der Stadt internationales Kolorit. Doch ihre eigentliche Würde besteht in der dauernden Präsenz ihres Gottes.

61,1–4.5–9 bringt eine prophetische Stimme zu Wort, deren Auftrag es ist, im Rahmen eines »Gnadenjahres« die letzten sozialen Ungerechtigkeiten zu beseitigen und den Wiederaufbau von Tempel und Stadt zu beschleunigen. Der Prophet propagiert ein »allgemeines Priestertum« und empfiehlt eine arbeitsteilige Organisation der Gesellschaft, in der den Fremden die Kultivierung des Landes anvertraut wird.

61,10–11 stellt ein Loblied dar, in dem Zion als reich von JHWH Bekleidete und mit Wachstum Beschenkte dem göttlichen Förderer ihren Dank abstattet.

62,1–5 lässt wieder eine Einzelstimme laut werden, die den königlichen Rang und die neuen Namen der Stadt proklamiert.

62,6–7.8–9 enthalten göttliche Zusagen; sie garantieren Zion ständige Bewachung und gipfeln in einem göttlichen Eid, der ihren Bewohnern den Eigengenuss reicher Ernten garantiert.

62,10–12 schließlich nimmt die Imperative zur Wegbereitung aus 40,1–12; 52,7–10 und 57,14 auf und verkündet mit Gewissheit die nach langen Verzögerungen endgültige Ankunft Gottes in seiner Stadt; sie trägt jetzt ausschließlich Ehrennamen.

63,1–6 leitet den dritten und letzten Abschnitt von Jes III mit der dramatischen Schilderung des göttlichen Gerichts über die Völker ein, in Wiederaufnahme von 59,15–20. Das gewalttätige Handeln Gottes im Bild des Keltertreters hat als Ziel die Befreiung Israels und Zions.

63,7–64,11, ein ausgedehntes Klagelied des Volkes mit Sündenbekenntnis und Vergebungsbitte, bereitet kontextuell die endzeitliche Scheidung der Gerechten von den Frevlern in 65–66 vor, entstammt aber eher noch den bitteren Erfahrungen von Tempelzerstörung und Exilszeit.

65,1–16a bringt die Anklage Gottes gegen allerlei missliche Kultbräuche vor, nimmt aber seine treugebliebenen Verehrer vom Gericht aus.

65,16b–25 eröffnet die endzeitliche Perspektive auf einen neuen Himmel und eine neue Erde, wo uneingeschränkt Wohlstand und Friede herrschen.

66,1–4 klagt über die Diskrepanz von Tempelkult und Lebensvollzug.

66,5–11 sieht Zion, nachdem ihre Widersacher ausgeschaltet sind, im Bild einer fruchtbaren, schnellgebärenden und nährenden Frau und Mutter.

66,12–17 sind weiter von der Spannung zwischen der Schilderung des befriedeten Jerusalem und des Gottesgerichts über seine Feinde geprägt.

66,18–24, im Schlussabschnitt, der Israel und die Völker in der Verehrung JHWHs auf dem Zion vereint sieht, bleibt die göttliche Sanktion über seine Feinde nicht unerwähnt.

Inhaltliches Merkmal der in Jes III gesammelten Texte ist ihr Ringen um eine Idealgestalt der nachexilischen Glaubensgemeinschaft, die sich in einem geläuterten Zion manifestiert und auf einen erneuerten Tempel und JHWH-Kult zentriert ist. Dabei bleiben – im Gegensatz zu Jes II – die Widerstände gegen diese sozial und religiös erneuerte Gemeinschaft Zion und die Auseinandersetzungen mit ihren Gegnern und Widersachern immer spürbar. Die Ausblicke auf die von JHWH selbst herbeigeführte endzeitliche Vollendung stellen ein wichtiges Trostpotenzial für die immer wieder geprüfte und vielfach angefochtene Glaubensgemeinschaft des nachexilischen Jerusalem dar. Zeitlich dürften damit in Jes III die Verhältnisse in der spannungsgeladenen Epoche zwischen dem Wiederaufbau des Tempels um 520 und der stabilisierenden Tätigkeit Esras und Nehemias um 450 gespiegelt sein. Gewiss sind auch noch einzelne später entstandene Texte in der Sammlung Jes III vorhanden.

Wirkung und Rezeption
Wie Jes I und II haben auch Texte aus Jes III breite Aufnahme und prominente Aktualisierungen im Neuen Testament gefunden. Im Einzelnen sind es in Auswahl:

Jesaja 56–66 (Tritojesaja)

- Das Ideal »Bethaus für alle Völker« aus 56,7 kehrt als Erfüllungszitat bei der Tempelreinigung Jesu wieder: Mk 11,17 par.

- Die Verheißung »Friede den Fernen und Nahen« aus 57,18 wird Eph 2,17 christologisch gedeutet.

- Die Kritik an der Fastenpraxis sowie die Forderung ihrer sozialen Relevanz in 58,3–14 wird sowohl in der Bergpredigt (Mt 6,16–18) als auch bei den Werken der Barmherzigkeit (Mt 25,35 f.) prophetisch aktualisiert. Auch die Sabbatkritik Jesu (Mk 2,23 par.) dürfte ihren Ausgangspunkt in 58,13 f. haben.

- Elemente und Bilder der Völkerwallfahrt von 60,1–10 haben nachhaltigen Einfluss sowohl auf die literarische Gestaltung der Magier-Erzählung in Mt 2,1–12 als auch auf die weitere volkstümliche Ausgestaltung zur Dreikönigsszenerie ausgeübt.

- Der Lichtglanz Jerusalems von 60,1–22 findet in Zitat und Anspielung reiche Wiederverwendung in der Beschreibung des himmlischen Jerusalem in Offb 21 f.

- Die Vorstellungsrede des gesalbten, anonymen Propheten von 61,1–4 macht der Evangelist Lukas zur Prophetenlesung des Sabbatgottesdienstes in Nazaret, die Jesus selber vorträgt und auf sich deutet (Lk 4,16–30).

- Die Verheißung an die Tochter Zion in 62,11 klingt beim Einzug Jesu in Jerusalem in Mt 21,5 als Erfüllungszitat an.

- Das Gerichtsbild des göttlichen Kelttreters und der Kelter des Zornes Gottes in 63,1–6 kehrt in den Gerichtsvisionen von Offb 14,14–20 wieder.

- Die Exklusivformulierung der göttlichen Offenbarung von 64,3 zitiert Paulus in 1 Kor 2,9.

- Die Klage Gottes über das Desinteresse der Menschen in 65,1 greift Paulus in seinem Ringen um den Glauben Israels in Röm 10,20 auf.

- Die schnell gebärende Frau von 66,7 f. hat für die Vision der apokalyptischen Frau in Offb 12,2.5 Pate gestanden.

- Sogar der dunkle Drohspruch 66,24, mit dem Jes III – und damit das Jesajabuch – ausklingt, findet in der Warnung Jesu vor den Verführern in Mk 9,48 Aufnahme.

- Für den Bereich des Kirchenlieds sei vor allem auf 63,19b verwiesen, das zum biblischen Impuls für Friedrich Spees »O Heiland, reiß die Himmel auf« geworden ist.

- In den Bach-Kantaten »Brich den Hungrigen dein Brot« (BWV 39) und »Sie werden aus Saba alle kommen« (BWV 65) stehen Zitate aus 58,7f. bzw. 60,6 im Titel.

- Für Vertonungen in Oratorien sei vor allem auf »Denn blick auf, Finsternis deckt alle Welt« (60,2.3) im ersten Teil von G.F. Händels »Messias« (Nr. 10) und auf »Ich will euch trösten, wie einen seine Mutter tröstet« (66,13) im Ausklang des 5. Satzes im »Deutschen Requiem« von J. Brahms verwiesen.

Judit

SIEGFRIED KREUZER

Das Buch Judit ist eine große beispielhafte Erzählung über die Rettung des Gottesvolkes vor übermächtigen Feinden. Das Buch setzt verschiedene alttestamentliche Erzählungen von Gefährdung und Errettung Israels voraus und verdichtet diese Bezüge in einer exemplarischen Geschichte von Bedrohung und Errettung.

Eine exemplarische Erzählung

Das Exemplarisch-Prinzipielle wird schon in den Namen der handelnden Personen zum Ausdruck gebracht: Judit bedeutet einfach »die Jüdin«. Sie wird dargestellt als eine reiche, kluge und schöne Frau, die dadurch, dass sie Witwe ist, selbständig handeln und sich in der Öffentlichkeit bewegen kann. Der König Nebukadnezzar ist zwar eine historische Gestalt: Er war Herrscher des (neu-)babylonischen Reiches und für die Eroberung und Zerstörung Jerusalems und des Tempels verantwortlich. Allerdings wird er im Buch als König des assyrischen Reiches bezeichnet. Dieser »Fehler« ist aber insofern Absicht, als damit nicht nur auf die babylonische, sondern auch auf die assyrische Großmacht Bezug genommen wird, die schon gut 100 Jahre zuvor das Nordreich

Israel erobert und später auch Jerusalem angegriffen hatte. Mit der Nennung eines Sieges über die Meder und mit der Bezeichnung der Statthalter als Satrapen (5,2) wird zudem eine Verbindung mit den Persern hergestellt. Auch der Name des feindlichen Generals, Holofernes, ist persisch, ebenso wie der Name seines Kämmerers Bagoas. Nebukadnezzar wird damit zum exemplarischen Herrscher eines Großreiches, der sich schließlich als Gott verehren lassen will. Damit ahnt ein jüdischer Leser bereits, dass es zu einem Konflikt mit dem Gott Israels kommen wird.

Die belagerte Stadt Betulia liegt nach 7,1–5 südlich der Ebene Jesreel am Rand des samarischen Berglandes, nördlich von Dotan. Nach der Beschreibung versperrt sie den von Norden anrückenden Feinden den Weg in das judäisch-israelitische Gebiet. Insofern müsste sie eine ziemlich große Stadt sein. Eine solche ist aber nicht bekannt. Daher ist anzunehmen, dass auch Betulia ein symbolischer Name ist. Jedenfalls klingt der Name ähnlich wie *betula*, Jungfrau. Das erinnert daran, dass im Hebräischen Städte weiblich sind und oft als Tochter (z.B. Tochter Zion) bezeichnet werden und dass sowohl die Stadt Jerusalem als auch das Volk Israel wiederholt als »Jungfrau« angesprochen werden (Jes 37,22; Jer 18,13; 31,4.21, Amos 5.2 u.ö).

Die Gestalt des weisen Beraters Achior erinnert an den sagenhaften Weisen Achikar, der zur Zeit des assyrischen Königs Sanherib gelebt haben soll (in Tobit 11,9 sind beide Namen gleichgesetzt). Die Weisheit des Achikar ist eine Weisheitsschrift, die im 6. und 5. Jahrhundert v. Chr. entstand und der jüdischen Weisheit nahe steht. Der weise Achior weiß viel über das jüdische Volk, und er steht am Schluss bei den Juden in Betulia. Er ist gewissermaßen ein Proselyt, der das Judentum kennt und schließlich zu den Juden und ihrem Gottesglauben hinzukommt.

Aufbau des Buches und Verlauf der Handlung
Der Aufbau des Buches lässt sich in zwei Teilen erfassen: Kap. 1–8 beschreiben die Vorgeschichte, insbesondere das Bestreben Nebukadnezzars, alle Welt zu beherrschen und sich als Gott verehren zu lassen. Dazu will er nach der Eroberung des Ostens in einem großen Kriegszug auch den Westen, das heißt, Syrien, die Städte der Phönizier am Mittelmeer und schließlich Ägypten unterwerfen. Diesen Feldzug mit einem riesigen Heer soll der General Holofernes durchführen. Alle Städte und Länder unterwerfen sich in großer Angst, und Holfernes lässt alle Altäre zerstören, denn Nebukadnezzar soll ja als der einzige Gott verehrt werden.

Nur die Stadt Betulia leistet, zur großen Empörung des Holofernes, Widerstand. Daraufhin erklärt Achior, der Berater des Holofernes, die Besonderheiten des jüdischen Volkes, das Gott immer wieder beschützt und errettet hat. Der Geschichtsrückblick, den Achior gibt, mündet in die Aussage, dass die Israeliten nur dann schwach und besiegbar sind, wenn sie gegen Gott sündigen. »Haben sie sich aber nicht an ihrem Gott versündigt, so richten wir nichts gegen sie aus; denn ihr Gott wird sie beschirmen, und wir werden vor aller Welt zum Gespött werden.« (5,23) Diese Worte verursachen große Empörung und Achior wird nach Betulia ausgeliefert, wo er von den Plänen des Holofernes erzählt. Die Einwohner verfallen in große Angst und Klage. Kurz darauf wird bereits Betulia belagert und insbesondere von aller Wasserversorgung abgeschnitten.

Erst im 2. Teil des Buches (Kap. 9–16) tritt Judit auf. Zunächst kritisiert sie die Verzagtheit der Bewohner und der Anführer von Betulia und ermutigt sie. Dann geht sie, nur begleitet von ihrer Magd, in das Lager des Feindes. Dort erregt die schöne Judit das Interesse des Holofernes, der sie zu einem Fest und anschließend in sein Zelt einlädt. Schließlich ist sie mit Holofernes allein im Schlafgemach. Dieser ist allerdings voll betrunken und kann nur mehr auf sein Bett fallen und einschlafen. Diese Situation nützen Judit und ihre Magd und schlagen Holofernes das Haupt ab. Sie können fliehen und bringen den Israeliten das Haupt des Holofernes. Während die Juden in Betulia jubeln, gerät das feindliche Heer in Panik und zieht ab. Das Buch endet mit einer großen Prozession hinauf nach Jerusalem zum Tempel, wo Dankopfer für die Befreiung dargebracht werden. Dieser Hinaufzug nach Jerusalem ist begleitet vom Lobgesang der Judit, ähnlich wie seinerzeit Mirjam nach der Errettung aus Ägypten und dem Durchzug durch das Meer einen Lobgesang für den Gott Israels angestimmt hatte (Ex 15).

Faszination und Problematik des Buches
Das Buch Judit übt in verschiedener Hinsicht eine große Faszination aus. Da ist zunächst die Dramatik der Geschichte mit ihrem Höhepunkt, der Tötung des Holofernes. Diese war ein beliebtes Thema der Renaissancemalerei (z.B. bei Caravaggio und Michelangelo), aber auch bis zur Gegenwart (Cranach der Ältere stellt dagegen auch Judit beim Gastmahl dar; Klimt fokussiert auf Judit als schöne Frau). – Mit ihrer Tat handelt Judit ähnlich wie Jael,

die den feindlichen Feldherrn Sisera in ihrem Zelt, ebenfalls im Schlaf, ermordete (Ri 4). Allerdings ist Judits Handeln doch problematisch, weil sie, so wie Jael, einen schlafenden und nichtsahnenden Menschen ermordet. Man kann nicht sagen, dass es sich zufällig so ergeben hat, denn der Erzähler legte ja die Geschichte zielstrebig auf diese Situation hin an. Auch erzählimmanent kann Judit eigentlich nur mit einem in diese Richtung gehenden Plan zu Holofernes gegangen sein. Zu rechtfertigen ist Judits Tat nicht individualethisch, sondern nur mit der Gesamtsituation, dass sie damit ihr Volk rettete und einen Krieg mit vielen Toten und letzten Endes eine weitere Eroberung und Zerstörung Jerusalems und des Tempels verhinderte. Sie hat sich mit ihren Möglichkeiten mutig und entschlossen für die Rettung des Volkes eingesetzt.

Zur Faszination des Buches gehört aber auch die Gesamtdramatik: der Gegensatz zwischen dem Superherrscher Nebukadnezzar, der der ganzen Welt nicht nur seine Herrschaft, sondern auch den Glauben an seine Göttlichkeit aufzwingen will (3,11), und JHWH, dem Gott Israels, eines scheinbar schwachen und ohnmächtigen Volkes, der doch, wenn auch im Verborgenen, die Geschicke der Welt lenkt (vgl. Jes 45,15). Eindrücklich ist auch die Argumentation in den verschiedenen Reden, die die Geschichte und den Glauben Israels erklären und begründen, und die letzten Endes zum Vertrauen auf Gott ermutigen wollen.

Auch die literarische Gestaltung des Buches ist faszinierend, indem verschiedene biblische und auch außerbiblische Traditionen aufgenommen oder zumindest angespielt werden. Das lädt durchaus zu einer Entdeckungsreise und zur Suche nach den alttestamentlichen Motiven und Traditionen ein.

Das Buch Judit entstand wahrscheinlich in der Zeit der Makkabäer bzw. Hasmonäer. Dafür spricht, dass nach der eher ruhigen Perserzeit und den Anfängen der hellenistischen Zeit nun doch gefährliche Konflikte vorherrschten (siehe zu 1. Makkabäer). Vielleicht lässt sich das Buch in die Zeit zwischen ca. 140 und 100 v. Chr. einordnen, denn damals herrschten die Hasmonäer bereits bis zur Ebene Jesreel, also etwa bis Betulia, aber noch nicht in Galiläa und bis zum Mittelmeer.

Eine erste Fassung des Buches könnte aramäisch gewesen sein, denn Hieronymus hatte für seine lateinische Version noch einen kürzeren Text, von dem er behauptete, ihn in einer einzigen Nacht übersetzt zu haben. Erhalten geblieben ist aber nur die (umfangreichere) griechische Version. Das Buch Judit gehört zu den Apokryphen bzw. den deuterokanonischen Schriften. In den großen alten Bibelhandschriften ist es unterschiedlich eingeordnet. In der lateinischen und in den römisch-katholischen Bibelausgaben steht Judit bei den (jüngeren) Geschichtsbüchern, in den evangelischen Bibelausgaben bei den Apokryphen zwischen Altem und Neuem Testament.

Vermerkt sei noch, dass im griechischen Text der König Nebukadnezzar eigentlich Nabuchodonosor heißt. Die italienische Schreibung des Namens wurde namengebend für die Oper Nabucco. Die Übersetzungen verwenden den bekannteren Namen Nebukadnezzar.

1. Makkabäer

SIEGFRIED KREUZER

Vorbemerkung zu den Makkabäerbüchern

Es gibt insgesamt vier Makkabäerbücher. Alle vier stammen aus der jüdischen Tradition, wurden aber schließlich nur in der christlichen Überlieferung bewahrt. In der griechischen Bibel, der sog. Septuaginta (das ist: die Übersetzung der 70), finden sich alle vier Bücher. In der lateinischen Bibel (Vulgata) und in praktisch allen modernen Bibelausgaben finden sich nur 1 und 2 Makkabäer. Diese beiden Bücher beziehen sich auf die Religionsverfolgung unter Antiochus IV. in der Zeit von 167 bis 164 v. Chr. und beschreiben den Aufstand der Makkabäer bis hin zur Etablierung des Königtums der Makkabäer, die dann als Hasmonäer bezeichnet wurden. Die Bezeichnung Makkabäer geht auf Simon, den Sohn des Mattatias, zurück, der den Aufstand erfolgreich weiterführte (1 Makk 3) und den Beinamen Makkabäus, das heißt der Hammer, erhielt (dass der Name aus den Anfangsbuchstaben von Ex 15,11 *mî kāmokā bā'elim jhwh* [=mkbi] »Wer ist wie du unter den Göttern, Herr?« abgeleitet sei, ist eine spätere schriftgelehrte Deutung). Der jüdische Historiker Josephus benannte die Familie nach einem Vorfahren namens Hasmon als Hasmonäer.

3 Makkabäer beschreibt eine drohende Vernichtung der Juden in Ägypten und die wunderbare Errettung. Die Geschichte bezieht sich zwar auf Ptolemäus IV. (245–204 v. Chr.), wurde aber erst in der Makkabäerzeit verfasst. Die Verbindung mit den Makkabäern besteht vor allem darin, dass es auch hier um Verfolgung und Errettung geht.

4 Makkabäer bezieht sich auf die Ermordung der Makkabäersöhne (2 Makk 6–7). Es ist gestaltet als ein philosophischer Traktat über die Bedeutung der »gottesfürchtigen Denkkraft« auch in der Situation des Martyriums, das grausig geschildert wird. Ziel ist die Aufforderung, dem Gesetz zu gehorchen und fromm zu leben. Diese Schrift entstand erst am Ende des 1. Jahrhunderts n. Chr., also nach der Eroberung Jerusalems und der Zerstörung des Tempels durch die Römer.

Die Zeit der Makkabäer und Hasmonäer
In der Schlacht bei Paneas/Banyas (bei den Jordanquellen) im Jahr 200 v. Chr. besiegten die syrischen Seleukiden-Könige die ägyptischen Ptolemäer. Damit wechselte für die Juden in Jerusalem und Judäa, ebenso wie für die Samaritaner in Samaria, die politische Vorherrschaft. Die kulturelle Dominanz der griechischen Sprache und Kultur änderte sich dagegen kaum, denn diese hellenistische Kultur herrschte seit Alexander dem Großen im ganzen Mittelmeerraum bis weit nach Mesopotamien. Auch in Jerusalem stellte man sich weithin darauf ein. Bezeichnend dafür ist, dass man für den Namen der Stadt Jerusalem auch die griechische Bezeichnung Hierosolyma verwendete. Wie in anderen Städten wurde auch in Jerusalem ein Gymnasium errichtet, in dem Gymnastik bzw. Sport betrieben wurde. Das tat man (nur die Männer unter sich) üblicherweise nackt. Das war völlig neu und befremdlich. Viele jüdische Männer schämten sich für ihre Beschneidung und versuchten, dieses für die jüdische Religion so wichtige Zeichen unkenntlich oder rückgängig zu machen (1 Makk 1,13–15).

Im Hellenismus wurden die Götter der verschiedenen Länder miteinander identifiziert: War nicht zum Beispiel der griechische Göttervater Zeus derselbe wie der römische Jupiter oder der ägyptische Gott Amun? So entstand der Gedanke eines universalen Weltengottes, der nur unter verschiedenen Namen angerufen wurde. War dann der israelitische Gott JHWH, den man ja auch als Schöpfer und Herrn der ganzen Welt anbetete, nicht ebenfalls identisch mit diesem Weltengott? Mit dieser Vorstellung könnte man sich gut in die große Welt der Religionen integrieren und einen wichtigen Platz finden. Diese Idee war durchaus attraktiv, auch für die Priester am Tempel in Jerusalem. Offensichtlich war man um 170 v. Chr. drauf und dran, den Gott JHWH mit Zeus gleichzusetzen und ihm ein Zeus-Standbild zu errichten (»Gräuel der Verwüstung«, 1 Makk 1,54). Nur die rückständigen Leute vor allem draußen auf dem Land waren skeptisch und wollten nicht so recht. Nach 1 Makk 1,41–64 (vgl. 2,15) wurden Kommissionen eingerichtet, die die neuen Schritte erzwingen sollten, was zu Widerstand und zu vielen Märtyrern führte.

Gleichzeitig gab es politische und militärische Konflikte. Der syrische König Antiochus IV. marschierte 170 v. Chr. in Ägypten ein, aber er wurde von den Römern zum Rückzug gezwungen. Er war darüber nicht nur verärgert, sondern er brauchte Geld für seine Armee. Dazu plünderte er Tempelschätze, auch den Tempelschatz in Jerusalem, der doch von den Juden zusammengebracht war und der Gott gehörte (1 Makk 1,16–28).

In dieser angespannten Situation kam eine Religionskommission, die den Abfall vom alten Glauben erzwingen sollte, auch in den Ort Modein. Mattatias, ein vornehmer Ältester des Ortes, sollte zusammen mit seinen Söhnen vorangehen und die geforderten Opfer darbringen. Er weigert sich jedoch und begründet das in einer feierlichen Rede. Da tritt ein anderer Jude vor und will das Opfer durchführen. Mattatias wird zornig und tötet diesen Mann und auch den Vertreter des Königs. Nun gibt es kein Zurück mehr, und der Aufstand beginnt (Kap. 2).

Sowohl das 1. als auch 2. Makkabäerbuch beschreiben in etwas unterschiedlicher Perspektive die folgenden wechselhaften Kämpfe bis hin zur Eroberung Jerusalems, der Wiedereinweihung des Tempels im Jahr 164 v. Chr. und der Errichtung des makkabäisch/hasmonäischen Königtums.

1 Makkabäer

Das 1. Makkbäerbuch gliedert sich in drei große Teile: Kap. 1–2 berichten von der Vorgeschichte des Konflikts, von der Verfolgung jener Israeliten, die an der Besonderheit Israels und an seinen Geboten, insbesondere der Bilderlosigkeit und dem Sabbatgebot, festhalten wollten, und vom Anfang des Aufstandes durch Mattatias und die folgenden Kämpfe. Dieser Abschnitt endet mit einer großen Abschiedsrede des Mattatias an seine drei Söhne, in der er im Stil der Abschiedsrede des Josua (Jos 24) an die Geschichte Gottes mit seinem Volk erinnert und zur Treue gegenüber Gott und seinen Geboten auffordert.

Kap. 3,1–9,22 berichten von den zahlreichen wechselhaften, aber doch immer wieder erfolgreichen Kämpfen unter der Führung des Judas (Makkabäus) ab 166 v. Chr. Es gelingt ihm in zahlreichen Schlachten und auch in kleineren Kämpfen – mit vielen Toten auf beiden Seiten – immer wieder, die Syrer, das heißt die seleukidischen Könige bzw. deren Generäle zu besiegen. 164 v. Chr. gelingt die Einnahme Jerusalems und des Tempels. Zur Erinnerung an die Wiederaufnahme der legitimen Opfer am 25. Chislev (nach moderner Rechnung am 14. Dez. 164 v. Chr.) wird das Chanukka-Fest eingeführt, das bis heute gefeiert wird (wegen des Mondkalenders wechselt das Datum, liegt aber meistens in der ersten Hälfte unseres Monats Dezember).

Bei den Kriegszügen sind auch immer wieder seine Brüder Simeon/Simon und Jonatan beteiligt. Die Kriegszüge erfolgen auch in umliegende Gebiete, in den Süden nach Idumäa (Edomiter), in den Norden nach Galiläa und in das ostjordanische Gebiet. Dabei beschützen sie einerseits die dort lebenden Juden, werden aber zugleich zu typisch hellenistischen Fürsten, die Kriegszüge unternehmen, Städte zerstören, die Bevölkerung töten und Beute machen. Es ist nicht erstaunlich, dass es auch Gegenreaktionen der syrischen Könige gibt. Andererseits gelang es offenbar, ein Bündnis mit den Römern zu schließen, die in dieser Zeit ihre Herrschaft in den Westen und in den Osten ausdehnten. Schließlich starb Judas 160 v. Chr. in einer verlustreichen Schlacht gegen ein syrisches Heer, nicht weit von Jerusalem.

Kap. 9,23–12,53 berichten von den Kriegszügen und der Herrschaft des Jonatan. Zunächst sind wieder die syrischen Generäle und ihre Heere in der Übermacht. In vielen Städten werden Festungen angelegt, mit denen die Bevölkerung beherrscht und kontrolliert werden sollte. Schließlich ist doch Jonatan wieder erfolgreich und der syrische General Bakchides akzeptiert einen Friedensvertrag, den er auch einhält. In den bald danach einsetzenden syrischen Thronwirren gelingt es Jonatan durch geschickte Verhandlungen, seine Position als Herrscher der Juden auszubauen. 150 v. Chr. wurde Jonatan nicht nur vom syrischen König Alexander in seiner Herrschaft bestätigt, sondern auch in das Amt des Hohepriesters eingesetzt. Die Verbindung von Herrscheramt und Priesteramt entsprach allerdings nicht der Tora (siehe Dtn 17), und vor allem war Jonatan nicht aus priesterlichem Geschlecht. Beides führte zu Diskussionen und zu Widerstand.

Die Ereignisse bleiben wechselhaft. Jonatan versuchte, sich durch Bündnisse mit Rom und mit Sparta abzusichern (wobei behauptet wurde, dass beide, die Juden und die Spartaner, von Abraham abstammen; 12,22). Weiterhin gab es Kämpfe, und schließlich wird Jonatan 143 v. Chr. durch eine List gefangen und getötet.

Kap. 13–16 bilden den letzten Teil des Buches. Simeon, der letzte der Brüder, übernimmt die Herrschaft. Es gelingt ihm, seine Position zu festigen, sowohl gegenüber dem syrischen König als auch durch die Verträge mit Rom und Sparta. Simeon wird nicht nur als Hohepriester bestätigt, sondern er erhält auch den Titel Fürst, aber es gibt weiterhin Kriege und Intrigen. Im letzten Kapitel wird berichtet, wie Simeon und zwei seiner Söhne durch seinen machtgierigen Schwiegersohn ermordet werden, wie aber sein Sohn Johanan, der als Johannes Hyrkan besser bekannt ist, 134 v. Chr. die Herrschaft übernimmt. Ab dieser nunmehr 3. Generation werden die Makkabäer als Hasmonäer bezeichnet.

Eigenart und Botschaft von 1 Makk
– 1 Makk war ursprünglich Hebräisch verfasst. Augustin und Hieronymus war das noch bekannt. Erhalten geblieben ist aber nur die griechische Version. Der Verfasser des Buches muss nach dem Herrschaftsantritt von Johanan, also vermutlich etwas nach 134 v. Chr. geschrieben haben. Vermutlich lebte er am Königshof oder am Tempel in Jerusalem, wo er die alten Nachrichten und Dokumente für seine Darstellung verwenden konnte.
– Makk berichtet von einer endlosen Zahl von Kriegen, Eroberungen, Zerstörungen, Raubzügen und Morden. Es ist eine wichtige Quelle für diese Zeit und zeigt zugleich, dass die griechisch-hellenistische Welt nicht nur eine Zeit der Philosophie war, sondern endloser Konflikte und zehntausender Opfer.
– Der Verfasser von 1 Makk sieht und benennt diese Opfer, aber er stellt die Leistung der Makkabäer in den Vordergrund und insbesondere, dass dadurch die jüdische Religion in ihrer Eigenheit bewahrt blieb und auch eine neue Prägung erhielt, nämlich die besondere Orientierung an der Tora. Während in der Religionsverfolgung der Gehorsam gegen die alte Tora, die Bilderlosigkeit und die Sabbatruhe beseitigt werden sollten, wurden sie durch den Aufstand der Makkabäer gewissermaßen gerettet und besonders wichtig.
– Die religiösen Maßnahmen der Makkabäer, insbesondere ihre Rolle als Fürsten und Hohepriester, gaben Anlass zur Diskussion und verstärkten die Entstehung verschiedener Richtungen im Judentum (Pharisäer, Sadduzäer, Essener).
– Zwar haben die Makkabäer den Aufstand angeführt, aber die Darstellung zeigt, dass es auch viele andere Juden gab, die – aktiv oder passiv – für den traditionellen jüdischen Glauben eintraten und ihn verteidigten oder den Märtyrertod auf sich nah-

men. Diese Aktivitäten und diese Martyrien trugen dazu bei, dass die jüdische Religion als eine eigene Größe erhalten blieb.
– Der Verfasser von 1 Makk stellt die Leistungen der Makkabäer-Familie heraus, aber zugleich macht er deutlich, dass letztlich Gott selbst hinter den Ereignissen steht. Der Gott Israels beschützt und rettet sein Volk.
– Die Verfolger hatten die Bedeutung der Heiligen Schriften für die Glaubensgemeinschaft erkannt und suchten und zerstörten diese (1,57). Die Erfahrungen der Makkabäerzeit führten somit dazu, dass dann am Tempel die Heiligen Schriften und ihre Überlieferung intensiv gepflegt wurden. Neben der Bilderlosigkeit und dem Sabbat wurde die Orientierung an den Heiligen Schriften zu den Besonderheiten des Judentums.

Ergänzung: In der hellenistischen Zeit wurde nicht mehr nach der Regierungszeit eines einzelnen Herrschers datiert, sondern sozusagen international. Die Jahreszahlen beziehen sich auf die Ära der Diadochen, die mit dem Tod Alexanders 313 v. Chr. begann (z.B. 1 Makk 1,20: im Jahr 143 = 170 v. Chr.). Dieses System wurde von den Römern übernommen. Sie zählten ab der (erst viel später) auf 753 v. Chr. festgelegten Gründung Roms. In ähnlicher Weise wurde dann 525 n. Chr. auf die Geburt Christi zurückgerechnet und die Zeitrechnung auf Christi Geburt festgelegt.

Markusevangelium

RENATE KIRCHHOFF

Die Überschrift »Evangelium nach Markus« als Programm

Das Evangelium nach Markus ist das älteste der biblischen Evangelien. »Markus« ist ein verbreiteter römischer Name. Das Herausgabekonzept der Bibel hat das Evangelium wohl einem Markus zugeschrieben, um unterschiedliche theologische und kirchenpolitische Konzepte über die Einmütigkeit der Verfasser zu entschärfen. Im Konflikt um die Gestaltung des Zugangs von Heidinnen und Heiden zur Heilsgemeinschaft wäre der Judenchrist Markus (z.B. Apg 12,12) ein Bindeglied zwischen Petrus und Paulus.

Entstanden ist das Evangelium kurz nach 70 n. Chr. (vgl. Mk 13,1f). Formal ist es gestaltet wie die antike Gattung der Biographie. Aber es ist das erste Mal, dass eine solche Biographie mit »Evangelium« überschrieben wird. »Evangelium« ist in der römischen Antike eine Botschaft, die sich inhaltlich auf den Kaiser bezieht und die zunächst dieser Kaiser selbst als eine sich positiv auswirkende Botschaft qualifiziert. Die Beherrschten sahen dies im Einzelfall durchaus anders. Wenn die Botschaft von Jesus Christus, dem Sohn Gottes (Mk 1,1), als Evangelium bezeichnet wird, assoziieren die zeitgenössisch Lesenden den Herrschaftsantritt Vespasians (69 n. Chr.). Vespasian war es, der mit seinem Sohn Titus den jüdischen Aufstand brutal niederschlug und sich von den Soldaten als neuer Kaiser ausrufen und vom Senat in Rom bestätigen ließ. Seit Augustus wird der Begriff »Evangelium« politisch genutzt, um den Kaiser als von Gott geschickten Retter der Menschheit zu bezeichnen, mit dem ein besseres Zeitalter beginnt und alte Feinde besiegt werden. An diese Tradition knüpfte Vespasian an, indem er etwa den Sieg über die jüdischen Aufständischen auf Münzen prägen ließ.

Die Bezeichnung der Botschaft von Jesus Christus als Evangelium wird Lesende veranlasst haben, den Text des Markusevangeliums als Interpretation der eigenen Situation im Kontext des römischen Reiches zu lesen. Die Grundfrage ist, wer in Wirklichkeit der Sohn Gottes ist. Diese Frage durchzieht das Markusevangelium wie ein roter Faden. Dabei gibt der Text nicht einfache Antworten auf einfache Fragen. Vielmehr bestätigt das Evangelium, dass die Leserinnen und Leser gute Gründe dafür haben, keine einfache, logisch zustimmungsfähige und also evidente Antwort zu finden. Das Evangelium greift auf diese Weise die Probleme der Deutung von Wirklichkeit auf, die sich aufgrund der Traumatisierung durch den jüdischen Krieg und die aktuellen Diskriminierungserfahrungen der Trägerkreise stellten und sie in existentieller Weise mit der Frage konfrontierten, wer in Wirklichkeit ihr eigenes Geschick und das der Heilsgemeinschaft führt. Denn der Augenschein widersprach deutlich dem Bekenntnis Jesu als einem Gottessohn.

Der Aufbau des Evangeliums

Der Aufbau des Evangeliums und vor allem die Orte, an denen die erzählten Szenen spielen, sind nicht als Auskunft über den historischen Wanderweg Jesu zu lesen, sondern als theologische Aussagen darüber, wer zur Heilsgemeinschaft gehört, welches theologische Perspektiven auf die Gewaltherrschaft Roms sind und welche Wirkung von dem abwesenden, weil verstorbenen Jesus ausgeht.

Das Markusevangelium lässt seine Jesus-Erzählung an vier verschiedenen Orten spielen:

1. Mk 1,1–15 In der (galiläischen) Wüste

Die Wüste ist in der Geschichte oft (z.B. Exoduserzählung) Ort des beginnenden befreienden Handelns Gottes an Israel; so soll Jesu Auftreten und das Handeln Gottes an den Seinen verstanden werden. Die Vorgeschichte klärt die verborgene Identität Jesu, auf die auch der Schluss Bezug nimmt. Jesus wird als Sohn Gottes den Leserinnen und Lesern eingeführt, die Erzählfiguren wissen dies nicht. Bei der Taufe (1,11) und der Verklärung (9,7) sind es Himmelsstimmen, die Jesus als Sohn Gottes bezeichnen, und erst nach seiner Ermordung wird Jesus von einer menschlichen Erzählfigur, und zwar einem heidnischen Soldaten, als Sohn Gottes bezeichnet (16,6f.). Die Erzählstrategie verdeutlicht mithin, dass die Identifikation Jesu Folge einer Bewertung ist, die sich an der Möglichkeit, Leid und Gewalt zu integrieren, entscheidet und wesentlich doppeldeutig bleibt.

2. Mk 1,16–8,26 Galiläa

In Galiläa demonstriert Jesus seine charismatische Vollmacht in Schriftauslegung, Heilung und Exorzismus und es klärt sich das Verhältnis der Menschen zu ihm (1,16–4,34). Ab Mk 4,45 ist die Wirksamkeit unter den Heiden und Heidinnen Thema. Sie erfolgt von Galiläa aus im Gebiet östlich des Sees Gennesaret, deshalb fährt Jesus immer wieder über den See, und manche der Ereignisse geschehen sowohl westlich als auch östlich des Sees (vgl. Speisungsgeschichten), um die Zusammensetzung der Gemeinde aus Christusgläubigen aus Juden und Heiden mit der Zuwendung Jesu zu Heiden und Heidinnen zu legitimieren. Freilich bleibt der Vorrang der Christusgläubigen aus den Juden bestehen, und es ist bezeichnender Weise eine heidnische Frau, der die schlagfertige Bestätigung dieses Vorrangs zum Gewinn wird (7,24–30). Jesu Wirken verbreitet sich eigendynamisch: Obwohl Jesus den Exorzierten und den Geheilten zu schweigen befiehlt, hat es ohne sein Zutun eine Wirkung, die sich über die Reaktion der Menschen auf ihn fortsetzt (vgl. z.B. 5,19f.). Dies ist ein Motiv, das auf die Frage nach der Relevanz des Verstorbenen für die Leser und Leserinnen reagiert.

3. Mk 8,27–10,52 Der Weg nach Jerusalem

Auf dem Weg nach Jerusalem kündigt Jesus dreimal sein Leiden und seinen Tod an (8,31–33; 9,31–32; 10,32–34) und deutet jeweils anschließend das Leiden der Gemeinde mittels seines eigenen Geschicks. Dabei gilt zwar, dass Diskriminierungs- und weitere Leidenserfahrungen die Nachfolgenden mit Jesus verbindet. Es ist jedoch nicht die Leidensbereitschaft als solche, die für Leitungsaufgaben qualifiziert, sondern das Engagement für das Wohl der jeweils Anvertrauten (10,35–45). Das ist denn auch das Kriterium, anhand dessen solche Mächtigen ausgemacht werden sollen, die nur scheinbar mächtig sind – gemeint ist Rom (10,42). Wenn sich innergemeindlich Gestaltungsspielraum danach bemisst, wer anderen zugute handelt, realisiert die Gemeinde Jesu Programm (10,45). Erstmalig angekündigt hat Mk das Todesgeschick Jesu bereits in Mk 3,6. Martin Kähler bezeichnete das Evangelium deshalb als Passionsgeschichte mit ausführlicher Einleitung.

4. Mk 11,1–16,1–8 In Jerusalem
In Jerusalem verschärfen sich die Konflikte mit jüdischen Autoritäten. Auch im Mk ist das Interesse leitend, jüdische Autoritäten zu belasten und römische Autoritäten zu entlasten. Ziel des Erzählverfahrens ist es, die politische Motivation der Kreuzigung Jesu zu leugnen, um sich nicht durch die Zugehörigkeit zu ihm zusätzlich zu gefährden. Die Nachgeschichte in 16,1–8 erzählt – wie es für antike Biographien typisch ist – vom Leben Jesu nach seinem Tod; dieses ist so wie seine wirkliche Identität verborgen. Mk 16,9–18 ist eine Zusammenfassung der Ostergeschichten des Lk und des Joh sowie einiger Szenen der Apostelgeschichte. Anlass für diesen Zusatz könnte die Irritation darüber sein, dass die Frauen die Botschaft an die Schüler nicht ausrichten (16,8). Der kurze Schluss nimmt Leser und Leserinnen in die Pflicht, den Auftrag des Engels auszuführen und Jesus nach Galiläa nachzufolgen.

Die Rolle der Schüler und der Frauen
Die Schüler Jesu sind Identifikationsfiguren für Leserinnen und Leser. Umso auffälliger ist es, dass sie als solche gezeichnet sind, denen es an Vertrauen in Jesu Macht mangelt (4,40), die Jesu Worte nicht verstehen (z.B. 8,15f.) und falsche Vorstellungen von seiner Identität haben (8,27–33). Die Trägerkreise waren durch die Ereignisse im jüdischen Krieg traumatisiert und aktuell von ihrer Umwelt ausgegrenzt und isoliert; vor diesem Hintergrund war ihnen die Vorstellung von der überlegenen Macht Jesu ebenso fraglich (4,35–41) wie die Vorstellung, dass ihre Lehre Andere nähren könnte (8,14–21) und sie Jesus, den erniedrigten Gekreuzigten, zu Recht als Messias bekannten (8,27–33). Es ist eine stabilisierende und tröstende Botschaft des Markusevangeliums, dass diese Probleme schon typisch waren für die engsten Vertrau-

ten Jesu, ohne dass diese sich in der Perspektive Jesu dadurch disqualifiziert hätten.

Das positive Modell von Zugehörigkeit zu Jesus stellen die Frauen dar, die Jesus nachgefolgt waren (15,40f.), sie sind bei der Kreuzigung anwesend (15,40f.), sind die ersten Zeuginnen der Auferstehung und bekommen den Verkündigungsauftrag (16,1–8). Zudem erzählt Mk 14,2–9 eine Zeichenhandlung, in der eine namenlose Frau Jesus als leidenden Messias abbildet: Das Ausgießen von Öl über den Kopf ist typisch für eine Königssalbung (z.B. 1 Sam 10,1), und zugleich deutet Jesus das Tun der Frau als Totensalbung (14,8); es kommt aufgrund der leiblichen Auferstehung Jesu auch zu keiner weiteren Totensalbung mehr (16,1–8). Dieses nonverbale Bekenntnis ist das einzige, das Jesus bestätigt. Aber die Frauen sind Identifikationsfiguren, die die Begrenztheit von menschlichem Verstehen abbilden: Sie erhalten am Ende die Interpretation der Situation durch einen himmlischen Boten und schweigen daraufhin. Aber das führt gerade nicht zum Aus des Evangeliums. Der gelesene Text trägt die Botschaft weiter und erteilt den Leserinnen und Lesern den Auftrag dazu (16,8). Ob sie ihn annehmen, hängt davon ab, ob sie sich überzeugen lassen vom Angebot des Evangeliums, die eigene Gegenwart zu deuten: Wirklichkeit ist doppeldeutig, und wer sich zu Jesus hält, wird darum ringen, Jesus als mächtigen Charismatiker und Gottessohn zu konstruieren und gleichzeitig den eigenen Alltag erleiden zu müssen.

Lukasevangelium

ANNE RADEMACHER

Der Evangelist Lukas, wer immer hinter diesem Namen der kirchlichen Tradition steht, hat uns das dritte Evangelium in der Abfolge der Schriften des Neuen Testamentes hinterlassen. Für uns heutige Leser ist es sehr praktisch, dass er uns am Beginn seiner Schrift (Lk 1,1–4) sozusagen auf seinen Schreibtisch schauen lässt. Er schreibt auf, mit welchem Ziel er schreibt, und gibt uns so eine Lesehilfe für sein Evangelium. Zunächst einmal stellt er sich in eine Reihe vieler Zeugen, so dass niemand auf die Idee kommen kann, er sei der Erste, der die Geschehnisse aufschreibt. Ja, bereits andere haben darüber geschrieben, aber da fehlt anscheinend noch etwas. Warum also eine neue Schrift, wo doch alles bekannt war? Dafür ist offenbar der Adressat verantwortlich, ein gewisser Theophilus, für den es wichtig war, Sicherheit und Klarheit im Glauben zu bekommen. Um das zu erreichen, hat Lukas ausführliche Studien betrieben, die Vorgänge zurückverfolgt und baut auf denen auf, die ihrerseits Augenzeugenberichte verarbeitet haben. Der Vergleich mit den anderen Evangelien zeigt: Er benutzt das Markusevangelium und zugleich eine Quelle mit Jesusreden, die offenbar auch dem Matthäusevangelium vorlag. Darüber hinaus aber hat er jede Menge anderen Stoff, der offenbar nur in seiner Gemeinde überliefert wurde bzw. nur ihm wichtig genug war, aufgeschrieben zu werden. Betrachten wir diese Texte, so findet sich vieles, was zum Grundbestand unseres Glaubens gehört: die weihnachtlichen Geschichten, darunter die Verkündigung an Maria, die Geburt des Täufers, der Besuch Marias bei Elisabet, die Hirten an der Krippe, die Erzählung vom zwölfjährigen Jesus im Tempel. In diesen Erzählungen wiederum stehen das Benedictus, das Magnificat und das Nunc dimittis, die großen neutestamentlichen Hymnen, die bis heute ihren festen Platz im Stundengebet haben. Aber auch die Gleichnisse vom barmherzigen Samariter und vom barmherzigen Vater, die Erzählung vom armen Lazarus und von Zachäus sind nur bei Lukas zu finden, ganz zu schweigen von der Himmelfahrt Jesu und der Emmauserzählung. Ohne das Lukasevangelium hätten wir weit weniger Feste im Kirchenjahr.

Aus den Spuren seiner Quellen und dem, was er schreibt, lässt sich seine Schrift zeitlich einordnen. Das Markusevangelium lag ihm vor, er schreibt also sicher nach 70 n. Chr. Allerdings wird es auch nicht zu lange danach gewesen sein, so dass eine Abfassung zwischen 80 und 90 n. Chr. wahrscheinlich ist. Sein Adressatenkreis scheint aus Christen zu bestehen, die mit jüdischen Gebräuchen kaum etwas anfangen können. Der Vergleich mit Mk und auch Mt zeigt das Weglassen dieser Traditionen bzw. die genaue Erklärung. Seine Gemeinde ist also griechisch geprägt, man redet da von Heidenchristen.

Wie aber sollen wir dieses Evangelium lesen? Zunächst so wie Theophilus – mit dem Ziel, im Glauben gestärkt zu werden. Dazu müssen wir den Weg Jesu an der Hand des Evangelisten mitgehen, und dieser Weg ist ein besonderer. Um ihn zu verstehen, lohnt es sich, den zweiten Teil des Lukasevangeliums in Betracht zu ziehen: die Apostelgeschichte. An deren Anfang bezieht sich der Autor ausdrücklich auf sein erstes Buch für Theophilus. Liest man beide hintereinander, so findet sich in der Mitte (im letzten Teil des Lk und im ersten Teil der Apg) alles auf Jerusalem zentriert. Dorthin ist Jesus sehr bewusst unterwegs (von Kapitel 9–19), von dort gelangt die Botschaft seiner Auferstehung letztlich bis an die Grenzen der Welt. Jerusalem aber ist für das Lk so eine Sache: einerseits der Dreh- und Angelpunkt, wo die wichtigsten Ereignisse geschehen, andererseits aber auch der Ort, wo die Ablehnung Jesu und seiner Nachfolger ihr Zentrum hat. Das mag ein Bild für den Glauben sein. Macht man sich auf den Weg ins Zentrum, so besteht zumindest die deutliche Gefahr der Ablehnung. Jedenfalls scheint das für den Evangelisten, für Theophilus und ihre Gemeinde so zu sein, auch deshalb das Streben nach Befestigung des Glaubens.

Wie aber wird Jesus vorgestellt? Mehr als alle anderen ist Jesus für das Lk der Heiland. Seine Sendung zu den Armen und Ausgegrenzten wird immer neu erzählt: Kranke, Frauen, Sünder – alle, die in der antiken Welt am Rande standen, werden durch Jesu Nähe gewürdigt und bekommen durch ihn das Heil zugesagt. Mehr als in allen Evangelien stellt uns Jesus Gott im Lk als barmherzigen Vater vor. Als einen, der alles mit Barmherzigkeit umgibt, aber auch auffordert, selbst barmherzig zu handeln. Eine zweite Lesehilfe also: Die Armen und Kleinen sind Gottes Lieblinge, zu ihnen gehören und für sie da zu sein, verbindet mit Jesus.

Im Lk ist Jesus außerdem der Betende. In keinem anderen Evangelium zieht er sich so oft zum Beten zurück, geschieht so viel in Situationen, wo Jesus betet – die Taufe, die Wahl der Zwölf, die Verklärung, am Ende die eindrückliche Schilderung des betenden Jesus am Ölberg. Jesus lehrt die Jünger im Lk das Vaterunser auf ihre Bitte hin zu lernen, wie beten geht. Eine weitere Spur: Um glauben zu können, muss man Kontakt mit Gott aufnehmen und Lukas versichert uns durch das Beispiel Jesu, dass es auch möglich ist.

Mit Blick auf Theophilus und die im Glauben zu Stärkenden aller Zeiten wird ein Weiteres im Lk wichtig. Diese Spur findet sich gleich in den Weihnachtsgeschichten. Was angekündigt wird, tritt ein: in der Verheißung der Geburt Johannes des Täufers, der Verkündigung des Engels an Maria, der Botschaft der Engel an die Hirten, der Weissagung von Hanna und Simeon. Der Evangelist setzt auf Verlässlichkeit. Sein Leser kann gleich zu Anfang erleben, wie Gott handelt und dass er hält, was er versprochen hat. Die Botschaft, so lernen Theophilus und alle Leser fast nebenher auf dem Weg, ist verlässlich. Dies wird für die Jünger mit Jesu Tod allerdings in Frage gestellt. Und wie ihnen geht es vielleicht jedem späteren Leser, der in seinem Glauben angefragt ist.

Wohl deshalb erzählt Lukas uns die Emmausgeschichte. Hier legt der Auferstandene selbst den Jüngern das Geschehene aus und zeigt ihnen, wie sie mittels Schrift und seiner Worte alles verstehen können. An der Hand dieser beiden Jünger kann der Leser die letzte Gewissheit hören. Jesus begegnet den Seinen auf dem Weg und seine Ansagen werden erfüllt. Wohl nicht zufällig ist nur einer der Emmausjünger namentlich benannt (Kleopas) – mag sein, dass der andere weit nach Jesu irdischem Weg lebt, mag sein, dass der Evangelist diese Leerstelle lässt, damit sich der Leser mit Kleopas auf den Weg nach Emmaus begeben kann. Dies mag die wichtigste Einladung des Lk sein, die Begegnung mit Jesus in den eigenen Wegen zu erwarten und dort die Botschaft stets neu ausgelegt zu bekommen, die Botschaft, dass Gott Heil will und dies durch Jesus wirklich bringt. Das ist nicht nur für Theophilus eine gute Nachricht – Evangelium –, sondern für alle Leser des Lk bis heute.

1. Korintherbrief

JÜRGEN KEGLER

Korinth

Die Stadt Korinth war im Jahr 149 v. Chr. von den Römern in Brand gesetzt worden, im Jahr 44 v. Chr. lässt Julius Cäsar Korinth als Sitz verdienter Veteranen und freigelassener Sklaven wieder aufbauen. 27 v. Chr. wurde Korinth Verwaltungszentrum der Provinz Achaia. Die Stadt erlebte rasch einen wirtschaftlichen Aufschwung und zog viele Menschen an. So entstand auch eine jüdische Gemeinde. Es gab in Korinth eine reiche Oberschicht und eine große Masse sehr armer Menschen. Dies spiegelt sich im Ringen des Paulus um die rechte Feier des Abendmahls in der Gemeinde, die dort angesprochenen Konflikte deuten auf soziale Spannungen hin (1 Kor 11,18–22).

Einheit des Briefes

Im Präskript werden Paulus und Sosthenes als Absender genannt. In 1 Kor 16,8 schreibt Paulus, dass er sich während der Abfassung des Briefes in Ephesus aufhält. Er wolle dort bis Pfingsten bleiben; man nimmt an, dass es im Jahr 54 oder 55 gewesen sein muss. – In der neueren Forschung gibt es eine wachsende Tendenz, die Einheitlichkeit des Briefes zu Grunde zu legen und die Spannungen und möglichen Differenzen als bewusste Gestaltungsmittel zu interpretieren. Der Brief behandelt eine ganze Fülle von Fragen und Problemen, die in der noch jungen christlichen Gemeinde aufgetaucht sind und zu Konflikten geführt haben. Der Brief enthält durchgehend eine Ekklesiologie, auf die jede Antwort des Paulus bezogen ist. Zentrum dieser Ekklesiologie ist das Bild von der Gemeinde als Leib Christi. Als Leib Christi bekommt der Leib eines jeden einzelnen Gemeindeglieds seine besondere Heiligkeit als Tempel des Heiligen Geistes. Das hat Konsequenzen für den Umgang mit dem eigenen Leib und der Leiblichkeit, also den elementaren Funktionen wie Essen, Trinken und sexuelles Verhalten. Zur Leiblichkeit gehört auch die Frage nach der leiblichen Auferstehung als Verwandlung des Leibes in eine unverwesliche Form. Dass sie literarisch am Ende des Briefes steht, ist Teil des rhetorischen Konzepts: Die letzten Dinge werden zuletzt angesprochen.

Gliederung

1,1–9 Präskript und Dank

1,10–17;3,1–17 Der erste Konflikt: Parteiungen

darin eingebettet:
1,18–2,16 Die Torheit des Evangeliums im Gegensatz zur Weisheit der Welt

5,1–13 Der zweite Konflikt: Eine verbotene Sexualbeziehung

6,1–11 Der dritte Konflikt: Prozesse vor weltlichen Gerichten

Grundsätzliches:
6,12–20 Der Leib als Tempel des Heiligen Geistes

7,1–40 Antwort auf die Frage der Korinther: Heirat oder Ehelosigkeit?

8,1–11,1 Antwort auf die Frage der Korinther: Darf man Götzenopferfleisch essen?

Grundsätzliches:
9,1–27	*Verhalten gegenüber Schwachen, Freiheit und Bindung*
10,1–11,1	Der vierte Konflikt: Teilnahme am heidnischen Kult im Gottesdienst
11,2–16	Antwort auf die Frage der Korinther: Muss eine Frau eine Kopfbedeckung im Gottesdienst tragen?
11,17–34	Der fünfte Konflikt: Unsoziales Verhalten beim Abendmahl
12	*Entfaltung der Ekklesiologie: Ein Geist – viele Gaben, ein Leib – viele Glieder*
13	*Hymnus auf die Liebe*
14,1–40	Konsequenzen: Der Gottesdienst und die Gemeinde
15	Antwort auf die Frage der Korinther: Auferstehung ja oder nein?
16	Kollekte für Jerusalem, Besuchsankündigungen und Segenswünsche

Die Gestaltung des Briefes ist kunstvoll. Zweimal werden angesprochene Konflikte durch grundsätzliche theologische Begründungen unterbrochen: Der Konflikt um Parteibildung in der Gemeinde wird unterbrochen, indem Paulus die Berufung auf Apostel zur Rechtfertigung einer besonderen Stellung in der Gemeinde grundsätzlich hinterfragt. Der Konflikt um sittliche Missstände und Rechtsstreitigkeiten unter Gemeindegliedern wird mit grundlegenden Überlegungen über den Leib als Tempel des Heiligen Geistes abgeschlossen. Ab 7,1 antwortet Paulus explizit auf Anfragen aus der Gemeinde. Seine Antworten auf Fragen aus der Gemeinde werden mit einer grundsätzlichen Argumentation über den Umgang mit »Schwachen«, über Freiheit und Bindung abgeschlossen (9,1–27). Bei dem Thema »Verhalten im Gottesdienst« (11,1–34) geht es um die Gemeinde als Ganze. Deshalb entwickelt Paulus das Bild von der Gemeinde als Leib Christi mit den unterschiedlichsten Charismen, gipfelnd in dem Hymnus auf die Liebe als der Grundhaltung, mit der die Glieder der Gemeinde einander begegnen sollen. Die in Kap. 15 aufgeworfenen Fragen zur Auferstehung spiegeln offene Fragen der Gemeinde. Im letzten Kapitel des Briefes geht es um die Kollekte, die Paulus für die – arme – Gemeinde in Jerusalem sammelt, seine Reisepläne und die für einen Briefschluss charakteristischen Mahnungen, Grüße und Segenswünsche.

Konflikte in der Gemeinde
1. Konflikt: Spaltungstendenzen in der Gemeinde. Gemeindeglieder betonen ihr besonderes Profil in der Gemeinde, indem sie sich jeweils auf »ihren« Apostel berufen, den sie als Autorität verehren bzw. durch den sie getauft wurden. Paulus nennt eine Paulus-, eine Apollos-, eine Kephas-(= Petrus-)Fraktion und eine Christus-Fraktion, wobei die »Christus-Fraktion« vielleicht keine Gruppe ist, sondern eine rhetorische Überspitzung von Paulus, mit der er diese Streitigkeiten auf den Kern lenkt, um den es geht: die Einheit des Leibes Christi. Einen Grund, sich auf ihn, Paulus, zu beziehen, sieht er angesichts der wenigen Menschen, die er getauft hat, nicht. Seine Aufgabe sieht er zudem nicht primär darin, Menschen zu taufen, sondern das Evangelium vom Kreuz Christi zu predigen. Folgerichtig entfaltet er dieses Evangelium, dieses »Wort vom Kreuz«, als das Zentrum, von dem her die Gemeinde lebt.
Die Botschaft von Jesu Kreuz und Auferstehung erscheint Menschen als Verrücktheit, Dummheit, aber für die, die daran glauben, ist sie eine Kraftquelle. Gott hat die menschlichen Maßstäbe umgekehrt; was wir für weise halten, ist in Gottes Augen Unsinn (1,20). Gott lässt durch die Torheit der Predigt alle selig werden, die daran glauben. Nicht menschliche Weisheit, sondern Gottes Geist, nicht Weisheit der Herrschenden, sondern die verborgene Weisheit Gottes ist die Quelle dieser Kraft. Von diesem Geheimnis Gottes hat die Welt nichts verstanden, den Glaubenden aber ist dieses Geheimnis offenbart. Das geschieht durch die Gabe des Heiligen Geistes. Damit weist Paulus bereits auf die große Bedeutung des Geistes für die Existenz der Gemeinde hin; dies wird in Kap. 12 ausgeführt. Insofern ist der Abschnitt 1,17–2,16 die Grundlegung für die dann später im Brief entfaltete Ekklesiologie. – In Kap. 3 kehrt Paulus zu den Parteibildungen in der Gemeinde zurück. Die Rolle der Apostel wird als eine dienende be-

schrieben; Gott ist es, der die Gemeinde gebaut hat, die Apostel sind nur seine Mitarbeiter (V. 9). Jede Berufung auf einen Apostel verkennt, dass Gott den Grundstein für die Gemeinde gelegt hat. Sie ist Tempel Gottes, Wohnstatt seines Geistes.
2. Konflikt: Verbotene Sexualbeziehung. Ein Mann aus der Gemeinde ist mit seiner Stiefmutter eine sexuelle Beziehung eingegangen, nach Lev 18,8 eine verbotene Sexualbeziehung. Diese Bestimmung ist offenbar für Paulus nach wie vor gültig. Die Gemeinde hätte auf diesen Tabubruch mit Trauer und Ausgrenzung reagieren müssen (5,2). Da dies nicht geschehen ist, soll die Gemeinde sich versammeln und den Mann »dem Satan übergeben«. Es ist eine Art sakraler Fluch, der den Täter in die unheilvolle Sphäre der gottfeindlichen Mächte zurückstößt. Allerdings bleibt ihm doch noch eine Hoffnung auf Rettung vor dem Gericht Gottes.
3. Konflikt: Christen prozessieren vor profanen Richtern. Paulus sieht die Gemeinde als die, die künftig die Welt richten werde (6,2), das schließt Prozesse vor weltlichen Richtern aus. Die Gemeinde hat eigene Möglichkeiten, Konflikte zu lösen: das Schlichten durch ein weises Gemeindemitglied (6,5), den Rechtsverzicht (6,7) oder das Fernhalten von Menschen, die sich sittlich vergehen. – Offenbar hat sich in der Gemeinde in Korinth ein schwärmerisches Denken verbreitet, das sich auf den Begriff bringen lässt: Als Christ ist mir alles erlaubt. Paulus argumentiert: Christliche Freiheit ist auch die Freiheit zur Ablehnung dessen, was nicht heilsam ist. Als Geheiligte sind sie zwar befreit von der Macht der Sünde, aber sie sind zugleich gebunden an Christus. Die Leiber der Gemeindeglieder sind Glieder Christi (6,15). Sie gehören jetzt nicht mehr sich selbst. Der Leib ist Tempel des Heiligen Geistes (6,19). Ein Tempel darf nicht entweiht werden!

Anfragen und Diskussionen in Korinth
Ab 1 Kor 7,1 antwortet Paulus auf einen Brief mit Anfragen aus der Gemeinde. Sie betreffen zwei große Komplexe: Ehe- und Ehelosigkeit und Fleischkonsum. Paulus entwickelt keine Ehelehre, sondern antwortet auf konkrete Fragen. Grundsätzlich gilt, dass jeder in dem Status bleiben soll, den er bei der Christwerdung hatte (das wird leitwortartig wiederholt in 7,17.20.24). Jungfrauen sollen besser ledig bleiben. Aber wenn bereits eine Verlobung besteht, soll diese Bindung nicht gelöst werden; besteht keine, soll keine gesucht werden. Angesichts des bevorstehenden Endes des »Wesens der Welt« sollte jeder auch in Beziehungsfragen in der

Freiheit von allen irdischen Dingen leben (1 Kor 7,25–40). Eine Heirat, um das Triebleben in geordnete Formen zu lenken, ist keine Sünde, besser aber ist das asketische Leben.

Zum Leib gehört das Essen. Ein Problem besteht dann, wenn das Essen mit dem heidnischen Kult in Berührung steht, konkret: Darf Götzenopferfleisch gegessen werden? In Korinth gibt es »Starke«, die, weil sie wissen, dass es keine Götzen gibt, problemlos das Fleisch von Tieren essen, die teilweise als Opfer dargebracht worden sind. Aber es gibt auch »Schwache«; sie halten das Fleisch weiterhin für eine Opfergabe (V. 7), andere essen Opferfleisch sogar im heidnischen Tempel, aber daran nehmen die »Schwachen« Anstoß. Paulus fordert die Schwachen nicht auf, die »Erkenntnis« der Starken zu übernehmen, noch die Starken dazu, ihre Überzeugung zu verändern. Er fordert die Starken zur Rücksichtnahme auf die Schwachen auf, weil Christus für beide, Starke wie Schwache, gestorben ist. Wenn das Gewissen eines »Schwachen« belastet wird, sollte der »Starke« auf das Essen verzichten (1 Kor 8,1–13). So lebt er als Apostel: Er verzichtet auf Rechte und hilft den Schwachen (1 Kor 9).

Die paulinische Ekklesiologie

Alle Antworten des Paulus zu konkreten Fragen sind bezogen auf sein Verständnis der Gemeinde als Leib Christi. Die christliche Gemeinschaft ist vom Geist Gottes geprägt und in ihr finden sich viele Gaben und Begabungen. Den Geist Gottes erkennt man daran, dass er Menschen bekennen lässt: »Kyrios Jesus (Herr Jesus)« (1 Kor 12,3). Dieser *eine* Geist wirkt durch *viele* verschiedene Gaben, Dienste und Wirkkräfte. Paulus nennt: Begabungen (*Charismen*), Dienste (*Diakonien*), Kräfte (*Energien*). Fast schon trinitarisch werden diese drei: Gaben, Dienste, Kräfte dem Geist, Christus und Gott zugeordnet. Die Vielfalt, in der sich Geisteswirkweisen zeigen, haben nur einen einzigen Ursprung, Gott. Paulus nennt Weisheitsrede (*Sophia*), Erkenntnis (*Gnosis*), Glaube (*Pistis*), Heilen, Wunderkraft, prophetische Rede, Unterscheidung der Geister, Zungenrede (*Glossolalie*), die Auslegung (wörtlich Verdolmetschung). Hinter dieser Vielfalt steht der eine Geist. Damit bleibt die Souveränität Gottes gewahrt.

Noch auf andere Weise verbildlicht Paulus die Beziehung von Einheit und Vielfalt, im Bild vom Körper und seinen Gliedern. So wie der Geist viele Gaben hat und keine mehr wert ist als die andere, so hat der Leib viele Glieder, und keines ist wichtiger oder ehrenhafter als das andere. Gott hat diesen Leib zusammengefügt

(V. 24), und diese Fügung Gottes verträgt eines nicht: Spaltung. Es darf kein Schisma im Leib Christi geben! So wie der Leib viele Glieder hat, hat die Gemeinde viele Ämter und Funktionen, aber erstrebenswert sind nicht die Ämter, sondern die Liebe (Agape). Ohne die Liebe ist alles nichts. Der Hymnus auf die Liebe beschreibt, in welcher Grundhaltung Christen in der Gemeinde einander begegnen sollen und können.

Der Leib des Einzelnen wird bei der Auferstehung eine Neuschöpfung erfahren. Paulus beschreibt dies mit den Begriffen unverweslicher, geistlicher Leib. Eine neue Leiblichkeit wird von Gott geschaffen, die vom Geist belebt und erfüllt ist.

2. Korintherbrief

JÜRGEN KEGLER

Im Präskript werden Paulus und Timotheus als Absender bzw. Autoren des zweiten Korintherbriefes genannt. Als Adressaten sind nicht nur die Gemeindeglieder in Korinth im Blick, sondern alle Christen in der Provinz Achaia. Äußerst umstritten ist die Frage, ob der 2. Korintherbrief eine Einheit darstellt oder aus verschiedenen Teilen zusammengefügt worden ist. Einen ersten Bruch hat man zwischen 2,13 und 2,14 gesehen. In 1,3–2,12 gibt Paulus eine Rückschau auf einst gefasste Reisepläne nach Korinth und die Gründe für deren Änderung. Statt persönlich zu erscheinen und in die Konflikte einzugreifen, hat er einen »Tränenbrief« (2,4) geschrieben, der bewirkte, dass ein Gemeindemitglied von der Gemeinde bestraft worden ist. Woher Paulus dies weiß, wird erst durch 7,5ff. deutlich: Titus hat ihm diese Information gebracht. In 2,14ff. wechselt das Thema. Paulus entfaltet sein Verständnis des Apostelamts. Einen zweiten Bruch sieht man zwischen 6,13 und 6,14–7,1. Der Gedankengang wird unterbrochen und das Vokabular wird deutlich anders als das bisher von Paulus verwendete. Einen dritten Bruch hat man zwischen Kap. 8 und 9 vermutet, weil Paulus zweimal von der Kollekte für Jerusalem berichtet. Den stärksten Bruch markiert der Briefteil Kap. 10–13. Hier wechselt der Ton in eine scharfe Härte, das Vertrauen in die Gemeinde wandelt sich in Polemik gegen den Einfluss falscher Apostel; deshalb nahmen viele an, hier fänden sich Reste, wenn nicht gar der ganze in 2,4 genannte Tränenbrief. Wie und warum diese Teile in der heutigen Form vorliegen, wird ebenfalls kontrovers diskutiert.

Am häufigsten findet sich die These, in 1 Kor 10–13 finde sich der älteste Teil des Briefes, dem später Kap. 1–9 (ohne 6,14–7,1) vorgefügt worden sei. Aber auch die umgekehrte Reihenfolge wird angenommen und es gibt noch weitere differenziertere Modelle. Sie kommen jedoch über das Stadium des Spekulativen nicht hinaus. Deshalb mehren sich in jüngster Zeit Stimmen, die von der Einheit des Briefes ausgehen und die beobachteten Differenzen entweder auf rhetorische Gestaltungsmittel oder auf eine längere Zeitspanne beim Verfassen des Briefes durch Paulus zurückführen. Geschrieben wurde der Brief etwa im Jahr 55 n. Chr.

Beabsichtigte und tatsächliche Reisen des Apostels
Die Konflikte in der Gemeinde in Korinth haben aufs engste mit der Absage einer angekündigten Reise des Apostels und dem Tränenbrief, den er stattdessen an die Gemeinde geschrieben hat, zu tun. Er wollte die Gemeinde schonen, bei seiner Anwesenheit hätte er mit Härte gegen ein Gemeindeglied vorgehen müssen (2,6–7). Wenn man die Daten zusammenstellt, die der 2. Korintherbrief enthält, dann entsteht folgendes Bild von Reisevorhaben und tatsächlichen Reisen des Paulus: Er war in der Provinz Asien, wo er Verfolgung erlitten hatte und in Todesgefahr schwebte (1,8), von dort wollte er nach Korinth reisen (1,15), weiter nach Mazedonien (1,16) und zurück nach Korinth kommen (1,16). Eine Delegation aus Korinth sollte ihn nach Judäa begleiten (1,16), wohl um die Kollekte sicher nach Israel zu bringen. Auf dem Weg von der Provinz Asien machte er in Troas Station (2,12). Dort wollte er Titus treffen, der in der Zwischenzeit in Korinth war und von dort Nachricht bringen sollte. Paulus wartete umsonst, wurde unruhig und reiste von Troas nach Mazedonien, vermutlich um auf dem Landweg Titus entgegenzukommen. In Mazedonien geriet Paulus in äußere und innere Bedrängnis (7,5), die durch die Ankunft des Titus gemildert wurde. Er sandte Titus nach Korinth, um die Sammlung vorzubereiten und durchzuführen (8,17–18; 9,5). Paulus selbst will ein drittes Mal nach Korinth reisen (13,1), offenbar um dann die Kollekte endgültig in Empfang zu nehmen und sie mit Geleit nach Judäa zu bringen.

Gliederung
1,1–14 Präskript mit Danksagung
1,15–2,14 Rückblick auf die jüngsten Ereignisse
2,15–7,4 Das Apostelamt
7,5–16 Rückblick auf die Reise des Titus

8,1–9,15 Die Kollekte für Jerusalem
10,1–13,10 Das apostolische Amt (»Tränenbrief«?)
13,11–13 Wünsche und Segen

Das Apostelamt
Den größten Teil des Briefes nimmt die Verteidigung – und Profilierung – des Apostelamts durch Paulus ein. Er setzt sich darin mit Gegnern auseinander, die in Korinth gegen ihn wirken und die Verkündigung seines Evangeliums und seinen Anspruch als Apostel hinterfragen. Das Profil dieser Gegner wird allein durch die Argumentation (und Polemik) des Paulus sichtbar. Es geht wohl nicht um Lehrstreitigkeiten, sondern um die apostolische Praxis. Die Gegner halten eine Bezahlung durch die Gemeinde, in der sie wirken, für angemessen, rühmen sich ihrer Erfolge, können Empfehlungsschreiben vorweisen und erwarten offenbar Anerkennung und Verehrung für ihre Leistungen. Paulus setzt sich in der Weise damit auseinander, dass er das Wesen des Apostelamtes grundsätzlich und christologisch begründet.

Die Hauptargumente des Paulus sind in einer kurzen Übersicht die folgenden:
– Der Apostel mit seinem Geschick ist Teil der Botschaft: Er ist aus Lebensgefahr errettet worden, das war das Wirken des Gottes, der Tote zum Leben erweckt (1,9).
– Er macht mit dem Evangelium keine Geschäfte (2,17; 11,9) und fällt der Gemeinde nicht zur Last (12,13).
– Er braucht keine Empfehlungsschreiben; die Gemeinde selbst ist seine Empfehlung (3,3).
– Der Apostel ist Diener des Neuen Bundes, der von größerer Herrlichkeit ist als der Alte Bund (3,6).
– Er stellt in allen Leidenssituationen, die er bei seiner Verkündigungstätigkeit durchleben muss, den leidenden Christus selbst dar. Er zeigt an seinem Leib das Sterben Christi (4,10–11).
– Zentrum des apostolischen Amtes ist die Verkündigung, dass Christus für alle gestorben und auferstanden ist und damit alle, die an ihn glauben, zu neuen Kreaturen macht (5,15–17).
– Der Apostel ist Mittler der Versöhnung (5,19–20).
– In allen Lebenssituationen erweist sich der Apostel als Diener Gottes (6,4).
– Als Diener Gottes hat er Vollmacht, in den Gemeinden zu strafen, wenn jemand den Gehorsam gegen Gott verlässt (10,6).
– Der eigentliche Ruhm für die Erfolge der Missionstätigkeit gebührt nicht dem Apostel, sondern Gott (10,16).

Das paulinische Verständnis seines Amtes als Apostel lässt sich an drei Aspekten festmachen. Sein eigenes Schicksal bildet das Leiden Christi ab, und seine Rettungserfahrungen sind sichtbare Zeichen des Wirkens Gottes, der aus dem Tod retten und die Toten lebendig werden lassen kann. Das Apostelamt ist ein Mittleramt, der Apostel steht gleichsam zwischen Mensch und Gott als Botschafter der Versöhnung. Versöhnung ist das Werk Gottes in Christus, das Wort von der Versöhnung verkündet der Apostel an Stelle von Christus (5,19f.). Schließlich dient das Apostelamt nicht dem persönlichen Ruhm oder Erfolg, vielmehr wirkt Gott gerade im Schwachen, dieser Schwäche »rühmt« sich Paulus und nennt dabei sehr konkrete Schwächen: seine Schwierigkeit beim Reden (11,6), eine Behinderung oder dauernde Krankheit (12,7), seine Ängste (12,9).

a) Die von Paulus in der Provinz Asien erlittenen unerträglichen Belastungen (1,8–9) hatten einen tiefen Sinn: Durch sie hat Paulus gelernt, nicht auf sich selbst zu vertrauen, sondern auf Gott, der die Toten auferweckt. Indem er sich ganz diesem Gott anvertraute, verlor die reale oder innere Todesnähe ihren Schrecken. Die Todesangst verschwand unter der Zuversicht: Gott ist stärker als alles, was Leben bedroht. Er weckt auf aus dem Tod. Paulus nimmt seine Adressaten in diese Glaubenserfahrung mit hinein. Wenn er schreibt, dass die Gemeinde ihn durch ihre Fürbitte trägt, sagt er: Fürbitte ist Mittragen. Und indem die Gemeinde einstimmt in den Dank des Paulus über die Rettung aus den Nöten, stimmt sie ein in die Einübung in das Vertrauen auf Gott, der die Toten auferweckt.

b) Wenn Paulus formuliert: »Gott war in Christus«, dann sagt er damit: Im leidenden Christus litt Gott mit, Gott ist das Opfer menschlicher Gewalt. Und dieses Opfer bietet uns, den menschlichen Tätern, Versöhnung an. Gott rechnet den Menschen ihre Übertretungen nicht zu, er rechnet nicht auf, er listet menschliche Verfehlungen nicht auf. Er bietet Versöhnung an. Als Apostel sieht sich Paulus bevollmächtigt, an der Stelle Christi das Wort von der Versöhnung auszusprechen: Das Apostelamt ist Dienst der Versöhnung.

c) Als persönlich von Gott an ihn gerichtetes Wort hat Paulus vernommen: »Lass dir an meiner Gnade genügen; denn meine Kraft ist in den Schwachen mächtig« (12,9). Das ist für ihn der Schlüssel zur Glaubwürdigkeit seines Apostolats. Alles Rühmen eigener Stärke oder bedeutender Erfolge ist menschliche Überheblichkeit. Gott wirkt in der Schwachheit, in dieser Gewissheit kann Paulus die Kritik an seinen Schwächen und das Erleben eigener Ängste aushalten; und indem er sich seiner Schwachheit rühmt, rühmt er Gott.

Die Kollekte für Jerusalem
Sie ist für Paulus ein großes Anliegen. Die heidenchristlichen Gemeinden sollen durch sie ein Zeichen der Zusammengehörigkeit und Liebe für die judenchristliche Gemeinde in Judäa (2 Kor 1,16) setzen. Jerusalem als Ziel der Kollekte wird nur im 1. Korintherbrief (16,3) genannt, scheint den Korinthern aber so vertraut zu sein, dass Paulus hier nur von den »Heiligen« (9,1) schreibt. Die Kollekte war nicht unumstritten. In Mazedonien hat Paulus für die Kollekte mit dem Argument geworben, dass die Provinz Achaja schon vor einem Jahr zur Geldsammlung bereit gewesen sei (9,2); jetzt befürchtet er, wenn er mit Brüdern aus Mazedonien nach Korinth kommt, dass die Gemeinde noch nichts vorbereitet hat (9,3). Eindringlich ermahnt er deshalb die Gemeinde, reichlich zu spenden. Denn die Spende dient nicht nur dem Empfänger, sie bewirkt Dankbarkeit gegenüber Gott und macht dadurch die christliche Gemeinde attraktiv.

Epheserbrief

MARIA NEUBRAND MC †

Literarische und historische Fragen
Der Epheserbrief gehört im neutestamentlichen Kanon zu den Paulusbriefen. In der Forschung ist man sich jedoch weitgehend einig, dass dieser Brief nicht von Paulus selbst stammt, sondern von einem »Schüler«. Dieser schreibt im Namen und in der apostolischen Autorität des Paulus und weiß sich ihm und seiner Theologie verpflichtet. Der Verfasser kennt authentische Paulusbriefe und will gegen Ende des 1. Jahrhunderts das Erbe des Paulus fortführen, es in neuer geschichtlicher Situation aktualisieren. Der Verfasser rezipiert auch den Kolosserbrief und schreibt diesen Brief im Sinne des Paulus fort. Aufgrund seiner theologischen Weltsicht geht man mit Recht davon aus, dass der Verfasser – wie Paulus selbst – ein jüdischer Christusanhänger ist, der aus der Diaspora, eventuell aus dem Umfeld von Ephesus, stammt und vom hellenistisch-jüdischen Denken geprägt ist.

In den alten Handschriften fehlt in Eph 1,1 bei den Adressaten die Ortsangabe »in Ephesus«. Es könnte also sein, dass diese Angabe erst nachträglich eingefügt wurde. Möglich ist aber auch, dass das »in Ephesus« nachträglich ausgelassen wurde, um den Charakter des Schreibens, das von der umfassenden Gemeinschaft der Christusgläubigen ausgeht, noch deutlicher zu machen. Doch schon im 2. Jahrhundert hat der Brief bei der Zusammenstellung der Paulusbriefe die Überschrift »An die Epheser« erhalten. Vermutlich handelt es sich beim Epheserbrief um ein Rundschreiben, das nicht nur für *eine* Ortsgemeinde gedacht war, sondern sich grundsätzlich an ›Trauende in Christus Jesus‹ wendet. Dementsprechend geht der Brief auch nicht – anders als Paulus in seinen eigenen Briefen – auf konkrete Gemeindeprobleme und -fragen ein, sondern behandelt grundsätzliche theologische Fragen. Sicherlich soll damit das Bewusstsein der Zusammengehörigkeit der Christusgläubigen gestärkt werden. Mit Recht kann man den Epheserbrief deswegen auch einen »ökumenischen« Brief nennen.

Adressaten und Adressatinnen des Epheserbriefes
Unabhängig von der Ortsfrage lässt sich aus dem Brief relativ genau erschließen, wer die Adressaten und Adressatinnen sind. Aus 2,11 f. geht eindeutig hervor, dass sich der Brief an nichtjüdische, aus der Völkerwelt stammende Christus-Gläubige richtet: »Deshalb erinnert euch, dass ihr früher von Geburt Nichtjuden / ›Heiden‹ wart und von denen, die am Körper beschnitten sind, ›Unbeschnittenheit‹ genannt wurdet. Zu jener Zeit wart ihr außerhalb des Christus, Außenstehende am Bürgerrecht Israels und Fremde der Bünde der Verheißung; ihr wart ohne Hoffnung und Gottlose in der Welt.« Die Adressaten waren als Nichtjuden ohne den Gott Israels und nicht in seinem Christus. Und 2,13 fügt hinzu: »Jetzt aber seid ihr, die ihr einst in der Ferne wart, in Christus Jesus in die Nähe gekommen durch sein Blut.« Dass die Adressaten nichtjüdische Christusanhänger sind, unterstreicht auch 3,1, wo die Adressaten direkt angesprochen werden als Nichtjuden, als Menschen aus den Völkern, für die Paulus berufen wurde, weshalb er nun inhaftiert ist. Der Verfasser des Briefes weiß, dass zahlreiche Nichtjuden durch die Verkündigung des Evangeliums zum Gott Israels geführt wurden, dass ihnen durch den Gesalbten/Christus Gottes unmittelbarer Zugang zu dem einen Gott Israels geschenkt wurde. Ja, dass sie durch die Zuwendung Gottes und seines Christus bereits jetzt gerettet sind (2,5). Darin liegt der Sinn der Berufung des Paulus, dass er Nichtjuden den unerschöpfli-

chen Reichtum Christi als Evangelium verkündet (3,8) und ihnen bezüglich ihrer Identität versichert, dass auch sie aufgebaut sind auf dem Fundament der Apostel und Propheten: Jesus Christus hält als »Eckstein« beide Teile, den jüdischen und nichtjüdischen Gewölbeteil zusammen zu einem Bau, zu einem heiligen Tempel (2,20f.).

Themen des Briefes
Der leitende Grundgedanke liegt in der kosmischen Dimension des Christusgeschehens, das auf Einheit/Einung aller Menschen im messianischen Leib zielt. Diese Einheit ist die Vision des Epheserbriefes: dass in Christus alle, Juden und Nichtjuden, vereint, »eins« und ein »neuer Mensch« (2,15) sind – in der Welt und für die Welt. Denn Christus ist »unser Friede« (2,14). Diese Einung einer zerrissenen Welt in Christus ist Gottes Plan für die Menschheit von Anfang an; dies ist das »Geheimnis Christi«, das Paulus in seiner Berufung erkannte (3,1–13). Das Thema der Einheit prägt sowohl den ersten Teil als auch den zweiten Teil des Briefes. Der erste Teil (1,3–3,21), der stark vom Gebet geprägt ist, macht grundlegende theologische Aussagen zum Handeln Gottes durch Jesus Christus. Er erinnert die nichtjüdischen Adressaten daran, dass sie durch Jesus Christus und das Evangelium zusätzlich (nicht: an dessen Stelle!) zum Volk Israel Mit-Erben, Mit-Leib (Christi) und Mit-Teilhabende an der Verheißung sind (3,6).

Der zweite Teil (4,1–6,9) leitet aus dem Einheitswillen Gottes Ermahnungen zum konkreten Lebenswandel der Christusgläubigen ab. Es geht um einen »Wandel in Liebe« und um die Nachahmung Gottes und seines Christus (5,1f.). Es geht um eine hochschätzende Zusammengehörigkeit – im universalen messianischen Leib der »Kirche« ebenso wie in der kleinen Sozialeinheit der Familie. Abschließend formuliert Eph 6,10–20 Konsequenzen, die sich für das politische Verhalten von zu Christus gehörigen Menschen ergeben und wenn nötig Widerstand gegen herrschende Gewalten (damals: im römischen Reich) erfordern.

Im Briefrahmen finden sich die Angabe von Absender und Adressaten mit einem Segenswunsch am Anfang (1,1f.) und ein Schlussgruß sowie eine Kurzmitteilung am Ende (6,21–24). Der Epheserbrief ist ein bleibender Aufruf zur Ökumene, denn er bringt eine zutiefst jüdisch-christliche Grundüberzeugung zum Ausdruck und fordert diese ein: »Achtet darauf, die Einung des Geistes zu wahren: *Ein* Leib und *ein* Geist, wie ihr auch zu *einer*

Hoffnung durch den Ruf an euch berufen wurdet. *Ein* Herr, *ein* Glaube, *eine* Taufe; *ein* Gott und Vater aller, der über allen und durch alle und in allen ist.« (4,4–6) Der Epheserbrief ist aber auch Ausdruck der Überzeugung, dass Frieden, Einheit und Versöhnung in einer zerrissenen Welt, zwischen verschiedenen Kulturen, sozialen Gegebenheiten und Völkern nicht nur möglich, sondern von dem einen Gott Israels und seinem Handeln in Jesus Christus gewollt sind. Alle zu Christus Gehörenden sind damals wie heute aufgerufen, diesen Gegenentwurf zu Feindschaft und Ausgrenzung zu verstehen und im Leben zu verwirklichen.

Philipperbrief

GUDRUN GUTTENBERGER

Im Philipperbrief zeigt sich uns Paulus in einer Rolle, in der wir ihn sonst kaum einmal sehen können: als ein Freund. Dabei ist der Brief aber nicht privat; er schreibt auch diesen Brief als Apostel, und es geht um das Evangelium. Aber anders als sonst präsentiert er sich eben nicht als Apostel, der seine apostolische Autorität zur Geltung bringt, sondern als jemand, der mit »den Heiligen« (1,1) in Philippi freundschaftlich verbunden ist, in dieser Verbundenheit Rat erteilt und Anteil an seinem Leben gibt. Auf den Briefanfang (1,1 f.), in dem Timotheus als Mitabsender genannt wird, folgt eine Danksagung (1,3–11), in der es um die Gemeinde in Philippi geht und um eine briefliche Selbstempfehlung, in der Paulus Einblick in seine Situation gibt (1,12–30). Der Hauptteil des Briefes besteht aus zwei sehr unterschiedlichen Teilen, so dass mit guten Gründen erwogen wird, ob vielleicht zwei ursprünglich selbständige Briefe aneinandergefügt worden sind: Kapitel 2 beschäftigt sich mit Gemeindeproblemen und bietet Beratung (2,1–18); es schließen sich Überlegungen zur weiteren Gestaltung des freundschaftlichen Kontakts (2,19–3,1a) an. Ganz anders ist die Stimmung in Kapitel 3: Es geht um »Irrlehrer«, und Paulus ist unfreundlich und polemisch. Mit Kapitel 4 zeigt sich wieder der freundschaftliche Ton der ersten beiden Kapitel in Schlussmahnungen (4,1–9), Dank für die Unterstützung (4,10–20) und dem Briefschluss (4,21–23).

Wer waren diese Leute, denen Paulus so nahesteht wie keiner anderen Gemeinde? Philippi liegt in Nordgriechenland, nicht weit von der Mittelmeerküste entfernt, etwa 140 km östlich von

Thessaloniki, ca. 15 km nordwestlich des heutigen Kavala an der Via Egnatia, der großen Straße, die Italien mit dem Bosporus verband. Die antike Stadt ist ausgegraben und für die Besichtigung erschlossen. Die Stadt war eine Gründung von Philipp II. (356 v. Chr.), dem Vater Alexanders des Großen, auf dem Territorium einer älteren thrakischen Stadt. 42 v. Chr., in der Endphase der römischen Republik, fand bei Philippi die entscheidende Schlacht zwischen Oktavian und Antonius auf der einen und Brutus und Cassius, den Caesarmördern, auf der anderen Seite statt. Nach der Schlacht wurden in Philippi römische Veteranen angesiedelt. 16 Jahre später, inzwischen war aus Oktavian der kaiserliche Herrscher geworden, wurde Philippi in *colonia Julia Augusta Philippensis* umbenannt und konsequent in eine römische Stadt umgestaltet. Die offizielle Kultur war die römische und die offizielle Sprache war Latein. Daneben wurde in der Stadt griechisch und auch thrakisch gesprochen. Das Stadtgebiet selbst war eher klein, aber ein regionales Zentrum. Die Einwohnerzahl ist auf 5000 bis 10000 geschätzt worden. Philippi verfügte im 1. Jahrhundert über ein beeindruckendes Theater und Thermen. Die Einwohner lebten von der Landwirtschaft und vom Handel, der durch die günstige Infrastruktur an der Via Egnatia und der Nähe des Hafens Neapolis begünstigt wurde. Die politische Macht lag in den Händen von Römern. Philippi war nicht nur mehrsprachig und multikulturell, sondern auch religiös-kultisch vielfältig: Die alten thrakischen Gottheiten wurden verehrt, dann die griechischen. Mit den Römern waren die römischen Gottheiten gekommen, über die Handelswege die großen Gottheiten aus dem Osten, wie Kybele und Isis. All diese Gottheiten waren im Lauf der Zeit miteinander überblendet worden. Ebenso spielte der Kaiserkult eine Rolle, auch wenn er für die Zeit, in der Paulus die Stadt kannte, noch nicht sicher bezeugt ist.

Paulus war im Jahr 49/50 auf der Via Egnatia nach Westen gewandert. Von Troas, am Hellespont gelegen, hatte er sich entschieden, seinen Wirkungsbereich nach Westen hin zu verlagern. Die Apostelgeschichte verbindet die Entscheidung mit einer Traumvision (16,9 f.) und zeigt damit, wie wichtig der Übergang nach Westen für die Ausbreitung der Jesusbewegung war. In Philippi gründete Paulus die erste Gemeinde auf (heute) »europäischem« Boden. Die Apostelgeschichte nennt aus dieser Gründungsphase eine Person mit Namen: Lydia, eine der jüdischen Gemeinde nahestehende Frau, die selbst jedoch nicht Jüdin war (Apg 16,14). Sie war Unternehmerin im Luxussektor und handelte mit Purpur, gebürtig war sie aus Thyatira, einer Stadt in der Provinz Asien (vgl. Offb 2,18). Nach Auskunft der Apostelgeschichte mussten Paulus und Silas die Stadt relativ rasch wieder verlassen. Auf seinem Weg nach Jerusalem besuchte Paulus Philippi erneut (Apg 20,6). Aus dem Brief wird ersichtlich, dass er den Kontakt zu der Gemeinde in Philippi regelmäßig pflegte, dass er Besucher aus Philippi empfing und sogar finanzielle Unterstützung von der Gemeinde annahm (4,15f.). Paulus lehnte es sonst kategorisch ab, sich von den Gemeinden unterstützen zu lassen, und machte daraus sogar ein »Alleinstellungsmerkmal« seines Apostolats (vgl. 1 Kor 9,12–16). Wenn er für die Gemeinde in Philippi eine Ausnahme machte, ist das ein wichtiges Indiz dafür, dass diese Gemeinde wirklich etwas Besonderes war. Mehrere Mitglieder der Gemeinde nennt er namentlich (4,2f.18): Epaphroditos, Evodia und Syntyche sowie Klemens, drei griechische und ein römischer Name, zwei Frauen, drei mit Lydia, und zwei Männer.

Wodurch wurde das Leben in der Gemeinde in Philippi bestimmt? Das Gemeindeleben blühte, die Gemeinde war missionarisch tätig. Paulus drückt mehrfach seinen Dank an Gott dafür aus (1,3–11; 4,6). Allerdings zeichnen sich auch zwei problematische Themen ab: Einer hat mit den Beziehungen der Gemeindemitglieder untereinander zu tun. Es gab Streit (u.a. zwischen Evodia und Syntyche, 4,2f.) und Konkurrenzverhalten (2,1–5). Diese Probleme könnten schwerwiegend gewesen sein. Jedenfalls setzt Paulus mit seiner Ermahnung ganz fundamental an, wenn er in dem vielleicht berühmtesten Abschnitt des Briefes einen Hymnus zitiert, der wahrscheinlich von Paulus nicht selbst gedichtet wurde, sondern zum »Liedgut« der Jesusbewegung gehörte (2,6–11). In seinem ersten Teil beschreibt der Hymnus, wie Christus als gottgleiches Wesen alles aufgab, Mensch wurde und sogar den Tod auf sich nahm (2,6–8). An dieser Stelle hat Paulus wahrscheinlich ein paar Worte hinzugefügt: den Tod am Kreuz! Der zweite Teil beschreibt die Erhöhung Jesu bis auf die Ebene Gottes. Es ist die Bereitwilligkeit, die Erniedrigung auf sich zu nehmen, die als Grund für die Erhöhung ausgemacht wird (2,9). Dieser Hymnus ist für die Entwicklung der kirchlichen Lehre über Jesus Christus sehr einflussreich geworden. Für Paulus ist Vers 9 besonders wichtig. Es geht ihm darum, dass Streit und Konkurrenzverhalten und der Glaube an diesen Jesus Christus unvereinbar sind. Erforderlich ist vielmehr die Bereitschaft, auf alles, wodurch man Größe und Ansehen beanspruchen kann, zu verzichten um des Wohls der anderen willen (2,4.12).

Es gab aber noch mehr Probleme in Philippi: In der Gemeinde hatten Personen Einfluss gewonnen, die Paulus vehement ablehnte. Ob es sich dabei um eine, um zwei oder sogar um drei verschiedene Richtungen handelt, ist nicht ganz klar. Die mehrheitlich nichtjüdischen (männlichen) Mitglieder der Gemeinde waren aufgefordert worden, die Beschneidung nachzuholen. Dem stellt Paulus am Beispiel seiner eigenen jüdischen Identität den übergeordneten Wert des Evangeliums entgegen (3,2–11) und erklärt – ähnlich wie im Galater- und Römerbrief – die Rechtfertigungsbotschaft. Außerdem war behauptet worden, die Vollkommenheit sei schon in der Gegenwart zu erreichen oder von einigen sogar schon erreicht worden. Dieser Position stellt Paulus, wiederum am eigenen Beispiel, die Überzeugung entgegen, dass dies erst mit dem Ende der Welt möglich werde, unsere Lebensführung aber als der Weg zu diesem Ziel ernst genommen werden müsse (3,12–16). Immer wieder zeigt er sich seinen Freunden als Vorbild und Orientierung (3,17).

Und was erfahren die Philipper über Paulus? Wegen des regelmäßigen Kontakts wussten sie mehr als wir und konnten die etwas lückenhaften Angaben ergänzen. Was wir rekonstruieren können, ist, dass sich Paulus in einer sehr schwierigen Lage befand, als er den Brief verfasste. Er ist offenbar im Gefängnis (1,7.13.17) und wartet darauf, wie über ihn entschieden wird. Haftgrund ist seine missionarische Tätigkeit (1,13). Wie das Urteil lauten wird, ist offen. Paulus hält einen Freispruch für möglich, aber auch ein Todesurteil (1,12–26). Beides wird er annehmen. Gern einen Freispruch, weil er dann die Freunde in Philippi wiedersehen wird (1,25), lieber noch ein Todesurteil, weil er dann bei Christus wäre (1,23). Selten wird so deutlich, dass Paulus erwartete, unmittelbar nach seinem Tod mit Christus vereint zu werden. Diese Überzeugung ersetzt allerdings nicht die Erwartung des Kommens des Herrn (1,6).

Um welchen Ort der Gefangenschaft handelt es sich? Man hat Ephesus vorgeschlagen, dann wäre der Brief Mitte der 50er Jahre entstanden. Andere meinen, der Brief sei während der römischen Gefangenschaft, also Anfang der 60er Jahre entstanden. Angesichts der Situation, in der sich Paulus befindet, ist das Grundmotiv seines Schreibens, die Freude, sehr eindrücklich (14 Belege!). Freude ist für Paulus kein Gefühl, das sich einstellt, wenn alles rund läuft, und nicht die Reaktion auf besonders schöne Erlebnisse. Freude ist für den Mann, der im Gefängnis sitzt und mit seiner Hinrichtung rechnet, unabhängig von seiner Lebenssituation. Die Wechselfälle des Geschicks und die Lasten des Alltags treten für ihn zurück: »Ich habe gelernt, mir genügen zu lassen« (4,11), erklärt er. Freude ist für ihn eine Reaktion auf eine Wirklichkeit, die er von Gott bestimmt weiß: Gott handelt zum Wohl der Menschen, auch durch ihn, Paulus, auch durch seine Freunde, die Heiligen in Philippi. Lebensfreude begleitet ihn deswegen, zur Lebensfreude ruft er deswegen auf.

1. Timotheusbrief

BURKHARD HOSE

Wer sich ein Bild davon machen will, auf welche Weise sich der Weg von einem Verbund einzelner christlicher Hausgemeinden hin zur Institution »Kirche« vollzog, dem sei die aufmerksame Lektüre der drei sogenannten Pastoralbriefe (1 und 2 Tim, Tit) empfohlen. Besser noch lässt sich die Entwicklung im frühen Christentum nachzeichnen, wenn man die Pastoralbriefe mit älteren Paulusbriefen wie z. B. 1 Thess, 1 Kor oder Gal vergleicht. In der Forschung besteht zunächst weitgehende Übereinstimmung in der Annahme, dass die Pastoralbriefe nicht aus der Feder des Paulus stammen, sondern von Paulusschülern verfasst wurden, die sich auf die Autorität ihres Lehrers beriefen und deshalb seinen Namen verwendeten.

Als »Pastoralbriefe« werden die drei Schreiben bezeichnet, weil sie sich anders als die »echten« Paulusbriefe nicht an Gemeinden, sondern an deren Vorsteher bzw. an deren Hirten (lat. pastores) wenden. Daran wird deutlich, dass sich im Vergleich zur Situation der älteren Paulusbriefe die Struktur der Gemeinden verändert hat. Während sich Paulus noch an Mitarbeiterteams richtete, unter denen Frauen und Männer in verschiedenen Funktionen genannt werden, geben die Pastoralbriefe bereits so etwas wie kirchliche Ämter zu erkennen. Angesprochen werden Vorsteher (Bischöfe), Älteste (Presbyter) und Diakone – und ausnahmslos handelt es sich dabei um Männer.

So nennt 1 Tim 1,2 als Adressaten Timotheus, der etwa seit dem Jahr 50 zu den Mitarbeiterinnen und Mitarbeitern des Paulus zählte und nun eine herausgehobene Position in der Gemeinde von Ephesus einnimmt. Ihm werden eine Reihe von Maßgaben, die es in der Leitung einer christlichen Gemeinde nach der Überzeugung des Autors zu beachten gilt, mitgeteilt. Im ersten

Kapitel geht es zunächst um die Abwehr falscher Lehren (V. 3), die offensichtlich die Einheit der Gemeinde gefährden und eine ganz eigene Auslegung des Gesetzes vertreten (1,8–11). Der Verfasser erinnert an die Autorität des Paulus (1,12–17) und an die besondere Verantwortung, die Timotheus übertragen wurde (1,18–20).

Im Hauptteil des Briefes (2,1–6,19) wird unter anderem geregelt, für wen im Gottesdienst gebetet werden soll (2,1–7) und welche nachgeordnete Position Frauen gegenüber den Männern in der Gemeinde einzunehmen haben. Der Tugendkatalog, der für Bischöfe und Diakone für die Übernahme eines Amtes vorausgesetzt wird (3,1–13), und die anschließende Definition der Kirche als »Hauswesen Gottes« (3,15) orientieren sich deutlich an dem Ideal des römischen Hauses, mit einer klaren Ordnungsstruktur und dem Hausherrn an der Spitze. Vergessen oder verdrängt scheinen Klänge aus den älteren Paulusbriefen, die von einer Relativierung aller bis dahin geltenden gesellschaftlichen Rollenunterschiede geprägt waren (Gal 3,28). Der erste Timotheusbrief ist dagegen ganz davon eingenommen, sogenannte Irrlehren abzuwehren, die es mit der Gleichstellung von Frauen und Männern vielleicht auf die Spitze getrieben haben. Der Brief ist durchsetzt von Warnungen und Anweisungen im Umgang mit diesen falschen Lehren (4,1–11; 6,2b–10). Gleichsam als Gegenmittel gegen diese Fehlentwicklungen greift der Autor auf straffe Ordnungsprinzipien und klassische Rollenzuweisungen zurück. Dabei kommt es immer mehr auf die tadellose Lebensführung des Gemeindevorstehers an (4,12–5,2).

Der Hauptteil des Briefes schließt mit Anweisungen für die verschiedenen Stände in der Gemeinde (5,3–16: Witwen; 5,17–22: Älteste; 6,1–2a: Sklaven; 6,17–19: Reiche) und Mahnungen an Timotheus (6,11–16).

Man mag den ersten Timotheusbrief mit seiner strammen Gemeindeordnung als »Rückschritt« hinter die Gemeinschaft der Gleichgestellten beklagen, wie sie noch in den »echten« Paulusbriefen begegnet. Ein solches Urteil würde aber wohl zu kurz greifen. Der Brief ist vor allem Ausdruck eines Ringens um den richtigen Platz der christlichen Gemeinschaft zwischen Anpassung an die nichtchristliche Umgebung und Abgrenzung gegenüber verschiedenen Strömungen, die eine Fortexistenz der christlichen Gemeinden zu bedrohen schienen. Wenn etwas zu beklagen bleibt, dann vielleicht der Umstand, dass sich spätere Generationen in der Kirche scheinbar nur noch an das Kirchenverständnis der Pastoralbriefe erinnern wollten, nicht jedoch an die Haltungen, die das frühe Christentum und seine Gemeinden zuvor bestimmt hatten.

2. Timotheusbrief

BURKHARD HOSE

Ähnlich wie der erste Timotheusbrief ist auch 2 Tim bestimmt von der Auseinandersetzung mit »Irrlehrern« in der Gemeinde. Allerdings ist der Stil des Briefes und die Anrede des Timotheus deutlich persönlicher gehalten. Eindringlich ermahnt der Autor den Gemeindeleiter Timotheus zu unerschrockenem Durchhalten im »Krieg« gegen falsche Lehren (2,4). Das kämpferische Vokabular gipfelt in der an Timotheus gerichteten Aufforderung, »als guter Soldat Christi Jesu« zu leiden (2,3).

2 Tim 3,1–9 verbindet die gegenwärtige Situation in der Gemeinde von Ephesus sogar mit den Wehen der Endzeit. Der Verfasser setzt sich dabei – wie schon in 1 Tim – vor allem mit der Rolle der Frauen in der Gemeinde auseinander (3,6–7). In der Forschung werden solche Bemerkungen immer wieder als Hinweise dafür gewertet, dass wir es in den angesprochenen Gemeinden in der Realität, die unseren Briefen zu Grunde liegt, gerade nicht mit einer klaren Unterordnung von Frauen zu tun haben. Die Pastoralbriefe und damit auch 2 Tim betonen die angestrebte strenge Ordnung in der Gemeinde wohl deshalb so kämpferisch, weil die Realität offensichtlich eine andere war. Gerade die Polemik in 2 Tim lässt vermuten, dass es sehr einflussreiche Frauen in der Gemeinde gegeben haben muss, die von anderen Kreisen, denen unser Autor zuzurechnen ist, bekämpft wurden.

So sind es vor allem die streitbaren Töne und wiederholten Warnungen, die den zweiten Timotheusbrief bestimmen. Daneben sollten aber auch andere, leisere Klangfarben des Briefes nicht überlesen werden – so der emotionale und warme Auftakt des Briefes (1,3–5) oder die stärkende Botschaft, die der Verfasser an Timotheus richtet (1,6–14).

Titusbrief

BURKHARD HOSE

Mit dem Schreiben an Titus begegnet uns fast so etwas wie ein amtliches Schreiben aus der frühen Christenheit. Persönliche Töne sind hier kaum zu hören. Vielmehr geht es in einem beinahe behördlichen Stil im Wesentlichen um die Bestellung von Amtsträgern und um die Voraussetzungen, die jemand mitbringen muss, der ein Amt in der Kirche übernehmen soll.

Der Brief richtet sich an Titus, der zu den engsten Mitarbeitern des Paulus zählte (Gal 2,3; 2 Kor 2,13). Tit 1,5 gibt als Aufenthaltsort des Titus die Insel Kreta an. Dorthin soll ihn Paulus selbst gesandt haben, um die christliche Gemeinde aufzubauen und zu leiten. Anliegen unseres Briefes ist die Regelung der Gemeindeleitung in der nachfolgenden Generation. Titus wird aufgefordert, Älteste in den verschiedenen Städten einzusetzen (1,5). Wie in 1 Tim wird auch im vorliegenden Schreiben ein Katalog von Tugenden aufgestellt, den ein Amtsträger zu erfüllen hat (1,6–9). Auch die weiteren Themen ähneln den beiden anderen Pastoralbriefen: Der Warnung vor Irrlehrern (1,10–16) folgen Anweisungen an einzelne Stände der Gemeinde (2,1–10), diesmal gerichtet an die alte und die junge Generation. Wiederum werden auch die Sklaven angesprochen, denen unser Verfasser empfiehlt, sich in ihr Schicksal zu fügen.

Philemonbrief

CHRISTIAN ROSE

Der Philemonbrief (Phlm) zählt zu den unbestritten echten Paulusbriefen. Paulus und Timotheus schreiben an Philemon, Aphia (Philemons Frau?) und Archippus, der in Kolossä einen »Dienst versieht« (Kol 4,17). Auch Onesimus (Phlm 11 f. 15 f.) gehört zur dortigen Gemeinde (Kol 4,9). Die vielfachen Bezüge zu Kolossä legen diese kleinasiatische Stadt als Bestimmungsort des Briefes nahe. Abfassungsort und -zeitraum lassen sich jedoch nur aus Hinweisen erschließen. Paulus schreibt den Brief aus der Gefangenschaft (Phlm 1.9 f. 13. 22 f.). Der Apostel sendet Onesimus zu Philemon, seinem Herrn, in der Hoffnung, ihn als Gehilfen zurückzubekommen (Phlm 12–14). Nimmt man den Plan des Apostels hinzu, nach seiner Freilassung die Adressaten bald besuchen zu wollen (Phlm 22), liegt eine nicht allzu große Entfernung zwischen dem Ort der Gefangenschaft des Apostels und dem der Adressaten nahe. Damit scheiden die weiter entfernten Städte Rom (Apg 28,16–31) und Cäsarea (Apg 23,23–26,32) aus. Es bleibt Ephesus als wahrscheinlicher Abfassungsort. Die Gefangenschaft dort wird zwar nirgends im Neuen Testament ausdrücklich erwähnt, aber sie kann vermutet werden (vgl. 1 Kor 15,32; 2 Kor 1,8f..; 11,23f.). Nach Apg 19 (vgl. 1 Kor 16,8) hatte Paulus über mehrere Jahre in der Hauptstadt der römischen Provinz Asien gewirkt. Daraus ergibt sich die Möglichkeit, die Abfassungszeit des Phlm zwischen 53 und 57 n. Chr. anzunehmen.

Der Phlm ist der kürzeste aller Paulusbriefe; er enthält sämtliche für den Apostel typischen Stilmerkmale: Auf das Präskript, den Briefeingang (Phlm 1–3; vgl. Röm 1,1 ff.; 1 Kor 1,1 ff.; 1 Thess 1,1 ff.), folgt das Proömium mit Danksagung und Fürbitte (Phlm 4–7; vgl. Röm 1,8–15; 1 Kor 1,4–9; 1 Thess 1,2–10). Der Brief wird abgeschlossen mit Vertrauensbezeugung (V. 21 f.), Grüßen (V. 23 f.) und Segenswunsch (V. 25). Der Hauptteil umfasst die Verse 8–20: In ihm hält Paulus Fürsprache für den Sklaven Onesimus (ein weitverbreiteter Sklavenname, denn griechisch steht onésimos für »nützlich«), der durch Paulus zum christlichen Glauben gefunden hat (V. 10). Paulus, der »geistliche Vater«, nennt Onesimus einen »geliebten Bruder« (V. 16; vgl. Kol 4,9), der ihm in der Gefangenschaft so treue Dienste geleistet hat, dass er ihn am liebsten behalten würde (V. 13). Für allen materiellen Schaden, der Philemon durch den Sklaven entstanden war, will der Apostel geradestehen (V. 19). Insgeheim – so klingt es an (V. 13.21) – hofft Paulus darauf, dass Philemon den Onesimus wieder zu ihm zurückschickt.

Der Phlm ist ein Empfehlungsbrief und damit wohl der persönlichste aller Paulusbriefe. Aber er stellt nicht nur Philemon, sondern die ganze Hausgemeinde vor die Entscheidung, ob Onesimus als »Gemeindegesandter« seine durch Christus gewonnene Freiheit zusammen mit Paulus in den Dienst des Evangeliums stellen darf. Der Phlm ist die Nagelprobe des von Paulus verkündeten Grundsatzes: »In Christus ... ist nicht Sklave noch Freier ... denn ihr seid allesamt ›einer‹ in Christus Jesus« (Gal 3,27f.; vgl. 1 Kor 12,13; aber auch Kol 3,22–4,1; 1 Tim 6,1 f.; 1 Kor 7,20 f.). Zwar fordert der Apostel nicht prinzipiell die Abschaffung des Sklaventums, doch legt er eine Spur in dieser Richtung: Die Verbundenheit in der Liebe Christi verändert das Verhältnis Herr – Sklave von innen her. So illustriert der Phlm, welche sozialen Auswirkungen der christliche Glaube auf die Gesellschaft haben kann.

1. und 2. Petrusbrief

ANNE RADEMACHER

Petrusbriefe?
Bei beiden Petrusbriefen ist der Absender klar benannt – Petrus, Apostel, Augenzeuge des Weges Jesu, von Jesus in besonderer Weise ausgezeichnet. Nach allem aber, was wir dem Text entnehmen können – die beschriebene Situation hat Petrus nicht erlebt, die Sprechweise entspricht nicht seiner Herkunft ... – gilt wohl: Petrus kann weder den ersten noch den zweiten Petrusbrief geschrieben haben. Ja, der erste und zweite Petrusbrief unterscheiden sich so sehr, dass es nicht einmal derselbe Autor gewesen sein dürfte. Heute wäre das ein Skandal, in der antiken Welt war es übliche Praxis. Man berief sich auf Autoritäten, identifizierte sich mit ihnen und konnte so deren Denken weiterführen und aktualisieren. Die Verfasser möchten als Petrus gehört werden. Dazu gibt es nur eine Erklärung: Die Anliegen schienen ihnen so bedeutsam, dass es die oberste apostolische Autorität brauchte. Das aber war nicht Anmaßung, sondern Unterstützung für Gemeinden in der damaligen Situation. Immerhin sind beide Briefe in den neutestamentlichen Kanon aufgenommen worden (wenn auch 2 Petr lange umstritten war), das heißt sie wurden a) gelesen und b) als hilfreich empfunden.

Die Adressaten und ihre Zeit
Die Frage nach den Adressaten der Briefe lässt sich nur aus dem Kontext beantworten: Wenn der Autor dies oder jenes schreibt, welches Bild von seinen Adressaten hatte er da im Hinterkopf? In 1 und 2 Petr stellt sich das etwa so dar: Beide Briefe sind an christliche Gemeinden gerichtet, die in ihrem Glauben gefährdet sind. Sie fragen nach, was es bedeutet, christlich zu leben. Die Adressaten von 1 Petr werden gleich in ihrer Situation der Zerstreuung angesprochen. Sie sind in der Minderheit und leiden darunter. Sie bedürfen der Aufmunterung und Ermutigung. 1 Petr richtet sich nach 1,1 an Adressaten in Kleinasien, für die Petrus offenbar eine Autorität war. Damit lässt sich der Brief um die Jahrhundertwende vom 1. zum 2. Jahrhundert einordnen. Genauere Angaben sind schwer möglich: Die dargestellte Situation ist sehr konkret, aber nicht historisch fassbar.

In 2 Petr stellt sich die Situation etwas anders dar. Er zielt ins Innere der Gemeinde, die sich in der Welt eingerichtet hat und es – auch unter Berufung auf die Paulusbriefe – mit der Ethik nicht so genau nimmt. Dagegen wendet sich der Verfasser (vgl. 3,15–16). Dies weist in die Zeit, da Petrus und Paulus als Autoritäten bereits fest installiert waren. Bekannt waren dem Autor 1 Petr (vgl. 3,1) und der Judasbrief. Außerdem erfolgt eine Deutung des ausbleibenden Endes der Welt. Das alles deutet auf eine geistige Luft, die frühestens am Ende des 1. Jahrhunderts, eher später, herrschte.

1 Petr: Christsein in nichtchristlicher Umwelt

Das Wort, das in 1 Petr am häufigsten vorkommt, ist »Leiden«. Allerdings ist nicht von staatlich angeregter Christenverfolgung die Rede. Es handelt sich eher um alltägliche Dinge, die Christen das Leben schwer machen. Der Verfasser führt zum Anfangsimpuls des Glaubens zurück, um die Adressaten zu ermutigen. Aus ihrer Erwählung heraus können sie Leiden ertragen und ein ethisch gutes Leben führen. Das Fremdsein in der Welt wird als Prinzip des Christentums festgehalten.

Dieser Intention entspricht die Gliederung von 1 Petr. Nach dem Briefeingang (1,1–2) folgt eine geistlich-theologische Einführung. Die Adressaten werden an ihre Erwählung und die Heilszusagen Gottes erinnert (1,3–2,10). Daraus ergeben sich Standards sozialethischer Art für das Leben in der nichtchristlichen Gesellschaft (2,11–4,19). Der Autor macht sehr deutliche Ansagen, immer aber ist der Brief als Zuspruch und Ermutigung gehalten. Er zieht aus all dem Rückschlüsse für die Gemeinde (5,1–11) und dann folgt der Briefschluss (5,12–14). Nonkonformistisch im Alltag zu leben und so Christus nachzufolgen, auch wenn Glaubende angefragt sind, dies ist durchaus bis heute aktuell: »Aber auch wenn ihr um der Gerechtigkeit willen leiden müsst, seid ihr selig zu preisen. Fürchtet euch nicht vor ihnen und lasst euch nicht erschrecken, sondern haltet in eurem Herzen Christus, den Herrn, heilig! Seid stets bereit, jedem Rede und Antwort zu stehen, der nach der Hoffnung fragt, die euch erfüllt; aber antwortet bescheiden, denn ihr habt ein reines Gewissen« (3,14–16).

2 Petr: Gott – der Herr der Geschichte

Am Anfang des Christentums stand eine unglaubliche Dynamik, da das baldige Ende der Welt erwartet wurde. Bis dahin galt es, sich selbst und möglichst viele Menschen zur Umkehr und somit zur Rettung zu bringen. Dann aber blieb das Ende aus. Man musste sich – verständlicher Weise – einrichten. Die Adressaten von 2

Petr machten dabei nun unter Berufung auf die christliche Freiheit offenbar Abstriche an ihrer ethischen Lebensführung. Der Verfasser betont die Würde der Getauften und geht zugleich hart ins Gericht mit diesen Irrlehrern – so nennt er sie. Die Autorität des Apostels Petrus verstärkt er durch die testamentarische Anmutung des Briefes (1,14–15): Der letzte Wille des Apostels ist, dass die Gemeinden das Endgericht im Blick behalten und entsprechend leben. Legt man den Judasbrief neben 2 Petr, so entdeckt man viele Parallelen. Offenbar nutzte der Autor dieses Schreiben als Vorlage und Gerüst seines Briefes.

Nach dem Briefeingang (1,1–2) folgt zunächst eine Erinnerung. Gott hat die Adressaten reich beschenkt – ganz persönlich und in der Heilsgeschichte, für die der Autor auch als Zeuge bürgt (1,3–21). Im nächsten Abschnitt ändert sich der Charakter des Schreibens. Der Verfasser geht zum Angriff auf die Irrlehrer über, die ihre Berufung durch ihren Lebensstil verspielen (2,1–22). Am Ende stellt er nochmals Gott als Herrn über die Geschichte vor und deutet von daher die Verzögerung des Endes. Zugleich mahnt er dringlich zum rechten Lebenswandel (3,1–17). Darauf folgt bereits der Briefschluss (3,18). Die wichtigste Botschaft und Sorge des Verfassers lässt sich mit seinen Worten sagen: »Wenn sich das alles in dieser Weise auflöst: wie heilig und fromm müsst ihr dann leben, den Tag Gottes erwarten und seine Ankunft beschleunigen« (3,11–12).

Resümee

Heute ist es nicht mehr möglich, Briefe unter dem Namen eines Apostels zu schreiben, aber die Anliegen der Verfasser der Petrusbriefe sind weiter aktuell: Die Botschaft der Apostel ist für die jeweilige Situation neu auszulegen. Zugleich sollten Christen sich untereinander Mut zusprechen und gelegentlich auch deutlich kritisieren, um im Alltag der sich ändernden Zeiten ihrer Erwählung gerecht zu werden.

Gebete

Sonntagmorgen

Guter und getreuer Gott,
der du uns Vater und Mutter bist!
Es scheint so selbstverständlich zu sein,
dass wir zu einem neuen Tag erwachen
und dass die Sonne über uns aufgeht.
Es scheint so selbstverständlich zu sein,
dass wir die Auferstehung deines Sohnes feiern dürfen.
Lass uns nie vergessen,
welch große Tat er für uns getan hat,
deine menschgewordene Liebe.
Und dass er auch uns Auferstehung verheißt,
ewiges Leben bei dir!
Dank sei dir durch und mit ihm
und der heiligen Geisteskraft,
heute und jeden Tag neu.
Amen

Sonntagabend

Am Abend dieses ersten Tages der Woche
kommen wir zu dir
und danken dir für das große Geschenk dieses Tages:
die Auferstehung Jesu,
seine Gegenwart in unserer Mitte
und ihn selber im Brot und im Wein.
Stärke uns für die neue Woche,
dass sein Wort in uns lebendig werde
– jeden Tag neu.
Amen

Montagmorgen

Guter Gott,
der du uns deinen Geist in unser Herz eingeschrieben hast,
trage Sorge, dass dieser Geist uns anregt,
in der Vielfalt unserer Aufgaben die Unterscheidung zwischen Wichtigem und Unwichtigem zu treffen.
Lass deinen Geist uns anleiten,
den Menschen in den Mittelpunkt unseres Empfindens zu stellen,
der uns gerade begegnet.
Lass deinen Geist uns helfen,
dass wir immer wieder auf unser Leben schauen und spüren,
wie wunderbar vielfältig deine Schöpfung ist.
Amen

Montagabend

Guter Gott,
am Ende des Tages lege ich dir mein Wirken und Schaffen,
mein Wollen und mein Versagen
in deine Hände zurück.
Vollende du, was mein anfängliches Wirken begonnen hat.
Lass mich durch den Glauben daran, dass du die Vollendung
allen Seins bist, inneren Frieden finden.
Dieser Friede begleite mich in die Nacht
und lasse mich erholsamen Schlaf finden.
Amen

Dienstagmorgen

Gott, der du mich in dieser Nacht behütet und beschützt hast: Wie das Junge eines Adlers durfte ich mich unter deinen Fittichen und im Schatten deiner Flügel geborgen fühlen. Du gibst mir Sicherheit, wenn alles unsicher scheint und auch ich selbst immer mehr verunsichert werde. Wo finde ich Halt und wo finde ich Trost, wenn mich meine Ängste und Sorgen gefangen nehmen und mich bedrücken? Du sagst mir, dass du mich trösten möchtest, wie einen seine Mutter tröstet. Ich bitte dich: Behüte und begleite mich auch an diesem Morgen und an diesem neuen Tag, so kann ich getröstet und mit Mut und Zuversicht in diesen Tag und in alle Tage meines Lebens gehen.
Amen

Dienstagabend

Gott, wenn sich nun die Dunkelheit des Abends und der Nacht um uns breitet, dann sei du unser Licht. Du, der du als das Licht der Welt in unsere Welt gekommen und als kleines Kind in dunkler Nacht in Betlehem geboren worden bist. Damit wir in dir das Licht erkennen, das alle Finsternis unseres Lebens hell machen will und damit wir selbst Licht in diese Welt bringen können. Als tiefes Schweigen das All umfing und die Nacht bis zur Mitte gelangt war, da wolltest du uns nicht nur in deinem Wort erreichen und berühren, sondern selbst einer von uns werden und uns ganz nahe sein. Selbst die dunkle Nacht des Todes hast du für uns hell gemacht in der Auferstehung deines Sohnes und uns so die Hoffnung gegeben, dass auch für uns nach jeder noch so dunklen Nacht ein neuer Morgen anbrechen wird und dass, selbst wenn einmal die letzten Abendstunden unseres Lebens kommen werden, wir in den Morgenglanz der Ewigkeit hineinleben werden. Amen

Mittwochmorgen

Das walte Gott Vater, Sohn und Heiliger Geist

Wo bist du
Du Morgenstern der Schöpfung
Wo bist du
Du Morgenrot am Firmament
Wo bist du
Du Sonne der Gerechtigkeit

Herr, erbarme dich

Wo bist du
Du Brot des Glaubens
Wo bist du
Du Licht der Liebe
Wo bist du
Du Wasser der Hoffnung

Christus, erbarme dich

Wo bist du
Du Säuseln im Wind
Wo bist du
Du Kraft der Barmherzigkeit
Wo bist du
Du Tröster der Seelen

Heiliger Geist, erbarme dich
Amen

Mittwochabend

Das walte Gott Vater, Sohn und Heiliger Geist

Wo bist du
Du Flamme im Dornbusch
Wo bist du
Du Feuerleuchten in der Nacht
Wo bist du
Du Leuchte der Ewigkeit

Herr, erbarme dich

Wo bist du
Du Hirte der Seele
Wo bist du
Du Lamm Gottes
Wo bist du
Du Löwe von Juda

Christus, erbarme dich

Wo bist du
Du Sturm der Liebe
Wo bist du
Du Feuer der Weisheit
Wo bist du
Du Wind der Lebendigkeit

Heiliger Geist, erbarme dich
Amen

Donnerstagmorgen

Guter Gott,
nun bin ich erwacht und stehe auf,
stelle meine Füße fest auf den Boden,
öffne das Fenster weit, atme tief ein und aus,
dehne mich nach oben, dem Himmel entgegen
und strecke weit die Arme aus.

Danken möchte ich dir,
dass die dunkle Nacht vergangen ist
und ein neuer Tag begonnen hat.
Du hast über mich gewacht.
Der Schlaf hat mir Erholung geschenkt,
jetzt regen sich in mir neue Kräfte.
Dieser Morgen ist wie ein klarer Bergbach,
der im Licht der Sonne glitzert.

Danke für alles, was er mir bringt, für das neue Leben heute,
für das Helle darin und das Dunkle,
das Schwere und das Leichte,
für die Fragen und die Antworten.

Vertrauensvoll legst du mir neue Anfänge in die Hände,
aber auch die Chance, das gestern Begonnene weiterzuführen.
Was auch immer daraus wird, ich vertraue auf dich.
Stehe mir bei in allem, was ich denke und fühle, sage und tue.

Öffne mein Herz für die Menschen, die mir begegnen,
und zaubere mir ein freundliches Lächeln ins Gesicht.
Gib mir ein gutes Wort für die Entmutigten
und einen wachen Blick für die Erschöpften.

Lege deinen Segen in jeden Atemzug,
auch, wenn ich nicht an dich denke.
Amen

Donnerstagabend

Guter Gott,
am Ende dieses Tages möchte ich zu dir beten.
Dir gilt jetzt meine Aufmerksamkeit ...
Du, mein Leben.
Hilf mir bitte, ganz bei dir zu sein.

Es ist dunkel geworden. Auch an diesem Tag bin ich
durch das Dunkel gegangen.
Du weißt es zwar, aber ich möchte es dir sagen,
wie es mir ergangen ist ...
So viel Unnützes musste ich tun, so viel banale und ärgerliche
Kleinigkeiten haben mich aufgehalten ...
Ich bin jetzt unerfüllt und leer ...

Guter Gott,
hilf mir, nicht den Mut zu verlieren. Du bist der Anker, der im Herzen Gottes fest eingesenkt ist wie in einen Fels. Du bist aber auch am anderen Ende des Ankerseils mit meinem Lebensschiff fest verbunden. Ich möchte nicht von den Strömungen und Winden hin- und hergetrieben werden, sondern Halt finden in deiner Liebe. Du bist meine Hoffnung und Zuversicht. Lass mich mit ganzem Herzen nach dir verlangen, zu dir hinstreben und Kraft schöpfen, um mich den Stürmen des Alltags zu stellen.
Lass mich jetzt still werden und dich in meinem Innern aufnehmen ...
Behüte mich in dieser Nacht,
beschütze alle, die mir lieb sind, und alle, die nach dir suchen.
Segne mich mit deinem Erbarmen.
Amen

Freitagmorgen

Herr Jesus Christus, es ist Freitag.
Christen denken heute an den Karfreitag, den Tag, an dem du unschuldig am Kreuz gestorben bist. An manchen Orten läuten heute um 15.00 Uhr die Glocken, zu deiner Todesstunde.
Ich denke heute besonders an die vielen Menschen,
die in unseren Tagen ein Kreuz zu tragen haben.
Menschen in den Kriegsgebieten unserer Welt.
Menschen, die Opfer von Terror und Gewalt geworden sind.
Betroffene von sexualisierter Gewalt – auch im Raum der Kirche.
Menschen, die krank sind an Leib und Seele.
Sei ihnen nahe und begleite sie in ihrem Leid.
Du hast durch dein Kreuz die Welt erlöst.
Amen

Freitagabend

Jesus Christus,
ich schaue zurück auf diesen Tag.
Auf die Menschen, die mir heute begegnet sind.
Auf die Menschen, die ich heute vielleicht enttäuscht habe,
deren Hoffnung ich durch-kreuzt habe.
Ich schaue zurück auf das, was mir schwergefallen ist.
Nimm es zurück in deine Hände und vollende es.
Ich schaue auch auf das zurück, was mir gelungen ist.
Ich danke dir für diesen Tag mit allem, was war.
Bleibe bei mir und bei allen Menschen in dieser Nacht.
Amen

Samstagmorgen

Guter Gott.
Es ist Samstag. Eine Arbeitswoche liegt hinter mir.
Der Samstag ist ein »Zwischentag«.
Schon Wochenende und noch nicht Sonntag.
Viele nutzen diesen Tag zum Hausputz.
Vielleicht kann ich heute Zeit finden, auch in meiner Seele,
meinem Inneren etwas aufzuräumen.
Das loszulassen, was mich belastet, und frei zu werden für die
Begegnung mit dir, guter Gott.
Hilf mir dabei, mich zu bereiten für deine Ankunft in mir.
Jeden Tag neu.
Amen

Samstagabend

Guter Gott.
Es ist Sonnabend. Der Abend des Samstags.
Mit dem Samstagabend beginnt schon der Sonntag.
Ich schaue dankbar auf den Tag und die Woche zurück.
Was gibt es, wofür ich heute danken kann?
Ich gebe vertrauensvoll dir zurück, was nicht gelungen ist
oder was noch vollendet werden muss.
Ich lege diesen Tag, diese Woche zurück in deine Hände.
Bleibe bei mir, bei deiner Kirche, bei deiner Welt.
Lass mich in Frieden ruhen und morgen den neuen Tag
in deinem Licht beginnen.
Amen

Anhang

Bibelleseplan

Januar

1. **Neujahr**
   Psalm 89,1–19
2. Markus 1,1–8
3. Markus 1,9–13
4. Markus 1,14–20
5. Markus 1,21–28
6. **Epiphanias**
   Erscheinung des Herrn
   Markus 1,29–39

7. **1. So nach Epiphanias**
   Taufe des Herrn
   Psalm 89,20–53
8. Markus 1,40–45
9. Markus 2,1–12
10. Markus 2,13–17
11. Markus 2,18–22
12. Markus 2,23–28
13. Markus 3,1–6

14. **2. So nach Epiphanias**
    2. So im Jahreskreis
    Psalm 148
15. 1 Timotheus 1,1–11
16. 1 Timotheus 1,12–20
17. 1 Timotheus 2,1–7
18. 1 Timotheus 2,8–15
19. 1 Timotheus 3,1–13
20. 1 Timotheus 3,14–16

21. **3. So nach Epiphanias**
    3. So im Jahreskreis
    Psalm 86
22. 1 Timotheus 4,1–11
23. 1 Timotheus 4,12–5,2
24. 1 Timotheus 5,3–16
25. 1 Timotheus 5,17–25
26. 1 Timotheus 6,1–10
27. 1 Timotheus 6,11–21

28. **Letzter So n. Epiphanias**
    4. So im Jahreskreis
    Psalm 135
29. 2 Timotheus 1,1–12
30. 2 Timotheus 1,13–18
31. 2 Timotheus 2,1–13

Februar

1. 2 Timotheus 2,14–21
2. 2 Timotheus 2,22–26
3. 2 Timotheus 3,1–9

4. **Sexagesimä**
   5. So im Jahreskreis
   Psalm 128
5. 2 Timotheus 3,10–17
6. 2 Timotheus 4,1–8
7. 2 Timotheus 4,9–22
8. Titus 1,1–9
9. Titus 1,10–16
10. Titus 2,1–10

11. **Estomihi**
    6. So im Jahreskreis
    Psalm 31
12. Titus 2,11–15
13. Titus 3,1–7
14. **Aschermittwoch**
    Titus 3,8–15
15. Philemon 1–25
16. Exodus 1,1–22
17. Exodus 2,1–10

18. **Invokavit**
    1. So der österl. Bußzeit
    Psalm 91
19. Exodus 2,11–25
20. Exodus 3,1–22
21. Exodus 4,1–17
22. Exodus 4,18–31
23. Exodus 5,1–6,1
24. Exodus 7,1–13

25. **Reminiszere**
    2. So der österl. Bußzeit
    Psalm 123
26. Exodus 7,14–25
27. Exodus 11,1–10
28. Exodus 12,1–20
29. Exodus 12,21–33.51

März

1. Markus 10,32–45
2. Markus 10,46–52

3. **Okuli**
   3. So der österl. Bußzeit
   Psalm 141
4. Markus 11,1–11
5. Markus 11,12–25
6. Markus 11,27–33
7. Markus 12,1–12
8. Markus 12,13–17
9. Markus 12,18–27

10. **Lätare**
    4. So der österl. Bußzeit
    Psalm 132
11. Markus 12,28–34
12. Markus 12,35–40
13. Markus 12,41–44
14. Markus 13,1–13
15. Markus 13,14–23
16. Markus 13,24–37

17. **Judika**
    5. So der österl. Bußzeit
    Psalm 130
18. Markus 14,1–11
19. Markus 14,12–16
20. Markus 14,17–26
21. Markus 14,27–31
22. Markus 14,32–42
23. Markus 14,43–52

24. **Palmsonntag**
    Psalm 88
25. Markus 14,53–65
26. Markus 14,66–72
27. Markus 15,1–15

28. **Gründonnerstag**
    Markus 15,16–23
29. **Karfreitag**
    Markus 15,24–41
30. **Karsamstag**
    Markus 15,42–47
31. **Ostersonntag**
    Markus 16,1–8

April

1. **Ostermontag**
   Markus 16,9–20
2. 1 Petrus 1,1–12
3. 1 Petrus 1,13–16
4. 1 Petrus 1,17–21
5. 1 Petrus 1,22–2,3
6. 1 Petrus 2,4–10

7. **Quasimodogeniti**
   2. Ostersonntag
   Psalm 134
8. 1 Petrus 2,11–17
9. 1 Petrus 2,18–25
10. 1 Petrus 3,1–7
11. 1 Petrus 3,8–12
12. 1 Petrus 3,13–17
13. 1 Petrus 3,18–22

14. **Miserikordias Domini**
    3. Ostersonntag
    Psalm 136
15. 1 Petrus 4,1–11
16. 1 Petrus 4,12–19
17. 1 Petrus 5,1–7
18. 1 Petrus 5,8–14
19. 1 Korinther 1,1–9
20. 1 Korinther 1,10–17

21. **Jubilate**
    4. Ostersonntag
    Psalm 129
22. 1 Korinther 1,18–25
23. 1 Korinther 1,26–31
24. 1 Korinther 2,1–5
25. 1 Korinther 2,6–16
26. 1 Korinther 3,1–4
27. 1 Korinther 3,5–8

28. **Kantate**
    5. Ostersonntag
    Psalm 96
29. 1 Korinther 3,9–17
30. 1 Korinther 3,18–23

Mai

1. 1 Korinther 4,1–5
2. 1 Korinther 4,6–13
3. 1 Korinther 4,14–21
4. 1 Korinther 5,1–8

5. **Rogate**
   6. Ostersonntag
   Psalm 149
6. 1 Korinther 5,9–13
7. 1 Korinther 6,1–11
8. 1 Korinther 6,12–20
9. **Christi Himmelfahrt**
   Philipper 2,5–11
10. 1 Korinther 7,1–16
11. 1 Korinther 7,17–24

12. **Exaudi**
    7. Ostersonntag
    Psalm 131
13. 1 Korinther 7,25–40
14. 1 Korinther 8,1–6
15. 1 Korinther 8,7–13
16. 1 Korinther 9,1–18
17. 1 Korinther 9,19–23
18. 1 Korinther 9,24–27

19. **Pfingstsonntag**
    Epheser 1,3–14
20. **Pfingstmontag**
    Psalm 150
21. 1 Korinther 10,1–13
22. 1 Korinther 10,14–22
23. 1 Korinther 10,23–11,1
24. 1 Korinther 11,2–16
25. 1 Korinther 11,17–26

26. **Trinitatis**
    Dreifaltigkeitssonntag
    Psalm 68,1–19
27. 1 Korinther 11,27–34
28. 1 Korinther 12,1–11

29. 1 Korinther 12,12–26
30. **Fronleichnam**
    1 Korinther 12,27–31
31. 1 Korinther 13,1–7

Juni

1. 1 Korinther 13,8–13

2. **1. So nach Trinitatis**
   9. So im Jahreskreis
   Psalm 133
3. 1 Korinther 14,1–11
4. 1 Korinther 14,12–25
5. 1 Korinther 14,26–33a
6. 1 Korinther 14,33b–40
7. 1 Korinther 15,1–11
8. 1 Korinther 15,12–19

9. **2. So nach Trinitatis**
   10. So im Jahreskreis
   Psalm 36
10. 1 Korinther 15,20–28
11. 1 Korinther 15,29–34
12. 1 Korinther 15,35–49
13. 1 Korinther 15,50–58
14. 1 Korinther 16,1–12
15. 1 Korinther 16,13–24

16. **3. So nach Trinitatis**
    11. So im Jahreskreis
    Psalm 53
17. Exodus 13,17–22
18. Exodus 14,1–14
19. Exodus 14,15–31
20. Exodus 15,1–21
21. Exodus 15,22–27
22. Exodus 16,1–16

23. **4. So nach Trinitatis**
    12. So im Jahreskreis
    Psalm 42
24. Exodus 16,17–36
25. Exodus 17,1–7
26. Exodus 17,8–16
27. Exodus 18,1–12
28. Exodus 18,13–27
29. Exodus 19,1–15

30. **5. So nach Trinitatis**
    13. So im Jahreskreis
    Psalm 73

Juli

1. Exodus 19,16–25
2. Exodus 20,1–21
3. Exodus 23,1–9
4. Exodus 23,10–19
5. Exodus 23,20–33
6. Exodus 24,1–18

7. **6. So nach Trinitatis**
   14. So im Jahreskreis
   Psalm 139
8. Exodus 25,1–22
9. Exodus 31,18–32,14
10. Exodus 32,15–29
11. Exodus 32,30–33,6
12. Exodus 33,7–11
13. Exodus 33,12–23

14. **7. So nach Trinitatis**
    15. So im Jahreskreis
    Psalm 119,25–32
15. Exodus 34,1–10
16. Exodus 34,27–35
17. Exodus 35,4–29
18. Exodus 35,30–36,7
19. Exodus 40,1–17
20. Exodus 40,34–38

21. **8. So nach Trinitatis**
    16. So im Jahreskreis
    Psalm 119,33–40
22. Markus 3,7–12
23. Markus 3,13–19
24. Markus 3,20–30
25. Markus 3,31–35
26. Markus 4,1–9
27. Markus 4,10–20

28. **9. So nach Trinitatis**
    17. So im Jahreskreis
    Psalm 119,41–48
29. Markus 4,21–25
30. Markus 4,26–29
31. Markus 4,30–34

August

1. Markus 4,35–41
2. Markus 5,1–20
3. Markus 5,21–34

4. **10. So nach Trinitatis**
   18. So im Jahreskreis
   Psalm 122
5. Markus 5,35–43
6. Markus 6,1–6
7. Markus 6,7–13
8. Markus 6,14–29
9. Markus 6,30–44
10. Markus 6,45–56

11. **11. So nach Trinitatis**
    19. So im Jahreskreis
    Psalm 145
12. Markus 7,1–23
13. Markus 7,24–30
14. Markus 7,31–37
15. Markus 8,1–9
16. Markus 8,10–13
17. Markus 8,14–21

18. **12. So nach Trinitatis**
    20. So im Jahreskreis
    Psalm 147
19. Markus 8,22–26
20. Markus 8,27–33
21. Markus 8,34–9,1
22. Markus 9,2–13
23. Markus 9,14–29
24. Markus 9,30–37

25. **13. So nach Trinitatis**
    21. So im Jahreskreis
    Psalm 120
26. Markus 9,38–41
27. Markus 9,42–50
28. Markus 10,1–12
29. Markus 10,13–16
30. Markus 10,17–27
31. Markus 10,28–31

September

1. **14. So nach Trinitatis**
   22. So im Jahreskreis
   Psalm 146
2. 1 Makkabäer 1,1–15
3. 1 Makkabäer 1,16–28
4. 1 Makkabäer 1,29–40
5. 1 Makkabäer 1,41–64
6. 1 Makkabäer 2,1–14
7. 1 Makkabäer 2,15–28

8. **15. So nach Trinitatis**
   23. So im Jahreskreis
   Psalm 127
9. 1 Makkabäer 2,29–41
10. 1 Makkabäer 2.42–48
11. 1 Makkabäer 2,49–70
12. 1 Makkabäer 3,1–26
13. 1 Makkabäer 3,27–41
14. 1 Makkabäer 3,42–60

15. **16. So nach Trinitatis**
    24. So im Jahreskreis
    Psalm 68,20–36
16. 1 Makkabäer 4,1–25
17. 1 Makkabäer 4,26–35
18. 1 Makkabäer 4,36–51
19. 1 Makkabäer 4,52–61
20. Judit 1,1–16
21. Judit 2,1–13

22. **17. So nach Trinitatis**
    25. So im Jahreskreis
    Psalm 138
23. Judit 2,14–27
24. Judit 2,28–3,10
25. Judit 4,1–15
26. Judit 5,1–21
27. Judit 5,22–6,9
28. Judit 6,10–21

29. **18. So nach Trinitatis**
    26. So im Jahreskreis
    Psalm 142
30. Judit 7,1–15

Oktober

1. Judit 7,16–32
2. Judit 8,1–10
3. Judit 8,11–24
4. Judit 8,25–36
5. Judit 9,1–14

6. **Erntedankfest**
   27. So im Jahreskreis
   Psalm 65
7. Judit 10,1–13
8. Judit 10,14–11,4
9. Judit 11,5–15
10. Judit 11,16–12,4
11. Judit 12,5–14
12. Judit 12,15–13,10

13. **20. So nach Trinitatis**
    28. So im Jahreskreis
    Psalm 106,1–23
14. Judit 13,11–20
15. Judit 14,1–10
16. Judit 14,11–15,3
17. Judit 15,4–14
18. Judit 16,1–17
19. Judit 16,18–25

20. **21. So nach Trinitatis**
    29. So im Jahreskreis
    Psalm 106,24–48
21. 2 Korinther 1,1–11
22. 2 Korinther 1,12–24
23. 2 Korinther 2,1–11
24. 2 Korinther 2,12–17
25. 2 Korinther 3,1–11
26. 2 Korinther 3,12–18

27. **22. So nach Trinitatis**
    30. So im Jahreskreis
    Psalm 143
28. 2 Korinther 4,1–6
29. 2 Korinther 4,7–18
30. 2 Korinther 5,1–10
31. **Reformationstag**
    2 Korinther 5,11–15

November

1. **Allerheiligen**
   2 Korinther 5,16–21
2. **Allerseelen**
   2 Korinther 6,1–10

3. **23. So nach Trinitatis**
   31. So im Jahreskreis
   Psalm 125
4. 2 Korinther 6,11–7,1
5. 2 Korinther 7,2–16
6. 2 Korinther 8,1–15
7. 2 Korinther 8,16–24
8. 2 Korinther 9,1–15
9. 2 Korinther 10,1–11

10. **Drittl. So im Kirchenjahr**
    32. So im Jahreskreis
    Psalm 90
11. 2 Korinther 10,12–18
12. 2 Korinther 11,1–15
13. 2 Korinther 11,16–33
14. 2 Korinther 12,1–10
15. 2 Korinther 12,11–21
16. 2 Korinther 13,1–13

17. **Vorletzter So im Kirchenjahr**
    33. So im Jahreskreis
    Psalm 51
18. 2 Petrus 1,1–11
19. 2 Petrus 1,12–21
20. **Buß- und Bettag**
    2 Petrus 2,1–11
21. 2 Petrus 2,12–22
22. 2 Petrus 3,1–10
23. 2 Petrus 3,11–18

24. **Ewigkeitssonntag**
    Christkönigsfest
    Jesaja 26,7–19
25. Jesaja 56,1–8
26. Jesaja 56,9–12
27. Jesaja 57,1–13
28. Jesaja 57,14–21
29. Jesaja 58,1–9a
30. Jesaja 58,9b–14

Dezember

1. **1. So im Advent**
   Psalm 24
2. Jesaja 59,1–15a
3. Jesaja 59,15b–21
4. Jesaja 60,1–14
5. Jesaja 60,15–22
6. Jesaja 61,1–11
7. Jesaja 62,1–12

8. **2. So im Advent**
   Psalm 144
9. Jesaja 63,7–14
10. Jesaja 63,15–64,6
11. Jesaja 64,7–11
12. Jesaja 65,1–10
13. Jesaja 65,17–25
14. Jesaja 66,1–4

15. **3. So im Advent**
    Psalm 130
16. Jesaja 66,5–14
17. Jesaja 66,15–24
18. Lukas 1,1–17
19. Lukas 1,18–25
20. Lukas 1,26–38
21. Lukas 1,39–56

22. **4. So im Advent**
    Psalm 102
23. Lukas 1,57–66
24. **Heiligabend**
    Lukas 1,67–80
25. **1. Weihnachtstag**
    Lukas 2,1–14
26. **2. Weihnachtstag**
    (Stephanus)
    Lukas 2,15–20
27. Lukas 2,21–24
28. Lukas 2,25–35

29. **1. So nach Weihnachten**
    Psalm 2
30. Lukas 2,36–40
31. **Silvester**
    Lukas 2,41–52

Bibelstellenregister

Exodus/2. Buch Mose
Exodus 1,1–22	16.02.
Exodus 2,1–10	17.02.
Exodus 2,11–25	19.02.
Exodus 3,1–22	20.02.
Exodus 4,1–17	21.02.
Exodus 4,18–31	22.02.
Exodus 5,1–6,1	23.02.
Exodus 7,1–13	24.02.
Exodus 7,14–25	26.02.
Exodus 11,1–10	27.02.
Exodus 12,1–20	28.02.
Exodus 12,21–33.51	29.02.
Exodus 13,17–22	17.06.
Exodus 14,1–14	18.06.
Exodus 14,15–31	19.06.
Exodus 15,1–21	20.06.
Exodus 15,22–27	21.06.
Exodus 16,1–16	22.06.
Exodus 16,17–36	24.06.
Exodus 17,1–7	25.06.
Exodus 17,8–16	26.06.
Exodus 18,1–12	27.06.
Exodus 18,13–27	28.06.
Exodus 19,1–15	29.06.
Exodus 19,16–25	01.07.
Exodus 20,1–21	02.07.
Exodus 23,1–9	03.07.
Exodus 23,10–19	04.07.
Exodus 23,20–33	05.07.
Exodus 24,1–18	06.07.
Exodus 25,1–22	08.07.
Exodus 31,18–32,14	09.07.
Exodus 32,15–29	10.07.
Exodus 32,30–33,6	11.07.
Exodus 33,7–11	12.07.
Exodus 33,12–23	13.07.
Exodus 34,1–10	15.07.
Exodus 34,27–35	16.07.
Exodus 35,4–29	17.07.
Exodus 35,30–36,7	18.07.
Exodus 40,1–17	19.07.
Exodus 40,34–38	20.07.

Psalmen
Psalm 2	29.12.
Psalm 24	01.12.
Psalm 31	11.02.
Psalm 36	09.06.
Psalm 42	23.06.
Psalm 51	17.11.
Psalm 53	16.06.
Psalm 65	06.10.
Psalm 68,1–19	26.05.
Psalm 68,20–36	15.09.
Psalm 73	30.06.
Psalm 86	21.01.
Psalm 88	24.03.
Psalm 89,1–19	01.01.
Psalm 89,20–53	07.01.
Psalm 90	10.11.
Psalm 91	18.02.
Psalm 96	28.04.
Psalm 102	22.12.
Psalm 106,1–23	13.10.
Psalm 106,24–48	20.10.
Psalm 119,25–32	14.07.
Psalm 119,33–40	21.07.
Psalm 119,41–48	28.07.
Psalm 120	25.08.
Psalm 122	04.08.
Psalm 123	25.02.
Psalm 125	03.11.
Psalm 127	08.09.
Psalm 128	04.02.
Psalm 129	21.04.
Psalm 130	17.03.
Psalm 130	15.12.
Psalm 131	12.05.
Psalm 132	10.03.
Psalm 133	02.06.
Psalm 134	07.04.
Psalm 135	28.01.
Psalm 136	14.04.
Psalm 138	22.09.
Psalm 139	07.07.
Psalm 141	03.03.
Psalm 142	29.09.
Psalm 143	27.10.
Psalm 144	08.12.
Psalm 145	11.08.
Psalm 146	01.09.
Psalm 147	18.08.
Psalm 148	14.01.
Psalm 149	05.05.
Psalm 150	20.05.

Jesaja 1–39 (Protojesaja)		**1. Makkabäer**	
Jesaja 26,7–19	24.11.	1 Makkabäer 1,1–15	02.09.
		1 Makkabäer 1,16–2	03.09.
Jesaja 56–66 (Tritojesaja)		1 Makkabäer 1,29–40	04.09.
Jesaja 56,1–8	25.11.	1 Makkabäer 1,41–64	05.09.
Jesaja 56,9–12	26.11.	1 Makkabäer 2,1–14	06.09.
Jesaja 57,1–13	27.11.	1 Makkabäer 2,15–28	07.09.
Jesaja 57,14–21	28.11.	1 Makkabäer 2,29–41	09.09.
Jesaja 58,1–9a	29.11.	1 Makkabäer 2,42–48	11.09.
Jesaja 58,9b–14	30.11.	1 Makkabäer 2,49–70	10.09.
Jesaja 59,1–15a	02.12.	1 Makkabäer 3,1–26	12.09.
Jesaja 59,15b–21	03.12.	1 Makkabäer 3,27–41	13.09.
Jesaja 60,1–14	04.12.	1 Makkabäer 3,42–60	14.09.
Jesaja 60,15–22	05.12.	1 Makkabäer 4,1–25	16.09.
Jesaja 61,1–11	06.12.	1 Makkabäer 4,26–35	17.09.
Jesaja 62,1–12	07.12.	1 Makkabäer 4,36–51	18.09.
Jesaja 63,7–14	09.12.	1 Makkabäer 4,52–61	19.09.
Jesaja 63,15–64,6	10.12.		
Jesaja 64,7–11	11.12.	**Markusevangelium**	
Jesaja 65,1–10	12.12.	Markus 1,1–8	02.01.
Jesaja 65,17–25	13.12.	Markus 1,9–13	03.01.
Jesaja 66,1–4	14.12.	Markus 1,14–20	04.01.
Jesaja 66,5–14	16.12.	Markus 1,21–28	05.01.
Jesaja 66,15–24	17.12.	Markus 1,29–39	06.01.
		Markus 1,40–45	08.01.
Judit		Markus 2,1–12	09.01.
Judit 1,1–16	20.09.	Markus 2,13–17	10.01.
Judit 2,1–13	21.09.	Markus 2,18–22	11.01.
Judit 2,14–27	23.09.	Markus 2,23–28	12.01.
Judit 2,28–3,10	24.09.	Markus 3,1–6	13.01.
Judit 4,1–15	25.09.	Markus 3,7–12	22.07.
Judit 5,1–21	26.09.	Markus 3,13–19	23.07.
Judit 5,22–6,9	27.09.	Markus 3,20–30	24.07.
Judit 6,10–21	28.09.	Markus 3,31–35	25.07.
Judit 7,1–15	30.09.	Markus 4,1–9	26.07.
Judit 7,16–32	01.10.	Markus 4,10–20	27.07.
Judit 8,1–10	02.10.	Markus 4,21–25	29.07.
Judit 8,11–24	03.10.	Markus 4,26–29	30.07.
Judit 8,25–36	04.10.	Markus 4,30–34	31.07.
Judit 9,1–14	05.10.	Markus 4,35–41	01.08.
Judit 10,1–13	07.10.	Markus 5,1–20	02.08.
Judit 10,14–11,4	08.10.	Markus 5,21–34	03.08.
Judit 11,5–15	09.10.	Markus 5,35–43	05.08.
Judit 11,16–12,4	10.10.	Markus 6,1–6	06.08.
Judit 12,5–14	11.10.	Markus 6,7–13	07.08.
Judit 12,15–13,10	12.10.	Markus 6,14–29	08.08.
Judit 13,11–20	14.10.	Markus 6,30–44	09.08.
Judit 14,1–10	15.10.	Markus 6,45–56	10.08.
Judit 14,11–15,3	16.10.	Markus 7,1–23	12.08.
Judit 15,4–14	17.10.	Markus 7,24–30	13.08.
Judit 16,1–17	18.10.	Markus 7,31–37	14.08.
Judit 16,18–25	19.10.	Markus 8,1–9	15.08.

Markus 8,10–13	16.08.		Lukas 2,15–20	26.12.
Markus 8,14–21	17.08.		Lukas 2,21–24	27.12.
Markus 8,22–26	19.08.		Lukas 2,25–35	28.12.
Markus 8,27–33	20.08.		Lukas 2,36–40	30.12.
Markus 8,34–9,1	21.08.		Lukas 2,41–52	31.12.
Markus 9,2–13	22.08.			
Markus 9,14–29	23.08.		**1. Korintherbrief**	
Markus 9,30–37	24.08.		1 Korinther 1,1–9	19.04.
Markus 9,38–41	26.08.		1 Korinther 1,10–17	20.04.
Markus 9,42–50	27.08.		1 Korinther 1,18–25	22.04.
Markus 10,1–12	28.08.		1 Korinther 1,26–31	23.04.
Markus 10,13–16	29.08.		1 Korinther 2,1–5	24.04.
Markus 10,17–27	30.08.		1 Korinther 2,6–16	25.04.
Markus 10,28–31	31.08.		1 Korinther 3,1–4	26.04.
Markus 10,32–45	01.03.		1 Korinther 3,5–8	27.04.
Markus 10,46–52	02.03.		1 Korinther 3,9–17	29.04.
Markus 11,1–11	04.03.		1 Korinther 3,18–23	30.04.
Markus 11,12–25	05.03.		1 Korinther 4,1–5	01.05.
Markus 11,27–33	06.03.		1 Korinther 4,6–13	02.05.
Markus 12,1–12	07.03.		1 Korinther 4,14–21	03.05.
Markus 12,13–17	08.03.		1 Korinther 5,1–8	04.05.
Markus 12,18–27	09.03.		1 Korinther 5,9–13	06.05.
Markus 12,28–34	11.03.		1 Korinther 6,1–11	07.05.
Markus 12,35–40	12.03.		1 Korinther 6,12–20	08.05.
Markus 12,41–44	13.03.		1 Korinther 7,1–16	10.05.
Markus 13,1–13	14.03.		1 Korinther 7,17–24	11.05.
Markus 13,14–23	15.03.		1 Korinther 7,25–40	13.05.
Markus 13,24–37	16.03.		1 Korinther 8,1–6	14.05.
Markus 14,1–11	18.03.		1 Korinther 8,7–13	15.05.
Markus 14,12–16	19.03.		1 Korinther 9,1–18	16.05.
Markus 14,17–26	20.03.		1 Korinther 9,19–23	17.05.
Markus 14,27–31	21.03.		1 Korinther 9,24–27	18.05.
Markus 14,32–42	22.03.		1 Korinther 10,1–13	21.05.
Markus 14,43–52	23.03.		1 Korinther 10,14–22	22.05.
Markus 14,53–65	25.03.		1 Korinther 10,23–11,1	23.05.
Markus 14,66–72	26.03.		1 Korinther 11,2–16	24.05.
Markus 15,1–15	27.03.		1 Korinther 11,17–26	25.05.
Markus 15,16–23	28.03.		1 Korinther 11,27–34	27.05.
Markus 15,24–41	29.03.		1 Korinther 12,1–11	28.05.
Markus 15,42–47	30.03.		1 Korinther 12,12–26	29.05.
Markus 16,1–8	31.03.		1 Korinther 12,27–31	30.05.
Markus 16,9–20	01.04.		1 Korinther 13,1–7	31.05.
			1 Korinther 13,8–13	01.06.
Lukasevangelium			1 Korinther 14,1–11	03.06.
Lukas 1,1–17	18.12.		1 Korinther 14,12–25	04.06.
Lukas 1,18–25	19.12.		1 Korinther 14,26–33a	05.06.
Lukas 1,26–38	20.12.		1 Korinther 14,33b–40	06.06.
Lukas 1,39–56	21.12.		1 Korinther 15,1–11	07.06.
Lukas 1,57–66	23.12.		1 Korinther 15,12–19	08.06.
Lukas 1,67–80	24.12.		1 Korinther 15,20–28	10.06.
Lukas 2,1–14	25.12.		1 Korinther 15,29–34	11.06.

1 Korinther 15,35–49	12.06.	
1 Korinther 15,50–58	13.06.	
1 Korinther 16,1–12	14.06.	
1 Korinther 16,13–24	15.06.	

2. Korintherbrief
2 Korinther 1,1–11	21.10.
2 Korinther 1,12–24	22.10.
2 Korinther 2,1–11	23.10.
2 Korinther 2,12–17	24.10.
2 Korinther 3,1–11	25.10.
2 Korinther 3,12–18	26.10.
2 Korinther 4,1–6	28.10.
2 Korinther 4,7–18	29.10.
2 Korinther 5,1–10	30.10.
2 Korinther 5,11–15	31.10.
2 Korinther 5,16–21	01.11.
2 Korinther 6,1–10	02.11.
2 Korinther 6,11–7,1	04.11.
2 Korinther 7,2–16	05.11.
2 Korinther 8,1–15	06.11.
2 Korinther 8,16–24	07.11.
2 Korinther 9,1–15	08.11.
2 Korinther 10,1–11	09.11.
2 Korinther 10,12–18	11.11.
2 Korinther 11,1–15	12.11.
2 Korinther 11,16–33	13.11.
2 Korinther 12,1–10	14.11.
2 Korinther 12,11–21	15.11.
2 Korinther 13,1–13	16.11.

Epheserbrief
Epheser 1,3–14	19.05.

Philipperbrief
Philipper 2,5–11	09.05.

1. Timotheusbrief
1 Timotheus 1,1–11	15.01.
1 Timotheus 1,12–20	16.01.
1 Timotheus 2,1–7	17.01.
1 Timotheus 2,8–15	18.01.
1 Timotheus 3,1–13	19.01.
1 Timotheus 3,14–16	20.01.
1 Timotheus 4,1–11	22.01.
1 Timotheus 4,12–5,2	23.01.
1 Timotheus 5,3–16	24.01.
1 Timotheus 5,17–25	25.01.
1 Timotheus 6,1–10	26.01.
1 Timotheus 6,11–21	27.01.

2. Timotheusbrief
2 Timotheus 1,1–12	29.01.
2 Timotheus 1,13–18	30.01.
2 Timotheus 2,1–13	31.01.
2 Timotheus 2,14–21	01.02.
2 Timotheus 2,22–26	02.02.
2 Timotheus 3,1–9	03.02.
2 Timotheus 3,10–17	05.02.
2 Timotheus 4,1–8	06.02.
2 Timotheus 4,9–22	07.02.

Titusbrief
Titus 1,1–9	08.02.
Titus 1,10–16	09.02.
Titus 2,1–10	10.02.
Titus 2,11–15	12.02.
Titus 3,1–7	13.02.
Titus 3,8–15	14.02.

Philemonbrief
Philemon 1–25	15.02.

1. Petrusbrief
1 Petrus 1,1–12	02.04.
1 Petrus 1,13–16	03.04.
1 Petrus 1,17–21	04.04.
1 Petrus 1,22–2,3	05.04.
1 Petrus 2,4–10	06.04.
1 Petrus 2,11–17	08.04.
1 Petrus 2,18–25	09.04.
1 Petrus 3,1–7	10.04.
1 Petrus 3,8–12	11.04.
1 Petrus 3,13–17	12.04.
1 Petrus 3,18–22	13.04.
1 Petrus 4,1–11	15.04.
1 Petrus 4,12–19	16.04.
1 Petrus 5,1–7	17.04.
1 Petrus 5,8–14	18.04.

2. Petrusbrief
2 Petrus 1,1–11	18.11.
2 Petrus 1,12–21	19.11.
2 Petrus 2,1–11	20.11.
2 Petrus 2,12–22	21.11.
2 Petrus 3,1–10	22.11.
2 Petrus 3,11–18	23.11.

Mitarbeiterinnen und Mitarbeiter

Ahrens, Annegret, Pastorin, ev.-freikirchl., 42651 Solingen | 04.–06.04.
Arnold, Sr. Brigitte, Pfarrerin, ev., CH 4125 Riehen | 28.–30.10.
Aßmann, Helmut, Oberkirchenrat, ev., 30169 Hannover | 19.–21.02.
Backhaus, Dr. Franz Josef, Pfarrer, röm.-kath., 33428 Harsewinkel | 05.–07.02.
Bähnk, Dr. Wiebke, Pastorin, ev., 25524 Itzehoe | 04.–06.11.
Bauer, Dr. Steffen, Pfarrer, ev., 64295 Darmstadt | 28.–30.03.
Becher, Nicole, Pfarrerin, ev.-meth., CH 8560 Märstetten | 12.–14.02.
Beutler-Lotz, Heinz-Günter, Pfarrer, ev., 55234 Bermersheim v.d.H. | 22.–24.04.
Birnbaum, Dr. Elisabeth, Direktorin des Österreichischen katholischen Bibelwerks, röm.-kath., A 1010 Wien | 23.–25.09.
Bode, Dr. Franz-Josef, Bischof em., röm.-kath., 49074 Osnabrück | 11.–13.01.
Brandt, Edwin, Pastor, ev.-freikirchl., 23570 Lübeck | 11.–13.11.
Britz, Gunther, Assessor, ev., 66793 Saarwellingen | 09.–10.05.
Brockmöller, Dr. Katrin, Geschäftsführende Direktorin im Katholischen Bibelwerk e.V., röm.-kath., 70176 Stuttgart | 04.–06.01.
Brückner, Theresa, Pfarrerin, ev., 12099 Berlin | 06.+13.+20.10.
Brunner-Wyss, Andrea, Pfarrerin, ev.-meth., CH 8302 Kloten | 29.04.–01.05.
Brutscheck, Dr. Jutta, Theologin i.R., röm.-kath., 99084 Erfurt | 22.–24.01.
Burkert-Huber, Cristina, Vikarin, ev., 82131 Gauting | 09.–11.12.
Buß, Dr.h.c. Alfred, Präses i.R. der Evangelischen Kirche von Westfalen, ev., 59425 Unna | 29.–31.12.
Butt, Dr. Christian, Pastor, ev., 23909 Ratzeburg | 02.–04.05.
Cornelius-Bundschuh, Prof. Dr. Jochen, Landesbischof i.R., ev., 76133 Karlsruhe | 09.–11.09.
Danilovich, Dr. Yauheniya, Akademische Rätin, griech.-orth., 48163 Münster | 02.+03.04.
Degkwitz, Dr. Sebastian, Pfarrer, ev., 81739 München | 02.–04.12.
Deselaers, Dr. Paul, Spiritual, röm.-kath., 48143 Münster | 26.–28.09.
Dierkes, Petra, röm.-kath., Leiterin der Hauptabteilung Seelsorge des Erzbistums Köln, 50668 Köln | 21.–23.11.
Doering, Wolfgang, Diakon, röm.-kath., 73450 Neresheim | 14.–16.03.
Dörrfuß, Dr. Ernst Michael, ev., Pfarrer und Kirchenrat, 72574 Bad Urach | 22.–24.02.
Eberl, Klaus, Oberkirchenrat i. R., ev., 41849 Wassenberg | 31.10.–02.11.
Ebert, Ingrid, Journalistin, ev.-freikirchl., 03149 Forst/Lausitz | 13.–15.05.
Eltrop, Dr. Bettina, Wiss. Referentin im Katholischen Bibelwerk e.V., röm.-kath., 73760 Ostfildern | 16.–18.05.
Ewerszumrode, Dr. habil. Frank, Pfarrer, alt-kath., 45127 Essen | 25.–27.04.
Faatz, Dr. Martin, Diakon, röm.-kath., 97222 Rimpar | 21.–23.05.
Fricke-Hein, Hans-Wilhelm, Pfarrer i.R., ev., 47441 Moers | 18.–20.04.
Gabel, Dr. Helmut, Domkapitular, röm.-kath., 97222 Rimpar | 05.–07.12.
Garben, Katharina, Pfarrerin, ev., 68809 Neulußheim | 27.–29.05.
Grimm, Dr. Werner, Pfarrer, ev., 88662 Überlingen | 02.06.; 07.07.; 01.09.
Guttenberger, Prof. Dr. Gudrun, ev., 71634 Ludwigsburg | Philipperbrief
Haag-Merz, Christine, Referentin für Öffentlichkeitsarbeit, ev.-meth., 71034 Böblingen | 07.–09.10.

Hafner, Lea, Kindergärtnerin und Gerontologin i.R., ev.-meth., CH 3812 Wilderswil | 03.–05.06.
Hahn, Udo, Direktor Evangelische Akademie Tutzing, ev., 82327 Tutzing | 24.–26.05.
Hauber, Dr. Michael, Gymnasiallehrer, röm.-kath., 93059 Regensburg | 17.–19.10.
Heckel, Prof. Dr. Ulrich, Oberkirchenrat, ev., 73033 Göppingen | 11.–13.03.
Herlyn, Prof. Dr. Okko, Hochschullehrer i. R., ev., 47239 Duisburg | 11.+19.+20.05.
Hermann, Dr. Markus-Liborius, Theologe, Hausleiter u. Geschäftsführer des Bildungshauses St. Ursula, röm.-kath., 99085 Erfurt | 08.–10.02.
Hilgenstock, Dr. Gabriele, Ärztin, ev., 44339 Dortmund | 17.–19.06.
Hose, Burkhard, Pfarrer, röm.-kath., 97070 Würzburg | 1.+2. Timotheusbrief; Titusbrief
Jabs, Edwin, Landespfarrer i.R. (Dipl. Psych.), ev., 40668 Meerbusch | 21.–23.10.
Jahn, Christine, Pfarrerin, ev., 91083 Baiersdorf | 30.09.–02.10.
Janssen, Jan, Inselpastor und Tourismusbeauftragter, ev., 26486 Wangerooge | 27.–28.12.
Janz-Spaeth, Barbara, Pastoralreferentin, röm.-kath., 73033 Göppingen | 20.–22.06.
Jepsen, Maria, Bischöfin i.R., ev., 25813 Husum | 03.–05.10.
Joussen, Prof. Dr. Jacob, ev. 44780 Bochum | 25.–27.11.
Junge, Ulrike, Kita-Fachberaterin, ev., 14806 Bad Belzig | 28.01.; 11.+25.02.
Kauffmann, Jürgen, Pfarrer i.R., ev., 81545 München | 16.–18.09.
Kegler, Prof. Dr. Jürgen, Kirchenrat i.R., ev., 68723 Plankstadt | 1.+2. Korintherbrief
von Kirchbach, Friederike, Pfarrerin, ev., 10115 Berlin | 15.+22.+29.09.
Kirchgessner, Msgr. Dr. Bernhard, Domvikar, röm.-kath., 94032 Passau | 04.+18.02.; 08.09.
Kirchhoff, Prof. Dr. Renate, ev., 79114 Freiburg | Markusevangelium
Kiroudi, Dr. Marina, Wissenschaftliche Mitarbeiterin, griech.-orth., 53113 Bonn | 21.01.; 03.+10.03.
Klaiber, Dr. Walter, Bischof i.R., ev.-meth., 72072 Tübingen | 21.–23.03.
Klomp, Wibke, Dekanin, ev., 97877 Wertheim | 01.–03.07.
Knoll, Günter, Pfarrer, ev., 71083 Herrenberg | 18.–20.03.
Koch-Baisch, Bärbel, Pfarrerin, ev., 74523 Schwäbisch Hall | 11.–13.07.
Kock, Manfred, Präses i. R., ev., 50735 Köln | 30.05.–01.06.
Kolter, Dr. Claudia, Pädagogin und Theologin, ev.-freikirchl., 52070 Aachen | 14.–16.11.
Kreuzer, Prof. Dr. Siegfried, ev., A 2380 Perchtoldsdorf | Judit; 1 Makkabäer
Kuhn, Achim, Pfarrer, ev.-reform., CH 8708 Männedorf am Zürichsee | 27.–29.06.
Lehmann-Etzelmüller, Monika, Dekanin u. Pfarrerin, ev., 69469 Weinheim | 24.–26.06.
Leonhardi, Angelika, Studienleiterin, ev., 01445 Radebeul | 29.–31.08.
Lubenow, Kerstin, ev., 10707 Berlin | 08.–10.04.
Mattern, Prof. Dr. Lieselotte, ev., 71638 Ludwigsburg | 25.–27.03.
Michailidis, Gabriel, griech.-orth., 71638 Ludwigsburg | 15.–17.01.
Mildenberger, Hartmut, Pfarrer, ev., 70597 Stuttgart | 25.–27.07.
Miller, Rev. Dr. Heike, ev., 88011 New Mexico, USA | 15.–17.04.

Neubrand (†), Prof. Dr. Maria MC, röm.-kath. | Epheserbrief
Nietzke, B.A. P. Markus, Superintendent, ev., 29320 Hermannsburg | 11.+18.+25.08.
Oberkampf, Anne, Pastorin, ev.-meth., 71032 Böblingen | 11.–13.04.
Puder, Dr. Dirk, Pfarrer i R., ev., 52134 Herzogenrath | 07.–09.11.
Puttkammer, Detlef, Pfarrer i.R., ev., 47506 Neukirchen-Vluyn | 04.–06.03.
Rademacher, Dr. Anne, Seelsorgeamtsleiterin Erfurt, röm.-kath., 99084 Erfurt | 25.–27.01.; Lukasevangelium; 1.+2. Petrusbrief
Rehn-Laryea, Andrea, Pastoralreferentin, röm.-kath., 21385 Amelinghausen | 08.–10.07.
Renovanz, Christian, Militärdekan a. D., ev., 88699 Frickingen | 17.+24.11; 01.12.
Ressel, Anne, Pfarrerin, ev., 68161 Mannheim | 31.03.; 01.04.
Riede, Prof. Dr. Peter, Kirchenrat, ev., 76135 Karlsruhe | 10.–12.10.; Exodus; Psalmen
Rist, Prof. Dr. Josef, röm.-kath., 97072 Würzburg | 18.–20.11.
Ristić, Dipl. theol. Dejan, Wissenschaftlicher Mitarbeiter, griech.-orth., 80539 München | 08.12.
Röhrs, Annette, Pfarrerin, ev., 74889 Sinsheim | 18.–20.07.
Rolf, Dr. Sibylle, Pfarrerin, ev., 68535 Edingen | 10.–12.06.
Rose, Prof. Dr. Christian, Prälat i. R., ev., 72800 Eningen u. A. | 15.–17.02.; Philemonbrief
Rüdiger, Christhard, Superintendent, ev.-meth., 09112 Chemnitz | 13.–15.06.
Sattler, Prof. Dr. Dorothea, röm.-kath., 48291 Telgte | 15.–17.08.
Schächtele, Prof. Dr. Traugott, Prälat, ev., 68723 Schwetzingen | 24.03.; 07.+14.04.
Schäfer, Bärbel, Dekanin, ev., 79541 Lörrach | 19.–21.09.
Schäfer, Michael, Pfarrer, ev., 53111 Bonn | 15.–17.07.
Scharfenberg, Dr. Roland, Pfarrer, ev., 78112 St. Georgen | 18.–20.01.
Schlagheck, Dr. Michael, Akademiedirektor i.R., röm.-kath., 46244 Bottrop-Kirchhellen | 16.–18.12.
Schneider, Anne, Lehrerin i. R., ev., 45136 Essen | 29.02.–02.03.
Schneider, Dr. h. c. Nikolaus, Präses a.D. und Ratsvorsitzender der EKD a.D., ev., 45136 Essen | 23.–26.12.
Schneider-Riede, Susanne, Pfarrerin, ev., 76135 Karlsruhe | 22.–24.07.
Schroeder, Dr. Christoph, Pastor, ev., 22609 Hamburg | 26.–28.02.
Schwarz, Klaus, Dekan i. R., ev., 71032 Böblingen | 29.–31.07.
Seidl, Prof. em. Dr. Theodor, röm.-kath., 85298 Scheyern | Jesaja 1–39; Jesaja 56–66
Senftleben, Dr. Martin, Pfarrer i.R., ev., 38321 Denkte | 02.–04.09.
Seul, Dr. Peter, Pfarrer, röm.-kath., 50670 Köln | 21.+28.07.; 04.08.
Sfiatkos, Emmanuel, Bischof von Christoupolis, griech.-orth., 14195 Berlin | 19.–21.12.
Smetana, Magdalena, Pfarrerin, ev., 72076 Tübingen | 04.–06.07.
Sobottke, Ilka, Pfarrerin, ev., 68161 Mannheim | 12.–14.12.
Spendel, Sr. Dr. Aurelia OP, röm.-kath., 86150 Augsburg | 12.05.; 09.+16.06.
Springhart, Prof. Dr. Heike, Landesbischöfin der Evangelischen Landeskirche in Baden, ev., 76133 Karlsruhe | 06.–08.06.
Stalter, Christian, Pfarrer, ev., 82031 Grünwald | 01.–03.08.
Stephan, Thomas, Pastoralreferent, röm.-kath., 76863 Herxheim | 26.–28.08.
Stöckigt, Beate, Pfarrerin, ev., 99510 Apolda | 08.–10.08.

Sträter, Dr. Beate, Pastorin, ev., 53113 Bonn | 12.–14.09.
Sudermann, Albrecht, Theologe, LtdVDir. a.D., ev., 12159 Berlin | 15.+22.12.
Süselbeck, Dr. Heiner, Pfarrer i.R., ev., 52080 Aachen/E 07050 Andratx | 06.–08.05.
Thiesbonenkamp, Dr. Jürgen, Pfarrer i.R., ev., 47229 Duisburg | 29.–31.01.
Utsch, Edgar, Oberstudienrat i.R, röm.-kath., 45888 Gelsenkirchen| 28.–30.11.
Vering, Johanna, Pastoralreferentin, röm.-kath., 33449 Langenberg | 05.–07.08.
Vliagkoftis, Dr. Konstantinos, Theologe, griech.-orth., 53227 Bonn | 21.+28.04.; 05.05.
Volkmann, Dr. Evelina, Kirchenrätin, ev., 70565 Stuttgart | 27.10.; 03.+10.11.
Wahl, Msgr. Stephan, Priester, röm.-kath., Jerusalem | 02.+03.01.; 17.03.
Weingardt, Dr. Beate, Theologin und Dipl.-Psychologin, ev., 72072 Tübingen | 07.–09.03.
Weiß, Thomas, Pfarrer, Kirchenrat, ev., 76532 Baden-Baden | 01.+07.+14.01.
Wenner, Rosemarie, Bischöfin em., ev.-meth., 69226 Nußloch | 01.–03.02.
Wilmer, Dr. Heiner SCJ, Bischof, röm.-kath., 31134 Hildesheim | 08.–10.01.
Wischniewski, Alexander, Priester i. E., alt-kath., 68305 Mannheim | 23.+30.06.; 14.07.
Witzenbacher, Dr. Marc, Prälat, ev., 79117 Freiburg i. Breisgau | 19.–21.08.
Wolf, Christine, Schuldekanin, ev., 69123 Heidelberg | 12.–14.08.
Wünsch, Dr. Hans-Michael, Pfarrer, ev., 70599 Stuttgart | 24.–26.10.
Zapff, Prof. Dr. Burkard M., röm.-kath., 85072 Eichstätt | 14.–16.10.
Zimmer, Dirk, Pastor, ev.-freikirchl., 91332 Heiligenstadt | 22.–24.08.
Zobel, Dagmar, Prälatin, ev., 79117 Freiburg | 05.–07.09.

Abkürzungen biblischer Bücher
(nach den Loccumer Richtlinien)

Altes Testament

Gen	Genesis/1 Mose = 1. Buch Mose	Spr	Sprichwörter/Sprüche Salomos
Ex	Exodus/2 Mose = 2. Buch Mose	Koh	Kohelet/Prediger Salomo
Lev	Levitikus/3 Mose = 3. Buch Mose	Hld	Hohelied/Hohelied Salomos
Num	Numeri/4 Mose = 4. Buch Mose	Jes	Jesaja
		Jer	Jeremia
		Klgl	Klagelieder des Jeremia
Dtn	Deuteronomium/5 Mose = 5. Buch Mose	Ez	Ezechiel/Hesekiel
		Dan	Daniel
Jos	Josua	Hos	Hosea
Ri	Richter	Joel	Joël
Rut	Rut	Am	Amos
1 Sam	1. Buch Samuel	Obd	Obadja
2 Sam	2. Buch Samuel	Jona	Jona
1 Kön	1. Buch der Könige	Mi	Micha
2 Kön	2. Buch der Könige	Nah	Nahum
1 Chr	1. Buch der Chronik	Hab	Habakuk
2 Chr	2. Buch der Chronik	Zef	Zefania
Esra	Esra	Hag	Haggai
Neh	Nehemia	Sach	Sacharja
Est	Ester	Mal	Maleachi
Ijob	Ijob/Hiob	Jdt	Judit
Ps	Psalmen	1 Makk	1. Makkabäer

Neues Testament

Mt	Matthäusevangelium	1 Tim	1. Timotheusbrief
Mk	Markusevangelium	2 Tim	2. Timotheusbrief
Lk	Lukasevangelium	Tit	Titusbrief
Joh	Johannesevangelium	Phlm	Philemonbrief
Apg	Apostelgeschichte	1 Petr	1. Petrusbrief
Röm	Römerbrief	2 Petr	2. Petrusbrief
1 Kor	1. Korintherbrief	1 Joh	1. Johannesbrief
2 Kor	2. Korintherbrief	2 Joh	2. Johannesbrief
Gal	Galaterbrief	3 Joh	3. Johannesbrief
Eph	Epheserbrief	Hebr	Hebräerbrief
Phil	Philipperbrief	Jak	Jakobusbrief
Kol	Kolosserbrief	Jud	Judasbrief
1 Thess	1. Thessalonicherbrief	Offb	Offenbarung des Johannes
2 Thess	2. Thessalonicherbrief		

Quellenverzeichnis

Abkürzungen:
EG = Evangelisches Gesangbuch
EM = Gesangbuch der Evangelisch-methodistischen Kirche
GL = Gotteslob, Katholisches Gebet- und Gesangbuch 2013

Geleitwort	S. VII: »gemäß der schrift«, aus: Andreas Knapp, Tiefer als das Meer, Gedichte zum Glauben © Echter Verlag, Würzburg, 6. Auflage 2018, S. 42
Januar	21. nach einem Gebet der orthodoxen Krankensalbung
Februar	9. Spr 2,6	10. Hebr 12,1 f.	17. 4 Mose 6,24–26	21. nach einem Gebet der orthodoxen Krankensalbung
März	10. aus dem sog. 24-Stunden-Gebet, Johannes Chrysostomus zugeschrieben	11. EG 494,1	12. EG 123,1	13. EG 400,1	18. EG 1,5	27. EG 85,4
April	2. Ostertroparion, ein Festhymnus aus der Orthodoxen Kirche	3. aus dem Ostergottesdienst der Orthodoxen Kirche	4. EG 123,6	5. EG 358,4	22. Dietrich Bonhoeffer	26. EG 111,13+14	27. EG 115,2
Juni	12. EG 115,1	13.+14. Charles Wesley	17. Ps 73,23 f.
Juli	14. Cornelius Becker	26. EG 497,1	27. EG 166,4	29. Ps 119,105
August	19. EG 400,5	20. EG 87,3	21. EG 135,6	29. EG 406,1	30. EG 406,2	31. EG 406,4
September	5. Ps 85	29. Josef von Eichendorff
Oktober	15. Ps 117	16. 1 Sam 2,8	17. Lk 1,46–49	18. Lk 1,50–53	19. Lk 1,54 f.	24. EG 136,1	25. EG 130,1	26. EG 347,3
November	1. Franz von Assisi	4. EG 1,5	12. EG 136,3	18. Mt 7,21	19. Mt 17,2	20. Jak 1,5
Dezember	7. Messbuch der katholischen Kirche für die Bistümer des deutschen Sprachgebiets, Tagesgebet vom 6. Sonntag im Jahreskreis	9. EG 37	15. EG 1,5	20. Gesang aus der großen Komplet	30. EG 222,1

Die preiswerte Vollbibel – seit vielen Jahren bewährt in Schule und Gemeinde

Die Bibel
Einheitsübersetzung
Altes und Neues Testament
12,4 x 20,3 cm | 1504 Seiten
Gebunden
ISBN 978-3-451-36000-8

Der unentbehrliche Bibel-Klassiker für die Kirche, Schule und jedermann: handlich, gut zu lesen, preiswert, praktisch erschlossen durch Einleitungen, Anmerkungen, Querverweise, Zeittafeln, Register und Karten. Besonders geeignet für Religionsunterricht, Bibelkreise und die persönliche Schriftlesung.

In jeder Buchhandlung!

HERDER www.herder.de

Gotteswort in Menschenwort

256 Seiten | Gebunden
ISBN 978-3-451-60118-7

Leicht ist es nicht, die Bibel »einfach so« zu lesen. Aber wer sich darauf einlässt, wird einen reichen Schatz finden. Die ökumenischen Einführungen in alle biblischen Bücher erklären in gut verständlicher Sprache und prägnant, welche geschichtlichen Hintergründe und literarischen Bilder den Texten zugrunde liegen. Die Einführungen helfen beim gemeinsamen Bibel-Lesen in der Gemeinde, in Schule und Universität, aber sie dienen auch dem Studium zuhause. Sie sind entstanden aus den jährlichen ökumenischen Bibelauslegungen »Mit der Bibel durch das Jahr«.

In jeder Buchhandlung!

HERDER www.herder.de

Thomas Hieke / Konrad Huber (Hrsg.)
Bibel um-gehen
Provokative und irritierende Texte
der Bibel erklärt

Für das Bibelstudium zuhause und im Bibelkreis. Klare Positionen zu provokativen biblischen Texten. Die Bibel exakt lesen und Nuancen erkennen.

ISBN 978-3-460-25544-9
[D] 24,95 Euro [A] 25,70 Euro

Thomas Hieke / Konrad Huber (Hrsg.)
Bibel falsch verstanden
Hartnäckige Fehldeutungen
biblischer Texte erklärt

Schluss mit Halbwissen, Missverständnissen und Missbrauch von Bibelzitaten. Augenzwinkernd, locker und gut verständlich gehen die Autoren hier ans Werk.

ISBN 978-3-460-25527-2
[D] 22,95 Euro [A] 23,60 Euro

Einblickbibel
Einheitsübersetzung mit
Orientierungshilfen

Schnell und auf einen Blick in der Bibel zurechtfinden. Ein übersichtliches Leitsystem aus Farben und Icons.
Für Anfänger und Fortgeschrittene.

ISBN 978-3-920609-98-0
[D] 35,00 Euro [A] 36,00 Euro

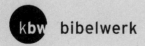

Weitere Information unter
www.bibelwerk.shop
E-Mail: vertrieb@bibelwerk.de
Telefon: 0711-61920-26